国会議事堂・霞ヶ関周辺　地下鉄出入口ご案内
最寄地下鉄出入口
● 合同庁舎１号館　霞ヶ関駅 A5 A6 A7 A9 A10
農林水産省・林野庁・水産庁
● 合同庁舎２号館　霞ヶ関駅 A2 A3
警察庁・国家公安委員会・総務省・消防庁・国土交通省(分館)
● 合同庁舎３号館　霞ヶ関駅 A3　桜田門駅２
国土交通省・海上保安庁
● 合同庁舎４号館　霞ヶ関駅 A13
内閣法制局・内閣府(分館)・消費者庁・復興庁・公害等調整委員会
● 合同庁舎５号館　霞ヶ関駅 B3b B3a
内閣府(分館)・厚生労働省・環境省
● 合同庁舎６号館　霞ヶ関駅 B1　桜田門駅５
法務省・検察庁・出入国在留管理庁・公安調査庁・公正取引委員会
● 合同庁舎７号館　虎ノ門駅 11
文部科学省・スポーツ庁・文化庁・金融庁・会計検査院
● 合同庁舎８号館　国会議事堂前駅 3
内閣府・内閣人事局
● 経済産業省別館　霞ヶ関駅 C2
中小企業庁・資源エネルギー庁
三宅坂
内堀通り
憲政記念館
国会前庭園北地区
(洋式庭園)
桜田濠
有楽町線桜田門駅
警察総合庁舎
合同庁舎
3号館
警視庁
合同庁舎
2号館
丸ノ内線
日比谷線
外務省
裁判所合同庁舎
合同庁舎
6号館
(B棟)
公正取引委員会
千代田線
日比谷線霞ヶ関駅
丸ノ内線霞ヶ関駅
合同庁舎
1号館
弁護士
合同庁舎
農林水産省
A1
A2
A3
A4
A5
A6
A7
A8
A9
A10
A11a
A11b
A12
A13
B1
B3a
B3b
千代田線霞
経済産業省
日本郵政
経済産業省
別館
桜田通り
銀座線
虎ノ門駅
10
9
JN035061
100
200m

国会の勢力分野

（令和4年1月17日現在）

（政　党　別）

（　）内は女性議員で、内数です。

（衆議院）	政党名	（参議院）平28	令元	計
263(20)	自由民主党	54(9)	53(8)	107(17)
95(13)	立憲民主党	22(6)	22(8)	44(14)
41(4)	日本維新の会	6(2)	9(1)	15(3)
32(4)	公明党	14(3)	14(2)	28(5)
11(1)	国民民主党	7(3)	5(1)	12(4)
10(2)	日本共産党	6(2)	7(3)	13(5)
3(1)	れいわ新選組	0	2(1)	2(1)
1(0)	社会民主党	1(1)	0	1(1)
0	NHK受信料を支払わない国民を守る党	0	1(0)	1(0)
9(0)	無所属（諸派を含む）	10(1)	9(5)	19(6)
0	欠員	1	2	3
465(45)	計	121(27)	124(29)	245(56)

※衆参の正副議長は無所属に含む

（会　派　別）

（衆議院）	会派名	（参議院）平28	令元	計
263(20)	自由民主党	57(9)	53(8)	110(17)
97(13)	立憲民主党	23(7)	22(8)	45(15)
41(4)	日本維新の会	6(2)	9(1)	15(3)
32(4)	公明党	14(3)	14(2)	28(5)
11(1)	国民民主党	10(3)	6(1)	16(4)
10(2)	日本共産党	6(2)	7(3)	13(5)
5(0)	有志の会	—	—	—
3(1)	れいわ新選組	0	2(1)	2(1)
—	沖縄の風	1(0)	1(0)	2(0)
—	碧水会	0	2(2)	2(2)
—	みんなの党	1(0)	1(0)	2(0)
3(0)	無所属	2(1)	5(3)	7(4)
0	欠員	1	2	3
465(45)	計	121(27)	124(29)	245(56)

（注）自由民主党は衆院で「自由民主党」、参院で「自由民主党・国民の声」。立憲民主党は衆院で「立憲民主党・無所属」、参院で「立憲民主・社民」。国民民主党は衆院で「国民民主党・無所属クラブ」、参院で「国民民主党・新緑風会」。

IDナンバー　A0402537596

HPアドレス▶www.kokuseijoho.jp

※上記IDナンバーは一つの端末のみご利用になれます。

国会関係所在地電話番号一覧

■ 総理大臣官邸
〒100-0014 千，永田町2-3-1 ☎3581-0101

■ 衆議院
〒100-8960 千，永田町1-7-1 ☎3581-5111

議長公邸	〒100-0014	千，永田町2-18-1	☎3581-1461
副議長公邸	〒107-0052	港，赤坂8-11-40	☎3423-0311
赤坂議員宿舎	〒107-0052	港，赤坂2-17-10	☎5549-4671
青山議員宿舎	〒106-0032	港，六本木7-1-3	☎3408-4911

■ 参議院
〒100-8961 千，永田町1-7-1 ☎3581-3111

議長公邸	〒100-0014	千，永田町2-18-2	☎3581-1481
副議長公邸	〒106-0043	港，麻布永坂町25	☎3586-6741
麹町議員宿舎	〒102-0083	千，麹町4-7	☎3237-0341
清水谷議員宿舎	〒102-0094	千，紀尾井町1-15	☎3264-1351

■ 衆議院議員会館

第一議員会館	〒100-8981	千，永田町2-2-1	☎3581-5111（大代） ☎3581-4700（夜間）
第二議員会館	〒100-8982	千，永田町2-1-2	☎3581-5111（大代） ☎3581-1954（夜間）

■ 参議院議員会館

参議院議員会館	〒100-8962	千，永田町2-1-1	☎3581-3111（大代） ☎3581-3146（夜間）

国立国会図書館	〒100-8924	千，永田町1-10-1	☎3581-2331
憲政記念館	〒100-0014	千，永田町1-1-1	☎3581-1651

目　次

省庁幹部職員抄録

目　次

第2次岸田内閣・大臣・秘書官（令和3年11月10日発足）

	大臣		秘書官	秘書官室
内閣総理大臣	岸田文雄	衆(自)	嶋田隆	3581-0101
総務大臣	金子恭之	衆(自)	立石昭太	5253-5006
法務大臣	古川禎久	衆(自)	房野忠典	3581-0530
外務大臣	林芳正	衆(自)	河野恭子	3580-3311(代)
財務大臣 内閣府特命担当大臣 （金融） デフレ脱却担当	鈴木俊一	衆(自)	鈴木俊太郎	3581-0101 3581-2716
文部科学大臣 教育再生担当	末松信介	参(自)	荒金美保	6734-2101
厚生労働大臣	後藤茂之	衆(自)	波多野泰史	3595-8226
農林水産大臣	金子原二郎	参(自)	太田久晴	3502-8111(代)
経済産業大臣 産業競争力担当 ロシア経済分野協力担当 原子力経済被害担当 内閣府特命担当大臣 （原子力損害賠償・ 廃炉等支援機構）	萩生田光一	衆(自)	牛久保敏文	3501-1601 1602
国土交通大臣 水循環政策担当	斉藤鉄夫	衆(公)	城戸一興	5253-8019
環境大臣 内閣府特命担当大臣 （原子力防災）	山口壯	衆(自)	飯山美子	3580-0241
防衛大臣	岸信夫	衆(自)	岸信千世	5269-3240
内閣官房長官 沖縄基地負担軽減担当 拉致問題担当	松野博一	衆(自)	小澤貴仁	3581-0101
デジタル大臣 行政改革担当 内閣府特命担当大臣 （規制改革）	牧島かれん	衆(自)	村上りん	4477-6775(代)
復興大臣 福島原発事故再生総括担当 内閣府特命担当大臣 （沖縄及び北方対策）	西銘恒三郎	衆(自)	池本文子	6328-1111(代)
国家公安委員会委員長 国土強靭化担当 領土問題担当 国家公務員制度担当 内閣府特命担当大臣 （防災　海洋政策）	二之湯智	参(自)	佐藤愛	3581-1739
内閣府特命担当大臣 （地方創生 少子化対策 男女共同参画） 女性活躍担当 こども政策担当 孤独・孤立対策担当	野田聖子	衆(自)	村上和子	5253-2111(代)
経済再生担当 新しい資本主義担当 新型コロナ対策・健康危機管理担当 全世代型社会保障改革担当 内閣府特命担当大臣 （経済財政政策）	山際大志郎	衆(自)	吉野哲平	5253-2111(代)
経済安全保障担当 内閣府特命担当大臣 （科学技術政策　宇宙政策）	小林鷹之	衆(自)	竹内仁美	5253-2111(代)
東京オリンピック競技大会・ 東京パラリンピック競技大会担当 ワクチン接種推進担当	堀内詔子	衆(自)	鈴木紀子	6257-1172
国際博覧会担当 デジタル田園都市国家構想担当 共生社会担当 内閣府特命担当大臣 （消費者及び食品安全　クール ジャパン戦略　知的財産戦略）	若宮健嗣	衆(自)	荒木田聡	5253-2111(代)

（令和4年1月17日現在）

副大臣・大臣政務官・事務次官一覧

省庁	副大臣	副大臣室	大臣政務官	大臣政務官室	事務次官
デジタル庁	小林史明 衆(自)	4477-6775	山田太郎 参(自)	4477-6775	
復興庁	冨樫博之 衆(自) 新妻秀規 参(公) 渡辺猛之 参(自)	6328-1111	宗清皇一 衆(自) 高橋はるみ 参(自) 岩田和親 衆(自) 泉田裕彦 衆(自)	6328-1111	開出英之
内閣府	大野敬太郎 衆(自) 黄川田仁志 衆(自) 赤池誠章 参(自) 小林史明 衆(自) 池田佳隆 衆(自) 佐藤英道 衆(公) 細田健一 衆(自) 石井正弘 参(自) 渡辺猛之 参(自) 務台俊介 衆(自) 鬼木誠 衆(自)	5253-2111	小寺裕雄 衆(自) 宮路拓馬 衆(自) 宗清皇一 衆(自) 山田太郎 参(自) 高橋はるみ 参(自) 島村大 参(自) 吉川ゆうみ 参(自) 岩田和親 衆(自) 泉田裕彦 衆(自) 穂坂泰 衆(自) 中曽根康隆 衆(自)	5253-2111	田和宏
総務省	田畑裕明 衆(自) 中西祐介 参(自)	5253-5111	鳩山二郎 衆(自) 渡辺孝一 衆(自) 三浦靖 参(自)	5253-5111	黒田武一郎
法務省	津島淳 衆(自)	3581-1940	加田裕之 参(自)	3592-7833	髙嶋智光
外務省	小田原潔 衆(自) 鈴木貴子 衆(自)	5501-8007 5501-8010	上杉謙太郎 衆(自) 本田太郎 衆(自) 三宅伸吾 参(自)	5501-8017 5501-8014 5501-8020	森健良
財務省	岡本三成 衆(公) 大家敏志 参(自)	3581-2714 3581-2713	高村正大 衆(自) 藤原崇 衆(自)	3581-7600 3581-7622	矢野康治
文部科学省	田中英之 衆(自) 池田佳隆 衆(自)	6734-2103 6734-3301	鰐淵洋子 衆(公) 高橋はるみ 参(自)	6734-3501 6734-3503	義本博司
厚生労働省	古賀篤 衆(自) 佐藤英道 衆(公)	5253-1111	深澤陽一 衆(自) 島村大 参(自)	5253-1111	吉田学
農林水産省	武部新 衆(自) 中村裕之 衆(自)	3591-2722 3591-2051	下野六太 参(公) 宮崎雅夫 参(自)	3591-5730 3591-5561	枝元真徹
経済産業省	細田健一 衆(自) 石井正弘 参(自)	3501-1603 3501-1604	吉川ゆうみ 参(自) 岩田和親 衆(自)	3501-1222 3501-1221	多田明弘
国土交通省	中山展宏 衆(自) 渡辺猛之 参(自)	5253-8021 5253-8020	加藤鮎子 衆(自) 木村次郎 衆(自) 泉田裕彦 衆(自)	5253-8023 5253-8024 5253-8976	山田邦博
環境省	大岡敏孝 衆(自) 務台俊介 衆(自)	3580-0247	中川康洋 衆(公) 穂坂泰 衆(自)	3581-3362 3581-4912	中井徳太郎
防衛省	鬼木誠 衆(自)	5229-2121	岩本剛人 参(自) 中曽根康隆 衆(自)	3267-0336 5229-2122	島田和久
内閣官房副長官	木原誠二 衆(自) 磯﨑仁彦 参(自) 栗生俊一	3581-0101 5532-8615 3581-1061			

衆・参各議院役員等一覧

第208回国会（令和4年1月17日～6月15日）（1月17日現在）

【衆議院】

議長	細田博之	(無)
副議長	海江田万里	(無)

常任委員長

内閣	上野賢一郎	(自)
総務	赤羽一嘉	(公)
法務	鈴木馨祐	(自)
外務	城内実	(自)
財務金融	薗浦健太郎	(自)
文部科学	義家弘介	(自)
厚生労働	橋本岳	(自)
農林水産	平口洋	(自)
経済産業	古屋範子	(公)
国土交通	中根一幸	(自)
環境	関芳弘	(自)
安全保障	大塚拓	(自)
国家基本政策	渡海紀三朗	(自)
予算	根本匠	(自)
決算行政監視	原口一博	(立)
議院運営	山口俊一	(自)
懲罰	安住淳	(立)

特別委員長

災害対策	小里泰弘	(自)
倫理公選	浜田靖一	(自)
沖縄北方	阿部知子	(立)
拉致問題	長島昭久	(自)
消費者問題	松島みどり	(自)
科学技術・イノベーション推進	手塚仁雄	(立)
東日本大震災復興	伊藤忠彦	(自)
原子力問題調査	赤澤亮正	(自)
地方創生	石田真敏	(自)

憲法審査会会長	森英介	(自)
情報監視審査会会長	小野寺五典	(自)
政治倫理審査会会長	吉野正芳	(自)
事務総長	岡田憲治	

【参議院】

議長	山東昭子	(無)
副議長	小川敏夫	(無)

常任委員長

内閣	徳茂雅之	(自)
総務	平木大作	(公)
法務	矢倉克夫	(公)
外交防衛	馬場成志	(自)
財政金融	豊田俊郎	(自)
文教科学	元榮太一郎	(自)
厚生労働	山田宏	(自)
農林水産	長谷川岳	(自)
経済産業	石橋通宏	(立)
国土交通	斎藤嘉隆	(立)
環境	徳永エリ	(立)
国家基本政策	上田清司	(国)
予算	山本順三	(自)
決算	松村祥史	(自)
行政監視	吉田忠智	(立)
議院運営	福岡資麿	(自)
懲罰	室井邦彦	(維)

特別委員長

災害対策	佐々木さやか	(公)
ODA・沖縄北方	青木一彦	(国)
倫理選挙	松下新平	(自)
拉致問題	山谷えり子	(自)
地方創生・デジタル社会	古川俊治	(自)
消費者問題	舟山康江	(国)
東日本大震災復興	那谷屋正義	(立)

調査会長

国際経済・外交	鶴保庸介	(自)
国民生活・経済	芝博一	(立)
資源エネルギー	宮沢洋一	(自)

憲法審査会会長	中川雅治	(自)
情報監視審査会会長	水落敏栄	(自)
政治倫理審査会会長	岡田広	(自)
事務総長	岡村隆司	

（カッコ内は会派名。自＝自由民主党（衆院）、自由民主党・国民の声（参院）、立＝立憲民主党・無所属（衆院）、立憲民主・社民（参院）、維＝日本維新の会、公＝公明党、国＝国民民主党・新緑風会（参院）、無＝無所属）

衆議院

●凡例　記載内容は原則として令和4年1月17日現在。

選挙区　選挙当日有権者数 投票率　選挙得票数・得票率
（比は比例代表との重複立候補者、比当は比例代表での当選者）

選挙区割

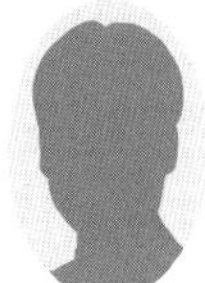

氏（ふり）　名（がな）　党派（会派）　当選回数
出身地　生年月日
勤続年数（うち㊫年数）（初当選年）
勤続年数は令和4年2月末現在

略　歴　（現職はゴシック。但し大臣・副大臣・政務官、委員会及び党役職のみ。年齢は令和3年2月末現在）

〒　地元　住所　☎
〒　中央　住所　☎

（注）比例代表で復活当選した議員の小選挙区名を〈　〉内に示した。

●編集要領

○住所に宿舎とあるのは議員宿舎、会館とあるのは議員会館。
○党派名、自民党議員の派閥名（[　]で表示）を略称で表記した。

自…自由民主党	**社**…社会民主党	[森]…森山派
立…立憲民主党	**無**…無所属	[無]…無派閥
維…日本維新の会	[安]…安倍派	
公…公明党	[麻]…麻生派	
国…国民民主党	[茂]…茂木派	(　)内は会派名
共…日本共産党	[二]…二階派	立憲…立憲民主党・無所属
れ…れいわ新選組	[岸]…岸田派	有志…有志の会

○常任委員会

内閣委員会…………**内閣委**	国土交通委員会…………**国交委**
総務委員会…………**総務委**	環境委員会…………**環境委**
法務委員会…………**法務委**	安全保障委員会…………**安保委**
外務委員会…………**外務委**	国家基本政策委員会……**国家基本委**
財務金融委員会…………**財金委**	予算委員会…………**予算委**
文部科学委員会…………**文科委**	決算行政監視委員会……**決算行監委**
厚生労働委員会…………**厚労委**	議院運営委員会…………**議運委**
農林水産委員会…………**農水委**	懲罰委員会…………**懲罰委**
経済産業委員会…………**経産委**	

○特別委員会

災害対策特別委員会…………**災害特委**
政治倫理の確立及び公職選挙法改正に関する特別委員会……**倫選特委**
沖縄及び北方問題に関する特別委員会…………**沖北特委**
北朝鮮による拉致問題等に関する特別委員会…………**拉致特委**
消費者問題に関する特別委員会…………**消費者特委**
科学技術・イノベーション推進特別委員会…………**科技特委**
東日本大震災復興特別委員会…………**復興特委**
原子力問題調査特別委員会…………**原子力特委**
地方創生に関する特別委員会…………**地方創生特委**

○審査会

憲法審査会…………**憲法審委**
情報監視審査会…………**情報監視審委**
政治倫理審査会…………**政倫審委**

※所属の委員会名は、1月17日現在の委員部資料及び議員への取材に基づいて掲載しています。

衆議院議員・秘書名一覧

あ

議　員　名	党派 (会派)	選挙区	政策秘書名 第１秘書名 第２秘書名	館別 号室	直通 FAX	略歴 頁
じろう あかま二郎	自 [麻]	神奈川14	鈴木久恵 飯田則恭 神﨑慶子	1 421	3508-7317 3508-3317	86
としこ あべ俊子	自 [麻]	比例 中国	竹山直子 ――― ―――	1 514	3508-7136 3508-3436	148
あずみ　じゅん 安住　淳	立	宮城5	泉　貴仁 遠藤裕美 髙木万莉子	1 1003	3508-7293 3508-3503	61
あべ しんぞう 安倍晋三	自 [安]	山口4	中平大開 畑村　剛 徳本美佐	1 1212	3508-7172 3508-3602	147
あだち やすし 足立康史	維	大阪9	斉藤　巧 川口元気 植田まゆみ	1 1016	3508-7100 3508-6410	129
あべ　つかさ 阿部　司	維	比例 東京	――― 國井百合子 津田郁也	2 321	3508-7504 3508-3934	101
あべ ともこ 阿部知子	立	神奈川12	政野淳子 齊藤　剛 横山弓彦	1 424	3508-7303 3508-3303	86
あべ ひろき 阿部弘樹	維	比例 九州	高岡英一 ――― 大山隆之	2 1102	3508-7480 3508-3360	166
あいさわ いちろう 逢沢一郎	自 [無]	岡山1	――― 藤井章文 足立　輝	1 505	3508-7105 3508-0319	143
あおやぎ ひとし 青柳仁士	維	大阪14	小島英治 綾田剛樹 福馬晶子	1 723	3508-7609 3508-3989	130
あおやぎよういちろう 青柳陽一郎	立	比例 南関東	仲長武男 髙田修平 小池真実子	2 1013	3508-7245 3508-3515	90
あおやま しゅうへい 青山周平	自 [安]	比例 東海	佐藤　彰 中田大亮 大須賀竜也	2 616	3508-7083 3508-3089	119
あおやま やまと 青山大人	立	比例 北関東	――― ――― ―――	2 201	3508-7039 3508-3839	77
あかぎ まさゆき 赤木正幸	維	比例 近畿	――― 佐藤秋則 ―――	2 506	3508-7505 3508-3935	137
あかざわ りょうせい 赤澤亮正	自 [無]	鳥取2	来間誠司 河上定弘 秋田和子	2 1022	3508-7490 3508-3370	142
あかば かずよし 赤羽一嘉	公	兵庫2	治井邦弘 川元揚二郎 菅　雄史	2 414	3508-7079 3508-3769	132
あかみね せいけん 赤嶺政賢	共	沖縄1	竹内　真 佐々木森夢 新庄沙穂	1 1107	3508-7196 3508-3626	162
あきば けんや 秋葉賢也	自 [茂]	比例 東北	高嶋佳恵 西　憲太郎 五十嵐　隆	1 823	3508-7392 3508-3632	64
あきもと まさとし 秋本真利	自 [無]	比例 南関東	――― ――― ―――	1 1209	3508-7611 3508-3991	88

※内線電話番号は、第１議員会館は５＋室番号、６＋室番号（３～９階は５、６のあとに０を入れる）、
第２議員会館は７＋室番号、８＋室番号（２～９階は７、８のあとに０を入れる）

議員名	党派(会派)	選挙区	政策秘書名 第1秘書名 第2秘書名	館別 号室	直通 FAX	略歴 頁
あさかわ よしはる 浅川義治	維	比例 南関東	持丸優 碓井慎一 森幸恵	2 803	3508-7197 3508-3627	91
あさの さとし 浅野哲	国	茨城5	——— 大川一弘 田中洋和	1 406	3508-7231 3508-3231	68
あずま くによし 東国幹	自 [茂]	北海道6	——— 武末和仁 武石陽一	2 1020	3508-7634 3508-3264	54
あぜもと しょうご 畦元将吾	自 [岸]	比例 中国	竹重吉晃 若林仁美 花野大祐	1 501	3508-7710 3508-3343	148
あそう たろう 麻生太郎	自 [麻]	福岡8	佐々木隆 藤島誠治 原口勇人	1 301	3508-7703 3501-7528	156
あまり あきら 甘利明	自 [麻]	比例 南関東	河野一郎 伊田雅彦 柴高大昌	2 514	3508-7528 3502-5087	88
あらい ゆたか 荒井優	立	比例 北海道	荻野あおい 秋元恭兵 運上一平	2 602	3508-7602 3508-3982	57
あらかき くにお 新垣邦男	社	沖縄2	塚田大海志 宮城一郎 久保睦美	2 711	3508-7157 3508-3707	163
いがらし きよし 五十嵐清	自 [茂]	比例 北関東	上野忠彦 田子貴章 濱﨑絵美子	2 915	3508-7085 3508-3865	76
いさか のぶひこ 井坂信彦	立	兵庫1	佐藤利信 万谷智昭 髙山晃一	2 1216	3508-7082 3508-3862	131
いで ようせい 井出庸生	自 [麻]	長野3	高橋澄江 井出泰生 竹内充	2 721	3508-7469 3508-3299	107
いの としろう 井野俊郎	自 [茂]	群馬2	川崎陽子 ——— 矢嶋文好	2 921	3508-7219 3508-3219	70
いのうえ しんじ 井上信治	自 [麻]	東京25	臼井悠人 岩﨑百合子 竹本美紀	1 317	3508-7328 3508-3328	99
いのうえ たかひろ 井上貴博	自 [麻]	福岡1	伊藤茂雄 大谷明治 江藤美緒	1 323	3508-7239 3508-3239	155
いのうえ ひでたか 井上英孝	維	大阪1	石橋映子 広瀬能久 小田優子	1 404	3508-7333 3508-3333	127
いばやし たつのり 井林辰憲	自 [麻]	静岡2	福井正直 高木勝哉 鳥京之	1 919	3508-7127 3508-3427	113
いはら たくみ 井原巧	自 [安]	愛媛3	松田貢一 篠原和貴 押尾拓也	2 207	3508-7201 3508-3201	152
いさ しんいち 伊佐進一	公	大阪6	湯浅憲一 小西泰夫 小菅瑞人	1 1004	3508-7391 3508-3631	128
いとう のぶひさ 伊東信久	維	大阪19	永田千寿 武田昌也 船冨則夫	1 916	3508-7243 3508-3513	131
いとう よしたか 伊東良孝	自 [二]	北海道7	魚住純也 児玉雅裕 大志保夕里奈	1 623	3508-7170 3508-7177	54

※内線電話番号は、第1議員会館は5＋室番号、6＋室番号（3～9階は5、6のあとに0を入れる）、
第2議員会館は7＋室番号、8＋室番号（2～9階は7、8のあとに0を入れる）

議員名	党派(会派)	選挙区	政策秘書名 第1秘書名 第2秘書名	館別 号室	直通 FAX	略歴 頁
いとうしゅんすけ 伊藤俊輔	立	比例 東京	東　恭弘 栗下善行 月原大輔	2 1122	3508-7150 3508-3640	100
いとうしんたろう 伊藤信太郎	自 [麻]	宮城4	大谷津篤 熊谷守広 田中貴美子	2 205	3508-7091 3508-3871	60
いとうただひこ 伊藤忠彦	自 [二]	愛知8	上田恵利 宮島隆志 渡部祐太	2 222	3508-7003 3508-3803	116
いとうたつや 伊藤達也	自 [無]	東京22	山中真喜子 内川直樹 福井裕康	2 524	3508-7623 3508-3253	98
いとうわたる 伊藤　渉	公	比例 東海	中島　勉 村本　豊 北澤匡貴	1 921	3508-7187 3508-3617	122
いけしたたく 池下　卓	維	大阪10	上野寿朗 ―――― ――――	1 907	3508-7454 3508-3284	129
いけだよしたか 池田佳隆	自 [安]	比例 東海	柿沼和宏 丹羽葉子 二宮正導	2 511	3508-7616 3508-3996	120
いけはたこうたろう 池畑浩太朗	維	比例 近畿	中林真里 ―――― 及川智義	2 509	3508-7520 3508-3950	137
いしいけいいち 石井啓一	公	比例 北関東	杉戸研介 藤田勝利 高橋成典	1 411	3508-7110 3508-3229	77
いしいたく 石井　拓	自 [安]	比例 東海	藤原陽子 小林哲三 嶋田光紗	2 209	3508-7031 3508-3813	119
いしかわあきまさ 石川昭政	自 [無]	比例 北関東	大塚敬史 石川浩久 ――――	2 1014	3508-7159 3508-3709	76
いしかわかおり 石川香織	立	北海道11	梶原博之 高桑　浩 福家督和	2 512	3508-7512 3508-3942	55
いしだまさとし 石田真敏	自 [岸]	和歌山2	山崎勝紀 今西康仁 上　泰治	2 313	3508-7072 3581-6992	135
いしばしげる 石破　茂	自 [無]	鳥取1	吉村麻央 瀬淵資水 池田夏美	2 515	3508-7525 3502-5174	142
いしばしりんたろう 石橋林太郎	自 [岸]	比例 中国	田丸志野 吉岡広小路 植村恭明	1 1221	3508-7901 3508-3409	147
いしはらひろたか 石原宏高	自 [岸]	比例 東京	佐藤紀人 清水健一 星野顕仁	1 813	3508-7319 3508-3319	100
いしはらまさたか 石原正敬	自 [無]	比例 東海	市川淀内幸 向原憲一 西原せり	1 910	3508-7706 3508-3321	120
いずみけんた 泉　健太	立	京都3	田中栄一 野本菜生 泰田和明	1 817	3508-7005 3508-3805	126
いずみだひろひこ 泉田裕彦	自 [二]	比例 北陸信越	早　智敬 横山絵理 高木英明	2 914	3508-7640 3508-3270	109
いちたにゆういちろう 一谷勇一郎	維	比例 近畿	―――― 竹田裕紀 鈴木　薫	2 507	3508-7300 3508-3373	137

※内線電話番号は、第1議員会館は5＋室番号、6＋室番号（3～9階は5、6のあとに0を入れる)、
第2議員会館は7＋室番号、8＋室番号（2～9階は7、8のあとに0を入れる)

議員名	党派(会派)	選挙区	政策秘書名 第1秘書名 第2秘書名	館別 号室	直通 FAX	略歴頁
いちむらこういちろう 市村浩一郎	維	兵庫6	——— 渡　智恵子 小寺健太郎	2 1203	3508-7165 3508-3715	133
いなだともみ 稲田朋美	自 [安]	福井1	大河内茂太 藤田千恵子 稲田珠青	2 1115	3508-7035 3508-3835	106
いなつひさし 稲津　久	公	北海道10	布川和義 一戸康男 谷内直樹	2 413	3508-7089 3508-3869	55
いなとみしゅうじ 稲富修二	立	比例 九州	——— ——— 古屋伴朗	2 1004	3508-7515 3508-3945	165
いまえだそういちろう 今枝宗一郎	自 [麻]	愛知14	田淵雄三 木曽智弘 ———	1 422	3508-7080 3508-3860	118
いまむらまさひろ 今村雅弘	自 [二]	比例 九州	無津呂智臣 木下明仁 ———	2 1210	3508-7610 3597-2723	163
いわたかずちか 岩田和親	自 [岸]	比例 九州	峯崎恭輔 ——— ———	2 206	3508-7707 3508-3203	164
いわたにりょうへい 岩谷良平	維	大阪13	——— 森本　愛 森田一也	1 906	3508-7314 3508-3314	130
いわやたけし 岩屋　毅	自 [麻]	大分3	山口明浩 岩屋恒久 青木隆幸	2 1209	3508-7510 3509-7610	160
う　うえすぎけんたろう 上杉謙太郎	自 [安]	比例 東北	中川博登 大見祐子 ———	2 1111	3508-7074 3508-3764	65
うえだえいしゅん 上田英俊	自 [茂]	富山2	大瀧幸雄 藤井　開 ———	2 811	3508-7061 3508-3381	105
うえのけんいちろう 上野賢一郎	自 [森]	滋賀2	原島　潤 浅山禎信 野中みゆき	1 621	3508-7004 3508-3804	124
うきしまともこ 浮島智子	公	比例 近畿	木野十三 柏木　淳 竹本佳恵	2 820	3508-7290 3508-3740	139
うめたにまもる 梅谷　守	立	新潟6	瀧澤直樹 岡村祐子 小川千比呂	2 403	3508-7403 3508-3883	105
うらのやすと 浦野靖人	維	大阪15	藤鷹英雄 大河内国光 池側純司	1 405	3508-7641 3508-3271	130
うるまじょうじ 漆間譲司	維	大阪8	長嶋雅代 川面篤志 ———	1 912	3508-7298 3508-3508	128
え　えさきてつま 江﨑鐵磨	自 [二]	愛知10	若山慎司 ——— 栗本実樹男	2 1002	3508-7418 3508-3898	117
えだけんじ 江田憲司	立	神奈川8	大塚亜紀子 町田融哉 田倉俊輔	2 610	3508-7462 3508-3292	85
えとあきのり 江渡聡徳	自 [麻]	青森1	鈴木貴司 高渕正賢 齊藤晃一	2 1021	3508-7096 3508-3961	58
えとうたく 江藤　拓	自 [無]	宮崎2	三野　晃 川合賢二 佐藤和彦	2 1207	3508-7468 3591-3063	161

※内線電話番号は、第1議員会館は5＋室番号、6＋室番号（3～9階は5、6のあとに0を入れる）、
第2議員会館は7＋室番号、8＋室番号（2～9階は7、8のあとに0を入れる）

議員名	党派（会派）	選挙区	政策秘書名 第1秘書名 第2秘書名	館別号室	直通 FAX	略歴頁
えとうせいしろう 衛藤征士郎	自 ［安］	大分2	衛藤　孝 増村幸成 金高桃子	1 1101	3508-7618 3595-0003	160
えだのゆきお 枝野幸男	立	埼玉5	枝野佐智子 三吉弘人 沼田陽司	1 804	3508-7448 3591-2249	72
えんどうたかし 遠藤　敬	維	大阪18	山中栄一 金井千穂 下条潤彌	1 415	3508-7325 3508-3325	131
えんどうとしあき 遠藤利明	自 ［無］	山形1	須藤孝治 矢野圭一 帯刀　亮	1 703	3508-7158 3592-7660	62
えんどうりょうた 遠藤良太	維	比例 近畿	松尾和弥 栄田孝弘 末野里奈	1 516	3508-7114 3508-3225	137
お くれは おおつき紅葉	立	比例 北海道	竹岡正博 千場隆利 ――	1 820	3508-7493 3508-3320	57
おがわじゅんや 小川淳也	立	香川1	坂本広明 青木武史 原田佳枝	2 1005	3508-7621 3508-3251	151
おぐましんじ 小熊慎司	立	福島4	荻野妙子 廣岡　久 代田秀一	1 808	3508-7138 3508-3438	63
おぐらまさのぶ 小倉將信	自 ［二］	東京23	齋藤佳伸 横田哲弥 遠藤敦人	1 814	3508-7140 3508-3440	98
おざとやすひろ 小里泰弘	自 ［無］	比例 九州	小里佳嵩 小田和隆 原　範明	1 811	3508-7247 3502-5017	165
おざわいちろう 小沢一郎	立	比例 東北	宇田川　勲 川邊嗣治 中村敬太	1 605	3508-7175	65
おだわらきよし 小田原　潔	自 ［安］	東京21	潮　麻衣子 吉田直哉 伊集院　聡	2 1007	3508-7909 3508-3273	98
おのたいすけ 小野泰輔	維	比例 東京	岩本優美子 大竹　等 若旅啓太	1 513	3508-7340 3508-3340	101
おのでらいつのり 小野寺五典	自 ［岸］	宮城6	鈴木　敦 加美山不可史 佐藤丈寛	2 715	3508-7432 3508-3912	61
おぶちゆうこ 小渕優子	自 ［茂］	群馬5	石川幸子 輕部順子 渡部慎也	2 823	3508-7424 3592-1754	71
おざきまさなお 尾﨑正直	自 ［二］	高知2	栗原雄一郎 北村　強 池田誠二	2 901	3508-7619 3508-3999	153
おみあさこ 尾身朝子	自 ［安］	比例 北関東	―― ―― ――	2 1201	3508-7484 3508-3364	75
おちたかお 越智隆雄	自 ［安］	比例 東京	渡辺晴彦 米山淳子 滝澤　修	1 1105	3508-7479 3508-3359	100
おがたりんたろう 緒方林太郎	無 （有志）	福岡9	大塚絹子 岩坂　香 森　晶俊	2 617	3508-7119 3508-3426	157
おおいし 大石あきこ	れ	比例 近畿	中島　浩 山岸飛鳥 前島一輝	2 417	3508-7404 3508-3884	140

※内線電話番号は、第1議員会館は5＋室番号、6＋室番号（3～9階は5、6のあとに0を入れる）、
第2議員会館は7＋室番号、8＋室番号（2～9階は7、8のあとに0を入れる）

議員名	党派（会派）	選挙区	政策秘書名 第1秘書名 第2秘書名	館別 号室	直通 FAX	略歴頁
おおおか としたか 大岡敏孝	自 [二]	滋賀1	石橋広行 岸田郁子 冨迫佳代	1 619	3508-7208 3508-3208	124
おおかわら 大河原まさこ	立	比例 東京	野村宗平 須崎秀信 露木佳代	1 517	3508-7261 3508-3531	101
おおぐし ひろし 大串博志	立	佐賀2	及川昭広 稲葉典之 北島智孝	1 308	3508-7335 3508-3335	158
おおぐし まさき 大串正樹	自 [無]	比例 近畿	伊勢田暁子 森本猛史 大澤一功	1 616	3508-7191 3508-3621	138
おおぐち よしのり 大口善徳	公	比例 東海	山中基司 山内克則 久保田由美	2 308	3508-7017 3508-8552	122
おおしま あつし 大島敦	立	埼玉6	稲垣雅由 永井紀明 加藤幸一	1 420	3508-7093 3508-3380	73
おおつか たく 大塚拓	自 [安]	埼玉9	松井晴子 東山徹 佐藤由美	1 710	3508-7608 3508-3988	73
おおにし けんすけ 大西健介	立	愛知13	乾ひとみ 倉嶋弘夫 伊関延元	1 923	3508-7108 3508-3408	117
おおにし ひでお 大西英男	自 [安]	東京16	亀本正城 山下誠治 吉田晃樹	2 510	3508-7033 3508-3833	97
おおの けいたろう 大野敬太郎	自 [無]	香川3	奴賀裕行 横田飛真 大谷まゆみ	1 1211	3508-7132 3502-5870	151
おおさか せいじ 逢坂誠二	立	北海道8	谷口真弓 ―― 浜谷優香	2 517	3508-7517 3508-3947	55
おかだ かつや 岡田克也	立	三重3	金指良樹 安野啓子 村上幸司	1 506	3508-7109 3502-5047	119
おかもと こ 岡本あき子	立	比例 東北	村田実 家藤義人 鈴木清美	1 711	3508-7064 3508-3844	65
おかもと みつなり 岡本三成	公	東京12	坂本友明 佐藤希美子 宮木正雄	1 1005	3508-7147 3508-3637	96
おくした たけみつ 奥下剛光	維	大阪7	平松大輔 林恭一 川端晴美	1 721	3508-7225 3508-3414	128
おくの しんすけ 奥野信亮	自 [安]	比例 近畿	水野元晴 木口善行 平岡史行	2 1001	3508-7421 3508-3901	138
おくの そういちろう 奥野総一郎	立	千葉9	西牟田勲 中野あかね 北村直昭	1 1119	3508-7256 3508-3526	82
おちあい たかゆき 落合貴之	立	東京6	星野菜穂子 京利英 原拓也	2 606	3508-7134 3508-3434	94
おにき まこと 鬼木誠	自 [森]	福岡2	大森一毅 平山康樹 濵崎耕太郎	1 715	3508-7182 3508-3612	155
か かとう あゆこ 加藤鮎子	自 [無]	山形3	―― ―― ――	1 705	3508-7216 3508-3216	62

※内線電話番号は、第1議員会館は5＋室番号、6＋室番号（3～9階は5、6のあとに0を入れる）、第2議員会館は7＋室番号、8＋室番号（2～9階は7、8のあとに0を入れる）

議員名	党派 (会派)	選挙区	政策秘書名 第1秘書名 第2秘書名	館別 号室	直通 FAX	略歴 頁
かとう かつのぶ 加藤勝信	自 [茂]	岡山5	加藤則和 杉原洋平 ――	2 1104	3508-7459 3508-3289	144
かとう りゅうしょう 加藤竜祥	自 [安]	長崎2	山岸直嗣 中西英雄 羽根里奈	2 1106	3508-7230 3508-3230	158
かさい こういち 河西宏一	公	比例 東京	田邊清二 石井敏之 海野奈保子	2 503	3508-7630 3508-3260	101
かいえだ ばんり 海江田万里	無	比例 東京	落合友子 三雲崇正 上村大	1 609	3508-7316 3508-3316	101
かきざわ みと 柿沢未途	自 [無]	東京15	―― 佐藤亨 帖地雅史	2 611	3508-7427 3508-8807	96
かさい あきら 笠井亮	共	比例 東京	向直也 中平智之 瀬長結	2 621	3508-7439 3508-3919	102
かじやま ひろし 梶山弘志	自 [無]	茨城4	木村義人 宇留野洋治 石黒理恵子	2 903	3508-7529 3508-7714	68
かつまた たかあき 勝俣孝明	自 [二]	静岡6	新井裕志 土倉隆太 村上祥平	1 920	3508-7202 3508-3202	114
かつめ やすし 勝目康	自 [無]	京都1	―― 柳幸博史 綾部繁	2 615	3508-7615 3508-3995	125
かどやま ひろあき 門山宏哲	自 [無]	比例 南関東	石原裕久 中村寿城 竹脇亮太	2 1121	3508-7382 3508-3512	89
かねこ えみ 金子恵美	立	福島1	中川誠一郎 来山佳子 河野裕之	2 710	3508-7476 3508-3356	63
かねこ しゅんぺい 金子俊平	自 [岸]	岐阜4	滝村尚人 下田学 塚本信二	2 913	3508-7060 3502-5853	112
かねこ やすし 金子恭之	自 [岸]	熊本4	白石剛嗣 中村浩実 大串穂尭	2 410	3508-7410 3504-8776	160
かねだ かつとし 金田勝年	自 [二]	比例 東北	工藤衛 小田嶋希実 ――	2 1009	3508-7053 3508-8815	65
かねむら りゅうな 金村龍那	維	比例 南関東	―― ―― ――	2 421	3508-7411 3508-3891	90
かまた 鎌田さゆり	立	宮城2	横田ひろ子 海上卓也 鎌田拓郎	1 313	3508-7204 3508-3204	60
かみかわ ようこ 上川陽子	自 [岸]	静岡1	西谷康祐 村松潮見 藤田知士	2 305	3508-7460 3508-3290	112
かみや ひろし 神谷裕	立	比例 北海道	―― 浅野幹昌 倉本さやか	2 801	3508-7050 3508-3960	57
かめおか よしたみ 亀岡偉民	自 [安]	比例 東北	亀岡まなみ ―― 岡崎雄旭	1 1006	3508-7148 3508-3638	64
かわさき 川崎ひでと	自 [無]	三重2	岸田直樹 長嶺友之 永田真巳	1 702	3508-7152 3502-5173	118

※内線電話番号は、第1議員会館は5＋室番号、6＋室番号（3～9階は5、6のあとに0を入れる）、第2議員会館は7＋室番号、8＋室番号（2～9階は7、8のあとに0を入れる）

議員名	党派(会派)	選挙区	政策秘書名 第1秘書名 第2秘書名	館別 号室	直通 FAX	略歴頁
かんだけんじ 神田憲次	自 [安]	愛知5	――― ――― ―――	1 1124	3508-7253 3508-3523	115
かんだじゅんいち 神田潤一	自 [無]	青森2	黒保浩介 貝吹敦志 藍澤奈緒子	2 812	3508-7502 3508-3932	58
かんなおと 菅直人	立	東京18	菅源太郎 岡戸正典 金子裕弥	1 512	3508-7323 3595-0090	97
かんけいちろう 菅家一郎	自 [安]	比例東北	中川廣文 ――― 佐原正純	1 503	3508-7107 3508-3407	64
き きはらせいじ 木原誠二	自 [岸]	東京20	川上昌克 西倉賢二 大熊義昭	1 915	3508-7169 3508-3719	98
きはらみのる 木原稔	自 [茂]	熊本1	篠田了 北岡浩二 勝久卓治	2 1116	3508-7450 3508-3970	159
きむらじろう 木村次郎	自 [安]	青森3	――― 村田尚也 山本幸之助	2 809	3508-7407 3508-3887	59
きらしゅうじ 吉良州司	無 (有志)	大分1	尾﨑美加 ――― ―――	2 707	3508-7412 3508-3892	160
きいたかし 城井崇	立	福岡10	襲田憲右 早見はるみ 緒方文則	1 807	3508-7389 3508-3509	157
きうちみのる 城内実	自 [無]	静岡7	安田年一 古田潤 南谷幸代	2 623	3508-7441 3508-3921	114
きかわだひとし 黄川田仁志	自 [無]	埼玉3	石井あゆ子 川内昂哉 藤田洸	1 816	3508-7123 3508-3423	72
きくたまきこ 菊田真紀子	立	新潟4	鈴木明久 中村紀之 金子直起	2 802	3508-7524 3508-3954	104
きしのぶお 岸信夫	自 [安]	山口2	小林憲史 吉永隆史 下倉陸彦	1 1203	3508-1203 3508-3237	146
きしだふみお 岸田文雄	自 [岸]	広島1	浮田義晴 岸田翔太郎 下岸征史	1 1222	3508-7279 3591-3118	144
きしもとしゅうへい 岸本周平	国	和歌山1	末次啓了 山本明 阪口祥代	2 911	3508-7701 3508-3451	135
きたがみけいろう 北神圭朗	無 (有志)	京都4	――― 三ツ谷菜採 千葉一真	2 519	3508-7069 3508-3849	126
きたがわかずお 北側一雄	公	大阪16	橋本勝之 岡本章 矢野博之	1 508	3508-7263 3508-3533	130
きたむらせいご 北村誠吾	自 [岸]	長崎4	神吉浩明 間村さつき 竹村道代	2 714	3508-7627 3508-3257	159
きんじょうやすくに 金城泰邦	公	比例九州	大西章英 上地貴大 ―――	1 801	3508-7153 3508-3703	166
く くどうしょうぞう 工藤彰三	自 [麻]	愛知4	原澤直樹 ――― 酒井雄司	2 218	3508-7018 3508-3818	115

※内線電話番号は、第1議員会館は5＋室番号、6＋室番号（3～9階は5、6のあとに0を入れる）、第2議員会館は7＋室番号、8＋室番号（2～9階は7、8のあとに0を入れる）

	議員名	党派(会派)	選挙区	政策秘書名 第1秘書名 第2秘書名	館別号室	直通 FAX	略歴頁
	くさか まさき 日下正喜	公	比例中国	山田一成 木口勇二 濱岡貴史	2 920	3508-7021 3508-3821	149
	くに さだ いさ と 国定勇人	自 ［二］	比例北陸信越	中溝篤司 ――― 赤堀大	1 1220	3508-7131 3508-3431	109
	くに しげ とおる 國重徹	公	大阪5	山西博之 松元晋輔 福本彰律	2 716	3508-7405 3508-3885	128
	くにみつ 国光あやの	自 ［岸］	茨城6	越智章 川又智佐子 ―――	2 304	3508-7036 3508-3836	68
	くま だ ひろ みち 熊田裕通	自 ［無］	愛知1	山口伸夫 伊藤歩 流石崇	2 508	3508-7513	114
け	げんば こういちろう 玄葉光一郎	立	福島3	浜秀夫 吉田誠 佐藤周幸	1 819	3508-7252 3591-2635	63
	げん ま けん た ろう 源馬謙太郎	立	静岡8	臼木秀剛 森口俊尚 杉山幸生	1 624	3508-7160 3508-3710	114
こ	こいずみしんじ ろう 小泉進次郎	自 ［無］	神奈川11	――― 千場香名女 沼口祐季	1 314	3508-7327	85
	こ いずみりゅう じ 小泉龍司	自 ［二］	埼玉11	原田祐一郎 松村重章 ―――	2 1107	3508-7121 3508-3351	74
	こ じま とし ふみ 小島敏文	自 ［岸］	比例中国	山本秀一 鎌倉正樹 久松一枝	1 1206	3508-7192 3508-3622	147
	こ てら ひろ お 小寺裕雄	自 ［二］	滋賀4	新井勝美 吉田幸司 小寺赳史	1 601	3508-7126 3508-3419	125
	こ ばやししげ き 小林茂樹	自 ［二］	比例近畿	吉川英里 岩見祥志 大田誠	2 501	3508-7090 3508-3870	138
	こ ばやしたか ゆき 小林鷹之	自 ［二］	千葉2	――― 藤原隆太 田中正憲	1 417	3508-7617 3508-3997	80
	こ ばやしふみ あき 小林史明	自 ［岸］	広島7	小川麻理亜 平盛豊 宮越真帆	1 1205	3508-7455 3508-3630	146
	こ みやまやす こ 小宮山泰子	立	比例北関東	有本和雄 前田哲朗 川上偉策	1 607	3508-7184 3508-3614	77
	こ もり たく お 小森卓郎	自 ［安］	石川1	白崎勇人 中野多美 北村麻記子	1 812	3508-7179 3508-3609	106
	こ やま のぶ ひろ 小山展弘	立	静岡3	松本美治 安田幸祐 伊藤健	1 1113	3508-7270 3508-3540	113
	こ が あつし 古賀篤	自 ［岸］	福岡3	堀井英樹 ――― ―――	2 216	3508-7081 3508-3861	155
	ご とう しげ ゆき 後藤茂之	自 ［無］	長野4	小林勇郎 ――― 三沢泰敏	1 704	3508-7702 3508-3452	108
	ご とう ゆう いち 後藤祐一	立	神奈川16	藤巻浩 細野康輔 日沼勇	2 814	3508-7092 3508-3962	87

※内線電話番号は、第1議員会館は5＋室番号、6＋室番号（3～9階は5、6のあとに0を入れる）、第2議員会館は7＋室番号、8＋室番号（2～9階は7、8のあとに0を入れる）

議員名	党派(会派)	選挙区	政策秘書名 第1秘書名 第2秘書名	館別 号室	直通 FAX	略歴頁
ごとうだ まさずみ 後藤田正純	自 [茂]	比例 四国	伊藤亨 渡辺泰成 十川昌史	1 315	3508-7315 3508-3315	153
こう の たろう 河野太郎	自 [麻]	神奈川15	盛純二 矢野裕一 嶋津眞悟	2 1103	3508-7006 3500-5360	86
こうづ 神津たけし	立	比例 北陸信越	―― 小林一三 山崎晴美	2 204	3508-7015 3508-3815	110
こうむら まさひろ 高村正大	自 [麻]	山口1	上田将祐 江村和剛 荒木亨尊	1 701	3508-7113 3502-5044	146
こくば こうのすけ 國場幸之助	自 [岸]	比例 九州	渡邊純一 市川宏明 塩澤正男	2 1016	3508-7741 3508-3061	164
こくた けいじ 穀田恵二	共	比例 近畿	山内聡 折原知子 元山小百合	2 620	3508-7438 3508-3918	140
こしみず けいいち 輿水恵一	公	比例 北関東	藤村達彦 土屋伸雄 葛西正矩	2 307	3508-7076 3508-3766	77
こんどう かずや 近藤和也	立	比例 北陸信越	宮崎直広 川田樹希 辻森敏純	2 819	3508-7605 3508-3985	109
こんどう しょういち 近藤昭一	立	愛知3	笘米地真理 成川正之 坂野達也	2 402	3508-7402 3508-3882	115
さ ささき はじめ 佐々木紀	自 [安]	石川2	田辺暢 道券正明 横山大助	2 301	3508-7059 6273-3012	106
さとう こうじ 佐藤公治	立	広島6	神戸淳司 松前良司 門永健次	1 1022	3508-7145 3508-3635	146
さとう しげき 佐藤茂樹	公	大阪3	浮田広宣 清水信明 斎藤良憲	1 908	3508-7200 3508-3510	127
さとう つとむ 佐藤勉	自 [麻]	栃木4	佐藤圭 武正和 須崎司	2 902	3508-7408 3597-2740	70
さとう ひでみち 佐藤英道	公	比例 北海道	服部正利 川島公謙 向田貴	2 717	3508-7457 3508-3287	57
さいとう てつお 斉藤鉄夫	公	広島3	稲田隆則 小堀信明 小片明博	1 412	3508-7308 3501-5524	145
さいとう 斎藤アレックス	国	比例 近畿	伊藤直子 安持英太郎 大﨑俊英	2 405	3508-7637 3508-3267	140
さいとう けん 齋藤健	自 [無]	千葉7	清水道郎 安藤辰生 安藤晴彦	1 822	3508-7221 3508-3221	81
さいとう ひろあき 斎藤洋明	自 [麻]	新潟3	田中悟 長谷川智希 若狭健太	1 407	3508-7155 3508-3705	104
さかい まなぶ 坂井学	自 [無]	神奈川5	李燁明 勝間田将 白井亮次	2 1119	3508-7489 3508-3369	84
さかもと てつし 坂本哲志	自 [森]	熊本3	山室絢 山本心太 北里久則	2 702	3508-7034 3508-3834	159

※内線電話番号は、第1議員会館は5＋室番号、6＋室番号（3～9階は5、6のあとに0を入れる）、第2議員会館は7＋室番号、8＋室番号（2～9階は7、8のあとに0を入れる）

し

議員名	党派(会派)	選挙区	政策秘書名 第1秘書名 第2秘書名	館別 号室	直通 FAX	略歴 頁
さかもとゆうのすけ 坂本祐之輔	立	比例 北関東	今井省吾 黒澤幸司 西澤誠	2 1221	3508-7449 3508-3969	77
さくらい しゅう 櫻井周	立	比例 近畿	藤井千幸 桐山直也 齋藤尚光	2 409	3508-7465 3508-3295	139
さくらだ よしたか 櫻田義孝	自 [二]	比例 南関東	上野剛 小田原暁史 井田翔	2 1117	3508-7381 3508-3501	89
ささがわ ひろよし 笹川博義	自 [茂]	群馬3	茂木和幸 ―― 峰岸大悟	2 316	3508-7338 3508-3338	71
さわだ りょう 沢田良	維	比例 北関東	松村東 ―― 吉村豪介	2 323	3508-7526 3508-3956	78
しい かずお 志位和夫	共	比例 南関東	浜田文 吉井芳子 井岡弘	1 1017	3508-7285 3508-3735	91
しおかわ てつや 塩川鉄也	共	比例 北関東	山本陽子 岡田里志 木田真理子	2 905	3508-7507 3508-3937	78
しおざき あきひさ 塩崎彰久	自 [安]	愛媛1	清水洋之 川崎晶子 ――	1 1102	3508-7189 3508-3619	151
しおのや りゅう 塩谷立	自 [安]	比例 東海	渡辺桃子 ―― 岡本直哉	2 1211	3508-7632 3508-3262	120
しげとく かずひこ 重徳和彦	立	愛知12	藤原聖 畔柳智章 田中宏樹	2 909	3508-7910 3508-3285	117
しな たけし 階猛	立	岩手1	河村匡庸 平子圭 橋詰清	2 203	3508-7024 3508-3824	59
しのはら ごう 篠原豪	立	神奈川1	中山真吾 嘉藤敦 大城知恵	2 608	3508-7130 3508-3430	83
しのはら たかし 篠原孝	立	比例 北陸信越	岡本匡広 篠原章一 沓掛洋介	1 719	3508-7268 3508-3538	109
しばやま まさひこ 柴山昌彦	自 [安]	埼玉8	増井一朗 大塚隆浩 渡邊洋平	2 822	3508-7624 3508-7715	73
しまじり あいこ 島尻安伊子	自 [茂]	沖縄3	宮城一郎 下地太一 伊波広貴	1 1111	3508-7265 3508-3535	163
しもじょう 下条みつ	立	長野2	小川昌昭 百瀬秀則 白澤孝之	1 806	3508-7271 3508-3541	107
しもむら はくぶん 下村博文	自 [安]	東京11	榮友里子 中村恭平 髙橋尚久	2 622	3508-7084 3597-2772	95
しょうじ けんいち 庄子賢一	公	比例 東北	早坂光 松野博志 九鬼秀俊	2 1224	3508-7474 3508-3354	66
しらいし よういち 白石洋一	立	比例 四国	沼田忠典 ―― ――	2 720	3508-7244 3508-3514	153
しんたに まさよし 新谷正義	自 [茂]	広島4	―― 麻生満理子 亀岡勇紀	2 805	3508-7604 3508-3984	145

※内線電話番号は、第1議員会館は5＋室番号、6＋室番号（3～9階は5、6のあとに0を入れる）、第2議員会館は7＋室番号、8＋室番号（2～9階は7、8のあとに0を入れる）

議員名	党派(会派)	選挙区	政策秘書名 第1秘書名 第2秘書名	館別 号室	直通 FAX	略歴頁
しんどう よしたか 新藤義孝	自 [茂]	埼玉2	田村豪 天野優子 飯嶋頼康	1 810	3508-7313 3508-3313	72
す すえつぐ せいいち 末次精一	立	比例 九州	—— —— ——	1 606	3508-7176 3508-3606	165
すえまつ よしのり 末松義規	立	東京19	奥村真弓 —— 森田悠治	2 1008	3508-7488 3508-3368	97
すが よしひで 菅義偉	自 [無]	神奈川2	黄瀬周作 奥野智佐之 浅田侑吾	2 1113	3508-7446 3597-2707	83
すぎた みお 杉田水脈	自 [安]	比例 中国	嘉悦彩 —— 石村健	2 907	3508-7029 3508-3829	148
すぎもと かずみ 杉本和巳	維	比例 東海	—— 津下鉄平 杉田亜貴子	1 414	3508-7266 3508-3536	122
すずき あつし 鈴木敦	国	比例 南関東	竹内淳太郎 内田美奈子 ——	2 1123	3508-7286 3508-3736	91
すずき えいけい 鈴木英敬	自 [安]	三重4	寺西弘行 太田浩司 中川尚昭	1 614	3508-7269 3508-3539	119
すずき けいすけ 鈴木馨祐	自 [麻]	神奈川7	—— 黒田幸輝 藤田芳紀	1 423	3508-7304 3508-3304	84
すずき しゅんいち 鈴木俊一	自 [麻]	岩手2	清川健二 島田秀治 堀間悟	1 1001	3508-7267 3508-3543	59
すずき じゅんじ 鈴木淳司	自 [安]	愛知7	安藝仁 三治敦司 神﨑里美	1 1110	3508-7264 3508-3534	116
すずき たかこ 鈴木貴子	自 [茂]	比例 北海道	—— —— ——	1 1202	3508-7233 3508-3233	56
すずき のりかず 鈴木憲和	自 [茂]	山形2	田中辰明 佐藤愛美 後藤理徳	1 416	3508-7318 3508-3318	62
すずき はやと 鈴木隼人	自 [茂]	東京10	丸山響 唐橋新哉 生藤健人	2 1215	3508-7463 3508-3293	95
すずき ようすけ 鈴木庸介	立	比例 東京	加藤義直 加納拓弥 ——	1 1216	3508-7028 3508-3828	100
すずき よしひろ 鈴木義弘	国	比例 北関東	—— 新井寛雄 山川英郎	1 713	3508-7282 3508-3732	78
すみよし ひろき 住吉寛紀	維	比例 近畿	上垣亜希 橋本淳 ——	2 303	3508-7415 3508-3895	136
せ せき よしひろ 関芳弘	自 [安]	兵庫3	髙谷理恵 守内一誠 丸山義明	1 603	3508-7173 3508-3603	132
そ そのうら けんたろう 薗浦健太郎	自 [麻]	千葉5	高橋洋樹 大谷勇人 竹田亮	1 321	3508-7305 3508-3305	81
そらもと せいき 空本誠喜	維	比例 中国	野中幸市 髙山智秀 伊藤真二	2 1202	3508-7451 3508-3281	149

※内線電話番号は、第1議員会館は5+室番号、6+室番号（3～9階は5、6のあとに0を入れる)、第2議員会館は7+室番号、8+室番号（2～9階は7、8のあとに0を入れる)

議員名	党派(会派)	選挙区	政策秘書名 第1秘書名 第2秘書名	館別号室	直通 FAX	略歴頁
りょう たがや 亮	れ	比例 南関東	前田正志 堤昌也 菅沼奏子	2 415	3508-7008 3508-3808	91
たじま かなめ 田嶋 要	立	千葉1	丸尾圭祐 宮崎活二 菊池亮孔	1 1215	3508-7229 3508-3411	80
たどころよしのり 田所嘉徳	自 [無]	比例 北関東	中山嘉隆 永井昌儀 中川太一	1 716	3508-7068 3508-3848	76
たなかかずのり 田中和徳	自 [麻]	神奈川10	細田将史 矢作真樹子 菅谷英彦	1 1010	3508-7294 3508-3504	85
たなか けん 田中 健	国	比例 東海	矢島光弘 小原洋樹 松井優介	1 712	3508-7190 3508-3620	123
たなかひでゆき 田中英之	自 [無]	比例 近畿	葛城直樹 奥井寛之 奥谷佳代	2 604	3508-7007 3508-3807	138
たなかりょうせい 田中良生	自 [無]	埼玉15	鈴木利光 福山真樹 森幹郎	2 521	3508-7058 3508-3858	75
たのせたいどう 田野瀬太道	自 [森]	奈良3	沖浦功一 杉岡宏基 小畑善孝	2 314	3508-7071 3591-6569	135
たばたひろあき 田畑裕明	自 [安]	富山1	西村寛一郎 高原理 岩佐秀典	2 214	3508-7704 3508-3454	105
たむらたかあき 田村貴昭	共	比例 九州	村高芳樹 山口佳織 川邉隆史	2 712	3508-7475 3508-3355	166
たむらのりひさ 田村憲久	自 [無]	三重1	中村敏幸 細渕修 世古丈人	1 902	3508-7163 3502-5066	118
たいら まさあき 平 将明	自 [無]	東京4	若林継啓 山森寛之 津野仁美	1 914	3508-7297 3508-3507	94
たかいちさなえ 高市早苗	自 [無]	奈良2	高市知嗣 木下剛志 蓮実守	1 903	3508-7198 3508-7199	135
たかがいえみこ 髙階恵美子	自 [安]	比例 中国	池田和隆 佐々木由美 池田和正	2 1208	3508-7518 3508-3948	148
たかぎ けい 髙木 啓	自 [安]	比例 東京	杉浦貴和子 川西宏知 渡部修士	2 310	3508-7601 3508-3981	99
たかぎ つよし 髙木 毅	自 [安]	福井2	小泉あずさ 前島英希 山東寛和	1 1008	3508-7296 3508-3506	107
たかぎひろひさ 高木宏壽	自 [二]	北海道3	——— ——— ———	2 217	3508-7636 3508-3024	53
たかぎようすけ 高木陽介	公	比例 東京	亀岡茂一 高野正史 天野明美	2 1023	3508-7481 5251-3685	101
たかとりしゅういち 髙鳥修一	自 [安]	比例 北陸信越	——— ——— ———	1 1214	3508-7607 3508-3987	108
たかはしちづこ 高橋千鶴子	共	比例 東北	永野保司 水野希美子 小谷祥司	2 904	3508-7506 3508-3936	66

※内線電話番号は、第1議員会館は5＋室番号、6＋室番号（3～9階は5、6のあとに0を入れる）、
第2議員会館は7＋室番号、8＋室番号（2～9階は7、8のあとに0を入れる）

議員名	党派(会派)	選挙区	政策秘書名 第1秘書名 第2秘書名	館別 号室	直通 FAX	略歴頁
たかはしひであき 高橋英明	維	比例 北関東	増田　仁 板倉勝教 小牧　操	2 808	3508-7260 3508-3530	78
たかみやすひろ 高見康裕	自 ［茂］	島根2	小牧雅一 曽田　昇 中村　中	2 520	3508-7166 3508-3716	143
たけうちゆずる 竹内　譲	公	比例 近畿	包國嘉介 山本大樹 田原功一	2 1223	3508-7473 3508-3353	139
たけいしゅんすけ 武井俊輔	自 ［岸］	比例 九州	― 小浦拓也 長倉寛充	2 1017	3508-7388 3508-3718	164
たけだりょうた 武田良太	自 ［二］	福岡11	平嶺孔貴 矢野崇志 天野統郎	1 610	3508-7180 3508-3610	157
たけべあらた 武部　新	自 ［二］	北海道12	後藤秀一 安藤綾子 小澤陽平	2 1010	3508-7425 3502-5190	56
たけむらのぶひで 武村展英	自 ［無］	滋賀3	留川浩一 饗場貴子 井上喜美子	1 602	3508-7118 3508-3418	125
たちばなけいいちろう 橘　慶一郎	自 ［無］	富山3	吉田　貢 山本健一 中　里枝	1 622	3508-7227 3508-3227	105
たなはしやすふみ 棚橋泰文	自 ［麻］	岐阜2	古田恭弘 和波佐江子 長島卓己	2 713	3508-7429 3508-3909	111
たにこういち 谷　公一	自 ［二］	兵庫5	磯　篤志 津野田雄輔 渡辺浩司	2 810	3508-7010 3502-5048	132
たにがわ 谷川とむ	自 ［安］	比例 近畿	早川加寿裕 家門　保 石高大基	1 1104	3508-7514 3508-3944	139
たにがわやいち 谷川弥一	自 ［安］	長崎3	宮永龍典 三宅浩子 小林理恵	2 1101	3508-7014 3506-0557	158
たまきゆういちろう 玉木雄一郎	国	香川2	井山　哲 出水　薫 門脇永子	1 706	3508-7213 3508-3213	151
つ つしまじゅん 津島　淳	自 ［茂］	比例 東北	浅田裕之 石田　純 清水　眞	2 1204	3508-7073 3508-3033	64
つかだいちろう 塚田一郎	自 ［麻］	比例 北陸信越	白石光治 渡邉利世 河原正和	1 302	3508-7705 3508-3455	109
つじきよと 辻　清人	自 ［岸］	東京2	稲見正治 山本将伸 木村聡宏	1 522	3508-7288 3508-3738	93
つちだしん 土田　慎	自 ［麻］	東京13	小野寺洋二 平野友紀子 ―	1 1020	3508-7341 3508-3341	96
つちやしなこ 土屋品子	自 ［無］	埼玉13	佐々木太郎 豊田典子 高橋昌志	1 402	3508-7188 3508-3618	74
つつみ 堤　かなめ	立	福岡5	黛　典子 金岩秀郎 川西義人	2 312	3508-7062 3508-3039	156
つのだひでお 角田秀穂	公	比例 南関東	江端功一 鈴木　隆 大倉沙織	2 309	3508-7052 3508-3852	91

※内線電話番号は、第1議員会館は5＋室番号、6＋室番号（3～9階は5、6のあとに0を入れる）、
第2議員会館は7＋室番号、8＋室番号（2～9階は7、8のあとに0を入れる）

	議員名	党派(会派)	選挙区	政策秘書名 第1秘書名 第2秘書名	館別 号室	直通 FAX	略歴頁
て	てづかよしお 手塚仁雄	立	東京5	土橋雄宇 柿澤雄太 細貝悠	1 802	3508-7234 3508-3234	94
	てらたまなぶ 寺田学	立	比例東北	井川知雄 島田真 堀江淳	1 1014	3508-7464 3508-3294	65
	てらだみのる 寺田稔	自[岸]	広島5	迫田誠 ――― 山本譲	1 1213	3508-7606 3508-3986	145
と	どいとおる 土井亨	自[安]	宮城1	山田朋広 佐藤聖 真田遼海	1 1120	3508-7470 3508-3350	60
	とがしひろゆき 冨樫博之	自[無]	秋田1	山田修市 田中基樹 大澤薫	2 1019	3508-7275 3508-3725	61
	とかいきさぶろう 渡海紀三朗	自[無]	兵庫10	中嶋規人 加茂朋章 石橋友子	1 1109	3508-7643 3508-3613	134
	とくながひさし 徳永久志	立	比例近畿	川口良治 坂口明徳 ―――	2 609	3508-7250 3508-3520	140
な	なかがわたかもと 中川貴元	自[麻]	比例東海	桑代真哉 ――― 藤岡尚子	2 701	3508-7461 3508-3291	120
	なかがわひろまさ 中川宏昌	公	比例北陸信越	増田美香 藤田正純 大久保智広	1 922	3508-3639 3508-7149	110
	なかがわまさはる 中川正春	立	比例東海	――― ――― 福原勝	1 519	3508-7128 3508-3428	121
	なかがわやすひろ 中川康洋	公	比例東海	嶋林秀一 石井隆 加賀友啓	2 919	3508-7038 3508-3838	122
	なかがわゆうこ 中川郁子	自[二]	比例北海道	――― 山本高史 ―――	1 309	3508-7103 3508-3403	56
	なかじまかつひと 中島克仁	立	比例南関東	山本健 ――― ―――	2 723	3508-7423 3508-3903	90
	なかそねやすたか 中曽根康隆	自[二]	群馬1	加藤佑介 大山充 井上里穂	2 923	3508-7272 3508-3722	70
	なかたにかずま 中谷一馬	立	比例南関東	鈴木敬行 風間良 奈良甲介	1 509	3508-7310 3508-3310	89
	なかたにげん 中谷元	自[無]	高知1	豊田圭三 北原仁 山田亮	2 1222	3508-7486 3592-9032	152
	なかたにしんいち 中谷真一	自[茂]	山梨1	玉木武彦 長谷部政彦 古郡拓也	2 215	3508-7336 3508-3336	87
	なかつかひろし 中司宏	維	大阪11	三好新治 竹田和之 鈴木裕子	1 905	3508-7146 3508-3636	129
	なかにしけんじ 中西健治	自[麻]	神奈川3	平林悟 吉村義哉 長谷川亮太	1 303	3508-7311 3508-3377	83
	なかねかずゆき 中根一幸	自[安]	比例北関東	犬飼俊郎 小松隆仁 岩松健	2 1206	3508-7458 3508-3288	76

※内線電話番号は、第1議員会館は5＋室番号、6＋室番号（3～9階は5、6のあとに0を入れる）、第2議員会館は7＋室番号、8＋室番号（2～9階は7、8のあとに0を入れる）

議員名	党派(会派)	選挙区	政策秘書名 第1秘書名 第2秘書名	館別号室	直通 FAX	略歴頁
なかのひでゆき 中野英幸	自 [二]	埼玉7	染谷剛 菊池豪 金澤將	2 220	3508-7220 3508-3220	73
なかのひろまさ 中野洋昌	公	兵庫8	小谷伸彦 能村清人 山田友崇	1 722	3508-7224 3508-3415	133
なかむらきしろう 中村喜四郎	立	比例 北関東	谷中勝一 ―― 岡野功	2 411	3508-7501 3508-3931	77
なかむらひろゆき 中村裕之	自 [麻]	北海道4	髙橋知久 栗原巧 川仁伸一	2 406	3508-7406 3508-3886	54
なかやまのりひろ 中山展宏	自 [麻]	比例 南関東	松本達也 白谷武士 宮崎鋭一	2 311	3508-7435 3508-3915	89
ながおかけいこ 永岡桂子	自 [麻]	茨城7	大越貴陽 矢部憲司 小池寿伴太郎	1 714	3508-7274 3508-3724	69
ながさかやすまさ 長坂康正	自 [麻]	愛知9	茶谷滋 長坂隆廣 今川徳治	1 1007	3508-7043 3508-3863	116
ながしまあきひさ 長島昭久	自 [二]	比例 東京	及川哲央 花咲宏基 安西謙介	1 510	3508-7309 3508-3309	100
ながつまあきら 長妻昭	立	東京7	梶護 淡島智子 中原翔太	2 706	3508-7456 3508-3286	94
ながともしんじ 長友慎治	国	比例 九州	川添由香子 黒木章光 菊池史隆	2 912	3508-7212 3508-3212	167
に にかいとしひろ 二階俊博	自 [二]	和歌山3	二階俊樹 二階伸康 小川珠美	2 223	3508-7023 3502-5037	136
にきひろぶみ 仁木博文	無 (有志)	徳島1	小笠原博信 黒田佳代 松本顕	2 213	3508-7011 3508-3811	150
にわひでき 丹羽秀樹	自 [麻]	愛知6	杉山健太郎 大塚恭平 小林拓	2 916	3508-7025 3508-3825	116
にしおかひでこ 西岡秀子	国	長崎1	―― 高瀬千義 ――	2 1124	3508-7343 3508-3733	158
にしだしょうじ 西田昭二	自 [岸]	石川3	井上貴義 奥村淳 土倉豊	1 523	3508-7139 3508-3439	106
にしのだいすけ 西野太亮	自 [無]	熊本2	鹿島圭子 中村直哉 生山敬之	1 913	3508-7144 3508-3634	159
にしむらあきひろ 西村明宏	自 [安]	宮城3	―― ―― 佐々木祐子	2 324	3508-7906 3508-3873	60
にしむらちなみ 西村智奈美	立	新潟1	高田一喜 佐藤真一 和泉優	2 404	3508-7614 3508-3994	103
にしむらやすとし 西村康稔	自 [安]	兵庫9	平野勝敏 柳沢浩美 ――	1 611	3508-7101 3508-3401	133
にしめこうさぶろう 西銘恒三郎	自 [茂]	沖縄4	大城和人 津嘉山尚也 末吉達俊	2 317	3508-7218 3508-3218	163

※内線電話番号は、第1議員会館は5＋室番号、6＋室番号（3～9階は5、6のあとに0を入れる）、
第2議員会館は7＋室番号、8＋室番号（2～9階は7、8のあとに0を入れる）

	議員名	党派(会派)	選挙区	政策秘書名 第1秘書名 第2秘書名	館別 号室	直通 FAX	略歴頁
ぬ	ぬかがふくしろう 額賀福志郎	自 [茂]	茨城2	藤井　剛 平川大輔 秋山太三	2 824	3508-7447 3592-0468	67
ね	ねもと　たくみ 根本　匠	自 [岸]	福島2	六角陽佳 林　美奈子 小松慎太郎	2 1213	3508-7312 3508-3312	63
	ねもとゆきのり 根本幸典	自 [安]	愛知15	服部靖夫 川越憂貴 若林由利	2 906	3508-7711 3508-3300	118
の	のだせいこ 野田聖子	自 [無]	岐阜1	半田　亘 ―――― 中森美恵子	1 504	3508-7161 3591-2143	111
	のだよしひこ 野田佳彦	立	千葉4	河井淳一 田窪照美 山本勇介	1 821	3508-7141 3508-3441	80
	のなか　あつし 野中　厚	自 [茂]	比例 北関東	―――― 柴田昭彦 山崎洋平	1 419	3508-7041 3508-3841	75
	のま　たけし 野間　健	立	鹿児島3	久本芳孝 潟野修一 ――――	2 601	3508-7027 3508-3827	162
は	はせがわじゅんじ 長谷川淳二	自 [無]	愛媛4	安藤　明 山下芳公 田井野　駿	2 703	3508-7453 3508-3283	152
	はなしやすひろ 葉梨康弘	自 [岸]	茨城3	池田芳宏 渡邉貴大 鎌田総太郎	1 1117	3508-7248 3508-3518	68
	ばばのぶゆき 馬場伸幸	維	大阪17	辻　修治 小寺一輝 山口剛士	1 511	3508-7322 3508-3322	131
	ばばゆうき 馬場雄基	立	比例 東北	―――― ―――― ――――	2 821	3508-7631 3508-3261	65
	はぎうだこういち 萩生田光一	自 [安]	東京24	佐藤裕之 大竹利明 鈴木脩介	2 1205	3508-7154 3508-3704	99
	はしもと　がく 橋本　岳	自 [茂]	岡山4	矢吹彰康 藤村　健 高坂隆行	2 306	3508-7016 3508-3816	144
	はとやまじろう 鳩山二郎	自 [二]	福岡6	國崎愼也 立井尚友 江刺家孝臣	2 221	3508-7905 3580-8001	156
	はまだやすかず 浜田靖一	自 [無]	千葉12	―――― 小暮眞也 永田実和子	2 315	3508-7020 3508-7644	82
	はまちまさかず 濵地雅一	公	比例 九州	吉田直樹 濵田幸光 水町康博	1 803	3508-7235 3508-3235	165
	はやさか　あつし 早坂　敦	維	比例 東北	常澤正史 春藤沙弥香 佐藤綾子	2 704	3508-7414 3508-3894	66
	はやし　もとお 林　幹雄	自 [二]	千葉10	渡辺淳一 津田康平 山野巧磨	1 612	3508-7151 3502-5016	82
	はやし　よしまさ 林　芳正	自 [岸]	山口3	宮本賢一 小平　均 山村恭子	1 1201	3508-7115 3508-3050	147
	はらぐちかずひろ 原口一博	立	佐賀1	池田　勝 坂本裕二朗 山﨑康弘	1 307	3508-7238 3508-3238	157

※内線電話番号は、第1議員会館は5＋室番号、6＋室番号（3～9階は5、6のあとに0を入れる)、第2議員会館は7＋室番号、8＋室番号（2～9階は7、8のあとに0を入れる)

議員名	党派(会派)	選挙区	政策秘書名 第1秘書名 第2秘書名	館別 号室	直通 FAX	略歴頁
ばんの ゆたか 伴野　豊	立	比例 東海	大坪俊一 三島且成 水見祥子	2 910	3508-7019 3508-3819	121
ひ ひらい たくや 平井卓也	自 [岸]	比例 四国	寺井　慶 荒井　淳 須永映里子	1 1024	3508-7307 3508-3307	153
ひらぐち ひろし 平口　洋	自 [茂]	広島2	廣瀬典子 湯浅路子 一瀬晃一郎	2 804	3508-7622 3508-3252	145
ひらさわ かつえい 平沢勝栄	自 [二]	東京17	熊谷修二 植原和紀 藤澤翔一	1 1115	3508-7257 3508-3527	97
ひらぬましょうじろう 平沼正二郎	自 [二]	岡山3	福井慎二 高原秀明 ――	2 614	3508-7251 3508-3521	144
ひらばやし あきら 平林　晃	公	比例 中国	西岡　稔 堀池克己 ――	1 507	3508-7339 3508-3339	149
ふ ふかざわ よういち 深澤陽一	自 [岸]	静岡4	村上泰史 遠藤敏郎 重坂雅之	1 1223	3508-7709 3508-3243	113
ふくしげ たかひろ 福重隆浩	公	比例 北関東	掛川信一 上原政雄 西口　香	1 909	3508-7249 3508-3519	78
ふくしま のぶゆき 福島伸享	無 (有志)	茨城1	赤川貴大 渡邉雄司 水書隆太	2 419	3508-7262 3508-3532	67
ふくだ あきお 福田昭夫	立	栃木2	―― 阿久津正典 塚原和広	1 708	3508-7289 3508-3739	69
ふくだ たつお 福田達夫	自 [安]	群馬4	石井琢郎 菊地秀行 堤　岳志	1 1103	3508-7181 3508-3611	71
ふじい ひさゆき 藤井比早之	自 [無]	兵庫4	伊地知理美 堀　支津子 両角真之介	1 615	3508-7185 3508-3615	132
ふじおか たかお 藤岡隆雄	立	比例 北関東	―― 土澤康敏 浅津敦史	1 608	3508-7178 3508-3608	76
ふじた ふみたけ 藤田文武	維	大阪12	吉田直樹 中川慎也 金本絵理奈	1 312	3508-7040 3508-3840	129
ふじまき けんた 藤巻健太	維	比例 南関東	吉田　新 山田一義 柿沼光利	2 320	3508-7503 3508-3933	90
ふじまる さとし 藤丸　敏	自 [岸]	福岡7	原野隆博 松尾昭宏 廣松金悟	2 211	3508-7431 3597-0483	156
ふじわら たかし 藤原　崇	自 [安]	岩手3	―― ―― ――	2 1015	3508-7207 3508-3721	59
ふとり ひでし 太　栄志	立	神奈川13	―― 角田憲一 ――	1 409	3508-7330 3508-3330	86
ふなだ はじめ 船田　元	自 [茂]	栃木1	盛　未来 山本光雄 間嶋秀樹	2 605	3508-7156 3508-3706	69
ふるかわ なおき 古川直季	自 [無]	神奈川6	荒井大樹 ―― 阿部知子	2 1114	3508-7523 3508-3953	84

※内線電話番号は　第1議員会館は5＋室番号、6＋室番号（3～9階は5、6のあとに0を入れる)、
第2議員会館は7＋室番号、8＋室番号（2～9階は7、8のあとに0を入れる）

	議員名	党派(会派)	選挙区	政策秘書名 第1秘書名 第2秘書名	館別 号室	直通 FAX	略歴頁
	ふるかわ もとひさ 古川元久	国	愛知2	近藤久美 花井孝之 横田大	2 1006	3508-7078 3597-2758	115
	ふるかわ やすし 古川康	自 [茂]	比例 九州	――― ――― ―――	2 813	6205-7711 3508-3897	164
	ふるかわ よしひさ 古川禎久	自 [茂]	宮崎3	西田育生 田中千代 小坏麻綾	2 612	3508-7612 3506-2503	161
	ふるや けいじ 古屋圭司	自 [無]	岐阜5	渡辺一博 古屋一郎 梶田誉穣	2 423	3508-7440 3592-9040	112
	ふるや のりこ 古屋範子	公	比例 南関東	深澤貴美子 中島順一 高野清志	2 502	3508-7629 3508-3259	91
ほ	ほさか やすし 穂坂泰	自 [無]	埼玉4	酒井慶太 小池夕妃 飯倉一樹	2 908	3508-7030 3508-3830	72
	ほしの つよし 星野剛士	自 [無]	比例 南関東	宇野沢典子 田中章喜 田中真一	2 708	3508-7413 3508-3893	88
	ほそだ けんいち 細田健一	自 [安]	新潟2	楠原浩祐 山田孝枝 ―――	2 1220	3508-7278 3508-3728	104
	ほそだ ひろゆき 細田博之	無	島根1	津川幸治 笛田修輔 ―――	2 513	3508-7443 3503-7530	143
	ほその ごうし 細野豪志	自 [二]	静岡5	福田三恵 佐藤公彦 髙木いづみ	1 620	3508-7116 3508-3416	113
	ほりい まなぶ 堀井学	自 [安]	比例 北海道	毛利丈二 天野壮祐 池田晃之	2 408	3508-7125 3508-3425	56
	ほりうち のりこ 堀内詔子	自 [岸]	山梨2	渡辺明秀 佐藤学 志村さおり	2 407	3508-7487 3508-3367	88
	ほりば さちこ 堀場幸子	維	比例 近畿	堀内由理 ――― 田中志保	2 422	3508-7422 3508-3902	137
	ほりい けんじ 掘井健智	維	比例 近畿	三品耕作 ――― 橋本南	2 806	3508-7088 3508-3868	136
	ほんじょう さとし 本庄知史	立	千葉8	細見一雄 芳野泰崇 矢口すみれ	2 1219	3508-7519 3508-3949	81
	ほんだ たろう 本田太郎	自 [無]	京都5	小澤喜子 小谷典仁 武田光樹	2 210	3508-7012 3508-3812	126
ま	まぶち すみお 馬淵澄夫	立	奈良1	片岡新 森田浩行 岩井禅	1 1217	3508-7122 3508-3051	134
	まえかわ きよしげ 前川清成	維	比例 近畿	内ケ﨑雅俊 中川崇 大菅亜希子	2 815	3508-7625 3508-3255	137
	まえはら せいじ 前原誠司	国	京都2	村田昭一郎 木元俊大 齋藤博史	1 809	3508-7171 3592-6696	125
	まき よしお 牧義夫	立	比例 東海	北村礼文 江原史朗 成瀬厚子	1 305	3508-7628 3508-3258	121

※内線電話番号は、第1議員会館は5＋室番号、6＋室番号（3～9階は5、6のあとに0を入れる）、
第2議員会館は7＋室番号、8＋室番号（2～9階は7、8のあとに0を入れる）

議員名	党派(会派)	選挙区	政策秘書名 第1秘書名 第2秘書名	館別 号室	直通 FAX	略歴頁
まきしま 牧島かれん	自 [麻]	神奈川17	——— ——— ———	1 322	3508-7026 3508-3826	87
まきはらひでき 牧原秀樹	自 [無]	比例 北関東	末廣慎二 ——— ———	1 1116	3508-7254 3508-3524	76
まつき 松木けんこう	立	北海道2	岡本征弘 梶浦宜明 櫻井知英	1 324	3508-7324 3508-3324	53
まつしま 松島みどり	自 [安]	東京14	福田健 染谷優佳 小林詳	1 709	3508-7065 3508-3845	96
まつのひろかず 松野博一	自 [安]	千葉3	曽我陽一郎 伊藤孝行 山﨑岳久	1 502	3508-7329 3508-3329	80
まつばらじん 松原仁	立	東京3	関根勉 高池慶太 伊藤賢	2 709	3508-7452 3580-7336	93
まつもとたけあき 松本剛明	自 [麻]	兵庫11	梅津徳之 清瀬博文 大路渡	1 707	3508-7214 3508-3214	134
まつもとひさし 松本尚	自 [安]	千葉13	高野雅樹 金塚学 伏谷拓人	1 1009	3508-7295 3508-3505	83
まつもとようへい 松本洋平	自 [二]	比例 東京	柏原隆宏 関泰章 ———	1 1011	3508-7133 3508-3433	99
み みきけえ 三木圭恵	維	比例 近畿	森山秀樹 渡壁勇樹 小阪智彦	2 1105	3508-7638 3508-3268	136
みたぞのさとし 三反園訓	無	鹿児島2	牛嶋賢太 松本克彦 ———	2 924	3508-7511 3508-3941	162
みたにひでひろ 三谷英弘	自 [無]	比例 南関東	東海林大 余宮真樹子 六島綾子	2 1120	3508-7522 3508-3952	88
みつばやしひろみ 三ッ林裕巳	自 [安]	埼玉14	志村賢一 清水貴博 佐藤亮平	2 522	3508-7416 3508-3896	75
みのべてるお 美延映夫	維	大阪4	安達正悟 岸田智 柳下恵	1 1019	3508-7194 3508-3624	127
みのりかわのぶひで 御法川信英	自 [麻]	秋田3	石毛真理子 佐藤春男 鈴木由希	1 901	3508-7167 3508-3717	62
みさきまき 岬麻紀	維	比例 東海	浅田淳志 飯塚将史 髙木善英	2 705	3508-7409 3508-3889	122
みちしただいき 道下大樹	立	北海道1	佐藤陽子 市橋修太 伊藤孝介	2 516	3508-7516 3508-3946	53
みどりかわたかし 緑川貴士	立	秋田2	小池恵里子 長崎朋典 阿部義人	2 202	3508-7002 3508-3802	61
みやうちひでき 宮内秀樹	自 [二]	福岡4	上原雅人 赤司圭介 長﨑琢也	1 604	3508-7174 3508-3604	155
みやざきまさひさ 宮﨑政久	自 [茂]	比例 九州	今井時右衛門 大澤真弓 佐藤汀	2 722	3508-7360 3508-3071	164

※内線電話番号は、第1議員会館は5＋室番号、6＋室番号（3～9階は5、6のあとに0を入れる）、第2議員会館は7＋室番号、8＋室番号（2～9階は7、8のあとに0を入れる）

	議員名	党派（会派）	選挙区	政策秘書名 第1秘書名 第2秘書名	館別号室	直通 FAX	略歴頁
	みやざわひろゆき 宮澤博行	自 ［安］	比例 東海	藤谷洋平 鈴木翔士 石川美由紀	1 1021	3508-7135 3508-3435	120
	みやじたくま 宮路拓馬	自 ［森］	鹿児島1	田中彰吾 木村颯 粕谷訓史	1 311	3508-7206 3508-3206	161
	みやしたいちろう 宮下一郎	自 ［安］	長野5	天野健太郎 高橋達之 尾関正行	1 1207	3508-7903 3508-3643	108
	みやもとたけし 宮本岳志	共	比例 近畿	田村幸恵 隅田清美 古山潔	1 1108	3508-7255 3508-3525	140
	みやもととおる 宮本徹	共	比例 東京	坂間和史 松尾勝哉 川野純平	1 1219	3508-7508 3508-3938	102
む	むとうようじ 武藤容治	自 ［麻］	岐阜3	野村真一 小檜山千代久 伊藤康男	2 1212	3508-7482 3508-3362	112
	むたいしゅんすけ 務台俊介	自 ［麻］	比例 北陸信越	赤羽俊太郎 村瀬元良 柳澤裕喜	1 403	3508-7334 3508-3334	109
	むねきよこういち 宗清皇一	自 ［安］	比例 近畿	佐藤博之 —— 蓮岡牧生	1 310	3508-7205 3508-3205	138
	むらいひでき 村井英樹	自 ［岸］	埼玉1	二宮尚徳 尾崎裕太 相馬大作	1 911	3508-7467 3508-3297	71
	むらかみせいいちろう 村上誠一郎	自 ［無］	愛媛2	佐藤洋一 村上信太郎 田丸勇野人	1 1224	3508-7291 3502-5172	152
も	もてぎとしみつ 茂木敏充	自 ［茂］	栃木5	駒林裕康 近藤真幸 田代美和	2 1011	3508-1011 3508-3269	70
	もとむらのぶこ 本村伸子	共	比例 東海	綿貫隆 奥村千尋 田畑知代	1 1106	3508-7280 3508-3730	122
	もりしまただし 守島正	維	大阪2	小林倫明 山本知里 安本五郎	1 720	3508-7112 3508-3412	127
	もりやままさひと 盛山正仁	自 ［岸］	比例 近畿	伊藤雅子 中谷昌子 戸井田真太郎	1 904	3508-7380 3508-3629	139
	もりえいすけ 森英介	自 ［麻］	千葉11	坂本克実 —— 伊橋裕樹	1 1210	3508-7162 3592-9036	82
	もりたとしかず 森田俊和	立	埼玉12	—— 木沢良一 渡辺裕樹	2 1003	3508-7419 3508-3899	74
	もりやまひろゆき 森山浩行	立	比例 近畿	牧井有子 阪本圭 頼由起	2 613	3508-7426 3508-3906	140
	もりやまひろし 森山裕	自 ［森］	鹿児島4	森山友久美 池田和弘 船迫作章	1 515	3508-7164 3508-3714	162
や	やぎてつや 八木哲也	自 ［無］	愛知11	蜷川徹 大﨑さきえ 伊藤由紀	2 319	3508-7236 3508-3236	117
	やたがわはじめ 谷田川元	立	比例 南関東	—— 濱松真 髙栖久美	1 1208	3508-7292 3508-3502	90

※内線電話番号は、第1議員会館は5＋室番号、6＋室番号（3～9階は5、6のあとに0を入れる）、
第2議員会館は7＋室番号、8＋室番号（2～9階は7、8のあとに0を入れる）

議員名	党派（会派）	選挙区	政策秘書名 第1秘書名 第2秘書名	館別号室	直通 FAX	略歴頁
やす おか ひろ たけ 保岡宏武	自 ［無］	比例 九州	水村元彦 —— 齋藤顕	1 815	3508-7633 3508-3263	164
やな かず お 簗和生	自 ［安］	栃木3	—— 平塚真帆 根本陽子	1 717	3508-7186 3508-3616	69
やなぎもと あきら 柳本顕	自 ［麻］	比例 近畿	熊谷志保 阪本聖二 細川佑紀	1 320	3508-7902 3508-3537	138
やま おか たつ まる 山岡達丸	立	北海道9	根岸庸夫 森本秀規 菊地悟	1 306	3508-7306 3508-3306	55
やま ぎし いっ せい 山岸一生	立	東京9	平野隆志 草深比呂至 ——	1 1013	3508-7124 3508-3424	95
やまぎわだい し ろう 山際大志郎	自 ［麻］	神奈川18	倉持佳代 —— 小原孝行	1 613	3508-7477 3508-3357	87
やま ぐちしゅんいち 山口俊一	自 ［麻］	徳島2	横田泰隆 小杉誠 塩田保正	2 412	3508-7054 3503-2138	150
やま ぐち すすむ 山口晋	自 ［茂］	埼玉10	鈴木邦彦 鈴木勝 山口弘三	2 1108	3508-7430 3508-3910	74
やま ぐち つよし 山口壯	自 ［二］	兵庫12	山口文生 三木祥平 杉山麻美子	2 603	3508-7521 3508-3951	134
やま ざき まこと 山崎誠	立	比例 南関東	黒須裕章 松島尚彦 鈴木友美	1 401	3508-7137 3508-3437	90
やま さき まさ やす 山崎正恭	公	比例 四国	室岡利雄 山内大志 窪内隆梓	2 1024	3508-7472 3508-3352	154
やま した たか し 山下貴司	自 ［無］	岡山2	福島拓 荻野大介 横山和生	2 719	3508-7057 3508-3857	143
やま だ かつ ひこ 山田勝彦	立	比例 九州	—— 大窪浩章 今利典央	2 401	3508-7420 3508-3550	165
やま だ けん じ 山田賢司	自 ［麻］	兵庫7	荻野浩次郎 佐々木達二 ——	1 617	3508-7908 3508-3957	133
やま だ み き 山田美樹	自 ［安］	東京1	中島貴彦 鈴木あきらこ 小室圭	2 917	3508-7037 3508-3837	93
やま のい かず のり 山井和則	立	京都6	吉澤直樹 宮地俊之 山下恵理子	1 805	3508-7240 3508-8882	126
やま もと ごう せい 山本剛正	維	比例 九州	鍵山仁 大塚伸一 松田晃二	2 302	3508-7009 3508-3809	166
やま もと さ こん 山本左近	自 ［麻］	比例 東海	佐藤貴洋 長谷川順子 南田直樹	1 304	3508-7302 3508-3302	121
やま もと た ろう 山本太郎	れ	比例 東京	—— —— ——	2 416	3508-7063 3508-3383	102
やまもと 山本ともひろ	自 ［無］	比例 南関東	—— 瀬戸芳明 松本雄飛	2 1110	3508-7193 3508-3623	89

※内線電話番号は、第1議員会館は5＋室番号、6＋室番号（3～9階は5、6のあとに0を入れる）、
第2議員会館は7＋室番号、8＋室番号（2～9階は7、8のあとに0を入れる）

	議員名	党派(会派)	選挙区	政策秘書名 第1秘書名 第2秘書名	館別 号室	直通 FAX	略歴頁
	やまもと ゆうじ 山本有二	自 [無]	比例 四国	――― 前田真二郎 石本和寛	1 316	3508-7232 3592-9069	153
ゆ	ゆはら しゅんじ 湯原俊二	立	比例 中国	――― ――― ―――	1 1023	3508-7129 3508-3429	148
	ゆのき みち よし 柚木道義	立	比例 中国	――― ――― ―――	2 1217	3508-7301 3508-3301	148
よ	よしかわ たける 吉川赳	自 [岸]	比例 東海	古賀真理 大塚謙一 眞砂敬文	2 816	3508-7228 3508-3551	120
	よしかわ はじめ 吉川元	立	比例 九州	伊藤剛 森迫信夫 市丸敬子	2 505	3508-7056 3508-3856	165
	よしだ くみこ 吉田久美子	公	比例 九州	新沼裕司 大澤ミチル 中尾貴志	2 504	3508-7055 3508-3855	166
	よしだ つねひこ 吉田統彦	立	比例 東海	児玉篤志 深井稔公 村中隆之	2 322	3508-7104 3508-3404	121
	よしだ よ 吉田とも代	維	比例 四国	野﨑敏雄 坂本龍一 ―――	2 424	3508-7001 3508-3801	154
	よしだ とよふみ 吉田豊史	維	比例 北陸信越	八木昭次 梅澤佳子 長濱一郎	2 1112	3508-7434 3508-3914	110
	よしだ のぶひろ 吉田宣弘	公	比例 九州	柴田康一 荒井茂夫 ―――	1 1114	3508-7276 3508-3726	166
	よしだ 吉田はるみ	立	東京8	――― 安田真理 ―――	2 607	3508-7620 3508-3250	95
	よしの まさよし 吉野正芳	自 [安]	福島5	野地誠 石川貴文 佐々木孟男	2 624	3508-7143 3595-4546	64
	よしいえ ひろゆき 義家弘介	自 [安]	比例 南関東	佐々木由 髙橋愼一 ―――	1 1204	3508-7241 3508-3511	89
	よねやま りゅういち 米山隆一	無 (立憲)	新潟5	本多平直 橋口猛志 佐藤伸広	2 724	3508-7485 3508-3365	104
り	りゅう ひろふみ 笠浩史	立	神奈川9	今林正 花輪智史 東使義浩	1 408	3508-3420 3508-7120	85
わ	わせだ 早稲田ゆき	立	神奈川4	稲見圭 永瀬康俊 児玉瑞南	2 1012	3508-7106 3508-3406	84
	わだ ゆういちろう 和田有一朗	維	比例 近畿	――― ――― ―――	2 807	3508-7527 3508-3973	136
	わだ よしあき 和田義明	自 [安]	北海道5	菅谷康子 西嶋哲也 田口知佳	1 410	3508-7117 3508-3417	54
	わかばやし けんた 若林健太	自 [安]	長野1	浜謙一 本木晋 若林修	1 1002	3508-7277 3508-3727	107
	わかみや けんじ 若宮健嗣	自 [茂]	比例 東京	荒木田聡 山口拓也 田崎陽介	2 523	3508-7509 3508-3939	100

※内線電話番号は、第1議員会館は5＋室番号、6＋室番号（3～9階は5、6のあとに0を入れる）、
第2議員会館は7＋室番号、8＋室番号（2～9階は7、8のあとに0を入れる）

議員名	党派(会派)	選挙区	政策秘書名 第1秘書名 第2秘書名	館別 号室	直通 FAX	略歴頁
わしお えいいちろう 鷲尾英一郎	自 [二]	比例 北陸信越	横山卓司 竹内和美 萩野知巳	2 208	3508-7650 3508-3062	108
わたなべ こういち 渡辺孝一	自 [岸]	比例 北海道	朝比奈正倫 西村猛 ――	1 520	3508-7401 3508-3881	56
わたなべ しゅう 渡辺周	立	比例 東海	大塚敏弘 山田幸宣 増山敬一	2 1109	3508-7077 3508-3767	121
わたなべ そう 渡辺創	立	宮崎1	荻山明美 谷口浩太郎 竹内絢	1 1015	3508-7086 3508-3866	161
わたなべ ひろみち 渡辺博道	自 [茂]	千葉6	井本昇 大森亜希 ――	1 1012	3508-7387 3508-3701	81
わにぶち ようこ 鰐淵洋子	公	比例 近畿	髙坂友和 上松満義 中村久美子	1 924	3508-7070 3508-3850	139

※内線電話番号は、第1議員会館は5＋室番号、6＋室番号（3～9階は5、6のあとに0を入れる)、第2議員会館は7＋室番号、8＋室番号（2～9階は7、8のあとに0を入れる)

衆議院議員会館案内図

衆議院第１議員会館３階

議員	室		室	議員
藤田文武 維 大阪12区 3508-7040 当2	312		313	鎌田さゆり 立 宮城2区 3508-7204 当3
宮路拓馬 自[森] 鹿児島1区 3508-7206 当3	311	喫煙室	314	小泉進次郎 自[無] 神奈川11区 3508-7327 当5
宗清皇一 自[安] 比 近畿 3508-7205 当3	310	WC(男) WC(女)	315	後藤田正純 自[茂] 比 四国 3508-7315 当8
中川郁子 自[二] 比 北海道 3508-7103 当3	309		316	山本有二 自[無] 比 四国 3508-7232 当11
大串博志 立 佐賀2区 3508-7335 当6	308	EVホール	317	井上信治 自[麻] 東京25区 3508-7328 当7
原口一博 立 佐賀1区 3508-7238 当9	307		318	議員会議室 (国民)
山岡達丸 立 北海道9区 3508-7306 当3	306		319	防災備蓄室
牧 義夫 立 比 東海 3508-7628 当7	305	EVホール	320	柳本 顕 自[麻] 比 近畿 3508-7902 当1
山本左近 自[麻] 比 東海 3508-7302 当1	304		321	薗浦健太郎 自[麻] 千葉5区 3508-7305 当5
中西健治 自[麻] 神奈川3区 3508-7311 当1	303	EV	322	牧島かれん 自[麻] 神奈川17区 3508-7026 当4
塚田一郎 自[麻] 比 北陸信越 3508-7705 当1	302	WC(男) WC(女)	323	井上貴博 自[麻] 福岡1区 3508-7239 当4
麻生太郎 自[麻] 福岡8区 3508-7703 当14	301		324	松木けんこう 立 北海道2区 3508-7324 当6

国会議事堂側

㊥会館

衆議院第１議員会館４階

議員	室		室	議員
斉藤鉄夫 公　広島3区 3508-7308 当10	412		413	防災備蓄室
石井啓一 公　比 北関東 3508-7110 当10	411	喫煙室	414	杉本和巳 維　比 東海 3508-7266 当4
和田義明 自[安] 北海道5区 3508-7117 当3	410	WC(男) WC(女)	415	遠藤敬 維　大阪18区 3508-7325 当4
太栄志 立　神奈川13区 3508-7330 当1	409		416	鈴木憲和 自[茂] 山形2区 3508-7318 当4
笠浩史 立　神奈川9区 3508-3420 当7	408	EVホール	417	小林鷹之 自[二] 千葉2区 3508-7617 当4
斎藤洋明 自[麻] 新潟3区 3508-7155 当4	407		418	議員会議室 (自民)
浅野哲 国　茨城5区 3508-7231 当2	406		419	野中厚 自[茂] 比 北関東 3508-7041 当4
浦野靖人 維　大阪15区 3508-7641 当4	405	EVホール	420	大島敦 立　埼玉6区 3508-7093 当8
井上英孝 維　大阪1区 3508-7333 当3	404		421	あかま二郎 自[麻] 神奈川14区 3508-7317 当5
務台俊介 自[麻] 比 北陸信越 3508-7334 当4	403	EV	422	今枝宗一郎 自[麻] 愛知14区 3508-7080 当4
土屋品子 自[無] 埼玉13区 3508-7188 当8	402	WC(男) WC(女)	423	鈴木馨祐 自[麻] 神奈川7区 3508-7304 当5
山崎誠 立　比 南関東 3508-7137 当3	401		424	阿部知子 立　神奈川12区 3508-7303 当8

国会議事堂側

衆議院第１議員会館５階

議員	室	室	議員
菅　直人 立　東京18区 3508-7323 当14	512	513	小野泰輔 維　比 東京 3508-7340 当1
馬場伸幸 維　大阪17区 3508-7322 当4	511	514	あべ俊子 自[麻] 比 中国 3508-7136 当6
長島昭久 自[二] 比 東京 3508-7309 当7	510	515	森山　裕 自[森] 鹿児島4区 3508-7164 当7
中谷一馬 立　比 南関東 3508-7310 当2	509	516	遠藤良太 維　比 近畿 3508-7114 当1
北側一雄 公　大阪16区 3508-7263 当10	508	517	大河原まさこ 立　比 東京 3508-7261 当2
平林　晃 公　比 中国 3508-7339 当1	507	518	議員会議室 （維新）
岡田克也 立　三重3区 3508-7109 当11	506	519	中川正春 立　比 東海 3508-7128 当9
逢沢一郎 自[無] 岡山1区 3508-7105 当12	505	520	渡辺孝一 自[岸] 比 北海道 3508-7401 当4
野田聖子 自[無] 岐阜1区 3508-7161 当10	504	521	防災備蓄室
菅家一郎 自[安] 比 東北 3508-7107 当4	503	522	辻　清人 自[岸] 東京2区 3508-7288 当4
松野博一 自[安] 千葉3区 3508-7329 当8	502	523	西田昭二 自[岸] 石川3区 3508-7139 当2
畦元将吾 自[岸] 比 中国 3508-7710 当2	501	524	議員予備室

喫煙室　WC(男)　WC(女)　EVホール　EVホール　EV　WC(男)　WC(女)

国会議事堂側

㊗ 会館

衆議院第１議員会館６階

議員	室	室	議員
林　幹雄 自［二］千葉10区 3508-7151 当10	612	613	山際大志郎 自［麻］神奈川18区 3508-7477 当6
西村康稔 自［安］兵庫9区 3508-7101 当7	611	614	鈴木英敬 自［安］三重4区 3508-7269 当1
武田良太 自［二］福岡11区 3508-7180 当7	610	615	藤井比早之 自［無］兵庫4区 3508-7185 当4
海江田万里 無　比 東京 3508-7316 当8	609	616	大串正樹 自［無］比 近畿 3508-7191 当4
藤岡隆雄 立　比 北関東 3508-7178 当1	608	617	山田賢司 自［麻］兵庫7区 3508-7908 当4
小宮山泰子 立　比 北関東 3508-7184 当7	607	618	議員会議室 （立憲）
末次精一 立　比 九州 3508-7176 当1	606	619	大岡敏孝 自［二］滋賀1区 3508-7208 当4
小沢一郎 立　比 東北 3508-7175 当18	605	620	細野豪志 自［二］静岡5区 3508-7116 当8
宮内秀樹 自［二］福岡4区 3508-7174 当4	604	621	上野賢一郎 自［森］滋賀2区 3508-7004 当5
関　芳弘 自［安］兵庫3区 3508-7173 当5	603	622	橘　慶一郎 自［無］富山3区 3508-7227 当5
武村展英 自［無］滋賀3区 3508-7118 当4	602	623	伊東良孝 自［二］北海道7区 3508-7170 当5
小寺裕雄 自［二］滋賀4区 3508-7126 当2	601	624	源馬謙太郎 立　静岡8区 3508-7160 当2

喫煙室　WC（男）　WC（女）　EVホール　EVホール　EV　WC（男）　WC（女）

国会議事堂側

衆議院第１議員会館７階

議員	所属・選挙区	電話・当選回数	部屋	部屋	議員	所属・選挙区	電話・当選回数
田中　健	国　比 東海	3508-7190　当1	712	713	鈴木義弘	国　比 北関東	3508-7282　当3
岡本あき子	立　比 東北	3508-7064　当2	711	714	永岡桂子	自[麻] 茨城7区	3508-7274　当6
大塚　拓	自[安] 埼玉9区	3508-7608　当5	710	715	鬼木　誠	自[森] 福岡2区	3508-7182　当4
松島みどり	自[安] 東京14区	3508-7065　当7	709	716	田所嘉徳	自[無] 比 北関東	3508-7068　当4
福田昭夫	立　栃木2区	3508-7289　当6	708	717	簗　和生	自[安] 栃木3区	3508-7186　当4
松本剛明	自[麻] 兵庫11区	3508-7214　当8	707	718	議員会議室（公明）		
玉木雄一郎	国　香川2区	3508-7213　当5	706	719	篠原　孝	立 比 北陸信越	3508-7268　当7
加藤鮎子	自[無] 山形3区	3508-7216　当3	705	720	守島　正	維　大阪2区	3508-7112　当1
後藤茂之	自[無] 長野4区	3508-7702　当7	704	721	奥下剛光	維　大阪7区	3508-7225　当1
遠藤利明	自[無] 山形1区	3508-7158　当9	703	722	中野洋昌	公　兵庫8区	3508-7224　当4
川崎ひでと	自[無] 三重2区	3508-7152　当1	702	723	青柳仁士	維　大阪14区	3508-7609　当1
高村正大	自[麻] 山口1区	3508-7113　当2	701	724	防災備蓄室		

国会議事堂側

衆議院第１議員会館８階

議員	室	中央	室	議員
小森卓郎 自[安] 石川1区 3508-7179 当1	812		813	石原宏高 自[岸] 比 東京 3508-7319 当5
小里泰弘 自[無] 比 九州 3508-7247 当6	811	喫煙室	814	小倉將信 自[二] 東京23区 3508-7140 当4
新藤義孝 自[茂] 埼玉2区 3508-7313 当8	810	WC(男) WC(女)	815	保岡宏武 自[無] 比 九州 3508-7633 当1
前原誠司 国 京都2区 3508-7171 当10	809		816	黄川田仁志 自[無] 埼玉3区 3508-7123 当4
小熊慎司 立 福島4区 3508-7138 当4	808	EVホール	817	泉 健太 立 京都3区 3508-7005 当8
城井 崇 立 福岡10区 3508-7389 当4	807		818	議員会議室 (立憲)
下条みつ 立 長野2区 3508-7271 当5	806		819	玄葉光一郎 立 福島3区 3508-7252 当10
山井和則 立 京都6区 3508-7240 当8	805	EVホール	820	おおつき紅葉 立 比 北海道 3508-7493 当1
枝野幸男 立 埼玉5区 3508-7448 当10	804		821	野田佳彦 立 千葉4区 3508-7141 当9
濵地雅一 公 比 九州 3508-7235 当4	803	EV	822	齋藤 健 自[無] 千葉7区 3508-7221 当5
手塚仁雄 立 東京5区 3508-7234 当5	802	WC(男) WC(女)	823	秋葉賢也 自[茂] 比 東北 3508-7392 当7
金城泰邦 公 比 九州 3508-7153 当1	801		824	議員予備室

国会議事堂側

衆議院第１議員会館９階

議員	室		室	議員
漆間譲司 維　大阪8区 3508-7298　当1	912		913	西野太亮 自[無]　熊本2区 3508-7144　当1
村井英樹 自[岸]　埼玉1区 3508-7467　当4	911	喫煙室	914	平　将明 自[無]　東京4区 3508-7297　当6
石原正敬 自[無]　比 東海 3508-7706　当1	910	WC(男) WC(女)	915	木原誠二 自[岸]　東京20区 3508-7169　当5
福重隆浩 公　比 北関東 3508-7249　当1	909		916	伊東信久 維　大阪19区 3508-7243　当3
佐藤茂樹 公　大阪3区 3508-7200　当10	908	EVホール	917	防災備蓄室
池下　卓 維　大阪10区 3508-7454　当1	907		918	議員会議室 (自民)
岩谷良平 維　大阪13区 3508-7314　当1	906		919	井林辰憲 自[麻]　静岡2区 3508-7127　当4
中司　宏 維　大阪11区 3508-7146　当1	905	EVホール	920	勝俣孝明 自[二]　静岡6区 3508-7202　当4
盛山正仁 自[岸]　比 近畿 3508-7380　当5	904		921	伊藤　渉 公　比 東海 3508-7187　当5
高市早苗 自[無]　奈良2区 3508-7198　当9	903	EV	922	中川宏昌 公　比 北陸信越 3508-3639　当1
田村憲久 自[無]　三重1区 3508-7163　当9	902	WC(男) WC(女)	923	大西健介 立　愛知13区 3508-7108　当5
御法川信英 自[麻]　秋田3区 3508-7167　当6	901		924	鰐淵洋子 公　比 近畿 3508-7070　当2

国会議事堂側

衆議院第１議員会館10階

議員	室		室	議員
渡辺博道 自[茂] 千葉6区 3508-7387 当8	1012		1013	山岸一生 立 東京9区 3508-7124 当1
松本洋平 自[二] 比 東京 3508-7133 当5	1011	喫煙室	1014	寺田 学 立 比 東北 3508-7464 当6
田中和徳 自[麻] 神奈川10区 3508-7294 当9	1010	WC(男) WC(女)	1015	渡辺 創 立 宮崎1区 3508-7086 当1
松本 尚 自[安] 千葉13区 3508-7295 当1	1009		1016	足立康史 維 大阪9区 3508-7100 当4
髙木 毅 自[安] 福井2区 3508-7296 当8	1008	EV ホール	1017	志位和夫 共 比 南関東 3508-7285 当10
長坂康正 自[麻] 愛知9区 3508-7043 当4	1007		1018	議員会議室 （維新）
亀岡偉民 自[安] 比 東北 3508-7148 当5	1006		1019	美延映夫 維 大阪4区 3508-7194 当2
岡本三成 公 東京12区 3508-7147 当4	1005	EV ホール	1020	土田 慎 自[麻] 東京13区 3508-7341 当1
伊佐進一 公 大阪6区 3508-7391 当4	1004		1021	宮澤博行 自[安] 比 東海 3508-7135 当4
安住 淳 立 宮城5区 3508-7293 当9	1003	EV	1022	佐藤公治 立 広島6区 3508-7145 当4
若林健太 自[安] 長野1区 3508-7277 当1	1002	WC(男) WC(女)	1023	湯原俊二 立 比 中国 3508-7129 当2
鈴木俊一 自[麻] 岩手2区 3508-7267 当10	1001		1024	平井卓也 自[岸] 比 四国 3508-7307 当8

国会議事堂側

衆議院第1議員会館11階

議員	室		室	議員
議員予備室	1112		1113	小山展弘 立　静岡3区 3508-7270　当3
島尻安伊子 自[茂] 沖縄3区 3508-7265　当1	1111	喫煙室	1114	吉田宣弘 公　比 九州 3508-7276　当3
鈴木淳司 自[安] 愛知7区 3508-7264　当6	1110	WC(男) WC(女)	1115	平沢勝栄 自[二] 東京17区 3508-7257　当9
渡海紀三朗 自[無] 兵庫10区 3508-7643　当10	1109		1116	牧原秀樹 自[無] 比 北関東 3508-7254　当5
宮本岳志 共　比 近畿 3508-7255　当5	1108	EVホール	1117	葉梨康弘 自[岸] 茨城3区 3508-7248　当6
赤嶺政賢 共　沖縄1区 3508-7196　当8	1107		1118	議員会議室 (共用)
本村伸子 共　比 東海 3508-7280　当3	1106		1119	奥野総一郎 立　千葉9区 3508-7256　当5
越智隆雄 自[安] 比 東京 3508-7479　当5	1105	EVホール	1120	土井亨 自[安] 宮城1区 3508-7470　当5
谷川とむ 自[安] 比 近畿 3508-7514　当3	1104		1121	議員予備室
福田達夫 自[安] 群馬4区 3508-7181　当4	1103	EV	1122	議員予備室
塩崎彰久 自[安] 愛媛1区 3508-7189　当1	1102	WC(男) WC(女)	1123	防災備蓄室
衛藤征士郎 自[安] 大分2区 3508-7618　当13	1101		1124	神田憲次 自[安] 愛知5区 3508-7253　当4

国会議事堂側

衆議院第1議員会館12階

議員	室		室	議員
安倍晋三 自[安] 山口4区 3508-7172 当10	1212		1213	寺田　稔 自[岸] 広島5区 3508-7606 当6
大野敬太郎 自[無] 香川3区 3508-7132 当4	1211	喫煙室	1214	髙鳥修一 自[安] 比 北陸信越 3508-7607 当5
森　英介 自[麻] 千葉11区 3508-7162 当11	1210	WC(男) WC(女)	1215	田嶋　要 立 千葉1区 3508-7229 当7
秋本真利 自[無] 比 南関東 3508-7611 当4	1209		1216	鈴木庸介 立 比 東京 3508-7028 当1
谷田川　元 立 比 南関東 3508-7292 当3	1208	EVホール	1217	馬淵澄夫 立 奈良1区 3508-7122 当7
宮下一郎 自[安] 長野5区 3508-7903 当6	1207		1218	議員会議室 (自民)
小島敏文 自[岸] 比 中国 3508-7192 当4	1206		1219	宮本　徹 共 比 東京 3508-7508 当3
小林史明 自[岸] 広島7区 3508-7455 当4	1205	EVホール	1220	国定勇人 自[二] 比 北陸信越 3508-7131 当1
義家弘介 自[安] 比 南関東 3508-7241 当4	1204		1221	石橋林太郎 自[岸] 比 中国 3508-7901 当1
岸　信夫 自[安] 山口2区 3508-1203 当4	1203	EV	1222	岸田文雄 自[岸] 広島1区 3508-7279 当10
鈴木貴子 自[茂] 比 北海道 3508-7233 当4	1202	WC(男) WC(女)	1223	深澤陽一 自[岸] 静岡4区 3508-7709 当2
林　芳正 自[岸] 山口3区 3508-7115 当1	1201		1224	村上誠一郎 自[無] 愛媛2区 3508-7291 当12

国会議事堂側

衆議院第2議員会館2階

議員	会派・選挙区	電話	当選	号室	号室	議員	会派・選挙区	電話	当選
特別室				212		訴追委員会事務局長室／訴追委員会事務室／訴追委員会委員長次室兼資料室／訴追委員会委員長室／訴追委員会会議室			
藤丸 敏	自[岸] 福岡7区	3508-7431	当4	211	213	仁木博文	無(有志) 徳島1区	3508-7011	当2
本田太郎	自[無] 京都5区	3508-7012	当2	210	214	田畑裕明	自[安] 富山1区	3508-7704	当4
石井 拓	自[安] 比 東海	3508-7031	当1	209	215	中谷真一	自[茂] 山梨1区	3508-7336	当4
鷲尾英一郎	自[二] 比 北陸信越	3508-7650	当6	208	216	古賀 篤	自[岸] 福岡3区	3508-7081	当4
井原 巧	自[安] 愛媛3区	3508-7201	当1	207	217	高木宏壽	自[二] 北海道3区	3508-7636	当3
岩田和親	自[岸] 比 九州	3508-7707	当4	206	218	工藤彰三	自[麻] 愛知4区	3508-7018	当4
伊藤信太郎	自[麻] 宮城4区	3508-7091	当7	205	219	防災備蓄室			
神津たけし	立 比 北陸信越	3508-7015	当1	204	220	中野英幸	自[二] 埼玉7区	3508-7220	当1
階 猛	立 岩手1区	3508-7024	当6	203	221	鳩山二郎	自[二] 福岡6区	3508-7905	当3
緑川貴士	立 秋田2区	3508-7002	当2	202	222	伊藤忠彦	自[二] 愛知8区	3508-7003	当5
青山大人	立 比 北関東	3508-7039	当2	201	223	二階俊博	自[二] 和歌山3区	3508-7023	当13

EV　喫煙室　WC(男)　WC(女)　EVホール　EVホール　EV　WC(男)　WC(女)

国会議事堂側

衆議院第２議員会館３階

堤　かなめ 立　福岡5区 3508-7062　当1	312	313	石田真敏 自[岸] 和歌山2区 3508-7072　当7
中山展宏 自[麻] 比 南関東 3508-7435　当4	311	314	田野瀬太道 自[森] 奈良3区 3508-7071　当4
髙木　啓 自[安] 比 東京 3508-7601　当2	310	315	浜田靖一 自[無] 千葉12区 3508-7020　当10
角田秀穂 公　比 南関東 3508-7052　当2	309	316	笹川博義 自[茂] 群馬3区 3508-7338　当4
大口善徳 公　比 東海 3508-7017　当9	308	317	西銘恒三郎 自[茂] 沖縄4区 3508-7218　当6
輿水恵一 公　比 北関東 3508-7076　当3	307	318	議員会議室 （れいわ）
橋本　岳 自[茂] 岡山4区 3508-7016　当5	306	319	八木哲也 自[無] 愛知11区 3508-7236　当4
上川陽子 自[岸] 静岡1区 3508-7460　当7	305	320	藤巻健太 維　比 南関東 3508-7503　当1
国光あやの 自[岸] 茨城6区 3508-7036　当2	304	321	阿部　司 維　比 東京 3508-7504　当1
住吉寛紀 維　比 近畿 3508-7415　当1	303	322	吉田統彦 立　比 東海 3508-7104　当3
山本剛正 維　比 九州 3508-7009　当2	302	323	沢田　良 維　比 北関東 3508-7526　当1
佐々木　紀 自[安] 石川2区 3508-7059　当4	301	324	西村明宏 自[安] 宮城3区 3508-7906　当6

喫煙室　WC(男)　WC(女)　EVホール　EV

国会議事堂側

衆議院第２議員会館４階

山口俊一 自[麻] 徳島2区 3508-7054 当11	412		413	稲津久 公 北海道10区 3508-7089 当5
中村喜四郎 立 比 北関東 3508-7501 当15	411	喫煙室	414	赤羽一嘉 公 兵庫2区 3508-7079 当9
金子恭之 自[岸] 熊本4区 3508-7410 当8	410	WC(男) WC(女)	415	たがや亮 れ 比 南関東 3508-7008 当1
櫻井周 立 比 近畿 3508-7465 当2	409		416	山本太郎 れ 比 東京 3508-7063 当1
堀井学 自[安] 比 北海道 3508-7125 当4	408	EV ホール	417	大石あきこ れ 比 近畿 3508-7404 当1
堀内詔子 自[岸] 山梨2区 3508-7487 当4	407		418	議員会議室 （立憲）
中村裕之 自[麻] 北海道4区 3508-7406 当4	406		419	福島伸享 無(有志) 茨城1区 3508-7262 当3
斎藤アレックス 国 比 近畿 3508-7637 当1	405	EV ホール	420	防災備蓄室
西村智奈美 立 新潟1区 3508-7614 当6	404		421	金村龍那 維 比 南関東 3508-7411 当1
梅谷守 立 新潟6区 3508-7403 当1	403	EV	422	堀場幸子 維 比 近畿 3508-7422 当1
近藤昭一 立 愛知3区 3508-7402 当9	402	WC(男) WC(女)	423	古屋圭司 自[無] 岐阜5区 3508-7440 当11
山田勝彦 立 比 九州 3508-7420 当1	401		424	吉田とも代 維 比 四国 3508-7001 当1

国会議事堂側

衆議院第２議員会館５階

石川香織 立　北海道11区 3508-7512　当2	512		513	細田博之 無　島根1区 3508-7443　当11
池田佳隆 自[安]　比 東海 3508-7616　当4	511	喫煙室	514	甘利　明 自[麻]　比 南関東 3508-7528　当13
大西英男 自[安]　東京16区 3508-7033　当4	510	WC(男) WC(女)	515	石破　茂 自[無]　鳥取1区 3508-7525　当12
池畑浩太朗 維　比 近畿 3508-7520　当1	509		516	道下大樹 立　北海道1区 3508-7516　当2
熊田裕通 自[無]　愛知1区 3508-7513　当4	508	EVホール	517	逢坂誠二 立　北海道8区 3508-7517　当5
一谷勇一郎 維　比 近畿 3508-7300　当1	507		518	議員会議室 (自民)
赤木正幸 維　比 近畿 3508-7505　当1	506		519	北神圭朗 無(有志)　京都4区 3508-7069　当4
吉川　元 立　比 九州 3508-7056　当4	505	EVホール	520	高見康裕 自[茂]　島根2区 3508-7166　当1
吉田久美子 公　比 九州 3508-7055　当1	504		521	田中良生 自[無]　埼玉15区 3508-7058　当5
河西宏一 公　比 東京 3508-7630　当1	503	EV	522	三ッ林裕巳 自[安]　埼玉14区 3508-7416　当4
古屋範子 公　比 南関東 3508-7629　当7	502	WC(男) WC(女)	523	若宮健嗣 自[茂]　比 東京 3508-7509　当5
小林茂樹 自[二]　比 近畿 3508-7090　当3	501		524	伊藤達也 自[無]　東京22区 3508-7623　当9

国会議事堂側

衆議院第２議員会館６階

議員	室	室	議員
古川禎久 自［茂］宮崎3区 3508-7612 当7	612	613	森山浩行 立 比 近畿 3508-7426 当3
柿沢未途 自［無］東京15区 3508-7427 当5	611	614	平沼正二郎 自［二］岡山3区 3508-7251 当1
江田憲司 立 神奈川8区 3508-7462 当7	610	615	勝目康 自［無］京都1区 3508-7615 当1
徳永久志 立 比 近畿 3508-7250 当1	609	616	青山周平 自［安］比 東海 3508-7083 当4
篠原豪 立 神奈川1区 3508-7130 当3	608	617	緒方林太郎 無（有志）福岡9区 3508-7119 当3
吉田はるみ 立 東京8区 3508-7620 当1	607	618	議員会議室 （共用）
落合貴之 立 東京6区 3508-7134 当3	606	619	防災備蓄室
船田元 自［茂］栃木1区 3508-7156 当13	605	620	穀田恵二 共 比 近畿 3508-7438 当10
田中英之 自［無］比 近畿 3508-7007 当4	604	621	笠井亮 共 比 東京 3508-7439 当6
山口壯 自［二］比 近畿 3508-7521 当7	603	622	下村博文 自［安］東京11区 3508-7084 当9
荒井優 立 比 北海道 3508-7602 当1	602	623	城内実 自［無］静岡7区 3508-7441 当6
野間健 立 鹿児島3区 3508-7027 当3	601	624	吉野正芳 自［安］福島5区 3508-7143 当8

喫煙室　WC（男）　WC（女）　EVホール　EV

国会議事堂側

衆議院第２議員会館７階

議員	室	室	議員
田村貴昭 共　比 九州 3508-7475　当3	712	713	棚橋泰文 自[麻] 岐阜2区 3508-7429　当9
新垣邦男 社(立憲) 沖縄2区 3508-7157　当1	711	714	北村誠吾 自[岸] 長崎4区 3508-7627　当8
金子恵美 立　福島1区 3508-7476　当3	710	715	小野寺五典 自[岸] 宮城6区 3508-7432　当8
松原仁 立　東京3区 3508-7452　当8	709	716	國重徹 公　大阪5区 3508-7405　当4
星野剛士 自[無] 比 南関東 3508-7413　当4	708	717	佐藤英道 公　比 北海道 3508-7457　当4
吉良州司 無(有志) 大分1区 3508-7412　当6	707	718	議員会議室 （自民）
長妻昭 立　東京7区 3508-7456　当8	706	719	山下貴司 自[無] 岡山2区 3508-7057　当4
岬麻紀 維　比 東海 3508-7409　当1	705	720	白石洋一 立　比 四国 3508-7244　当3
早坂敦 維　比 東北 3508-7414　当1	704	721	井出庸生 自[麻] 長野3区 3508-7469　当4
長谷川淳二 自[無] 愛媛4区 3508-7453　当1	703	722	宮﨑政久 自[茂] 比 九州 3508-7360　当4
坂本哲志 自[森] 熊本3区 3508-7034　当7	702	723	中島克仁 立　比 南関東 3508-7423　当4
中川貴元 自[麻] 比 東海 3508-7461　当1	701	724	米山隆一 無(立憲) 新潟5区 3508-7485　当1

喫煙室　WC（男）　WC（女）　EVホール　EVホール　EV　WC（男）　WC（女）

国会議事堂側

衆議院第２議員会館８階

議員	室		室	議員
神田潤一 自[無] 青森2区 3508-7502 当1	812		813	古川 康 自[茂] 比 九州 6205-7711 当3
上田英俊 自[茂] 富山2区 3508-7061 当1	811	喫煙室	814	後藤祐一 立 神奈川16区 3508-7092 当5
谷 公一 自[二] 兵庫5区 3508-7010 当7	810	WC(男) WC(女)	815	前川清成 維 比 近畿 3508-7625 当1
木村次郎 自[安] 青森3区 3508-7407 当2	809		816	吉川 赳 自[岸] 比 東海 3508-7228 当3
高橋英明 維 比 北関東 3508-7260 当1	808	EVホール	817	防災備蓄室
和田有一朗 維 比 近畿 3508-7527 当1	807		818	議員会議室 (立憲)
掘井健智 維 比 近畿 3508-7088 当1	806		819	近藤和也 立 比 北陸信越 3508-7605 当3
新谷正義 自[茂] 広島4区 3508-7604 当4	805	EVホール	820	浮島智子 公 比 近畿 3508-7290 当4
平口 洋 自[茂] 広島2区 3508-7622 当5	804		821	馬場雄基 立 比 東北 3508-7631 当1
浅川義治 維 比 南関東 3508-7197 当1	803	EV	822	柴山昌彦 自[安] 埼玉8区 3508-7624 当7
菊田真紀子 立 新潟4区 3508-7524 当7	802	WC(男) WC(女)	823	小渕優子 自[茂] 群馬5区 3508-7424 当8
神谷 裕 立 比 北海道 3508-7050 当2	801		824	額賀福志郎 自[茂] 茨城2区 3508-7447 当13

国会議事堂側

衆議院第２議員会館９階

長友慎治 国　比 九州 3508-7212 当1	912		913	金子俊平 自[岸] 岐阜4区 3508-7060 当2
岸本周平 国　和歌山1区 3508-7701 当5	911	喫煙室	914	泉田裕彦 自[二] 比 北陸信越 3508-7640 当2
伴野　豊 立　比 東海 3508-7019 当6	910	WC(男) WC(女)	915	五十嵐　清 自[茂] 比 北関東 3508-7085 当1
重徳和彦 立　愛知12区 3508-7910 当4	909		916	丹羽秀樹 自[麻] 愛知6区 3508-7025 当6
穂坂　泰 自[無] 埼玉4区 3508-7030 当2	908	EVホール	917	山田美樹 自[安] 東京1区 3508-7037 当4
杉田水脈 自[安] 比 中国 3508-7029 当3	907		918	議員会議室 （自民）
根本幸典 自[安] 愛知15区 3508-7711 当4	906		919	中川康洋 公　比 東海 3508-7038 当2
塩川鉄也 共　比 北関東 3508-7507 当8	905	EVホール	920	日下正喜 公　比 中国 3508-7021 当1
高橋千鶴子 共　比 東北 3508-7506 当7	904		921	井野俊郎 自[茂] 群馬2区 3508-7219 当4
梶山弘志 自[無] 茨城4区 3508-7529 当8	903	EV	922	防災備蓄室
佐藤　勉 自[麻] 栃木4区 3508-7408 当9	902	WC(男) WC(女)	923	中曽根康隆 自[二] 群馬1区 3508-7272 当2
尾﨑正直 自[二] 高知2区 3508-7619 当1	901		924	三反園　訓 無　鹿児島2区 3508-7511 当1

国会議事堂側

衆議院第２議員会館１０階

早稲田ゆき 立　神奈川4区 3508-7106　当2	1012	1013	青柳陽一郎 立　比 南関東 3508-7245　当4
茂木敏充 自[茂]　栃木5区 3508-1011　当10	1011	1014	石川昭政 自[無]　比 北関東 3508-7159　当4
武部　新 自[二]　北海道12区 3508-7425　当4	1010	1015	藤原　崇 自[安]　岩手3区 3508-7207　当4
金田勝年 自[二]　比 東北 3508-7053　当5	1009	1016	國場幸之助 自[岸]　比 九州 3508-7741　当4
末松義規 立　東京19区 3508-7488　当7	1008	1017	武井俊輔 自[岸]　比 九州 3508-7388　当4
小田原　潔 自[安]　東京21区 3508-7909　当4	1007	1018	議員会議室 （公明）
古川元久 国　愛知2区 3508-7078　当9	1006	1019	冨樫博之 自[無]　秋田1区 3508-7275　当4
小川淳也 立　香川1区 3508-7621　当6	1005	1020	東　国幹 自[茂]　北海道6区 3508-7634　当1
稲富修二 立　比 九州 3508-7515　当3	1004	1021	江渡聡徳 自[麻]　青森1区 3508-7096　当8
森田俊和 立　埼玉12区 3508-7419　当2	1003	1022	赤澤亮正 自[無]　鳥取2区 3508-7490　当6
江﨑鐵磨 自[二]　愛知10区 3508-7418　当8	1002	1023	高木陽介 公　比 東京 3508-7481　当9
奥野信亮 自[安]　比 近畿 3508-7421　当6	1001	1024	山崎正恭 公　比 四国 3508-7472　当1

喫煙室　WC(男)　WC(女)　EVホール　EV　WC(男)　WC(女)

国会議事堂側

衆議院第２議員会館11階

議員	室	室	議員
吉田豊史 維　比 北陸信越 3508-7434　当2	1112	1113	菅　義偉 自[無] 神奈川2区 3508-7446　当9
上杉謙太郎 自[安] 比 東北 3508-7074　当2	1111	1114	古川直季 自[無] 神奈川6区 3508-7523　当1
山本ともひろ 自[無] 比 南関東 3508-7193　当5	1110	1115	稲田朋美 自[安] 福井1区 3508-7035　当6
渡辺　周 立　比 東海 3508-7077　当9	1109	1116	木原　稔 自[茂] 熊本1区 3508-7450　当5
山口　晋 自[茂] 埼玉10区 3508-7430　当1	1108	1117	櫻田義孝 自[二] 比 南関東 3508-7381　当8
小泉龍司 自[二] 埼玉11区 3508-7121　当7	1107	1118	議員会議室 (自民)
加藤竜祥 自[安] 長崎2区 3508-7230　当1	1106	1119	坂井　学 自[無] 神奈川5区 3508-7489　当5
三木圭恵 維　比 近畿 3508-7638　当2	1105	1120	三谷英弘 自[無] 比 南関東 3508-7522　当3
加藤勝信 自[茂] 岡山5区 3508-7459　当7	1104	1121	門山宏哲 自[無] 比 南関東 3508-7382　当4
河野太郎 自[麻] 神奈川15区 3508-7006　当9	1103	1122	伊藤俊輔 立　比 東京 3508-7150　当2
阿部弘樹 維　比 九州 3508-7480　当1	1102	1123	鈴木　敦 国　比 南関東 3508-7286　当1
谷川弥一 自[安] 長崎3区 3508-7014　当7	1101	1124	西岡秀子 国　長崎1区 3508-7343　当2

喫煙室　WC(男) WC(女)　EVホール　EVホール　EV　WC(男) WC(女)

国会議事堂側

衆議院第２議員会館 12 階

議員	室	室	議員
武藤容治 自[麻] 岐阜3区 3508-7482 当5	1212	1213	根本 匠 自[岸] 福島2区 3508-7312 当9
塩谷 立 自[安] 比 東海 3508-7632 当10	1211	1214	防災備蓄室
今村雅弘 自[二] 比 九州 3508-7610 当9	1210	1215	鈴木隼人 自[茂] 東京10区 3508-7463 当3
岩屋 毅 自[麻] 大分3区 3508-7510 当9	1209	1216	井坂信彦 立 兵庫1区 3508-7082 当3
髙階恵美子 自[安] 比 中国 3508-7518 当1	1208	1217	柚木道義 立 比 中国 3508-7301 当6
江藤 拓 自[無] 宮崎2区 3508-7468 当7	1207	1218	議員会議室 （自民）
中根一幸 自[安] 比 北関東 3508-7458 当5	1206	1219	本庄知史 立 千葉8区 3508-7519 当1
萩生田光一 自[安] 東京24区 3508-7154 当6	1205	1220	細田健一 自[安] 新潟2区 3508-7278 当4
津島 淳 自[茂] 比 東北 3508-7073 当4	1204	1221	坂本祐之輔 立 比 北関東 3508-7449 当3
市村浩一郎 維 兵庫6区 3508-7165 当4	1203	1222	中谷 元 自[無] 高知1区 3508-7486 当11
空本誠喜 維 比 中国 3508-7451 当2	1202	1223	竹内 譲 公 比 近畿 3508-7473 当6
尾身朝子 自[安] 比 北関東 3508-7484 当3	1201	1224	庄子賢一 公 比 東北 3508-7474 当1

喫煙室　WC（男）　WC（女）　EV ホール　EV ホール　EV　WC（男）　WC（女）

国会議事堂側

衆 会館

衆議院議員写真・略歴・宿所一覧

第49回総選挙(小選挙区比例代表並立制)
(令和3年10月31日施行／令和7年10月30日満了)

議長	細田博之（ほそだひろゆき）	秘書	椎名　雄一 石川　真一	☎3581-1461
副議長	海江田万里（かいえだばんり）	秘書	清家　弘司 中川　浩史	☎3423-0311

勤続年数は**令和4年2月末現在**です。

北海道1区 450,946 投59.13

札幌市(中央区、北区の一部(P169参照)、南区、西区の一部(P169参照))

当118,286 道下大樹 立前(45.3)
比106,985 船橋利実 自前(41.0)
比35,652 小林　悟 維新(13.7)

道下大樹（みちしただいき）　**立**前　当2
北海道新得町 S50・12・24
勤4年6ヵ月　(初/平29)

総務委、予算委、憲法審幹事、党税制調査会事務局長、北海道議、道議会民進党政審会長、衆議院議員秘書、中央大／46歳

〒060-0042 札幌市中央区大通西5丁目昭和ビル5F ☎011(233)2331
〒106-0032 港区六本木7-1-3、宿舎

北海道2区 460,828 投52.60

札幌市(北区(1区に属しない区域)(P169参照)、東区)

当105,807 松木謙公 立前(44.7)
比89,745 高橋祐介 自新(37.9)
比41,076 山崎　泉 維新(17.4)

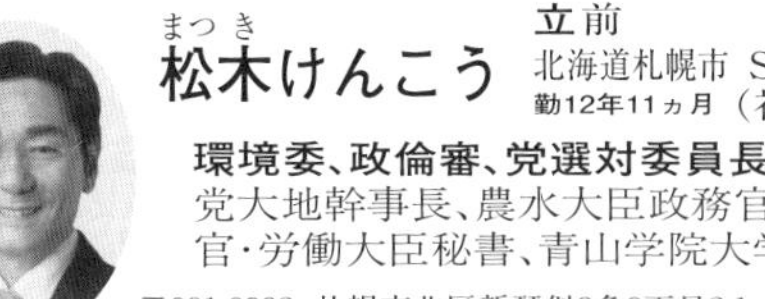

松木けんこう（まつき）　**立**前　当6
北海道札幌市 S34・2・22
勤12年11ヵ月　(初/平15)

環境委、政倫審、党選対委員長代理、新党大地幹事長、農水大臣政務官、官房長官・労働大臣秘書、青山学院大学／63歳

〒001-0908 札幌市北区新琴似8条9丁目2-1 ☎011(769)7770
〒168-0063 杉並区和泉3-31-12

北海道3区 474,944 投56.24

札幌市(白石区、豊平区、清田区)

当116,917 高木宏寿 自元(44.7)
比当112,535 荒井　優 立新(43.0)
比32,340 小和田康文 維新(12.4)

高木宏壽（たかぎひろひさ）　**自**元[二]　当3
北海道札幌市 S35・4・9
勤5年3ヵ月　(初/平24)

党法務自治関係団体委員長、党厚生労働副部会長、党北海道総合開発特別委事務局次長、学校法人理事長、道議、慶大法／61歳

〒062-0020 札幌市豊平区月寒中央通5-1-12 ☎011(852)4764
〒100-8982 千代田区永田町2-1-2、会館 ☎03(3508)7636

衆 略歴

北海道

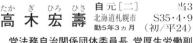

北海道４区 363,778 投 61.14

当109,326 中村裕之 自前(50.2)
比当108,630 大築紅葉 立新(49.8)

札幌市(西区(1区に属しない区域)(P169参照)、手稲区)、小樽市、後志総合振興局管内

なかむらひろゆき
中村裕之 自前[麻] 当4
北海道 S36・2・23
勤9年4ヵ月 (初/平24)

農林水産副大臣、党水産部会長代理、内閣第一部会長代理、国土交通部会長代理、文科大臣政務官、道議、道PTA連会長、JC、道庁、北海学園大／61歳

〒047-0024 小樽市花園1-4-19 ☎0134(21)5770
〒107-0052 港区赤坂2-17-10、宿舎 ☎03(5549)4671

北海道５区 467,864 投 60.22

当139,950 和田義明 自前(50.6)
比111,366 池田真紀 立前(40.3)
16,758 橋本美香 共新(6.1)
8,520 大津伸太郎 無新(3.1)

札幌市(厚別区)、江別市、千歳市、恵庭市、北広島市、石狩市、石狩振興局管内

わだよしあき
和田義明 自前[安] 当3
大阪府池田市 S46・10・10
勤6年 (初/平28補)

党遊説局長、党国防副部会長、党総務、科技特委理事、内閣委、国土交通委、地方創生特委、内閣府大臣政務官、外交副部会長、三菱商事、早大／50歳

〒004-0053 札幌市厚別区厚別中央3条5丁目8-20 ☎011(896)5505
〒100-8981 千代田区永田町2-2-1、会館 ☎03(3508)7117

北海道６区 415,008 投 56.86

当128,670 東　国幹 自新(55.5)
比93,403 西川将人 立新(40.3)
比9,776 斉藤忠行 N新(4.2)

旭川市、士別市、名寄市、富良野市、上川総合振興局管内

あずま　くによし
東　国幹 自新[茂] 当1
北海道名寄市 S43・2・17
勤5ヵ月 (初/令3)

党女性局次長、党道連副会長、法務委、農水委、沖北特委、道議会議員、自民党会派議員会長、道連青年局長、旭川市議、衆院議員秘書、東海大学／54歳

〒079-8412 旭川市永山2条4丁目2-19 ☎0166(40)2223
〒107-0052 港区赤坂2-17-10、宿舎

北海道７区 253,134 投 56.19

当80,797 伊東良孝 自前(58.0)
比45,563 篠田奈保子 立新(32.7)
12,913 石川明美 共新(9.3)

釧路市、根室市、釧路総合振興局管内、根室振興局管内

いとうよしたか
伊東良孝 自前[二] 当5
北海道 S23・11・24
勤12年8ヵ月 (初/平21)

党国対副委員長、衆議運理事、党畜酪委員長、北海道総合開発特委員長、道連会長、地方創生特委長、農水副大臣(2回目)、水産部会長、農水委員長、副幹事長、沖北特委筆頭理、財務政務官、釧路市長、道議、市議、道教育大／73歳

〒085-0021 釧路市浪花町13-2-1 ☎0154(25)5500
〒100-8981 千代田区永田町2-2-1、会館 ☎03(3508)7170

衆 略歴 北海道

北海道8区 361,180 (投)60.08

当112,857 逢坂誠二 立前(52.7)
比101,379 前田一男 自元(47.3)

函館市、北斗市、渡島総合振興局管内、檜山振興局管内

おおさか せいじ
逢坂誠二 立前 当5
北海道ニセコ町 S34・4・24
勤14年7ヵ月 (初/平17)

国家基本委、原子力特委、党代表代行、道連代表、総理補佐官、総務大臣政務官、ニセコ町長、薬剤師、行政書士、北大/62歳

〒040-0073 函館市宮前町8-4 ☎0138(41)7773
〒100-8982 千代田区永田町2-1-2、会館 ☎03(3508)7517

北海道9区 381,776 (投)58.92

当113,512 山岡達丸 立前(51.5)
比当106,842 堀井 学 自前(48.5)

室蘭市、苫小牧市、登別市、伊達市、胆振総合振興局管内、日高振興局管内

やまおか たつまる
山岡達丸 立前 当3(初/平21)
東京都 S54・7・22
勤7年10ヵ月

経産委理事、党経済産業部会長、税制調査会副会長、NHK記者、慶大経/42歳

〒053-0021 北海道苫小牧市若草町1丁目1-24 ☎0144(37)5800
〒100-8981 千代田区永田町2-2-1、会館 ☎03(3508)7306

北海道10区 284,648 (投)64.80

当96,843 稲津 久 公前(53.9)
比当82,718 神谷 裕 立前(46.1)

夕張市、岩見沢市、留萌市、美唄市、芦別市、赤平市、三笠市、滝川市、砂川市、歌志内市、深川市、空知総合振興局管内、留萌振興局管内

いなつ ひさし
稲津 久 公前 当5
北海道芦別市 S33・2・9
勤12年8ヵ月 (初/平21)

党幹事長代理、中央幹事、政調副会長、北海道本部代表、元厚生労働副大臣、元農水政務官、元道議、専修大/64歳

〒068-0024 岩見沢市4条西2-4-2 ☎0126(22)8511
〒107-0052 港区赤坂2-17-10、宿舎

北海道11区 283,874 (投)63.51

当91,538 石川香織 立前(51.8)
比当85,336 中川郁子 自元(48.2)

帯広市、十勝総合振興局管内

いしかわ かおり
石川香織 立前 当2
神奈川県 S59・5・10
勤4年6ヵ月 (初/平29)

沖北特委理、予算委、総務委、党副幹事長、青年局長、国対副委員長、元日本BS11アナウンサー、聖心女子大/37歳

〒080-0028 帯広市西18条南5丁目47-5 ☎0155(67)7730
〒107-0052 港区赤坂2-17-10、宿舎

(衆) 略歴 北海道

北海道12区 286,186 投 59.82

北見市、網走市、稚内市、紋別市、宗谷総合振興局管内、オホーツク総合振興局管内

当97,634 武部 新 自前(58.4)
比55,321 川原田英世 立新(33.1)
14,140 菅原 誠 共新(8.5)

たけべ あらた
武部 新
自前[二] 当4
北海道 S45・7・20
勤9年4ヵ月 (初/平24)

農林水産副大臣、衆院議事進行係、党国対副委員長、過疎対策特委事務局長代理、環境兼内閣府大臣政務官、早大法、シカゴ大院/51歳

〒090-0833 北見市とん田東町603-1 ☎0157(61)7711

比例代表 北海道 8人 北海道

すずき たかこ
鈴木貴子
自前[茂] 当4
北海道帯広市 S61・1・5
勤8年10ヵ月 (初/平25補)

外務副大臣、前防衛大臣政務官、元NHK長野放送局番組制作ディレクター、カナダオンタリオ州トレント大学/36歳

〒085-0018 釧路市黒金町7-1-1 クロガネビル3F ☎0154(24)2522

わたなべ こういち
渡辺孝一
自前[岸] 当4
北海道 S32・11・25
勤9年4ヵ月 (初/平24)

総務大臣政務官、総務委、党副幹事長、防衛政務官兼内閣府政務官、岩見沢市長、歯科医師、東日本学園大/64歳

〒068-0004 岩見沢市4条東1-7-1 北商4-1ビル1F ☎0126(25)1188
〒107-0052 港区赤坂2-17-10、宿舎

ほりい まなぶ
堀井 学
自前[安] 当4(初/平24)
北海道室蘭市 S47・2・19
勤9年4ヵ月 〈北海道9区〉

経産委、沖北特委理事、原子力特委、党水産部会長代理、党団体総局次長、外務大臣政務官、道議、王子製紙、専修大商/50歳

〒059-0012 登別市中央町5-14-1 ☎0143(88)2811
〒107-0052 港区赤坂2-17-10、宿舎 ☎03(5549)4671

なかがわ ゆうこ
中川郁子
自元[二] 当3(初/平24)
新潟県 S33・12・22
勤5年3ヵ月 〈北海道11区〉

拉致特委理事、党農林水産関係団体委員長、水産総合調査会副会長、農林水産大臣政務官、三菱商事、聖心女子大学/63歳

〒080-0802 帯広市東2条南13丁目18 ☎0155(27)2611

おおつき紅葉（くれは） 立新 当1(初/令3)
北海道小樽市 S58・10・16
勤5ヵ月 〈北海道4区〉

総務委、地方創生特委、情報監視審委、党政調会長補佐、フジテレビ政治部記者、英国バーミンガムシティ大／38歳

〒047-0024 小樽市花園2-6-7
プラムビル5F ☎0134(33)8750

荒井　優（あらい ゆたか） 立新 当1(初/令3)
北海道 S50・2・28
勤5ヵ月 〈北海道3区〉

文科委、経産委、復興特委、党政調会長補佐、学校法人理事長、高校校長、ソフトバンク(株)、早大／47歳

〒062-0932 札幌市豊平区平岸2条6丁目1-14 三慶ビル ☎011(826)3021
〒107-0052 港区赤坂2-17-10、宿舎 ☎03(5549)6471

神谷　裕（かみや ひろし） 立前 当2(初/平29)
東京都豊島区 S43・8・10
勤4年6ヵ月 〈北海道10区〉

農水委、復興特委理事、参院議員秘書、衆院議員秘書、国務大臣秘書官、日鰹連職員、帝京大／53歳

〒068-0024 北海道岩見沢市4条西4丁目12 ☎0126(22)1100

佐藤英道（さとう ひでみち） 公前 当4
宮城県名取市 S35・9・26
勤9年4ヵ月 (初/平24)

厚生労働副大臣兼内閣府副大臣、議運委理事、農水政務官、党団体渉外委員長、中央幹事、国交部会長、創大院／61歳

〒060-0001 札幌市中央区北1条西19丁目
緒方ビル4F ☎011(688)5450
〒100-8982 千代田区永田町2-1-2、会館 ☎03(3508)7457

比例代表 北海道 8人

有効投票数 2,569,130票

政党名	当選者数	得票数	得票率
	惜敗率 小選挙区		惜敗率 小選挙区
自民党	4人	863,300票	33.60%

当①鈴木　貴子 前
当②渡辺　孝一 前
当③堀井　　学 前(94.12) 北9
当③中川　郁子 元(93.22) 北11
　③船橋　利実 前(90.45) 北1
　③前田　一男 元(89.8) 北8
　③高橋　祐介 新(84.8) 北2
　⑭鶴羽　佳子 新
　⑮長友　隆典 新

【小選挙区での当選者】
③高木　宏寿 元 北3
③中村　裕之 前 北4
③和田　義明 前 北5
③東　　国幹 新 北6
③伊東　良孝 前 北7
③武部　　新 前 北12

立憲民主党　3人　682,912票　26.58%

当①大築　紅葉 新(99.36) 北4
当①荒井　　優 新(96.25) 北3
当①神谷　　裕 前(85.41) 北10
①池田　真紀 前(79.58) 北5
①西川　将人 新(72.59) 北6
①川原田英世 新(56.66) 北12
①篠田奈保子 新(56.39) 北7
⑬原谷　那美 新
⑭秋元　恭兵 新
⑮田中　勝一 新

【小選挙区での当選者】
①道下　大樹 前　北1
①松木　謙公 前　北2
①逢坂　誠二 前　北8
①山岡　達丸 前　北9
①石川　香織 前　北11

公 明 党　1人　294,371票　11.46%

当①佐藤　英道 前
②荒瀬　正昭 前

その他の政党の得票数・得票率は下記のとおりです。(当選者はいません)

政党名	得票数	得票率
日本維新の会	215,344票	8.38%
共産党	207,189票	8.06%
れいわ新選組	102,086票	3.97%
国民民主党	73,621票	2.87%
支持政党なし	46,142票	1.80%
NHKと裁判してる党弁護士法72条違反で	42,916票	1.67%
社民党	41,248票	1.61%

青森県1区　342,174　㊪51.84

青森市、むつ市、東津軽郡、上北郡(野辺地町、横浜町、六ヶ所村)、下北郡

当91,011　江 渡 聡 徳　自前(52.4)
比64,870　升田世喜男　立元(37.4)
17,783　斎 藤 美 緒　共新(10.2)

えと あきのり
江 渡 聡 徳　**自**前［麻］　当8
青森県十和田市 S30・10・12
勤22年2ヵ月　(初/平8)

党総務、拉致特委理、安保委、原子力特委、党総務会長代行、防衛大臣、安保委員長、防衛副大臣、短大講師、日大院／66歳

〒030-0812　青森市堤町1-3-12　☎017(718)8820
〒107-0052　港区赤坂2-17-10、宿舎

青森県2区　389,510　㊪53.56

八戸市、十和田市、三沢市、上北郡(七戸町、六戸町、東北町、おいらせ町)、三戸郡

当126,137　神 田 潤 一　自新(61.5)
比65,909　高 畑 紀 子　立新(32.1)
12,966　田 端 深 雪　共新(6.3)

かんだ じゅんいち
神 田 潤 一　**自**新［無］　当1
青森県八戸市　S45・9・27
勤5ヵ月　(初/令3)

財金委、農水委、倫選特委、原子力特委、日本銀行職員、金融庁出向、日本生命出向、マネーフォワード執行役員、東大経、イェール大学院／51歳

〒031-0081　八戸市柏崎1-1-1　☎0178(45)0462

青森県3区 347,625 投53.29

当118,230 木村次郎 自前(65.0)
比63,796 山内　崇 立新(35.0)

弘前市、黒石市、五所川原市、つがる市、平川市、西津軽郡、中津軽郡、南津軽郡、北津軽郡

木村次郎（きむら じろう）

自前[安] 当2
青森県藤崎町 S42・12・16
勤4年6ヵ月 (初/平29)

国土交通大臣政務官、国交委、党国防副部会長、女性局次長、青森県職員、中央大／54歳

〒036-8191 青森県弘前市親方町43-3F ☎0172(36)8332
〒107-0052 港区赤坂2-17-10、宿舎 ☎03(5549)4671

岩手県1区 293,290 投58.81

当87,017 階　猛 立前(51.2)
比62,666 高橋比奈子 自前(36.9)
20,300 吉田恭子 共新(11.9)

盛岡市、紫波郡

階　猛（しな たけし）

立前 当6
岩手県盛岡市 S41・10・7
勤14年9ヵ月 (初/平19補)

法務委野党筆頭理事、予算委、復興特委、党政調会長代行、総務大臣政務官、民進党政調会長、弁護士、銀行員、東大法／55歳

〒020-0021 盛岡市中央通3-3-2 菱和ビル6F ☎019(654)7111
〒107-0052 港区赤坂2-17-10、宿舎

岩手県2区 369,175 投60.28

当149,168 鈴木俊一 自前(68.0)
比66,689 大林正英 立新(30.4)
3,548 荒川順子 N新(1.6)

宮古市、大船渡市、久慈市、遠野市、陸前高田市、釜石市、二戸市、八幡平市、滝沢市、岩手郡、気仙郡、上閉伊郡、下閉伊郡、九戸郡、二戸郡

鈴木俊一（すずき しゅんいち）

自前[麻] 当10
岩手県 S28・4・13
勤28年11ヵ月 (初/平2)

財務・金融担当大臣、党総務会長、東京オリパラ大臣、環境大臣、外務副大臣、衆外務・厚労・復興特委員長、早大／68歳

〒020-0668 岩手県滝沢市鵜飼狐洞1-432 ☎019(687)5525
〒100-8981 千代田区永田町2-2-1、会館 ☎03(3508)7267

岩手県3区 377,117 投61.71

当118,734 藤原　崇 自前(52.1)
比当109,362 小沢一郎 立前(47.9)

花巻市、北上市、一関市、奥州市、和賀郡、胆沢郡、西磐井郡

藤原　崇（ふじわら たかし）

自前[安] 当4(初/平24)
岩手県西和賀町 S58・8・2
勤9年4ヵ月 〈岩手3区〉

財務大臣政務官、財金委、予算委理事、党法務部会長代理、内閣府兼復興大臣政務官、弁護士、明治学院大学法科大学院修了／38歳

〒024-0092 岩手県北上市新穀町1-6-4 ☎0197(72)6056
〒100-8982 千代田区永田町2-1-2、会館 ☎03(3508)7207

宮城県1区 439,697 投54.60

仙台市(青葉区、太白区(本庁管内))

当101,964 土井　亨 自前(43.4)
比当96,649 岡本章子 立前(41.2)
23,033 春藤沙弥香 維新(9.8)
13,174 大草芳江 無新(5.6)

どい　とおる
土井　亨
自前[安] 当5
宮城県 S33・8・12
勤13年3ヵ月 (初/平17)

国交委与党筆頭理事、党所有者不明土地等に関する特別委員長、党情報調査局長、国交副大臣、復興副大臣、国交政務官、党国対副委長、党財金部会長、副幹事長、県議3期、東北学院大／63歳

〒980-0011 仙台市青葉区上杉1-1-30-102 ☎022(262)7223

宮城県2区 455,409 投53.62

仙台市(宮城野区、若林区、泉区)

当116,320 鎌田さゆり 立元(49.0)
比当115,749 秋葉賢也 自前(48.7)
比5,521 林マリアゆき N新(2.3)

かまた
鎌田さゆり
立元 当3
宮城県 S40・1・8
勤5年 (初/平12)

党政調副会長、法務委次席理事、震災復興特委、党災害・緊急事態局東北ブロック副局長、東北学院大学／57歳

〒981-3133 仙台市泉区泉中央1-34-6-2F ☎022(771)5022
〒107-0052 港区赤坂2-17-10、宿舎

宮城県3区 286,936 投57.71

仙台市(太白区(秋保総合支所管内(秋保町湯向、秋保町境野、秋保町長袋、秋保町馬場、秋保町湯元))、白石市、名取市、角田市、岩沼市、刈田郡、柴田郡、伊具郡、亘理郡

当96,210 西村明宏 自前(59.3)
比60,237 大野園子 立新(37.1)
5,890 浅田晃司 無新(3.6)

にし　むら　あき　ひろ
西村明宏
自前[安] 当6
福岡県北九州市 S35・7・16
勤15年1ヵ月 (初/平15)

党筆頭副幹事長、内閣官房副長官、国交・内閣府・復興副大臣、国交委員長、党政調副会長・事務局長、党団体総局長、地方組織議員総局長、蔵相秘書、早大院／61歳

〒981-1231 宮城県名取市手倉田字諏訪609-1 ☎022(384)4757
〒100-8982 千代田区永田町2-1-2、会館 ☎03(3508)7906

宮城県4区 237,478 投57.15

塩竈市、多賀城市、富谷市、宮城郡(七ヶ浜町、利府町)、黒川郡(大和町、大衡村)、加美郡

当74,721 伊藤信太郎 自前(56.5)
比30,047 舩山由美 共新(22.7)
比当27,451 早坂　敦 維新(20.8)

い　とう しん　た　ろう
伊藤信太郎
自前[麻] 当7
東京都港区 S28・5・6
勤17年2ヵ月 (初/平13補)

党政調会長代理、憲法審査会委員、外務委、復興特委、外務副大臣、慶大院、ハーバード大院／68歳

〒985-0021 宮城県塩釜市尾島町24-20 ☎022(367)8687
〒100-8982 千代田区永田町2-1-2、会館 ☎03(3508)7091

宮城県5区 252,373 投57.34

当81,033 安住 淳 立前(56.9)
比64,410 森下千里 自新(43.1)

石巻市、東松島市、大崎市(松山・三本木・鹿島台・田尻総合支所管内)、宮城郡(松島町)、黒川郡(大郷町)、遠田郡、牡鹿郡、本吉郡

安住 淳（あずみ じゅん）

立前 当9
宮城県 S37・1・17
勤25年7ヵ月 (初/平8)

懲罰委長、党国対委員長、民進党国対委員長、財務大臣、政府税調会長、防衛副大臣、衆安保委員長、党幹事長代行、NHK記者、早大/60歳

〒986-0814 石巻市南中里4-1-18 ☎0225(23)2881
〒100-8981 千代田区永田町2-2-1、会館 ☎03(3508)7293

宮城県6区 253,730 投57.38

当119,555 小野寺五典 自前(83.2)
24,072 内藤隆司 共新(16.8)

気仙沼市、登米市、栗原市、大崎市(第5区に属しない区域)

小野寺五典（おのでら いつのり）

自前[岸] 当8
宮城県気仙沼市 S35・5・5
勤20年5ヵ月 (初/平9補)

情報監視審査会長、党安全保障調査会長、防衛大臣、党政調会長代理、外務副大臣、外務大臣政務官、東北福祉大客員教授、県職員、松下政経塾、東大院/61歳

〒987-0511 登米市迫町佐沼字中江1-10-4 中江第一ビル2F、1号 ☎0220(22)6354
〒107-0052 港区赤坂2-17-10、宿舎

秋田県1区 261,956 投58.18

当77,960 冨樫博之 自前(51.9)
比当72,366 寺田 学 立前(48.1)

秋田市

冨樫博之（とがし ひろゆき）

自前[無] 当4
秋田県秋田市 S30・4・27
勤9年4ヵ月 (初/平24)

復興副大臣、党副幹事長、総務大臣政務官、秋田県議会議長、衆議院議員秘書、秋田経産大/66歳

〒010-1427 秋田市仁井田新田3-13-20 ☎018(839)5601
〒107-0052 港区赤坂2-17-10、宿舎

秋田県2区 258,568 投61.23

当81,845 緑川貴士 立前(52.5)
比当73,945 金田勝年 自前(47.5)

能代市、大館市、男鹿市、鹿角市、潟上市、北秋田市、鹿角郡、北秋田郡、山本郡、南秋田郡

緑川貴士（みどりかわ たかし）

立前 当2(初/平29)
埼玉県 S60・1・10
勤4年6ヵ月

地方創生特委、農水委、党秋田県連代表、秋田朝日放送アナウンサー、早大/37歳

〒017-0897 秋田県大館市三ノ丸92 ☎0186(57)8614
〒100-8982 千代田区永田町2-1-2、会館 ☎03(3508)7002

※平7参院初当選

秋田県3区 320,409 投55.89

当134,734 御法川信英 自前(77.9)
38,118 杉 山 彰 共新(22.1)

横手市、湯沢市、由利本荘市、大仙市、にかほ市、仙北市、仙北郡、雄勝郡

御法川信英（みのりかわのぶひで）

自前[麻] 当6
秋田県 S39・5・25
勤15年1ヵ月 (初/平15)

党国対委員長代理、議運委筆頭理事、国土交通・内閣府・復興副大臣、財務副大臣、外務政務官、コロンビア大院、慶大／57歳

〒014-0046 秋田県大仙市大曲田町20-32 ☎0187(63)5835
〒107-0052 港区赤坂2-17-10、宿舎

山形県1区 303,982 投61.59

当110,688 遠藤利明 自前(60.0)
比73,872 原田和広 立新(40.0)

山形市、上山市、天童市、東村山郡

遠藤利明（えんどうとしあき）

自前[無] 当9
山形県上山市 S25・1・17
勤25年5ヵ月 (初/平5)

党選挙対策委員長、東京オリンピック・パラリンピック大臣、党幹事長代理、文科副大臣、建設政務次官、中大法／72歳

〒990-2481 山形市あかねヶ丘2-1-6 ☎023(646)6888
〒107-0052 港区赤坂2-17-10、宿舎 ☎03(5549)4671

山形県2区 313,967 投65.71

当125,992 鈴木憲和 自前(61.8)
比77,742 加藤健一 国新(38.2)

米沢市、寒河江市、村山市、長井市、東根市、尾花沢市、南陽市、西村山郡、北村山郡、東置賜郡、西置賜郡

鈴木憲和（すずきのりかず）

自前[茂] 当4
山形県南陽市 S57・1・30
勤9年4ヵ月 (初/平24)

党青年局長代理、決算行監委理、安保委、倫選特委、外務大臣政務官、党水産部会長代理、党農林部会長代理、農水省、東大法／40歳

〒992-0012 米沢市金池2-1-11 ☎0238(26)4260
〒100-8981 千代田区永田町2-2-1、会館 ☎03(3508)7318

山形県3区 287,642 投65.74

当108,558 加藤鮎子 自前(58.1)
66,320 阿部ひとみ 無新(35.5)
12,100 梅 木 威 共新(6.5)

鶴岡市、酒田市、新庄市、最上郡、東田川郡、飽海郡

加藤鮎子（かとうあゆこ）

自前[無] 当3
山形県鶴岡市 S54・4・19
勤7年4ヵ月 (初/平26)

国土交通大臣政務官、国交委、元環境大臣政務官兼内閣府大臣政務官、コロンビア大学院、慶大／42歳

〒997-0026 鶴岡市大東町17-23(自宅) ☎0235(22)0376
〒107-0052 港区赤坂2-17-10、宿舎

福島県１区 404,405 投60.61

当123,620 金子恵美 立前(51.1)
比当118,074 亀岡偉民 自前(48.9)

福島市、相馬市、南相馬市、伊達市、伊達郡、相馬郡

金子恵美（かねこえみ）

立前　当3(初/平26)※1
福島県保原町(現伊達市)　S40・7・7
勤13年5ヵ月(参6年1ヵ月)

党幹事長代理、党選対副委員長、党つながる本部副本部長、党震災復興部会長、復興特委理、農水委理、県連代表、内閣府政務官兼復興政務官、参議員、福島大院／56歳

〒960-8253　福島市泉字泉川34-1　☎024(573)0520
〒100-8982　千代田区永田町2-1-2、会館　☎03(3508)7476

福島県２区 347,250 投55.06

当102,638 根本　匠 自前(54.6)
比当85,501 馬場雄基 立新(45.4)

郡山市、二本松市、本宮市、安達郡

根本　匠（ねもとたくみ）

自前［岸］　当9
福島県　S26・3・7
勤25年6ヵ月　(初/平5)

予算委員長、党中小企業調査会長、厚生労働大臣、党金融調査会長、復興大臣、総理補佐官、党広報本部長、経産委長、内閣府副大臣、厚生政務次官、建設省、東大／70歳

〒963-8012　郡山市咲田1-2-1-103　☎024(932)6662
〒100-8982　千代田区永田町2-1-2、会館　☎03(3508)7312

福島県３区 264,121 投64.05

当90,457 玄葉光一郎 立前(54.2)
比当76,302 上杉謙太郎 自前(45.8)

白河市、須賀川市、田村市、岩瀬郡、西白河郡(泉崎村、中島村、矢吹町)、東白川郡、石川郡、田村郡

玄葉光一郎（げんばこういちろう）

立前　当10
福島県田村市　S39・5・20
勤28年10ヵ月　(初/平5)

安保委、復興特委、決算行監委長、外相、国家戦略担当・内閣府特命担当大臣、民主党政調会長、選対委長、県議、上智大／57歳

〒962-0832　須賀川市本町3-2　☎0248(72)7990
〒100-8981　千代田区永田町2-2-1、会館　☎03(3508)7252

福島県４区 237,353 投64.68

当76,683 小熊慎司 立前(51.0)
比当73,784 菅家一郎 自前(49.0)

会津若松市、喜多方市、南会津郡、耶麻郡、河沼郡、大沼郡、西白河郡(西郷村)

小熊慎司（おぐましんじ）

立前　当4(初/平24)※2
福島県　S43・6・16
勤11年10ヵ月(参2年6ヵ月)

外務委理事、復興特委、党筆頭幹事長代理、党企業・団体交流副委員長、参院議員、福島県議、会津若松市議、専大法学部／53歳

〒965-0872　会津若松市東栄町4-17 ニューパークハイツ1F　☎0242(38)3565
〒100-8981　千代田区永田町2-2-1、会館　☎03(3508)7138

※1 平19参院初当選　※2 平22参院初当選

福島県５区 320,273 投48.00

当93,325 吉野正芳 自前(62.7)
55,619 熊谷　智 共新(37.3)

いわき市、双葉郡

吉野正芳（よしの まさよし）
自前［安］ 当8
福島県いわき市 S23・8・8
勤21年10ヵ月 （初／平12）

政倫審会長、党復興本部長代理、復興大臣、農林水産委・震災復興特委・原子力特委・環境委各委員長、環境副大臣、文科政務官、早大／73歳

〒970-8026 いわき市平尼子町2-26NKビル ☎0246(21)4747
〒107-0052 港区赤坂2-17-10、宿舎

比例代表 東北 13人

青森、岩手、宮城、秋田、山形、福島

津島　淳（つしま じゅん）
自前［茂］ 当4
東京都 S41・10・18
勤9年4ヵ月 （初／平24）

法務副大臣、国交兼内閣府政務官、党国交・財金部会長代理、衆財金・農水・原子力特委理事、学習院大／55歳

〒030-0843 青森市大字浜田字豊田148-6 ☎017(718)3726
〒100-8982 千代田区永田町2-1-2、会館 ☎03(3508)7073

秋葉賢也（あきば けんや）
自前［茂］ 当7(初／平17)
宮城県 S37・7・3
勤17年 〈宮城2区〉

党情報調査局長、前内閣総理大臣補佐官、環境委長、党政調副会長、厚労・復興副大臣、総務大臣政務官、松下政経塾、中大法、東北大院法／59歳

〒981-3121 仙台市泉区上谷刈4-17-16 ☎022(375)4477
〒100-8981 千代田区永田町2-2-1、会館 ☎03(3508)7392

菅家一郎（かんけ いちろう）
自前［安］ 当4(初／平24)
福島県 S30・5・20
勤9年4ヵ月 〈福島4区〉

党環境部会長代理、復興副大臣、環境大臣政務官兼内閣府大臣政務官、会津若松市長、県議、市議、会社役員、早大／66歳

〒965-0872 会津若松市東栄町5-19 ☎0242(27)9439

亀岡偉民（かめおか よしたみ）
自前［安］ 当5(初／平17)
福島県 S30・9・10
勤13年3ヵ月 〈福島1区〉

党総裁補佐兼副幹事長、復興副大臣、文科兼内閣府副大臣、衆文科委員長、党国対副委員長、農相秘書、早大教育（野球部）／66歳

〒960-8055 福島市野田町5-6-25 ☎024(533)3131
〒100-8981 千代田区永田町2-2-1、会館 ☎03(3508)7148

かねだかつとし
金田勝年
自前[二] 当5(初/平21)※
秋田県 S24・10・4
勤24年10ヵ月(参12年2ヵ月)〈秋田2区〉

予算委、災害特委、予算委員長、党幹事長代理、法務大臣、財務金融委員長、外務副大臣、農林水産政務次官、大蔵主計官、一橋大/72歳

〒016-0843 能代市中和1-16-2 ☎0185(54)3000
〒107-0052 港区赤坂2-17-10、宿舎 ☎03(5549)4671

うえすぎけんたろう
上杉謙太郎
自前[安] 当2(初/平29)
神奈川県 S50・4・20
勤4年6ヵ月 〈福島3区〉

外務大臣政務官、外務委、議員秘書、県3区支部長、早大/46歳

〒962-0023 須賀川市大黒町115-1 Ⅲ-A ☎0248(76)6024

おかもとこ
岡本あき子
立前 当2(初/平29)
宮城県 S39・8・16
勤4年6ヵ月 〈宮城1区〉

総務委理、復興特委、党ジェンダー平等推進本部長代行、子ども子育てPT事務局長、仙台市議、NTT、東北大/57歳

〒982-0011 仙台市太白区長町4-4-29 ☎022(395)4781
〒100-8981 千代田区永田町2-2-1、会館 ☎03(3508)7064

てらたまなぶ
寺田学
立前 当6(初/平15)
秋田県横手市 S51・9・20
勤16年5ヵ月 〈秋田1区〉

国家基本委理事、倫選特委理、党国対委員長代理、内閣総理大臣補佐官、三菱商事社員、中央大/45歳

〒010-1424 秋田市御野場1-1-9 ☎018(827)7515
〒100-8981 千代田区永田町2-2-1、会館 ☎03(3508)7464

おざわいちろう
小沢一郎
立前 当18(初/昭44)
岩手県旧水沢市 S17・5・24
勤52年6ヵ月 〈岩手3区〉

自由党代表、生活の党代表、国民の生活が第一代表、民主党代表、自由党党首、新進党党首、自民党幹事長、官房副長官、自治相、慶大/79歳

〒023-0814 奥州市水沢袋町2-38 ☎0197(24)3851
〒100-8981 千代田区永田町2-2-1、会館 ☎03(3508)7175

ばばゆうき
馬場雄基
立新 当1(初/令3)
福島県郡山市 H4・10・15
勤5ヵ月 〈福島2区〉

環境委、震災復興特委、三井住友信託銀行、松下政経塾、コミュニティ施設事業統括、慶大法/29歳

〒963-8052 福島県郡山市八山田5-214 サルーテⅡ103 ☎024(953)8109
〒100-8982 千代田区永田町2-1-2、会館 ☎03(3508)7631

※平7参院初当選

しょうじ けんいち
庄子賢一
公新 当1
宮城県仙台市 S38・2・8
勤5ヵ月 (初/令3)

党中央幹事、党東北方面本部長、農水委、決算行監委、復興特委、宮城県議会議員5期、広告代理店、東北学院大／59歳

〒983-0852 仙台市宮城野区榴岡4-5-24-502 ☎022(290)3770
〒100-8982 千代田区永田町2-1-2、会館 ☎03(3508)7474

たかはしちづこ
高橋千鶴子
共前 当7
秋田県 S34・9・16
勤18年5ヵ月 (初/平15)

党衆議院議員団長、障害者の権利委員会責任者、党国交部会長、党常任幹部会委員、国交委、復興特委、地方創生特委、弘前大／62歳

〒980-0021 仙台市青葉区中央4-3-28 朝市ビル4F ☎022(223)7572
〒107-0052 港区赤坂2-17-10、宿舎 ☎03(5549)4671

はやさか あつし
早坂 敦
維新 当1(初/令3)
宮城県 S46・3・11
勤5ヵ月 〈宮城4区〉

文科委、復興特委理、会社役員、児童指導員、仙台市議、東北高校／50歳

〒981-3304 宮城県富谷市ひより台2-31-1-202 ☎022(344)6115
〒107-0052 港区赤坂2-17-10、宿舎

比例代表 東北 13人 有効投票数 4,120,670票

政党名	当選者数	得票数	得票率
	惜敗率 小選挙区		惜敗率 小選挙区

自民党 6人 1,628,233票 39.51%

当①津島 淳 前
当②秋葉 賢也 前(99.51)宮2
当②菅家 一郎 前(96.22)福4
当②亀岡 偉民 前(95.51)福1
当②金田 勝年 前(90.38)秋2
当②上杉謙太郎 前(84.35)福3
②森下 千里 新(75.78)宮5
②高橋比奈子 前(72.02)岩1
㉔前川 恵 元
㉕入野田 博 新
【小選挙区での当選者】
②江渡 聡徳 前 青1
②神田 潤一 新 青2
②木村 次郎 前 青3
②鈴木 俊一 前 岩2
②藤原 崇 前 岩3
②土井 亨 前 宮1
②西村 明宏 前 宮3
②伊藤信太郎 前 宮4
②小野寺五典 前 宮6
②冨樫 博之 前 秋1
②御法川信秀 前 秋3
②遠藤 利明 前 山1
②鈴木 憲和 前 山2
②加藤 鮎子 前 山3
②根本 匠 前 福2

立憲民主党 4人 991,504票 24.06%

当①岡本 章子 前(94.79)宮1
当①寺田 学 前(92.82)秋1
当①小沢 一郎 前(92.11)岩3
当①馬場 雄基 新(83.30)福2
①升田世喜男 元(71.28)青1
①原田 和広 新(66.74)山1
①大野 園子 新(62.61)宮3
①山内 崇 新(53.96)青3
①高畑 紀子 新(52.25)青2
①大林 正英 新(44.71)岩2

⑱佐野　利恵 新
⑲鳥居　作弥 新
⑳内海　　太 新
【小選挙区での当選者】
①階　　　猛 前　　岩1
①鎌田さゆり 元　　宮2
①安住　　淳 前　　宮5
①緑川　貴士 前　　秋2
①金子　恵美 前　　福1
①玄葉光一郎 前　　福3
①小熊　慎司 前　　福4

公明党　1人　456,287票　11.07%

当①庄子　賢一 新
②佐々木雅文 新
③曽根　周作 新

共産党　1人　292,830票　7.11%

当①高橋千鶴子 前
②船山　由美 新　　宮4
③藤本　友里 新

日本維新の会　1人　258,690票　6.28%

当①早坂　　敦 新(36.74) 宮4
▼①春藤沙弥香 新(22.59) 宮1

▼は小選挙区の得票が有効投票総数の10分の1未満で、復活当選の資格がない者

その他の政党の得票数・得票率は下記のとおりです。(当選者はいません)

政党名	得票数	得票率
国民民主党	195,754票	4.75%
れいわ新選組	143,265票	3.48%
社民党	101,442票	2.46%
NHKと裁判してる党弁護士法72条違反で	52,664票	1.28%

茨城県1区　402,090　㊣51.29

当105,072　福島伸享　無元(52.1)
比当96,791　田所嘉徳　自前(47.9)

水戸市(本庁管内、赤塚・常澄出張所管内)、下妻市の一部(P169参照)、笠間市(笠間支所管内)、常陸大宮市(御前山支所管内)、筑西市、桜川市、東茨城郡(城里町)

ふくしま のぶゆき
福島伸享
無元(有志)　当3
茨城県　S45・8・8
勤6年7ヵ月　(初/平21)

国土交通委、震災復興特委、筑波大学客員教授、東京財団ディレクター、内閣官房参事官補佐、経産省、東大／51歳

〒310-0804　水戸市白梅1-7-21　☎029(302)8895
〒107-0052　港区赤坂2-17-10、宿舎

茨城県2区　355,390　㊣49.80

当110,831　額賀福志郎　自前(64.5)
比61,103　藤田幸久　立元(35.5)

水戸市(第1区に属しない区域)、笠間市(第1区に属しない区域)、鹿嶋市、潮来市、神栖市、行方市、鉾田市、小美玉市(本庁管内、小川総合支所管内)、東茨城郡(茨城町、大洗町)

ぬかが ふくしろう
額賀福志郎
自前[茂]　当13
茨城県行方市　S19・1・11
勤38年5ヵ月　(初/昭58)

党税調顧問、党震災復興本部長、党エネルギー調査会長、懲罰委、財務大臣、防衛庁長官、経済財政担当相、早大／78歳

〒311-3832　行方市麻生3287-32　☎0299(72)1218
〒100-8982　千代田区永田町2-1-2、会館　☎03(3508)7447

茨城県3区 389,521 投53.52

当109,448 葉梨康弘 自前(53.6)
比63,674 梶岡博樹 立新(31.2)
比31,100 岸野智康 維新(15.2)

龍ケ崎市、取手市、牛久市、守谷市、稲敷市、稲敷郡、北相馬郡

葉梨康弘（はなしやすひろ）

自前[岸] 当6
東京都 S34・10・12
勤15年1ヵ月 (初/平15)

党政調会長代理、予算委理、法務委理、農林水産副大臣、法務副大臣兼内閣府副大臣、財務大臣政務官、党総務部会長、東大法／62歳

〒302-0017 取手市桑原1108 ☎0297(74)1859

茨城県4区 268,147 投52.81

当98,254 梶山弘志 自前(70.5)
比25,162 武藤優子 維新(18.0)
比16,018 大内久美子 共新(11.5)

常陸太田市、ひたちなか市、常陸大宮市(第1区に属しない区域)、那珂市、久慈郡

梶山弘志（かじやまひろし）

自前[無] 当8
茨城県常陸太田市 S30・10・18
勤21年10ヵ月 (初/平12)

党幹事長代行、経済産業大臣、地方創生大臣、国交副大臣・政務官、国交・災対特委員長、党選対委員長代理、政調会長代理、元JAEA職員、日大／66歳

〒313-0013 常陸太田市山下町1189 ☎0294(72)2772
〒100-8982 千代田区永田町2-1-2、会館

茨城県5区 241,755 投53.30

当61,373 浅野哲 国前(48.5)
比当53,878 石川昭政 自前(42.6)
8,061 飯田美弥子 共新(6.4)
3,248 田村弘 無新(2.6)

日立市、高萩市、北茨城市、那珂郡

浅野哲（あさのさとし）

国前 当2
東京都 S57・9・25
勤4年6ヵ月 (初/平29)

党国対委員長代理、エネルギー調査会会長、議運委、内閣委、原子力特委、衆議員秘書、(株)日立製作所、日立労組、青学院修了／39歳

〒317-0071 茨城県日立市鹿島町1-11-13 友愛ビル ☎0294(21)5522
〒100-8981 千代田区永田町2-2-1、会館 ☎03(3508)7231

茨城県6区 454,712 投53.62

当125,703 国光文乃 自前(52.5)
比当113,570 青山大人 立前(47.5)

土浦市、石岡市、つくば市、かすみがうら市、つくばみらい市、小美玉市(第2区に属しない区域)

国光あやの（くにみつあやの）

自前[岸] 当2
山口県 S54・3・20
勤4年6ヵ月 (初/平29)

党文科副部会長、文科委、経産委、科技・イノベ特委、復興特委、医師、厚労省職員、長崎大医学部、東京医科歯科大院、UCLA大学院／42歳

〒305-0022 つくば市吉瀬1851-1 ☎029(886)3686
〒100-8982 千代田区永田町2-1-2、会館 ☎03(3508)7036

茨城県7区 303,353 投53.71

当74,362　永岡桂子　自前(46.5)
比当70,843　中村喜四郎　立前(44.3)
比14,683　水梨伸晃　維新(9.2)

古河市、結城市、下妻市(第1区に属しない区域)、常総市、坂東市、結城郡、猿島郡

ながおかけいこ
永岡桂子
自前[麻]　当6
東京都　S28・12・8
勤16年7ヵ月　(初/平17)

党副幹事長、消費者特委員長、文部科学副大臣、党内閣第一部会長、文科委員長、党政調副会長、厚労副大臣、農水政務官、学習院大法/68歳

〒306-0023　古河市本町2-7-13　☎0280(31)5033
〒100-8981　千代田区永田町2-2-1、会館　☎03(3508)7274

栃木県1区 434,814 投52.42

当102,870　船田　元　自前(46.2)
比66,700　渡辺典喜　立新(29.9)
比43,935　柏倉祐司　維元(19.7)
9,393　青木　弘　共新(4.2)

宇都宮市(本庁管内、平石・清原・横川・瑞穂野・城山・国本・富屋・豊郷・篠井・姿川・雀宮地区市民センター管内、宝木・陽南出張所管内)、下野市の一部(P169参照)、河内郡

ふなだはじめ
船田　元
自前[茂]　当13
栃木県宇都宮市　S28・11・22
勤35年10ヵ月　(初/昭54)

党消費者問題調査会長、党代議士会会長、憲法審委、文科委、消費者特委、経企庁長官、総務・文部政務次官、慶大院/68歳

〒320-0047　宇都宮市一の沢1-2-6　☎028(666)8735
〒100-8982　千代田区永田町2-1-2、会館　☎03(3508)7156

栃木県2区 262,690 投53.75

当73,593　福田昭夫　立前(53.4)
比当64,253　五十嵐　清　自新(46.6)

宇都宮市(第1区に属しない区域)、栃木市(西方総合支所管内)、鹿沼市、日光市、さくら市、塩谷郡

ふくだあきお
福田昭夫
立前　当6
栃木県日光市　S23・4・17
勤16年7ヵ月　(初/平17)

国土交通委、地方創生特委理事、党県連代表、総務大臣政務官、栃木県知事、今市市長、東北大/73歳

〒321-2335　日光市森友781-3　☎0288(21)4182
〒107-0052　港区赤坂2-17-10、宿舎

栃木県3区 241,014 投52.07

当82,398　簗　和生　自前(67.4)
比39,826　伊賀　央　立新(32.6)

大田原市、矢板市、那須塩原市、那須烏山市、那須郡

やなかずお
簗　和生
自前[安]　当4
東京都　S54・4・22
勤9年4ヵ月　(初/平24)

党農林部会長、農水委理、国交委理、経産委理、国交政務官兼内閣府政務官、党総務会総務、シンクタンク研究員、慶大、東大院修/42歳

〒324-0042　栃木県大田原市末広2-3-17　☎0287(22)8706

栃木県4区 402,456 投55.37

当111,863 佐藤　勉 自前(51.1)
比当107,043 藤岡隆雄 立新(48.9)

栃木市(大平・藤岡・都賀・岩舟総合支所管内)、小山市、真岡市、下野市(第1区に属しない区域)、芳賀郡、下都賀郡

佐藤　勉（さとう つとむ）
自前[麻]　当9
栃木県壬生町　S27・6・20
勤25年7ヵ月　(初/平8)

国家基本委理、党総務会長、国家基本政策委員長、議院運営委員長、党国会対策委員長、総務大臣、日大／69歳

〒321-0225　下都賀郡壬生町本丸2-15-20　☎0282(83)0001

栃木県5区 284,314 投50.99

当108,380 茂木敏充 自前(77.4)
31,713 岡村恵子 共新(22.6)

足利市、栃木市(第2区及び第4区に属しない区域)、佐野市

茂木敏充（もてぎ としみつ）
自前[茂]　当10
栃木県足利市　S30・10・7
勤28年10ヵ月　(初/平5)

党幹事長、元外務大臣、経済財政政策担当大臣、党政調会長、経産大臣、金融・行革大臣、科技・IT大臣、東大、ハーバード大院／66歳

〒326-0053　足利市伊勢4-14-6　☎0284(43)3050
〒100-8982　千代田区永田町2-1-2、会館　☎03(3508)1011

群馬県1区 378,869 投52.97

当110,244 中曽根康隆 自前(56.3)
比42,529 宮崎岳志 維元(21.7)
24,072 斎藤敦子 無新(12.3)
18,917 店橋世津子 共新(9.7)

前橋市、桐生市(新里・黒保根支所管内)、沼田市、渋川市(赤城・北橘行政センター管内)、みどり市(東支所管内)、利根郡

中曽根康隆（なかそね やすたか）
自前[二]　当2
東京都　S57・1・19
勤4年6ヵ月　(初/平29)

防衛大臣政務官兼内閣府大臣政務官、安保委、参議院議員秘書、JPモルガン証券(株)、慶大／40歳

〒371-0841　前橋市石倉町3-10-5　☎027(289)6650
〒100-8982　千代田区永田町2-1-2、会館　☎03(3508)7272

群馬県2区 322,971 投50.66

当88,799 井野俊郎 自前(54.0)
比50,325 堀越啓仁 立前(30.6)
25,216 石関貴史 無元(15.3)

桐生市(第1区に属しない区域)、伊勢崎市、太田市(藪塚町、山之神町、寄合町、大原町、六千石町、大久保町)、みどり市(第1区に属しない区域)、佐波郡

井野俊郎（いの としろう）
自前[茂]　当4
群馬県　S55・1・8
勤9年4ヵ月　(初/平24)

議運委理、総務委、環境委、党国対副委員長、党畜酪対策委員長代理、元法務大臣政務官、弁護士、市議、明大法／42歳

〒372-0042　伊勢崎市中央町26-2　☎0270(75)1050
〒106-0032　港区六本木7-1-3、宿舎

衆 略歴　栃木・群馬

群馬県3区 303,475 ㊚53.62

太田市(第2区に属しない区域)、館林市、邑楽郡

当86,021	笹川博義	自前	(54.6)
比67,689	長谷川嘉一	立前	(43.0)
3,737	説田健二	N新	(2.4)

笹川博義（ささがわ ひろよし）

自前[茂]　当4
東京都　S41・8・29
勤9年4ヵ月　(初/平24)

党副幹事長、環境委理、国交委、災害特委、環境副大臣、環境大臣政務官、衆議事進行係、党総務、県議、明大中退/55歳

〒373-0818 群馬県太田市小舞木町270-1 ☎0276(46)7424
〒100-8982 千代田区永田町2-1-2、会館 ☎03(3508)7338

群馬県4区 295,511 ㊚56.39

高崎市(本庁管内、新町・吉井支所管内)、藤岡市、多野郡

当105,359	福田達夫	自前	(65.0)
比56,682	角倉邦良	立新	(35.0)

福田達夫（ふくだ たつお）

自前[安]　当4
東京都　S42・3・5
勤9年4ヵ月　(初/平24)

党総務会長、党農産物輸出促進対策委員長、議運委理、党国対副委員長、防衛政務官、総理秘書官、商社員、慶大法/54歳

〒370-0073 高崎市緑町3-6-3 ☎027(365)1192
〒100-8981 千代田区永田町2-2-1、会館 ☎03(3508)7181

群馬県5区 303,298 ㊚56.42

高崎市(第4区に属しない区域)、渋川市(第1区に属しない区域)、富岡市、安中市、北群馬郡、甘楽郡、吾妻郡

当125,702	小渕優子	自前	(76.6)
38,428	伊藤達也	共新	(23.4)

小渕優子（おぶち ゆうこ）

自前[茂]　当8
群馬県　S48・12・11
勤21年10ヵ月　(初/平12)

党組織運動本部長、国家基本委理、外務委、沖北特委、経産大臣、文科委長、財務副大臣、内閣府特命担当大臣、成城大、早大院修了/48歳

〒377-0423 吾妻郡中之条町大字伊勢町1003-7 ☎0279(75)2234
〒100-8982 千代田区永田町2-1-2、会館 ☎03(3508)7424

埼玉県1区 465,306 ㊚55.48

さいたま市(見沼区の一部(P169参照)、浦和区、緑区、岩槻区)

当120,856	村井英樹	自前	(47.6)
比96,690	武正公一	立元	(38.1)
比23,670	吉村豪介	維新	(9.3)
11,540	佐藤真実	無新	(4.5)
1,234	中島徳二	無新	(0.5)

村井英樹（むらい ひでき）

自前[岸]　当4
埼玉県さいたま市　S55・5・14
勤9年4ヵ月　(初/平24)

内閣総理大臣補佐官、党国対副委員長、内閣府大臣政務官、党副幹事長、年金委員会事務局長、財務省、ハーバード大院、東大/41歳

〒330-0061 さいたま市浦和区常盤9-27-9 ☎048(711)3241
〒100-8981 千代田区永田町2-2-1、会館 ☎03(3508)7467

㊥略歴　群馬・埼玉

埼玉県2区 470,538 投50.35

川口市の一部(P169参照)

当121,543 新藤義孝 自前(52.8)
比当57,327 高橋英明 維新(24.9)
51,420 奥田智子 共新(22.3)

しんどう よしたか
新藤義孝 自前[茂] 当8
埼玉県川口市 S33・1・20
勤23年9ヵ月 (初/平8)

党政調会長代理、裁判官訴追委員長、党デジタル田園都市推進委員長、衆憲法審査会与党筆頭幹事、総務大臣、明大／64歳

〒332-0034 川口市並木1-10-22 ☎048(254)6000
〒100-8981 千代田区永田町2-2-1、会館 ☎03(3508)7313

埼玉県3区 462,607 投51.88

草加市、越谷市の一部(P170参照)

当125,500 黄川田仁志 自前(53.6)
比100,963 山川百合子 立前(43.1)
7,534 河合悠祐 N新(3.2)

きかわだ ひとし
黄川田仁志 自前[無] 当4
神奈川県横浜市 S45・10・13
勤9年4ヵ月 (初/平24)

内閣府副大臣、外務大臣政務官、党海洋総合戦略小委事務局長、会社員、松下政経塾、米メリーランド大学院修了／51歳

〒340-0052 草加市金明町1-1 中野マンション102 ☎048(933)0591
〒100-8981 千代田区永田町2-2-1、会館 ☎03(3508)7123

埼玉県4区 386,796 投54.49

朝霞市、志木市、和光市、新座市

当107,135 穂坂泰 自前(52.3)
比47,863 浅野克彦 国新(23.3)
34,897 工藤薫 共新(17.0)
11,733 遠藤宣彦 無元(5.7)
3,358 小笠原洋輝 無新(1.6)

ほさか やすし
穂坂泰 自前[無] 当2
埼玉県志木市 S49・2・17
勤4年6ヵ月 (初/平29)

環境大臣政務官兼内閣府大臣政務官、志木市議、青山学院大／48歳

〒351-0011 埼玉県朝霞市本町2-1-1 野口ビル202 ☎048(458)3344
〒100-8982 千代田区永田町2-1-2、会館 ☎03(3508)7030

埼玉県5区 397,522 投56.58

さいたま市(西区、北区、大宮区、見沼区(大字砂、砂町2丁目、東大宮2～4丁目)、中央区)

当113,615 枝野幸男 立前(51.4)
比当107,532 牧原秀樹 自前(48.6)

えだの ゆきお
枝野幸男 立前 当10
栃木県 S39・5・31
勤28年10ヵ月 (初/平5)

前党代表、民進党憲法調査会長、経済産業大臣、内閣官房長官、行政刷新大臣、沖縄・北方担当大臣、党幹事長、政調会長、弁護士、東北大／57歳

〒330-0846 さいたま市大宮区大門町2-108-5 永峰ビル2F ☎048(648)9124

埼玉県6区 443,180 投55.32

鴻巣市(本庁管内、吹上支所管内)、上尾市、桶川市、北本市、北足立郡

当134,281 大島　敦 立前(56.0)
比当105,433 中根一幸 自前(44.0)

おおしま　あつし
大島　敦
立前 当8
埼玉県北本市 S31・12・21
勤21年10ヵ月 (初/平12)

党経済産業調査会長、経産委、党副代表、党企業団体委員長、懲罰委長、党代表代行、党幹事長、内閣府副大臣、総務副大臣、日本鋼管・ソニー生命社員、早大／65歳

〒363-0021 桶川市泉2-11-32 天沼ビル ☎048(789)2110
〒100-8981 千代田区永田町2-2-1、会館 ☎03(3508)7093

埼玉県7区 436,985 投52.63

川越市、富士見市、ふじみ野市(本庁管内)

当98,958 中野英幸 自新(44.2)
比当93,419 小宮山泰子 立前(41.7)
比31,475 伊勢田享子 維新(14.1)

なかのひでゆき
中野英幸
自新[二] 当1
埼玉県 S36・9・6
勤5ヵ月 (初/令3)

党商工中小企業団体委員会副委員長、党広報戦略局次長、経産委、法務委、地方創生特委、埼玉県議、日大中退／60歳

〒350-0055 川越市久保町5-3 ☎049(226)8888
〒107-0052 港区赤坂2-17-10、宿舎 ☎03(5549)4671

埼玉県8区 365,768 投56.69

所沢市、ふじみ野市(第7区に属しない区域)、入間郡(三芳町)

当104,650 柴山昌彦 自前(51.6)
98,102 小野塚勝俊 無元(48.4)

しばやままさひこ
柴山昌彦
自前[安] 当7
愛知県名古屋市 S40・12・5
勤18年 (初/平16補)

党県連会長、党総務、幹事長代理、文部科学大臣、党政調会長代理、総裁特別補佐、首相補佐官、総務副大臣、外務大臣政務官、弁護士、東大法／56歳

〒359-1141 所沢市小手指町2-12-4 ユーケー小手指101 ☎04(2924)5100
〒100-8982 千代田区永田町2-1-2、会館 ☎03(3508)7624

埼玉県9区 404,689 投55.44

飯能市、狭山市、入間市、日高市、入間郡(毛呂山町、越生町)

当117,002 大塚　拓 自前(53.4)
80,756 杉村慎治 立新(36.8)
21,464 神田三春 共新(9.8)

おおつか　たく
大塚　拓
自前[安] 当5
東京都 S48・6・14
勤13年3ヵ月 (初/平17)

安保委員長、党国防部会長、財務副大臣、内閣府副大臣、法務兼内閣府大臣政務官、東京三菱銀、慶大法、ハーバード大院／48歳

〒358-0003 入間市豊岡1-2-23 清水ビル2F ☎04(2901)1112

埼玉県10区 328,163 投58.19

東松山市、坂戸市、鶴ヶ島市、比企郡

当96,153 山口　晋 自新(51.6)
比当90,214 坂本祐之輔 立元(48.4)

やまぐち すすむ
山口　晋 自新［茂］ 当1
埼玉県川島町 S58・7・28
勤5ヵ月 (初/令3)

党国会対策委員、青年局・女性局・新聞出版局各次長、行革推進本部幹事、衆院農水委、文科委、沖北特委、衆院議員秘書、一橋大院修了、国立シンガポール大院修了／38歳

〒350-0227 坂戸市仲町12-10 ☎049(282)3773

埼玉県11区 351,863 投52.87

熊谷市(江南行政センター管内)、秩父市、本庄市、深谷市、秩父郡、児玉郡、大里郡

当111,810 小泉龍司 自前(61.9)
比49,094 島田　誠 立新(27.2)
19,619 小山森也 共新(10.9)

こいずみりゅうじ
小泉龍司 自前［二］ 当7
東京都 S27・9・17
勤17年11ヵ月 (初/平12)

党選対副委員長、財金委、科技特委、元大蔵省銀行局調査室長、東大法／69歳

〒366-0051 深谷市上柴町東3-17-19 ☎048(575)3030

埼玉県12区 369,482 投55.52

熊谷市(第11区に属しない区域)、行田市、加須市、羽生市、鴻巣市(第6区に属しない区域)

当102,627 森田俊和 立前(51.0)
比当98,493 野中　厚 自前(49.0)

もりたとしかず
森田俊和 立前 当2(初/平29)
埼玉県熊谷市 S49・9・19
勤4年6ヵ月

内閣委理事、地方創生特委、会社役員、埼玉県議、早大大学院／47歳

〒360-0831 埼玉県熊谷市久保島1003-2 ☎048(530)6001

埼玉県13区 400,359 投52.43

春日部市の一部(P170参照)、越谷市(第3区に属しない区域)(P170参照)、久喜市(本庁管内、菖蒲総合支所管内)、蓮田市、白岡市、南埼玉郡

当101,149 土屋品子 自前(49.4)
比86,923 三角創太 立新(42.5)
16,622 赤岸雅治 共新(8.1)

つちやしなこ
土屋品子 自前［無］ 当8
埼玉県春日部市 S27・2・9
勤22年3ヵ月 (初/平8)

党食育調査会長、国際協力調査会副会長、厚生労働副大臣、環境副大臣、外務大臣政務官、外務委員長、消費者特委員長、党副幹事長、党総務副会長、聖心女子大／70歳

〒344-0062 春日部市粕壁東2-3-40-101 ☎048(761)0475
〒100-8981 千代田区永田町2-2-1、会館 ☎03(3508)7188

埼玉県14区 442,310 ㊞50.08

春日部市(第13区に属しない区域)、久喜市(第13区に属しない区域)、八潮市、三郷市、幸手市、吉川市、北葛飾郡

当111,262 三ツ林裕巳 自前(51.6)
比当71,460 鈴 木 義 弘 国元(33.1)
33,062 田 村 勉 共新(15.3)

みつばやしひろみ
三ッ林裕巳

自 前[安] 当4
埼玉県 S30・9・7
勤9年4ヵ月 (初/平24)

党国対副委員長、内閣府副大臣、党副幹事長、厚労政務官、日本歯科大教授、日大客員教授、医師、日大医学部/66歳

〒340-0161 埼玉県幸手市千塚490-1 ☎0480(42)3535

埼玉県15区 422,917 ㊞53.65

さいたま市(桜区、南区)、川口市の一部(P170参照)、蕨市、戸田市

当102,023 田 中 良 生 自前(45.9)
比71,958 高木錬太郎 立前(32.4)
比当48,434 沢 田 良 維新(21.8)

たなかりょうせい
田 中 良 生

自 前[無] 当5
埼玉県 S38・11・11
勤13年3ヵ月 (初/平17)

国交委、決算行監委理、内閣府・国土交通副大臣、党経済産業部会長、経済産業大臣政務官、党副幹事長、立教大/58歳

〒336-0018 さいたま市南区南本町1-14-5-104 ☎048(844)3131
〒100-8982 千代田区永田町2-1-2、会館 ☎03(3508)7058

比例代表 北関東 19人

茨城、栃木、群馬、埼玉

おみあさこ
尾 身 朝 子

自 前[安] 当3
東京都 S36・4・26
勤7年4ヵ月 (初/平26)

党中央政治大学院副学院長、情報・通信関係団体委員長、外務委、文科委、外務大臣政務官、NTT、東大法/60歳

〒371-0852 前橋市総社町総社3137-1 ☎027(280)5250
〒100-8982 千代田区永田町2-1-2、会館 ☎03(3508)7484

のなかあつし
野 中 厚

自 前[茂] 当4(初/平24)
埼玉県 S51・11・17
勤9年4ヵ月 〈埼玉12区〉

党総務、復興特委理、農水委、党副幹事長、党国土・建設関係団体委員長、農水大臣政務官、党国対副委員長、埼玉県議、慶大/45歳

〒347-0001 埼玉県加須市大越2194 ☎0480(53)5563
〒100-8981 千代田区永田町2-2-1、会館 ☎03(3508)7041

まきはらひでき
牧原秀樹
自前［無］ 当5(初/平17)
東京都 S46・6・4
勤13年3ヵ月 **〈埼玉5区〉**

党厚労部会長、元経産副大臣、内閣委員長、厚労副大臣、環境大臣政務官、党副幹、青年局長、弁護士、NY州弁護士、東大法／50歳

〒338-0001 さいたま市中央区上落合2-1-24 三殖ビル5F ☎048(854)0808
〒100-8981 千代田区永田町2-2-1、会館 ☎03(3508)7254

たどころよしのり
田所嘉徳
自前［無］ 当4(初/平24)
茨城県 S29・1・19
勤9年4ヵ月 **〈茨城1区〉**

党総務部会長、総務委理、法務副大臣、元法務兼内閣府大臣政務官、法務委理、党法務部会長代理、白鷗大学法科大学院／68歳

〒310-0804 水戸市白梅2-4-12 ☎029(353)6822
〒100-8981 千代田区永田町2-2-1、会館 ☎03(3508)7068

いしかわあきまさ
石川昭政
自前［無］ 当4(初/平24)
茨城県日立市 S47・9・18
勤9年4ヵ月 **〈茨城5区〉**

党経済産業部会長、経産委理、環境委、原子力特委、経済産業兼内閣府兼復興大臣政務官、國學院大学院修了／49歳

〒317-0076 茨城県日立市会瀬町4-5-17 ☎0294(51)5887

いがらしきよし
五十嵐清
自新［茂］ 当1(初/令3)
栃木県小山市 S44・12・14
勤5ヵ月 **〈栃木2区〉**

衆農水委、法務委、科技特委、党農水・環境団体委副委長、元栃木県議会議長・副議長、議員秘書、豪州ボンド大／52歳

〒322-0024 栃木県鹿沼市晃望台25 ☎0289(60)8811
〒100-8982 千代田区永田町2-1-2、会館 ☎03(3508)7085

なかねかずゆき
中根一幸
自前［安］ 当5(初/平17)
埼玉県鴻巣市 S44・7・11
勤13年3ヵ月 **〈埼玉6区〉**

国土交通委員長、党総務部会長、内閣府副大臣、外務副大臣、党国土交通部会長、党内閣部会長、専修大学院公法学修了／52歳

〒365-0038 埼玉県鴻巣市本町3-9-28 ☎048(543)8880
〒100-8982 千代田区永田町2-1-2、会館 ☎03(3508)7458

ふじおかたかお
藤岡隆雄
立新 当1(初/令3)
愛知県 S52・3・28
勤5ヵ月 **〈栃木4区〉**

国交委、法務委、科技特委、党政調会長補佐、党栃木県連代表代行、金融庁課長補佐、大阪大／44歳

〒323-0022 小山市駅東通り2-14-22 ☎0285(37)8214

なかむら きしろう
中村喜四郎
立前 当15(初/昭51)
茨城県 S24・4・10
勤42年10ヵ月 **〈茨城7区〉**

国家基本委、建設大臣、自民党国対副委長、政調副会長、科技庁長官、建設委長、日大／72歳

〒306-0400 猿島郡境町1728 ☎0280(87)0154
〒107-0052 港区赤坂2-17-10、宿舎 ☎03(5549)4671

こ みやまやす こ
小宮山泰子
立前 当7(初/平15)
埼玉県川越市 S40・4・25
勤18年5ヵ月 **〈埼玉7区〉**

国交委理、災害特委、党国土交通部会長、党企業・団体交流委長、元農水委員長、埼玉県議、衆議員秘書、NTT社員、慶大商、日大院修了／56歳

〒350-0043 川越市新富町1-18-6-2F ☎049(222)2900

さかもとゆう の すけ
坂本祐之輔
立元 当3(初/平24)
埼玉県東松山市 S30・1・30
勤5年3ヵ月 **〈埼玉10区〉**

文部科学委、地方創生特委、武蔵丘短大客員教授、元科技特委長、民進党副代表、埼玉県体育協会長、東松山市長、日大／67歳

〒355-0016 東松山市材木町20-9 ☎0493(22)3682
〒100-8982 千代田区永田町2-1-2、会館 ☎03(3508)7449

あお やま やまと
青山大人
立前 当2(初/平29)
茨城県土浦市 S54・1・24
勤4年6ヵ月 **〈茨城6区〉**

外務委理、消費者特委、党国対副委員長、茨城県議、会社役員、世界史講師、土浦YEG顧問、消防団員、土浦一高、慶大経／43歳

〒300-0815 土浦市中高津1-21-3
村山ビル2F ☎029(828)7011

いしい けいいち
石井啓一
公前 当10
東京都 S33・3・20
勤28年10ヵ月 (初/平5)

党幹事長、党茨城県本部顧問、国土交通大臣、党政調会長、財務副大臣、東大工／63歳

〒310-0805 水戸市中央2-10-26-403 ☎029(222)0711
〒107-0052 港区赤坂2-17-10、宿舎

こしみず けいいち
輿水恵一
公元 当3
山梨県北杜市 S37・2・4
勤5年3ヵ月 (初/平24)

党国対副、党地方議会局長、党総務部会長、総務委理、地方創生特委理、予算委、総務大臣政務官、さいたま市議、キヤノン、青学大／60歳

〒336-0967 さいたま市緑区美園4-13-5
ドルフィーノ浦和美園202

ふく　しげ　たか　ひろ
福重隆浩　**公**新　当1
東京都　S37・5・3
勤5ヵ月　（初/令3）

党群馬県本部代表、党地方議会局次長、総務委、法務委、地方創生特委、消費者特委、群馬県議、創価大／59歳

〒370-0069　高崎市飯塚町457-2　☎027(370)5650
〒100-8981　千代田区永田町2-2-1、会館　☎03(3508)7249

さわ　だ　りょう
沢田　良　**維**新　当1(初/令3)
東京都江東区　S54・9・27
勤5ヵ月　〈埼玉15区〉

総務委、財務金融委、地方創生特委、参議員秘書、浦和北ロータリー会員、日大校友会埼玉県支部常任幹事、日大芸術学部／42歳

〒336-0024　さいたま市南区根岸2-22-14 1F
☎048(767)8045

たか　はし　ひで　あき
高橋英明　**維**新　当1(初/令3)
埼玉県川口市　S38・5・10
勤5ヵ月　〈埼玉2区〉

国交委、倫選特委、川口市議、武蔵大経済学部、中央工学校／58歳

〒337-0847　川口市芝中田2-9-6　☎048(262)5808

しお　かわ　てつ　や
塩川鉄也　**共**前　当8
埼玉県日高市　S36・12・18
勤21年10ヵ月　（初/平12）

党幹部会委員、党国会議員団国対委員長代理、衆院国対副委員長、内閣委、議運委、倫選特委、日高市職員、都立大／60歳

〒330-0835　さいたま市大宮区北袋町1-171-1
☎048(649)0409
〒100-8982　千代田区永田町2-1-2、会館☎03(3508)7507

すず　き　よし　ひろ
鈴木義弘　**国**元　当3(初/平24)
埼玉県三郷市　S37・11・10
勤5年3ヵ月　〈埼玉14区〉

法務委、経産委、科技特委、党幹事長代理、元埼玉県議、（故）土屋義彦参院議員秘書、日本大学理工学部／59歳

〒341-0044　三郷市戸ケ崎3-347　☎048(948)2070

比例代表　北関東　19人　有効投票数 6,172,103票

政党名	当選者数 惜敗率 小選挙区	得票数	得票率 惜敗率 小選挙区
自民党	7人	2,172,065票	35.19%

当①尾身　朝子 前　　当②牧原　秀樹 前(94.65)埼5
当②野中　　厚 前(95.97)埼12　　当②田所　嘉徳 前(92.12)茨1

当②石川　昭政 前(87.79) 茨 5
当②五十嵐　清 新(87.31) 栃 2
当②中根　一幸 前(78.52) 埼 6
㉜河村　建一 新
㉝神山　佐市 前
㉞西川　鎭央 新
㉟上野　宏史 前
㊲佐藤　明男 前
㊳鈴木　聖二 新
㊴小川　雅幸 新
【小選挙区での当選者】
②葉梨　康弘 前　茨 3
②梶山　弘志 前　茨 4
②国光　文乃 前　茨 6
②永岡　桂子 前　茨 7
②船田　元 前　栃 1
②簗　和生 前　栃 3
②佐藤　勉 前　栃 4
②茂木　敏充 前　栃 5
②中曽根康隆 前　群 1
②井野　俊郎 前　群 2
②笹川　博義 前　群 3
②福田　達夫 前　群 4
②小渕　優子 前　群 5
②村井　英樹 前　埼 1
②新藤　義孝 前　埼 2
②黄川田仁志 前　埼 3
②穂坂　泰 前　埼 4
②柴山　昌彦 前　埼 8
②大塚　拓 前　埼 9
②山口　晋 新　埼10
②小泉　龍司 前　埼11
②土屋　品子 前　埼13
②三ツ林裕巳 前　埼14
②田中　良生 前　埼15
㊱中野　英幸 新　埼 7

立憲民主党　5人　1,391,148票　22.54%

当①藤岡　隆雄 新(95.69) 栃 4
当①中村喜四郎 前(95.27) 茨 7
当①小宮山泰子 前(94.40) 埼 7
当①坂本祐之輔 元(93.82) 埼10
当①青山　大人 前(90.35) 茨 6
①三角　創太 新(85.94) 埼13
①山川百合子 前(80.45) 埼 3
①武正　公一 元(80.00) 埼 1
①長谷川嘉一 前(78.69) 群 3
①高木錬太郎 前(70.53) 埼15
①杉村　慎治 新(69.02) 埼 9
①渡辺　典喜 新(64.84) 栃 1
①梶岡　博樹 新(58.18) 茨 3
①堀越　啓仁 前(56.67) 群 2
①藤田　幸久 元(55.13) 茨 2
①角倉　邦良 新(53.80) 群 4
①伊賀　央 新(48.33) 栃 3
①島田　誠 新(43.91) 埼11
㉓石塚　貞通 新
㉔船山　幸雄 新
㉕高杉　徹 新
【小選挙区での当選者】
①福田　昭夫 前　栃 2
①枝野　幸男 前　埼 5
①大島　敦 前　埼 6
①森田　俊和 前　埼12

公明党　3人　823,930票　13.35%

当①石井　啓一 前
当②輿水　恵一 元
当③福重　隆浩 新
④村上　知己 新

日本維新の会　2人　617,531票　10.01%

当①沢田　良 新(47.47) 埼15
当①高橋　英明 新(47.17) 埼 2
①柏倉　祐司 元(42.71) 栃 1
①宮崎　岳志 元(38.58) 群 1
①伊勢田享子 新(31.81) 埼 7
①岸野　智康 新(28.42) 茨 3
①武藤　優子 新(25.61) 茨 4
▼①水梨　伸晃 新(19.75) 茨 7
▼①吉村　豪介 新(19.59) 埼 1

共産党　1人　444,115票　7.20%

当①塩川　鉄也 前
②梅村早江子 元
③大内久美子 新　茨 4

国民民主党　1人　298,056票　4.83%

当①鈴木　義弘 元(64.23) 埼14
①浅野　克彦 新(44.68) 埼 4
【小選挙区での当選者】
①浅野　哲 前　茨 5

▼は小選挙区の得票が有効投票総数の10分の1未満で、復活当選の資格がない者

その他の政党の得票数・得票率は下記のとおりです。
(当選者はいません)

政党名	得票数	得票率
れいわ新選組	239,592票	3.88%
社民党	97,963票	1.59%
NHKと裁判してる党弁護士法72条違反で	87,702票	1.42%

千葉県1区 430,513 投54.51

千葉市(中央区、稲毛区、美浜区)

当128,556 田嶋　要 立前(56.3)
比当99,895 門山宏哲 自前(43.7)

たじま かなめ
田嶋　要
立前 当7
愛知県 S36・9・22
勤18年5ヵ月 (初/平15)

環境委理事、地方創生特委、経産政務官、原子力災害現地対策本部長、NTT、世銀IFC投資官、米ウォートンMBA、東大法/60歳

〒260-0015 千葉市中央区富士見2-9-28 第1山崎ビル6F ☎043(202)1511

千葉県2区 460,509 投54.65

千葉市(花見川区)、習志野市、八千代市

当153,017 小林鷹之 自前(62.0)
比69,583 黒田　雄 立元(28.2)
比24,052 寺尾　賢 共新(9.8)

こばやし たかゆき
小林鷹之
自前[二] 当4
千葉県 S49・11・29
勤9年4ヵ月 (初/平24)

経済安全保障担当大臣、内閣府特命担当大臣、憲法審幹事、経産委理、防衛大臣政務官、財務省、ハーバード大院、東大法/47歳

〒276-0033 千葉県八千代市八千代台南1-3-3 山萬八千代台ビル1F ☎047(409)5842
〒100-8981 千代田区永田町2-2-1、会館 ☎03(3508)7617

千葉県3区 336,241 投52.36

千葉市(緑区)、市原市

当106,500 松野博一 自前(61.9)
比65,627 岡島一正 立前(38.1)

まつの ひろかず
松野博一
自前[安] 当8
千葉県 S37・9・13
勤21年10ヵ月 (初/平12)

内閣官房長官、情報監視審査会長、党総務会長代行、党雇用問題調査会長、文科大臣、厚労政務官、松下政経塾、ライオン(株)、早大法/59歳

〒290-0072 市原市西国分寺台1-16-16 ☎0436(23)9060
〒107-0052 港区赤坂2-17-10、宿舎 ☎03(5549)4671

千葉県4区 463,083 投52.69

船橋市(本庁管内、二宮・芝山・高根台・習志野台・西船橋出張所管内、船橋駅前総合窓口センター管内(丸山1~5丁目に属する区域を除く。))

当154,412 野田佳彦 立前(64.5)
比84,813 木村哲也 自前(35.5)

のだ よしひこ
野田佳彦
立前 当9
千葉県船橋市 S32・5・20
勤25年1ヵ月 (初/平5)

党最高顧問、元民進党幹事長、内閣総理大臣、財務大臣、財務副大臣、懲罰委長、党幹事長代理、党国対委長、県議、松下政経塾、早大/64歳

〒274-0077 船橋市薬円台6-6-8-202 ☎047(496)1110
〒107-0052 港区赤坂2-17-10、宿舎

千葉県５区 450,365 投54.07

市川市(本庁管内の一部(P170参照)、行徳支所管内)、浦安市

当111,985 薗浦健太郎 自前(47.0)
比69,887 矢崎堅太郎 立新(29.3)
比32,241 椎木 保 維元(13.5)
比24,307 鴇田 敦 国新(10.2)

そのうらけんたろう
薗浦健太郎
自前[麻] 当5
香川県 S47・6・3
勤13年3ヵ月 (初/平17)

財務金融委員長、党選対副委員長、党副幹事長、党総裁外交特別補佐、内閣総理大臣補佐官、外務副大臣、党厚労副部会長、新聞記者、東大法／49歳

〒272-0021 市川市八幡2-16-20-203 ☎047(318)1001

千葉県６区 369,609 投52.99

市川市(第5区に属しない区域)、松戸市(本庁管内、常盤平・六実・矢切・東部支所管内)

当80,764 渡辺博道 自前(42.5)
比当48,829 藤巻健太 維新(25.7)
32,444 浅野史子 共新(17.1)
28,083 生方幸夫 無前(14.8)

わたなべひろみち
渡辺博道
自前[茂] 当8
千葉県 S25・8・3
勤22年3ヵ月 (初/平8)

党経理局長、党再犯防止推進特別委員長、原子力特委長、復興大臣、地方創生特委長、厚労委長、総務委長、経産副大臣、早大、明大院／71歳

〒270-2241 松戸市松戸新田592 ☎047(369)2929
〒100-8981 千代田区永田町2-2-1 会館 ☎03(3508)7387

千葉県７区 434,040 投54.54

松戸市(第6区に属しない区域)、野田市、流山市

当127,548 斎藤 健 自前(55.0)
比71,048 竹内千春 立新(30.6)
比28,594 内山 晃 維元(12.3)
4,749 渡辺晋宏 N新(2.0)

さいとう けん
齋藤 健
自前[無] 当5
東京都港区 S34・6・14
勤12年8ヵ月 (初/平21)

厚労委筆頭理事、党団体総局長、農水大臣、農水副大臣、環境政務官、経産省課長、埼玉県副知事、ハーバード大院／62歳

〒270-0119 千葉県流山市おおたかの森北1-5-2 セレーナおおたかの森2F ☎04(7190)5271

千葉県８区 423,866 投56.16

柏市(本庁管内、田中・増尾・富勢・光ケ丘・豊四季台・南部・西原・松葉・藤心出張所管内、柏駅前行政サービスセンター管内)、我孫子市

当135,125 本庄知史 立新(59.7)
比当81,556 桜田義孝 自前(36.0)
9,845 宮岡進一郎 無新(4.3)

ほんじょうさとし
本庄知史
立新 当1
京都府 S49・10・22
勤5ヵ月 (初/令3)

内閣委、憲法審、党千葉県連副代表、政調会長補佐、副総理・外務大臣秘書官、衆議院議員政策秘書、東大法学部／47歳

〒277-0863 柏市豊四季949-9-101 ☎04(7170)2680

千葉県9区 407,331 投53.01

千葉市(若葉区)、佐倉市、四街道市、八街市

当107,322 奥野総一郎 立前(51.1)
比当102,741 秋本真利 自前(48.9)

おくの そういちろう
奥野総一郎
立前 当5
兵庫県神戸市 S39・7・15
勤12年8ヵ月 (初/平21)

総務委、国家基本委、憲法審幹事、懲罰委理、党国対委員長代理、沖北特委員長、総務省調査官、東大法/57歳

〒285-0845 佐倉市西志津1-20-4 ☎043(461)8609

千葉県10区 341,141 投53.28

銚子市、成田市、旭市、匝瑳市、香取市、香取郡、山武郡(横芝光町の一部(P170参照))

当83,822 林 幹雄 自前(47.3)
比当80,971 谷田川元 立前(45.7)
10,272 梓 まり 諸新(5.8)
2,173 今留尚人 無新(1.2)

はやし もとお
林 幹雄
自前[二] 当10
千葉県銚子市 S22・1・3
勤28年10ヵ月 (初/平5)

党地方創生実行統合本部長、党幹事長代理、経産大臣、議運委長、党航空特委長、党総務会長代理、国務大臣国家公安委長、沖・北・防災担当大臣、国交委長、国交副大臣、運輸政務次官、日大芸/75歳

〒288-0046 銚子市大橋町2-2 ☎0479(23)1093
〒100-8981 千代田区永田町2-2-1、会館

千葉県11区 351,570 投51.38

茂原市、東金市、勝浦市、山武市、いすみ市、大網白里市、山武郡(九十九里町、芝山町、横芝光町(第10区に属しない区域))、長生郡、夷隅郡

当110,538 森 英介 自前(64.4)
30,557 椎名史明 共新(17.8)
比当30,432 多ケ谷 亮 れ新(17.7)

もり えいすけ
森 英介
自前[麻] 当11
東京都 S23・8・31
勤32年3ヵ月 (初/平2)

憲法審査会長、党労政局長、政倫審会長、憲法審査会長、法務大臣、厚労副大臣、川崎重工社員、工学博士、東北大/73歳

〒297-0016 茂原市木崎284-10 ☎0475(26)0200

千葉県12区 380,864 投52.20

館山市、木更津市、鴨川市、君津市、富津市、袖ケ浦市、南房総市、安房郡

当123,210 浜田靖一 自前(64.0)
比56,747 樋高 剛 立元(29.5)
12,530 葛原 茂 共新(6.5)

はまだ やすかず
浜田靖一
自前[無] 当10
千葉県富津市 S30・10・21
勤28年10ヵ月 (初/平5)

倫選特別委員長、党水産総合調査会長、国家基本委員長、予算委長、平和安全特委長、党幹事長代理、国対委長、防衛大臣、国防部会長、蔵相秘書官、専修大/66歳

〒292-0066 木更津市新宿1-3柴野ビル2F ☎0438(23)5432
〒100-8982 千代田区永田町2-1-2、会館 ☎03(3508)7020

千葉県13区 416,857 投54.49

船橋市(豊富・二和出張所管内、船橋駅前総合窓口センター管内(丸山1〜5丁目に属する区域に限る。))、柏市(第8区に属しない区域)、鎌ケ谷市、印西市、白井市、富里市、印旛郡

当100,227 松本　尚 自新(45.1)
比79,687 宮川　伸 立前(35.8)
比42,473 清水聖士 維新(19.1)

まつ もと ひさし
松本　尚

自新[安] 当1
石川県金沢市 S37・6・3
勤5カ月 (初/令3)

内閣委、厚労委、科技特委、救急・外傷外科医、日本医科大学救急医学教授、同大千葉北総病院副院長、千葉県医師会理事、金沢大／59歳

〒270-1345 印西市船尾1380-2 ☎0476(29)5099
〒107-0052 港区赤坂2-17-10、宿舎

神奈川県1区 427,922 投53.99

横浜市(中区、磯子区、金沢区)

当100,118 篠原　豪 立前(45.0)
76,064 松本　純 無前(34.2)
比当46,271 浅川義治 維新(20.8)

しの はら ごう
篠原　豪

立前 当3
神奈川県横浜市 S50・2・12
勤7年4カ月 (初/平26)

安保委理事、決算行監委、党安保部会長、党外交安保主権調査会長代理、党県政策委員長、横浜市議、早大院／47歳

〒235-0016 横浜市磯子区磯子3-6-23 アイランドビル1F ☎045(349)9180
〒100-8982 千代田区永田町2-1-2、会館 ☎03(3508)7130

神奈川県2区 436,066 投56.00

横浜市(西区、南区、港南区)

当146,166 菅　義偉 自前(61.1)
比92,880 岡本英子 立元(38.9)

すが よし ひで
菅　義偉

自前[無] 当9
秋田県 S23・12・6
勤25年7カ月 (初/平8)

前内閣総理大臣、前党総裁、内閣官房長官、党幹事長代行、総務大臣、総務副大臣、経産・国交各政務官、横浜市議、法政大／73歳

〒232-0017 横浜市南区宿町2-49 ☎045(743)5550
〒100-8982 千代田区永田町2-1-2、会館 ☎03(3508)7446

神奈川県3区 442,398 投52.64

横浜市(鶴見区、神奈川区)

当119,199 中西健治 自新(52.5)
比68,457 小林丈人 立新(30.2)
23,310 木佐木忠晶 共新(10.3)
15,908 藤村晃子 無新(7.0)

なか にし けん じ
中西健治

自新[麻] 当1(初/令3)※
東京都 S39・1・4
勤11年10カ月(参11年5カ月)

財務金融委員会理事、党総務会総務、財務副大臣、参財政金融委員長、党法務部会長、元JPモルガン証券副社長、東大法／58歳

〒221-0822 横浜市神奈川区西神奈川2-2-1 日光堂ビル2F ☎045(565)5520

※平22参院初当選

神奈川県4区 332,708 投61.70				
横浜市(栄区)、鎌倉市、逗子市、三浦郡	当66,841	早稲田夕季	立前	(33.0)
	63,687	浅尾慶一郎	無元	(31.5)
	比当47,511	山本朋広	自前	(23.5)
	比16,559	高谷清彦	維新	(8.2)
	7,790	大西恒樹	無新	(3.8)

早稲田ゆき（わせだ）

立前　当2
東京都渋谷区　S33・12・6
勤4年6ヵ月　(初/平29)

厚労委、災害特委、党政調副会長、神奈川県議、鎌倉市議、日本輸出入銀行、早大/63歳

〒248-0012　神奈川県鎌倉市御成町5-41-2F ☎0467(24)0573

神奈川県5区 467,198 投56.05				
横浜市(戸塚区、泉区、瀬谷区)	当136,288	坂井　学	自前	(53.5)
	比当118,619	山崎　誠	立前	(46.5)

坂井　学（さかい　まなぶ）

自前[無]　当5
東京都府中市　S40・9・4
勤13年3ヵ月　(初/平17)

党総務、前内閣官房副長官、党副幹事長、財金委員長、総務兼内閣府副大臣、財務副大臣、党国交部会長、国交兼復興政務官、松下政経塾十期生、東大法/56歳

〒244-0003　横浜市戸塚区戸塚町142
鈴木ビル3F　☎045(863)0900

神奈川県6区 381,141 投55.88				
横浜市(保土ヶ谷区、旭区)	当92,405	古川直季	自新	(44.3)
	比当87,880	青柳陽一郎	立前	(42.1)
	比28,214	串田誠一	維前	(13.5)

古川直季（ふるかわ　なおき）

自新[無]　当1
神奈川県横浜市　S43・8・31
勤5ヵ月　(初/令3)

党国対委、総務委、文科委、倫選特委、科技特委、横浜市会議員、衆議院議員秘書、横浜銀行員、明治大政経、明治大院/53歳

〒241-0825　横浜市旭区中希望が丘199-1 ☎045(391)4000

神奈川県7区 449,449 投57.58				
横浜市(港北区、都筑区の一部(P170参照))	当128,870	鈴木馨祐	自前	(50.9)
	比当124,524	中谷一馬	立前	(49.1)

鈴木馨祐（すずき　けいすけ）

自前[麻]　当5
東京都　S52・2・9
勤13年3ヵ月　(初/平17)

法務委員長、党広報副本部長、外務副大臣、財務副大臣、党青年局長、国土交通政務官、予算・議運・外務委理、大蔵省、(ジョージタウン大学院)、在ニューヨーク副領事、東大法/45歳

〒222-0033　横浜市港北区新横浜3-18-9
新横浜ICビル102号室　☎045(620)0223
〒100-8981　千代田区永田町2-2-1、会館 ☎03(3508)7304

神奈川県8区 427,843 投59.37

当130,925 江田憲司 立前(52.6)
比当117,963 三谷英弘 自前(47.4)

横浜市(緑区、青葉区、都筑区(荏田東町、荏田東1～4丁目、荏田南町、荏田南1～5丁目、大丸)

えだけんじ
江田憲司
立前 当7
岡山県 S31・4・28
勤17年8ヵ月 (初/平14補)

予算委、財金委、党代表代行、民進党代表代行、維新の党代表、桐蔭横浜大客員教授、首相・通産相秘書官、ハーバード大客員研究員、東大／65歳

〒227-0062 横浜市青葉区青葉台2-9-30 ☎045(989)3911

神奈川県9区 338,241 投59.47

当83,847 笠浩史 立前(42.4)
比当68,918 中山展宏 自前(34.9)
比24,547 吉田大成 維新(12.4)
20,432 斎藤温 共新(10.3)

川崎市(多摩区、宮前区(神木本町1～5丁目)、麻生区)

りゅうひろふみ
笠浩史
立前 当7
福岡県 S40・1・3
勤18年5ヵ月 (初/平15)

文科委、拉致特委理、科技特委長、文部科学副大臣、文部科学大臣政務官、民主党幹事長代理、テレビ朝日政治部記者、慶大文／57歳

〒214-0014 川崎市多摩区登戸1644-1
新川ガーデンビル1F ☎044(900)1800

神奈川県10区 470,746 投55.04

当104,832 田中和徳 自前(41.4)
比当69,594 金村龍那 維新(27.5)
比48,839 畑野君枝 共前(19.3)
比当30,013 鈴木敦 国新(11.8)

川崎市(川崎区、幸区、中原区の一部(P170参照))

たなかかずのり
田中和徳
自前[麻] 当9
山口県下関市 S24・1・21
勤25年7ヵ月 (初/平8)

党幹事長代理、党交通安全対策特委長、復興大臣、党国際局長、党組織運動本部長、環境・財務副大臣、財金委長、神奈川県議、法大／73歳

〒210-0846 川崎市川崎区小田6-11-24 ☎044(366)1400

神奈川県11区 374,938 投52.21

当147,634 小泉進次郎 自前(79.2)
38,843 林伸明 共新(20.8)

横須賀市、三浦市

こいずみしんじろう
小泉進次郎
自前[無] 当5
神奈川県横須賀市 S56・4・14
勤12年8ヵ月 (初/平21)

党総務会長代理、前環境大臣、党厚生労働部会長、筆頭副幹事長、農林部会長、内閣府政務官・復興政務官、衆院議員秘書、関東学院大、コロンビア大院修了／40歳

〒238-0004 横須賀市小川町13 宇野ビル3F ☎046(823)6600
〒100-8981 千代田区永田町2-2-1、会館 ☎03(3508)7327

衆 略歴 神奈川

神奈川県12区 406,623 投56.14	当95,013 阿部知子 立前(42.4)
	比当91,159 星野剛士 自前(40.7)
藤沢市、高座郡	比37,753 水戸将史 維元(16.9)

あべともこ
阿部知子　**立**前　当8
東京都目黒区　S23・4・24
勤21年10ヵ月　(初/平12)

超党派議連「原発ゼロ再エネ100の会」事務局長、沖北特委員長、厚労委、原子力特委、党神奈川県連代表、小児科医、東大医学部/73歳

〒251-0025 藤沢市鵠沼石上1-13-13
藤沢共同ビル1F　☎0466(52)2680

神奈川県13区 471,671 投55.77	当130,124 太　栄志 立新(51.1)
大和市、海老名市、座間市の一部(P170参照)、綾瀬市	比当124,595 甘利　明 自前(48.9)

ふとりひでし
太　栄志　**立**新　当1
鹿児島県大島郡知名町　S52・4・27
勤5ヵ月　(初/令3)

外務委、安保委、憲法審委、衆議院議員秘書、米ハーバード大国際問題研究所員、ウィルソン・センター研究員、中大法、中大院/44歳

〒242-0017 大和市大和東3-7-11
大和東共同ビル101　☎046(244)3203

神奈川県14区 460,744 投56.02	当135,197 赤間二郎 自前(53.8)
相模原市(緑区の一部(P171参照)、中央区、南区の一部(P171参照))	比116,273 長友克洋 立新(46.2)

じろう
あかま二郎　**自**前[麻]　当5
神奈川県相模原市　S43・3・27
勤13年3ヵ月　(初/平17)

総務委筆頭理事、国土交通委員長、党総務部会長、内閣府副大臣、総務副大臣、総務政務官、副幹事長、県議、立教大、マンチェスター大学院/53歳

〒252-0239 相模原市中央区中央2-11-10　☎042(756)1500
〒100-8981 千代田区永田町2-2-1、会館　☎03(3508)7317

神奈川県15区 473,497 投57.32	当210,515 河野太郎 自前(79.3)
	比46,312 佐々木克己 社新(17.5)
平塚市、茅ヶ崎市、中郡	8,565 渡辺マリコ N新(3.2)

こうのたろう
河野太郎　**自**前[麻]　当9
神奈川県小田原市　S38・1・10
勤25年7ヵ月　(初/平8)

党広報本部長、前ワクチン接種推進担当大臣、規制改革・行政改革・沖北対策担当大臣、防衛大臣、外務大臣、国家公安委員長、富士ゼロックス、ジョージタウン大/59歳

〒254-0811 平塚市八重咲町26-8　☎0463(20)2001
〒100-8982 千代田区永田町2-1-2、会館　☎03(3508)7006

神奈川県16区 466,042 投55.35

相模原市（緑区（第14区に属しない区域）、南区（第14区に属しない区域）（P171参照））、厚木市、伊勢原市、座間市（相模が丘1～6丁目）、愛甲郡

当137,558 後藤祐一 立前（54.6）
比当114,396 義家弘介 自前（45.4）

ごとうゆういち
後藤祐一
立前 当5
神奈川県相模原市 S44・3・25
勤12年8ヵ月 （初/平21）

農水委、倫選特委、党役員室長、県連副代表、情報監視審査会幹事、安保委野党筆頭理事、経産省課長補佐、東大法／52歳

〒243-0017 厚木市栄町2-4-28-212 ☎046（296）2411
〒106-0032 港区六本木7-1-3、宿舎

神奈川県17区 424,659 投56.98

小田原市、秦野市、南足柄市、足柄上郡、足柄下郡

当131,284 牧島かれん 自前（55.3）
比89,837 神山洋介 立元（37.9）
16,202 山田　正 共新（6.8）

まきしま
牧島かれん
自前［麻］ 当4
神奈川県 S51・11・1
勤9年4ヵ月 （初/平24）

デジタル大臣、行政改革・規制改革担当大臣、第51代党青年局長、元内閣府政務官、ICU大（Ph. D）、GW大修士／45歳

〒250-0862 小田原市成田178-1 ☎0465（38）3388
〒100-8981 千代田区永田町2-2-1、会館 ☎03（3508）7026

神奈川県18区 451,301 投57.25

川崎市（中原区（第10区に属しない区域）（P171参照）、高津区、宮前区（第9区に属しない区域）（P171参照））

当120,365 山際大志郎 自前（47.7）
比90,390 三村和也 立元（35.8）
比41,562 横田光弘 維新（16.5）

やまぎわだいしろう
山際大志郎
自前［麻］ 当6
東京都 S43・9・12
勤15年1ヵ月 （初/平15）

経済再生・コロナ担当大臣、党政調会長代理、経産委筆頭理事、経産副大臣、内閣府大臣政務官、獣医学博士、東大院／53歳

〒213-0001 川崎市高津区溝口2-14-12 ☎044（850）8884
〒100-8981 千代田区永田町2-2-1、会館 ☎03（3508）7477

山梨県1区 424,441 投59.49

甲府市、韮崎市、南アルプス市、北杜市、甲斐市、中央市、西八代郡、南巨摩郡、中巨摩郡

当125,325 中谷真一 自前（50.5）
比当118,223 中島克仁 立前（47.6）
4,826 辺見信介 N新（1.9）

なかたにしんいち
中谷真一
自前［茂］ 当4（初/平24）
山梨県甲府市 S51・9・30
勤9年4ヵ月

党国対副委員長、外務委、外務大臣政務官、元自衛官、元参議院議員秘書、防大／45歳

〒400-0064 山梨県甲府市下飯田3-8-29 ☎055（288）8220
〒106-0032 港区六本木7-1-3、宿舎

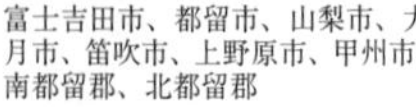

山梨県2区 262,259 (投)62.31

富士吉田市、都留市、山梨市、大月市、笛吹市、上野原市、甲州市、南都留郡、北都留郡

当109,036 堀内詔子 自前(67.9)
比44,441 市来伴子 立新(27.7)
7,027 大久保令子 共新(4.4)

ほりうちのりこ
堀内詔子
自前[岸] 当4
山梨県笛吹市 S40・10・28
勤9年4ヵ月 (初/平24)

ワクチン接種推進担当大臣、東京オリパラ担当大臣、環境副大臣兼内閣府副大臣、厚労大臣政務官、学習院大学大学院／56歳

〒403-0007 富士吉田市中曽根1-5-25 ☎0555(23)7688
〒100-8982 千代田区永田町2-1-2、会館 ☎03(3508)7487

比例代表 南関東 22人

千葉、神奈川、山梨

ほしのつよし
星野剛士
自前[無] 当4(初/平24)
神奈川県藤沢市 S38・8・8
勤9年4ヵ月 〈神奈川12区〉

党内閣第一部会長代理、倫選特委理事、経産委、安保委理事、経済産業兼内閣府兼復興各大臣政務官、産経新聞記者、神奈川県議、NYエルマイラ大、日大法／58歳

〒251-0052 藤沢市藤沢973 相模プラザ第三ビル1F ☎0466(23)6338
〒100-8982 千代田区永田町2-1-2、会館 ☎03(3508)7413

あまりあきら
甘利明
自前[麻] 当13(初/昭58)
神奈川県厚木市 S24・8・27
勤38年5ヵ月 〈神奈川13区〉

党税調顧問、党幹事長、選対委員長、政調会長、予算委員長、労働大臣、経済産業大臣、行革大臣、経済再生大臣、慶大／72歳

〒242-0028 大和市桜森3-6-14 ☎046(262)2200
〒100-8982 千代田区永田町2-1-2、会館 ☎03(3508)7528

あきもとまさとし
秋本真利
自前[無] 当4(初/平24)
千葉県 S50・8・10
勤9年4ヵ月 〈千葉9区〉

党副幹事長、党再エネ議連事務局長、国交委、決算行監委、復興特委、党国対副委員長、国土交通大臣政務官、法政大法／46歳

〒264-0021 千葉市若葉区若松町360-21 ☎043(214)3600

みたにひでひろ
三谷英弘
自前[無] 当3(初/平24)
神奈川県藤沢市 S51・6・28
勤6年6ヵ月 〈神奈川8区〉

党教育・文化・スポーツ関係団体委員長、党遊説局長代理、女性局研修部長、青年局次長、弁護士、東大法学部／45歳

〒227-0055 横浜市青葉区つつじが丘10-20 ラポール若野 2F ☎045(532)4600

よしいえひろゆき
義家弘介 自前［安］ 当4(初/平24)※
長野県 S46・3・31
勤14年9ヵ月(参5年5ヵ月)〈神奈川16区〉

文部科学委員長、法務副大臣、文科副大臣、文科政務官、党副幹事長、党財金部会長、参院議員、教育再生会議担当室長、横浜市教育委員、高校教諭、明治学院大学／50歳

〒243-0014 厚木市旭町1-15-17 ☎046(226)8585

なかやまのりひろ
中山展宏 自前［麻］ 当4(初/平24)
兵庫県 S43・9・16
勤9年4ヵ月 〈神奈川9区〉

国土交通副大臣、外務大臣政務官、内閣委理、ルール形成戦略議連事務局長、東大先端研客員研究員、早大院中退／53歳

〒214-0014 川崎市多摩区登戸2663
東洋ビル5F ☎044(322)8600

かどやまひろあき
門山宏哲 自前［無］ 当4(初/平24)
千葉県千葉市 S39・9・3
勤9年4ヵ月 〈千葉1区〉

党副幹事長、安保委理事、財金委、原子力特委、元法務大臣政務官、弁護士、元千葉家裁家事調停委員、中央大学法学部／57歳

〒260-0013 千葉市中央区中央4-13-31
高嶋ビル101 ☎043(223)0050
〒106-0032 港区六本木7-1-3、宿舎

やまもと
山本ともひろ 自前［無］ 当5(初/平17)
京都府京都市 S50・6・20
勤13年3ヵ月 〈神奈川4区〉

党文科部会長、文科委理、防衛副大臣・内閣府副大臣、松下政経塾員、米ジョージタウン大客員研究員、関西大、京大院修／46歳

〒247-0056 鎌倉市大船1-6-6
大久保ビル3F ☎0467(39)6933

さくらだよしたか
櫻田義孝 自前［二］ 当8(初/平8)
千葉県柏市 S24・12・20
勤22年3ヵ月 〈千葉8区〉

自民党PFI推進特命委員長、東京オリンピック・パラリンピック担当大臣、文科副大臣、内閣府副大臣、外務政務官、千葉県議、柏市議、明大商／72歳

〒277-0814 柏市正連寺373-3 ☎04(7132)0881
〒100-8982 千代田区永田町2-1-2、会館 ☎03(3508)7381

なかたにかずま
中谷一馬 立前 当2(初/平29)
神奈川県川崎市 S58・8・30
勤4年6ヵ月 〈神奈川7区〉

科技特委理、議運委、内閣委、党国対副委員長、党コロナ対策本部事務局長、党デジタル政策PT座長、神奈川県議、デジタルハリウッド大大学院／38歳

〒223-0061 横浜市港北区日吉2-6-3-201 ☎045(534)9624
〒107-0052 港区赤坂2-17-10、宿舎

※平19参院初当選

やたがわ　はじめ
谷田川　元
立前　当3(初/平21)
千葉県香取市　S38・1・17
勤6年5ヵ月　**〈千葉10区〉**

国交委、決算行監委、憲法審委、党政調副会長、千葉県議4期、山村新治郎衆院議員秘書、松下政経塾、早大政経／59歳

〒287-0001　香取市佐原ロ2164-2　☎0478(54)5678

あおやぎよういちろう
青柳陽一郎
立前　当4(初/平24)
神奈川県横浜市保土ケ谷区　S44・8・29
勤9年4ヵ月　**〈神奈川6区〉**

議運筆頭理事、決算行監委、倫選特委、党国対副委員長、党神奈川県連副代表、元国務大臣政策秘書、早大院、日大法／52歳

〒240-0003　横浜市保土ケ谷区天王町1-9-5 第7瀬戸ビル1F　☎045(334)4110
〒100-8982　千代田区永田町2-1-2、会館　☎03(3508)7245

なかじまかつひと
中島克仁
立前　当4(初/平24)
山梨県　S42・9・27
勤9年4ヵ月　**〈山梨1区〉**

厚労委、環境委、科技特委筆頭理事、ほくと診療所院長、山梨大学病院第一外科、帝京大医学部、医師／54歳

〒400-0858　山梨県甲府市相生1-1-21　☎055(242)9208
〒107-0052　港区赤坂2-17-10、宿舎

やまざき　まこと
山崎　誠
立前　当3(初/平21)
東京都練馬区　S37・11・22
勤7年10ヵ月　**〈神奈川5区〉**

災害特委理事、経産委、党政調副会長、党環境エネルギー調査会事務局長、横浜市議2期、横浜国大院博士課程単位取得／59歳

〒244-0003　横浜市戸塚区戸塚町121-2F　☎045(438)9696
〒100-8981　千代田区永田町2-2-1、会館　☎03(3508)7137

かねむらりゅうな
金村龍那
維新　当1(初/令3)
愛知県名古屋市　S54・4・6
勤5ヵ月　**〈神奈川10区〉**

厚労委、科技特委、政倫審委、党国対副委員長、会社役員、児童福祉施設代表、衆議員秘書、専修大法中退／42歳

〒210-0836　川崎市川崎区大島上町18-1-201
☎044(366)8680

ふじまきけんた
藤巻健太
維新　当1(初/令3)
英国ロンドン　S58・10・7
勤5ヵ月　**〈千葉6区〉**

財金委、原子力特委、参院議員秘書、みずほ銀行、慶大経済／38歳

〒271-0092　千葉県松戸市松戸1836 メグロビル1F　☎047(710)0523
〒100-8982　千代田区永田町2-1-2、会館　☎03(3508)7503

あさかわ よしはる
浅川義治
維新 当1(初/令3)
神奈川県横浜市 S43・2・23
勤5ヵ月 **〈神奈川1区〉**

党県幹事長、内閣委、消費者特委、横浜市議会議員、日本大学法学部／54歳

〒236-0021 横浜市金沢区泥亀1-15-4 雨宮ビル1F ☎045(349)4231

ふるや のりこ
古屋範子
公前 当7
埼玉県さいたま市 S31・5・14
勤18年5ヵ月 (初/平15)

経済産業委員長、党副代表、党女性委員長、党政調会長代理、党神奈川県本部顧問、厚労副大臣、総務大臣政務官、早大／65歳

〒238-0011 横須賀市米が浜通1-7-2 サクマ横須賀ビル503号 ☎046(828)4230

つのだ ひでお
角田秀穂
公元 当2
東京都 S36・3・25
勤3年3ヵ月 (初/平26)

党国対副委員長、財務・金融部会長、党千葉県本部副代表、環境委理、財金委理、災害特委、船橋市議4期、社会保険労務士、創価大／60歳

〒273-0011 船橋市湊町1-7-4 ☎047(404)8013

しい かずお
志位和夫
共前 当10
千葉県四街道市 S29・7・29
勤28年10ヵ月 (初/平5)

党幹部会委員長、国家基本委、党書記局長、党青年・学生対策委員会責任者、党選挙対策局政策論戦副部長、東大／67歳

〒221-0822 横浜市神奈川区西神奈川1-10-16 斉藤ビル2F ☎045(324)6516

すずき あつし
鈴木敦
国新 当1(初/令3)
神奈川県川崎市 S63・12・15
勤5ヵ月 **〈神奈川10区〉**

外務委、拉致特委、党国対副委員長、政党職員、元衆院議員秘書、航空関連会社社員、駿河台大中退／33歳

〒100-8982 千代田区永田町2-1-2、会館 ☎03(3508)7286

りょう
たがや亮
れ新 当1(初/令3)
東京都 S43・11・25
勤5ヵ月 **〈千葉11区〉**

党国会対策委員長、国土交通委、決算行監委、会社経営、国学院大／53歳

〒297-0037 茂原市早野1342-1 ☎0475(44)6750
〒107-0052 港区赤坂2-17-10、宿舎

比例代表 南関東 22人

有効投票数 7,414,308票

政党名	当選者数	得票数	得票率
	惜敗率 小選挙区		惜敗率 小選挙区

自民党 9人 2,590,787票 34.94%

当	順位・氏名	前元新	惜敗率	小選挙区
当	①星野 剛士	前	(95.94)	神12
当	①甘利 明	前	(95.75)	神13
当	①秋本 真利	前	(95.73)	千9
当	①三谷 英弘	前	(90.10)	神8
当	①義家 弘介	前	(83.16)	神16
当	①中山 展宏	前	(82.19)	神9
当	①門山 宏哲	前	(77.71)	千1
当	①山本 朋広	前	(71.08)	神4
当	①桜田 義孝	前	(60.36)	千8
	①木村 哲也	前	(54.93)	千4
	㉚出畑 実	前		
	㉛高橋 恭介	新		
	㉜文月 涼	新		
	㉝望月 忠彦	新		
	㉞高木 昭彦	新		
	㉟及川 博	新		
	【小選挙区での当選者】			
	①小林 鷹之	前		千2
	①松野 博一	前		千3
	①薗浦健太郎	前		千5
	①渡辺 博道	前		千6
	①斎藤 健	前		千7
	①浜田 靖一	前		千12
	①松本 尚	新		千13
	①菅 義偉	前		神2
	①中西 健治	新		神3
	①坂井 学	前		神5
	①古川 直季	新		神6
	①鈴木 馨祐	前		神7
	①田中 和徳	前		神10
	①赤間 二郎	前		神14
	①河野 太郎	前		神15
	①牧島かれん	前		神17
	①山際大志郎	前		神18
	①中谷 真一	前		山1
	①堀内 詔子	前		山2

立憲民主党 5人 1,651,562票 22.28%

当	順位・氏名	前元新	惜敗率	小選挙区
当	①中谷 一馬	前	(96.63)	神7
当	①谷田川 元	前	(96.60)	千10
当	①青柳陽一郎	前	(95.10)	神6
当	①中島 克仁	前	(94.34)	山1
当	①山崎 誠	前	(87.04)	神5
	①長友 克洋	新	(86.00)	神14
	①宮川 伸	前	(79.51)	千13
	①三村 和也	元	(75.10)	神18
	①神山 洋介	元	(68.43)	神17
	①岡本 英子	元	(63.54)	神2
	①矢崎堅太郎	新	(62.41)	千5
	①岡島 一正	前	(61.62)	千3
	①小林 丈人	新	(57.43)	神3
	①竹内 千春	新	(55.70)	千7
	①樋高 剛	元	(46.06)	千12
	①黒田 雄	元	(45.47)	千2
	①市来 伴子	新	(40.76)	山2
	㉙小野 次郎	元		
	㉚金子 建一	元		
	【小選挙区での当選者】			
	①田嶋 要	前		千1
	①野田 佳彦	前		千4
	①本庄 知史	新		千8
	①奥野総一郎	前		千9
	①篠原 豪	前		神1
	①早稲田夕季	前		神4
	①江田 憲司	前		神8
	①笠 浩史	前		神9
	①阿部 知子	前		神12
	①太 栄志	新		神13
	①後藤 祐一	前		神16

日本維新の会 3人 863,897票 11.65%

当	順位・氏名	前元新	惜敗率	小選挙区
当	①金村 龍那	新	(66.39)	神10
当	①藤巻 健太	新	(60.46)	千6
当	①浅川 義治	新	(46.22)	神1
	①清水 聖士	新	(42.38)	千13
	①水戸 将史	元	(39.73)	神12
	①横田 光弘	新	(34.53)	神18
	①串田 誠一	前	(30.53)	神6
	①吉田 大成	新	(29.28)	神9
	①椎木 保	元	(28.79)	千5
	①内山 晃	元	(22.42)	千7
▼	①高谷 清彦	新	(24.77)	神4

公明党 2人 850,667票 11.47%

当	順位・氏名	前元新	惜敗率	小選挙区
当	①古屋 範子	前		
当	②角田 秀穂	元		
	③上田 勇	元		
	④江端 功一	新		
	⑤井川 泰雄	新		

共産党 1人 534,493票 7.21%

当	順位・氏名	前元新	惜敗率	小選挙区
当	①志位 和夫	前		
	②畑野 君枝	前		神10
	③斉藤 和子	元		
	④沼上 徳光	新		
▼	⑤寺尾 賢	新		千2

国民民主党　1人　384,481票　5.19%

当①鈴木　敦 新(28.63)神10　③長谷　康人 新
①鴇田　敦 新(21.71)千5

れいわ新選組　1人　302,675票　4.08%

当①多ケ谷　亮 新　千11　②木下　隼 新

▼は小選挙区の得票が有効投票総数の10分の1未満で、復活当選の資格がない者

その他の政党の得票数・得票率は下記のとおりです。（当選者はいません）

政党名	得票数	得票率
社民党	124,447票	1.68%
NHKと裁判してる党弁護士法72条違反で	111,298票	1.50%

東京都1区　462,609　投56.27

千代田区、港区の一部(P171参照)、新宿区の一部(P171参照)

当99,133　山田美樹　自前(39.0)
比当90,043　海江田万里　立前(35.4)
比当60,230　小野泰輔　維新(23.7)
4,715　内藤久遠　無新(1.9)

山田美樹（やまだ みき）　自前[安]　当4
東京都　S49・3・15
勤9年4ヵ月　(初/平24)

党法務部会長、法務委理、財金委、倫選特委、外務政務官、エルメス、BCG、通産省、東大法、コロンビア大／47歳

〒100-8982　千代田区永田町2-1-2、会館　☎03(3508)7037

東京都2区　463,165　投60.82

中央区、港区(第1区に属しない区域)(P171参照)、文京区、台東区の一部(P171参照)

当119,281　辻　清人　自前(43.4)
比90,422　松尾明弘　立前(32.9)
比45,754　木内孝胤　維元(16.7)
比14,487　北村　造　れ新(5.3)
4,659　出口紳一郎　無新(1.7)

辻　清人（つじ きよと）　自前[岸]　当4
東京都　S54・9・7
勤9年4ヵ月　(初/平24)

党副幹事長、国防部会長代理、外務委理、環境委、倫選特委、外務大臣政務官、京大、米コロンビア大院修了／42歳

〒111-0021　台東区日本堤2-23-13
深谷ビル　☎03(6802)4701

東京都3区　470,083　投59.87

品川区の一部(P171参照)、大田区の一部(P171参照)、大島・三宅・八丈・小笠原支庁管内

当124,961　松原　仁　立前(45.9)
比当116,753　石原宏高　自前(42.9)
30,648　香西克介　共新(11.3)

松原　仁（まつばら じん）　立前　当8
東京都板橋区　S31・7・31
勤21年10ヵ月　(初/平12)

決算行監委理、外務委、民進党国対委員長、党都連会長、国家公安委長、拉致担当大臣、消費者担当大臣、国交副大臣、拉致特委長、都議、松下政経塾、早大／65歳

〒140-0011　品川区東大井5-17-4
高山ビル402　☎03(5783)2511

東京都4区 474,029 投54.43

大田区(第3区に属しない区域)(P171参照)

当128,708	平　将明	自前	(51.5)
比62,286	谷川智行	共新	(24.9)
比58,891	林　智興	維新	(23.6)

たいら まさ あき
平　将明　自前[無]　当6
東京都　S42・2・21
勤16年7ヵ月 (初/平17)

党ネットメディア局長、内閣委理、内閣府副大臣、選対副委長、消費者特委筆頭理事、経産政務官兼内閣府政務官、副幹事長、早大／55歳

〒144-0052 大田区蒲田5-30-15 第20下川ビル7F　☎03(5714)7071

東京都5区 464,694 投60.03

目黒区の一部(P171参照)、世田谷区の一部(P171参照)

当111,246	手塚仁雄	立前	(41.0)
比当105,842	若宮健嗣	自前	(39.0)
比54,363	田淵正文	維新	(20.0)

て づか よし お
手塚仁雄　立前　当5(初/平12)
東京都目黒区　S41・9・14
勤13年1ヵ月

党幹事長代理、党東京都連幹事長、科技特委長、決算行監委、倫選特委、議運野党筆頭理事、内閣総理大臣補佐官、都議、早大／55歳

〒152-0022 目黒区柿の木坂3-11-4-205　☎03(3412)0440

東京都6区 467,339 投60.36

世田谷区(第5区に属しない区域)(P171参照)

当110,169	落合貴之	立前	(40.1)
比当105,186	越智隆雄	自前	(38.3)
比59,490	碓井梨恵	維新	(21.6)

おち あい たか ゆき
落合貴之　立前　当3
東京都世田谷区　S54・8・17
勤7年4ヵ月 (初/平26)

経産委理、予算委、倫選特委、党政調副会長、党経済・産業政策調査会事務局長、党都連政調会長、慶大／42歳

〒154-0017 世田谷区世田谷1-12-14 原ビル2F　☎03(6312)4505
〒100-8982 千代田区永田町2-1-2、会館　☎03(3508)7134

東京都7区 459,575 投56.47

品川区(第3区に属しない区域)(P171参照)、目黒区(第5区に属しない区域)(P171参照)、渋谷区、中野区の一部(P171参照)、杉並区(方南1～2丁目)

当124,541	長妻　昭	立前	(49.2)
比81,087	松本文明	自前	(32.1)
比37,781	辻　健太郎	維新	(14.9)
5,665	込山　洋	無新	(2.2)
3,822	猪野恵司	N新	(1.5)

なが つま あきら
長妻　昭　立前　当8
東京都　S35・6・14
勤21年10ヵ月 (初/平12)

党新型コロナ対策本部長、党都連会長、党代表代行、党選対委員長、党政調会長、厚労委長、厚生労働大臣、日経ビジネス誌記者、NEC、慶大／61歳

〒164-0011 中野区中央4-11-13-101　☎03(5342)6551

東京都8区 476,188 投61.03

杉並区(第7区に属しない区域)(P172参照)

当137,341	吉田晴美	立新	(48.4)
比105,381	石原伸晃	自前	(37.2)
比40,763	笠谷圭司	維新	(14.4)

よしだ
吉田はるみ

立新 当1
山形県 S47・1・1
勤5ヵ月 (初/令3)

議運委、文科委、憲法審委、党国際局副局長、外資系経営コンサルタント、法務大臣政務秘書官、大学特任教授、立教大卒、バーミンガム大学経営大学院修了/50歳

〒166-0001 杉並区阿佐谷北1-3-4
小堺ビル402 ☎03(5364)9620

東京都9区 478,743 投57.71

練馬区の一部(P172参照)

当109,489	山岸一生	立新	(40.9)
比95,284	安藤高夫	自前	(35.6)
比47,842	南　純	維新	(17.9)
15,091	小林興起	諸元	(5.6)

やまぎしいっせい
山岸一生

立新 当1
東京都 S56・8・28
勤5ヵ月 (初/令3)

内閣委、議運委、沖北特委、朝日新聞記者、東大法学部/40歳

〒177-0041 練馬区石神井町7-1-14 ☎03(6676)7318
〒100-8981 千代田区永田町2-2-1、会館 ☎03(3508)7124

東京都10区 479,088 投56.50

新宿区(第1区に属しない区域)(P172参照)、中野区(第7区に属しない区域)(P172参照)、豊島区の一部(P172参照)、練馬区(第9区に属しない区域)

当115,122	鈴木隼人	自前	(43.8)
比当107,920	鈴木庸介	立新	(41.1)
比30,574	藤川隆史	維新	(11.6)
4,684	小山　徹	無新	(1.8)
4,552	沢口祐司	諸新	(1.7)

すずきはやと
鈴木隼人

自前[茂] 当3
東京都 S52・8・8
勤7年4ヵ月 (初/平26)

党女性局長代理、前外務大臣政務官、経済産業省課長補佐、東大、東大院修/44歳

〒176-0005 練馬区旭丘1-64-14
ジュピター江古田301号室 ☎03(6908)1071
〒100-8982 千代田区永田町2-1-2、会館 ☎03(3508)7463

東京都11区 462,626 投54.97

板橋区の一部(P172参照)

当122,465	下村博文	自前	(50.0)
比87,635	阿久津幸彦	立前	(35.8)
29,304	西之原修斗	共新	(12.0)
5,639	桑島康文	無新	(2.3)

しもむらはくぶん
下村博文

自前[安] 当9
群馬県 S29・5・23
勤25年7ヵ月 (初/平8)

党中央政治大学院長、党政調会長、党選対委員長、党憲法改正本部長、党幹事長代行、文科大臣、オリパラ大臣、内閣官房副長官、都議、早大/67歳

〒173-0024 板橋区大山金井町38-12
新大山ビル205 ☎03(5995)4491
〒100-8982 千代田区永田町2-1-2、会館 ☎03(3508)7084

東京都12区 462,732 投57.45

豊島区(第10区に属しない区域)(P172参照)、北区、板橋区(第11区に属しない区域)(P172参照)、足立区の一部(P172参照)

当101,020	岡本三成	公前	(39.9)
比当80,323	阿部　司	維新	(31.7)
比71,948	池内沙織	共元	(28.4)

おか もと みつ なり
岡本三成

公前　当4
佐賀県　S40・5・5
勤9年4ヵ月　(初/平24)

財務副大臣、外務大臣政務官、国土交通委員会理事、ゴールドマン・サックス証券、米国ケロッグ経営大学院(MBA)、創価大／56歳

〒114-0002　北区王子2-30-4 グランシャリオ王子101　☎03(6908)4912
〒100-8981　千代田区永田町2-2-1、会館　☎03(3508)7147

東京都13区 480,247 投50.88

足立区(第12区に属しない区域)(P172参照)

当115,669	土田　慎	自新	(49.3)
比78,665	北條智彦	立新	(33.5)
30,204	沢田真吾	共新	(12.9)
5,985	渡辺秀高	無新	(2.6)
4,039	橋本孫美	無新	(1.7)

つち だ しん
土田　慎

自新[麻]　当1
神奈川県茅ヶ崎市　H2・10・30
勤5ヵ月　(初/令3)

党国会対策委員、党青年局次長、厚労委、経産委、消費者特委、科技特委、衆・参議員秘書、参議院議長参事、京大／31歳

〒121-0011　足立区中央本町4-1-18　☎03(5856)1610

東京都14区 465,702 投55.96

台東区(第2区に属しない区域)(P172参照)、墨田区、荒川区

当108,681	松島みどり	自前	(43.3)
比80,932	木村剛司	立元	(32.2)
比49,517	西村恵美	維新	(19.7)
5,845	梁本和則	無新	(2.3)
3,364	竹本秀之	無新	(1.3)
2,772	大塚紀久雄	無新	(1.1)

まつ しま
松島みどり

自前[安]　当7
大阪府　S31・7・15
勤18年6ヵ月　(初/平12)

消費者特委長、安保委、党住宅土地・都市政策調査会長、党広報本部長、法務大臣、経産副大臣、国交副大臣、外務政務官、朝日新聞記者、東大経／65歳

〒131-0045　墨田区押上1-24-2川新ビル2F　☎03(5610)5566
〒100-8981　千代田区永田町2-2-1、会館　☎03(3508)7065

東京都15区 424,125 投58.73

江東区

当76,261	柿沢未途	自前	(32.0)
比58,978	井戸正枝	立元	(24.7)
比44,882	金沢結衣	維新	(18.8)
26,628	今村洋史	無元	(11.2)
17,514	猪野　隆	無新	(7.3)
9,449	桜井　誠	諸新	(4.0)
4,608	吉田浩司	無新	(1.9)

かき ざわ み と
柿沢未途

自前[無]　当5(初/平21)
ベルギー　S46・1・21
勤12年8ヵ月

国土交通委理事、決算行監委、災害特委、消費者特委、予算委理事、東京都議、NHK記者、東大法／51歳

〒135-0047　江東区富岡1-26-21-3F　☎03(5620)3104

衆 略歴　東京

東京都16区 465,115 投51.58

江戸川区の一部(P173参照)

当88,758	大西英男	自前	(38.7)
比68,397	水野素子	立新	(29.8)
比39,290	中津川博郷	維元	(17.1)
26,819	太田彩花	共新	(11.7)
比6,264	田中　健	N新	(2.7)

おおにしひでお
大西英男 自前[安] 当4
東京都江戸川区 S21・8・28
勤9年4ヵ月 (初/平24)

党副幹事長、国土交通副大臣、総務大臣政務官、江戸川区議会議長、都議会自民党幹事長、國学院大／75歳

〒132-0031 江戸川区松島2-8-2-103 ☎03(3674)0777

東京都17区 475,912 投53.06

葛飾区、江戸川区(本庁管内(上一色1～3丁目、本一色1～3丁目、興宮町)、小岩事務所管内)

当119,384	平沢勝栄	自前	(50.1)
比52,260	猪口幸子	維新	(22.0)
36,309	新井杉生	共新	(15.3)
比30,103	円より子	国新	(12.6)

ひらさわかつえい
平沢勝栄 自前[二] 当9
岐阜県 S20・9・4
勤25年7ヵ月 (初/平8)

党国際局長、復興大臣、党広報本部長、予算委理、党政調会長代理、外務委長、内閣府副大臣、拉致特委長、警察庁審議官、官房長官秘書官、東大／76歳

〒124-0012 葛飾区立石8-6-1-102 ☎03(5670)1111

東京都18区 444,924 投59.86

武蔵野市、府中市、小金井市

当122,091	菅　直人	立前	(47.1)
比当115,881	長島昭久	自前	(44.7)
21,151	子安正美	無新	(8.2)

かんなおと
菅　直人 立前 当14
山口県 S21・10・10
勤41年11ヵ月 (初/昭55)

党最高顧問、経産委、原子力特委、首相、副総理、財務相、厚相、民主党代表、さきがけ政調会長、社民連政審会長、弁理士、東工大／75歳

〒180-0006 武蔵野市中町1-2-9-302 ☎0422(55)7010

東京都19区 439,147 投60.00

小平市、国分寺市、西東京市

当111,267	末松義規	立前	(43.0)
比当109,131	松本洋平	自前	(42.2)
比38,182	山崎英昭	維新	(14.8)

すえまつよしのり
末松義規 立前 当7(初/平8)
福岡県北九州市 S31・12・5
勤20年9ヵ月

財金委筆頭理事、党財金部会長、沖北特委長、元復興副大臣兼内閣府副大臣、内閣総理大臣補佐官、一橋大、米国プリンストン大学大学院／65歳

〒187-0002 小平市花小金井2-1-39 ☎042(460)9050

東京都20区 418,245 ㊡56.77

東村山市、東大和市、清瀬市、東久留米市、武蔵村山市

当121,621 木原誠二 自前(52.6)
比当66,516 宮本 徹 共前(28.8)
比43,089 前田順一郎 維新(18.6)

きはらせいじ
木原誠二

自前[岸] 当5
東京都 S45・6・8
勤13年3ヵ月 (初/平17)

内閣官房副長官、内閣委員長、外務副大臣、外務政務官、議運委理事、党政調副会長、党情報調査局長、財務省、東大法/51歳

〒189-0025 東村山市廻田町4-3-4 ☎042(392)4105

東京都21区 438,466 ㊡57.72

八王子市(東中野、大塚)、立川市、日野市、国立市、多摩市の一部(P173参照)、稲城市の一部(P173参照)

当112,433 小田原 潔 自前(45.5)
比当99,090 大河原雅子 立前(40.1)
比35,527 竹田光明 維元(14.4)

おだわら きよし
小田原 潔

自前[安] 当4(初/平24)
大分県宇佐市 S39・5・23
勤9年4ヵ月

外務副大臣、安保委理、復興特委理、予算委、モルガンスタンレー証券マネジングディレクター、富士銀行、東大/57歳

〒190-0011 立川市高松町3-14-11
マスターズオフィス立川 ☎042(548)0065

東京都22区 478,721 ㊡60.01

三鷹市、調布市、狛江市、稲城市(第21区に属しない区域)(P173参照)

当131,351 伊藤達也 自前(46.9)
比112,393 山花郁夫 立前(40.1)
比31,981 櫛渕万里 れ元(11.4)
4,535 長谷川洋平 N新(1.6)

いとうたつや
伊藤達也

自前[無] 当9
東京都 S36・7・6
勤25年6ヵ月 (初/平5)

党競争政策調査会長、予算委、憲法審査会委、元金融相、総理大臣補佐官、衆財金委員長、党国際局長、慶大/60歳

〒182-0024 調布市布田1-3-1ダイヤビル2F ☎042(499)0501
〒107-0052 港区赤坂2-17-10、宿舎

東京都23区 458,998 ㊡58.37

町田市、多摩市(第21区に属しない区域)(P173参照)

当133,206 小倉将信 自前(51.2)
比当126,732 伊藤俊輔 立前(48.8)

おぐらまさのぶ
小倉將信

自前[二] 当4
東京都 S56・5・30
勤9年4ヵ月 (初/平24)

党青年局長、税制調査会幹事、デジタル社会推進本部事務局長、新しい資本主義実行本部事務局長、総務政務官、日本銀行職員、東大、オックスフォード大学院/40歳

〒194-0013 町田市原町田5-4-7からかあさ101号 ☎042(710)1192
〒206-0041 多摩市愛宕4-9-22池田ビル103号 ☎042(400)1751

東京都24区 463,096 投56.77

八王子市(第21区に属しない区域)(P173参照)

当149,152	萩生田光一	自前	(58.5)
比44,546	佐藤由美	国新	(17.5)
44,474	吉川穂香	共新	(17.5)
比16,590	朝倉玲子	社新	(6.5)

はぎうだこういち
萩生田光一 自前[安] 当6
東京都八王子市 S38・8・31
勤15年1ヵ月 (初/平15)

経済産業大臣、党都連会長、文科大臣、党幹事長代行、内閣官房副長官、党総裁特別補佐、党青年局長、都議、市議、明大/58歳

〒192-0046 八王子市明神町4-1-2 ストーク八王子205 ☎042(646)3008

東京都25区 413,266 投54.90

青梅市、昭島市、福生市、羽村市、あきる野市、西多摩郡

当131,430	井上信治	自前	(59.4)
比89,991	島田幸成	立新	(40.6)

いのうえしんじ
井上信治 自前[麻] 当7
東京都 S44・10・7
勤18年5ヵ月 (初/平15)

党環境・温暖化対策調査会長、国際博覧会担当大臣、内閣府特命担当大臣、環境副大臣、内閣委員長、国交省、東大/52歳

〒198-0024 青梅市新町3-39-1 ☎0428(32)8182
〒100-8981 千代田区永田町2-2-1、会館 ☎03(3508)7328

比例代表 東京都 17人 東京

たかぎけい
髙木啓 自前[安] 当2
東京都北区 S40・3・16
勤4年6ヵ月 (初/平29)

内閣委、外務委、拉致特委、震災復興特委、党内閣第一副部会長、国土建設団体副委長、北区総支部長、都議、北区議、立教大/56歳

〒114-0022 北区王子本町1-14-9-202 ☎03(5948)6790

まつもとようへい
松本洋平 自前[二] 当5(初/平17)
東京都 S48・8・31
勤13年3ヵ月 〈東京19区〉

衆経産委筆頭理事、党副幹事長、党広報本部副本部長、広報戦略局長、経産副大臣、内閣府副大臣、党青年局長、慶大経済学部/48歳

〒187-0003 小平市花小金井南町2-17-4 ☎042(461)6644
〒100-8981 千代田区永田町2-2-1、会館 ☎03(3508)7133

おち たか お
越智隆雄
自 前［安］ 当5(初/平17)
東京都 S39・2・27
勤13年3ヵ月 **〈東京6区〉**

財金委理、憲法審委、財金委長、内閣府副大臣、党国対副委員長、党財金部会長、国務大臣秘書官、住友銀行、仏ESSEC大院、東大法院、慶大経／58歳

〒154-0023 世田谷区若林1-7-2-1F ☎03(3413)4600

わか みや けん じ
若宮健嗣
自 前［茂］ 当5(初/平17)
東京都 S36・9・2
勤13年3ヵ月 **〈東京5区〉**

内閣府特命担当大臣、外務副大臣、防衛副大臣、外務委員長、安全保障委員長、議運委理事、党国防部会長、国対副委員長、慶大／60歳

〒152-0023 目黒区八雲1-3-4 ☎03(5726)5060
〒100-8982 千代田区永田町2-1-2、会館 ☎03(3508)7509

なが しま あき ひさ
長島昭久
自 前［二］ 当7(初/平15)
神奈川県横浜市 S37・2・17
勤18年5ヵ月 **〈東京18区〉**

拉致特委員長、安保委、防衛副大臣、総理補佐官、慶大院、米ジョンズホプキンス大院／60歳

〒183-0022 府中市宮西町4-12-11
モア府中2F ☎042(319)2118

㊗ 略歴

比例東京

いし はら ひろ たか
石原宏高
自 前［岸］ 当5(初/平17)
神奈川県 S39・6・19
勤13年3ヵ月 **〈東京3区〉**

党国対副委員長、環境委員長、環境副大臣兼内閣府副大臣、党副幹事長、団体局次長、選対副委員長、内閣府副大臣、外務大臣政務官、銀行員、慶大／57歳

〒140-0014 品川区大井1-22-5
八木ビル7F ☎03(3777)2275
〒100-8981 千代田区永田町2-2-1、会館 ☎03(3508)7319

い とう しゅん すけ
伊藤俊輔
立 前 当2(初/平29)
東京都町田市 S54・8・5
勤4年6ヵ月 **〈東京23区〉**

UR住宅居住者を支援する議連事務局次長、全建総連懇話会幹事、小田急多摩線延伸促進議連顧問、法務委、安保委、議運委、桐蔭高、北京大留学、中央大／42歳

〒194-0021 町田市中町2-6-11
サワダビル3F ☎042(723)0117

すず き よう すけ
鈴木庸介
立 新 当1(初/令3)
東京都 S50・11・21
勤5ヵ月 **〈東京10区〉**

総務委、法務委、元NHK記者、立教大学経済学部兼任講師、コロンビア大院／46歳

〒171-0021 豊島区西池袋3-26-1
近見ビル4F ☎03(6903)1544

かいえだばんり
海江田万里
無前　当8(初/平5)
東京都　S24・2・26
勤20年1ヵ月　〈東京1区〉

衆議院副議長、立憲民主党常任顧問・税制調査会長、前決算行監委長、元民主党代表、元経済産業大臣、元内閣府特命担当大臣、慶大／73歳

〒160-0004　新宿区四谷3-11山一ビル6F　☎03(5363)6015
〒160-0023　新宿区西新宿4-8-4-301(自宅)☎03(3375)1445

おおかわら
大河原まさこ
立前　当2(初/平29)※
神奈川県横浜市　S28・4・8
勤10年7ヵ月(参6年1ヵ月)〈東京21区〉

決算行監委理、消費者特委、党ジェンダー平等推進本部顧問、元参議院議員、東京都議、国際基督教大／68歳

〒190-0022　立川市錦町1-10-25
YS錦町ビル1F　☎042(529)5155
〒100-8981　千代田区永田町2-2-1、会館☎03(3508)7261

あべ　つかさ
阿部　司
維新　当1(初/令3)
東京都大田区　S57・6・18
勤5ヵ月　〈東京12区〉

内閣委、地方創生特委、青山社中株式会社(政策シンクタンク)、日本HP(外資系IT企業)、早大／39歳

〒114-0022　北区王子本町1-14-10
根岸ビル1F　☎03(3908)3121

おのたいすけ
小野泰輔
維新　当1(初/令3)
東京都　S49・4・20
勤5ヵ月　〈東京1区〉

経産委理、憲法審委、復興特委、党政調副会長、党経産環境規制改革部会長、熊本県副知事、東大法／47歳

〒160-0004　新宿区四谷3-4-8 4階　☎090(6773)0705
〒100-8981　千代田区永田町2-2-1、会館　☎03(3508)7340

たかぎようすけ
高木陽介
公前　当9
東京都　S34・12・16
勤25年1ヵ月　(初/平5)

党選対委員長、党都本部代表、経産副大臣、衆総務委員長、国交政務官、党国対委員長、毎日新聞記者、創価大／62歳

〒190-0022　立川市錦町1-4-4
立川サニーハイツ301　☎042(540)1155

かさいこういち
河西宏一
公新　当1
神奈川県鎌倉市　S54・6・25
勤5ヵ月　(初/令3)

党青年副委員長、党都本部副代表、内閣委、国土交通委、原子力特委、政党職員、電機メーカー社員、東大／42歳

〒100-8982　千代田区永田町2-1-2、会館　☎03(3508)7630

※平19参院初当選

㊗略歴　比例東京

かさ い あきら
笠井 亮
共 前 当6(初/平17)※1
大阪府 S27・10・15
勤22年8ヵ月(参6年1ヵ月)

党原発・気候変動・エネルギー対策委員会責任者、経産委、原子力特委、拉致特委、参院議員1期、東大/69歳

〒151-0053 渋谷区代々木1-44-11-1F ☎03(5304)5639
〒107-0052 港区赤坂2-17-10、宿舎

みや もと とおる
宮本 徹
共 前 当3(初/平26)
兵庫県三木市 S47・1・22
勤7年4ヵ月 〈東京20区〉

党中央委員、厚労委、予算委、科技特委、
東大教育/50歳

〒151-0053 渋谷区代々木1-44-11 ☎03(5304)5639
〒100-8981 千代田区永田町2-2-1、会館 ☎03(3508)7508

やま もと た ろう
山本太郎
れ 新 当1(初/令3)※2
兵庫県宝塚市 S49・11・24
勤6年6ヵ月(参6年1ヵ月)

れいわ新選組代表、内閣委、箕面自由学園高等学校中退/47歳

〒100-8982 千代田区永田町2-1-2、会館 ☎03(3508)7063

比例代表 東京都 17人
有効投票数 6,446,898票

政党名	当選者数	得票数	得票率
	惜敗率 小選挙区		惜敗率 小選挙区

自民党 6人 2,000,084票 31.02%

当①高木 啓 前
当②松本 洋平 前(98.08)東19
当②越智 隆雄 前(95.48)東6
当②若宮 健嗣 前(95.14)東5
当②長島 昭久 前(94.91)東18
当②石原 宏高 前(93.43)東3
②安藤 高夫 前(87.03)東9
②石原 伸晃 前(76.73)東8
②松本 文明 前(65.11)東7
㉓伊藤 智加 新
㉔松野 未佳 新
㉕小松 裕 前
㉖西田 譲 元
㉗和泉 武彦 新
㉘崎山 知尚 新

【小選挙区での当選者】
②山田 美樹 前 東1
②辻 清人 前 東2
②平 将明 前 東4
②鈴木 隼人 前 東10
②下村 博文 前 東11
②土田 慎 新 東13
②松島みどり 前 東14
②木原 誠二 前 東20
②小田原 潔 前 東21
②伊藤 達也 前 東22
②小倉 将信 前 東23
②萩生田光一 前 東24
②井上 信治 前 東25

立憲民主党 4人 1,293,281票 20.06%

当①伊藤 俊輔 前(95.14)東23
当①鈴木 庸介 新(93.74)東10
当①海江田万里 前(90.83)東1
当①大河原雅子 前(88.13)東21
①山花 郁夫 前(85.57)東22
①井戸 正枝 元(77.38)東15
①水野 素子 新(77.06)東16
①松尾 明弘 前(75.81)東2

※1 平7参院初当選 ※2 平25参院初当選

①木村　剛司 元(74.47)東14
①阿久津幸彦 前(71.56)東11
①島田　幸成 新(68.47)東25
①北條　智彦 新(68.01)東13
㉑高松　智之 新
㉒川島智太郎 元
㉓北出　美翔 新

【小選挙区での当選者】
①松原　仁 前 東3
①手塚　仁雄 前 東5
①落合　貴之 前 東6
①長妻　昭 前 東7
①吉田　晴美 新 東8
①山岸　一生 新 東9
①菅　直人 前 東18
①末松　義規 前 東19

日本維新の会　2人　858,577票　13.32%

当①阿部　司 新(79.51)東12
当①小野　泰輔 新(60.76)東1
①金沢　結衣 新(58.85)東15
①碓井　梨恵 新(54.00)東6
①田淵　正文 新(48.87)東5
①林　智興 新(45.76)東4
①西村　恵美 新(45.56)東14
①中津川博郷 元(44.27)東16
①猪口　幸子 新(43.77)東17
①南　純 新(43.70)東9
①木内　孝胤 元(38.36)東2
①前田順一郎 新(35.43)東20
①山崎　英昭 新(34.32)東19
①竹田　光明 元(31.60)東21
①辻　健太郎 新(30.37)東7
①笠谷　圭司 新(29.68)東8
①藤川　隆史 新(26.56)東10

公明党　2人　715,450票　11.10%

当①高木　陽介 前
当②河西　宏一 新
③藤井　伸城 新
④大沼　伸貴 新

共産党　2人　670,340票　10.40%

当①笠井　亮 前
当②宮本　徹 前 東20
③池内　沙織 元 東12
④谷川　智行 新 東4

れいわ新選組　1人　360,387票　5.59%

当①山本　太郎 新
②櫛渕　万里 元(24.35)東22
▼②北村　造 新(12.15)東2
④渡辺　照子 新

▼は小選挙区の得票が有効投票総数の10分の1未満で、復活当選の資格がない者

その他の政党の得票数・得票率は下記のとおりです。(当選者はいません)

政党名	得票数	得票率
国民民主党	306,179票	4.75%
社民党	92,995票	1.44%
NHKと裁判してる党弁護士法72条違反で	92,353票	1.43%
日本第一党	33,661票	0.52%
新党やまと	16,970票	0.26%
政権交代によるコロナ対策強化新党	6,620票	0.10%

新潟県1区　434,016 投57.25

新潟市(北区・東区・中央区・江南区・南区・西区の一部)(P173参照)

当127,365　西村智奈美　立前(52.6)
比当96,591　塚田一郎　自新(39.9)
比18,333　石崎　徹　維元(7.6)

西村智奈美（にしむら ちなみ）

立前　当6
新潟県　S42・1・13
勤16年5ヵ月　(初/平15)

党幹事長、国基委、拉致特委、党社会保障調査会長、厚労副大臣、外務大臣政務官、新潟県議、新潟大院／55歳

〒950-0916　新潟市中央区米山2-5-8 米山プラザビル202　☎025(244)1173
〒107-0052　港区赤坂2-17-10、宿舎

衆 略歴　比例東京・新潟

新潟県２区　288,107 投62.66

新潟市（南区（味方・月潟出張所管内）、西区（第1区に属しない区域）、西蒲区）、長岡市の一部（P173参照）、柏崎市、燕市、佐渡市、西蒲原郡、三島郡、刈羽郡

当105,426 細田健一 自前（59.9）
比37,157 高倉　栄 国新（21.1）
比33,399 平あや子 共新（19.0）

ほそだけんいち
細田健一

自前［安］ 当4（初/平24）
東京都 S39・7・11
勤9年4ヵ月

経産副大臣、予算委理、党農林部会長代理、農水政務官、経産省、京大法、米ハーバード大学院／57歳

〒945-0051 柏崎市東本町2-3-30一越ビル1F ☎0257(32)3857
〒100-8982 千代田区永田町2-1-2、会館 ☎03(3508)7278

新潟県３区　298,289 投65.04

新潟市（北区の一部（P173参照））、新発田市、村上市、五泉市、阿賀野市、胎内市、北蒲原郡、東蒲原郡、岩船郡

当102,564 斎藤洋明 自前（53.6）
比88,744 黒岩宇洋 立前（46.4）

さいとうひろあき
斎藤洋明

自前［麻］ 当4
新潟県村上市 S51・12・8
勤9年4ヵ月 （初/平24）

党国土・建設関係団体委員長、総務大臣政務官、党総務部会長代理、文科部会長代理、内閣府、公正取引委員会、神戸大大学院、学習院大／45歳

〒957-0056 新発田市大栄町3-6-3 ☎0254(21)0003
〒100-8981 千代田区永田町2-2-1、会館 ☎03(3508)7155

新潟県４区　307,471 投64.17

新潟市（北区・東区・中央区・江南区の一部、秋葉区、南区の一部（P173参照））、長岡市の一部（P173参照））、三条市、加茂市、見附市、南蒲原郡

当97,494 菊田真紀子 立前（50.1）
比当97,256 国定勇人 自新（49.9）

きくたまきこ
菊田真紀子

立前 当7
新潟県加茂市 S44・10・24
勤18年5ヵ月 （初/平15）

党代議士会長、教育調査会長、文科委理、外務政務官、市議（2期）、中国黒龍江大学留学、加茂高／52歳

〒955-0071 三条市本町6-13-3 ☎0256(35)6066
〒107-0052 港区赤坂2-17-10、宿舎

新潟県５区　275,224 投65.20

長岡市（第2区及び第4区に属しない区域）、小千谷市、魚沼市、南魚沼市、南魚沼郡

当79,447 米山隆一 無新（45.0）
比当60,837 泉田裕彦 自前（34.4）
36,422 森　民夫 無新（20.6）

よねやまりゅういち
米山隆一

無新（立憲） 当1
新潟県魚沼市 S42・9・8
勤5ヵ月 （初/令3）

法務委、原子力特委、前新潟県知事、医師、医学博士、弁護士、おおたか総合法律事務所代表弁護士、灘高校、東大医学部医学科／54歳

〒940-0072 魚沼市七日市新田127 ☎0258(89)8800
〒100-8982 千代田区永田町2-1-2、会館 ☎03(3508)7485

新潟県６区 272,966 投67.79

十日町市、糸魚川市、妙高市、上越市、中魚沼郡

当90,679 梅谷　守 立新(49.6)
比当90,549 高鳥修一 自前(49.5)
1,711 神鳥古賛 無新(0.9)

うめ たに まもる
梅谷　守 立新 当1
東京都 S48・12・9
勤5ヵ月 (初/令3)

党政調会長補佐、農水委、経産委、拉致特委、新潟県議会議員、国会議員政策担当秘書、早大/48歳

〒943-0805 上越市木田1-8-14 ☎025(526)4211

富山県１区 267,782 投52.43

富山市の一部(P173参照)

当71,696 田畑裕明 自前(51.8)
比当45,411 吉田豊史 維元(32.8)
比14,563 西尾政英 立新(10.5)
6,800 青山了介 共新(4.9)

た ばた ひろ あき
田畑裕明 自前[安] 当4
富山県 S48・1・2
勤9年4ヵ月 (初/平24)

総務副大臣、厚労委理事、文科委理事、国対副委員長、厚労大臣政務官、富山県議、富山市議、獨協大学経済学部/49歳

〒930-0017 富山市東田地方町2-2-5 ☎076(471)6036
〒107-0052 港区赤坂2-17-10、宿舎

富山県２区 247,492 投54.22

富山市(第1区に属しない区域)、魚津市、滑川市、黒部市、中新川郡、下新川郡

当89,341 上田英俊 自新(68.4)
比41,252 越川康晴 立新(31.6)

うえ だ えい しゅん
上田英俊 自新[茂] 当1
富山県下新川郡入善町 S40・1・22
勤5ヵ月 (初/令3)

厚労委、農水委、科技特委、富山県議会議員、早大政経学部/57歳

〒937-0051 魚津市駅前新町5-30 魚津サンプラザ3F ☎0765(22)6648
〒107-0052 港区赤坂2-17-10、宿舎 ☎03(5549)4671

富山県３区 364,742 投59.06

高岡市、氷見市、砺波市、小矢部市、南砺市、射水市

当161,818 橘　慶一郎 自前(78.5)
44,214 坂本洋史 共新(21.5)

たちばな けい いち ろう
橘　慶一郎 自前[無] 当5
富山県高岡市 S36・1・23
勤12年8ヵ月 (初/平21)

文科委筆頭理事、党組織本部長代理、社会的事業推進特別委長、復興副大臣、総務政務官、高岡市長、北開庁、東大/61歳

〒933-0912 高岡市丸の内1-40 高岡商工ビル ☎0766(25)5780
〒107-0052 港区赤坂2-17-10、宿舎

石川県1区 376,122 投52.20

金沢市

当88,321 小森 卓郎 自新(46.1)
比48,491 荒井淳志 立新(25.3)
比45,663 小林 誠 維新(23.9)
8,930 亀田良典 共新(4.7)

小森卓郎（こもりたくお）

自新[安] 当1
神奈川県 S45・5・21
勤5ヵ月 (初/令3)

総務委、経産委、地方創生特委、金融庁総合政策課長、防衛省会計課長、財務省主計局主査、石川県総務部長、プリンストン大院修了、東大法/51歳

〒920-8203 金沢市鞍月5-181 ☎076(239)0102
〒100-8981 千代田区永田町2-2-1、会館 ☎03(3508)7179

石川県2区 325,273 投56.13

小松市、加賀市、白山市、能美市、野々市市、能美郡

当137,032 佐々木 紀 自前(78.4)
27,049 坂本 浩 共新(15.5)
10,632 山本保彦 無新(6.1)

佐々木紀（ささきはじめ）

自前[安] 当4
石川県能美市 S49・10・18
勤9年4ヵ月 (初/平24)

衆議運委理事、厚労委、政倫審幹事、党国対副委員長、国交大臣政務官、党青年局長、会社役員、東北大法/47歳

〒923-0941 小松市城南町35番地 ☎0761(21)1181
〒107-0052 港区赤坂2-17-10、宿舎 ☎03(5549)4671

石川県3区 243,618 投66.09

七尾市、輪島市、珠洲市、羽咋市、かほく市、河北郡、羽咋郡、鹿島郡、鳳珠郡

当80,692 西田昭二 自前(50.7)
比当76,747 近藤和也 立前(48.3)
1,588 倉知昭一 無新(1.0)

西田昭二（にしだしょうじ）

自前[岸] 当2
石川県七尾市 S44・5・1
勤4年6ヵ月 (初/平29)

党総務、党国交副部会長、議運委、法務委、厚労委、原子力特委、復興特委、政倫審委、元県議会副議長、県議(3期)、市議(3期)、秘書、愛知学院大/52歳

〒926-0041 石川県七尾市府中町員外26 ☎0767(58)6140
〒100-8981 千代田区永田町2-2-1、会館 ☎03(3508)7139

福井県1区 375,210 投56.82

福井市、大野市、勝山市、あわら市、坂井市、吉田郡

当136,171 稲田朋美 自前(65.5)
比71,845 野田富久 立新(34.5)

稲田朋美（いなだともみ）

自前[安] 当6
福井県 S34・2・20
勤16年7ヵ月 (初/平17)

党整備新幹線等鉄道調査会長、経産委理、消費者特委理、憲法審委、党幹事長代行、防衛大臣、党政調会長、内閣府特命担当相、弁護士、早大/63歳

〒910-0858 福井市手寄1-9-20 ☎0776(22)0510
〒100-8982 千代田区永田町2-1-2、会館 ☎03(3508)7035

福井県2区 262,612 投59.12

当81,705 高木　毅 自前(53.9)
比69,984 斉木武志 立前(46.1)

敦賀市、小浜市、鯖江市、越前市、今立郡、南条郡、丹生郡、三方郡、大飯郡、三方上中郡

たかぎ　つよし
髙木　毅

自前[安] 当8
福井県敦賀市 S31・1・16
勤21年10ヵ月 (初/平12)

党国対委員長、議運委長、議運委筆頭理事、復興大臣、国交副大臣、防衛政務官、JC北信越会長、青山学院大学／66歳

〒914-0805 敦賀市鋳物師町4-8 森口ビル2F ☎0770(21)2244
〒100-8981 千代田区永田町2-2-1、会館 ☎03(3508)7296

長野県1区 425,440 投59.74

当128,423 若林健太 自新(51.3)
比当121,962 篠原　孝 立前(48.7)

長野市の一部(P174参照)、須坂市、中野市、飯山市、上高井郡、下高井郡、下水内郡

わかばやし　けんた
若林健太

自新[安] 当1(初/令3)※
長野県長野市 S39・1・11
勤6年6ヵ月(参6年1ヵ月)

党農林副部会長、農水委、財金委、災害特委、復興特委、税理士・公認会計士、参農水委長、外務政務官、監査法人代表社員、慶大、早大院／58歳

〒380-0921 長野市栗田8-1 ☎026(269)0330
〒107-0052 港区赤坂2-17-10、宿舎

長野県2区 382,123 投57.03

当101,391 下条みつ 立前(47.5)
比当68,958 務台俊介 自前(32.3)
比43,026 手塚大輔 維新(20.2)

長野市(第1区に属しない区域)、松本市、大町市、安曇野市、東筑摩郡、北安曇郡、上水内郡

しもじょう
下条みつ

立前 当5
長野県松本市 S30・12・29
勤13年7ヵ月 (初/平15)

財金委、拉致特委、防衛大臣政務官、予算委理、党総務、災害特委理、厚生大臣秘書官、富士銀行参事役、信州大／66歳

〒390-0877 松本市沢村2-13-9 ☎0263(87)3280
〒100-8981 千代田区永田町2-2-1、会館 ☎03(3508)7271

長野県3区 399,168 投59.32

当120,023 井出庸生 自前(51.5)
比当109,179 神津　健 立新(46.9)
比3,722 池　高生 N新(1.6)

上田市、小諸市、佐久市、千曲市、東御市、南佐久郡、北佐久郡、小県郡、埴科郡

いで　ようせい
井出庸生

自前[麻] 当4
東京都 S52・11・21
勤9年4ヵ月 (初/平24)

党厚生労働部会長代理、党司法制度調査会事務局長、法務委理、災害特委、復興特委、憲法審委、NHK記者、東大／44歳

〒385-0022 佐久市岩村田638 ☎0267(78)5515
〒100-8982 千代田区永田町2-1-2、会館 ☎03(3508)7469

※平22参院初当選

長野県4区 240,401 投59.37

当86,962 後藤茂之 自前(62.6)
51,922 長瀬由希子 共新(37.4)

岡谷市、諏訪市、茅野市、塩尻市、諏訪郡、木曽郡

後藤茂之（ごとう しげゆき）

自前［無］ 当7
東京都 S30・12・9
勤18年6ヵ月 (初/平12)

厚生労働大臣、党政調会長代理、予算委筆頭理事、新型コロナ対策本部座長、税調幹事、法副相、国交政務官、厚労委長、大蔵省、東大法／66歳

〒392-0021 諏訪市上川3丁目2212-1 ☎0266(57)3370
〒100-8981 千代田区永田町2-2-1、会館 ☎03(3508)7702

長野県5区 280,123 投64.54

当97,730 宮下一郎 自前(54.9)
比80,408 曽我逸郎 立新(45.1)

飯田市、伊那市、駒ヶ根市、上伊那郡、下伊那郡

宮下一郎（みやした いちろう）

自前［安］ 当6
長野県 S33・8・1
勤15年1ヵ月 (初/平15)

党政調会長代理、農林水産委筆頭理事、党農林部会長、経産部会長、内閣府・財務副大臣、財金委員長、東大／63歳

〒396-0010 伊那市境1550-3 ☎0265(78)2828

比例代表 北陸信越 11人

新潟、富山、石川、福井、長野

鷲尾英一郎（わしお えいいちろう）

自前［二］ 当6
新潟県 S52・1・3
勤16年7ヵ月 (初/平17)

党副幹事長、外務副大臣、環境委員長、党行革推進副本部長、農水政務官、公認会計士、税理士、行政書士、新日本監査法人、東大経／45歳

〒959-1261 燕市秋葉町4-12-20 ☎0256(61)0901

髙鳥修一（たかとり しゅういち）

自前［安］ 当5(初/平17)
新潟県上越市 S35・9・29
勤13年3ヵ月 〈新潟6区〉

党政調会長代理、元党筆頭副幹事長・総裁特別補佐、元農水・内閣副大臣、元農水・厚労委員長、元厚労政務官、早大／61歳

〒943-0817 上越市藤巻10-1
コスゲビル2F ☎025(521)0760

くに　さだ　いさ　と
国定勇人
自新[二]　当1(初/令3)
東京都　S47・8・30
勤5ヵ月　**〈新潟4区〉**

経産委、法務委、地方創生特委、倫選特委、党国会対策委員、三条市長、総務省、一橋大商学部／49歳

〒955-0071　三条市本町4-9-27　☎0256(47)1555
〒100-8981　千代田区永田町2-2-1、会館　☎03(3508)7131

いずみ だ　ひろ　ひこ
泉田裕彦
自前[二]　当2(初/平29)
新潟県　S37・9・15
勤4年6ヵ月　**〈新潟5区〉**

国土交通・内閣府・復興大臣政務官、国交委、元新潟県知事、経産省、通産省、京大法／59歳

〒940-0053　長岡市長町1-3-4　☎0258(89)8506
〒100-8982　千代田区永田町2-1-2、会館　☎03(3508)7640

つか　だ　いち　ろう
塚田一郎
自新[麻]　当1(初/令3)※
新潟県新潟市　S38・12・27
勤12年7ヵ月(参12年2ヵ月)〈新潟1区〉

国土交通委理事、拉致特委、国土交通副大臣、復興副大臣、内閣府副大臣、党新潟県連会長、中央大、ボストン大院／58歳

〒950-0945　新潟市中央区女池上山2-22-7　☎025(280)1016
〒107-0052　港区赤坂2-17-10、宿舎

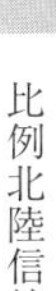

む　たい　しゅん　すけ
務台俊介
自前[麻]　当4(初/平24)
長野県安曇野市　S31・7・3
勤9年4ヵ月　**〈長野2区〉**

環境副大臣兼内閣府副大臣、元内閣府兼復興大臣政務官、元衆憲法審査会委、元党過疎特委事務局長、消防庁防災課長、神奈川大教授、東大法／65歳

〒390-0863　松本市白板2-3-30
大永第三ビル101　☎0263(33)0518
〒100-8981　千代田区永田町2-2-1、会館　☎03(3508)7334

こん　どう　かず　や
近藤和也
立前　当3(初/平21)
石川県　S48・12・12
勤7年10ヵ月　**〈石川3区〉**

予算委、災害特委理、党国対副委員長、党選対副委員長、党拉致問題対策本部幹事、石川県連代表、元野村證券(株)、京大経済学部／48歳

〒926-0054　七尾市川原町60-2　☎0767(57)5717

しの　はら　たかし
篠原　孝
立前　当7(初/平15)
長野県中野市　S23・7・17
勤18年5ヵ月　**〈長野1区〉**

倫選特委筆頭理事、環境委、党幹事長代行、党政治改革部会長、農水副大臣、水産庁企画課長、OECD代表部、京大法、UW大修士／73歳

〒380-0928　長野市若里4-12-26
宮沢ビル2F　☎026(229)5777
〒100-8981　千代田区永田町2-2-1、会館　☎03(3508)7268

※平19参院初当選

こうづ
神津たけし

立新　当1(初/令3)
神奈川県鎌倉市　S52・1・21
勤5ヵ月　**〈長野3区〉**

国交委、災害特委、科技特委、元JICA企画調査員(南アフリカ、ケニア、チュニジア、コートジボワール、ルワンダ駐在)、政策研究大学院大／45歳

〒386-0014　上田市材木町1-1-13　☎0268(22)0321

よしだ　とよふみ
吉田豊史

維元　当2(初/平26)
富山県　S45・4・10
勤3年3ヵ月　**〈富山1区〉**

財金委理事、沖北特委、会社員、起業、会社役員、富山県議会議員(2期)、早大法／51歳

〒930-0975　富山市西長江3-6-32　☎076(495)8823
〒107-0052　港区赤坂2-17-10、宿舎

なかがわ　ひろまさ
中川宏昌

公新　当1
長野県塩尻市　S45・7・15
勤5ヵ月　(初/令3)

党中央幹事、党北陸信越方面本部長、党長野県代表、財金委、予算委、地方創生特委、長野県議、長野銀行、創価大／51歳

〒399-0006　松本市野溝西1-3-4 2F　☎0263(88)5550
〒106-0032　港区六本木7-1-3、宿舎

比例代表　北陸信越　11人

有効投票数　3,510,613票

政党名	当選者数	得票数	得票率
	惜敗率　小選挙区		惜敗率　小選挙区

自民党　6人　1,468,380票　41.83%

当①鷲尾英一郎 前
当②高鳥　修一 前(99.86)新6
当②国定　勇人 新(99.76)新4
当②泉田　裕彦 前(76.58)新5
当②塚田　一郎 新(75.84)新1
当②務台　俊介 前(68.01)長2
㉑山本　拓 前
㉒佐藤　俊 新
㉓工藤　昌克 新
㉔滝沢　圭隆 新
㉕近藤　真衣 新
【小選挙区での当選者】
②細田　健一 前　新2
②斎藤　洋明 前　新3
②田畑　裕明 前　富1
②上田　英俊 新　富2
②橘　慶一郎 前　富3
②小森　卓郎 新　石1
②佐々木　紀 前　石2
②西田　昭二 前　石3
②稲田　朋美 前　福1
②高木　毅 前　福2
②若林　健太 新　長1
②井出　庸生 前　長3
②後藤　茂之 前　長4
②宮下　一郎 前　長5

立憲民主党　3人　773,076票　22.02%

当①近藤　和也 前(95.11)石3
当①篠原　孝 前(94.97)長1
当①神津　健 新(90.97)長3
①黒岩　宇洋 前(86.53)新3
①斉木　武志 前(85.65)福2
①曽我　逸郎 新(82.28)長5
①荒井　淳志 新(54.90)石1
①野田　富久 新(52.76)福1
①越川　康晴 新(46.17)富2
①西尾　政英 新(20.31)富1
⑮石本　伸二 新
【小選挙区での当選者】
①西村智奈美 前　新1
①菊田真紀子 前　新4
①梅谷　守 新　新6
①下条　みつ 前　長2

日本維新の会　1人　361,476票　10.30%

当①吉田　豊史 元(63.34)富1
①小林　誠 新(51.70)石1
①手塚　大輔 新(42.44)長2
▼①石崎　徹 元(14.39)新1

公明党　1人　322,535票　9.19%

当①中川　宏昌 新
②小松　実 新

▼は小選挙区の得票が有効投票総数の10分の1未満で、復活当選の資格がない者

その他の政党の得票数・得票率は下記のとおりです。
(当選者はいません)

政党名	得票数	得票率
共産党	225,551票	6.42%
国民民主党	133,599票	3.81%
れいわ新選組	111,281票	3.17%
社民党	71,185票	2.03%
NHKと裁判してる党弁護士法72条違反で	43,529票	1.24%

岐阜県1区　326,022　投52.31

岐阜市(本庁管内、西部・東部・北部・南部東・南部西・日光事務所管内)

当103,805 野田聖子 自前(62.5)
比48,629 川本慧佑 立新(29.3)
9,846 山越　徹 共新(5.9)
3,698 土田正光 諸新(2.2)

野田聖子(のだせいこ)　自前[無]　当10
岐阜県岐阜市　S35・9・3
勤28年10ヵ月　(初/平5)

内閣府特命担当大臣、こども政策担当、党幹事長代行、総務大臣、党総務会長、郵政大臣、県議、帝国ホテル、上智大／61歳

〒500-8463　岐阜市加納新本町2-23　☎058(276)2601
〒100-8981　千代田区永田町2-2-1、会館　☎03(3508)7161

岐阜県2区　300,608　投56.09

大垣市、海津市、養老郡、不破郡、安八郡、揖斐郡

当108,755 棚橋泰文 自前(65.8)
比40,179 大谷由里子 国新(24.3)
16,374 三尾圭司 共新(9.9)

棚橋泰文(たなはしやすふみ)　自前[麻]　当9
岐阜県大垣市　S38・2・11
勤25年7ヵ月　(初/平8)

党行政改革推進本部長、党総務副会長、国家公安委員長、予算委員長、党幹事長代理、内閣府特命担当大臣、党青年局長、通産省課長補佐、弁護士、東大／59歳

〒503-0904　大垣市桐ヶ崎町93　☎0584(73)3000
〒100-8982　千代田区永田町2-1-2、会館　☎03(3508)7429

岐阜県3区 422,993 投54.55	当132,357 武藤容治 自前(58.6)
	比93,616 阪口直人 立元(41.4)

岐阜市(第1区に属しない区域)、関市、美濃市、羽島市、各務原市、山県市、瑞穂市、本巣市、羽島郡、本巣郡

武藤容治（むとう ようじ）

自前[麻] 当5
岐阜県 S30・10・18
勤13年3ヵ月 (初/平17)

党鳥獣被害対策特別委員長、外務委理、農水委長、経産副大臣、外務副大臣、総務政務官、党政調副会長、会社会長、慶大商／66歳

〒504-0909 各務原市那加信長町1-91 ☎058(389)2711
〒100-8982 千代田区永田町2-1-2、会館 ☎03(3508)7482

岐阜県4区 330,497 投66.37	当110,844 金子俊平 自前(51.2)
	比91,354 今井雅人 立前(42.2)
	比14,171 佐伯哲也 維新(6.5)

高山市、美濃加茂市、可児市、飛騨市、郡上市、下呂市、加茂郡、可児郡、大野郡

金子俊平（かねこ しゅんぺい）

自前[岸] 当2
岐阜県高山市 S53・5・28
勤4年6ヵ月 (初/平29)

党副幹事長、党農林副部会長、党青年局次長、内閣委、国交委、災害特委、震災復興特委、三井不動産、国交相秘書官、高山青年会議所理事長、日本青年会議所岐阜ブロック協議会長、慶大／43歳

〒506-0008 高山市初田町1-58-15 ☎0577(32)0395

岐阜県5区 273,847 投62.72	当82,140 古屋圭司 自前(48.5)
	比68,615 今井瑠々 立新(40.5)
	比9,921 山田良司 維元(5.9)
	8,736 小関祥子 共新(5.2)

多治見市、中津川市、瑞浪市、恵那市、土岐市

古屋圭司（ふるや けいじ）

自前[無] 当11
岐阜県恵那市 S27・11・1
勤32年3ヵ月 (初/平2)

党憲法改正実現本部長、党政調会長代行、議運委長、党選対委長、国家公安委長、拉致問題・国土強靭化・防災担当大臣、経産副大臣、成蹊大／69歳

〒509-7203 恵那市長島町正家1-1-25 ナカヤマプラザ2F ☎0573(25)7550
〒100-8982 千代田区永田町2-1-2、会館 ☎03(3508)7440

静岡県1区 387,132 投50.99	当101,868 上川陽子 自前(52.4)
	比53,974 遠藤行洋 立新(27.7)
	比21,074 高橋美穂 国元(10.8)
	比17,667 青山雅幸 維前(9.1)

静岡市(葵区・駿河区・清水区の一部(P175参照))

上川陽子（かみかわ ようこ）

自前[岸] 当7
静岡県静岡市 S28・3・1
勤18年6ヵ月 (初/平12)

党幹事長代理、法務大臣、党一億総活躍推進本部長、党司法制度調査会長、厚労委長、総務副大臣、内閣府特命大臣、公文書管理相、東大、ハーバード大院／68歳

〒420-0035 静岡市葵区七間町18-10 ☎054(251)8424
〒100-8982 千代田区永田町2-1-2、会館 ☎03(3508)7460

静岡県2区　388,436　投56.11

当131,082　井林辰憲　自前(61.1)
比71,032　福村　隆　立新(33.1)
12,396　山口祐樹　共新(5.8)

島田市、焼津市、藤枝市、御前崎市(御前崎支所管内)、牧之原市、榛原郡

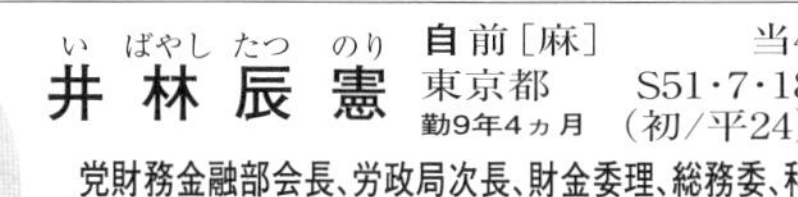

いばやし たつのり
井林辰憲
自前[麻]　当4
東京都　S51・7・18
勤9年4ヵ月　(初/平24)

党財務金融部会長、労政局次長、財金委理、総務委、科技特委、原子力特委、環境兼内閣府大臣政務官、国土交通省、京都大学工学部環境工学科、大学院/45歳

〒426-0037　藤枝市青木3-13-8　☎054(639)5801
〒100-8981　千代田区永田町2-2-1、会館　☎03(3508)7127

静岡県3区　371,830　投58.14

当112,464　小山展弘　立元(52.7)
比当100,775　宮沢博行　自前(47.3)

浜松市(天竜区の一部(P175参照))、磐田市、掛川市、袋井市、御前崎市(第2区に属しない区域)、菊川市、周智郡

こやま のぶひろ
小山展弘
立元　当3
静岡県掛川市　S50・12・26
勤6年7ヵ月　(初/平21)

農林水産委、災害特委、党政調副会長、党静岡県連副代表、農林中央金庫職員、早大院/46歳

〒438-0078　磐田市中泉656-1　☎0538(39)1234

静岡県4区　320,374　投50.07

当84,154　深沢陽一　自前(53.3)
比当49,305　田中　健　国新(31.2)
比24,441　中村憲一　維新(15.5)

静岡市(葵区(第1区に属しない区域)、駿河区(第1区に属しない区域)、清水区(第1区に属しない区域))、富士宮市、富士市(木島、岩淵、中之郷、南松野、北松野、中野台1～2丁目)

ふかざわ よういち
深澤陽一
自前[岸]　当2
静岡県静岡市　S51・6・21
勤2年　(初/令2)

厚生労働大臣政務官、厚労委、党青年局・女性局次長、静岡県議、静岡市議、衆院議員秘書、信州大学/45歳

〒424-0817　静岡市清水区銀座14-17　☎054(361)0615
〒107-0052　港区赤坂2-17-10、宿舎

静岡県5区　458,636　投54.39

当127,580　細野豪志　無前(51.8)
比当61,337　吉川　赳　自前(24.9)
51,965　小野範和　立新(21.1)
5,350　千田　光　諸新(2.2)

三島市、富士市(第4区に属しない区域)、御殿場市、裾野市、伊豆の国市(本庁管内)、田方郡、駿東郡(小山町)

ほその ごうし
細野豪志
自前[二]　当8
滋賀県　S46・8・21
勤21年10ヵ月　(初/平12)

安保委、復興特委、憲法審委、民主党政調会長、党幹事長、環境大臣、原発事故収束・再発防止担当大臣、内閣府特命担当大臣(原子力行政)、京大法/50歳

〒411-0847　三島市西本町4-6
コーア三島ビル2F　☎055(991)1269

衆 略歴

静岡

静岡県6区 425,131 投53.77

沼津市、熱海市、伊東市、下田市、伊豆市、伊豆の国市(第5区に属しない区域)、賀茂郡、駿東郡(清水町、長泉町)

当104,178 勝俣孝明 自前(46.1)
比当99,758 渡辺　周 立前(44.1)
比22,086 山下洸棋 維新(9.8)

かつまたたかあき
勝俣孝明 自前[二] 当4
静岡県沼津市 S51・4・7
勤9年4ヵ月 (初/平24)

党政調副会長、原子力特委、環境委理、消費者特委理、環境大臣政務官、スルガ銀行、財団法人企業経営研究所、学習院大、慶大院修了/45歳

〒410-0062 静岡県沼津市宮前町13-3 ☎055(922)5526

静岡県7区 328,735 投58.72

浜松市(中区の一部(P175参照)、西区、南区の一部(P175参照)、北区、浜北区、天竜区(第3区に属しない区域))、湖西市

当130,024 城内　実 自前(68.2)
比60,726 日吉雄太 立前(31.8)

きうち みのる
城内　実 自前[無] 当6
静岡県浜松市 S40・4・19
勤14年6ヵ月 (初/平15)

外務委長、党国対副委員長、環境副大臣、党経産部会長、拉致特委長、外務副大臣、外務省、東大教養国際関係論/56歳

〒433-8112 浜松市北区初生町1288-1 ☎053(430)5789

静岡県8区 367,189 投56.47

浜松市(中区(第7区に属しない区域)、東区、南区(第7区に属しない区域))

当114,210 源馬謙太郎 立前(55.8)
比当90,408 塩谷　立 自前(44.2)

げんまけんたろう
源馬謙太郎 立前 当2
静岡県浜松市 S47・12・21
勤4年6ヵ月 (初/平29)

環境委理事、予算委、党副幹事長、国際局長、静岡県議会議員、松下政経塾、成蹊大、American University大学院/49歳

〒430-0852 浜松市中区領家1-1-16 ☎053(464)0755

愛知県1区 400,338 投49.49

名古屋市(東区、北区、西区、中区)

当94,107 熊田裕通 自前(48.8)
比当91,707 吉田統彦 立前(47.6)
6,988 門田節代 N新(3.6)

くまだひろみち
熊田裕通 自前[無] 当4
愛知県名古屋市 S39・8・28
勤9年4ヵ月 (初/平24)

党法務部会長代理、安保調査会事務局長、総務副大臣、防衛大臣政務官、党国対副委員長、県議、総理秘書、神奈川大法/57歳

〒451-0061 名古屋市西区浄心1-1-41浄心ステーションビル北館102 ☎052(521)1144
〒107-0052 港区赤坂2-17-10、宿舎

愛知県２区 404,436 投53.44

当131,397 古 川 元 久 国新(62.3)
比当79,418 中 川 貴 元 自新(37.7)

名古屋市(千種区、守山区、名東区)

ふる かわ もと ひさ
古 川 元 久

国前 当9
愛知県名古屋市 S40・12・6
勤25年7ヵ月 (初/平8)

党国対委員長、政治・行革推進本部長、国交委、災害特委、内閣委長、国家戦略担当大臣、官房副長官、大蔵省、米国コロンビア大学院留学、東大／56歳

〒464-0075 名古屋市千種区内山3-8-16 トキワビル2F ☎052(733)8401
〒107-0052 港区赤坂2-17-10、宿舎

愛知県３区 417,728 投54.22

当121,400 近 藤 昭 一 立前(55.0)
比当99,489 池 田 佳 隆 自前(45.0)

名古屋市(昭和区、緑区、天白区)

こん どう しょう いち
近 藤 昭 一

立前 当9
愛知県名古屋市 S33・5・26
勤25年7ヵ月 (初/平8)

環境委、憲法審委、党企業・団体交流委員会顧問、党副代表・選対委員長、環境副大臣、総務委員長、中日新聞社員、上智大／63歳

〒468-0058 名古屋市天白区植田西3-1207 ☎052(808)1181
〒100-8982 千代田区永田町2-1-2、会館 ☎03(3508)7402

愛知県４区 372,310 投48.95

当78,004 工 藤 彰 三 自前(43.7)
比当72,786 牧 義 夫 立前(40.8)
比27,640 中 田 千 代 維新(15.5)

名古屋市(瑞穂区、熱田区、港区、南区)

く どう しょう ぞう
工 藤 彰 三

自前[麻] 当4
愛知県 S39・12・8
勤9年4ヵ月 (初/平24)

党内閣第一部会長、内閣委理、決算行監委、災害特委、国土交通政務官、名古屋市議、議員秘書、中央大商／57歳

〒456-0052 名古屋市熱田区二番2-2-24 ☎052(651)9591
〒107-0052 港区赤坂2-17-10、宿舎

愛知県５区 432,024 投48.63

当84,320 神 田 憲 次 自前(41.2)
比74,995 西 川 厚 志 立新(36.6)
比当45,540 岬 麻 紀 維新(22.2)

名古屋市(中村区、中川区)、清須市、北名古屋市、西春日井郡

かん だ けん じ
神 田 憲 次

自前[安] 当4
大分県 S38・2・19
勤9年4ヵ月 (初/平24)

財金委、文科委、原子力特委理、党財金部会長代理、金融調査会事務局長、内閣府大臣政務官、中京大院、愛知学院大院／59歳

〒453-0021 名古屋市中村区松原町5-64-2 ☎052(462)9872
〒107-0052 港区赤坂2-17-10、宿舎

愛知県6区 435,949 投54.83

瀬戸市の一部(P175参照)、春日井市、犬山市、小牧市

当136,168 丹羽秀樹 自前(58.3)
比76,912 松田　功 立前(33.0)
20,299 内田　謙 共新(8.7)

丹羽秀樹（にわひでき）

自前[麻] 当6
愛知県 S47・12・20
勤14年11ヵ月 (初/平17)

党国対副委員長、議運委理事、文部科学副大臣兼内閣府副大臣、党広報戦略局長、厚労委員長、党副幹事長、玉川大／49歳

〒486-0855 春日井市関田町2-149 ☎0568(87)6226
〒107-0052 港区赤坂2-17-10、宿舎

愛知県7区 455,656 投59.54

瀬戸市(第6区に属しない区域)、大府市、尾張旭市、豊明市、日進市、長久手市、愛知郡

当144,725 鈴木淳司 自前(54.7)
比88,914 森本和義 立元(33.6)
30,956 須山初美 共新(11.7)

鈴木淳司（すずきじゅんじ）

自前[安] 当6
愛知県瀬戸市 S33・4・7
勤15年1ヵ月 (初/平15)

党報道局長、経産委、原子力特委筆頭理事、元総務・経産副大臣、法務委員長、瀬戸市議、早大／63歳

〒489-0929 瀬戸市西長根町83 Kインタービル2F ☎0561(89)3611
〒100-8981 千代田区永田町2-2-1、会館 ☎03(3508)7264

愛知県8区 437,645 投56.53

半田市、常滑市、東海市、知多市、知多郡

当121,714 伊藤忠彦 自前(50.2)
比当120,649 伴野　豊 立元(49.8)

伊藤忠彦（いとうただひこ）

自前[二] 当5
愛知県 S39・7・11
勤13年3ヵ月 (初/平17)

震災復興特委長、国土交通委理事、前国交部会長、前環境副大臣、県議、電通、早大法／57歳

〒478-0021 知多市岡田字向田61 ☎0562(55)5508
〒100-8982 千代田区永田町2-1-2、会館 ☎03(3508)7003

愛知県9区 432,760 投53.98

一宮市(本庁管内(P175参照))、津島市、稲沢市、愛西市、弥富市、あま市、海部郡

当120,213 長坂康正 自新(52.7)
比107,722 岡本充功 立前(47.3)

長坂康正（ながさかやすまさ）

自前[麻] 当4
愛知県 S32・4・10
勤9年4ヵ月 (初/平24)

経産委理、経産副大臣兼内閣府副大臣、内閣府政務官兼復興政務官、県連幹事長、県議6期、内閣総理大臣秘書、内閣官房調査員、青山学院大学経済学部／64歳

〒496-0044 津島市立込町3-26-2 ☎0567(26)3339
〒100-8981 千代田区永田町2-2-1、会館 ☎03(3508)7043

愛知県10区 436,560 投54.49			
当81,107	江崎鉄磨	自前	(35.0)
比当62,601	杉本和巳	維前	(27.0)
比53,375	藤原規真	立新	(23.0)
比20,989	安井美沙子	れ新	(9.1)
13,605	板倉正文	共新	(5.9)

一宮市(第9区に属しない区域)、江南市、岩倉市、丹羽郡

えさき てつま
江﨑鐵磨
自前[二] 当8
愛知県 S18・9・17
勤22年1ヵ月 (初/平5)

党総務会長代理、元内閣府特命大臣(沖北・消費者等担当)、法務・消費者各委員長、国土交通副大臣、外務総括次官、立教大/78歳

〒491-0002 一宮市時之島字下奈良西2 ☎0586(77)8555
〒107-0052 港区赤坂2-17-10、宿舎 ☎03(5563)9732

愛知県11区 383,834 投62.80			
当158,018	八木哲也	自前	(69.1)
36,788	本多信弘	共新	(16.1)
33,990	梅村忠司	無新	(14.9)

豊田市(旭・足助・小原・上郷・挙母・猿投・下山・高岡・高橋・藤岡・松平地域自治区)、みよし市

やぎ てつや
八木哲也
自前[無] 当4
愛知県豊田市 S22・8・10
勤9年4ヵ月 (初/平24)

党国対副委員長、財金委、法務委、復興特委、党経産副部会長、党副幹事長、環境大臣政務官、豊田市議長、中大理工/74歳

〒471-0868 豊田市神田町1-5-9 ☎0565(32)0048
〒107-0052 港区赤坂2-17-10、宿舎

愛知県12区 444,780 投61.97			
当142,536	重徳和彦	立前	(52.7)
比当128,083	青山周平	自前	(47.3)

岡崎市、西尾市

しげとく かずひこ
重徳和彦
立前 当4
愛知県 S45・12・21
勤9年4ヵ月 (初/平24)

党政調筆頭副会長、党外交・安保・主権調査会会長代理、予算委理、政倫審委、総務省課長補佐、コロンビア大公共経営学修士、東大法/51歳

〒444-0858 岡崎市上六名3-13-13 浅井ビル3F西 ☎0564(51)1192
〒107-0052 港区赤坂2-17-10、宿舎

愛知県13区 422,731 投61.56			
当134,033	大西健介	立前	(52.7)
比当120,203	石井拓	自新	(47.3)

碧南市、刈谷市、安城市、知立市、高浜市

おおにし けんすけ
大西健介
立前 当5
奈良県 S46・4・13
勤12年8ヵ月 (初/平21)

消費者特委、懲罰委、党選挙対策委員長、元議員秘書、元外交官、元参院職員、京大法/50歳

〒446-0074 安城市井杭山町高見8-7-2F ☎0566(70)7122
〒100-8981 千代田区永田町2-2-1、会館 ☎03(3508)7108

愛知県14区 296,452 投62.26

豊川市、豊田市(第11区に属しない区域)、蒲郡市、新城市、額田郡、北設楽郡

当114,160 今枝宗一郎 自前(63.0)
比59,462 田中克典 立新(32.8)
7,689 野沢康幸 共新(4.2)

いまえだそういちろう
今枝宗一郎

自前[麻] 当4
愛知県 S59・2・18
勤9年4ヵ月 (初/平24)

党内閣第二部会長代理、予算委理事、厚労委理事、党青年局青年部長、財務大臣政務官、医師、名大医学部/38歳

〒442-0031 豊川市豊川西町64 ☎0533(89)9010
〒100-8981 千代田区永田町2-2-1、会館 ☎03(3508)7080

愛知県15区 348,761 投58.10

豊橋市、田原市

当104,204 根本幸典 自前(52.4)
比80,776 関 健一郎 立前(40.6)
比13,832 菅谷 竜 れ新(7.0)

ねもとゆきのり
根本幸典

自前[安] 当4
愛知県豊橋市 S40・2・21
勤9年4ヵ月 (初/平24)

党農林部会長代理、文科委理、国交委、災害特委理、国土交通政務官兼内閣府政務官、豊橋市議(2期)、一橋大経済/57歳

〒441-8032 豊橋市花中町63 ☎0532(35)0261
〒107-0052 港区赤坂2-17-10、宿舎

三重県1区 359,419 投54.88

津市、松阪市

当122,772 田村憲久 自前(63.1)
比64,507 松田直久 立元(33.1)
比7,329 山田いずみ N新(3.8)

たむらのりひさ
田村憲久

自前[無] 当9
三重県松阪市 S39・12・15
勤25年7ヵ月 (初/平8)

衆院情報監視審査会幹事、元厚労大臣(2回)、元党政調会長代理、元総務副大臣、全国保育議連会長、千葉大/57歳

〒514-0053 津市博多町5-63 ☎059(253)2883
〒107-0052 港区赤坂2-17-10、宿舎 ☎03(3508)7163

三重県2区 408,281 投54.86

四日市市(日永・四郷・内部・塩浜・小山田・河原田・水沢・楠地区市民センター管内)、鈴鹿市、名張市、亀山市、伊賀市

当110,155 川崎秀人 自新(50.2)
比当109,165 中川正春 立前(49.8)

かわさき
川崎ひでと

自新[無] 当1
三重県伊賀市 S56・11・4
勤5ヵ月 (初/令3)

総務委、厚労委、党青年局次長、衆議院議員秘書、(株)NTTドコモ、法政大/40歳

〒518-0832 伊賀市上野車坂町821 ☎0595(21)3249
〒107-0052 港区赤坂2-17-10、宿舎 ☎03(5549)4671

三重県3区 414,312 投55.31

当144,688	岡田克也	立前	(64.1)
比当81,209	石原正敬	自新	(35.9)

四日市市(富洲原・富田・羽津・常磐・川島・神前・桜・三重・県・八郷・下野・大矢知・保々・海蔵・橋北・中部地区市民センター管内)、桑名市、いなべ市、桑名郡、員弁郡、三重郡

岡田克也（おかだ かつや）　立前　当11
三重県四日市市　S28・7・14
勤32年3ヵ月　(初/平2)

外務委、政倫審幹事、立憲民主党常任顧問、元「無所属の会」代表、民進党・民主党代表、副総理、外相、東大法／68歳

〒510-8121　三重郡川越町高松30-1　☎059(361)6633
〒100-8981　千代田区永田町2-2-1、会館　☎03(3508)7109

三重県4区 297,008 投60.76

当128,753	鈴木英敬	自新	(72.4)
比41,311	坊農秀治	立新	(23.2)
7,882	中川民英	共新	(4.4)

伊勢市、尾鷲市、鳥羽市、熊野市、志摩市、多気郡、度会郡、北牟婁郡、南牟婁郡

鈴木英敬（すずき えいけい）　自新［安］　当1
兵庫県　S49・8・15
勤5ヵ月　(初/令3)

厚労委、内閣委、党新型コロナ対策本部長補佐、党デジタル社会推進本部幹事長代理、前三重県知事(3期)、経産省、東大／47歳

〒516-0074　伊勢市本町4-8 サンフォレストビル　☎0596(22)7331
〒100-8981　千代田区永田町2-2-1、会館　☎03(3508)7269

比例代表 東海 21人

岐阜、静岡、愛知、三重

青山周平（あおやま しゅうへい）　自前［安］　当4(初/平24)
愛知県岡崎市　S52・4・28
勤8年　〈愛知12区〉

党国対副委員長、予算委、文科委、災害特委、安保委、党青年局次長、幼教委次長、ラグビー少年団指導員、幼稚園園長、法政大／44歳

〒444-0038　岡崎市伝馬通5-63-1　☎0564(25)2345
〒106-0032　港区六本木7-1-3、宿舎

石井拓（いしい たく）　自新［安］　当1(初/令3)
愛知県碧南市　S40・4・11
勤5ヵ月　〈愛知13区〉

財金委、経産委、科技特委、党環境関係団体委・農水関係団体委各副委員長、国対委、愛知県議、碧南市議、立命館大学法学部／56歳

〒447-0877　愛知県碧南市栄町4-82-102　☎0566(48)2920
〒107-0052　港区赤坂2-17-10、宿舎

みや　ざわ　ひろ　ゆき
宮澤博行　**自前**［安］　当4（初/平24）
静岡県磐田郡龍山村　S50・1・10
勤9年4ヵ月　**〈静岡3区〉**

党国防部会長、安保委理事、環境委、原子力特委、防衛兼内閣府大臣政務官、党経産副部会長、磐田市議3期、東大法／47歳

〒438-0086　磐田市見付5738-13　☎0538(30)7701
〒100-8981　千代田区永田町2-2-1、会館　☎03(3581)5111 内51021

いけ　だ　よし　たか
池田佳隆　**自前**［安］　当4（初/平24）
愛知県　S41・6・20
勤9年4ヵ月　**〈愛知3区〉**

文部科学副大臣兼内閣府副大臣、文科委理、拉致特委理、党文部科学部会長代理、日本JC会頭、慶大院／55歳

〒468-0037　名古屋市天白区天白町野並上大塚124-1　☎052(838)6381
〒100-8982　千代田区永田町2-1-2、会館　☎03(3508)7616

しお　のや　りゅう
塩谷　立　**自前**［安］　当10（初/平2）
静岡県浜松市　S25・2・18
勤26年4ヵ月　**〈静岡8区〉**

党財務委員長、党雇用問題調査会長、安保委、党選対委長、党総務会長、文科大臣、内閣官房副長官、国交委長、文科副大臣、総務政務次官、慶大／72歳

〒430-0928　浜松市中区板屋町605　☎053(455)3711
〒107-0052　港区赤坂2-17-10、宿舎

なか　がわ　たか　もと
中川貴元　**自新**［麻］　当1（初/令3）
愛知県あま市　S42・2・25
勤5ヵ月　**〈愛知2区〉**

財金委、経産委、消費者特委、党国対委、名古屋市議、名古屋市会議長、指定都市議長会会長、早大／55歳

〒464-0848　名古屋市千種区春岡1-4-8 805号　☎052(752)6255
〒107-0052　港区赤坂2-17-10、宿舎

いし　はら　まさ　たか
石原正敬　**自新**［無］　当1
三重県菰野町　S46・11・29
勤5ヵ月　**〈三重3区〉**

議運委、財金委、環境委、倫選特委、党中小企業小規模事業者政策調査会幹事、法務自治・農水団体副委員長、菰野町長、名古屋大院／50歳

〒510-1226　三重郡菰野町吉澤441-1　☎059(394)6533

よし　かわ　たける
吉川　赳　**自前**［岸］　当3（初/平24）
静岡県　S57・4・7
勤5年1ヵ月　**〈静岡5区〉**

党経済産業副部会長、党労働関係団体委員長、内閣府大臣政務官兼復興大臣政務官、医療法人役員、国会議員秘書、日大院博士前期課程修了／39歳

〒416-0923　静岡県富士市横割本町16-1　☎0545(62)3020
〒107-0052　港区赤坂2-17-10、宿舎

やま もと さ こん
山本左近
自新[麻] 当1
愛知県 S57・7・9
勤5ヵ月 (初/令3)

党国対委、青年局次長、厚労委、経産委、復興特委、科技特委、元F1ドライバー、医療法人・社会福祉法人理事、南山大学中退/39歳

〒440-0034 豊橋市豊岡町129 豊岡ビル2F ☎0532(21)7008

ばん の ゆたか
伴野 豊
立元 当6(初/平12)
愛知県東海市 S36・1・1
勤15年9ヵ月 **〈愛知8区〉**

財金委、原子力特委理、外務副大臣、国土交通副大臣、国土交通委員長、立憲民主党愛知県第8区総支部長、名古屋工業大学大学院修了/61歳

〒475-0836 半田市青山2-19-8 アンビシャス青山1F ☎0569(25)1888
〒107-0052 港区赤坂2-17-10、宿舎 ☎03(5549)4671

なか がわ まさ はる
中川正春
立前 当9(初/平8)
三重県 S25・6・10
勤25年7ヵ月 **〈三重2区〉**

財金委、憲法審委、党憲法調査会長、防災担当大臣、文部科学大臣、党外交・安保調査会長、NC財務大臣、三重県議、米ジョージタウン大/71歳

〒513-0801 鈴鹿市神戸7-1-5 ☎059(381)3513
〒100-8981 千代田区永田町2-2-1、会館 ☎03(3508)7128

よし だ つね ひこ
吉田統彦
立前 当3(初/平21)
愛知県名古屋市 S49・11・14
勤7年10ヵ月 **〈愛知1区〉**

厚労委、消費者特委理、党消費者部会長、党愛知県連副代表、医師・医博、愛知学院大歯学部眼科客員教授、名大、名大院修了/47歳

〒462-0810 名古屋市北区山田1-10-8 ☎052(508)8412

わた なべ しゅう
渡辺 周
立前 当9(初/平8)
静岡県沼津市 S36・12・11
勤25年7ヵ月 **〈静岡6区〉**

国交委、拉致特委理、党静岡県連代表、党幹事長代行、元総務・防衛副大臣、領土議連事務局長、拉致議連会長代行、早大/60歳

〒410-0888 沼津市末広町54 ☎055(951)1949

まき よし お
牧 義夫
立前 当7(初/平12)
愛知県名古屋市 S33・1・14
勤19年10ヵ月 **〈愛知4区〉**

文科委理、党文部科学副部会長、衆議院議員秘書、専門紙記者、元厚生労働副大臣、上智大中退/64歳

〒456-0031 名古屋市熱田区神宮2-9-12 ☎052(681)0440
〒100-8981 千代田区永田町2-2-1、会館 ☎03(3508)7628

おお　ぐち　よし　のり
大口善徳　**公**前　当9
大阪府大阪市　S30・9・5
勤25年5ヵ月　（初/平5）

党政務調査会長代理、党中央幹事会会長代理、党静岡県本部長、党中部方面副本部長、党東海道方面本部長、法務委理、災害特委理、情監審委、裁判官訴追委、厚労副大臣、弁護士、創価大/66歳

〒420-0067　静岡市葵区幸町11-1 1F　☎054(273)8739
〒107-0052　港区赤坂2-17-10、宿舎

い　とう　　わたる
伊藤　渉　**公**前　当5
愛知県名古屋市　S44・11・13
勤13年3ヵ月　（初/平17）

党中央幹事、党政調会長代理、党中部方面本部長、党愛知県本部代長、財務副大臣、厚生労働大臣政務官、JR東海、防災士、阪大院/52歳

〒457-0053　名古屋市南区本城町3-5-1 プラザ本城1-D　☎052(823)9105
〒100-8981　千代田区永田町2-2-1、会館　☎03(3508)7187

なか　がわ　やす　ひろ
中川康洋　**公**元　当2
三重県四日市市　S43・2・12
勤3年3ヵ月　（初/平26）

環境大臣政務官、党中央幹事、党三重県本部代表、三重県議、四日市市議、衆院議員秘書、参院議員秘書、創価大/54歳

〒510-0822　四日市市芝田1-10-29 新栄ビル　☎059(340)5341

すぎ　もと　かず　み
杉本和巳　**維**前　当4(初/平21)
東京都　S35・9・17
勤9年10ヵ月　〈愛知10区〉

党代議士会長、外務委理事、元銀行員、英オックスフォード大院・米ハーバード大院修了、早大政経/61歳

〒491-0873　一宮市せんい4-5-1　☎0586(75)5507
〒100-8981　千代田区永田町2-2-1、会館　☎03(3508)7266

みさき　　ま　き
岬　麻紀　**維**新　当1(初/令3)
愛知県名古屋市　S43・12・26
勤5ヵ月　〈愛知5区〉

文部科学委、国家基本委、科学技術特委、フリーアナウンサー、愛知大学(中退)、早大eスクール在学中/53歳

〒481-0041　北名古屋市九之坪東町42-1　☎0568(65)8777

もと　むら　のぶ　こ
本村伸子　**共**前　当3
愛知県豊田市　S47・10・20
勤7年4ヵ月　（初/平26）

党幹部会委員、党中央委員、法務委、消費者特委、八田ひろ子参院議員秘書、県立刈谷高、龍谷大院修士課程修了/49歳

〒460-0007　名古屋市中区新栄3-12-25　☎052(264)0833
〒107-0052　港区赤坂2-17-10、宿舎

たなか けん
田中 健

国新 当1(初/令3)
静岡県 S52・7・18
勤5ヵ月 〈静岡4区〉

党国対副委員長、党税調副事務局長、党静岡県連常任幹事、厚労委、消費者特委、東京都議、大田区議、銀行員、青学大／44歳

〒424-0872 静岡市清水区平川地6-50 ☎054(340)5256

比例代表 東海 21人

有効投票数 6,728,400票

政党名	当選者数	得票数	得票率
	惜敗率 小選挙区		惜敗率 小選挙区

自民党 9人 2,515,841票 37.39%

当①青山 周平	前	(89.86)	愛12		
当①石井 拓	新	(89.68)	愛13		
当①宮沢 博行	前	(89.61)	静3		
当①池田 佳隆	前	(81.95)	愛3		
当①塩谷 立	前	(79.16)	静8		
当①中川 貴元	新	(60.44)	愛2		
当①石原 正敬	新	(56.13)	三3		
当①吉川 赳	前	(48.08)	静5		
当㉛山本 左近	新				
㉜木造 燿子	新				
㉝森 由紀子	新				
㉞松本 忠真	新				
㉟岡本 康宏	新				

【小選挙区での当選者】

①野田 聖子	前	岐1
①棚橋 泰文	前	岐2
①武藤 容治	前	岐3
①金子 俊平	前	岐4
①古屋 圭司	前	岐5
①上川 陽子	前	静1
①井林 辰憲	前	静2
①深沢 陽一	前	静4
①勝俣 孝明	前	静6
①城内 実	前	静7
①熊田 裕通	前	愛1
①工藤 彰三	前	愛4
①神田 憲次	前	愛5
①丹羽 秀樹	前	愛6
①鈴木 淳司	前	愛7
①伊藤 忠彦	前	愛8
①長坂 康正	前	愛9
①今枝宗一郎	前	愛14
①根本 幸典	前	愛15
①田村 憲久	前	三1
①川崎 秀人	新	三2
①鈴木 英敬	新	三4

立憲民主党 5人 1,485,947票 22.08%

当①伴野 豊	元	(99.12)	愛8
当①中川 正春	前	(99.10)	三2
当①吉田 統彦	前	(97.45)	愛1
当①渡辺 周	前	(95.76)	静6
当①牧 義夫	前	(93.31)	愛4
①岡本 充功	前	(89.61)	愛9
①西川 厚志	新	(88.94)	愛5
①今井 瑠々	新	(83.53)	岐5
①今井 雅人	前	(82.12)	岐4
①関 健一郎	前	(77.52)	愛15
①阪口 直人	元	(70.73)	岐3
①藤原 規真	新	(65.81)	愛10
①森本 和義	元	(61.44)	愛7
①松田 功	前	(56.48)	愛6
①福村 隆	新	(54.19)	静2
①遠藤 行洋	新	(52.98)	静1
①松田 直久	元	(52.54)	三1
①田中 克典	新	(52.09)	愛14
①川本 慧佑	新	(46.85)	岐1
①日吉 雄太	前	(46.70)	静7
①小野 範和	新	(40.73)	静5
①坊農 秀治	新	(32.09)	三4
㉘芳野 正英	新		
㉙大島 もえ	新		

【小選挙区での当選者】

①小山 展弘	元	静3
①源馬謙太郎	前	静8
①近藤 昭一	前	愛3
①重徳 和彦	前	愛12
①大西 健介	前	愛13

公明党 3人 784,976票 11.67%

当①大口 善徳	前
当②伊藤 渉	前
当③中川 康洋	元
④国森 光信	新
⑤越野 優一	新

日本維新の会　２人　694,630票　10.32%

当①杉本　和巳 前(77.18)愛10
当①岬　　麻紀 新(54.01)愛５
①中田　千代 新(35.43)愛４
①中村　憲一 新(29.04)静４
▼①山下　洸棋 新(21.20)静６
▼①青山　雅幸 前(17.34)静１
▼①佐伯　哲也 新(12.78)岐４
▼①山田　良司 元(12.08)岐５

共産党　１人　408,606票　6.07%

当①本村　伸子 前
②島津　幸広 元
③長内　史子 新

国民民主党　１人　382,733票　5.69%

当①田中　　健 新(58.59)静４
①大谷由里子 新(36.94)岐２
①高橋　美穂 元(20.69)静１

【小選挙区での当選者】
①古川　元久 前　愛２

▼は小選挙区の得票が有効投票総数の10分の1未満で、復活当選の資格がない者

その他の政党の得票数・得票率は下記のとおりです。（当選者はいません）

政党名	得票数	得票率
れいわ新選組	273,208票	4.06%
社民党	84,220票	1.25%
NHKと裁判してる党弁護士法72条違反で	98,238票	1.46%

滋賀県１区 324,354 投58.90

大津市、高島市

当97,482　大岡敏孝　自前(52.2)
比当84,106　斎藤アレックス　国新(45.1)
比5,092　日高千穂　N新(2.7)

おお おか とし たか
大岡敏孝
自前［二］　当4
滋賀県　S47・4・16
勤9年4ヵ月　(初／平24)

環境副大臣、財務大臣政務官、静岡県議、浜松市議、中小企業診断士、スズキ(株)、早大政治経済学部／49歳

〒520-0026 大津市桜野町1-1-6 西大津ISⅡ203　☎077(572)7770
〒106-0032 港区六本木7-1-3、宿舎

滋賀県２区 263,110 投56.93

彦根市、長浜市、東近江市(愛東・湖東支所管内)、米原市、愛知郡、犬上郡

当83,502　上野賢一郎　自前(56.6)
比64,119　田島一成　立元(43.4)

うえ の けん いち ろう
上野賢一郎
自前［森］　当5
滋賀県長浜市　S40・8・3
勤13年3ヵ月　(初／平17)

内閣委員長、党副幹事長、財務副大臣、党経産部会長、党財金部会長、国交政務官、税調幹事、総務省、京大法／56歳

〒526-0847 滋賀県長浜市山階町450-1　☎0749(63)9977
〒100-8981 千代田区永田町2-2-1、会館　☎03(3508)7004

滋賀県3区 274,521 投57.43

草津市、守山市、栗東市、野洲市

当81,888	武村展英	自前(52.8)
比41,593	直山　仁	維新(26.8)
20,423	佐藤耕平	共新(13.2)
比11,227	高井崇志	れ前(7.2)

武村展英（たけむら のぶひで）

自前[無]　当4
滋賀県草津市　S47・1・21
勤9年4ヵ月　(初/平24)

党総務部会長代理、党県連会長、決算行監委理、消費者特委、総務委、環境委、内閣府政務官、公認会計士、新日本監査法人、慶大／50歳

〒525-0025　草津市西渋川1-4-6 MAEDA第二ビル1F　☎077(566)5345
〒107-0052　港区赤坂2-17-10、宿舎　☎03(5549)4671

滋賀県4区 291,102 投55.83

近江八幡市、甲賀市、湖南市、東近江市(第2区に属しない区域)、蒲生郡

当86,762	小寺裕雄	自前(54.6)
比当72,116	徳永久志	立新(45.4)

小寺裕雄（こてら ひろお）

自前[二]　当2
滋賀県東近江市　S35・9・18
勤4年6ヵ月　(初/平29)

内閣府大臣政務官、党農林副部会長、会社役員、滋賀県議会副議長、八日市青年会議所理事長、同志社大／61歳

〒527-0032　東近江市春日町3-1　☎0748(22)5001
〒106-0032　港区六本木7-1-3、宿舎

京都府1区 390,373 投55.90

京都市(北区、上京区、中京区、下京区、南区)

当86,238	勝目　康	自新(40.4)
比当65,201	穀田恵二	共前(30.5)
比当62,007	堀場幸子	維新(29.1)

勝目康（かつめ やすし）

自新[無]　当1
京都府　S49・5・17
勤5ヵ月　(初/令3)

党京都府第一選挙区支部長、総務省室長、京都府総務部長、内閣官房副長官秘書官、在仏大使館書記官、東大法／47歳

〒600-8008　京都市下京区四条通東洞院角 フコク生命ビル3F　☎075(211)1889

京都府2区 264,808 投57.14

京都市(左京区、東山区、山科区)

当72,516	前原誠司	国前(48.9)
43,291	繁本　護	自前(29.2)
25,260	地坂拓晃	共新(17.0)
7,263	中　辰哉	れ新(4.9)

前原誠司（まえはら せいじ）

国前　当10
京都府京都市　S37・4・30
勤28年10ヵ月　(初/平5)

予算委、党代表代行兼選対委員長、民進党代表、外相、国交相、国家戦略担当相、民主党代表、府議、松下政経塾、京大法／59歳

〒606-8007　京都市左京区山端壱町田町8-46　☎075(723)2751
〒100-8981　千代田区永田町2-2-1、会館

京都府3区 353,915 投53.52

当89,259 泉 健太 立前(48.2)
比61,674 木村弥生 自前(33.3)
比34,288 井上博明 維新(18.5)

京都市(伏見区)、向日市、長岡京市、乙訓郡

いずみ けんた 泉 健太

立前 当8
北海道 S49・7・29
勤18年6ヵ月 (初/平15)

党代表、国家基本委、党政務調査会長、国民民主党国対委員長、内閣府政務官、議運筆頭理事、立命館大/47歳

〒612-8434 京都市伏見区深草加賀屋敷町3-6 ネクスト21 II 1F ☎075(646)5566
〒100-8981 千代田区永田町2-2-1、会館 ☎03(3508)7005

京都府4区 396,960 投56.21

当96,172 北神圭朗 無元(44.2)
比当80,775 田中英之 自前(37.1)
40,603 吉田幸一 共新(18.7)

京都市(右京区、西京区)、亀岡市、南丹市、船井郡

きたがみ けいろう 北神圭朗

無元(有志) 当4
東京都 S42・2・1
勤9年2ヵ月 (初/平17)

農水委、憲法審委、首相補佐官、経済産業大臣政務官、内閣府大臣政務官、経産委筆頭理事、大蔵省、金融庁、京大法/55歳

〒615-0055 京都市右京区西院西田町23 日新ビル2F ☎075(315)3487

京都府5区 238,618 投59.49

当68,693 本田太郎 自前(49.4)
比32,108 山本和嘉子 立前(23.1)
21,904 井上一徳 無前(15.7)
16,375 山内 健 共新(11.8)

福知山市、舞鶴市、綾部市、宮津市、京丹後市、与謝郡

ほんだ たろう 本田太郎

自前[無] 当2
京都府 S48・12・1
勤4年6ヵ月 (初/平29)

外務大臣政務官、外務委、弁護士、府議、東大法/48歳

〒629-2251 京都府宮津市須津413-41 ☎0772(46)5033
〒100-8982 千代田区永田町2-1-2、会館 ☎03(3508)7012

京都府6区 460,284 投56.81

当116,111 山井和則 立前(45.2)
82,004 清水鴻一郎 自元(32.0)
比58,487 中嶋秀樹 維新(22.8)

宇治市、城陽市、八幡市、京田辺市、木津川市、久世郡、綴喜郡、相楽郡

やまのい かずのり 山井和則

立前 当8
京都府京都市 S37・1・6
勤21年10ヵ月 (初/平12)

厚労委理、党厚生労働部会長、懲罰委員長、党国対筆頭副委員長、民進党国対委長、厚労政務官、高齢社会研究所長、大学講師、松下政経塾、京大工院/60歳

〒610-0101 城陽市平川茶屋裏58-1 ☎0774(54)0703
〒100-8981 千代田区永田町2-2-1、会館 ☎03(3508)7240

大阪府１区 427,637 投53.27

大阪市(中央区、西区、港区、天王寺区、浪速区、東成区)

当110,120 井上英孝 維前(49.4)
比67,145 大西宏幸 自前(30.1)
比28,477 村上賀厚 立新(12.8)
17,194 竹内祥倫 共新(7.7)

いの うえ ひで たか
井上英孝
維前 当4
大阪府大阪市 S46・10・25
勤9年4ヵ月 (初/平24)

党会計監査人代表、国会議員団総務会長、懲罰委理事、大阪市議、近畿大／50歳

〒552-0011 大阪市港区南市岡1-7-24 1F ☎06(6581)0001
〒107-0052 港区赤坂2-17-10、宿舎 ☎03(5549)4671

大阪府２区 446,933 投56.98

大阪市(生野区、阿倍野区、東住吉区、平野区)

当120,913 守島　正 維新(48.5)
比80,937 左藤　章 自前(32.5)
比47,487 尾辻かな子 立前(19.0)

もり しま ただし
守島　正
維新 当1
大阪府 S56・7・15
勤5ヵ月 (初/令3)

大阪維新の会政調会長、法務委理事、地方創生特委理事、総務委、大阪市議3期、中小企業診断士、同志社大、大阪市大院／40歳

〒545-0011 大阪市阿倍野区昭和町2-1-26-6B
☎06(6195)4774

大阪府３区 367,518 投53.87

大阪市(大正区、住之江区、住吉区、西成区)

当79,507 佐藤茂樹 公前(44.7)
比41,737 萩原　仁 立元(23.4)
38,170 渡部　結 共新(21.4)
18,637 中条栄太郎 無新(10.5)

さ とう しげ き
佐藤茂樹
公前 当10
滋賀県 S34・6・8
勤25年10ヵ月 (初/平5)

党国会対策委員長、党関西方面副本部長、厚生労働副大臣、文部科学委員長、国土交通大臣政務官、京大／62歳

〒557-0041 大阪市西成区岸里3-1-29 ☎06(6653)3630
〒100-8981 千代田区永田町2-2-1、会館 ☎03(3508)7200

大阪府４区 408,256 投58.33

大阪市(北区、都島区、福島区、城東区)

当107,585 美延映夫 維前(46.1)
比72,835 中山泰秀 自前(31.2)
比28,254 吉田　治 立元(12.1)
比24,469 清水忠史 共前(10.5)

み のべ てる お
美延映夫
維前 当2
大阪府大阪市北区 S36・5・23
勤2年 (初/令2)

安保委理事、拉致特委理事、大阪市会議長、大阪維新の会市会議員団幹事長2期、大阪市監査委員、大阪市議、会社役員、神戸学院大／60歳

〒530-0043 大阪市北区天満1-6-6 井上ビル3F ☎06(6351)1258
〒100-8981 千代田区永田町2-2-1、会館 ☎03(3508)7194

大阪府５区	431,558 ㊙52.98	当106,508 国 重　徹 公前(53.1)
		比当48,248 宮本岳志 共元(24.1)
		比当34,202 大石晃子 れ新(17.1)
		11,458 籠池諄子 無新(5.7)

大阪市(此花区、西淀川区、淀川区、東淀川区)

くに しげ　とおる
國 重　徹

公前　当4
大阪府大阪市 S49・11・23
勤9年4ヵ月 (初/平24)

党内閣部会長、党国対筆頭副委員長、内閣委理、復興特委理、憲法審委、総務大臣政務官、弁護士、税理士、創価大／47歳

〒532-0023 大阪市淀川区十三東1-17-19 ファルコンビル5F ☎06(6885)6000
〒100-8982 千代田区永田町2-1-2、会館 ☎03(3508)7405

大阪府６区	391,045 ㊙54.27	当106,878 伊佐進一 公前(54.8)
		比59,191 村上史好 立前(30.4)
		28,895 星 健太郎 無新(14.8)

大阪市(旭区、鶴見区)、守口市、門真市

い さ しん いち
伊 佐 進 一

公前　当4
大阪府 S49・12・10
勤9年4ヵ月 (初/平24)

党厚生労働部会長、厚労委理、予算委、消費者特委理、ジョンズホプキンス大院／47歳

〒570-0027 守口市桜町5-9-201 ☎06(6992)8881

大阪府７区	382,714 ㊙60.02	当102,486 奥下剛光 維新(45.3)
		比71,592 渡嘉敷奈緒美 自前(31.7)
		比24,952 乃木涼介 立新(11.0)
		20,083 川添健真 共新(8.9)
		比6,927 西川弘城 れ新(3.1)

吹田市、摂津市

おく した たけ みつ
奥 下 剛 光

維新　当1
大阪府 S50・10・4
勤5ヵ月 (初/令3)

環境委、災害特委、党国対副委員長、元大阪市長・元大阪府知事秘書、元外務副大臣秘書、元内閣総理大臣宮澤喜一秘書、専修大学／46歳

〒564-0032 吹田市内本町2-6-13 アイワステーションビルⅡ号館 ☎06(6381)7711

大阪府８区	337,105 ㊙59.75	当105,073 漆間譲司 維新(53.2)
		比53,877 高麗啓一郎 自新(27.3)
		比38,458 松井博史 立新(19.5)

豊中市

うる ま じょう じ
漆 間 譲 司

維新　当1
大阪府 S49・9・14
勤5ヵ月 (初/令3)

環境委理事、経産委、消費者特委理事、大阪府議3期、会社役員、銀行勤務、慶大商学部／47歳

〒561-0884 豊中市岡町北1-1-4 3F ☎06(6857)7770
〒107-0052 港区赤坂2-17-10、宿舎

大阪府9区 456,232 投59.08

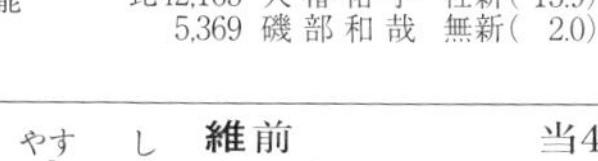

当133,146 足立康史 維前(50.3)
83,776 原田憲治 自前(31.7)
比42,165 大椿裕子 社新(15.9)
5,369 磯部和哉 無新(2.0)

池田市、茨木市、箕面市、豊能郡

足立康史（あだち やすし）

維前 当4
大阪府 S40・10・14
勤9年4カ月 (初/平24)

党国会議員団政務調査会長、憲法調査会長、内閣委、予算委、憲法審委、元経済産業省大臣官房参事官、米コロンビア大院、京大院、京大工学部／56歳

〒567-0883 茨木市大手町9-26 吉川ビル3F ☎072(623)5834
〒107-0052 港区赤坂2-17-10、宿舎 ☎03(5549)4671

大阪府10区 320,990 投63.32

当80,932 池下卓 維新(40.3)
比66,943 辻元清美 立前(33.4)
比52,843 大隈和英 自前(26.3)

高槻市、三島郡

池下卓（いけした たく）

維新 当1
大阪府高槻市 S50・4・10
勤5カ月 (初/令3)

厚労委理事、国土交通委、科技特委理事、党会計監査人、団学生局長、団コロナ対策PT座長、大阪府議、府健康福祉委員長、税理士、龍大院／46歳

〒569-1115 高槻市古曽部町2-18-30 グランツ葵1F ☎072(655)8921

大阪府11区 398,749 投60.57

当105,746 中司宏 維新(44.7)
比70,568 佐藤ゆかり 自前(29.8)
比60,281 平野博文 立前(25.5)

枚方市、交野市

中司宏（なかつか ひろし）

維新 当1
大阪府枚方市 S31・3・11
勤5カ月 (初/令3)

総務委理事、議運委、党国対副委員長、政調副会長、枚方市長、大阪府議、関西広域連合議員、産経新聞記者、早大／65歳

〒573-0022 枚方市宮之阪1-22-10-101 ☎072(898)4567
〒107-0052 港区赤坂2-17-10、宿舎

大阪府12区 339,395 投55.00

当94,003 藤田文武 維前(51.2)
比59,304 北川晋平 自新(32.3)
比17,730 宇都宮優子 立新(9.7)
12,614 松尾正利 共新(6.9)

寝屋川市、大東市、四條畷市

藤田文武（ふじた ふみたけ）

維前 当2
大阪府寝屋川市 S55・12・27
勤3年 (初/平31)

党幹事長、経産委、会社役員、筑波大／41歳

〒572-0838 寝屋川市八坂町24-6 ロイヤルライフ八坂101 ☎072(830)2620
〒107-0052 港区赤坂2-17-10、宿舎

大阪府13区 400,235 投53.43	当101,857 岩谷良平 維新(48.5)
東大阪市	比当85,321 宗清皇一 自前(40.6)
	22,982 神野淳一 共新(10.9)

いわたにりょうへい
岩谷良平 維新 当1
大阪府守口市 S55・6・7
勤5ヵ月 (初/令3)

予算委、安保委、党政調副会長、行政書士、元会社経営者、早大法卒、京産大院修了(法務博士)/41歳

〒577-0809 大阪府東大阪市永和1-25-14-2F ☎06(6732)4204

大阪府14区 421,826 投55.28	当126,307 青柳仁士 維新(55.7)
八尾市、柏原市、羽曳野市、藤井寺市	比70,029 長尾 敬 自前(30.9)
	30,547 小松 久 共新(13.5)

あおやぎひとし
青柳仁士 維新 当1
埼玉県所沢市 S53・11・7
勤5ヵ月 (初/令3)

外務委、経済産業委、党政調会長代理、元国連職員、元国際協力機構職員、早大政治経済学部、米デューク大学修士/43歳

〒581-0081 八尾市南本町4-6-37 ☎072(992)2459
〒100-8981 千代田区永田町2-2-1、会館 ☎03(3508)7609

大阪府15区 390,415 投55.78	当114,861 浦野靖人 維前(54.1)
堺市(美原区)、富田林市、河内長野市、松原市、大阪狭山市、南河内郡	比67,887 加納陽之助 自新(32.0)
	29,570 為 仁史 共新(13.9)

うらのやすと
浦野靖人 維前 当4
大阪府松原市 S48・4・4
勤9年4ヵ月 (初/平24)

党組織局長、国会議員団総務会長代行、予算委理事、倫選特委理事、政倫審幹事、保育士、聖和大学(現関西学院大学)/48歳

〒580-0044 松原市田井城1-1-18 ☎072(330)6700
〒107-0052 港区赤坂2-17-10、宿舎

大阪府16区 326,278 投55.50	当84,563 北側一雄 公前(50.8)
堺市(堺区、東区、北区)	比当72,571 森山浩行 立前(43.6)
	9,288 西脇京子 N新(5.6)

きたがわかずお
北側一雄 公前 当10
大阪府 S28・3・2
勤28年11ヵ月 (初/平2)

党副代表・中央幹事会会長、党関西方面本部長、党憲法調査会長、憲法審幹事、国交委、元国土交通大臣、弁護士、税理士、創価大学法学部/68歳

〒590-0957 堺市堺区中之町西1-1-10 堀ビル2F ☎072(221)2706
〒107-0052 港区赤坂2-17-10、宿舎 ☎03(5549)4671

大阪府17区 330,263 投54.50

堺市(中区、西区、南区)

当94,398	馬場伸幸	維前	(53.6)
比56,061	岡下昌平	自前	(31.8)
25,660	森　流星	共新	(14.6)

馬場伸幸（ばば のぶゆき）

維前　当4
大阪府　S40・1・27
勤9年4ヵ月　(初/平24)

党共同代表、国家基本委、憲法審幹事、元堺市議会議長、衆院議員中山太郎秘書、「大阪維新の会」副代表、鳳高校／57歳

〒593-8325　堺市西区鳳南町5-711-5　☎072(274)0771
〒107-0052　港区赤坂2-17-10、宿舎

大阪府18区 434,309 投52.91

岸和田市、泉大津市、和泉市、高石市、泉北郡

当118,421	遠藤　敬	維前	(53.0)
比61,597	神谷　昇	自前	(27.5)
比24,490	川戸康嗣	立新	(11.0)
19,075	望月亮佑	共新	(8.5)

遠藤　敬（えんどう たかし）

維前　当4
大阪府　S43・6・6
勤9年4ヵ月　(初/平24)

党国対委員長、議運委理、(社)秋田犬保存会会長、日本青年会議所大阪ブロック協議会長、大産大附属高／53歳

〒592-0014　高石市綾園2-7-18
千代田ビル201号　☎072(266)8228
〒107-0052　港区赤坂2-17-10、宿舎

大阪府19区 304,908 投53.96

貝塚市、泉佐野市、泉南市、阪南市、泉南郡

当68,209	伊東信久	維元	(42.2)
比当52,052	谷川とむ	自前	(32.2)
比32,193	長安　豊	立元	(19.9)
9,258	北村みき	共新	(5.7)

伊東信久（いとう のぶひさ）

維元　当3
大阪府大阪市　S39・1・4
勤5年3ヵ月　(初/平24)

決算行監委理事、原子力特委理事、医療法人理事長、大阪大学大学院招聘教授、神戸大学／58歳

〒598-0055　泉佐野市若宮町7-13
田端ビル4F　☎072(463)8777
〒107-0052　港区赤坂2-17-10、宿舎　☎03(5549)4671

兵庫県1区 393,494 投55.48

神戸市(東灘区、灘区、中央区)

当78,657	井坂信彦	立元	(36.9)
比当64,202	盛山正仁	自前	(30.1)
比当53,211	一谷勇一郎	維新	(25.0)
9,922	高橋進吾	無新	(4.7)
7,174	木原功仁哉	無新	(3.4)

井坂信彦（いさか のぶひこ）

立元　当3
東京都　S49・3・27
勤5年3ヵ月　(初/平24)

議運理事、厚労委、消費者特委、党国対副委員長、党デジタルPT事務局長、行政書士、会社経営、神戸市議、京大／47歳

〒651-0085　神戸市中央区八幡通4-2-14
トロア神戸ビル4F　☎078(271)3705

兵庫県2区 385,611 投50.97

神戸市(兵庫区、北区、長田区)、西宮市(塩瀬・山口支所管内)

当99,455 赤羽一嘉 公前(54.2)
比61,884 船川治郎 立新(33.7)
22,124 宮野鶴生 共新(12.1)

あかば かずよし
赤羽一嘉 公前 当9
東京都 S33・5・7
勤25年6ヵ月 (初/平5)

総務委員長、党幹事長代行、前国土交通大臣、経済産業委員長、経済産業副大臣(兼)内閣府副大臣、三井物産、慶大法学部/63歳

〒652-0803 神戸市兵庫区大開通2-3-6 メゾンユニベール203 ☎078(575)5139
〒107-0052 港区赤坂2-17-10、宿舎

兵庫県3区 315,484 投54.43

神戸市(須磨区、垂水区)

当68,957 関芳弘 自前(40.9)
比当59,537 和田有一朗 維新(35.4)
比22,765 佐藤泰樹 国前(13.5)
17,155 赤田勝紀 共新(10.2)

せき よしひろ
関芳弘 自前[安] 当5
徳島県 S40・6・7
勤13年3ヵ月 (初/平17)

環境委員長、党副幹事長、経産副大臣、環境副大臣、三井住友銀行、関学大、英国国立ウェールズ大学院(MBA取得)/56歳

〒654-0026 神戸市須磨区大池町2-3-7 オルタンシア大池1F5号 ☎078(739)0904

兵庫県4区 421,086 投54.69

神戸市(西区)、西脇市、三木市、小野市、加西市、加東市、多可郡

当112,810 藤井比早之 自前(50.0)
比当59,143 赤木正幸 維新(26.2)
比53,476 今泉真緒 立新(23.7)

ふじい ひさゆき
藤井比早之 自前[無] 当4
兵庫県西脇市 S46・9・11
勤9年4ヵ月 (初/平24)

党副幹事長、党デジタル社会推進本部幹事長、党食料産業政策委員会事務局長、内閣府副大臣、初代デジタル副大臣、初代ワクチン接種担当副大臣、国交大臣政務官、彦根市副市長、総務省、東大法/50歳

〒673-0404 兵庫県三木市大村530-1 ☎0794(81)1118
〒100-8981 千代田区永田町2-2-1、会館 ☎03(3508)7185

兵庫県5区 368,205 投61.59

豊岡市、川西市の一部(P175参照)、三田市、丹波篠山市、養父市、丹波市、朝来市、川辺郡、美方郡

当94,656 谷公一 自前(42.5)
比当65,714 遠藤良太 維新(29.5)
比62,414 梶原康弘 立元(28.0)

たに こういち
谷公一 自前[二] 当7
兵庫県 S27・1・28
勤18年5ヵ月 (初/平15)

衆予算委筆頭理事、党政調会長代理、過疎特委長、復興加速化本部事務局長、地方創生実行統合本部副本部長、団体総局長、総務会副会長、衆国交委長、復興特委長、復興大臣補佐官、復興副大臣、国交政務官、明大/70歳

〒667-0024 養父市八鹿町朝倉49-1 ☎079(665)7070
〒107-0052 港区赤坂2-17-10、宿舎 ☎03(5549)4671

兵庫県6区 465,210 投55.58

伊丹市、宝塚市、川西市(第5区に属しない区域) (P175参照)

当89,571 市村浩一郎 維元(35.2)
比当87,502 大串正樹 自前(34.4)
比当77,347 桜井 周 立前(30.4)

いちむら こういちろう
市村浩一郎
維元 当4
福岡県福岡市 S39・7・16
勤9年6ヵ月 (初/平15)

党国対委員長代理、党国会議員団政調副会長、国土交通委理事、予算委、国土交通大臣政務官、松下政経塾、一橋大／57歳

〒665-0035 宝塚市逆瀬川2-6-2 ☎0797(71)1111
〒106-0032 港区六本木7-1-3、宿舎 ☎03(3408)4911

兵庫県7区 441,775 投58.38

西宮市(本庁管内、甲東・瓦木・鳴尾支所管内)、芦屋市

当95,140 山田賢司 自前(37.5)
比当93,610 三木圭恵 維元(36.9)
比64,817 安田真理 立新(25.6)

やまだ けんじ
山田賢司
自前[麻] 当4
大阪府 S41・4・20
勤9年4ヵ月 (初/平24)

党国対副委員長、議運委(議事進行係)、外務大臣政務官、三井住友銀行、神戸大法／55歳

〒662-0998 西宮市産所町4-8 村井ビル205号室 ☎0798(22)0340
〒107-0052 港区赤坂2-17-10、宿舎 ☎03(5549)4671

兵庫県8区 386,254 投48.83

尼崎市

当100,313 中野洋昌 公前(58.8)
比45,403 小村 潤 共新(26.6)
比24,880 辻 恵 れ元(14.6)

なかの ひろまさ
中野洋昌
公前 当4
京都府京都市 S53・1・4
勤9年4ヵ月 (初/平24)

党経産部会長、経産委理事、原子力特委理事、憲法審委、元経済産業・内閣府・復興大臣政務官、元国交省課長補佐、東大、米コロンビア大院修了／44歳

〒660-0052 尼崎市七松町3-17-20-201 ☎06(6415)0220

兵庫県9区 363,347 投53.23

明石市、洲本市、南あわじ市、淡路市

当141,973 西村康稔 自前(76.3)
44,172 福原由加利 共新(23.7)

にしむら やすとし
西村康稔
自前[安] 当7
兵庫県明石市 S37・10・15
勤18年5ヵ月 (初/平15)

党選対委員長代行、コロナ対策本部長、清和会事務総長、前経済再生・コロナ対策担当相、元官房副長官、東大法／59歳

〒673-0882 明石市相生町2-8-21 ドール明石201号 ☎078(919)2320
〒100-8981 千代田区永田町2-2-1、会館 ☎03(3508)7101

兵庫県10区 347,835 投51.55

加古川市、高砂市、加古郡

当79,061	渡海紀三朗	自前	(45.0)
比当57,874	掘井健智	維新	(32.9)
38,786	隠樹圭子	立新	(22.1)

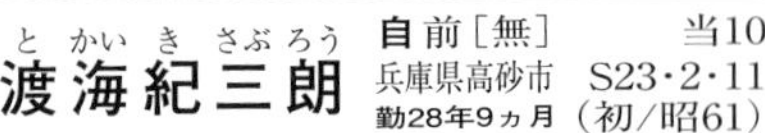

とかい きさぶろう
渡海紀三朗

自前［無］ 当10
兵庫県高砂市 S23・2・11
勤28年9ヵ月 （初/昭61）

国家基本政策委員長、党科学技術・イノベーション戦略調査会長、元文科相、決算行監委長、総理補佐官、党政調会長代理、早大建築／74歳

〒676-0082 高砂市曽根町2248 ☎079(447)4353
〒107-0052 港区赤坂2-17-10、宿舎

兵庫県11区 399,029 投48.39

姫路市の一部(P175参照)

当92,761	松本剛明	自前	(49.0)
比当78,082	住吉寛紀	維新	(41.3)
18,363	太田清幸	共新	(9.7)

まつもと たけあき
松本剛明

自前［麻］ 当8
東京都 S34・4・25
勤21年10ヵ月 （初/平12）

党新資本主義本部、税調幹事、情報調査会、デジタル社会本部、国協調会長、情報調、憲法審、金融調、情監審委、党政調会長代理、外相、議運委長、外務委長、旧民主党政調会長、興銀、東大法／62歳

〒670-0972 姫路市手柄1-124 ☎079(282)5516
〒100-8981 千代田区永田町2-2-1、会館 ☎03(3508)7214

衆 略歴

兵庫・奈良

兵庫県12区 284,813 投58.90

姫路市(第11区に属しない区域)、相生市、赤穂市、宍粟市、たつの市、神崎郡、揖保郡、赤穂郡、佐用郡

当91,099	山口 壮	自前	(55.6)
比当49,736	池畑浩太朗	維新	(30.3)
比23,137	酒井孝典	立新	(14.1)

やまぐち つよし
山口 壮

自前［二］ 当7
兵庫県相生市 S29・10・3
勤20年 （初/平12）

環境大臣、党筆頭副幹事長、拉致特委長、安保委長、内閣府・外務各副大臣、外務省国際科学協力室長、国際政治学博士、東大法、米ジョンズ・ホプキンス大院／67歳

〒678-0005 相生市大石町19-10 西本ビル2F ☎0791(23)6122
〒107-0052 港区赤坂2-17-10、宿舎

奈良県1区 359,066 投61.30

奈良市(本庁管内、西部・北部・東部出張所管内、月ヶ瀬行政センター管内)、生駒市

当93,050	馬淵澄夫	立前	(39.0)
比当83,718	小林茂樹	自前	(35.1)
比当62,000	前川清成	維新	(26.0)

まぶち すみお
馬淵澄夫

立前 当7
奈良県奈良市 S35・8・23
勤17年1ヵ月 （初/平15）

党国会対策委員長、党常任幹事、国土交通大臣、国土交通副大臣、内閣総理大臣補佐官、災害特委長、決算行政監視委員長、会社役員、横浜国大／61歳

〒631-0036 奈良市学園北1-11-10 森田ビル6F ☎0742(40)5531
〒100-8981 千代田区永田町2-2-1、会館 ☎03(3508)7122

奈良県2区 383,875 投58.69

奈良市(都祁行政センター管内)、大和郡山市、天理市、香芝市、山辺郡、生駒郡、磯城郡、北葛城郡

当141,858 高市早苗 自前(64.6)
比54,326 猪奥美里 立新(24.8)
23,285 宮本次郎 共新(10.6)

たかいち さなえ
高市早苗 自前[無] 当9
奈良県奈良市 S36・3・7
勤27年 (初/平5)

党政調会長、総務大臣、科学技術担当大臣、経産副大臣、議運委員長、近畿大学教授、松下政経塾、神戸大/60歳

〒639-1123 大和郡山市筒井町940-1
〒107-0052 港区赤坂2-17-10、宿舎

奈良県3区 355,246 投57.19

大和高田市、橿原市、桜井市、五條市、御所市、葛城市、宇陀市、宇陀郡、高市郡、吉野郡

当114,553 田野瀬太道 自前(60.8)
34,334 西川正克 共新(18.2)
32,669 高見省次 無新(17.3)
6,824 加藤孝 N新(3.6)

たのせ たいどう
田野瀬太道 自前[森] 当4
奈良県五條市 S49・7・4
勤9年4ヵ月 (初/平24)

衆財金・文科・決算・地方創生特委、党国対副委員長、前文部科学副大臣兼内閣府副大臣、議運理事、衆議事進行係、早大/47歳

〒634-0044 橿原市大軽町59-1 ☎0744(28)6699
〒107-0052 港区赤坂2-17-10、宿舎

和歌山県1区 307,817 投55.16

和歌山市

当103,676 岸本周平 国前(62.7)
比61,608 門博文 自前(37.3)

きしもと しゅうへい
岸本周平 国前 当5
和歌山県和歌山市 S31・7・12
勤12年8ヵ月 (初/平21)

党幹事長代行、財金委、復興特委、元経産・内閣府大臣政務官、元内閣府政策参与、トヨタ自動車部長、財務・経産省課長、東大/65歳

〒640-8128 和歌山市広瀬中ノ丁2-98 ☎073(402)1234
〒100-8982 千代田区永田町2-1-2、会館 ☎03(3508)7701

和歌山県2区 242,858 投57.94

海南市、橋本市、有田市、紀の川市、岩出市、海草郡、伊都郡

当79,365 石田真敏 自前(57.7)
比35,654 藤井幹雄 立新(25.9)
比19,735 所順子 維新(14.4)
2,700 遠西愛美 N新(2.0)

いしだ まさとし
石田真敏 自前[岸] 当8
和歌山県 S27・4・11
勤20年 (初/平14補)

地方創生特委長、党ITS道路調査会長、総務大臣、法務委員長、財務副大臣、国土交通大臣政務官、和歌山県議、海南市長、早大政経/69歳

〒649-6226 岩出市宮83 ホテルいとう1F ☎0736(69)0123
〒107-0052 港区赤坂2-17-10、宿舎

和歌山県3区 250,261 投62.32	
御坊市、田辺市、新宮市、有田郡、日高郡、西牟婁郡、東牟婁郡	当102,834 二階俊博 自前(69.3) 20,692 畑野良弘 共新(14.0) 19,034 本間奈々 諸新(12.8) 5,745 根来英樹 無新(3.9)

二階俊博（にかいとしひろ）

自前[二] 当13
和歌山県 S14・2・17
勤38年5ヵ月（初/昭58）

党国土強靭化推進本部長、元党幹事長、総務会長、予算委員長、元経産相・運輸相、(社)全国旅行業協会長、県議、中大／83歳

〒644-0003 御坊市島440-1 ☎0738(23)0123

比例代表 近畿 28人

滋賀、京都、大阪、兵庫、奈良、和歌山

三木圭恵（みきけえ）

維元 当2(初/平24)
兵庫県西宮市 S41・7・7
勤2年5ヵ月 〈兵庫7区〉

文科委理事、憲法審査会委、拉致特委、党政調副会長、兵庫維新の会副代表、三田市議2期、関西大学社会学部／55歳

〒662-0837 西宮市広田町1-27 ☎0798(73)1825
〒100-8982 千代田区永田町2-1-2、会館 ☎03(3508)7638

和田有一朗（わだゆういちろう）

維新 当1(初/令3)
兵庫県神戸市 S39・10・23
勤5ヵ月 〈兵庫3区〉

外務委、情監審委、国会議員秘書、団体役員、神戸市議、兵庫県議、早大、神戸市外国語大学大学院／57歳

〒655-0894 神戸市垂水区川原4-1-1 ☎078(753)3533

住吉寛紀（すみよしひろき）

維新 当1(初/令3)
兵庫県神戸市 S60・1・24
勤5ヵ月 〈兵庫11区〉

農林水産委、地方創生特委、三菱UFJモルガン・スタンレー証券、兵庫県議、白陵高、名古屋大、東大院／37歳

〒670-0043 姫路市小姓町35-1 船場西ビル1F4号室 ☎079(293)7105
〒106-0032 港区六本木7-1-3、宿舎 ☎03(3508)7415

掘井健智（ほりいけんじ）

維新 当1(初/令3)
兵庫県 S42・1・10
勤5ヵ月 〈兵庫10区〉

日本維新の会県総支部選対委員長、文科委、安保委、消費者特委、加古川市議、兵庫県議、大阪産業大学／55歳

〒675-0066 加古川市加古川町寺家町352-4 みどり屋ビル2階 ☎079(423)7458
〒107-0052 港区赤坂2-17-10、宿舎 ☎03(5549)4671

ほり　ば　さち　こ
堀場幸子　**維新**　当1(初/令3)
北海道札幌市　S54・3・24
勤5ヵ月　**〈京都1区〉**

内閣委、原子力特委、アンガーマネジメント講師、一般財団法人MRAハウスフェロー、フェリス女学院大学／42歳

〒601-8025　京都市南区東九条柳下町6-4　☎075(888)6045

えん　どう　りょう　た
遠藤良太　**維新**　当1(初/令3)
大阪府　S59・12・19
勤5ヵ月　**〈兵庫5区〉**

党国対副委員長、環境委、倫選特委、会社役員、追手門学院大／37歳

〒669-1529　兵庫県三田市中央町3-12
マスダビル3階　☎079(564)6156
〒107-0052　港区赤坂2-17-10、宿舎

いち たに ゆう いち ろう
一谷勇一郎　**維新**　当1(初/令3)
大阪府大阪市　S50・1・22
勤5ヵ月　**〈兵庫1区〉**

厚労委、決算行監委、復興特委、柔道整復師、介護事業所経営、(一社)デイサービス協会理事長、(一社)日本・ロシア経済友好協会理事、関西医療学園専門学校／47歳

〒650-0001　神戸市中央区加納町4-4-15
KGビル201　☎078(332)3536

まえ　かわ　きよ　しげ
前川清成　**維新**　当1(初/令3)※
奈良県橿原市　S37・12・22
勤12年7ヵ月(参12年2ヵ月)〈奈良1区〉

法務委、内閣府副大臣、復興副大臣、参議院議院運営委員会筆頭理事、参議院経済産業委員長、龍谷大理事、弁護士、関西大／59歳

〒630-8115　奈良市大宮町1-12-8　☎0742(32)3366
〒100-8982　千代田区永田町2-1-2、会館

いけ はた こう　た　ろう
池畑浩太朗　**維新**　当1(初/令3)
東京都港区　S49・9・26
勤5ヵ月　**〈兵庫12区〉**

農林水産委、震災復興特委、会社役員、兵庫県議二期、衆議員秘書、農業高校教員、岡山県立農業大学校／47歳

〒679-4167　兵庫県たつの市龍野町富永730-20
玉田ビル1F　☎0791(63)2814
〒106-0032　港区六本木7-1-3、宿舎

あか　ぎ　まさ　ゆき
赤木正幸　**維新**　当1(初/令3)
岡山県倉敷市　S50・2・22
勤5ヵ月　**〈兵庫4区〉**

財金委、IT会社代表、不動産会社代表、早大法学部、早大大学院政治学研究科博士課程修了／47歳

〒651-2243　神戸市西区井吹台西町2-2-1-602
☎050(3154)1117
〒100-8982　千代田区永田町2-1-2、会館　☎03(3508)7505

※平16参院初当選

おくのしんすけ
奥野信亮 自前[安] 当6
奈良県 S19・3・5
勤15年1カ月 (初/平15)

倫選特委理、予算委、法務委、裁判官訴追委、党山村振興特別委員長、総務・法務副大臣、日産取締役、慶大／77歳

〒639-2212 御所市中央通り2-113-1 ☎0745(62)4379
〒100-8982 千代田区永田町2-1-2、会館☎03(3581)5111(内71001)

やなぎもと あきら
柳本　顕 自新[麻] 当1
大阪府大阪市 S49・1・29
勤5カ月 (初/令3)

総務委、厚労委、議運委、科技特委、政倫審委、国対陪席、大阪市会議員(5期)、大阪市議団幹事長、関西電力㈱、京大法学部／48歳

〒557-0034 大阪市西成区松1-1-6 ☎06(4398)6090
〒107-0052 港区赤坂2-17-10、宿舎

おおぐしまさき
大串正樹 自前[無] 当4(初/平24)
兵庫県 S41・1・20
勤9年4カ月 〈兵庫6区〉

党国対副委員長、厚労部会長代理、総務委、経産委、議運委、倫選特委、憲法審委、政倫審委、経産政務官、IHI、松下政経塾、JAIST(Ph.D.)助教、西武文理大准教授、東北大院／56歳

〒664-0851 伊丹市中央1-2-6
グランドハイツコーワ2-12 ☎072(773)7601
〒100-8981 千代田区永田町2-2-1、会館☎03(3508)7191

㊝略歴　比例近畿

こばやししげき
小林茂樹 自前[二] 当3(初/平24)
奈良県奈良市 S39・10・9
勤6年6カ月 〈奈良1区〉

党総務、地方創生特委理事、国土交通委、文科委、国土交通大臣政務官、元奈良県議、奈良青年会議所理事長、慶大法／57歳

〒631-0824 奈良市西大寺南町1-3
南町ビル3F ☎0742(35)6700

たなかひでゆき
田中英之 自前[無] 当4(初/平24)
京都府 S45・7・11
勤9年4カ月 〈京都4区〉

文部科学副大臣、党農林部会長代理、地方創生特委理事、決算行監委理事、国交委、国交大臣政務官、京都市議、京都外大／51歳

〒615-0021 京都市右京区西院三蔵町35 ☎075(315)7500
〒107-0052 港区赤坂2-17-10、宿舎

むねきよこういち
宗清皇一 自前[安] 当3(初/平26)
大阪府東大阪市 S45・8・9
勤7年4カ月 〈大阪13区〉

内閣府大臣政務官兼復興大臣政務官(新型コロナ対策、沖縄及び北方対策、経済再生・金融担当)、経済産業大臣政務官兼内閣府大臣政務官(万博担当)、大阪府議、衆院議員秘書、龍谷大／51歳

〒577-0843 東大阪市荒川1-13-23 ☎06(6726)0090
〒107-0052 港区赤坂2-17-10、宿舎

もり　やま　まさ　ひと
盛山正仁
自前［岸］　当5(初/平17)
大阪府大阪市　S28・12・14
勤13年3ヵ月　**〈兵庫1区〉**

党国対筆頭副委員長、議運委筆頭理、懲罰委理、国家基本委、政倫審筆頭幹事、厚労委長、法務兼内閣府副大臣、国交省部長、環境省課長、OECD職員、東大、神戸大院、法学・商学博士／68歳

〒650-0001　神戸市中央区加納町2-4-10
水木ビル601　☎078(231)5888

たに　がわ
谷川とむ
自前［安］　当3(初/平26)
兵庫県尼崎市　S51・4・27
勤7年4ヵ月　**〈大阪19区〉**

国交・法務委、地方創生・復興特委、党法務副部会長、党広報戦略局次長、総務大臣政務官、参院議員秘書、阪大院修士／45歳

〒598-0007　大阪府泉佐野市上町1-1-35
1.3ビルディング2階　☎072(464)1416
〒107-0052　港区赤坂2-17-10、宿舎

たけ　うち　ゆずる
竹内　譲
公前　当6
京都府京都市　S33・6・25
勤15年11ヵ月　(初/平5)

党政務調査会長、総務委長、厚労副大臣・財務政務官、党税調副会長・国対筆頭副委長、京都市議、三和銀行、京大法／63歳

〒602-8442　京都市上京区今出川通大宮南西角
☎075(417)4440
〒100-8982　千代田区永田町2-1-2、会館☎03(3508)7473

うき　しま　とも　こ
浮島智子
公前　当4(初/平24)※1
東京都　S38・2・1
勤15年5ヵ月(参6年1ヵ月)

党政調副会長、党文化芸術局長、党文部科学部会長、文科委理事、文部科学副大臣兼内閣府副大臣、環境政務官兼内閣府政務官、参院議員、東京立正高／59歳

〒540-0025　大阪市中央区徳井町2-4-15
タニイビル6F　☎06(6942)1150
〒107-0052　港区赤坂2-17-10、宿舎

わに　ぶち　よう　こ
鰐淵洋子
公前　当2(初/平29)※2
福岡県福岡市　S47・4・10
勤10年7ヵ月(参6年1ヵ月)

文部科学大臣政務官、党女性委員会副委員長、文科委、党経産部会長、参議院議員、公明党本部、創価女子短大／49歳

〒550-0013　大阪市西区新町3-5-8
エーペック西長堀ビル401
〒107-0052　港区赤坂2-17-10、宿舎

さくら　い　しゅう
櫻井　周
立前　当2(初/平29)
兵庫県　S45・8・16
勤4年6ヵ月　**〈兵庫6区〉**

財金委、憲法審委、党国際局副局長、政調副会長、兵庫県連代表、伊丹市議、弁理士、JBIC、京大、京大院、ブラウン大院／51歳

〒664-0858　伊丹市西台5-1-11　☎072(768)9260
〒107-0052　港区赤坂2-17-10、宿舎

※1 平16参院初当選　※2 平16参院初当選

もり やま ひろ ゆき
森 山 浩 行

立前 当3(初/平21)
大阪府堺市 S46・4・8
勤7年10ヵ月 **〈大阪16区〉**

内閣委理事、倫選特委、党災害・緊急事態局長、国対副委員長、大阪府連代表、関西TV記者、堺市議、大阪府議、明大法／50歳

〒590-0078 堺市堺区南瓦町1-21
宏昌センタービル2F ☎072(233)8188

とく なが ひさ し
徳 永 久 志

立新 当1(初/令3)※1
滋賀県 S38・6・27
勤6年6ヵ月(参6年1ヵ月)〈滋賀4区〉

外務委、安保委理事、倫選特委、党副幹事長、選対副委員長、滋賀県連代表、参議院議員、外務大臣政務官、滋賀県議、松下政経塾、早大政経／58歳

〒523-0892 近江八幡市出町414-6
サツキビル ☎0748(31)3047
〒107-0052 港区赤坂2-17-10、宿舎

こく た けい じ
穀 田 恵 二

共前 当10(初/平5)
岩手県水沢市 S22・1・11
勤28年10ヵ月 **〈京都1区〉**

党国対委員長、党選挙対策委員長、党常任幹部会委員、外務委、政倫審、京都市議、立命館職員、立命館大／75歳

〒604-0092 京都市中京区丸太町
新町角大炊町186 ☎075(231)5198
〒107-0052 港区赤坂2-17-10、宿舎 ☎03(5549)3114

㊮ 略歴

比例近畿

みや もと たけ し
宮 本 岳 志

共元 当5(初/平21)※2
和歌山県和歌山市 S34・12・25
勤16年3ヵ月(参6年1ヵ月)〈大阪5区〉

党中央委員、総務委、文科委、和歌山大学教育学部除籍／62歳

〒537-0025 大阪市東成区中道1-10-10 ☎06(6975)9111

さいとう
斎藤アレックス

国新 当1(初/令3)
スペイン国マドリッド市 S60・6・30
勤5ヵ月 **〈滋賀1区〉**

党政調副会長、環境委、安保委、倫選特委、松下政経塾、米国議会フェロー、衆議員秘書、同志社大経済学部／36歳

〒520-0044 大津市京町3-2-11 ☎077(525)5030
〒107-0052 港区赤坂2-17-10、宿舎

おお いし
大石あきこ

れ新 当1(初/令3)
大阪府大阪市 S52・5・27
勤5ヵ月 **〈大阪5区〉**

決算行監委、元大阪府職員、大阪大／44歳

〒532-0011 大阪市淀川区西中島7-1-1
〒100-8982 千代田区永田町2-1-2、会館

※1 平19参院初当選 ※2 平10参院初当選

比例代表　近畿　28人　有効投票数 9,378,905票

政党名	当選者数	得票数	得票率
	惜敗率 小選挙区		惜敗率 小選挙区

日本維新の会　10人　3,180,219票　33.91%

当①三木　圭恵 元(98.39) 兵7
当①和田有一朗 新(86.34) 兵3
当①住吉　寛紀 新(84.18) 兵11
当①掘井　健智 新(73.20) 兵10
当①堀場　幸子 新(71.90) 京1
当①遠藤　良太 新(69.42) 兵5
当①一谷勇一郎 新(67.65) 兵1
当①前川　清成 新(66.63) 奈1
当①池畑浩太朗 新(54.60) 兵12
当①赤木　正幸 新(52.43) 兵4
①直山　仁 新(50.79) 滋3
①中嶋　秀樹 新(50.37) 京6
①井上　博明 新(38.41) 京3
①所　順子 新(24.87) 和2
【小選挙区での当選者】
①井上　英孝 前 大1
①守島　正 新 大2
①美延　映夫 前 大4
①奥下　剛光 新 大7
①漆間　譲司 新 大8
①足立　康史 前 大9
①池下　卓 新 大10
①中司　宏 新 大11
①藤田　文武 前 大12
①岩谷　良平 新 大13
①青柳　仁士 新 大14
①浦野　靖人 前 大15
①馬場　伸幸 前 大17
①遠藤　敬 前 大18
①伊東　信久 元 大19
①市村浩一郎 元 兵6

自民党　8人　2,407,699票　25.67%

当①奥野　信亮 前
当②柳本　顕 新
当③大串　正樹 前(97.69) 兵6
当③小林　茂樹 前(89.97) 奈1
当③田中　英之 前(83.99) 京4
当③宗清　皇一 前(83.77) 大13
当③盛山　正仁 前(81.62) 兵1
当③谷川　とむ 前(76.31) 大19
③渡嘉敷奈緒美 前(69.86) 大7
③木村　弥生 前(69.10) 京3
③中山　泰秀 前(67.70) 大4
③左藤　章 前(66.94) 大2
③佐藤ゆかり 前(66.73) 大11
③大隈　和英 前(65.29) 大10
③北川　晋平 新(63.09) 大12
③大西　宏幸 前(60.97) 大1
③繁本　護 前(59.70) 京2
③門　博文 前(59.42) 和1
③岡下　昌平 前(59.39) 大17
③加納陽之助 新(59.10) 大15
③長尾　敬 前(55.44) 大14
③神谷　昇 前(52.02) 大18
③高麗啓一郎 新(51.28) 大8
㊴湯峯　理之 新
㊵野村　広志 新
【小選挙区での当選者】
③大岡　敏孝 前 滋1
③上野賢一郎 前 滋2
③武村　展英 前 滋3
③小寺　裕雄 前 滋4
③勝目　康 新 京1
③本田　太郎 前 京5
③関　芳弘 前 兵3
③藤井比早之 前 兵4
③谷　公一 前 兵5
③山田　賢司 前 兵7
③西村　康稔 前 兵9
③松本　剛明 前 兵11
③山口　壮 前 兵12
③高市　早苗 前 奈2
③石田　真敏 前 和2

公明党　3人　1,155,683票　12.32%

当①竹内　譲 前
当②浮島　智子 前
当③鰐淵　洋子 前
④浜村　進 前
⑤田丸　義高 新
⑥鷲岡　秀明 新
⑦田中　博之 新
⑧井上　幸作 新

立憲民主党　3人　1,090,665票　11.63%

当①桜井　周 前(86.35) 兵6
当①森山　浩行 前(85.82) 大16
当①徳永　久志 新(83.12) 滋4
①辻元　清美 前(82.72) 大10
①田島　一成 元(76.79) 滋2
①安田　真理 新(68.13) 兵7
①梶原　康弘 元(65.94) 兵5
①船川　治郎 新(62.22) 兵2
①平野　博文 前(57.01) 大11
①村上　史好 前(55.38) 大6
①萩原　仁 元(52.49) 大3
①隠樹　圭子 新(49.06) 兵10
①今泉　真緒 新(47.40) 兵4
①長安　豊 元(47.20) 大19
①山本和嘉子 前(46.74) 京5
①藤井　幹雄 新(44.92) 和2

①尾辻かな子 前(39.27)大2
①猪奥　美里 新(38.30)奈2
①松井　博史 新(36.60)大8
①吉田　　治 元(26.26)大4
①村上　賀厚 新(25.86)大1
①酒井　孝典 新(25.40)兵12
①乃木　涼介 新(24.35)大7
①川戸　康嗣 新(20.68)大18
▼①宇都宮優子 新(18.86)大12
㉚笹田　能美 新
㉛豊田潤多郎 元

【小選挙区での当選者】
①泉　　健太 前　京3
①山井　和則 前　京6
①井坂　信彦 元　兵1
①馬淵　澄夫 前　奈1

共 産 党　2人　736,156票　7.85%

当①穀田　恵二 前　京1
当②宮本　岳志 元　大5
③清水　忠史 前　大4
④小村　　潤 新　兵8
⑤武山　彩子 新
⑥西田佐枝子 新

国民民主党 1人　303,480票　3.24%

当①斎藤アレックス 新(86.28)滋1
①佐藤　泰樹 新(33.01)兵3

【小選挙区での当選者】
①岸本　周平 前　和1
①前原　誠司 前　京2

れいわ新選組 1人　292,483票　3.12%

当①大石　晃子 新(32.11)大5
①辻　　　恵 元(24.80)兵8
▼①高井　崇志 前(13.71)滋3
▼①中　　辰哉 新(10.02)京2
▼①西川　弘城 新(6.76)大7
⑥八幡　　愛 新

▼は小選挙区の得票が有効投票総数の10分の1未満で、復活当選の資格がない者

その他の政党の得票数・得票率は下記のとおりです。(当選者はいません)

政党名	得票数	得票率
NHKと裁判してる党弁護士法72条違反で	111,539票	1.19%
社民党	100,980票	1.08%

鳥取県1区　230,959 投56.10

当105,441 石破　茂 自前(84.1)
19,985 岡田正和 共新(15.9)

鳥取市、倉吉市、岩美郡、八頭郡、東伯郡(三朝町)

石破　茂（いしば　しげる）

自前[無]　当12
鳥取県八頭郡　S32・2・4
勤35年10ヵ月 (初/昭61)

予算委、憲法審委、元地方創生担当相、党幹事長、政調会長、農林水産相、防衛相、防衛庁長官、運輸委長、三井銀行、慶大／65歳

〒680-0055 鳥取市戎町515-3　☎0857(27)4898
〒100-8982 千代田区永田町2-1-2、会館

鳥取県2区　234,420 投60.20

当75,005 赤沢亮正 自前(54.0)
比当63,947 湯原俊二 立元(46.0)

米子市、境港市、東伯郡(湯梨浜町、琴浦町、北栄町)、西伯郡、日野郡

赤澤亮正（あかざわ りょうせい）

自前[無]　当6
東京都　S35・12・18
勤16年7ヵ月 (初/平17)

原子力特委長、党文化立国調査会長代理、内閣府副大臣、国交大臣政務官、東大法／61歳

〒683-0823 米子市加茂町1-24　☎0859(38)7333
〒100-8982 千代田区永田町2-1-2、会館　☎03(3508)7490

島根県1区 268,337 投61.23

松江市、出雲市(平田支所管内)、安来市、雲南市(大東・加茂・木次総合センター管内)、仁多郡、隠岐郡

当90,638 細田博之 自前(56.0)
比66,847 亀井亜紀子 立前(41.3)
4,318 亀井彰子 無新(2.7)

ほそだひろゆき
細田博之

無前 当11
島根県松江市 S19・4・5
勤32年3ヵ月 (初/平2)

衆議院議長、憲法審査会長、自民党総務会長、党幹事長、党国対委員長、内閣官房長官、国務大臣、東大／77歳

〒690-0851 松江市堂形町881細田会館 ☎0852(21)6455

島根県2区 291,649 投61.85

浜田市、出雲市(第1区に属しない区域)、益田市、大田市、江津市、雲南市(第1区に属しない区域)、飯石郡、邑智郡、鹿足郡

当110,327 高見康裕 自新(62.4)
比52,016 山本誉 立新(29.4)
14,361 向瀬慎一 共新(8.1)

たかみやすひろ
高見康裕

自新[茂] 当1
島根県出雲市 S55・10・16
勤5ヵ月 (初/令3)

党青年局次長、法務委、農水委、消費者特委、島根県議、海上自衛隊、読売新聞、東大大学院／41歳

〒693-0058 出雲市矢野町941-4 ☎0853(23)8118
〒107-0052 港区赤坂2-17-10、宿舎

岡山県1区 364,162 投46.73

岡山市(北区の一部(P176参照)、南区の一部(P176参照))、加賀郡(吉備中央町(本庁管内(P176参照)、井原出張所管内)

当90,939 逢沢一郎 自前(55.0)
比65,499 原田謙介 立新(39.6)
8,990 余江雪央 共新(5.4)

あいさわいちろう
逢沢一郎

自前[無] 当12
岡山県岡山市 S29・6・10
勤35年10ヵ月 (初/昭61)

党選挙制度調査会長、政倫審会長、国家基本委長、議運委長、党国対委長、予算委長、幹事長代理、外務副大臣、通産政務次官、松下政経塾理事、慶大工／67歳

〒700-0933 岡山市北区奥田1-2-3 ☎086(233)0016
〒100-8981 千代田区永田町2-2-1、会館 ☎03(3508)7105

岡山県2区 289,071 投50.42

岡山市(北区(第1区に属しない区域)、中区、東区(本庁管内)、南区(第1区に属しない区域))、玉野市、瀬戸内市

当80,903 山下貴司 自前(56.4)
比62,555 津村啓介 立前(43.6)

やましたたかし
山下貴司

自前[無] 当4
岡山県岡山市 S40・9・8
勤9年4ヵ月 (初/平24)

党改革実行本部事務局長、党憲法改正実現本部事務局長、知的財産戦略調査会事務局長、法務大臣、検事、外交官、弁護士、東大法／56歳

〒703-8282 岡山市中区平井6-3-13 ☎086(230)1570
〒100-8982 千代田区永田町2-1-2、会館 ☎03(3508)7057

衆 略歴

島根・岡山

岡山県3区　270,568　㊥57.97

岡山市(東区(第2区に属しない区域))、津山市、備前市、赤磐市、真庭市の一部(P176参照)、美作市、和気郡、真庭郡、苫田郡、勝田郡、英田郡、久米郡

当68,631	平沼正二郎	無新	(44.4)
比当54,930	阿部俊子	自前	(35.5)
比23,316	森本栄	立新	(15.1)
7,760	尾崎宏子	共新	(5.0)

ひらぬましょうじろう
平沼正二郎　自新[二]　当1
岡山県岡山市　S54・11・11
勤5ヵ月　(初/令3)

内閣委、農林水産委、消費者特委、党青年局次長、IT会社役員、学習院大学経済学部/42歳

〒708-0806　津山市大田81-11　☎0868(24)0107

岡山県4区　381,828　㊥48.04

倉敷市(本庁管内、児島・玉島・水島・庄・茶屋町支所管内)、都窪郡

当89,052	橋本岳	自前	(49.7)
比当83,859	柚木道義	立前	(46.8)
6,146	中川智晴	無新	(3.4)

はしもと　がく
橋本　岳　自前[茂]　当5
岡山県総社市　S49・2・5
勤13年3ヵ月　(初/平17)

厚労委員長、党総務、厚労副大臣、党厚労部会長、党外交部会長、厚労政務官、三菱総研研究員、慶大院/48歳

〒710-0842　倉敷市吉岡552　☎086(422)8410
〒107-0052　港区赤坂2-17-10、宿舎

岡山県5区　262,936　㊥54.33

倉敷市(第4区に属しない区域)、笠岡市、井原市、総社市、高梁市、新見市、真庭市(第3区に属しない区域)、浅口市、浅口郡、小田郡、加賀郡(吉備中央町(第1区に属しない区域))

当102,139	加藤勝信	自前	(72.6)
比31,467	はたともこ	立新	(22.4)
7,067	美見芳明	共新	(5.0)

かとうかつのぶ
加藤勝信　自前[茂]　当7
東京都　S30・11・22
勤18年5ヵ月　(初/平15)

党税制調査会小委員長、党社会保障制度調査会長、官房長官、厚労相、党総務会長、一億総活躍・働き方改革相、元大蔵省、東大/66歳

〒714-0088　笠岡市中央町31-1　☎0865(63)6800
〒100-8982　千代田区永田町2-1-2、会館　☎03(3508)7459

広島県1区　332,001　㊥50.81

広島市(中区、東区、南区)

当133,704	岸田文雄	自前	(80.7)
比15,904	有田優子	社新	(9.6)
14,508	大西理	共新	(8.8)
1,630	上出圭一	諸新	(1.0)

きしだふみお
岸田文雄　自前[岸]　当10
東京都渋谷区　S32・7・29
勤28年10ヵ月　(初/平5)

内閣総理大臣、自民党総裁、党政調会長、外務大臣、防衛大臣、党国対委員長、内閣府特命担当大臣、厚労委員長、早大法/64歳

〒730-0013　広島市中区八丁堀6-3 和光八丁堀ビル　☎082(228)2411
〒100-8981　千代田区永田町2-2-1、会館　☎03(3508)7279

広島県２区 404,009 ㊋51.48

広島市(西区、佐伯区)、大竹市、廿日市市、江田島市(本庁管内、能美・沖美支所管内、深江・柿浦連絡所管内)

当133,126 平口　洋 自前(65.2)
比70,939 大井赤亥 立新(34.8)

ひらぐち ひろし
平口　洋
自前[茂] 当5
広島県江田島市 S23・8・1
勤13年3ヵ月 (初/平17)

農林水産委員長、党国土交通部会長、法務副大臣、法務委員長、党副幹事長、環境副大臣、法務大臣政務官、国交省河川局次長、秋田県警本部長、東大法／73歳

〒733-0812 広島市西区己斐本町2-6-20 ☎082(527)2100
〒100-8982 千代田区永田町2-1-2、会館 ☎03(3508)7622

広島県３区 360,198 ㊋51.07

広島市(安佐南区、安佐北区)、安芸高田市、山県郡

当97,844 斉藤鉄夫 公前(55.1)
比53,143 ライアン真由美 立新(29.9)
比18,088 瀬木寛親 維新(10.2)
3,559 大山宏 無新(2.0)
比2,789 矢島秀平 N新(1.6)
2,251 玉田憲勲 無新(1.3)

さいとう てつお
斉藤鉄夫
公前 当10
島根県 S27・2・5
勤28年10ヵ月 (初/平5)

国交大臣、党副代表、党幹事長、党選対委長、党税制調査会長、党政調会長、環境大臣、文科委長、科技総括政務次官、プリンストン大研究員、清水建設、工博、技術士、東工大院／70歳

〒731-0103 広島市安佐南区緑井2-18-15 ☎082(568)2236
〒107-0052 港区赤坂2-17-10、宿舎 ☎03(5549)3145

広島県４区 309,781 ㊋53.18

広島市(安芸区)、三原市(大和支所管内)、東広島市(本庁管内、八本松・志和・高屋出張所管内、黒瀬・福富・豊栄・河内支所管内)、安芸郡

当78,253 新谷正義 自前(48.3)
比33,681 上野寛治 立新(20.8)
比当28,966 空本誠喜 維元(17.9)
21,112 中川俊直 無元(13.0)

しんたに まさよし
新谷正義
自前[茂] 当4
広島県 S50・3・8
勤9年4ヵ月 (初/平24)

党副幹事長、総務副大臣、厚労政務官、衆厚労委理、党国交副部会長、党厚生関係団体委員長、医師、病院長、帝京大医、東大経／46歳

〒739-0015 東広島市西条栄町9-21 ☎082(431)5177
〒100-8982 千代田区永田町2-1-2、会館 ☎03(3508)7604

広島県５区 242,034 ㊋54.52

呉市、竹原市、三原市(本郷支所管内)、尾道市(瀬戸田支所管内)、東広島市(第4区に属しない区域)、江田島市(第2区に属しない区域)、豊田郡

当87,434 寺田　稔 自前(67.7)
比41,788 野村功次郎 立新(32.3)

てらだ みのる
寺田　稔
自前[岸] 当6
広島県 S33・1・24
勤14年8ヵ月 (初/平16補)

内閣総理大臣補佐官、党経理局長、総務副大臣兼内閣府副大臣、党副幹事長、安保委長、内閣府副大臣、防衛政務官、内閣参事官、財務省主計官、ハーバード大院、東大法／64歳

〒737-0045 呉市本通4-3-15呉YSビル2F ☎0823(24)2358
〒100-8981 千代田区永田町2-2-1、会館 ☎03(3508)7606

広島県6区 294,154 投56.35

当83,796 佐藤公治 立前(51.4)
比当79,158 小島敏文 自前(48.6)

三原市(第4区及び第5区に属しない区域)、尾道市(第5区に属しない区域)、府中市、三次市、庄原市、世羅郡、神石郡

さとう こうじ
佐藤公治
立前 当4(初/平12)※1
広島県尾道市 S34・7・28
勤15年10ヵ月(参6年1ヵ月)

農水委理、災害特委、県連代表、元参外交防衛委員長、国務大臣秘書官(旧国土庁、旧北海道・沖縄開発庁)、電通、慶大法／62歳

〒722-0045 広島県尾道市久保2-26-2 ☎0848(37)2100
〒100-8981 千代田区永田町2-2-1、会館 ☎03(3508)7145

広島県7区 382,135 投49.35

当123,396 小林史明 自前(66.4)
比45,520 佐藤広典 立新(24.5)
11,580 村井明美 共新(6.2)
5,207 橋本加代 無新(2.8)

福山市

こばやし ふみあき
小林史明
自前[岸] 当4
広島県福山市 S58・4・8
勤9年4ヵ月 (初/平24)

デジタル副大臣兼内閣府副大臣、内閣府大臣補佐官、総務政務官兼内閣府政務官、党青年局長、上智大学／38歳

〒721-0958 福山市西新涯町2-23-34 ☎084(959)5884
〒107-0052 港区赤坂2-17-10、宿舎

山口県1区 356,209 投48.50

当118,882 高村正大 自前(70.1)
比50,684 大内一也 立新(29.9)

山口市(山口・小郡・秋穂・阿知須・徳地総合支所管内)、防府市、周南市の一部(P176参照))

こうむら まさひろ
高村正大
自前[麻] 当2
山口県周南市 S45・11・14
勤4年6ヵ月 (初/平29)

財務大臣政務官、党外交、国防副部会長、衆院議員秘書、外務大臣秘書官、経企庁長官秘書官、会社員、慶大／51歳

〒745-0004 山口県周南市毛利町1-3 ☎0834(31)4715
〒100-8981 千代田区永田町2-2-1、会館 ☎03(3508)7113

山口県2区 283,552 投51.61

当109,914 岸信夫 自前(76.9)
32,936 松田一志 共新(23.1)

下松市、岩国市、光市、柳井市、周南市(第1区に属しない区域)、大島郡、玖珂郡、熊毛郡

きし のぶお
岸 信夫
自前[安] 当4(初/平24)※2
山口県熊毛郡 S34・4・1
勤17年10ヵ月(参8年6ヵ月)

防衛大臣、党国対筆頭副委員長、議運委筆頭理事、安保委員長、外務副大臣、外務委員長、防衛政務官、住友商事、慶大経／62歳

〒742-1511 熊毛郡田布施町下田布施3391 ☎0820(52)2003

※1 平19参院初当選 ※2 平16参院初当選

山口県3区 256,039 投50.14

当96,983 林　芳正 自新(76.9)
比29,073 坂本史子 立新(23.1)

宇部市、山口市(第1区に属しない区域)、萩市、美祢市、山陽小野田市、阿武郡

はやし よし まさ
林　芳正　自新［岸］ 当1※
山口県下関市 S36・1・19
勤26年11ヵ月(参26年6ヵ月) (初/令3)

外務大臣、参院憲法審査会長、文部科学大臣、農林水産大臣、党政調会長代理、経済財政担当大臣、防衛大臣、三井物産、東大法、ハーバード大院／61歳

〒755-0033 宇部市琴芝町2-1-30 ☎0836(35)3333
〒100-8981 千代田区永田町2-2-1、会館 ☎03(3508)7115

山口県4区 244,858 投48.64

当80,448 安倍晋三 自前(69.7)
比19,096 竹村克司 れ新(16.6)
15,836 大野頼子 無新(13.7)

下関市、長門市

あべ しんぞう
安倍晋三　自前［安］ 当10
山口県長門市 S29・9・21
勤28年10ヵ月 (初/平5)

元内閣総理大臣、党総裁、内閣官房長官、党幹事長代理、党幹事長、内閣官房副長官、党社会部会長、元外相秘書官、成蹊大／67歳

〒750-0006 下関市東大和町1-8-16 ☎083(266)8118
〒100-8981 千代田区永田町2-2-1、会館 ☎03(3508)7172

比例代表 中国 11人

鳥取、島根、岡山、広島、山口

いしばし りん た ろう
石橋林太郎　自新［岸］ 当1
広島県広島市 S53・5・2
勤5ヵ月 (初/令3)

文科委、法務委、党国会対策委員、青年局・女性局各次長、広島県議会議員(二期)、大阪外国語大学／43歳

〒731-0124 広島市安佐南区大町東2-15-7 ☎082(836)3444
〒107-0052 港区赤坂2-17-10、宿舎

こ じま とし ふみ
小島敏文　自前［岸］ 当4(初/平24)
広島県世羅町 S25・9・7
勤9年4ヵ月 〈広島6区〉

党国土交通部会長、国土交通委理事、党厚労部会長代理、厚生労働大臣政務官、経産部会長代理、農林部会長代理、副幹事長、広島県議会副議長、大東文化大／71歳

〒722-1114 世羅郡世羅町東神崎368-21 ☎0847(22)4055
〒107-0052 港区赤坂2-17-10、宿舎

※平7参院初当選

あべ俊子（とし こ）

自 前［麻］ 当6(初/平17)
宮城県 S34・5・19
勤16年7ヵ月 **〈岡山3区〉**

外務委理事、外務副大臣、党副幹事長、農水副大臣、外務政務官、東京医科歯科大助教授、米イリノイ州立大院／62歳

〒708-0841 津山市川崎162-5 ☎0868(26)6711
〒100-8981 千代田区永田町2-2-1、会館 ☎03(3508)7136

髙階恵美子（たかがい え み こ）

自 新［安］ 当1(初/令3)※
宮城県 S38・12・21
勤11年10ヵ月(参11年5ヵ月)

厚労委理、元厚労副大臣、元厚労大臣政務官、元参院文教委員長、元党女性局長、東京医科歯科大大学院／58歳

〒100-8982 千代田区永田町2-1-2、会館 ☎03(3508)7518

杉田水脈（すぎ た み お）

自 前［安］ 当3
兵庫県神戸市 S42・4・22
勤6年6ヵ月 (初/平24)

党国土交通副部会長、党女性局次長、内閣委、総務委、災害特委、拉致特委理事、鳥取大学農学部／54歳

〒753-0067 山口市赤妻町3-1-102 ☎083(924)0588
〒107-0052 港区赤坂2-17-10、宿舎

畦元将吾（あぜ もと しょう ご）

自 前［岸］ 当2
広島県広島市 S33・4・30
勤2年9ヵ月 (初/令元)

党総務、党環境副部会長、厚労委、環境委、科技特委、原子力特委、東邦大医学部客員教授、診療放射線技師／63歳

〒730-0843 広島市中区舟入本町13-4 KAIZOビル202 ☎082(234)5130
〒100-8981 千代田区永田町2-2-1、会館 ☎03(3508)7710

柚木道義（ゆの き みち よし）

立 前 当6(初/平17)
岡山県倉敷市 S47・5・28
勤16年7ヵ月 **〈岡山4区〉**

党つながる本部本部長代理、厚労委理事、災害特委、財務大臣政務官、会社員、岡山大文学部／49歳

〒710-0052 倉敷市美和2-16-20 ☎086(430)2355
〒100-8982 千代田区永田町2-1-2、会館 ☎03(3508)7301

湯原俊二（ゆ はら しゅん じ）

立 元 当2(初/平21)
鳥取県米子市 S37・11・20
勤3年9ヵ月 **〈鳥取2区〉**

総務委、消費者特委理、立憲民主党鳥取県連副代表、鳥取県議、米子市議、衆議員秘書、早大／59歳

〒683-0804 米子市米原5-3-20 ☎0859(21)2888

※平22参院初当選

ひら ばやし　あきら
平林　晃　**公**新　当1
愛知県名古屋市　S46・2・2
勤5ヵ月　（初／令3）

党組織局次長、国際局次長、デジタル社会推進本部事務局次長、立命館大学教授、山口大学准教授、博士（東工大）／51歳

〒731-0137　広島市安佐南区山本1-14-15-302

くさ か まさ き
日下正喜　**公**新　当1
和歌山県　S40・11・25
勤5ヵ月　（初／令3）

党組織局次長、広島県本部幹事、法務委、倫選特委、科技特委、党広島県本部事務長、広大院中退／56歳

〒730-0854　広島市中区土橋町2-43-406
〒107-0052　港区赤坂2-17-10、宿舎

そら もと せい き
空本誠喜　**維**元　当2（初／平21）
広島県呉市　S39・3・11
勤3年9ヵ月　**〈広島4区〉**

党政調副会長、党広島県総支部幹事長、農水委理事、災害特委、技術指導会社代表、元東芝、工学博士（原子力）、東大院／57歳

〒739-0044　東広島市西条町下見4623番地15
☎082（421）8146

比例代表　中国　11人　有効投票数 3,119,427票

政党名	当選者数	得票数	得票率
	惜敗率 小選挙区		惜敗率 小選挙区

自民党　6人　1,352,723票　43.36%

当①石橋林太郎 新
当②小島　敏文 前（94.47）広6
当②阿部　俊子 前（80.04）岡3
当⑱高階恵美子 新
当⑲杉田　水脈 前
当⑳畦元　将吾 前
㉑小林孝一郎 新
㉒徳村純一郎 新
【小選挙区での当選者】
②石破　　茂 前　鳥1
②赤沢　亮正 前　鳥2
②高見　康裕 新　島2
②逢沢　一郎 前　岡1
②山下　貴司 前　岡2
②橋本　　岳 前　岡4
②加藤　勝信 前　岡5
②新谷　正義 前　広4
②寺田　　稔 前　広5
②小林　史明 前　広7
②高村　正大 前　山1
②岸　　信夫 前　山2
②林　　芳正 新　山3
②安倍　晋三 前　山4

立憲民主党　2人　573,324票　18.38%

当①柚木　道義 前（94.17）岡4
当①湯原　俊二 元（85.26）鳥2
①津村　啓介 前（77.32）岡2
①亀井亜紀子 前（73.75）島1
①原田　謙介 新（72.03）岡1
①ライアン真由美 新（54.31）広3
①大井　赤亥 新（53.29）広2
①野村功次郎 新（47.79）広5
①山本　　誉 新（47.15）島2
①上野　寛治 新（43.04）広4

㊥略歴

比例中国

①大内　一也 新(42.63)山1
①佐藤　広典 新(36.89)広7
①森本　　栄 新(33.97)岡3
①はたともこ 新(30.81)岡5
①坂本　史子 新(29.98)山3
⑰加藤　寿彦 新
⑱姫井由美子 新
【小選挙区での当選者】
①佐藤　公治 前　　　広6

公明党　2人　436,220票　13.98%

当①平林　　晃 新
当②日下　正喜 新
③長谷川裕輝 新

日本維新の会　1人　286,302票　9.18%

当①空本　誠喜 元(37.02)広4
①瀬木　寛親 新(18.49)広3
③喜多　義典 新

その他の政党の得票数・得票率は下記のとおりです。
(当選者はいません)

政党名	得票数	得票率
共産党	173,117票	5.55%
国民民主党	113,898票	3.65%
れいわ新選組	94,446票	3.03%
社民党	52,638票	1.69%
NHKと裁判してる党弁護士法72条違反で	36,758票	1.18%

㊊略歴　比例中国・徳島

徳島県1区　362,130 投55.93

徳島市、小松島市、阿南市、勝浦郡、名東郡、名西郡、那賀郡、海部郡

当99,474　仁木博文　無元(50.1)
比当77,398　後藤田正純　自前(38.9)
比当20,065　吉田知代　維新(10.1)
1,808　佐藤行俊　無新(0.9)

仁木博文（にきひろぶみ）

無元(有志)　当2
徳島県阿南市　S41・5・23
勤3年9ヵ月　(初/平21)

厚生労働委員、医療法人理事長、徳島大学大学院医学博士取得／55歳

〒770-0865　徳島市南末広町4-88-1　☎088(624)9350
〒107-0052　港区赤坂2-17-10、宿舎　☎03(5549)4671

徳島県2区　260,655 投50.99

鳴門市、吉野川市、阿波市、美馬市、三好市、板野郡、美馬郡、三好郡

当76,879　山口俊一　自前(59.5)
比43,473　中野真由美　立新(33.6)
8,851　久保孝之　共新(6.9)

山口俊一（やまぐちしゅんいち）

自前[麻]　当11
徳島県　S25・2・28
勤32年3ヵ月　(初/平2)

議運委員長、党総務会長代理、元国務大臣、首相補佐官、総務・財務副大臣、郵政政務次官、青山学院大／72歳

〒771-0219　板野郡松茂町笹木野字八北開拓247-1　☎088(624)4851
〒107-0052　港区赤坂2-17-10、宿舎　☎03(5571)9512

香川県１区 313,296 投57.52

当90,267 小川淳也 立前(51.0)
比当70,827 平井卓也 自前(40.0)
比15,888 町川順子 維新(9.0)

高松市の一部(P176参照)、小豆郡、香川郡

おがわじゅんや
小川淳也
立前 当6
香川県 S46・4・18
勤16年7ヵ月 (初/平17)

党政務調査会長、香川県連代表、国土審議会離島振興対策分科会長、総務政務官、総務省課長補佐、春日井市部長、自治省、東大／50歳

〒761-8083 高松市三名町569-3 ☎087(814)5600
〒107-0052 港区赤坂2-17-10、宿舎 ☎03(5549)4671

香川県２区 258,730 投58.53

当94,530 玉木雄一郎 国前(63.5)
比54,334 瀬戸隆一 自元(36.5)

高松市(第1区に属しない区域)、丸亀市(綾歌・飯山市民総合センター管内)、坂出市、さぬき市、東かがわ市、木田郡、綾歌郡

たまきゆういちろう
玉木雄一郎
国前 当5
香川県さぬき市寒川町 S44・5・1
勤12年8ヵ月 (初/平21)

党代表、国家基本委、憲法審査会委、元民進党幹事長代理、財務省主計局課長補佐、東大法、ハーバード大院修了／52歳

〒769-2321 さぬき市寒川町石田東甲814-1 ☎0879(43)0280
〒107-0052 港区赤坂2-17-10、宿舎

香川県３区 240,033 投51.60

当94,437 大野敬太郎 自前(79.8)
23,937 尾崎淳一郎 共新(20.2)

丸亀市(第2区に属しない区域)、善通寺市、観音寺市、三豊市、仲多度郡

おおのけいたろう
大野敬太郎
自前[無] 当4
香川県丸亀市 S43・11・1
勤9年4ヵ月 (初/平24)

内閣府副大臣、党副幹事長、防衛大臣政務官、米UCB客員フェロー、東大研究員、東大博士、東工大、同大学院修士／53歳

〒763-0082 丸亀市土器町東1-129-2 ☎0877(21)7711
〒100-8981 千代田区永田町2-2-1、会館 ☎03(3508)7132

愛媛県１区 385,321 投52.10

当119,633 塩崎彰久 自新(60.8)
比77,091 友近聡朗 立新(39.2)

松山市の一部(P176参照)

しおざきあきひさ
塩崎彰久
自新[安] 当1
愛媛県松山市 S51・9・9
勤5ヵ月 (初/令3)

厚労委、財金委、党国対委員、長島・大野・常松法律事務所パートナー弁護士、内閣官房長官秘書官、東大法学部／45歳

〒790-0003 松山市三番町4-7-2 ☎089(941)4843

愛媛県２区　249,121　㊣52.73

当72,861　村上誠一郎　自前(57.5)
比42,520　石井智恵　国新(33.5)
11,358　片岡　朗　共新(9.0)

松山市(浮穴支所管内(北井門2丁目に属する区域を除く。)、久谷・北条・中島支所管内)、今治市、東温市、越智郡、伊予郡

むらかみせいいちろう
村上誠一郎　自前[無]　当12
愛媛県今治市　S27・5・11
勤35年10ヵ月　(初/昭61)

決算行監委、国務大臣・内閣府特命担当大臣、財務副大臣、大蔵・石炭委長、大蔵政務次官、東大法／69歳

〒794-0028　今治市北宝来町1-5-11　☎0898(31)2600
〒107-0052　港区赤坂2-17-10、宿舎　☎03(5549)4671

愛媛県３区　260,288　㊣57.42

当76,263　井原　巧　自新(51.6)
比当71,600　白石洋一　立前(48.4)

新居浜市、西条市、四国中央市

い はら　たくみ
井原　巧　自新[安]　当1(初/令3)※
愛媛県四国中央市　S38・11・13
勤6年6ヵ月(参6年1ヵ月)

党経産副部会長、経済産業委、総務委、経産・内閣府・復興大臣政務官、参議院議員、四国中央市長、愛媛県議、専修大／58歳

〒799-0413　四国中央市中曽根町411-5　☎0896(23)8650
〒100-8982　千代田区永田町2-1-2、会館　☎03(3508)7201

愛媛県４区　246,664　㊣59.16

当81,015　長谷川淳二　自新(56.6)
47,717　桜内文城　無元(33.3)
11,555　西井直人　共新(8.1)
1,547　藤島利久　無新(1.1)
1,319　前田龍夫　無新(0.9)

宇和島市、八幡浜市、大洲市、伊予市、西予市、上浮穴郡、喜多郡、西宇和郡、北宇和郡、南宇和郡

はせがわじゅんじ
長谷川淳二　自新[無]　当1
岐阜県　S43・8・5
勤5ヵ月　(初/令3)

衆農水委、厚労委、倫選特委、党農林水産関係団体副委員長、総務省地域政策課長、内閣参事官、愛媛県副知事、東大／53歳

〒798-0040　宇和島市中央町2-3-30　☎0895(25)8113
〒100-8982　千代田区永田町2-1-2、会館　☎03(3508)7453

高知県１区　310,468　㊣53.50

当104,837　中谷　元　自前(64.3)
比50,033　武内則男　立前(30.7)
比4,081　中島康治　N新(2.5)
4,036　川田永二　無新(2.5)

高知市の一部(P176参照)、室戸市、安芸市、南国市、香南市、香美市、安芸郡、長岡郡、土佐郡

なか たに　げん
中谷　元　自前[無]　当11
高知県高知市　S32・10・14
勤32年3ヵ月　(初/平2)

内閣総理大臣補佐官、防衛大臣、防衛庁長官、自治総括政務次官、郵政政務次官、衆総務委員長、中央政治大学院長、防衛大／64歳

〒781-5106　高知市介良乙278-1 タイシンビル2F　☎088(855)6678
〒107-0052　港区赤坂2-17-10、宿舎

衆 略歴　愛媛・高知

※平25参院初当選

高知県２区 287,552 投61.50

当117,810 尾﨑正直 自新(67.2)
比55,214 広田 一 立前(31.5)
2,171 広田晋一郎 N新(1.2)

高知市(第1区に属しない区域)、土佐市、須崎市、宿毛市、土佐清水市、四万十市、吾川郡、高岡郡、幡多郡

おざき まさなお
尾﨑正直 自新[二] 当1
高知県高知市 S42・9・14
勤5ヵ月 (初/令3)

党組織運動本部地方組織議員総局長、地方創生・国土強靭化本部本部長補佐、農水委、法務委、前高知県知事、東大／54歳

〒781-8010 高知市桟橋通3-25-31 ☎088(855)9140
〒100-8982 千代田区永田町2-1-2、会館 ☎03(3508)7619

比例代表 四国 6人

徳島、香川、愛媛、高知

やまもとゆうじ
山本有二 自前[無] 当11
高知県 S27・5・11
勤32年3ヵ月 (初/平2)

予算委、憲審委、党財務委員長、農林水産大臣、党道路調査会長、予算委員長、金融担当大臣、法務総括、弁護士、早大／69歳

〒781-8010 高知市桟橋通3-31-1 ☎088(803)7788
〒100-8981 千代田区永田町2-2-1、会館 ☎03(3508)7232

ひらいたくや
平井卓也 自前[岸] 当8(初/平12)
香川県高松市 S33・1・25
勤21年10ヵ月 〈香川1区〉

党デジタル社会推進本部長、初代デジタル大臣、デジタル改革担当相、党広報本部長、内閣委長、電通、上智大／64歳

〒760-0025 高松市古新町4-3 ☎087(826)2811
〒100-8981 千代田区永田町2-2-1、会館 ☎03(3508)7307

ごとうだまさずみ
後藤田正純 自前[茂] 当8(初/平12)
東京都 S44・8・5
勤21年10ヵ月 〈徳島1区〉

党総務、党道路調査会副会長、社会保障制度調査会幹事、予算委、厚労委、災害特委、元内閣府副大臣、慶大／52歳

〒770-8056 徳島市問屋町57 ☎088(652)8822

しらいしよういち
白石洋一 立前 当3(初/平21)
愛媛県 S38・6・25
勤7年10ヵ月 〈愛媛3区〉

文科委、地方創生特委理事、党国際局長代理、党政調副会長、米国監査法人、長銀、カリフォルニア大バークレー校MBA、東大法／58歳

〒793-0028 愛媛県西条市新田197-4 ☎0897(47)1000

※平16参院初当選

やま さき まさ やす
山崎正恭

公新 当1
高知県高知市 S46・3・5
勤5ヵ月 (初/令3)

党教育改革推進本部事務局次長、文部科学委、厚生労働委、科学技術特委、高知県議、中京大、鳴門教育大学院／50歳

〒781-8010 高知市桟橋通1-7-2 中村ビル2F ☎088(805)0607
〒100-8982 千代田区永田町2-1-2、会館 ☎03(3508)7472

よしだ とも よ
吉田とも代

維新 当1(初/令3)
兵庫県神戸市 S50・2・23
勤5ヵ月 〈徳島1区〉

党徳島県第1選挙区支部長、厚生労働委、決算行監委、原子力特委、丹波篠山市議、神戸松陰短大／47歳

〒100-8982 千代田区永田町2-1-2、会館 ☎03(3508)7001

比例代表 四国 6人

有効投票数 1,698,487票

政党名	当選者数	得票数	得票率
	惜敗率 小選挙区		惜敗率 小選挙区

自民党 3人 664,805票 39.14%

当①山本 有二 前
当②平井 卓也 前(78.46)香1
当②後藤田正純 前(77.81)徳1
②瀬戸 隆一 元(57.48)香2
⑬福山 守 前
⑭福井 照 前
⑮二川 弘康 新
⑯井桜 康司 新

【小選挙区での当選者】
②山口 俊一 前 徳2
②大野敬太郎 前 香3
②塩崎 彰久 新 愛1
②村上誠一郎 前 愛2
②井原 巧 新 愛3
②長谷川淳二 新 愛4
②中谷 元 前 高1
②尾﨑 正直 新 高2

立憲民主党 1人 291,870票 17.18%

当①白石 洋一 前(93.89)愛3
①友近 聡朗 新(64.44)愛1
①中野真由美 新(56.55)徳2
①武内 則男 前(47.72)高1
①広田 一 前(46.87)高2
⑦長山 雅一 新
⑧小山田経子 新

【小選挙区での当選者】
①小川 淳也 前 香1

公明党 1人 233,407票 13.74%

当①山崎 正恭 新
②坂本 道応 新

日本維新の会 1人 173,826票 10.23%

当①吉田 知代 新(20.17)徳1
▼①町川 順子 新(17.60)香1
③佐藤 暁 新

▼は小選挙区の得票が有効投票総数の10分の1未満で、復活当選の資格がない者

その他の政党の得票数・得票率は下記のとおりです。(当選者はいません)

政党名	得票数	得票率
国民民主党	122,082票	7.19%
共産党	108,021票	6.36%
れいわ新選組	52,941票	3.12%
社民党	30,249票	1.78%
NHKと裁判してる党弁護士法72条違反で	21,285票	1.25%

福岡県1区 453,215 投47.56	当99,430 井上貴博 自前(47.5)
福岡市(東区、博多区)	比53,755 坪田　晋 立新(25.7)
	比当37,604 山本剛正 維元(18.0)
	18,487 木村拓史 共新(8.8)

いのうえたかひろ
井上貴博
自前[麻] 当4
福岡県福岡市 S37・4・2
勤9年4ヵ月 (初/平24)

党副幹事長、財金委、環境委、科技特委理、憲法審査会委、財務大臣政務官、財務大臣補佐官、党国対副委員長、福岡県議、福岡JC理事長、獨協大法/59歳

〒812-0014 福岡市博多区比恵町2-1
博多エステートビル102号 ☎092(418)9898

福岡県2区 449,552 投53.81	当109,382 鬼木　誠 自前(46.0)
福岡市(中央区、南区の一部(P177参照)、城南区の一部(P177参照))	比当101,258 稲富修二 立前(42.6)
	比27,302 新開崇司 維新(11.5)

おにき　まこと
鬼木　誠
自前[森] 当4
福岡県福岡市 S47・10・16
勤9年4ヵ月 (初/平24)

防衛副大臣、元経産委理、国交委理、党厚労部会長代理、税調幹事、元環境大臣政務官、福岡県議、銀行員、九大法/49歳

〒810-0014 福岡市中央区平尾2-3-15 ☎092(707)1972
〒107-0052 港区赤坂2-17-10、宿舎

福岡県3区 433,603 投54.42	当135,031 古賀　篤 自前(57.9)
福岡市(城南区(第2区に属しない区域)(P177参照)、早良区、西区)、糸島市	比98,304 山内康一 立前(42.1)

こが　あつし
古賀　篤
自前[岸] 当4
福岡県福岡市 S47・7・14
勤9年4ヵ月 (初/平24)

厚生労働副大臣、総務大臣政務官、金融庁課長補佐、財務省主査、東大法/49歳

〒814-0015 福岡市早良区室見2-1-22 2F ☎092(822)5051
〒100-8982 千代田区永田町2-1-2、会館 ☎03(3508)7081

福岡県4区 369,215 投53.97	当96,023 宮内秀樹 自前(49.4)
宗像市、古賀市、福津市、糟屋郡	比49,935 森本慎太郎 立新(25.7)
	比当36,998 阿部弘樹 維新(19.0)
	比11,338 竹内信昭 社新(5.8)

みやうちひでき
宮内秀樹
自前[二] 当4
愛媛県 S37・10・19
勤9年4ヵ月 (初/平24)

党文部科学部会長代理、前文部科学委員長、農林水産副大臣、元党副幹事長、国交部会長代理、国土交通政務官、青学大/59歳

〒811-3101 古賀市天神4-8-1 ☎092(942)5510
〒100-8981 千代田区永田町2-2-1、会館 ☎03(3508)7174

福岡県5区 454,493 投54.52	当125,315 堤　かなめ 立新(53.1)
	110,706 原田義昭 自前(46.9)

福岡市(南区(第2区に属しない区域)(P177参照))、筑紫野市、春日市、大野城市、太宰府市、朝倉市、那珂川市、朝倉郡

堤（つつみ）　**かなめ**　立新　当1
福岡県　S35・10・27
勤5ヵ月　(初/令3)

内閣委、地方創生特委、党政調会長補佐、党福岡県連副代表、福岡県議(3期)、大学教員、NPO法人、九州大学／61歳

〒818-0072　筑紫野市二日市中央2-7-17-2F　☎092(409)0077
〒100-8982　千代田区永田町2-1-2、会館　☎03(3508)7062

福岡県6区 374,631 投51.19	当125,366 鳩山二郎 自前(67.4)
	比38,578 田辺　徹 立新(20.8)
	12,565 河野一弘 共新(6.8)
	5,612 組坂善昭 無新(3.0)
	3,753 熊丸英治 N新(2.0)

久留米市、大川市、小郡市、うきは市、三井郡、三潴郡

鳩山（はとやま）　**二郎**（じろう）　自前[二]　当3
東京都　S54・1・1
勤5年6ヵ月　(初/平28補)

総務大臣政務官、国土交通大臣政務官兼内閣府大臣政務官、大川市長、法務大臣秘書官、杏林大／43歳

〒830-0018　久留米市通町1-1 2F　☎0942(39)2111
〒107-0052　港区赤坂2-17-10、宿舎

福岡県7区 288,733 投52.53	当92,233 藤丸　敏 自前(62.3)
	比55,820 青木剛志 立新(37.7)

大牟田市、柳川市、八女市、筑後市、みやま市、八女郡

藤丸（ふじまる）　**敏**（さとし）　自前[岸]　当4
福岡県　S35・1・19
勤9年4ヵ月　(初/平24)

党外交部会長代理、財金委理、災害特委、地方創生特委、防衛政務官兼内閣府政務官、衆議院議員秘書、高校教師、東京学芸大学大学院中退／62歳

〒836-0842　大牟田市有明町2-1-16
ウドノビル4F　☎0944(57)6106

福岡県8区 349,058 投53.04	当104,924 麻生太郎 自前(59.6)
	38,083 河野祥子 共新(21.6)
	比32,964 大島九州男 れ新(18.7)

直方市、飯塚市、中間市、宮若市、嘉麻市、遠賀郡、鞍手郡、嘉穂郡

麻生（あそう）　**太郎**（たろう）　自前[麻]　当14
福岡県飯塚市　S15・9・20
勤40年　(初/昭54)

党副総裁、前副総理・財務相・金融相、元首相、党幹事長、外相、総務相、党政調会長、経財相、経企庁長官、学習院大／81歳

〒820-0040　飯塚市吉原町10-7　☎0948(25)1121
〒100-8981　千代田区永田町2-2-1、会館　☎03(3508)7703

福岡県9区 380,277 投50.95

北九州市(若松区、八幡東区、八幡西区、戸畑区)

当91,591 緒方林太郎 無元(48.1)
76,481 三原朝彦 自前(40.2)
比22,273 真島省三 共元(11.7)

緒方林太郎（おがた りんたろう）

無元(有志) 当3
福岡県 S48・1・8
勤6年7ヵ月 (初/平21)

内閣委、予算委、元外務省課長補佐、東大法中退／49歳

〒806-0045 北九州市八幡西区竹末2-2-21 ☎093(644)7077

福岡県10区 408,059 投48.00

北九州市(門司区、小倉北区、小倉南区)

当85,361 城井 崇 立前(44.5)
81,882 山本幸三 自前(42.7)
比21,829 西田主税 維新(11.4)
2,840 大西啓雅 無新(1.5)

城井 崇（きい たかし）

立前 当4
福岡県北九州市 S48・6・23
勤9年8ヵ月 (初/平15)

国交委理、予算委、科技特委、党政調会長代行・子ども子育てPT座長・県連代表、文科委理、文部科学大臣政務官、社会福祉法人評議員、衆議院議員秘書、京大／48歳

〒802-0072 北九州市小倉北区東篠崎1-4-1 TAKAビル片野2F ☎093(941)7767
〒100-8981 千代田区永田町2-2-1、会館 ☎03(3508)7389

福岡県11区 256,676 投54.28

田川市、行橋市、豊前市、田川郡、京都郡、築上郡

当75,997 武田良太 自前(55.8)
40,996 村上智信 無新(30.1)
比19,310 志岐玲子 社新(14.2)

武田良太（たけだ りょうた）

自前[二] 当7
福岡県福智町(旧赤池町) S43・4・1
勤18年5ヵ月 (初/平15)

安保委理、総務大臣、国家公安委員長、内閣府特命担当大臣(防災)、党幹事長特別補佐、元防衛副大臣・政務官、安保委員長、早大院修了／53歳

〒826-0041 福岡県田川市大字弓削田3513-1 ☎0947(46)0224
〒107-0052 港区赤坂2-17-10、宿舎

佐賀県1区 333,792 投56.19

佐賀市、鳥栖市、神埼市、神埼郡、三養基郡

当92,452 原口一博 立前(50.0)
比当92,319 岩田和親 自前(50.0)

原口一博（はらぐち かずひろ）

立前 当9
佐賀県 S34・7・2
勤25年7ヵ月 (初/平8)

決算行監委員長、党副代表、国会対策委員長代行、県連代表、国家基本委理、政倫審幹事、総務大臣、県議、松下政経塾、東大／62歳

〒849-0922 佐賀市高木瀬東2-5-41 ☎0952(32)2321
〒107-0052 港区赤坂2-17-10、宿舎

佐賀県2区 340,930 投60.75

当106,608 大串博志 立前(52.0)
比当98,224 古川　康 自前(48.0)

唐津市、多久市、伊万里市、武雄市、鹿島市、小城市、嬉野市、東松浦郡、西松浦郡、杵島郡、藤津郡

おおぐしひろし
大串博志 立前 当6
佐賀県白石町 S40・8・31
勤16年7ヵ月 (初/平17)

党税調会長、予算委筆頭理事、内閣委、首相補佐官、財務大臣政務官、財務省主計局主査、東大／56歳

〒849-0303 小城市牛津町牛津127-1 ☎0952(66)5776
〒107-0052 港区赤坂2-17-10、宿舎 ☎03(5549)4671

長崎県1区 334,139 投55.25

当101,877 西岡秀子 国前(56.1)
比69,053 初村滝一郎 自新(38.0)
10,754 安江綾子 共新(5.9)

長崎市(本庁管内、小ケ倉・土井首・小榊・西浦上・滑石・福田・深堀・日見・茂木・式見・東長崎・三重支所管内、香焼・伊王島・高島・野母崎・三和行政センター管内)

にしおかひでこ
西岡秀子 国前 当2
長崎県長崎市 S39・3・15
勤4年6ヵ月 (初/平29)

党政調会長代理、党第1部会長、党長崎県連代表、総務委、文科委、地方創生特委、国会議員秘書、会社員、学習院大法学部／57歳

〒850-0842 長崎市新地町5-6 ☎095(821)2077
〒100-8982 千代田区永田町2-1-2、会館 ☎03(3508)7343

長崎県2区 293,298 投57.03

当95,271 加藤竜祥 自新(58.2)
比68,405 松平浩一 立前(41.8)

長崎市(第1区に属しない区域)、島原市、諫早市、雲仙市、南島原市、西彼杵郡

かとうりゅうしょう
加藤竜祥 自新[安] 当1
長崎県島原市 S55・2・10
勤5ヵ月 (初/令3)

党国対委、総務委、農水委、倫選特委、党農林水産関係団体副委員長、党青年局次長、衆議院議員秘書、日大経／42歳

〒854-0026 諫早市東本町2-4三央ビル2F ☎0957(35)1000
〒107-0052 港区赤坂2-17-10、宿舎 ☎03(5549)4671

長崎県3区 236,525 投60.93

当57,223 谷川弥一 自前(40.7)
比当55,189 山田勝彦 立新(39.2)
25,566 山田博司 無新(18.2)
2,750 石本啓之 諸新(2.0)

佐世保市(早岐・三川内・宮支所管内)、大村市、対馬市、壱岐市、五島市、東彼杵郡、北松浦郡(小値賀町)、南松浦郡

たにがわやいち
谷川弥一 自前[安] 当7
長崎県五島市 S16・8・12
勤18年5ヵ月 (初/平15)

党離島振興特別委員長、文科委、地方創生特委理、文科委員長、文科副大臣、農水政務官、県議長、長崎東高／80歳

〒856-0826 大村市東三城町6-1-2F ☎0957(50)1981

長崎県４区 250,004 投55.08	当55,968 北村誠吾 自前(42.1)
	比当55,577 末次精一 立新(41.8)
	16,860 萩原活 無新(12.7)
	4,675 田中隆治 無新(3.5)

佐世保市(第3区に属しない区域)、平戸市、松浦市、西海市、北松浦郡(佐々町)

きたむらせいご
北村誠吾
自前[岸] 当8
長崎県 S22・1・29
勤21年10ヵ月 (初/平12)

予算委、原子力特委、内閣府特命担当大臣、党総務副会長、副幹事長、安保委長、政調副、防衛副大臣、防衛政務官、学校法人理事、県議、佐世保市議、代議士秘書、早大/75歳

〒857-0863 佐世保市三浦町1-23 ☎0956(25)3113
〒100-8982 千代田区永田町2-1-2、会館 ☎03(3508)7627

熊本県１区 421,038 投52.91	当131,371 木原稔 自前(61.0)
	比83,842 濱田大造 立新(39.0)

熊本市(中央区、東区、北区)

きはらみのる
木原稔
自前[茂] 当5
熊本県熊本市 S44・8・12
勤13年3ヵ月 (初/平17)

党政調副会長兼事務局長、選対委副委員長、総理補佐官、財務副大臣、党文科部会長、党青年局長、防衛大臣政務官、日本航空、早大/52歳

〒862-0976 熊本市中央区九品寺2-8-17 九品寺サンシャイン1F ☎096(273)6833
〒100-8982 千代田区永田町2-1-2、会館 ☎03(3508)7450

熊本県２区 314,184 投58.67	当110,310 西野太亮 無新(60.6)
	60,091 野田毅 自前(33.0)
	11,521 橋田芳昭 共新(6.3)

熊本市(西区、南区)、荒尾市、玉名市、玉名郡

にしのだいすけ
西野太亮
自新[無] 当1
熊本県熊本市 S53・9・22
勤5ヵ月 (初/令3)

経産委、総務委、震災復興特委、党青年局次長、財務省主計局主査、復興庁参事官補佐、コロンビア大学院、東大/43歳

〒861-4101 熊本市南区近見1-2-12 ☎096(355)5008
〒100-8981 千代田区永田町2-2-1、会館 ☎03(3508)7144

熊本県３区 315,296 投57.37	当125,158 坂本哲志 自前(71.2)
	比37,832 馬場功世 社新(21.5)
	12,909 本間明子 N新(7.3)

山鹿市、菊池市、阿蘇市、合志市、菊池郡、阿蘇郡、上益城郡

さかもとてつし
坂本哲志
自前[森] 当7
熊本県菊池郡 S25・11・6
勤16年7ヵ月 (初/平15)

党組織運動本部長代理、党副幹事長、内閣府特命担当大臣、農林水産委員長、県議、新聞記者、中央大法学部/71歳

〒869-1235 菊池郡大津町室122-4 ☎096(293)7990
〒100-8982 千代田区永田町2-1-2、会館 ☎03(3508)7034

熊本県4区 404,286 投 57.50

八代市、人吉市、水俣市、天草市、宇土市、上天草市、宇城市、下益城郡、八代郡、葦北郡、球磨郡、天草郡

当155,572 金子恭之 自前(68.1)
比72,966 矢上雅義 立前(31.9)

かねこやすし
金子恭之
自前[岸] 当8
熊本県あさぎり町 S36・2・27
勤21年10ヵ月 (初/平12)

総務大臣、国交委、党政調会長代理、党副幹事長、国土交通副大臣、農水政務官、早大／61歳

〒866-0814 八代市東片町463-1 ☎0965(39)8366

大分県1区 385,469 投 53.17

大分市の一部(P177参照)

当97,117 吉良州司 無前(48.8)
比75,932 高橋舞子 自新(38.1)
15,889 山下魁 共新(8.0)
6,216 西宮重貴 無新(3.1)
4,001 野中美咲 N新(2.0)

きらしゅうじ
吉良州司
無前(有志) 当6
大分県 S33・3・16
勤16年5ヵ月 (初/平15)

決算行監委、国家基本委、元外務副大臣、外務大臣政務官、沖北特委長、党外務部門・防衛部門会議座長、日商岩井ニューヨーク部長、東大法／63歳

〒870-0820 大分市西大道2-4-2 ☎097(545)7777
〒100-8982 千代田区永田町2-1-2、会館 ☎03(3508)7412

大分県2区 267,779 投 60.45

大分市(第1区に属しない区域)、日田市、佐伯市、臼杵市、津久見市、竹田市、豊後大野市、由布市、玖珠郡

当79,433 衛藤征士郎 自前(50.2)
比当78,779 吉川元 立前(49.8)

えとうせいしろう
衛藤征士郎
自前[安] 当13(初/昭58)※
大分県 S16・4・29
勤44年6ヵ月(参6年1ヵ月)

党外交調査会長、党総務、予算委、衆議院副議長、予算委員長、外務副大臣、決算・大蔵委長、防衛庁長官、参院議員、玖珠町長、早大院／80歳

〒876-0833 佐伯市池船町21-1 ☎0972(24)0003
〒107-0052 港区赤坂2-17-10、宿舎

大分県3区 301,700 投 59.67

別府市、中津市、豊後高田市、杵築市、宇佐市、国東市、東国東郡、速見郡

当102,807 岩屋毅 自前(58.4)
比73,159 横光克彦 立前(41.6)

いわやたけし
岩屋毅
自前[麻] 当9
大分県別府市 S32・8・24
勤25年3ヵ月 (初/平2)

予算委、憲法審、党治安テロ調査会長、防衛大臣、外務副大臣、防衛政務官、文科委員長、県議、早大政経／64歳

〒874-0933 別府市野口元町1-3 富士吉ビル2F ☎0977(21)1781
〒107-0052 港区赤坂2-17-10、宿舎 ☎03(5549)4671

※昭52参院初当選

宮崎県1区 354,691 投 53.29

宮崎市、東諸県郡

当60,719 渡 辺 創 立新(32.6)
比当59,649 武井俊輔 自前(32.0)
43,555 脇谷のりこ 無新(23.4)
比22,350 外山 斎 維新(12.0)

わたなべ そう 渡 辺 創

立新 当1
宮崎県宮崎市 S52・10・3
勤5ヵ月 (初/令3)

農水委、原子力特委、党宮崎県連代表、党組織委員会副委員長、元宮崎県議、元毎日新聞政治部記者、新潟大/44歳

〒880-0001 宮崎市橘通西5-5-19 ☎0985(77)8777
〒107-0052 港区赤坂2-17-10、宿舎

宮崎県2区 273,071 投 56.28

延岡市、日向市、西都市、児湯郡、東臼杵郡、西臼杵郡

当94,156 江 藤 拓 自前(62.2)
比当57,210 長友慎治 国新(37.8)

えとう たく 江 藤 拓

自前[無] 当7
宮崎県門川町 S35・7・1
勤18年5ヵ月 (初/平15)

党政調会長代理、農水委理、災害特委、拉致特委、前農水大臣、内閣総理大臣補佐官、拉致特委長、農水委員長、農水副大臣、党農林部会長、成城大/61歳

〒883-0021 日向市大字財光寺233-1 ☎0982(53)1367
〒100-8982 千代田区永田町2-1-2、会館 ☎03(3508)7468

宮崎県3区 274,053 投 51.53

都城市、日南市、小林市、串間市、えびの市、北諸県郡、西諸県郡

当111,845 古川禎久 自前(80.7)
20,342 松本 隆 共新(14.7)
6,347 重黒木優平 N新(4.6)

ふるかわ よしひさ 古 川 禎 久

自前[茂] 当7
宮崎県串間市 S40・8・3
勤18年5ヵ月 (初/平15)

法務大臣、党税調幹事、選対副委長、道路調査会幹事長代理、財務副大臣、復興特委長、財金委長、議運委理、党青年局長、環境・法務政務官、建設省、東大法/56歳

〒885-0006 都城市吉尾町811-7 ☎0986(47)1881
〒107-0052 港区赤坂2-17-10、宿舎

鹿児島県1区 358,070 投 54.10

鹿児島市(本庁管内、伊敷・東桜島・吉野・吉田・桜島・松元・郡山支所管内)、鹿児島郡

当101,251 宮路拓馬 自前(53.2)
比89,232 川内博史 立前(46.8)

みやじ たくま 宮 路 拓 馬

自前[森] 当3
鹿児島県南さつま市 S54・12・6
勤7年4ヵ月 (初/平26)

内閣府大臣政務官、内閣委、元総務大臣政務官、総務省課長補佐、内閣官房参事官補佐、広島市財政課長、東大法/42歳

〒892-0838 鹿児島市新屋敷町16-422 公社ビル ☎099(295)4860
〒100-8981 千代田区永田町2-2-1、会館 ☎03(3508)7206

鹿児島県2区 337,186 投58.58

当92,614 三反園 訓 無新(47.7)
80,469 金子万寿夫 自前(41.4)
比21,084 松崎真琴 共新(10.9)

鹿児島市(谷山・喜入支所管内)、枕崎市、指宿市、南さつま市、奄美市、南九州市、大島郡

みたぞの さとし
三反園 訓

無新 当1
鹿児島県指宿市 S33・2・13
勤5ヵ月 (初/令3)

決算行監委、鹿児島県知事、ニュースキャスター、政治記者、総理官邸各省庁キャップ、早大大学院非常勤講師、早大/64歳

〒891-0141 鹿児島市谷山中央3-4701-4 ☎099(266)3333
〒100-8982 千代田区永田町2-1-2、会館 ☎03(3508)7511

鹿児島県3区 318,530 投61.39

当104,053 野間 健 立元(53.9)
比当89,110 小里泰弘 自前(46.1)

阿久根市、出水市、薩摩川内市、日置市、いちき串木野市、伊佐市、姶良市、薩摩郡、出水郡、姶良郡

の ま たけし
野間 健

立元 当3
鹿児島県日置市 S33・10・8
勤5年3ヵ月 (初/平24)

厚労委、原子力特委、国民新党政調会長、国務大臣秘書官、商社員、松下政経塾、慶大/63歳

〒895-0061 薩摩川内市御陵下町27-23 ☎0996(22)1505
〒100-8982 千代田区永田町2-1-2、会館 ☎03(3508)7027

鹿児島県4区 325,670 投57.16

当127,131 森山 裕 自前(69.5)
比49,077 米永淳子 社新(26.8)
6,618 宮川直輝 N新(3.6)

鹿屋市、西之表市、垂水市、曽於市、霧島市、志布志市、曽於郡、肝属郡、熊毛郡

もり やま ひろし
森山 裕

自前[森] 当7(初/平16補)※
鹿児島県鹿屋市 S20・4・8
勤23年10ヵ月(参5年10ヵ月)

党総務会長代行、党国会対策委員長、党政調会長代理、農林水産大臣、財務副大臣、参議院議員、鹿児島市議会議長5期、日新高校(旧鶴丸高夜間課程)/76歳

〒893-0015 鹿屋市新川町671-2 ☎0994(31)1035
〒100-8981 千代田区永田町2-2-1、会館 ☎03(3508)7164

沖縄県1区 267,939 投55.89

当61,519 赤嶺政賢 共前(42.2)
比当54,532 国場幸之助 自前(37.4)
29,827 下地幹郎 無前(20.4)

那覇市、島尻郡(渡嘉敷村、座間味村、粟国村、渡名喜村、南大東村、北大東村、久米島町)

あか みね せい けん
赤嶺政賢

共前 当8
沖縄県那覇市 S22・12・18
勤21年10ヵ月 (初/平12)

党沖縄県委員長、党幹部会委員、安保委、沖北特委、憲法審委、那覇市議、東京教育大/74歳

〒900-0016 那覇市前島3-1-17 ☎098(862)7521
〒100-8981 千代田区永田町2-2-1、会館 ☎03(3508)7196

※平10参院初当選

沖縄県2区 294,848 投54.82

宜野湾市、浦添市、中頭郡

当74,665 新垣邦男 社新(47.4)
比当64,542 宮崎政久 自前(41.0)
比15,296 山川泰博 維新(9.7)
3,053 中村幸也 N新(1.9)

あらかき くにお
新垣邦男
社新 当1(初/令3)
沖縄県 S31・6・19
勤5ヵ月 〈沖縄2区〉

党国対委員長、安保委、憲法審委、沖北特委、元北中城村長、日大／65歳

〒901-2212 宜野湾市長田4-16-11 ☎098(892)2132
〒107-0052 港区赤坂2-17-10、宿舎

沖縄県3区 316,908 投54.00

名護市、沖縄市、うるま市、国頭郡、島尻郡(伊平屋村、伊是名村)

当87,710 島尻安伊子 自新(52.1)
比80,496 屋良朝博 立前(47.9)

しまじり あいこ
島尻安伊子
自新[茂] 当1(初/令3)※
宮城県仙台市 S40・3・4
勤9年10ヵ月(参9年5ヵ月)

外務委、予算委理、沖北特委、沖縄担当大臣補佐官、内閣府特命担当大臣、参院環境委員長、党沖縄県連会長、参議院議員、那覇市議、上智大／56歳

〒904-2153 沖縄市美里1-2-1 ☎098(921)3144
〒107-0052 港区赤坂2-17-10、宿舎

沖縄県4区 295,455 投55.05

石垣市、糸満市、豊見城市、宮古島市、南城市、島尻郡(与那原町、南風原町、八重瀬町)、宮古郡、八重山郡

当87,671 西銘恒三郎 自前(54.9)
比72,031 金城 徹 立新(45.1)

にしめ こうさぶろう
西銘恒三郎
自前[茂] 当6
沖縄県 S29・8・7
勤15年1ヵ月 (初/平15)

復興・沖北担当大臣、沖北特筆理、安保・国交委員長、経産・総務副大臣、国交政務官、予算委理事、県議4期、上智大／67歳

〒901-1115 沖縄県島尻郡南風原町字山川286-1(2F) ☎098(888)5360
〒100-8982 千代田区永田町2-1-2、会館 ☎03(3508)7218

比例代表 九州 20人

福岡、佐賀、長崎、熊本、大分、宮崎、鹿児島、沖縄

いまむら まさひろ
今村雅弘
自前[二] 当9
佐賀県鹿島市 S22・1・5
勤25年7ヵ月 (初/平8)

党物流調査会長、元復興大臣、農林水産副大臣、国交・外務政務官、震災復興・国交・決算行監各委員長、JR九州、東大法／75歳

〒840-0032 佐賀市末広2-13-36 ☎0952(27)8015
〒100-8982 千代田区永田町2-1-2、会館 ☎03(3508)7610

※平19補参院初当選

保岡宏武（やすおか ひろたけ）
自 新［無］ 当1
鹿児島県 S48・5・6
勤5ヵ月 （初／令3）

総務委、農水委、消費者特委、地方創生特委、衆議員保岡興治公設第一秘書、鹿児島事務所長、青山学院大法学部、鹿児島大学大学院農学研究科／48歳

〒890-0054 鹿児島市荒田1-10-8 ☎099(263)8666
〒106-0032 港区六本木7-1-3、宿舎

岩田和親（いわた かずちか）
自 前［岸］ 当4(初/平24)
佐賀県 S48・9・20
勤9年4ヵ月 〈佐賀1区〉

経産・内閣府・復興大臣政務官、元党国防部会・国交部会長代理、建設関係団体副委員長、防衛大臣政務官、佐賀県議、九大法／48歳

〒840-0045 佐賀市西田代2-3-14-1 ☎0952(23)7880
〒107-0052 港区赤坂2-17-10、宿舎

武井俊輔（たけい しゅんすけ）
自 前［岸］ 当4(初/平24)
宮崎県宮崎市 S50・3・29
勤9年4ヵ月 〈宮崎1区〉

党国対副委長、農水委、外務委、議運委、沖北特委、政倫審委、外務政務官、県水泳連盟会長、県議、早大院、中大／46歳

〒880-0805 宮崎市橘通東2-1-4
テヅカビル1F ☎0985(28)7608
〒100-8982 千代田区永田町2-1-2、会館 ☎03(3508)7388

㊨ 略歴

比例九州

古川康（ふるかわ やすし）
自 前［茂］ 当3(初/平26)
佐賀県唐津市 S33・7・15
勤7年4ヵ月 〈佐賀2区〉

党税調幹事、組織本部財政金融証券委員長、総務副部会長、農業基本政策検討委員会事務局次長、障害児者問題調査会事務局次長、女性局次長、一億総活躍推進本部事務局長、総務大臣政務官、佐賀県知事、東大／63歳

〒847-0052 唐津市呉服町1790 ☎0955(74)7888
〒107-0052 港区赤坂2-17-10、宿舎

國場幸之助（こくば こうのすけ）
自 前［岸］ 当4(初/平24)
沖縄県 S48・1・10
勤9年4ヵ月 〈沖縄1区〉

党経産部会長代理、中小企業・小規模事業者政策調査会事務局長、外務大臣政務官、党副幹事長、党沖縄県連会長、県議、会社員、早大卒、日大中退／49歳

〒900-0033 那覇市久米2-31-1
マリーナヴィスタ久米2F ☎098(861)6813
〒100-8982 千代田区永田町2-1-2、会館 ☎03(3508)7741

宮﨑政久（みやざき まさひさ）
自 前［茂］ 当4(初/平24)
長野県 S40・8・8
勤8年3ヵ月 〈沖縄2区〉

党国交部会長代理、法務大臣政務官、党経産部会長代理、安保調幹事、金融調幹事、弁護士、元沖縄県法律顧問、明大法／56歳

〒901-2211 宜野湾市宜野湾1-1-1 2F ☎098(893)2955
〒107-0052 港区赤坂2-17-10、宿舎 ☎03(5549)4671

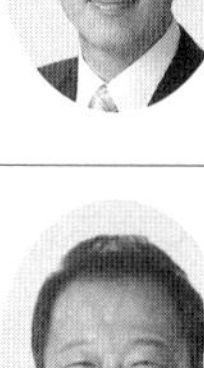

小里泰弘（おざと やすひろ）　自前［無］　当6（初/平17）
鹿児島県　S33・9・29
勤16年7ヵ月　〈鹿児島3区〉

災害対策特別委員長、党経済成長戦略本部長、農林水産副大臣、党副幹事長、農水委員長、環境（兼）内閣府副大臣、慶大／63歳

〒895-0012　鹿児島県薩摩川内市平佐1-10　☎0996(23)5888
〒100-8981　千代田区永田町2-2-1、会館　☎03(3508)7247

末次精一（すえつぐ せいいち）　立新　当1（初/令3）
長崎県佐世保市　S37・12・2
勤5ヵ月　〈長崎4区〉

経産委、科技特委、長崎県議2期、衆議院議員秘書、NPO法人理事長、中小企業診断士、長崎大MBA、京大／59歳

〒857-0016　佐世保市俵町6-21　☎0956(37)3535

吉川元（よしかわ はじめ）　立前　当4（初/平24）
香川県　S41・9・28
勤9年4ヵ月　〈大分2区〉

総務委理、文科委、党総務部会長、社民党副党首、政策秘書、神戸大中退／55歳

〒875-0041　大分県臼杵市大字臼杵195　☎0972(64)0370
〒107-0052　港区赤坂2-17-10、宿舎

山田勝彦（やまだ かつひこ）　立新　当1（初/令3）
長崎県長崎市　S54・7・19
勤5ヵ月　〈長崎3区〉

法務委、厚労委、消費者特委、障がい福祉施設代表、衆議員秘書、法政大／42歳

〒856-0805　大村市竹松本町859-1　☎0957(46)3788
〒107-0052　港区赤坂2-17-10、宿舎

稲富修二（いなとみ しゅうじ）　立前　当3（初/平21）
福岡県　S45・8・26
勤7年10ヵ月　〈福岡2区〉

財務金融委理、国土交通委、党政調副会長、党国対副委員長、丸紅、松下政経塾、東大法、米コロンビア大院修了／51歳

〒815-0041　福岡市南区野間4-1-35-107　☎092(557)8501
〒100-8982　千代田区永田町2-1-2、会館　☎03(3508)7515

濵地雅一（はまち まさかず）　公前　当4
福岡県福岡市　S45・5・8
勤9年4ヵ月　（初/平24）

議運委理事、党国会対策委員長代理、党中央幹事、党福岡県本部代表、外務大臣政務官、弁護士、早大法学部／51歳

〒812-0023　福岡市博多区奈良屋町11-6
奈良屋ビル2F　☎092(262)6616
〒100-8981　千代田区永田町2-2-1、会館　☎03(3508)7235

㊡略歴　比例九州

よしだ のぶひろ
吉田宣弘
公前 当3
熊本県荒尾市 S42・12・8
勤4年 （初／平26）

党国対副委員長、外務委理事、安保委理事、元福岡県議、元参院議員秘書、九州大学／54歳

〒862-0910 熊本市東区健軍本町26-10 村上ビル2F-A ☎096(285)3686
〒100-8981 千代田区永田町2-2-1、会館 ☎03(3508)7276

きんじょう やすくに
金城泰邦
公新 当1
沖縄県浦添市 S44・7・16
勤5ヵ月 （初／令3）

党地方議会局次長、党遊説局次長、党沖縄方面本部幹事長、外務委、農林水産委、沖縄県議、浦添市議、沖縄国際大／52歳

〒900-0012 那覇市泊1-4-13福琉産業ビル2F ☎098(862)0211
〒107-0052 港区赤坂2-17-10、宿舎

よしだくみこ
吉田久美子
公新 当1
佐賀県鳥栖市 S38・7・19
勤5ヵ月 （初／令3）

党女性委員会副委員長、厚労委、決算委、消費者特委、佐賀大教育学部／58歳

〒100-8982 千代田区永田町2-1-2、会館 ☎03(3508)7055

あべ ひろき
阿部弘樹
維新 当1(初/令3)
福岡県 S36・12・15
勤5ヵ月 〈福岡4区〉

法務委、総務委、災害特委、福岡県議、津屋崎町長、厚生省課長補佐、保健所、医師、医博、熊本大学大学院／60歳

〒811-2207 福岡県糟屋郡志免町南里3-4-1 ☎092(957)8760
〒100-8982 千代田区永田町2-1-2、会館 ☎03(3508)7480

やまもと ごうせい
山本剛正
維元 当2(初/平21)
東京都 S47・1・1
勤3年9ヵ月 〈福岡1区〉

国土交通委、倫選特委、党国会対策副委員長、経産委理事、衆議院議員秘書、駒澤大学／50歳

〒812-0001 福岡市博多区大井2-13-23 ☎092(621)0120

たむら たかあき
田村貴昭
共前 当3(初/平26)
大阪府枚方市 S36・4・30
勤7年4ヵ月

党中央委員、農水委、財金委、災害特委、北九州市議、北九州大学法学部政治学科／60歳

〒810-0022 福岡市中央区薬院3-13-12 大場ビル3F ☎092(526)1933
〒107-0052 港区赤坂2-17-10、宿舎

なが　とも　しん　じ
長友慎治
国新　当1(初/令3)
宮崎県宮崎市　S52・6・22
勤5ヵ月　〈宮崎2区〉

農水委、党政調副会長、NPO法人フードバンク日向理事長、日向産業支援センター長、㈱博報堂ケトル、早大法／44歳

〒882-0823　延岡市中町2-2-20　☎0982(20)2011
〒100-8982　千代田区永田町2-1-2、会館　☎03(3508)7212

比例代表　九州　20人
有効投票数　6,307,040票

政党名	当選者数	得票数	得票率
	惜敗率 小選挙区		惜敗率 小選挙区

自民党　8人　2,250,966票　35.69%

当①今村　雅弘 前
当②保岡　宏武 新
当③岩田　和親 前(99.86)佐1
当③武井　俊輔 前(98.24)宮1
当③古川　康 前(92.14)佐2
当③国場幸之助 前(88.41)沖1
当③宮崎　政久 前(86.44)沖2
当③小里　泰弘 前(85.64)鹿3
③高橋　舞子 新(78.19)大1
③初村滝一郎 新(67.78)長1
㉘河野　正美 元
㉙新　義明 新
㉚田畑　隆治 新
【小選挙区での当選者】
③井上　貴博 前　福1
③鬼木　誠 前　福2
③古賀　篤 前　福3
③宮内　秀樹 前　福4
③鳩山　二郎 前　福6
③藤丸　敏 前　福7
③武田　良太 前　福11
③加藤　竜祥 新　長2
③木原　稔 前　熊1
③坂本　哲志 前　熊3
③金子　恭之 前　熊4
③岩屋　毅 前　大3
③江藤　拓 前　宮2
③古川　禎久 前　宮3
③宮路　拓馬 前　鹿1
③島尻安伊子 新　沖3
③西銘恒三郎 前　沖4

立憲民主党　4人　1,266,801票　20.09%

当①末次　精一 新(99.30)長4
当①吉川　元 前(99.18)大2
当①山田　勝彦 新(96.45)長3
当①稲富　修二 前(92.57)福2
①屋良　朝博 前(91.78)沖3
①川内　博史 前(88.13)鹿1
①金城　徹 新(82.16)沖4
①山内　康一 前(72.80)福3
①松平　浩一 前(71.80)長2
①横光　克彦 前(71.16)大3
①濱田　大造 新(63.82)熊1
①青木　剛志 新(60.52)福7
①坪田　晋 新(54.06)福1
①森本慎太郎 新(52.00)福4
①矢上　雅義 前(46.90)熊4
①田辺　徹 新(30.77)福6
㉓出口慎太郎 新
㉔大川　富洋 新
㉕川西　義人 新
【小選挙区での当選者】
①堤　かなめ 新　福5
①城井　崇 前　福10
①原口　一博 前　佐1
①大串　博志 前　佐2
①渡辺　創 新　宮1
①野間　健 元　鹿3

公明党　4人　1,040,756票　16.50%

当①浜地　雅一 前
当②吉田　宣弘 前
当③金城　泰邦 新
当④吉田久美子 新
⑤窪田　哲也 新
⑥中山　英一 新

日本維新の会　2人　540,338票　8.57%

当①阿部　弘樹 新(38.53)福4
当①山本　剛正 元(37.82)福1
①外山　斎 新(36.81)宮1
①西田　主税 新(25.57)福10
①新開　崇司 新(24.96)福2
▼①山川　泰博 新(20.49)沖2

共産党　1人　365,658票　5.80%

当②田村　貴昭 前
③真島　省三 元　福9
④松崎　真琴 新　鹿2

【小選挙区での当選者】
①赤嶺　政賢 前　沖1

国民民主党　1人　279,509票　4.43%

当①長友　慎治 新(60.76)宮2
③前野真実子 新

【小選挙区での当選者】
①西岡　秀子 前　長1

▼は小選挙区の得票が有効投票総数の10分の1未満で、復活当選の資格がない者

その他の政党の得票数・得票率は下記のとおりです。
(当選者はいません)

政党名	得票数	得票率
れいわ新選組	243,284票	3.86%
社民党	221,221票	3.51%
NHKと裁判してる党弁護士法72条違反で	98,506票	1.56%

衆議院小選挙区区割り詳細(未掲載分)

【北海道1区の札幌市北区・西区の一部】(P53参照)

北区(本庁管内(北六条西1～9丁目、北七条西1～10丁目、北八条西1～11丁目、北九条西1～11丁目、北十条西1～11丁目、北十一条西1～11丁目、北十二条西5～12丁目、北十三条西5～12丁目、北十四条西5～13丁目、北十五条西6～13丁目、北十六条西6～13丁目、北十七条西7～13丁目))、**西区**(山の手一条1～13丁目、山の手二条1～12丁目、山の手三条1～12丁目、山の手四条1～11丁目、山の手五条1～10丁目、山の手六条1～9丁目、山の手七条5～8丁目、山の手、二十四軒一条1～7丁目、二十四軒二条1～7丁目、二十四軒三条1～7丁目、二十四軒四条1～7丁目、琴似一条1～7丁目、琴似二条1～7丁目、琴似三条1～7丁目、琴似四条1～7丁目、発寒六条14丁目、発寒七条14丁目、発寒八条13丁目(14番)、発寒八条14丁目、発寒九条13丁目(5番から7番まで)、発寒九条14丁目、小別沢、宮の沢一条1～5丁目、宮の沢二条1～5丁目、宮の沢三条2～5丁目、宮の沢四条3～5丁目、宮の沢、西町南1～21丁目、西町北1～20丁目、西野一条1～9丁目、西野二条1～10丁目、西野三条1～10丁目、西野四条1～10丁目、西野五条1～10丁目、西野六条1～10丁目、西野七条1～10丁目、西野八条1～10丁目、西野九条3～9丁目、西野十条6～9丁目、西野十一条7～9丁目、西野十二条8丁目、西野十三条8丁目、西野十四条8丁目、西野、福井1～10丁目、福井、平和一条2～11丁目、平和二条1～11丁目、平和三条4～10丁目、平和)

【北海道2区の札幌市北区(1区に属しない区域)】(P53参照)

本庁管内(北十二条西1～4丁目、北十三条西1～4丁目、北十四条西1～4丁目、北十五条西1～5丁目、北十六条西1～5丁目、北十七条西1～6丁目、北十八条西2～13丁目、北十九条西2～13丁目、北二十条西2～13丁目、北二十一条西2～13丁目、北二十二条西2～13丁目、北二十三条西2～14丁目、北二十四条西2～19丁目、北二十五条西2～9丁目、北二十五条西11～18丁目、北二十六条西2～9丁目、北二十六条西12～17丁目、北二十七条西2～16丁目、北二十八条西2～15丁目、北二十九条西2～15丁目、北三十条西2～14丁目、北三十一条西2～14丁目、北三十二条西2～13丁目、北三十三条西2～12丁目、北三十四条西2～11丁目、北三十五条西2～10丁目、北三十六条西2～10丁目、北三十七条西2～9丁目、北三十八条西2～8丁目、北三十九条西3～7丁目、北四十条西4～6丁目、新川一条1～6丁目、新川二条1～13丁目、新川三条1～20丁目、新川四条1～20丁目、新川五条1～6丁目、新川五条14～16丁目、新川五条20丁目、新川六条14～16丁目、新川六条20丁目、新川七条16丁目、新川八条17丁目、新川西一条1～4丁目、新川西一条6～7丁目、新川西二条1～7丁目、新川西三条1～7丁目、新川西四条3～4丁目、新川西五条4丁目、新川、新琴似一条1～13丁目、新琴似二条1～13丁目、新琴似三条1～13丁目、新琴似四条1～17丁目、新琴似五条1～17丁目、新琴似六条1～17丁目、新琴似七条1～17丁目、新琴似八条1～17丁目、新琴似九条1～16丁目、新琴似十条1～17丁目、新琴似十一条1～17丁目、新琴似十二条1～17丁目、新琴似町、屯田一条1～2丁目、屯田二条1～5丁目、屯田三条1～8丁目、屯田四条1～10丁目、屯田五条1～12丁目、屯田六条1～12丁目、屯田七条1～12丁目、屯田八条1～12丁目、屯田九条1～12丁目、屯田十条1～3丁目、屯田十一条1～3丁目、屯田町、麻生町1～9丁目)、篠路出張所管内

【北海道4区の札幌市西区(1区に属しない区域)】(P54参照)

八軒一条東1～5丁目、八軒二条東1～5丁目、八軒三条東1～5丁目、八軒四条東1～5丁目、八軒五条東1～5丁目、八軒六条東1～5丁目、八軒七条東1～5丁目、八軒八条東1～5丁目、八軒九条東1～5丁目、八軒十条東1～5丁目、八軒一条西1～4丁目、八軒二条西1～4丁目、八軒三条西1～5丁目、八軒四条西1～6丁目、八軒五条西1～6丁目、八軒五条西8～11丁目、八軒六条西1～11丁目、八軒七条西1～11丁目、八軒八条西1～10丁目、八軒九条西1～7丁目、八軒九条西9～11丁目、八軒十条西1～6丁目、八軒十条西9～13丁目、発寒一条2～4丁目、発寒二条1～5丁目、発寒三条1～6丁目、発寒四条1～7丁目、発寒五条2～8丁目、発寒六条3～5丁目、発寒六条7～13丁目、発寒七条4～5丁目、発寒七条7～13丁目、発寒八条5丁目、発寒八条7丁目、発寒八条9～12丁目、発寒八条13丁目(14番を除く。)、発寒九条9～12丁目、発寒九条13丁目(5番から7番までを除く。)、発寒十条1～6丁目、発寒十条11～14丁目、発寒十一条1～6丁目、発寒十一条11～12丁目、発寒十一条14丁目、発寒十二条1～5丁目、発寒十二条11～14丁目、発寒十三条2～5丁目、発寒十三条11～14丁目、発寒十四条1～5丁目、発寒十四条11～14丁目、発寒十五条1～4丁目、発寒十五条12～14丁目、発寒十六条1～4丁目、発寒十六条12～14丁目、発寒十七条3～4丁目、発寒十七条13～14丁目

【茨城県1区の下妻市の一部】(P67参照)

下妻、長塚、砂沼新田、坂本新田、大木新田、石の宮、堀篭、坂井、比毛、横根、平川戸、北大宝、大宝、大串、平沼、福田、下木戸、神明、若柳、下宮、数須、筑波島、下田、中郷、黒駒、江、平方、尻手、渋井、桐ヶ瀬、前河原、赤須、柴、半谷、大木、南原、上野、関本下、袋畑、古沢、小島、二本紀、今泉、中居指、新堀、加養、亀崎、樋橋、肘谷、山尻、谷田部、柳原、安食、高道祖、本城町1～3丁目、小野子町1～2丁目、本宿町1～2丁目、田町1～2丁目

【栃木県1区の下野市の一部】(P69参照)

薬師寺、成田、町田、谷地賀、下文狭、田中、仁良川、本吉田、別当河原、下吉田、磯部、中川島、上川島、上吉田、三王山、絹板、花田、下坪山、上坪山、東根、祇園1～5丁目、緑1～6丁目

【埼玉県1区のさいたま市見沼区の一部】(P71参照)

大字大谷、大和田町1～2丁目、卸町1～2丁目、大字加田屋新田、加田屋1～2丁目、大字片柳、片柳1～2丁目、片柳東、大字上山口新田、大字小深作、大字笹丸、大字島、島町、島町1～2丁目、大字新右ェ門新田、大字染谷、染谷1～3丁目、大字中川、大字新堤、大字西山新田、大字西山村新田、大字蓮沼、春岡1～3丁目、春野1～4丁目、大字東新井、東大宮1丁目、東大宮5～7丁目、大字東宮下、東宮下1～3丁目、大字東門前、大字膝子、大字深作、深作1～5丁目、大字風渡野、堀崎町、大字丸ヶ崎、丸ヶ崎町、大字御蔵、大字南中野、大字南中丸、大字宮ヶ谷塔、宮ヶ谷塔1～4丁目、大字見山、大字山

【埼玉県2区の川口市の一部】(P72参照)

本庁管内、新郷・神根支所管内、芝支所管内(芝中田1～2丁目、芝宮根町、芝

高木1～2丁目、芝東町、芝1～4丁目、芝下1～3丁目、大字芝（3102番地から3198番地までを除く。）、芝西1丁目（1番から11番までを除く。）、芝西2丁目、芝塚原1丁目（1番及び4番を除く。）、芝塚原2丁目、大字伊刈、大字小谷場、柳崎1～5丁目、北園町、柳根町）、安行・戸塚・鳩ヶ谷支所管内

【埼玉県3区の越谷市の一部】（P72参照）

赤山町1～5丁目、赤山本町、東町1～6丁目、伊原1～2丁目、大字大里、大沢、大沢1～4丁目、大字大杉、大字大泊、大字大林、大字大房、大字大松、大間野町1～5丁目、大字大吉、大字小曽川、大字上間久里（976番地から1075番地までを除く。）、大字蒲生、蒲生1～4丁目、蒲生茜町、蒲生旭町、蒲生愛宕町、蒲生寿町、蒲生西町1～2丁目、蒲生東町、蒲生本町、蒲生南町、川柳町1～6丁目、瓦曽根1～3丁目、大字北後谷、大字北川崎、北越谷1～5丁目、越ヶ谷、越ヶ谷1～5丁目、越ヶ谷本町、御殿町、相模町1～7丁目、七左町1丁目、七左町4～8丁目、大字下間久里、新川町1～2丁目、新越谷1～2丁目、神明町1～3丁目、大字砂原、千間台東1～4丁目、大成町1～8丁目、大字中島、中島1～3丁目、大字長島、中町、大字西新井、大字西方、西方1～2丁目、大字野島、登戸町、大字花田、花田1～7丁目、東大沢1～5丁目、東越谷1～10丁目、東柳田町、大字平方、平方南町、大字袋山（671番地から679番地まで、681番地から687番地まで、696番地から699番地まで、704番地、728番地から753番地まで、761番地から805番地まで、811番地から837番地まで、843番地、856番地から888番地まで、899番地から952番地まで、978番地から1021番地まで、1081番地から1162番地まで、1164番地から1187番地まで、1191番地から1218番地まで、1677番地、1717番地、1718番地、1756番地、1757番地、1851番地から2001番地まで及び2004番地から2060番地まで）、大字船渡、大字増林、増林1～3丁目、大字増森、増森1～2丁目、大字南荻島（1番地から4013番地まで、4095番地、4096番地及び4131番地から4135番地まで）、南越谷1～5丁目、南町1～3丁目、宮前1丁目、宮本町1～5丁目、大字向畑、元柳田町、弥栄町1～4丁目、大字弥十郎、谷中町1～4丁目、柳町、弥生町、流通団地1～4丁目、レイクタウン1～9丁目

【埼玉県13区の春日部市の一部、越谷市（3区に属しない区域）】（P74参照）

春日部市（赤沼、一ノ割、一ノ割1～4丁目、牛島、内牧、梅田、梅田1～3丁目、梅田本町1～2丁目、大枝、大沼1～7丁目、大場、大畑、粕壁、粕壁1～4丁目、粕壁東1～6丁目、上大増新田、上蛭田、小渕、栄町1～3丁目、下大増新田、下蛭田、新川、薄谷、千間1丁目、中央1～8丁目、銚子口、道口蛭田、道順川戸、豊野町1～3丁目、武里中野、新方袋、西八木崎1～3丁目、八丁目、花積、浜川戸1～2丁目、樋掘、樋籠、備後西1～5丁目、備後東1～8丁目、藤塚、不動院野、本田町1～2丁目、増富、増戸、増田新田、緑町1～6丁目、南1～5丁目、南栄町、南中曽根、八木崎町、谷原1～3丁目、谷原新田、豊町1～6丁目、六軒町）、**越谷市**（大字大竹、大字大道、大字恩間、大字恩間新田、大字上間久里（976番地から1075番地まで）、大字三野宮、千間台西1～6丁目、大字袋山（671番地から679番地まで、681番地から687番地まで、696番地から699番地まで、704番地、728番地から753番地まで、761番地から805番地まで、811番地から837番地まで、843番地、856番地から888番地まで、899番地から952番地まで、978番地から1021番地まで、1081番地から1162番地まで、1164番地から1187番地まで、1191番地から1218番地まで、1677番地、1717番地、1718番地、1756番地、1757番地、1851番地から2001番地まで及び2004番地から2060番地までを除く。）、大字南荻島（1番地から4013番地まで、4095番地、4096番地及び4131番地から4135番地までを除く。））

【埼玉県15区の川口市の一部】（P75参照）

芝支所管内（芝新町、芝5丁目、芝樋ノ爪1～2丁目、芝富士1～2丁目、芝園町、大字芝（3102番地から3198番地まで）、芝西1丁目（1番から11番まで）、芝塚原1丁目（1番及び4番））

【千葉県5区の市川市本庁管内】（P81参照）

市川1～3丁目、市川南1～5丁目、真間1～3丁目、新田1～5丁目、平田1～4丁目、大洲1～4丁目、大和田1～5丁目、東大和田1～2丁目、稲荷木1～3丁目、八幡1～6丁目、南八幡1～5丁目、菅野1～6丁目、東菅野1～3丁目、鬼越1～2丁目、鬼高1～4丁目、高石神、中山1～4丁目、若宮1～3丁目、北方1～3丁目、本北方1～3丁目、北方町4丁目、東浜1丁目、田尻、田尻1～5丁目、高谷、高谷1～3丁目、高谷新町、原木、原木1～4丁目、二俣、二俣1～2丁目、二俣新町、上妙典

【千葉県10区の横芝光町の一部】（P82参照）

篠本、新井、宝米、市野原、二又、小川台、台、傍示戸、富下、虫生、小田部、母子、芝崎、芝崎南、宮川、谷中、目篠、上原、原方、木戸、尾垂イ、尾垂ロ、篠本根切

【神奈川県7区の横浜市都筑区の一部】（P84参照）

あゆみが丘、池辺町、牛久保町、牛久保1～3丁目、牛久保西1～4丁目、牛久保東1～3丁目、大熊町、大棚町、大棚西、折本町、加賀原1～2丁目、勝田町、勝田南1～2丁目、川向町、川和台、川和町、北山田1～7丁目、葛が谷、佐江戸町、桜並木、新栄町、すみれが丘、高山、茅ケ崎町、茅ケ崎中央、茅ケ崎東1～5丁目、茅ケ崎南1～5丁目、中川1～8丁目、中川中央1～2丁目、長坂、仲町台1～5丁目、二の丸、早渕1～3丁目、東方町、東山田町、東山田1～4丁目、平台、富士見が丘、南山田町、南山田1～3丁目、見花山

【神奈川県10区の川崎市中原区の一部】（P85参照）

新丸子町、新丸子東1～3丁目、丸子通1～2丁目、上丸子山王町1～2丁目、上丸子八幡町、上丸子天神町、小杉町1～3丁目、小杉御殿町1～2丁目、小杉陣屋町1～2丁目、等々力、木月1～4丁目、西加瀬、木月祇園町、木月伊勢町、木月大町、木月住吉町、苅宿、大倉町、市ノ坪、今井上町、今井仲町、今井南町、今井西町、井田1～3丁目、井田中ノ町、上平間、田尻町、北谷町、中丸子、下沼部、上丸子、小杉

【神奈川県13区の座間市の一部】（P86参照）

入谷1～5丁目、栗原、栗原中央1～6丁目、小松原1～2丁目、さがみ野1～3丁目、座間、座間1～2丁目、座間入谷、新田宿、相武台1～4丁目、立野台1～3丁目、

西栗原1～2丁目、東原1～5丁目、ひばりが丘1～5丁目、広野台1～2丁目、緑ケ丘1～6丁目、南栗原1～6丁目、明王、四ツ谷

【神奈川県14区の相模原市緑区・南区の一部】（P86参照）

緑区（相原、相原1～6丁目、大島、大山町、上九沢、下九沢、田名、西橋本1～5丁目、二本松1～4丁目、橋本1～8丁目、橋本台1～4丁目、東橋本1～4丁目、元橋本町）、**南区**（旭町、鵜野森1～3丁目、大野台1～8丁目、上鶴間1～8丁目、上鶴間本町1～9丁目、古淵1～6丁目、栄町、相模大野1～9丁目、相南1丁目（1番から18番まで）、相南2丁目（1番から12番まで、17番及び25番から28番まで）、相南3丁目（1番から26番まで及び34番から47番まで）、西大沼1～5丁目、東大沼1～4丁目、東林間1～8丁目、文京1～2丁目、御園1～3丁目、豊町、若松1～6丁目）

【神奈川県16区の相模原市南区（14区に属しない区域）】（P87参照）

麻溝台、麻溝台1～8丁目、新磯野、新磯野1～5丁目、磯部、上鶴間、北里1～2丁目、相模台1～7丁目、相模台団地、桜台、下溝、新戸、相南1丁目（19番から24番まで）、相南2丁目（13番から16番まで及び18番から24番まで）、相南3丁目（27番から33番まで）、相南4丁目、相武台1～3丁目、相武台団地1～2丁目、当麻、双葉1～2丁目、松が枝町、御園4～5丁目、南台1～6丁目

【神奈川県18区の川崎市中原区（10区に属しない区域）・宮前区（9区に属しない区域）】（P87参照）

中原区（宮内1～4丁目、新城、上新城1～2丁目、新城1～5丁目、新城中町、下新城1～3丁目、上小田中1～7丁目、下小田中1～6丁目、井田三舞町、井田杉山町）、**宮前区**（向ケ丘、けやき平、神木1～2丁目、馬絹、馬絹1～3丁目、小台1～2丁目、土橋1～7丁目、有馬1～9丁目、東有馬1～5丁目、野川、宮崎、宮崎1～6丁目、宮前平1～3丁目、鷺沼1～4丁目、梶ケ谷、菅生ケ丘、水沢1～3丁目、潮見台、初山1～2丁目、菅生1～6丁目、犬蔵1～3丁目、平1～6丁目、五所塚1～2丁目、南平台、白幡台1～2丁目）

【東京都1区の港区・新宿区の一部】（P93参照）

港区（芝地区総合支所管内（芝5丁目、三田1～3丁目）、麻布地区・赤坂地区・高輪地区総合支所管内、芝浦港南地区総合支所管内（芝浦4丁目、海岸3丁目（4番から13番まで、20番、21番及び31番から33番まで）、港南1～5丁目、台場1～2丁目））、**新宿区**（本庁管内、四谷・箪笥町・榎町・若松町・大久保・戸塚特別出張所管内、落合第一特別出張所管内（下落合1～4丁目、中落合2丁目、高田馬場3丁目）、柏木・角筈特別出張所管内）

【東京都2区の港区（1区に属しない区域）、台東区の一部】（P93参照）

港区（芝地区総合支所管内（芝1～4丁目、海岸1丁目、東新橋1～2丁目、新橋1～6丁目、西新橋1～3丁目、浜松町1～2丁目、芝大門1～2丁目、芝公園1～4丁目、虎ノ門1～5丁目、愛宕1～2丁目）、芝浦港南地区総合支所管内（芝浦1～3丁目、海岸2丁目、海岸3丁目（1番から3番まで、14番から19番まで及び22番から30番まで）））、**台東区**（台東1～4丁目、柳橋1～2丁目、浅草橋1～5丁目、鳥越1～2丁目、蔵前1～4丁目、小島1～2丁目、三筋1～2丁目、秋葉原、上野1～7丁目、東上野1～5丁目、元浅草1～4丁目、寿1～4丁目、駒形1～2丁目、北上野1～2丁目、下谷1丁目、下谷2丁目（1番から12番まで、13番6号から13番13号まで及び16番から23番まで）、下谷3丁目、根岸1～5丁目、入谷1丁目（4番から8番まで、15番から20番まで及び29番から31番まで）、入谷2丁目（34番から39番まで）、竜泉1～3丁目、西浅草1丁目、雷門1～2丁目、浅草1丁目、浅草2丁目（1番から12番まで及び28番から35番まで）、花川戸1～2丁目、千束2丁目（33番から36番まで）、日本堤2丁目（36番から39番まで）、三ノ輪1～2丁目、池之端1～4丁目、上野公園、上野桜木1～2丁目、谷中1～7丁目）

【東京都3区の品川区・大田区の一部】（P93参照）

品川区（品川第一・品川第二地域センター管内、大崎第一地域センター管内（東五反田1～3丁目、西五反田1丁目、西五反田2丁目（1番から21番まで）、西五反田8丁目（4番1号から4番13号まで、5番、6番10号から6番23号まで、7番及び8番）、小山台1丁目、小山1丁目、荏原1丁目）、大崎第二地域センター管内（西五反田6丁目及び西五反田7丁目に属する区域を除く。）、大井第一・大井第二・大井第三・荏原第一・荏原第二・荏原第三・荏原第四・荏原第五・八潮地域センター管内）、**大田区**（嶺町・田園調布特別出張所管内、鵜の木特別出張所管内（鵜の木2丁目及び鵜の木3丁目に属する区域に限る。）、久が原特別出張所管内（千鳥1丁目及び池上3丁目に属する区域を除く）、雪谷・千束特別出張所管内）

【東京都4区の大田区（3区に属しない区域）】（P94参照）

大森東・大森西・入新井・馬込・池上・新井宿特別出張所管内、鵜の木特別出張所管内（鵜の木2丁目及び鵜の木3丁目に属する区域を除く。）、久が原特別出張所管内（千鳥1丁目及び池上3丁目に属する区域に限る。）、糀谷・羽田・六郷・矢口・蒲田西・蒲田東特別出張所管内

【東京都5区の目黒区・世田谷区の一部】（P94参照）

目黒区（上目黒2丁目（47番から49番まで）、上目黒4丁目、中目黒5丁目、目黒4丁目（1番から5番まで、12番から26番まで）、下目黒4丁目（21番から23番まで）、下目黒5丁目（8番から37番まで）、下目黒6丁目、中町1～2丁目、五本木1～3丁目、祐天寺1～2丁目、中央町1～2丁目、目黒本町1～6丁目、原町1～2丁目、洗足1～2丁目、南1～3丁目、碑文谷1～6丁目、鷹番1～3丁目、平町1～2丁目、大岡山1～2丁目、緑が丘1～3丁目、自由が丘1～3丁目、中根1～2丁目、柿の木坂1～3丁目、八雲1～5丁目、東が丘1～2丁目）、**世田谷区**（池尻・太子堂・下馬・上馬・代沢・奥沢・九品仏・等々力・上野毛・用賀・深沢まちづくりセンター管内）

【東京都6区の世田谷区（5区に属しない区域）】（P94参照）

若林・上町・経堂・梅丘・新代田・北沢・松原・松沢・祖師谷・成城・船橋・喜多見・砧・上北沢・上祖師谷・烏山まちづくりセンター管内

【東京都7区の品川区（3区に属しない区域）、目黒区（5区に属しない区域）、中野区の一部】（P94参照）

品川区（大崎第一地域センター管内（上大崎1～4丁目、東五反田4～5丁目、西五反田2丁目（1番から21番までを除く。）、西五反田3～7丁目、西五反田8丁目（1番から3番まで））、大崎第二地域センター管内（西五反田6丁目及び西五反田7丁目に属する区域に限る。））、**目黒区**（駒場1～4丁目、青葉台1～4丁目、東山1～3丁目、大橋1～2丁目、上目黒1丁目、上目黒2丁目（1番から46番まで）、上目黒3丁目、上目黒5丁目、中目黒1～4丁目、三田1～2丁目、目黒1～3丁目、目黒4丁目（6番から11番まで）、下目黒1～3丁目、下目黒4丁目（1番から20番まで）、下目黒5丁目（1番から7番まで））、**中野区**（南台1～5丁目、弥生町1～6丁目、本町1～6丁目、中央1～5丁目、東中野1～5丁目、中野1～4丁目、中野5丁目（10番から68番まで）、新井1丁目（1番から35番まで）、新井2～3丁目、野方1丁目、野方2丁目（1番から31番まで及び41番から62番まで））

【東京都8区の杉並区（7区に属しない区域）】（P95参照）

井草1～5丁目、上井草1～4丁目、下井草1～5丁目、善福寺1～4丁目、今川1～4丁目、桃井1～4丁目、西荻北1～5丁目、上荻1～4丁目、清水1～3丁目、本天沼1～3丁目、天沼1～3丁目、阿佐谷北1～6丁目、阿佐谷南1～3丁目、高円寺北1～4丁目、高円寺南1～5丁目、和田1～3丁目、和泉1～4丁目、堀ノ内1～3丁目、松ノ木1～3丁目、大宮1～2丁目、梅里1～2丁目、久我山1～5丁目、高井戸西1～3丁目、上高井戸1～3丁目、永福1～4丁目、浜田山1～4丁目、下高井戸1～5丁目、高井戸東1～4丁目、成田東1～5丁目、成田西1～4丁目、荻窪1～5丁目、南荻窪1～4丁目、西荻南1～4丁目、松庵1～3丁目、宮前1～5丁目

【東京都9区の練馬区の一部】（P95参照）

豊玉上2丁目、豊玉中1～4丁目、豊玉南1～3丁目、豊玉北3～6丁目、中村1～3丁目、中村南1～3丁目、中村北1～4丁目、練馬1～4丁目、向山1～4丁目、貫井1～5丁目、春日町1～6丁目、高松1～6丁目、田柄3丁目（14番から30番までを除く。）、田柄5丁目（21番から28番までを除く。）、光が丘2～7丁目、旭町1～3丁目、土支田1～4丁目、富士見台1～4丁目、南田中1～5丁目、高野台1～5丁目、谷原1～6丁目、三原台1～3丁目、石神井町1～8丁目、石神井台1～8丁目、下石神井1～6丁目、東大泉1～7丁目、西大泉町、西大泉1～6丁目、南大泉1～6丁目、大泉町1～6丁目、大泉学園町1～9丁目、関町北1～5丁目、関町南1～4丁目、上石神井南町、立野町、上石神井1～4丁目、関町東1～2丁目

【東京都10区の新宿区（1区に属しない区域）、中野区（7区に属しない区域）、豊島区の一部】（P95参照）

新宿区（落合第一特別出張所管内（上落合1～2丁目、中落合1丁目、中落合3～4丁目、中井2丁目）、落合第二特別出張所管内）、**中野区**（東中野3丁目、中野5丁目（1番から9番まで）、中野6丁目、上高田1～5丁目、新井1丁目（36番から43番まで）、新井4～5丁目、沼袋1～4丁目、松が丘1～2丁目、江原町1～3丁目、江古田1～4丁目、丸山1～2丁目、野方2丁目（32番から40番まで及び63番から69番まで）、野方3～6丁目、大和町1～4丁目、若宮1～3丁目、白鷺1～3丁目、鷺宮1～6丁目、上鷺宮1～5丁目）、**豊島区**（本庁管内（東池袋1～5丁目、南池袋1～4丁目、西池袋1～5丁目、池袋1～4丁目、池袋本町1～4丁目、雑司が谷1～3丁目、高田1～3丁目、目白1～4丁目）、東部区民事務所管内（南大塚3丁目及び東池袋5丁目に属する区域に限る。）、西部区民事務所管内）

【東京都11区の板橋区の一部】（P95参照）

本庁管内（板橋1～4丁目、加賀1～2丁目、大山東町、大山金井町、熊野町、中丸町、南町、稲荷台、仲宿、氷川町、栄町、大山町、大山西町、幸町、中板橋、仲町、弥生町、本町、大和町、双葉町、富士見町、大谷口上町、大谷口北町、大谷口1～2丁目、向原1～3丁目、小茂根1～5丁目、常盤台1～4丁目、南常盤台1～2丁目、東新町1～2丁目、上板橋1～3丁目、清水町、蓮沼町、大原町、泉町、宮本町、志村1～3丁目、坂下1～3丁目、東坂下1～2丁目、小豆沢1～4丁目、西台1～4丁目、中台1～3丁目、若木1～3丁目、蓮根1～3丁目、相生町、前野町1～6丁目、三園2丁目、東山町、桜川1～3丁目、高島平1～9丁目、新河岸3丁目）、赤塚支所管内

【東京都12区の豊島区（10区に属しない区域）、板橋区（11区に属しない区域）、足立区の一部】（P96参照）

豊島区（本庁管内（西巣鴨1丁目、北大塚3丁目、上池袋1～4丁目）、東部区民事務所管内（南大塚3丁目及び東池袋5丁目に属する区域を除く。））、**板橋区**（本庁管内（新河岸1～2丁目、舟渡1～4丁目））、**足立区**（入谷1～9丁目、入谷町、扇2丁目、小台1～2丁目、加賀1～2丁目、江北1～7丁目、皿沼1～3丁目、鹿浜1～8丁目、新田1～3丁目、椿1～2丁目、舎人1～6丁目、舎人公園、舎人町、堀之内1～2丁目、宮城1～2丁目、谷在家2～3丁目）

【東京都13区の足立区（12区に属しない区域）】（P96参照）

青井1～6丁目、足立1～4丁目、綾瀬1～7丁目、伊興1～5丁目、伊興本町1～2丁目、梅島1～3丁目、梅田1～8丁目、大谷田1～5丁目、加平1～3丁目、北加平町、栗原1～4丁目、弘道1～2丁目、古千谷1～2丁目、古千谷本町1～4丁目、佐野1～2丁目、島根1～4丁目、神明1～3丁目、神明南1～2丁目、関原1～3丁目、千住1～5丁目、千住曙町、千住旭町、千住東1～2丁目、千住大川町、千住河原町、千住寿町、千住桜木1～2丁目、千住関屋町、千住龍田町、千住中居町、千住仲町、千住橋戸町、千住緑町1～3丁目、千住宮元町、千住元町、千住柳町、竹の塚1～7丁目、辰沼1～2丁目、中央本町1～5丁目、東和1～5丁目、中川1～5丁目、西綾瀬1～4丁目、西新井1～7丁目、西新井栄町1～2丁目、西伊興1～4丁目、西伊興町、西加平1～2丁目、西竹の塚1～2丁目、西保木間1～4丁目、花畑1～8丁目、東綾瀬1～3丁目、東伊興1～4丁目、東保木間1～2丁目、東六月町、一ツ家1～4丁目、日ノ出町、平野1～3丁目、保木間1～5丁目、保塚町、南花畑1～5丁目、六木1～4丁目、谷在家1丁目、谷中1～5丁目、柳原1～2丁目、六月1～3丁目、六町1～4丁目、扇1丁目、扇3丁目、興野1～2丁目、西新井栄町3丁目、西新井本町1～5丁目、本木1～2丁目、本木北町、本木西町、本木東町、本木南町

【東京都14区の台東区（2区に属しない区域）】（P96参照）

東上野6丁目、下谷2丁目（13番1号から13番5号まで、13番14号から13番24号まで、14番、15番及び24番）、入谷1丁目（1番から3番まで、9番から14番まで、

21番から28番まで、32番及び33番)、入谷2丁目(1番から33番まで)、松が谷1～4丁目、西浅草2～3丁目、浅草2丁目(13番から27番まで)、浅草3～7丁目、千束1丁目、千束2丁目(1番から32番まで)、千束3～4丁目、今戸1～2丁目、東浅草1～2丁目、橋場1～2丁目、清川1～2丁目、日本堤1丁目、日本堤2丁目(1番から35番まで)

【東京都16区の江戸川区の一部】(P97参照)

本庁管内(中央1～4丁目、松島1～4丁目、松江1～7丁目、東小松川1～4丁目、西小松川町、大杉1～5丁目、西一之江1～4丁目、春江町4丁目、一之江1～8丁目、西瑞江4丁目、江戸川4丁目、松本1～2丁目)、小松川・葛西・東部・鹿骨事務所管内

【東京都21区の多摩市・稲城市の一部】(P98参照)

多摩市(関戸、関戸1～4丁目、関戸5丁目(1番から8番まで及び13番から31番まで)、連光寺、連光寺1～6丁目、東寺方1丁目、一ノ宮、一ノ宮1～4丁目、聖ヶ丘1丁目(1番から24番まで、35番及び44番)、聖ヶ丘2～5丁目)、**稲城市**(坂浜、平尾、平尾1～3丁目、長峰1～3丁目、若葉台1～4丁目)

【東京都22区の稲城市(21区に属しない区域)】(P98参照)

矢野口、東長沼、大丸、百村、押立、向陽台1～6丁目

【東京都23区の多摩市(21区に属しない区域)】(P98参照)

関戸5丁目(1番から8番まで及び13番から31番までを除く。)、関戸6丁目、貝取、乞田、和田、百草、落川、東寺方、桜ヶ丘1～4丁目、聖ヶ丘1丁目(1番から24番まで、35番及び44番を除く。)、馬引沢1～2丁目、山王下、中沢、唐木田、諏訪1～6丁目、永山1～7丁目、貝取1～5丁目、豊ヶ丘1～6丁目、落合1～6丁目、鶴牧1～6丁目、南野1～3丁目、東寺方3丁目、和田3丁目、愛宕1～4丁目

【東京都24区の八王子市(21区に属しない区域)】(P99参照)

横山町、八日町、八幡町、八木町、追分町、千人町1～4丁目、日吉町、元本郷町1～4丁目、平岡町、本郷町、大横町、本町、元横山町1～3丁目、田町、新町、明神町1～4丁目、子安町1～4丁目、東町、旭町、三崎町、中町、南町、寺町、万町、上野町、天神町、南新町、小門町、台町1～4丁目、中野町、暁町1～3丁目、中野山王1～3丁目、中野上町1～5丁目、大和田町1～7丁目、富士見町、緑町、清川町、東浅川町、初沢町、高尾町、南浅川町、西浅川町、裏高尾町、廿里町、下柚木、下柚木2～3丁目、上柚木、上柚木2～3丁目、中山、越野、南陽台1～3丁目、堀之内、堀之内2～3丁目、鹿島、松が谷、鑓水、鑓水2丁目、南大沢1～5丁目、松木、別所1～2丁目、並木町、散田町1～5丁目、山田町、めじろ台1～4丁目、長房町、城山手1～2丁目、狭間町、椚田町、館町、寺田町、大船町、大楽寺町、上壱分方町、諏訪町、四谷町、叶谷町、泉町、横川町、弐分方町、川町、元八王子町1～3丁目、下恩方町、上恩方町、西寺方町、小津町、川口町、上川町、犬目町、楢原町、美山町、尾崎町、左入町、滝山町1～2丁目、梅坪町、谷野町、みつい台1～2丁目、丹木町1～3丁目、加住町1～2丁目、宮下町、戸吹町、高月町、小比企町、片倉町、西片倉1～3丁目、宇津貫町、みなみ野1～6丁目、兵衛1～2丁目、七国1～6丁目、北野町、打越町、北野台1～5丁目、長沼町、絹ヶ丘1～3丁目、高倉町、石川町、宇津木町、平町、小宮町、久保山町1～2丁目、大谷町、丸山町

【新潟県1区の新潟市北区・東区・中央区・江南区・南区・西区の一部】(P103参照)

北区(本庁管内(細山に属する区域に限る。)、北出張所管内(すみれ野4丁目に属する区域を除く。))、**東区**(本庁管内、石山出張所管内(亀田中島4丁目に属する区域を除く。))、**中央区**(本庁管内、東出張所管内、南出張所管内(鵜ノ子及び亀田早通に属する区域を除く。))、**江南区**(本庁管内(天野、天野1～3丁目、粟山、姥ケ山、江口、大淵、祖父興野、嘉木、嘉瀬、上和田、北山、久蔵興野、蔵岡、酒屋町、笹山、三百地、鐘木、清五郎、曽川、楚川、曽野木1～2丁目、太右エ門新田、俵柳、直り山、長潟、中野山、鍋潟新田、西野、西山、花ノ牧、平賀、細山、舞潟、松山、丸潟新田、丸山、丸山ノ内善之丞組、茗荷谷、山二ツ、両川1～2丁目、和田、割野))、**南区**(本庁管内(天野に属する区域に限る。))、**西区**(本庁管内、西出張所管内(四ツ郷屋及び與兵衛野新田に属する区域を除く。)、黒埼出張所管内)

【新潟県2区の長岡市の一部】(P104参照)

本庁管内(西津町に属する区域のうち、平成17年3月31日において三島郡越路町の区域であった区域に限る。)、越路・三島・小国・和島・寺泊・与板支所管内

【新潟県3区の新潟市北区の一部】(P104参照)

本庁管内(細山、小杉、十二前及び横越に属する区域を除く。)、北出張所管内(すみれ野4丁目に属する区域に限る。)

【新潟県4区の新潟市北区・東区・中央区・江南区・南区の一部、長岡市の一部】(P104参照)

新潟市(**北区**(第1区及び第3区に属しない区域)、**東区**(第1区に属しない区域)、**中央区**(第1区に属しない区域)、**江南区**(第1区に属しない区域)、**南区**(第1区及び第2区に属しない区域))、**長岡市**(中之島支所管内(押切川原町に属する区域のうち、平成17年3月31日において長岡市の区域であった区域を除く。)、栃尾支所管内)

【富山県1区の富山市の一部】(P105参照)

相生町、綾田町1～3丁目、青柳、青柳新、赤江町、赤田、秋ヶ島、秋吉、秋吉新町、悪王寺、曙町、朝日、旭町、安住町、愛宕町1～2丁目、荒川、荒川1～5丁目、荒川新町、荒町、新屋、有沢、有沢新町、粟島町1～3丁目、安養寺、安養坊、飯野、池多、石金1～3丁目、石倉町、石坂、石坂新、石坂東町、石田、石屋、泉町1～2丁目、磯部町1～4丁目、一番町、一本木、稲荷園町、稲荷町1～4丁目、稲荷元町1～3丁目、犬島1～7丁目、犬島新町1～2丁目、今泉、今泉西部町、今泉北部町、今市、今木町、岩瀬赤田町、岩瀬天池町、岩瀬池田町、岩瀬入船町、岩瀬梅本町、岩瀬御蔵町、岩瀬表町、岩瀬古志町、岩瀬諏訪町、岩瀬高畠町、岩瀬天神町、岩瀬萩浦町、岩瀬白山町、岩瀬文化町、岩瀬前田町、

岩瀬松原町、岩瀬港町、牛島新町、牛島町、牛島本町1～2丁目、打出、打出新、内幸町、梅沢町1～3丁目、上野、上野寿町、上野新、上野新町、永楽町、越前町、江本、荏原新町、蛯町、追分茶屋、大井、大泉、大泉北町、大泉中町、大泉東町1～2丁目、大泉本町1～2丁目、大泉町1～3丁目、大江干、大江干新町、大島1～4丁目、太田、太田口通り1～3丁目、於保多町、太田南町、大塚、大塚北、大塚西、大塚東、大塚南、大手町、大場、大町、大宮町、奥井町、奥田寿町、奥田新町、奥田双葉町、奥田本町、奥田町、押上、音羽町1～2丁目、雄山町、海岸通、開発、掛尾栄町、掛尾町、鹿島町1～2丁目、金代、金屋、金山新、金山新北、金山新桜ヶ丘、金山新中、金山新西、金山新東、金山新南、上赤江、上赤江町1～2丁目、上飯野、上飯野新町1～5丁目、上今町、上熊野、上栄、上庄町、上新保、上千俵町、上布目、上袋、上冨居、上冨居1～3丁目、上冨居新町、上堀南町、上本町、上八日町、願海寺、北押川、北新町1～2丁目、北代、北代新、北代中部、北代東部、北代北部、北二ツ屋、木場町、経田、経堂、経堂1～4丁目、経堂新町、経力、金泉寺、銀嶺町、久郷、草島、楠木、窪新町、窪本町、公文名、栗山、呉羽野田、呉羽町、呉羽町北、呉羽町西、黒崎、黒瀬、黒瀬北町1～2丁目、小泉町、興人町、高来、古志町1～6丁目、小島町、小杉、五艘、小中、小西、五番町、五福、五本榎、駒見、才覚寺、境野新、栄新町、栄町1～3丁目、坂下新、桜木町、桜谷みどり町1～2丁目、桜橋通り、桜町1～2丁目、山王町、三熊、三番町、七軒町、芝園町1～3丁目、島田、清水中町、清水町1～9丁目、清水元町、下赤江、下赤江町1～2丁目、下飯野、下奥井1～2丁目、下熊野、下新北町、下新西町、下新日曹町、下新本町、下新町、下野、下野新、下冨居、下冨居1～2丁目、下堀、城川原1～3丁目、庄高田、城北町、城村、城村新町、白銀町、新金代1～2丁目、新川原町、新桜町、新庄北町、新庄銀座1～3丁目、新庄本町1～3丁目、新庄町、新庄町1～4丁目、新総曲輪、新千原崎、神通本町1～2丁目、神通町1～3丁目、新富町1～2丁目、新根塚町1～3丁目、新冨居、新保、新名、杉瀬、杉谷、砂町、住友町、住吉、住吉町1～2丁目、諏訪川原1～3丁目、清風町、関、千石町1～6丁目、千成町、千俵町、総曲輪1～4丁目、惣在寺、双代町、高木、高木西、高木東、高木南、高島、高園町、高田、高畠町1～2丁目、高屋敷、宝町1～2丁目、田刈屋、館出町1～2丁目、辰尾、辰巳町1～2丁目、田中町1～5丁目、田尻、田尻西、田尻東、田尻南、田畑、珠泉西町、珠泉東町、手屋、手屋1～3丁目、太郎丸、太郎丸西町1～2丁目、太郎丸本町1～4丁目、千歳町1～3丁目、千原崎、千原崎1～2丁目、茶屋町、中央通り1～3丁目、中間島、中間島1～2丁目、千代田町、塚原、月岡新、月岡西緑町、月岡東緑町1～4丁目、月岡町1～7丁目、月見町1～7丁目、堤町通り1～2丁目、つばめ野1～3丁目、鶴ヶ丘町、寺島、寺町、寺町けや木台、天正寺、土居原町、問屋町1～3丁目、道正、任海、常盤台、常盤町、栃谷、利波、富岡町、友杉、豊丘町、豊川町、豊島町、豊城新町、豊城町、豊田、豊田本町1～4丁目、豊田町1～2丁目、豊若町1～3丁目、永久町、中市、中市1～2丁目、長江、長江1～5丁目、長江新町1～4丁目、長江東町1～3丁目、長江本町、長柄町1～3丁目、中老田、長岡、長岡新、中沖、中川原、中川原新町、中川原台1～2丁目、中島1～5丁目、中田、中田1～3丁目、中布目、中野新、中野新町1～2丁目、中冨居、中冨居新町、中屋、流杉、鍋田、南央町、西四十物町、西荒屋、西大泉、西押川、西金屋、西公文名、西公文名町、西山王町、西新庄、西町、西田地方町1～3丁目、西長江1～4丁目、西長江本町、西中野本町、西中野町1～2丁目、西野新、西番、西宮町、西二俣、西宮、蜷川、布市、布市新町、布瀬本町、布瀬町、布瀬町1～2丁目、布瀬町南1～3丁目、布目、布目北、布目西、根塚町1～4丁目、野口、野口南部、野口北部、野田、野中、野中新、野々上、野町、萩原、蓮町1～6丁目、旅籠町、畑中、八川、八人町、八ヶ山、八町、八町北、八町中、八町西、八町東、八町南、花園町1～4丁目、花木、羽根、浜黒崎、林崎、針日、針原中、針原中町、晴海台、東石金町、東岩瀬町、東岩瀬村、東老田、東田地方町1～2丁目、東富山寿町1～3丁目、東中野町1～3丁目、東流杉、東町1～3丁目、日方江、久方町、日之出町、日俣、百塚、鵯島、ひよどり南台、平榎、平岡、開、開ヶ丘、平吹町、福居、冨居栄町、不二越本町1～2丁目、不二越町、藤木、藤木新、藤木新町、藤の木園町、藤の木台1～3丁目、二口町1～5丁目、二俣、二俣新町、舟橋今町、舟橋北町、舟橋南町、古鍛冶町、古川、古沢、古寺、文京町1～3丁目、別名、星井町1～3丁目、堀、堀川小泉町、堀川小泉町1～2丁目、堀川本郷、堀川町、堀端町、本郷、本郷島、本郷新、本郷西部、本郷中部、本郷東部、本郷北部、本郷町、本町、本丸、牧田、町新、町袋、町村、町村1～2丁目、松浦町、松木、松木新、松若町、丸の内1～3丁目、三上、水落、水橋池田舘、水橋池田町、水橋石政、水橋石割、水橋伊勢屋、水橋伊勢領、水橋市江、水橋市田袋、水橋入江、水橋魚躬、水橋大町、水橋沖、水橋肘崎、水橋開発、水橋開発町、水橋鏡田、水橋堅田、水橋金尾、水橋金尾新、水橋金広、水橋上桜木、水橋上砂子坂、水橋川原町、水橋北馬場、水橋狐塚、水橋小池、水橋恋塚、水橋小出、水橋五郎丸、水橋桜木、水橋佐野竹、水橋山王町、水橋下段、水橋柴草、水橋清水堂、水橋下砂子坂、水橋下砂子坂新、水橋常願寺、水橋小路、水橋上条新町、水橋新保、水橋新堀、水橋専光寺、水橋大正、水橋高月、水橋高寺、水橋高堂、水橋舘町、水橋田伏、水橋辻ヶ堂、水橋中馬場、水橋中町、水橋中村、水橋中村町、水橋入部町、水橋畠等、水橋番頭名、水橋平榎、水橋平塚、水橋二杉、水橋二ッ屋、水橋曲淵、水橋町、水橋町袋、水橋的場、水橋柳寺、緑町1～2丁目、湊入船町、南金屋、南栗山、南新町、南田町1～2丁目、南中田、宮尾、宮条、宮園町、宮成、宮成新、宮保、宮町、向新庄、向新庄町1～8丁目、向川原町、室町通り1～2丁目、明輪町、元町1～2丁目、桃井町1～2丁目、森、森1～5丁目、森住町、森田、森若町、安田町、安野屋町1～3丁目、柳町1～4丁目、八幡、山岸、山室、山室荒屋、山室荒屋新町、山本、山本新、弥生町1～2丁目、八日町、四方、四方荒屋、四方一番町、四方恵比須町、四方北窪、四方新、四方新出町、四方神明町、四方田町、四方西岩瀬、四方二番町、四方野割町、四方港町、横内、横越、吉岡、吉倉、吉作、四ツ葉町、米田、米田すずかけ台1～3丁目、米田町1～3丁目、若竹町1～6丁目

【長野県1区の長野市の一部】（P107参照）

本庁管内、篠ノ井・松代・若穂・川中島・更北・七二会・信更・古里・柳原・浅川・大豆島・朝陽・若槻・長沼・安茂里・小田切・芋井・芹田・古牧・三輪・吉田支所管内

【静岡県1区の静岡市葵区・駿河区・清水区の一部】（P112参照）

葵区（本庁管内（瀬名川3丁目（5番25号及び5番50号から5番59号まで）に属する区域を除く。）、井川支所管内）、**駿河区**（本庁管内（谷田に属する区域のうち、平成15年3月31日において清水市の区域であつた区域を除く。）、長田支所管内）、**清水区**（本庁管内（楠（694番地1及び694番地3）に属する区域に限る。））

【静岡県3区の浜松市天竜区の一部】（P113参照）

春野町領家、春野町堀之内、春野町胡桃平、春野町和泉平、春野町砂川、春野町大時、春野町長蔵寺、春野町石打松下、春野町田黒、春野町筏戸大上、春野町五和、春野町越木平、春野町田河内、春野町牧野、春野町花島、春野町杉、春野町川上、春野町宮川、春野町気田、春野町豊岡、春野町石切、春野町小俣京丸

【静岡県7区の浜松市中区・南区の一部】（P114参照）

中区（西丘町及び花川町に属する区域に限る）、**南区**（高塚町、増楽町、若林町及び東若林町に属する区域に限る）

【愛知県6区の瀬戸市の一部】（P116参照）

川平町、本郷町（10番から1048番まで）、十軒町、鹿乗町、内田町1～2丁目、北みずの坂1～3丁目

【愛知県9区の一宮市本庁管内】（P116参照）

起、開明、上祖父江、北今、小信中島、三条、玉野、冨田、西五城、西中野、西中野番外、西萩原、蓮池、東五城、東加賀野井、明地、祐久、篭屋1～5丁目

【兵庫県5区の川西市の一部】（P132参照）

平野（字カキヲジ原）、西畦野（字丸山及び字東通りを除く。）、一庫、国崎、黒川、横路、大和東1～5丁目、大和西1～5丁目、美山台1～3丁目、丸山台1～3丁目、見野1～3丁目、東畦野、東畦野1～6丁目、東畦野山手1～2丁目、長尾町、西畦野1～2丁目、山原、山原1～2丁目、緑が丘1～2丁目、山下町、山下、笹部1～3丁目、笹部、下財町、一庫1～3丁目

【兵庫県6区の川西市（5区に属しない区域）】（P133参照）

中央町、小花1～2丁目、小戸1～3丁目、美園町、絹延町、出在家町、丸の内町、滝山町、鴬の森町、萩原1～3丁目、火打1～2丁目、松が丘町、霞ケ丘1～2丁目、日高町、栄町、花屋敷山手町、花屋敷1～2丁目、寺畑1～2丁目、栄根1～2丁目、南花屋敷1～4丁目、加茂1～6丁目、下加茂1～2丁目、久代1～6丁目、東久代1～2丁目、萩原台東1～2丁目、萩原台西1～3丁目、鴬が丘、新田1～3丁目、新田、平野1～3丁目、多田桜木1～2丁目、東多田1～3丁目、鼓が滝1～3丁目、矢問1～3丁目、矢問東町、西多田1～2丁目、錦松台、多田院1～2丁目、多田院多田所町、多田院西1～2丁目、満願寺町、満願寺、平野（字カキヲジ原を除く。）、東多田、西多田、多田院、石道、虫生、赤松、柳谷、芋生、若宮、緑台1～7丁目、向陽台1～3丁目、水明台1～4丁目、清和台東1～5丁目、清和台西1～5丁目、湯山台1～2丁目、鴬台1～2丁目、けやき坂1～5丁目、南野坂1～2丁目、西畦野（字丸山及び字東通り）、清流台

【兵庫県11区の姫路市の一部】（P134参照）

相野、青山、青山1～6丁目、青山北1～3丁目、青山西1～5丁目、青山南1～4丁目、朝日町、阿保、網干区（網干浜、大江島、大江島寺前町、大江島古川町、興浜、垣内北町、垣内中町、垣内西町、垣内東町、垣内本町、垣内南町、北新在家、坂出、坂上、新在家、田井、高田、津市場、浜田、福井、宮内、余子浜、和久）、嵐山町、飯田、飯田1～3丁目、生野町、石倉、市川台1～3丁目、市川橋通1～2丁目、市之郷、市之郷町1～4丁目、伊伝居、威徳寺町、井ノ口、今宿、岩端町、魚町、打越、梅ケ枝町、梅ケ谷町、駅前町、太市中、大塩町、大塩町汐咲1～3丁目、大塩町宮前、大津区（恵美酒町1～2丁目、大津町1～4丁目、勘兵衛町1～5丁目、北天満町、吉美、新町1～2丁目、天神町1～2丁目、天満、長松、西土井、平松、真砂町）、大野町、岡田、岡町、奥山、鍵町、柿山伏、鍛冶町、片田町、刀出、刀出栄立町、勝原区（朝日谷、大谷、勝原町、勝山町、熊見、下太田、宮田、山戸、丁）、金屋町、兼田、上大野1～7丁目、上片町、上手野、神屋町、神屋町1～6丁目、亀井町、亀山、亀山1～2丁目、川西、川西台、神田町1～4丁目、北今宿1～3丁目、北新在家1～3丁目、北原、北平野1～6丁目、北平野奥垣内、北平野台町、北平野南の町、北八代1～2丁目、北夢前台1～2丁目、木場、木場十八反町、木場前中町、木場前七反町、京口町、京町1～3丁目、楠町、久保町、栗山町、車崎1～3丁目、景福寺前、国府寺町、五軒邸1～4丁目、小姓町、琴岡町、古二階町、河間町、呉服町、米屋町、小利木町、五郎右衛門邸、紺屋町、西庄、材木町、幸町、堺町、坂田町、坂元町、定元町、三左衛門堀西の町、三左衛門堀東の町、三条町1～2丁目、塩町、飾磨区（英賀、英賀春日町1～2丁目、英賀清水町1～3丁目、英賀西町1～3丁目、英賀東町1～2丁目、英賀保駅前町、英賀宮台、英賀宮町1～2丁目、阿成、阿成植木、阿成鹿古、阿成下垣内、阿成中垣内、阿成渡場、今在家、今在家2～7丁目、今在家北1～3丁目、入船町、恵美酒、大浜、粕谷新町、構、構1～5丁目、鎌倉町、上野田1～6丁目、亀山、加茂、加茂北、加茂東、加茂南、御幸、栄町、三和町、思案橋、清水、清水1～3丁目、下野田1～4丁目、城南町1～3丁目、須加、高町、高町1～2丁目、蓼野町、玉地、玉地1丁目、付城、付城1～2丁目、天神、都倉1～3丁目、中島、中島1～3丁目、中野田1～4丁目、中浜町1～3丁目、西浜町1～3丁目、野田町、東堀、富士見ケ丘町、細江、堀川町、宮、三宅1～3丁目、妻鹿、妻鹿東海町、妻鹿常盤町、妻鹿日田町、矢倉町1～2丁目、山崎、山崎台、若宮町）、飾西、飾西台、飾東町大釜、飾東町大釜新、飾東町小原、飾東町小原新、飾東町唐端新、飾東町北野、飾東町北山、飾東町清住、飾東町佐良和、飾東町塩崎、飾東町志吹、飾東町庄、飾東町豊国、飾東町八重畑、飾東町山崎、飾東町夕陽ケ丘、四郷町明田、四郷町上鈴、四郷町坂元、四郷町中鈴、四郷町東阿保、四郷町本郷、四郷町見野、四郷町山脇、東雲町1～6丁目、忍町、実法寺、下手野1～6丁目、下寺町、十二所前町、庄田、城東町、城東町京口台、城東町五軒屋、城東町清水、城東町竹之門、城東町中河原、城東町野田、城東町毘沙門、城北新町1～3丁目、城北本町、書写、書写台1～3丁目、白国、白国1～5丁目、白浜町、白浜町宇佐崎北1～3丁目、白浜町宇佐崎中1～3丁目、白浜町宇佐崎南1～2丁目、白浜町神田1～2丁目、白浜町寺家1～2丁目、

白浜町灘浜、白銀町、城見台1～4丁目、城見町、新在家、新在家1～4丁目、新在家中の町、新在家本町1～6丁目、神和町、菅生台、総社本町、大黒壱丁町、大寿台1～2丁目、大善町、田井台、高岡新町、高尾町、鷹匠町、竹田町、龍野町1～6丁目、立町、田寺1～8丁目、田寺東1～4丁目、田寺山手町、玉手、玉手1～4丁目、地内町、中地、中地南町、町田、町坪、町坪南町、千代田町、継、佃町、辻井1～9丁目、土山1～7丁目、土山東の町、手柄、手柄1～2丁目、天神町、東郷町、同心町、豆腐町、砥堀、苫編、苫編南1～2丁目、豊沢町、豊富町甲丘1～4丁目、豊富町神谷、豊富町豊富、豊富町御蔭、名古山町、南条、南条1～3丁目、二階町、西今宿1～8丁目、西駅前町、西新在家1～3丁目、西新町、西大寿台、西中島、西二階町、西延末、西八代町、西夢前台1～3丁目、西脇、仁豊野、農人町、南畝町、南畝町1～2丁目、野里、野里上野町1～2丁目、野里慶雲寺前町、野里新町、野里月丘町、野里寺町、野里中町、野里東同心町、野里東町、野里堀留町、野里大和町、延末、延末1丁目、白鳥台1～3丁目、博労町、橋之町、花影町1～4丁目、花田町一本松、花田町小川、花田町加納原田、花田町上原田、花田町高木、花田町勅旨、林田町大堤、林田町奥佐見、林田町上伊勢、林田町上構、林田町口佐見、林田町久保、林田町下伊勢、林田町下構、林田町新町、林田町中構、林田町中山下、林田町林田、林田町林谷、林田町松山、林田町六九谷、林田町八幡、林田町山田、東今宿1～6丁目、東駅前町、東辻井1～4丁目、東延末、東延末1～5丁目、東山、東夢前台1～3丁目、日出町1～3丁目、平野町、広畑区（吾妻町1～3丁目、大町1～3丁目、蒲田、蒲田1～5丁目、北河原町、北野町1～2丁目、京見町、小坂、小松町1～4丁目、才、清水町1～3丁目、城山町、末広町1～3丁目、正門通1～4丁目、高浜町1～4丁目、鶴町1～2丁目、長町1～2丁目、西蒲田、西夢前台4～8丁目、則直、早瀬町1～3丁目、東新町1～3丁目、東夢前台4丁目、富士町、本町1～6丁目、夢前町1～4丁目、広峰1～2丁目、広嶺山、福居町、福沢町、福中町、福本町、藤ケ台、双葉町、船丘町、船津町、船橋町2～6丁目、別所町家具町、別所町北宿、別所町小林、別所町佐土、別所町佐土1～3丁目、別所町佐土新、別所町別所、別所町別所1～5丁目、北条、北条1丁目、北条梅原町、北条口1～5丁目、北条永良町、北条宮の町、保城、坊主町、峰南町、本町、増位新町1～2丁目、増位本町1～2丁目、的形町福泊、的形町的形、丸尾町、御国野町国分寺、御国野町御着、御国野町西御着、御国野町深志野、神子岡前1～4丁目、御立北1～4丁目、御立中1～8丁目、御立西1～6丁目、御立東1～6丁目、緑台1～2丁目、南今宿、南駅前町、南車崎1～2丁目、南新在家、南町、南八代町、宮上町1～2丁目、宮西町1～4丁目、睦町、元塩町、元町、八家、八木町、八代、八代東光寺町、八代本町1～2丁目、八代緑ケ丘町、八代宮前町、安田1～4丁目、柳町、山田町北山田、山田町多田、山田町西山田、山田町牧野、山田町南山田、山野井町、山畑新田、山吹1～2丁目、吉田町、米田町、余部区（上川原、上余部、下余部）、六角、若菜町1～2丁目、綿町

【岡山県1区の岡山市北区・南区の一部、吉備中央町本庁管内】

（P143参照）

岡山市（**北区**（本庁管内（祇園、後楽園、中原及び牟佐に属する区域を除く。）、御津・建部支所管内）、**南区**（青江6丁目、あけぼの町、泉田、泉田1～5丁目、内尾、浦安西町、浦安本町、浦安南町、大福、海岸通1～2丁目、古新田、市場1～2丁目、下中野、新福1～2丁目、新保、洲崎1～3丁目、妹尾、妹尾崎、曽根、立川町、築港栄町、築港新町1～2丁目、築港ひかり町、築港緑町1～3丁目、築港元町、千鳥町、当新田、富浜町、豊成1～3丁目、豊浜町、中畦、並木町1～2丁目、南輝1～3丁目、西市、西畦、浜野1～4丁目、東畦、平福1～2丁目、福島1～4丁目、福田、福富中1～2丁目、福富西1～3丁目、福富東1～2丁目、福成1～3丁目、福浜町、福浜西町、福吉町、藤田、芳泉1～4丁目、松浜町、万倍、箕島、三浜町1～2丁目、山田、米倉、若葉町）、**吉備中央町**（広面、上加茂、下加茂、美原、加茂市場、高谷、平岡、上野、竹部、上田東、細田、三納谷、上田西、円城、案田、高富、神瀬、船津、小森）

【岡山県3区の真庭市の一部】（P144参照）

本庁管内、蒜山・落合・勝山・美甘・湯原振興局管内

【山口県1区の周南市の一部】（P146参照）

本庁管内、新南陽・鹿野総合支所管内、櫛浜・鼓南・久米・菊川・夜市・戸田・湯野・大津島・向道・長穂・須々万・中須・須金支所管内

【香川県1区の高松市の一部】（P151参照）

本庁管内、勝賀総合センター管内、山田支所管内、鶴尾・太田・木太・古高松・屋島・前田・川添・林・三谷・仏生山・一宮・多肥・川岡・円座・檀紙・女木・男木出張所管内

【愛媛県1区の松山市の一部】（P151参照）

本庁管内、桑原・道後・味生・生石・垣生・三津浜・久枝・潮見・和気・堀江・余土・興居島・久米・湯山・伊台・五明・小野支所管内、浮穴支所管内（北井門2丁目に属する区域に限る。）、石井支所管内

【高知県1区の高知市の一部】（P152参照）

上町1～5丁目、本丁筋、水通町、通町、唐人町、与力町、鷹匠町1～2丁目、本町1～5丁目、升形、帯屋町1～2丁目、追手筋1～2丁目、廿代町、永国寺町、丸ノ内1～2丁目、中の島、九反田、菜園場町、農人町、城見町、堺町、南はりまや町1～2丁目、弘化台、桜井町1～2丁目、はりまや町1～3丁目、宝永町、弥生町、丸池町、小倉町、東雲町、日の出町、知寄町1～3丁目、青柳町、稲荷町、若松町、高埇、杉井流、北金田、南金田、札場、南御座、北御座、南川添、北川添、北久保、南久保、海老ノ丸、中宝永町、南宝永町、二葉町、入明町、洞ケ島町、寿町、中水道、幸町、伊勢崎町、相模町、吉田町、愛宕町1～4丁目、大川筋1～2丁目、駅前町、相生町、江陽町、北本町1～4丁目、新本町1～2丁目、昭和町、和泉町、塩田町、比島町1～4丁目、栄田町1～3丁目、井口町、平和町、三ノ丸、宮前町、西町、大膳町、山ノ端町、桜馬場、城北町、北八反町、宝町、小津町、越前町1～2丁目、新屋敷1～2丁目、八反町1～2丁目、東城山町、城山町、東石立町、石立町、玉水町、縄手町、鏡川町、下島町、旭町1～3丁目、赤石町、中須賀町、旭駅前町、元町、南元町、旭上町、水源町、本宮町、上本

宮町、大谷、岩ケ淵、鳥越、塚ノ原、西塚ノ原、長尾山町、旭天神町、佐々木町、北端町、山手町、横内、口細山、尾立、蓮台、福井町、福井扇町、福井東町、池、仁井田、種崎、十津1～6丁目、吸江、五台山、屋頭、高須、葛島1～4丁目、高須新町1～4丁目、高須砂地、高須本町、高須新木、高須1～3丁目、高須東町、高須西町、高須絶海、高須大谷、高須大島、布師田、一宮、薊野、重倉、久礼野、薊野西町1～3丁目、薊野北町1～4丁目、薊野東町、薊野中町、薊野南町、一宮西町1～4丁目、一宮しなね1～2丁目、一宮南町1～2丁目、一宮中町1～3丁目、一宮東町1～5丁目、一宮徳谷、愛宕山、前里、東秦泉寺、中秦泉寺、三園町、西秦泉寺、北秦泉寺、宇津野、三谷、七ツ淵、加賀野井1～2丁目、愛宕山南町、秦南町1～2丁目、東久万、中久万、西久万、南久万、万々、中万々、南万々、柴巻、円行寺、一ツ橋町1～2丁目、みづき1～3丁目、みづき山、大津甲、大津乙、介良甲、介良乙、介良丙、介良、潮見台1～3丁目、鏡大河内、鏡小浜、鏡大利、鏡今井、鏡草峰、鏡白岩、鏡狩山、鏡吉原、鏡的渕、鏡去坂、鏡竹奈路、鏡敷ノ山、鏡柿ノ又、鏡横矢、鏡増原、鏡葛山、鏡梅ノ木、鏡小山、土佐山菖蒲、土佐山西川、土佐山梶谷、土佐山、土佐山高川、土佐山桑尾、土佐山都網、土佐山弘瀬、土佐山東川、土佐山中切

【福岡県2区の福岡市南区・城南区の一部】（P155参照）

南区（那の川1丁目、那の川2丁目（1番から4番まで）、大楠1～3丁目、清水1～4丁目、玉川町、塩原1～4丁目、大橋団地、大橋1～4丁目、高木1～3丁目、五十川1～2丁目、井尻1～5丁目、折立町、横手1～4丁目、横手南町、的場1～2丁目、曰佐1～2丁目、曰佐4～5丁目、向新町1～2丁目、高宮1～5丁目、多賀1～2丁目、向野1～2丁目、筑紫丘1～2丁目、野間1～4丁目、若久団地、若久1～6丁目、三宅1～3丁目、南大橋1～2丁目、和田1～4丁目、野多目1～3丁目、野多目4丁目（1番から13番まで、18番1号から18番14号まで、18番61号から18番82号まで及び19番から30番まで）、野多目5丁目、老司1丁目（1番1号から1番17号まで、1番26号から1番48号まで、2番から4番まで、5番18号から5番36号まで、6番及び7番9号から7番28号まで）、市崎1～2丁目、大池1～2丁目、平和1～2丁目、平和4丁目、寺塚1～2丁目、柳河内1～2丁目、皿山1～4丁目、中尾1～3丁目、花畑1～4丁目、屋形原1～5丁目、鶴田4丁目（1番1号から1番8号まで、1番44号から1番47号まで、3番5号から3番24号まで及び3番38号から3番54号まで）、長丘1～5丁目、長住1～7丁目、西長住1～3丁目、大字桧原、桧原1～7丁目、大平寺1～2丁目、大字柏原、柏原1丁目（1番から25番まで及び27番から53番まで）、柏原3～7丁目）、**城南区**（鳥飼4～7丁目、別府団地、別府1～7丁目、城西団地、荒江団地、荒江1丁目、飯倉1丁目、田島1～6丁目、茶山1～6丁目、金山団地、七隈1～2丁目、七隈3丁目（1番から5番まで、8番24号、8番31号から8番44号まで、15番から19番まで、20番1号から20番4号まで及び20番25号から20番67号まで）、松山1～2丁目、友丘1～6丁目、友泉亭、長尾1～5丁目、樋井川1～7丁目、宝台団地、堤団地、堤1～2丁目、東油山1～6丁目、大字東油山、大字片江、片江1～5丁目、南片江1～6丁目、西片江1～2丁目、神松寺1～3丁目）

【福岡県3区の福岡市城南区（2区に属しない区域）】（P155参照）

七隈3丁目（6番、7番、8番1号から8番23号まで、8番25号から8番30号まで、8番45号、8番46号、9番から14番まで、20番5号から20番24号まで及び21番から23番まで）、七隈4～8丁目、干隈1～2丁目、梅林1～5丁目、大字梅林

【福岡県5区の福岡市南区（2区に属しない区域）】（P156参照）

曰佐3丁目、警弥郷1～3丁目、柳瀬1～2丁目、弥永1～5丁目、弥永団地、野多目4丁目（14番から17番まで、18番15号から18番60号まで、31番及び32番）、野多目6丁目、老司1丁目（1番18号から1番25号まで、5番1号から5番17号まで、5番37号から5番53号まで、7番1号から7番8号まで、7番29号から7番39号まで及び8番から35番まで）、老司2～5丁目、鶴田1～3丁目、鶴田4丁目（1番9号から1番43号まで、2番、3番1号から3番4号まで、3番25号から3番37号まで、3番55号から3番60号まで及び4番から54番まで）、柏原1丁目（26番）、柏原2丁目

【大分県1区の大分市の一部】（P160参照）

本庁管内、鶴崎・大南支所管内、稙田支所管内（大字廻栖野（618番地から747番地2まで、830番地から832番地1まで、833番地1、833番地3から836番地3まで、838番地1から838番地2まで、841番地、1587番地、1591番地から1618番地まで及び1620番地）に属する区域を除く。）、大在・坂ノ市・明野支所管内

衆議院常任・特別委員一覧（令和4年1月17日現在）

【常任委員会】

内閣委員（40）

（自22）（立7）（維4）（公3）（国1）（共1）（有1）（れ1）

(長)	上野賢一郎	自
(理)	井上信治	自
(理)	工藤彰三	自
(理)	平将明	自
(理)	藤井比早之	自
(理)	森田俊和	立
(理)	森山浩行	立
(理)	足立康史	維
(理)	國重徹	公
	赤澤亮正	自
	伊東良孝	自
	石原宏高	自
	金子俊平	自
	小寺裕雄	自
	杉田水脈	自
	鈴木英敬	自
	髙木啓	自
	永岡桂子	自
	平井卓也	自
	平沼正二郎	自
	松本尚	自
	宮路拓馬	自
	宗清皇一	自
	山田賢司	自
	吉川赳	自
	和田義明	自
	大串博志	立
	堤かなめ	立
	中谷一馬	立
	本庄知史	立
	山岸一生	立
	阿部司	維
	浅川義治	維
	堀場幸子	維
	河西宏一	公
	平林晃	公
	浅野哲	国
	塩川鉄也	共
	緒方林太郎	有
	山本太郎	れ

総務委員（40）

（自23）（立8）（維4）（公3）（国1）（共1）

(長)	赤羽一嘉	公
(理)	あかま二郎	自
(理)	斎藤洋明	自
(理)	新谷正義	自
(理)	田所嘉徳	自
(理)	岡本あき子	立
(理)	吉川元	立
(理)	中司宏	維
(理)	輿水恵一	公
	井野俊郎	自
	井林辰憲	自
	井原巧	自
	石田真敏	自
	今枝宗一郎	自
	大串正樹	自
	加藤竜祥	自
	川崎ひでと	自
	小森卓郎	自
	坂井学	自
	杉田水脈	自
	武村展英	自
	西野太亮	自
	鳩山二郎	自
	古川直季	自
	古川康	自
	保岡宏武	自
	柳本顕	自
	渡辺孝一	自
	石川香織	立
	おおつき紅葉	立
	奥野総一郎	立
	鈴木庸介	立
	道下大樹	立
	湯原俊二	立
	阿部弘樹	維
	沢田良	維
	守島正	維
	福重隆浩	公
	西岡秀子	国
	宮本岳志	共

法務委員（35）

（自20）（立7）（維3）（公3）（国1）（共1）

(長)	鈴木馨祐	自
(理)	井出庸生	自
(理)	熊田裕通	自
(理)	葉梨康弘	自
(理)	山田美樹	自
(理)	鎌田さゆり	立
(理)	階猛	立
(理)	守島正	維
(理)	大口善徳	公
	東国幹	自
	五十嵐清	自
	石橋林太郎	自
	尾﨑正直	自
	奥野信亮	自
	国定勇人	自
	田所嘉徳	自
	高見康裕	自
	谷川とむ	自
	中谷真一	自
	中野英幸	自
	西田昭二	自
	野中厚	自
	八木哲也	自
	山田賢司	自
	伊藤俊輔	立
	鈴木庸介	立

(長)＝委員長・会長、(理)＝理事、(幹)＝幹事、議員氏名の右は会派名

藤岡隆雄 立
山田勝彦 立
米山隆一 立
阿部弘樹 維
前川清成 維
日下正喜 公
福重隆浩 公
鈴木義弘 国
本村伸子 共

外務委員(30)

(自17)(立6)(維3)
(公2)(国1)(共1)

(長) **城内実** 自
(理) あべ俊子 自
(理) 辻清人 自
(理) 宮﨑政久 自
(理) 武藤容治 自
(理) 青山大人 立
(理) 小熊慎司 立
(理) 杉本和巳 維
(理) 吉田宣弘 公
伊藤信太郎 自
上杉謙太郎 自
小渕優子 自
尾身朝子 自
島尻安伊子 自
新藤義孝 自
鈴木隼人 自
高木啓 自
武井俊輔 自
中谷真一 自
平沢勝栄 自
本田太郎 自
岡田克也 立
徳永久志 立
太栄志 立
松原仁 立
青柳仁士 維
和田有一朗 維
金城泰邦 公
鈴木敦 国
穀田恵二 共

財務金融委員(40)

(自23)(立8)(維4)
(公3)(国1)(共1)

(長) **薗浦健太郎** 自
(理) 井林辰憲 自
(理) 越智隆雄 自
(理) 中西健治 自
(理) 藤丸敏 自
(理) 稲富修二 立
(理) 末松義規 立
(理) 吉田豊史 維
(理) 角田秀穂 公
井上貴博 自
石井拓 自
石原正敬 自
門山宏哲 自
神田憲次 自
神田潤一 自
小泉龍司 自
大久保三代?

高村正大 自
塩崎彰久 自
鈴木隼人 自
田野瀬太道 自
中川貴元 自
藤原崇 自
三ッ林裕巳 自
八木哲也 自
山田美樹 自
若林健太 自
鷲尾英一郎 自
江田憲司 立
櫻井周 立
下条みつ 立
中川正春 立
野田佳彦 立
伴野豊 立
赤木正幸 維
沢田良 維
藤巻健太 維
竹内譲 公
中川宏昌 公
岸本周平 国
田村貴昭 共

文部科学委員(40)

(自23)(立8)(維4)
(公3)(国1)(共1)

(長) **義家弘介** 自
(理) 橘慶一郎 自
(理) 根本幸典 自
(理) 宮内秀樹 自
(理) 山本ともひろ 自
(理) 菊田真紀子 立
(理) 牧義夫 立
(理) 三木圭恵 維
(理) 浮島智子 公
青山周平 自
石橋林太郎 自
尾身朝子 自
勝目康 自
神田憲次 自
木原稔 自
国光あやの 自
小林茂樹 自
柴山昌彦 自
下村博文 自
田野瀬太道 自
谷川弥一 自
丹羽秀樹 自
船田元 自
古川直季 自
松本剛明 自
三谷英弘 自
山口晋 自
荒井優 立
坂本祐之輔 立
白石洋一 立
吉川元 立
吉田はるみ 立
笠浩史 立
早坂敦 維
掘井健智 維

岬麻紀 維
山崎正恭 公
鰐淵洋子 公
西岡秀子 国
宮本岳志 共

厚生労働委員(45)

(自25)(立10)(維4)(公3)(国1)(共1)(有1)

長 **橋本岳** 自
理 今枝宗一郎 自
理 齋藤健 自
理 高階恵美子 自
理 牧原秀樹 自
理 山井和則 立
理 柚木道義 立
理 池下卓 維
理 伊佐進一 公
畦元将吾 自
上田英俊 自
加藤勝信 自
勝目康 自
川崎ひでと 自
後藤田正純 自
佐々木紀 自
塩崎彰久 自
鈴木英敬 自
田村憲久 自
高木宏壽 自
土田慎 自
西田昭二 自
長谷川淳二 自
深澤陽一 自
松本尚 自
三谷英弘 自
三ッ林裕巳 自
柳本顕 自
山本左近 自
阿部知子 立
井坂信彦 立
中島克仁 立
長妻昭 立
野間健 立
山田勝彦 立
吉田統彦 立
早稲田ゆき 立
一谷勇一郎 維
金村龍那 維
吉田とも代 維
山崎正恭 公
吉田久美子 公
田中健 国
宮本徹 共
仁木博文 有

農林水産委員(40)

(自23)(立8)(維3)(公3)(国1)(共1)(有1)

長 **平口洋** 自
理 江藤拓 自
理 高鳥修一 自
理 宮下一郎 自
理 簗和生 自
理 金子恵美 立
理 佐藤公治 立
理 空本誠喜 維
理 稲津久 公
東国幹 自
五十嵐清 自
上田英俊 自
尾崎正直 自
加藤竜祥 自
神田潤一 自
北村誠吾 自
坂本哲志 自
高見康裕 自
武井俊輔 自
中川郁子 自
野中厚 自
長谷川淳二 自
平沼正二郎 自
古川康 自
保岡宏武 自
山口晋 自
若林健太 自
梅谷守 立
神谷裕 立
小山展弘 立
後藤祐一 立
緑川貴士 立
渡辺創 立
池畑浩太朗 維
住吉寛紀 維
金城泰邦 公
庄子賢一 公
長友慎治 国
田村貴昭 共
北神圭朗 有

経済産業委員(40)

(自23)(立8)(維4)(公3)(国1)(共1)

長 **古屋範子** 公
理 石川昭政 自
理 稲田朋美 自
理 長坂康正 自
理 松本洋平 自
理 落合貴之 立
理 山岡達丸 立
理 小野泰輔 維
理 中野洋昌 公
井原巧 自
石井拓 自
岩田和親 自
大串正樹 自
上川陽子 自
国定勇人 自
国光あやの 自
小森卓郎 自
國場幸之助 自
鈴木淳司 自
土田慎 自
中川貴元 自
中野英幸 自
西野太亮 自
西村明宏 自

星野剛士 自
堀井学 自
山下貴司 自
山本左近 自
荒井優 立
梅谷守 立
大島敦 立
菅直人 立
末次精一 立
山崎誠 立
青柳仁士 維
漆間譲司 維
藤田文武 維
平林晃 公
鈴木義弘 国
笠井亮 共

国土交通委員(45)

(自25)(立9)(維4)(公3)
(国1)(共1)(有1)(れ1)

長 **中根一幸** 自
理 柿沢未途 自
理 小島敏文 自
理 塚田一郎 自
理 土井亨 自
理 城井崇 立
理 小宮山泰子 立
理 市村浩一郎 維
理 伊藤渉 公
秋本真利 自
伊藤忠彦 自
石原宏高 自
泉田裕彦 自
小里泰弘 自
大西英男 自
加藤鮎子 自
金子俊平 自
菅家一郎 自
木村次郎 自
小林茂樹 自
櫻田義孝 自
笹川博義 自
田中良生 自
谷川とむ 自
中川郁子 自
根本幸典 自
宮内秀樹 自
宮崎政久 自
和田義明 自
稲富修二 立
枝野幸男 立
神津たけし 立
福田昭夫 立
藤岡隆雄 立
谷田川元 立
渡辺周 立
池下卓 維
高橋英明 維
山本剛正 維
河西宏一 公
北側一雄 公
古川元久 国
高橋千鶴子 共

福島伸享 有
たがや亮 れ

環境委員(30)

(自17)(立7)(維3)
(公2)(国1)

長 **関芳弘** 自
理 勝俣孝明 自
理 菅家一郎 自
理 小泉進次郎 自
理 笹川博義 自
理 源馬謙太郎 立
理 田嶋要 立
理 漆間譲司 維
理 角田秀穂 公
畦元将吾 自
井野俊郎 自
井上貴博 自
石川昭政 自
石原正敬 自
小倉將信 自
武村展英 自
辻清人 自
中西健治 自
穂坂泰 自
宮澤博行 自
八木哲也 自
近藤昭一 立
篠原孝 立
中島克仁 立
馬場雄基 立
松木けんこう 立
遠藤良太 維
奥下剛光 維
中川康洋 公
斎藤アレックス 国

安全保障委員(30)

(自17)(立6)(維3)
(公2)(国1)(共1)

長 **大塚拓** 自
理 門山宏哲 自
理 武田良太 自
理 星野剛士 自
理 宮澤博行 自
理 篠原豪 立
理 徳永久志 立
理 美延映夫 維
理 吉田宣弘 公
青山周平 自
江渡聡徳 自
熊田裕通 自
國場幸之助 自
齋藤健 自
塩谷立 自
鈴木憲和 自
中曽根康隆 自
長島昭久 自
浜田靖一 自
細野豪志 自
松島みどり 自
新垣邦男 立
伊藤俊輔 立

玄葉光一郎 立
太栄志 立
岩谷良平 維
掘井健智 維
佐藤茂樹 公
斎藤アレックス 国
赤嶺政賢 共

国家基本政策委員(30)

(自17)(立7)(維2)(公1)
(国1)(共1)(有1)

(長) **渡海紀三朗** 自
(理) 小渕優子 自
(理) 河野太郎 自
(理) 佐藤勉 自
(理) 御法川信英 自
(理) 寺田学 立
(理) 馬場伸幸 維
(理) 石井啓一 公
麻生太郎 自
遠藤利明 自
梶山弘志 自
上川陽子 自
田中和徳 自
高市早苗 自
高木毅 自
福田達夫 自
古屋圭司 自
茂木敏充 自
盛山正仁 自
森山裕 自
泉健太 立
小川淳也 立
逢坂誠二 立
奥野総一郎 立
中村喜四郎 立
西村智奈美 立
岬麻紀 維
玉木雄一郎 国
志位和夫 共
吉良州司 有

予算委員(50)

(自28)(立11)(維4)(公4)
(国1)(共1)(有1)

(長) **根本匠** 自
(理) 今枝宗一郎 自
(理) 島尻安伊子 自
(理) 谷公一 自
(理) 西村康稔 自
(理) 葉梨康弘 自
(理) 大串博志 立
(理) 重徳和彦 立
(理) 浦野靖人 維
(理) 稲津久 公
青山周平 自
秋葉賢也 自
伊藤達也 自
石破茂 自
今村雅弘 自
岩屋毅 自
衛藤征士郎 自
奥野信亮 自
加藤勝信 自
金田勝年 自
亀岡偉民 自
木原稔 自
北村誠吾 自
後藤田正純 自
下村博文 自
土屋品子 自
中谷真一 自
平沢勝栄 自
古屋圭司 自
山本有二 自
鷲尾英一郎 自
渡辺博道 自
石川香織 立
江田憲司 立
落合貴之 立
城井崇 立
源馬謙太郎 立
近藤和也 立
階猛 立
長妻昭 立
道下大樹 立
足立康史 維
市村浩一郎 維
岩谷良平 維
伊佐進一 公
輿水恵一 公
中川宏昌 公
前原誠司 国
宮本徹 共
緒方林太郎 有

決算行政監視委員(40)

(自22)(立7)(維3)(公3)
(有1)(れ2)(無1)(欠1)

(長) **原口一博** 立
(理) 木原稔 自
(理) 鈴木憲和 自
(理) 田中良生 自
(理) 武村展英 自
(理) 大河原まさこ 立
(理) 松原仁 立
(理) 伊東信久 維
(理) 伊藤渉 公
秋本真利 自
江﨑鐵磨 自
小倉將信 自
小野寺五典 自
柿沢未途 自
工藤彰三 自
小島敏文 自
田野瀬太道 自
髙階恵美子 自
高木宏壽 自
棚橋泰文 自
牧原秀樹 自
村上誠一郎 自
森英介 自
簗和生 自
山本ともひろ 自
吉川赳 自
吉野正芳 自

青柳陽一郎 立
篠原　豪 立
手塚仁雄 立
谷田川　元 立
一谷勇一郎 維
吉田とも代 維
庄子賢一 公
吉田久美子 公
吉良州司 有
大石あきこ れ
たがや　亮 れ
三反園　訓 無

議院運営委員(25)

(自14)(立6)(維2)
(公1)(国1)(共1)

長 山口俊一 自
理 井野俊郎 自
理 伊東良孝 自
理 佐々木　紀 自
理 丹羽秀樹 自
理 盛山正仁 自
理 青柳陽一郎 立
理 井坂信彦 立
理 遠藤　敬 維
理 濵地雅一 公
大串正樹 自
國場幸之助 自
武井俊輔 自
中谷真一 自
西田昭二 自
三谷英弘 自
柳本　顕 自
山田賢司 自
伊藤俊輔 立
中谷一馬 立
山岸一生 立
吉田はるみ 立
中司　宏 維
浅野　哲 国
塩川鉄也 共

懲罰委員(20)

(自11)(立6)(維1)
(公1)(欠1)

長 安住　淳 立
理 丹羽秀樹 自
理 林　幹雄 自
理 盛山正仁 自
理 奥野総一郎 立
理 井上英孝 維
安倍晋三 自
逢沢一郎 自
甘利　明 自
伊東良孝 自
石原宏高 自
菅　義偉 自
二階俊博 自
額賀福志郎 自
小沢一郎 立
大西健介 立
馬淵澄夫 立
山井和則 立

高木陽介 公

【特別委員会】

災害対策特別委員(40)

(自23)(立8)(維4)
(公3)(国1)(共1)

長 小里泰弘 自
理 西村明宏 自
理 根本幸典 自
理 若林健太 自
理 鷲尾英一郎 自
理 近藤和也 立
理 山崎　誠 立
理 岩谷良平 維
理 大口善徳 公
青山周平 自
井出庸生 自
江藤　拓 自
柿沢未途 自
金子俊平 自
金田勝年 自
菅家一郎 自
工藤彰三 自
熊田裕通 自
後藤田正純 自
坂井　学 自
笹川博義 自
新谷正義 自
杉田水脈 自
髙鳥修一 自
藤丸　敏 自
古川　康 自
渡辺博道 自
小宮山泰子 立
小山展弘 立
神津たけし 立
佐藤公治 立
柚木道義 立
早稲田ゆき 立
阿部弘樹 維
奥下剛光 維
空本誠喜 維
金城泰邦 公
角田秀穂 公
古川元久 国
田村貴昭 共

政治倫理の確立及び公職選挙法改正に関する特別委員(40)

(自23)(立8)(維4)
(公3)(国1)(共1)

長 浜田靖一 自
理 奥野信亮 自
理 平井卓也 自
理 星野剛士 自
理 吉川　赳 自
理 篠原　孝 立
理 寺田　学 立
理 浦野靖人 維

(理) 伊藤渉 公
秋葉賢也 自
石原正敬 自
尾﨑正直 自
大串正樹 自
加藤竜祥 自
勝目康 自
川崎ひでと 自
神田潤一 自
木原稔 自
国定勇人 自
塩崎彰久 自
鈴木憲和 自
辻清人 自
中西健治 自
長谷川淳二 自
藤井比早之 自
古川直季 自
山田美樹 自
青柳陽一郎 立
落合貴之 立
後藤祐一 立
手塚仁雄 立
徳永久志 立
森山浩行 立
遠藤良太 維
高橋英明 維
山本剛正 維
河西宏一 公
日下正喜 公
斎藤アレックス 国
塩川鉄也 共

沖縄及び北方問題に関する特別委員(25)

(自14)(立5)(維2)
(公2)(国1)(共1)

(長) **阿部知子** 立
(理) 秋葉賢也 自
(理) 國場幸之助 自
(理) 鈴木隼人 自
(理) 堀井学 自
(理) 石川香織 立
(理) 大島敦 立
(理) 杉本和巳 維
(理) 稲津久 公
東国幹 自
井野俊郎 自
伊東良孝 自
小渕優子 自
尾身朝子 自
島尻安伊子 自
高木宏壽 自
武井俊輔 自
宮﨑政久 自
山口晋 自
新垣邦男 立
山岸一生 立
吉田豊史 維
金城泰邦 公
長友慎治 国
赤嶺政賢 共

北朝鮮による拉致問題等に関する特別委員(25)

(自14)(立5)(維2)
(公2)(国1)(共1)

(長) **長島昭久** 自
(理) 江渡聡徳 自
(理) 北村誠吾 自
(理) 杉田水脈 自
(理) 中川郁子 自
(理) 笠浩史 立
(理) 渡辺周 立
(理) 美延映夫 維
(理) 竹内譲 公
江藤拓 自
斎藤洋明 自
櫻田義孝 自
髙木啓 自
塚田一郎 自
辻清人 自
中谷真一 自
葉梨康弘 自
藤井比早之 自
梅谷守 立
下条みつ 立
西村智奈美 立
三木圭恵 維
濵地雅一 公
鈴木敦 国
笠井亮 共

消費者問題に関する特別委員(35)

(自20)(立7)(維3)
(公3)(国1)(共1)

(長) **松島みどり** 自
(理) 井原巧 自
(理) 稲田朋美 自
(理) 勝俣孝明 自
(理) 宮﨑政久 自
(理) 湯原俊二 立
(理) 吉田統彦 立
(理) 漆間譲司 維
(理) 伊佐進一 公
石原宏高 自
柿沢未途 自
勝目康 自
佐々木紀 自
鈴木英敬 自
高見康裕 自
武村展英 自
土田慎 自
中川貴元 自
永岡桂子 自
長谷川淳二 自
平沼正二郎 自
船田元 自
三谷英弘 自
保岡宏武 自
青山大人 立
井坂信彦 立
大河原まさこ 立

大西健介 立
山田勝彦 立
浅川義治 維
掘井健智 維
福重隆浩 公
吉田久美子 公
田中健 国
本村伸子 共

科学技術・イノベーション推進特別委員(35)

(自20)(立7)(維3)
(公3)(国1)(共1)

(長) **手塚仁雄** 立
(理) 井上貴博 自
(理) 尾身朝子 自
(理) 松本剛明 自
(理) 和田義明 自
(理) 中島克仁 立
(理) 中谷一馬 立
(理) 池下卓 維
(理) 浮島智子 公
畦元将吾 自
五十嵐清 自
石井拓 自
石橋林太郎 自
上田英俊 自
川崎ひでと 自
国光あやの 自
小泉龍司 自
田所嘉徳 自
土田慎 自
西村康稔 自
古川直季 自
松本尚 自
柳本顕 自
山田賢司 自
山本左近 自
城井崇 立
神津たけし 立
末次精一 立
藤岡隆雄 立
金村龍那 維
岬麻紀 維
日下正喜 公
山崎正恭 公
鈴木義弘 国
宮本徹 共

東日本大震災復興特別委員(45)

(自26)(立9)(維4)(公3)
(国1)(共1)(有1)

(長) **伊藤忠彦** 自
(理) 亀岡偉民 自
(理) 菅家一郎 自
(理) 坂井学 自
(理) 野中厚 自
(理) 金子恵美 立
(理) 神谷裕 立
(理) 早坂敦 維
(理) 國重徹 公
青山周平 自
秋本真利 自
井出庸生 自
伊藤信太郎 自
大西英男 自
金子俊平 自
国光あやの 自
小林茂樹 自
鈴木隼人 自
高階恵美子 自
髙木啓 自
谷川とむ 自
西田昭二 自
西野太亮 自
平沢勝栄 自
細野豪志 自
三谷英弘 自
宗清皇一 自
八木哲也 自
山本左近 自
若林健太 自
荒井優 立
小熊慎司 立
岡本あき子 立
鎌田さゆり 立
玄葉光一郎 立
階猛 立
馬場雄基 立
池畑浩太朗 維
一谷勇一郎 維
小野泰輔 維
浮島智子 公
庄子賢一 公
岸本周平 国
高橋千鶴子 共
福島伸享 有

原子力問題調査特別委員(40)

(自23)(立8)(維4)
(公3)(国1)(共1)

(長) **赤澤亮正** 自
(理) 大西英男 自
(理) 神田憲次 自
(理) 鈴木淳司 自
(理) 古川康 自
(理) 菅直人 立
(理) 伴野豊 立
(理) 伊東信久 維
(理) 中野洋昌 公
畦元将吾 自
井林辰憲 自
石川昭政 自
今村雅弘 自
江渡聡徳 自
勝俣孝明 自
門山宏哲 自
神田潤一 自
北村誠吾 自
新谷正義 自
高木宏壽 自

福重隆浩 公
西岡秀子 国
高橋千鶴子 共

【憲法審査会】

憲法審査会委員(50)
(自28)(立11)(維4)(公4)
(国1)(共1)(有1)

(長) 森英介 自
(幹) 加藤勝信 自
(幹) 上川陽子 自
(幹) 柴山昌彦 自
(幹) 新藤義孝 自
(幹) 西村康稔 自
(幹) 奥野総一郎 立
(幹) 道下大樹 立
(幹) 馬場伸幸 維
北側一雄 公
秋葉賢也 自
井出庸生 自
井野俊郎 自
井上貴博 自
伊藤信太郎 自
伊藤達也 自
石破茂 自
稲田朋美 自
岩屋毅 自
衛藤征士郎 自
越智隆雄 自
大串正樹 自
國場幸之助 自
下村博文 自
中西健治 自
船田元 自
古屋圭司 自
細野豪志 自
松本剛明 自
山下貴司 自
山田賢司 自
山本有二 自
新垣邦男 立
近藤昭一 立
櫻井周 立
中川正春 立
野田佳彦 立
太栄志 立
本庄知史 立
谷田川元 立
吉田はるみ 立
足立康史 維
小野泰輔 維
三木圭恵 維
國重徹 公
中野洋昌 公
吉田宣弘 公
玉木雄一郎 国
赤嶺政賢 共
北神圭朗 有

長坂康正 自
西田昭二 自
堀井学 自
三ッ林裕巳 自
宮内秀樹 自
宮澤博行 自
簗和生 自
阿部知子 立
江田憲司 立
逢坂誠二 立
野間健 立
米山隆一 立
渡辺創 立
藤巻健太 維
堀場幸子 維
吉田とも代 維
河西宏一 公
平林晃 公
浅野哲 国
笠井亮 共

地方創生に関する特別委員(40)
(自23)(立8)(維4)
(公3)(国1)(共1)

(長) 石田真敏 自
(理) 小林茂樹 自
(理) 坂本哲志 自
(理) 谷川弥一 自
(理) 永岡桂子 自
(理) 白石洋一 立
(理) 福田昭夫 立
(理) 守島正 維
(理) 輿水恵一 公
井原巧 自
今枝宗一郎 自
今村雅弘 自
国定勇人 自
小島敏文 自
小森卓郎 自
斎藤洋明 自
田野瀬太道 自
谷川とむ 自
土屋品子 自
中川郁子 自
中野英幸 自
野中厚 自
藤丸敏 自
宮路拓馬 自
保岡宏武 自
吉川赳 自
和田義明 自
おおつき紅葉 立
坂本祐之輔 立
田嶋要 立
堤かなめ 立
緑川貴士 立
森田俊和 立
阿部司 維
沢田良 維
住吉寛紀 維
中川宏昌 公

【情報監視審査会】

情報監視審査会委員(8)

(自4)(立2)(維1)(公1)

㊥	**小野寺　五典**	自
	伊東　良孝	自
	田村　憲久	自
	松本　剛明	自
	おおつき　紅葉	立
	長妻　昭	立
	和田　有一朗	維
	大口　善徳	公

【政治倫理審査会】

政治倫理審査会委員(25)

(自14)(立5)(維2)
(公2)(国1)(共1)

㊥	**吉野　正芳**	自
㊎	伊東　良孝	自
㊎	佐々木　紀	自
㊎	丹羽　秀樹	自
㊎	盛山　正仁	自
㊎	岡田　克也	立
㊎	浦野　靖人	維
㊎	高木　陽介	公
	井野　俊郎	自
	大串　正樹	自
	國場　幸之助	自
	武井　俊輔	自
	中谷　真一	自
	西田　昭二	自
	三谷　英弘	自
	柳本　顕	自
	山田　賢司	自
	泉　健太	立
	重徳　和彦	立
	松木　けんこう	立
	山井　和則	立
	金村　龍那	維
	石井　啓一	公
	前原　誠司	国
	穀田　恵二	共

会派名の表記は下記の通り。

自＝自由民主党
立＝立憲民主党・無所属
維＝日本維新の会
公＝公明党
国＝国民民主党・無所属クラブ
共＝日本共産党
有＝有志の会
れ＝れいわ新選組
無＝無所属
欠＝欠員

㊮委員会

2005年以降の主な政党の変遷（数字は年月）

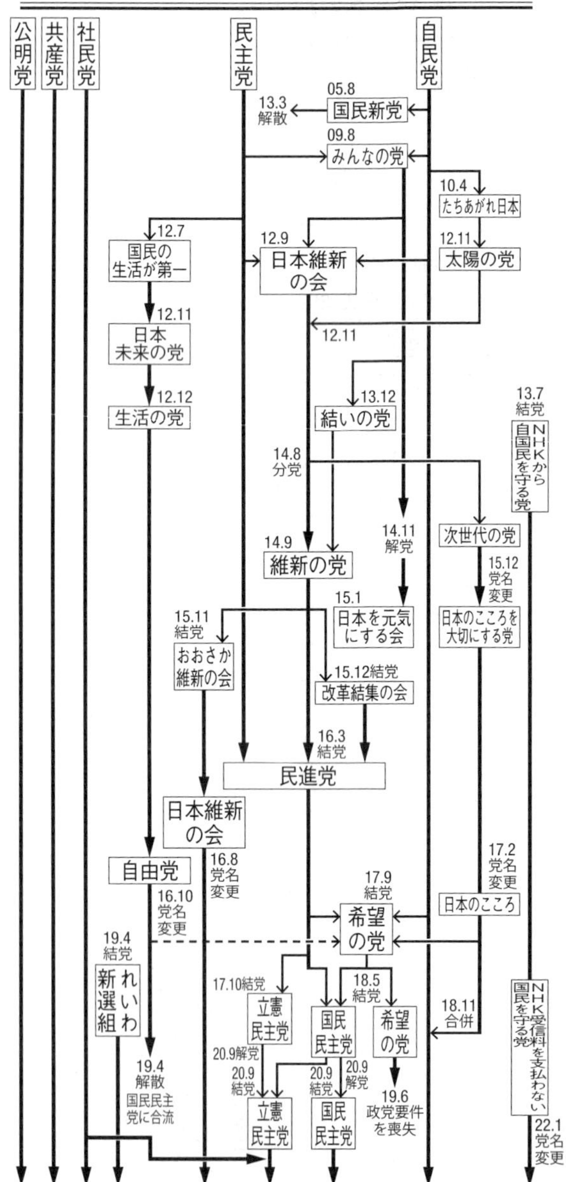

参議院

●凡例　記載内容は原則として令和4年1月17日現在。

選挙区　　定　数

第24回選挙得票数・得票率　（平成28年7月10日）　第25回選挙得票数・得票率　（令和元年7月21日）

得票数の左の▽印は繰り上げ当選者の資格を持つ法定得票数獲得者。

氏名（ふりがな）　党派（会派）〔選挙年〕当選回数
出身地　生年月日
勤続年数（うち㊥年数）（初当選年）
勤続年数は令和4年2月末現在

略　歴　（**現職はゴシック**。但し大臣・副大臣・政務官、委員会及び党役職のみ。年齢は令和3年2月末現在）

〒　地元　住所　☎
〒　中央　住所　☎

●編集要領

○住所に宿舎とあるのは議員宿舎、会館とあるのは議員会館。
○**党派名、自民党議員の派閥名（[　]で表示）を略称で表記した。**

自…自由民主党
立…立憲民主党
公…公明党
維…日本維新の会
共…日本共産党
国…国民民主党
れ…れいわ新選組
社…社会民主党
N…NHK受信料を支払わない国民を守る党
無…無所属
[安]…安倍派
[麻]…麻生派
[茂]…茂木派
[二]…二階派
[岸]…岸田派
[森]…森山派
[無]…無派閥
（　）内は会派名
自民…自由民主党・国民の声
立憲…立憲民主・社民
国民…国民民主党・新緑風会
沖縄…沖縄の風
碧水…碧水会
みんな…みんなの党

○常任委員会

内閣委員会……**内閣委**
総務委員会……**総務委**
法務委員会……**法務委**
外交防衛委員会……**外交防衛委**
財政金融委員会……**財金委**
文教科学委員会……**文科委**
厚生労働委員会……**厚労委**
農林水産委員会……**農水委**
経済産業委員会……**経産委**
国土交通委員会……**国交委**
環境委員会……**環境委**
国家基本政策委員会……**国家基本委**
予算委員会……**予算委**
決算委員会……**決算委**
行政監視委員会……**行政監視委**
議院運営委員会……**議運委**
懲罰委員会……**懲罰委**

○特別委員会

災害対策特別委員会……**災害特委**
政府開発援助等及び沖縄・北方問題に関する特別委員会……**ODA・沖北特委**
政治倫理の確立及び選挙制度に関する特別委員会……**倫選特委**
北朝鮮による拉致問題等に関する特別委員会……**拉致特委**
地方創生及びデジタル社会の形成等に関する特別委員会……**地方・デジ特委**
消費者問題に関する特別委員会……**消費者特委**
東日本大震災復興特別委員会……**復興特委**

○調査会・審査会

国際経済・外交に関する調査会……**国際経済調委**
国民生活・経済に関する調査会……**国民生活調委**
資源エネルギーに関する調査会……**資源エネ調委**
憲法審査会……**憲法審委**
情報監視審査会……**情報監視審委**
政治倫理審査会……**政倫審委**

※所属の委員会名は、1月17日現在の委員部資料及び議員への取材に基づいて掲載しています。

参議院議員・秘書名一覧

	議員名	党派（会派）	選挙区 選挙年	政策秘書名 第1秘書名 第2秘書名	号室	直通 FAX	略歴頁
[あ]	あだち きよし 安達　澄	無	大分[元]	田中伸一 津野裕章 日名子英明	419	6550-0419 6551-0419	265
	あだち しんや 足立信也	国	大分㉘	鈴木加世子 岐津佑介 長尾俊範	613	6550-0613 6551-0613	265
	あだち としゆき 足立敏之	自［岸］	比例㉘	岡積敏雄 本田俊二 中山麻友	501	6550-0501 6551-0501	214
	あだち まさし 阿達雅志	自［無］	比例㉘	土屋達之介 長岐康平 安西直紀	309	6550-0309 6551-0309	215
	あおき あい 青木　愛	立	比例㉘	― ― ―	507	6550-0507 6551-0507	221
	あおき かずひこ 青木一彦	自［茂］	鳥取・島根㉘	吉武　崇 小塚昭郎 前田　修	814	6550-0814 3502-8825	259
	あおやま しげはる 青山繁晴	自［無］	比例㉘	出口　太 三浦麻未 入間川和美	1215	3581-3111(代)	213
	あかいけ まさあき 赤池誠章	自［安］	比例[元]	中島朱美 ― 松岡俊一	524	6550-0524 6551-0524	227
	あきの こうぞう 秋野公造	公	比例㉘	中條壽信 前田　洋 塩出麻里子	711	6550-0711 6551-0711	218
	あさだ ひとし 浅田　均	維	大阪㉘	熊谷　知 平岡紀志 川津光弘	621	6550-0621 6551-0621	255
	あさひ けんたろう 朝日健太郎	自［無］	東京㉘	― 菅野文盛 笠原義康	620	6550-0620 6551-0620	244
	あずま とおる 東　徹	維	大阪[元]	吉成正則 高野隆宏 柊谷龍哉	510	6550-0510 6551-0510	256
	ありた よしふ 有田芳生	立	比例㉘	大歳はるか 有田由希 ―	416	6550-0416 6551-0416	217
	ありむら はるこ 有村治子	自［麻］	比例[元]	渡部桃子 ― 田中三恵	1015	6550-1015 6551-1015	225
[い]	いのうえ さとし 井上哲士	共	比例[元]	阿戸知則 広井真光 園山あゆみ	321	6550-0321 6551-0321	231
	いとう がく 伊藤　岳	共	埼玉[元]	石川健介 岡嵜拓也 磯ヶ谷理恵	609	6550-0609 6551-0609	242
	いとう たかえ 伊藤孝江	公	兵庫㉘	小野澤康弘 本孝　薫 園谷晃一	1014	6550-1014 6551-1014	257
	いとう たかえ 伊藤孝恵	国	愛知㉘	中島浩一 川井太司 荻巣延子	1008	6550-1008 6551-1008	252
	いは よういち 伊波洋一	無（沖縄）	沖縄㉘	末廣　哲 伊波俊介 高江洲満子	519	6550-0519 6551-0519	267

※内線電話番号は、5＋室番号（3～9階は5のあとに0を入れる）

議員名	党派(会派)	選挙区 選挙年	政策秘書名 第1秘書名 第2秘書名	号室	直通 FAX	略歴頁
いしい あきら 石井 章	維	比例㉘	―― ―― ――	1204	6550-1204 6551-1204	220
いしい じゅんいち 石井準一	自 [茂]	千葉(元)	森崎大輔 東野公俊 ――	506	6550-0506 5512-2606	243
いしい ひろお 石井浩郎	自 [茂]	秋田㉘	黒川茂雄 畑澤敦子 千葉淳一	713	6550-0713 6551-0713	238
いしい まさひろ 石井正弘	自 [安]	岡山(元)	近藤儀道 田淵善一 石田真佐代	1214	6550-1214 6551-1214	259
いしい みつこ 石井苗子	維	比例㉘	浜崎篤人 藤川晋之助 橋本範子	1115	6550-1115 6551-1115	220
いしがき 石垣のりこ	立	宮城(元)	―― 青木まり子 ――	813	6550-0813 6551-0813	237
いしかわ たいが 石川大我	立	比例(元)	榎本順一 浜原健伍 石塚 聡	1113	6550-1113 6551-1113	228
いしかわ ひろたか 石川博崇	公	大阪㉘	長谷部康治 青木正伸 櫻井久美子	616	6550-0616 6551-0616	255
いしだ まさひろ 石田昌宏	自 [安]	比例(元)	五反分正彦 大田京子 ――	1101	6550-1101 6551-1101	226
いしばし みちひろ 石橋通宏	立	比例㉘	渡辺卓也 鈴木良知 伊藤淳子	523	6550-0523 6551-0523	217
いそざき よしひこ 磯﨑仁彦	自 [岸]	香川㉘	冨田久雄 後藤寿也 竹内康弘	624	6550-0624 6551-0624	262
いそざき てつじ 礒﨑哲史	国	比例(元)	長谷康人 小松 暢 榛葉梨花	1210	6550-1210 6551-1210	231
いちだ ただよし 市田忠義	共	比例㉘	加藤展子 山口真史 塚田 誠	513	6550-0513 6551-0513	219
いのぐち くにこ 猪口邦子	自 [麻]	千葉㉘	栗山博雅 末原功太郎 斎藤久代	1105	6550-1105 6551-1105	242
いまい えりこ 今井絵理子	自 [麻]	比例㉘	夏目勧嗣 島村純子 ――	315	6550-0315 6551-0315	214
いわぶち とも 岩渕 友	共	比例㉘	薄木正治 安部由美子 阿部 了	1002	6550-1002 6551 1002	220
いわもと つよひと 岩本剛人	自 [二]	北海道(元)	荒木真一 小林三奈子 原 雅子	205	6550-0205 6551-0205	236
う うと たかし 宇都隆史	自 [茂]	比例㉘	神園 健 徳田佳史 佐々木俊夫	516	6550-0516 6551-0516	215
うえだ きよし 上田清司	無 (国民)	埼玉㉘補	工藤裕一郎 池田麻里 山下隆昭	618	6550-0618 6551-0618	241
うえの みちこ 上野通子	自 [安]	栃木㉘	齋藤 淳 根本龍夫 ――	918	6550-0918 6551-0918	240

※内線電話番号は、5＋室番号（3～9階は5のあとに0を入れる）

	議員名	党派（会派）	選挙区 選挙年	政策秘書名 第1秘書名 第2秘書名	号室	直通 FAX	略歴頁
	うちこし さくら 打越さく良	立	新潟(元)	山口希望 石本伸二 石田佳	901	6550-0901 6551-0901	248
	うめ むら さとし 梅村 聡	維	比例(元)	北野大地 北村香 ——	326	6550-0326 6551-0326	230
	うめむら 梅村みずほ	維	大阪(元)	平木雅己 大嶋公一 高野みずほ	1004	6550-1004 6551-1004	256
え	え さき たかし 江崎 孝	立	比例㉘	鳥越保浩 三木みどり 青木剛志	511	6550-0511 6551-0511	217
	え じま きよし 江島 潔	自［安］	山口㉘	三浦善一郎 稲田亮 亀永誉晃	1103	6550-1103 6551-1103	261
	え とう せい いち 衛藤晟一	自［二］	比例(元)	北村賢一 柴原佳史 清水剛	1216	6550-1216 6551-1216	226
お	お がわ かつ み 小川克巳	自［無］	比例㉘	加藤義昭 山﨑達郎 小平美芙衣	405	6550-0405 6551-0405	215
	お がわ とし お 小川敏夫	無	東京㉘	堀内ゆか里 今井陽子 篠崎和輝	605	6550-0605 6551-0605	244
	お ざわ まさ ひと 小沢雅仁	立	比例(元)	加藤陽子 山﨑潤一郎 園田健人	1119	6550-1119 6551-1119	227
	お ぬま たくみ 小沼 巧	立	茨城(元)	西恵美子 宮田康則 ——	1012	6550-1012 6551-1012	240
	お の だ き み 小野田紀美	自［茂］	岡山㉘	山口栄利香 狐塚多重 石原千絵	318	6550-0318 6551-0318	259
	お つじ ひで ひさ 尾辻秀久	自［茂］	鹿児島(元)	沼田実香 松尾有嗣 竹内和香	515	6550-0515 3595-1127	266
	おお いえ さと し 大家敏志	自［麻］	福岡㉘	石田麻子 伊原隆敏 柴田泰夫	518	6550-0518 6551-0518	263
	おお つか こう へい 大塚耕平	国	愛知(元)	河本安子 岩崎孝史 加藤麻紀子	1121	6550-1121 6551-1121	253
	おお の やす ただ 大野泰正	自［安］	岐阜(元)	岩田佳子 髙井雅之 福田美紀	503	6550-0503 6551-0503	251
	おお た ふさ え 太田房江	自［安］	大阪(元)	郷千鶴子 —— 内田淳子	308	6550-0308 6551-0308	256
	おか だ なお き 岡田直樹	自［安］	石川㉘	下田学 丹後智浩 谷端臣文	807	6550-0807 6551-0807	248
	おか だ ひろし 岡田 広	自［無］	茨城㉘	大塚典子 郡司真人 岡田崇裕	414	6550-0414 6551-0414	239
	おとき た しゅん 音喜多 駿	維	東京(元)	小林優輔 濵あやこ 下山達人	612	6550-0612 6551-0612	245
か	か だ ひろ ゆき 加田裕之	自［安］	兵庫(元)	福田聖也 藤本哲也 宇都宮祥一郎	819	6550-0819 6551-0819	257

※内線電話番号は、５＋室番号（３～９階は５のあとに０を入れる）

議員名	党派(会派)	選挙区選挙年	政策秘書名 第1秘書名 第2秘書名	号室	直通 FAX	略歴頁
かだゆきこ 嘉田由紀子	無 (碧水)	滋賀(元)	安部秀行 五月女彩子 古谷桂信	815	6550-0815 6551-0815	254
かたやま 片山さつき	自 [二]	比例㉘	中谷祐二 高橋一良 戸井田ひろし	420	6550-0420 6551-0420	213
かたやまだいすけ 片山大介	維	兵庫㉘	― 三井敏弘 柴田大輔	721	6550-0721 6551-0721	257
かたやまとらのすけ 片山虎之助	維	比例㉘	加松正利 樋川勲 片山克美	418	6550-0418 6551-0418	220
かつべけんじ 勝部賢志	立	北海道(元)	田中信彦 片桐眞 花田雅昭	608	6550-0608 6551-0608	236
かねこげんじろう 金子原二郎	自 [岸]	長崎㉘	池田介一 吉田安秀 頓田麻美	1202	6550-1202 6551-1202	264
かみともこ 紙　智子	共	比例(元)	田井共生 和氣美樹 小松正英	710	6550-0710 6551-0710	231
かわいたかのり 川合孝典	国	比例㉘	平澤幸子 海保順一 ―	1223	6550-1223 6551-1223	217
かわだりゅうへい 川田龍平	立	比例(元)	金子達也 高木健二 石井惠子	508	6550-0508 6551-0508	228
かわのよしひろ 河野義博	公	比例(元)	永島弘通 武田勝久 矢野久枝	720	6550-0720 6551-0720	229
き きどぐちえいじ 木戸口英司	立	岩手㉘	司馬俊枝 工藤英之 ―	715	6550-0715 6551-0715	237
きむらえいこ 木村英子	れ	比例(元)	入野田智也 後藤一輝 黒田宗矢	314	6550-0314 6551-0314	232
きらこ 吉良よし子	共	東京(元)	加藤昭宏 菊田由佳 恒川京子	509	6550-0509 6551-0509	245
きしまきこ 岸　真紀子	立	比例(元)	岸野ミチル 米田由美子 渡邉武	611	6550-0611 6551-0611	227
きたむらつねお 北村経夫	自 [安]	山口(元)補	菅田誠 渡部仁志 黒坂陽子	1109	6550-1109 6551-1109	261
く くまがいひろと 熊谷裕人	立	埼玉(元)	上原広 ― 野口浩	1217	6550-1217 6551-1217	242
くまのせいし 熊野正士	公	比例㉘	廣野光夫 奥成輝保 ―	1118	6550-1118 6551-1118	218
くらばやしあきこ 倉林明子	共	京都(元)	増田優子 山本裕太 佐藤萌海	1021	6550-1021 6551-1021	255
ぐんじあきら 郡司　彰	立	茨城㉘	飯村志郎 黒川久江 岡野文昭	912	6550-0912 6551-0912	239
こ たかし こやり隆史	自 [岸]	滋賀㉘	増田綾子 田村敏一 田中里佳子	716	6550-0716 6551-0716	254

※内線電話番号は、５＋室番号（３～９階は５のあとに０を入れる）

	議員名	党派(会派)	選挙区 選挙年	政策秘書名 第1秘書名 第2秘書名	号室	直通 FAX	略歴頁
	こいけ あきら 小池　晃	共	比例(元)	窪田則子 小山田智枝 児玉善彦	1208	6550-1208 6551-1208	230
	こにし ひろゆき 小西洋之	立	千葉㉘	千葉　章 鈴木宏明 中沢　健	915	6550-0915 6551-0915	243
	こばやし まさお 小林正夫	国	比例㉘	小池ひろみ 鹿島繁文 井上　徹	406	6550-0406 6551-0406	216
	こが ゆういちろう 古賀友一郎	自 [岸]	長崎(元)	高田久美子 葉山史織 坂爪ひとみ	1206	6550-1206 6551-1206	264
	こが ゆきひと 古賀之士	立	福岡㉘	森島貴浩 中野多恵 大井ゆかり	1108	6550-1108 6551-1108	263
	こうづき りょうすけ 上月良祐	自 [茂]	茨城(元)	岸田礼子 平島　剛 坪井幹憲	704	6550-0704 6551-0704	239
さ	ささき 佐々木さやか	公	神奈川(元)	長岡光明 古屋伸一 高木和明	514	6550-0514 6551-0514	247
	さとう けい 佐藤　啓	自 [安]	奈良㉘	小野寺　出 石橋利洋 榎本政子	708	6550-0708 6551-0708	258
	さとう のぶあき 佐藤信秋	自 [茂]	比例(元)	玉村　貴 安　和博 富山明彦	722	6550-0722 6551-0722	225
	さとう まさひさ 佐藤正久	自 [茂]	比例(元)	木下俊治 小林武史 野口マキ	705	6550-0705 6551-0705	225
	さいとう よしたか 斎藤嘉隆	立	愛知㉘	石田敏高 市川　晶 若松善幸	707	6550-0707 6551-0707	252
	さかい やすゆき 酒井庸行	自 [安]	愛知(元)	忽那　薫 鈴木秀二 歌川純子	723	6550-0723 6551-0723	252
	さくらい みつる 櫻井　充	無 (自民)	宮城㉘	佐藤道昭 ― 國分貴士	512	6550-0512 6551-0512	237
	さとみ りゅうじ 里見隆治	公	愛知㉘	黒田泰広 山下高明 長尾　稔	301	6550-0301 6551-0301	252
	さんとう あきこ 山東昭子	無	比例(元)	勝俣岳人 島田好隆 京谷政春	310	6550-0310 6551-0310	226
し	しみず たかゆき 清水貴之	維	兵庫(元)	上杉真子 赤石理生 有野光洋	404	6550-0404 6551-0404	257
	しみず まさと 清水真人	自 [二]	群馬(元)	三留哲郎 佐藤　始 神田　彩	923	6550-0923 6551-0923	241
	じみ 自見はなこ	自 [二]	比例㉘	讃岐浩士 沼崎雅之 大畑成美	504	6550-0504 6551-0504	214
	しおた ひろあき 塩田博昭	公	比例(元)	橋本正博 菊地淑子 尾形康彦	1117	6550-1117 6551-1117	229
	しおむら 塩村あやか	立	東京(元)	石井　茂 ― 丸子知奈美	706	6550-0706 6551-0706	245

※内線電話番号は、５＋室番号（３～９階は５のあとに０を入れる）

	議員名	党派(会派)	選挙区 選挙年	政策秘書名 第1秘書名 第2秘書名	号室	直通 FAX	略歴頁
	しば ひろかず 芝　博一	立	三重㉘	平野和子 大谷友秀 片岡正喜	317	6550-0317 6551-0317	253
	しばた たくみ 柴田　巧	維	比例(元)	吉岡彩乃 富田道康 牧　毅	816	6550-0816 6551-0816	230
	しまむら だい 島村　大	自 [無]	神奈川(元)	中大窪佳子 桜木長利 町田浩文	415	6550-0415 6551-0415	247
	しもの ろくた 下野六太	公	福岡(元)	奈須野文麿 成松　明 ――	913	6550-0913 6551-0913	263
	しんどう かねひこ 進藤金日子	自 [二]	比例㉘	馬籠剛一 知花正博 佐々木理恵	719	6550-0719 6551-0719	214
	しんば かづや 榛葉賀津也	国	静岡(元)	堀池厚志 日高由佳 杉井忠義	1011	6550-1011 6551-0026	251
す	すどう げんき 須藤元気	無	比例(元)	―― ―― 御子貝浩太	914	6550-0914 6551-0914	228
	すえまつ しんすけ 末松信介	自 [安]	兵庫㉘	中根健治 中西健士 岩岡良典	905	6550-0905 5512-2616	257
	すぎ ひさたけ 杉　久武	公	大阪(元)	小神輝高 川久保一司 井崎光城	615	6550-0615 6551-0615	256
	すぎお ひでや 杉尾秀哉	立	長野㉘	濱田和彦 松原秀吉 新海泳大	724	6550-0724 6551-0724	250
	すずき むねお 鈴木宗男	維	比例(元)	赤松真次 飯島　翔 ――	1219	6550-1219 6551-1219	229
せ	せこう ひろしげ 世耕弘成	自 [安]	和歌山(元)	川村太祐 福井康司 佐藤拓治	1017	6550-1017 6551-1017	258
	せきぐち まさかず 関口昌一	自 [茂]	埼玉㉘	多田政弘 関口恵太 佐藤敏行	1104	6550-1104 6551-1104	241
そ	しゅうこう そのだ修光	自 [無]	比例㉘	池田紫乃 小松康剛 寺原幸一	607	6550-0607 6551-0607	216
た	たじま まいこ 田島麻衣子	立	愛知(元)	矢下雄介 金森慶次 中堀隆一	410	6550-0410 6551-0410	253
	たなぶ まさよ 田名部匡代	立	青森㉘	大谷佳子 竹原敬裕 八木歳博	1106	6550-1106 6551-1106	236
	たむら ともこ 田村智子	共	比例㉘	岩藤智彦 浅野宝子 関　恵美子	908	6550-0908 6551-0908	219
	たむら 田村まみ	国	比例(元)	堺　知美 林　公太郎 荒木有子	910	6550-0910 6551-0910	231
	だいもん みきし 大門実紀史	共	比例㉘	丸井龍平 槐島明香 吉井穂高	1203	6550-1203 6551-1203	219
	たかぎ 高木かおり	維	大阪㉘	稲葉治久 近藤晶久 ――	306	6550-0306 6551-0306	256

※内線電話番号は、5＋室番号（3～9階は5のあとに0を入れる）

	議員名	党派(会派)	選挙区 選挙年	政策秘書名 第1秘書名 第2秘書名	号室	直通 FAX	略歴頁
	たかせひろみ 高瀬弘美	公	福岡㉘	深田知行 稲又進一 仮屋雄一	907	6550-0907 6551-0907	263
	たかのこうじろう 高野光二郎	自 [麻]	徳島・高知(元)	向井和至 合田壮一郎 鈴田和基	421	6550-0421 6551-0421	261
	たかはしかつのり 高橋克法	自 [麻]	栃木(元)	網野辰男 薄井伸之 阿久津晃一	324	6550-0324 6551-0324	240
	たかはし 高橋はるみ	自 [安]	北海道(元)	―― 小野隼人 三上靜	303	6550-0303 6551-0303	235
	たかはしみつお 高橋光男	公	兵庫(元)	細田千鶴子 青木勇人 坂本篤史	614	6550-0614 6551-0614	257
	たからてつみ 髙良鉄美	無 (沖縄)	沖縄(元)	―― 新澤有 瑞慶覧長風	712	6550-0712 6551-0712	267
	たきさわもとめ 滝沢求	自 [麻]	青森(元)	平岡久宣 野月法文 細谷真理子	522	6550-0522 6551-0522	236
	たきなみひろふみ 滝波宏文	自 [安]	福井(元)	磯村圭一 ―― 橋本純子	307	6550-0307 6551-0307	249
	たけうちいさお 竹内功	自 [無]	比例㉘繰	江熊富美代 ―― 竹内いづみ	714	6550-0714 6551-0714	216
	たけうちしんじ 竹内真二	公	比例㉘繰	金田守正 半沢拓巳 中村純一	801	6550-0801 6551-0801	219
	たけやとしこ 竹谷とし子	公	東京㉘	池田奈保美 松下秋子 萩野谷明子	517	6550-0517 6551-0517	244
	たけだりょうすけ 武田良介	共	比例㉘	椨浩一 寺下真 ――	408	6550-0408 6551-0408	220
	たけみけいぞう 武見敬三	自 [麻]	東京(元)	牧野能治 福士真祐 新通一弘	413	6550-0413 6206-1502	245
	たにあいまさあき 谷合正明	公	比例㉘	木倉谷靖 角屋忍 田村智	922	6550-0922 6551-0922	218
つ	つげよしふみ 柘植芳文	自 [無]	比例(元)	辰巳知宏 田丸方敏 水野真梨	1114	6550-1114 6551-1114	224
	つるほようすけ 鶴保庸介	自 [二]	和歌山㉘	河嶋克志 鈴木彬人 小嶋いお子	313	6550-0313 6551-0313	258
て	てらたしずか 寺田静	無	秋田(元)	反田麻理 桑原愛 荒木裕美子	204	6550-0204 6551-0204	238
と	どうこしげる 堂故茂	自 [茂]	富山(元)	深津登 亀谷忠宏 関由加	1003	6550-1003 6551-1003	248
	とくしげまさゆき 徳茂雅之	自 [無]	比例㉘	坪根輝彦 水谷善次 渡辺明子	424	6550-0424 6551-0424	213
	とくなが 徳永エリ	立	北海道㉘	岡内隆博 矢野信彦 清水敬弘	701	6550-0701 6551-0701	235

※内線電話番号は、5＋室番号（3～9階は5のあとに0を入れる）

議員名	党派(会派)	選挙区 選挙年	政策秘書名 第1秘書名 第2秘書名	号室	直通 FAX	略歴頁
とよだ としろう 豊田俊郎	自 [麻]	千葉(元)	木村慎一 松崎和也 鶴岡瑛右	1213	6550-1213 6551-1213	243
な たかこ ながえ孝子	無 (碧水)	愛媛(元)	― 福田剛 藤田一成	709	6550-0709 6551-0709	262
なたにや まさよし 那谷屋正義	立	比例㉘	前川浩司 大沢祥文 安西仁美	409	6550-0409 6551-0409	217
なかがわ まさはる 中川雅治	自 [安]	東京㉘	沖康雄 髙橋八千代 木村ひろ子	904	6550-0904 6551-0904	244
なかそね ひろふみ 中曽根弘文	自 [二]	群馬㉘	上屋勝哉 望月美樹 米岡輝和	1224	6550-1224 3592-2424	240
なかにし けんじ 中西健治		神奈川㉘	(令和3年10月8日辞職)			246
なかにし さとし 中西哲	自 [無]	比例㉘	中熊順子 越智信介 上甲典生	423	6550-0423 6551-0423	213
なかにし ゆうすけ 中西祐介	自 [麻]	徳島・高知㉘	平岡英士 喜多村旬 ―	622	6550-0622 6551-0622	261
ながはま ひろゆき 長浜博行	立	千葉(元)	副島浩 鈴木浩暢 宇佐美奈央	606	6550-0606 6551-0606	243
ながみね まこと 長峯誠	自 [安]	宮崎(元)	早川健一郎 持永隆大 栗山真也	802	6550-0802 6551-0802	266
なんば しょうじ 難波奨二	立	比例㉘	江田洋一 ― 三宅和広	821	6550-0821 6551-0821	217
に にのゆ さとし 二之湯智	自 [茂]	京都㉘	岡田忠治 堀憲人 原山誠	921	6550-0921 6551-0921	254
にいづま ひでき 新妻秀規	公	比例(元)	萱原信英 田中孝一 松浦美喜子	1112	6550-1112 6551-1112	229
にしだ しょうじ 西田昌司	自 [安]	京都(元)	安藤髙士 田中正一 柿本大輔	1110	6550-1110 3502-8897	255
にしだ まこと 西田実仁	公	埼玉㉘	吉田正 関谷富士男 大間博昭	1005	6550-1005 6551-1005	241
の のがみこうたろう 野上浩太郎	自 [安]	富山㉘	野村隆宏 小林靖 白川智也	1010	6550-1010 6551-1010	248
のだ くによし 野田国義	立	福岡(元)	大谷正人 林卓也 花下主茂	323	6550-0323 6551-0323	263
のむら てつろう 野村哲郎	自 [茂]	鹿児島㉘	碇本博一 留奥敦義 田畑雅代	1120	6550-1120 6551-1120	266
は はた じろう 羽田次郎	立	長野(元)補	― 辻甲子郎 濵貴紀	818	6550-0818 6551-0818	250
はにゅうだ たかし 羽生田俊	自 [安]	比例(元)	安部和之 漆畑佑 星野彩	319	6550-0319 6551-0319	226

※内線電話番号は、5＋室番号（3～9階は5のあとに0を入れる）

議員名	党派(会派)	選挙区選挙年	政策秘書名 第1秘書名 第2秘書名	号室	直通 FAX	略歴頁
はが みちや 芳賀道也	無 （国民）	山形[元]	戸次貴彦 西田敏 相馬準	917	6550-0917 6551-0917	238
はせがわ がく 長谷川岳	自 ［安］	北海道㉘	牛間由美子 安藤明 森越正也	619	6550-0619 6550-0055	235
ばば せいし 馬場成志	自 ［岸］	熊本[元]	山内祐子 吉津暢章 柴田啓介	1016	6550-1016 6551-1016	265
はく しんくん 白眞勲	立	比例㉘	本庄政之 中村健 坂本みゆき	1116	6550-1116 6551-1116	218
はしもと せいこ 橋本聖子	無	比例[元]	宮内榮子 藤原清美 甲斐将裕	803	6550-0803 6551-0803	225
はちろ よしお 鉢呂吉雄	立	北海道㉘	亀井政貴 長内勇人 ニュエルまり	920	6550-0920 6551-0920	235
はまぐち まこと 浜口誠	国	比例㉘	阿部洋祐 石綿慶子 —	1022	6550-1022 6551-1022	216
はまだ さとし 浜田聡	N （みんな）	比例[元]繰	大瀧靖峰 末永友香梨 伊東勇	403	6550-0403 6551-0403	232
はまだ まさよし 浜田昌良	公	比例㉘	田中正勝 大川満里子 大井源也	316	6550-0316 6551-0316	219
はまの よしふみ 浜野喜史	国	比例[元]	下橋佑治 片岡健太 小林和未	521	6550-0521 6551-0521	231
[ひ] ひが なつみ 比嘉奈津美	自 ［茂］	比例[元]繰	岡田英 伊藤慎一 伊佐美歌代	1221	6550-1221 6551-1221	227
ひらき だいさく 平木大作	公	比例[元]	田中大作 麻生賢一 遠藤彰子	422	6550-0422 6551-0422	229
ひらやま さちこ 平山佐知子	無	静岡㉘	細井貴光 宮﨑隆司 平井伸二	822	6550-0822 6551-0822	251
[ふ] ふくおか たかまろ 福岡資麿	自 ［茂］	佐賀㉘	岩永幸雄 小部茂俊 相澤晃二	919	6550-0919 6551-0919	264
ふくしま 福島みずほ	社	比例㉘	石川顕 山口薫 知念祐紀	1111	6550-1111 6551-1111	221
ふくやま てつろう 福山哲郎	立	京都㉘	— 正木幸一 —	808	6550-0808 6551-0808	254
ふじい もとゆき 藤井基之	自 ［岸］	比例㉘	平松和好 髙森眞由美 五十嵐哲也	1218	6550-1218 3597-9393	215
ふじかわ まさひと 藤川政人	自 ［麻］	愛知㉘	松本由紀子 藤原勝彦 津田修一	717	6550-0717 6550-0057	252
ふじき しんや 藤木眞也	自 ［岸］	比例㉘	池上知子 野村恵莉子 穴見健人	1006	6550-1006 6551-1006	214
ふじすえ けんぞう 藤末健三	無 （自民）	比例㉘	須山義正 坂田篤彦 星井孝之	1009	6550-1009 6551-1009	218

※内線電話番号は、５＋室番号（３～９階は５のあとに０を入れる）

議員名	党派（会派）	選挙区選挙年	政策秘書名 第1秘書名 第2秘書名	号室	直通 FAX	略歴頁
ふなやまやすえ 舟山康江	国	山形㉘	中田兼司 伊藤一洋 齊藤秀昭	810	6550-0810 6551-0810	238
ふなごやすひこ 舩後靖彦	れ	比例[元]	岡田哲扶 蒔田備憲 小林律子	302	6550-0302 6551-0302	231
ふるかわとしはる 古川俊治	自 [安]	埼玉[元]	森本義久 池上聴 高橋利典	718	6550-0718 6551-0718	241
ほ　ほりいいわお 堀井巌	自 [安]	奈良[元]	平田勝紀 矢辻玲子 米田憲司	417	6550-0417 6551-0417	258
ほんだあきこ 本田顕子	自 [無]	比例[元]	―― 我妻理子 江畑彩樹	1001	6550-1001 6551-1001	226
ま　まやまゆういち 真山勇一	立	神奈川㉘	津山謙 近藤さとみ 岡村昌男	320	6550-0320 6551-0320	246
まいたちしょうじ 舞立昇治	自 [無]	鳥取・島根[元]	中園めぐみ 浅井威厚 中ノ森早苗	603	6550-0603 6551-0603	259
まきの 牧野たかお	自 [茂]	静岡[元]	渡辺恵美 鷲見正親 土屋行男	812	6550-0812 6551-0812	251
まきやま 牧山ひろえ	立	神奈川[元]	平澤和也 柴田明良 渡辺真也	1007	6550-1007 6551-1007	247
ましこてるひこ 増子輝彦	無 （自民）	福島㉘	坂本麻耶 大友将也 久保木豊	602	6550-0602 6551-0602	239
まつかわ 松川るい	自 [安]	大阪㉘	津坂光継 清水康弘 秋山真美	407	6550-0407 6551-0407	255
まつざわしげふみ 松沢成文		神奈川[元]	（令和3年8月8日失職）			247
まつしたしんぺい 松下新平	自 [無]	宮崎㉘	大出浩己 児玉勝 松浦克哉	824	6550-0824 6551-0824	266
まつむらよしふみ 松村祥史	自 [茂]	熊本㉘	下四日市郁夫 古賀正秋 畑山登	1023	6550-1023 6551-1023	265
まつやままさじ 松山政司	自 [岸]	福岡[元]	中島基彰 佐々木久之 ――	1124	6550-1124 6551-1124	263
まるかわたまよ 丸川珠代	自 [安]	東京[元]	三浦基広 山田孝次 美坂勇輝	902	6550-0902 6551-0902	245
み　みうらのぶひろ 三浦信祐	公	神奈川㉘	山本大三郎 浪川健太郎 薗部幸広	804	6550-0804 6551-0804	246
みうらやすし 三浦靖	自 [茂]	比例[元]	小林一巳 長尾広志 森山真吉	811	6550-0811 6551-0811	224
みきとおる 三木亨	自 [二]	比例[元]	久国ちぐさ 新田多門 松浦博	505	6550-0505 6551-0505	224
みはらじゅんこ 三原じゅん子	自 [無]	神奈川㉘	宮崎達也 武原美佐 瀧幸彦	823	6550-0823 6551-0823	246

※内線電話番号は　5＋室番号（3～9階は5のあとに0を入れる）

	議員名	党派(会派)	選挙区 選挙年	政策秘書名 第1秘書名 第2秘書名	号室	直通 FAX	略歴頁
	三宅伸吾(みやけしんご)	自[無]	香川(元)	中谷百合子 ――― ―――	604	6550-0604 6551-0604	262
	水岡俊一(みずおかしゅんいち)	立	比例(元)	高木智章 藤野花菜 濵田彦丸	305	6550-0305 6551-0305	227
	水落敏栄(みずおちとしえい)	自[岸]	比例㉘	細貝洋子 鈴木則昌 若林亜紀	1013	6550-1013 6551-1013	216
	宮口治子(みやぐちはるこ)	立	広島(元)再	片山哲生 竹縄雅代 山田洋満	206	6550-0206 6551-0206	260
	宮崎雅夫(みやざきまさお)	自[二]	比例(元)	木村充 津田澄男 大塚幸子	610	6550-0610 6551-0610	226
	宮崎勝(みやざきまさる)	公	比例㉘	新保正則 青木正美 柳沼明美	1209	6550-1209 6551-1209	219
	宮沢由佳(みやざわゆか)	立	山梨㉘	山根睦弘 雨宮絹江 長田る美	322	6550-0322 6551-0322	249
	宮沢洋一(みやざわよういち)	自[岸]	広島㉘	保沢宏行 髙島淳子 有本悦子	820	6550-0820 6551-0820	260
	宮島喜文(みやじまよしふみ)	自[安]	比例㉘	田中徳明 吉澤昌樹 長谷部春生	601	6550-0601 6551-0601	215
	宮本周司(みやもとしゅうじ)	自[安]	比例(元)	不破行大 梅原竜一 大澤良介	1018	6550-1018 6551-1018	225
む	室井邦彦(むろいくにひこ)	維	比例(元)	藤生賢哉 長崎寛親 内川智	1122	6550-1122 6551-1122	230
も	元榮太一郎(もとえたいちろう)	自[茂]	千葉㉘	――― ――― ―――	909	6550-0909 6551-0909	242
	森まさこ(もり)	自[安]	福島(元)	鈴木正吉 吉田佳代 小池康之	924	6550-0924 6551-0924	239
	森ゆうこ(もり)	立	新潟㉘	関熊正文 ――― ―――	304	6550-0304 6551-0304	247
	森本真治(もりもとしんじ)	立	広島(元)	八木橋美千代 古賀寛三 百田正則	311	6550-0311 6551-0311	260
	森屋隆(もりやたかし)	立	比例(元)	大沢祥文 長谷川哲也 遠藤ミホ	1211	6550-1211 6551-1211	228
	森屋宏(もりやひろし)	自[岸]	山梨(元)	漆原大介 小泉文彦 髙橋賢治	502	6550-0502 6551-0502	250
や	矢倉克夫(やくらかつお)	公	埼玉(元)	――― 中居信一 久富礼子	401	6550-0401 6551-0401	242
	矢田わか子(やたこ)	国	比例㉘	大谷達也 太田淳 大西貴代未	1212	6550-1212 6551-1212	216
	安江伸夫(やすえのぶお)	公	愛知(元)	大﨑順一 髙橋直樹 鐘ヶ江義之	312	6550-0312 6551-0312	253

※内線電話番号は、５＋室番号（３～９階は５のあとに０を入れる）

議員名	党派（会派）	選挙区 選挙年	政策秘書名 第１秘書名 第２秘書名	号室	直通 FAX	略歴頁
やながせ ひろふみ 柳ヶ瀬裕文	維	比例[元]	姉石洋一 大岡貴志 吉岡美智子	703	6550-0703 6551-0703	230
やなぎだ みのる 柳田　稔	無 （国民）	広島㉘	久保谷幸雄 松本由香理 田中美佐江	1222	6550-1222 6551-1222	260
やまぐち なつお 山口那津男	公	東京[元]	山下千秋 出口俊夫 山口伸也	806	6550-0806 6551-0806	245
やまざき しんのすけ 山﨑真之輔	無 （国民）	静岡㉘補	岩渕宏美 田中照彦 内田順子	520	6550-0520 6551-0520	251
やまざき まさあき 山崎正昭	自 ［安］	福井㉘	石山秀樹 松山康代 岸本成美	1201	6550-1201 6551-1201	249
やました ゆうへい 山下雄平	自 ［茂］	佐賀[元]	永石浩視 水谷秀美 中原　茂	916	6550-0916 6551-0916	264
やました よしき 山下芳生	共	比例[元]	中村哲也 中島敬介 松井朋子	1123	6550-1123 6551-1123	230
やまぞえ たく 山添　拓	共	東京㉘	加藤紀男 佐藤祐実 韮澤　彰	817	6550-0817 6551-0817	244
やまだ しゅうじ 山田修路		石川[元]	（令和３年12月24日辞職）			249
やまだ たろう 山田太郎	自 ［無］	比例[元]	小山紘一 荒井理沙 小寺直子	623	6550-0623 6551-0623	224
やまだ としお 山田俊男	自 ［森］	比例[元]	村瀬弘美 西原賢人 卜部隼太	809	6550-0809 6551-0809	225
やまだ ひろし 山田　宏	自 ［安］	比例㉘	新良　薫 大島康之 田中晴司	1205	6550-1205 6551-1205	215
やまたに えりこ 山谷えり子	自 ［安］	比例㉘	速水美智子 福元亮次 渡辺智彦	1107	6550-1107 6551-1107	214
やまもと かなえ 山本香苗	公	比例[元]	小谷恵美子 則清ナヲミ ――――	1024	6550-1024 6551-1024	228
やまもと じゅんぞう 山本順三	自 ［安］	愛媛㉘	能登祐克 高岡直宏 近藤華菜子	1019	6550-1019 6551-1019	262
やまもと ひろし 山本博司	公	比例[元]	梅津秀宣 鈴木孝久 髙井　彰	911	6550-0911 6551-0911	228
[よ] よこさわ たかのり 横沢高徳	立	岩手[元]	平野　優 阿部盛重 丸山亜里	702	6550-0702 6551-0702	237
よこやま しんいち 横山信一	公	比例㉘	八木橋広宣 小田秀路 吉井　透	402	6550-0402 6551-0402	218
よしかわ さおり 吉川沙織	立	比例[元]	浅野英之 ―――― 狩野恵理	617	6550-0617 6551-0617	227
よしかわ 吉川ゆうみ	自 ［安］	三重[元]	菊池知子 上野庄司 川本恭平	412	6550-0412 6551-0412	253

※内線電話番号は、５＋室番号（３～９階は５のあとに０を入れる）

議員名	党派（会派）	選挙区 選挙年	政策秘書名 第1秘書名 第2秘書名	号室	直通 FAX	略歴頁
よしだ ただとも 吉田忠智	立	比例[元]	森木亮太 佐藤俊生 田澤摩希子	906	6550-0906 6551-0906	232
[れ] れん ほう 蓮　舫	立	東京㉘	倉田顕 鈴木綾子 北嶋昭廣	411	6550-0411 6551-0411	244
[わ] わだ まさむね 和田政宗	自［無］	比例[元]	髙砂満 浜崎博 千葉富士男	1220	6550-1220 6551-1220	224
わかまつ かねしげ 若松謙維	公	比例[元]	恩田祐将 佐藤大作 相馬昭義	1207	6550-1207 6551-1207	229
わたなべ たけゆき 渡辺猛之	自［茂］	岐阜㉘	長谷川英樹 大東由幸 榊原美穂	325	6550-0325 6551-0325	250
わたなべ よしみ 渡辺喜美	無（みんな）	比例㉘	渡辺文久 長山利通 ―――	1020	6550-1020 6551-1020	220

参議院議員会館案内図

参議院議員会館２階

宮口治子 立　広島[元] 6550-0206　当1	206
岩本剛人 自［二］北海道[元] 6550-0205　当1	205
寺田　静 無　秋田[元] 6550-0204　当1	204

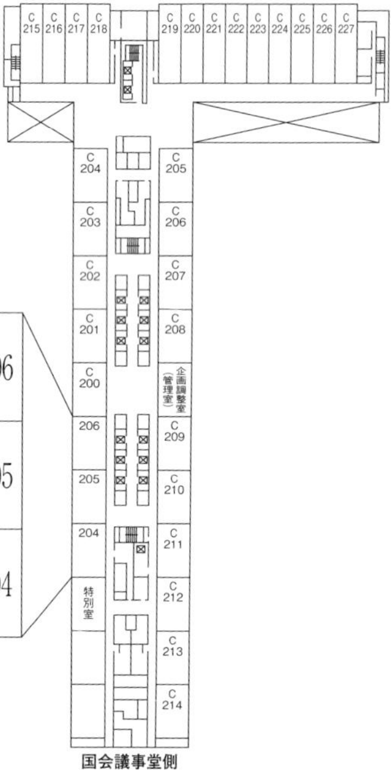

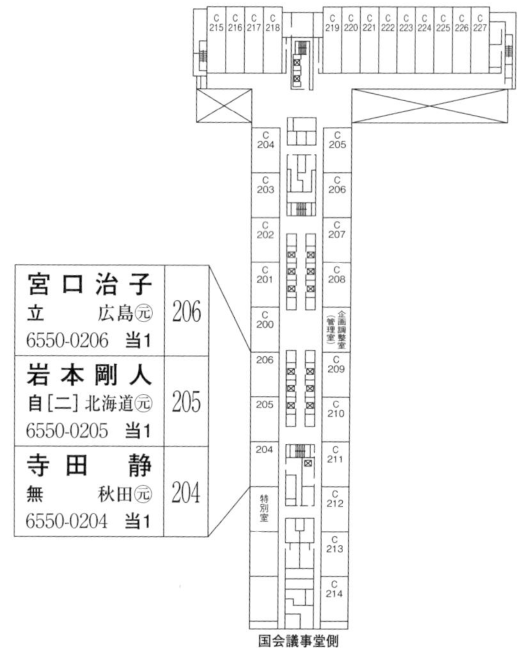

号室	氏名	会派	選挙区	電話	当選
326	梅村　聡	維	比例(元)	6550-0326	当2
325	渡辺猛之	自[茂]	岐阜㉘	6550-0325	当2
312	安江伸夫	公	愛知(元)	6550-0312	当1
311	森本真治	立	広島(元)	6550-0311	当2
310	山東昭子	無	比例(元)	6550-0310	当8
309	阿達雅志	自[無]	比例㉘	6550-0309	当2
308	太田房江	自[安]	大阪(元)	6550-0308	当2
307	滝波宏文	自[安]	福井(元)	6550-0307	当2
306	高木かおり	維	大阪㉘	6550-0306	当1
305	水岡俊一	立	比例(元)	6550-0305	当3
304	森　ゆうこ	立	新潟㉘	6550-0304	当3
303	高橋はるみ	自[安]	北海道(元)	6550-0303	当1
302	舩後靖彦	れ	比例(元)	6550-0302	当1
301	里見隆治	公	愛知㉘	6550-0301	当1
313	鶴保庸介	自[二]	和歌山㉘	6550-0313	当4
314	木村英子	れ	比例(元)	6550-0314	当1
315	今井絵理子	自[麻]	比例㉘	6550-0315	当1
316	浜田昌良	公	比例㉘	6550-0316	当3
317	芝　博一	立	三重㉘	6550-0317	当3
318	小野田紀美	自[茂]	岡山㉘	6550-0318	当1
319	羽生田　俊	自[安]	比例(元)	6550-0319	当2
320	真山勇一	立	神奈川㉘	6550-0320	当2
321	井上哲士	共	比例(元)	6550-0321	当4
322	宮沢由佳	立	山梨㉘	6550-0322	当1
323	野田国義	立	福岡(元)	6550-0323	当2
324	高橋克法	自[麻]	栃木(元)	6550-0324	当2

喫煙室
WC(男) WC(女)
EVホール
EVホール
EV
WC(男) WC(女)

国会議事堂側

参議院議員会館４階

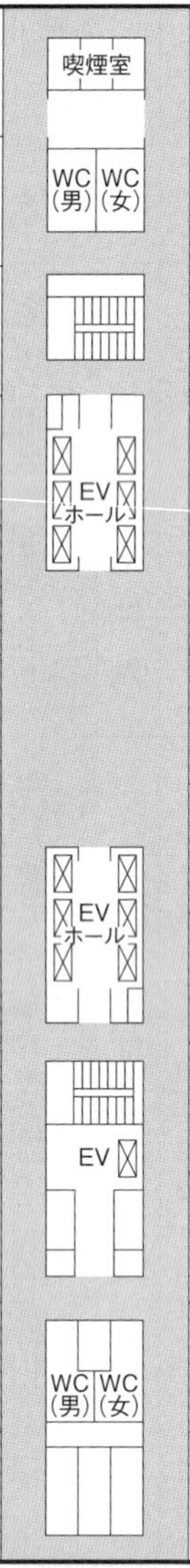

喫煙室
WC (男)
WC (女)
EV ホール
EV ホール
EV
WC (男)
WC (女)

吉川ゆうみ 自[安] 三重[元] 6550-0412 当2	412	413	武見敬三 自[麻] 東京[元] 6550-0413 当5
蓮舫 立 東京㉘ 6550-0411 当3	411	414	岡田広 自[無] 茨城㉘ 6550-0414 当4
田島麻衣子 立 愛知[元] 6550-0410 当1	410	415	島村大 自[無] 神奈川[元] 6550-0415 当2
那谷屋正義 立 比例㉘ 6550-0409 当3	409	416	有田芳生 立 比例㉘ 6550-0416 当2
武田良介 共 比例㉘ 6550-0408 当1	408	417	堀井巌 自[安] 奈良[元] 6550-0417 当2
松川るい 自[安] 大阪㉘ 6550-0407 当1	407	418	片山虎之助 維 比例㉘ 6550-0418 当5
小林正夫 国 比例㉘ 6550-0406 当3	406	419	安達澄 無 大分[元] 6550-0419 当1
小川克巳 自[無] 比例㉘ 6550-0405 当1	405	420	片山さつき 自[二] 比例㉘ 6550-0420 当2
清水貴之 維 兵庫[元] 6550-0404 当2	404	421	高野光二郎 自[麻] 徳島·高知[元] 6550-0421 当2
浜田聡 N(みんな) 比例[元] 6550-0403 当1	403	422	平木大作 公 比例[元] 6550-0422 当2
横山信一 公 比例㉘ 6550-0402 当2	402	423	中西哲 自[無] 比例㉘ 6550-0423 当1
矢倉克夫 公 埼玉[元] 6550-0401 当2	401	424	徳茂雅之 自[無] 比例㉘ 6550-0424 当1

国会議事堂側

参議院議員会館５階

櫻井 充 無(自民) 宮城㉘ 6550-0512 当4	512	513	市田忠義 共 比例㉘ 6550-0513 当4
江崎 孝 立 比例㉘ 6550-0511 当2	511	514	佐々木さやか 公 神奈川[元] 6550-0514 当2
東 徹 維 大阪[元] 6550-0510 当2	510	515	尾辻秀久 自[茂] 鹿児島[元] 6550-0515 当6
吉良よし子 共 東京[元] 6550-0509 当2	509	516	宇都隆史 自[茂] 比例㉘ 6550-0516 当2
川田龍平 立 比例[元] 6550-0508 当3	508	517	竹谷とし子 公 東京㉘ 6550-0517 当2
青木 愛 立 比例㉘ 6550-0507 当2	507	518	大家敏志 自[麻] 福岡㉘ 6550-0518 当2
石井準一 自[茂] 千葉[元] 6550-0506 当3	506	519	伊波洋一 無(沖縄) 沖縄㉘ 6550-0519 当1
三木 亨 自[二] 比例[元] 6550-0505 当2	505	520	山崎真之輔 無(国民) 静岡㉘ 6550-0520 当1
自見はなこ 自[二] 比例㉘ 6550-0504 当1	504	521	浜野喜史 国 比例[元] 6550-0521 当2
大野泰正 自[安] 岐阜[元] 6550-0503 当2	503	522	滝沢 求 自[麻] 青森[元] 6550-0522 当2
森屋 宏 自[岸] 山梨[元] 6550-0502 当2	502	523	石橋通宏 立 比例㉘ 6550-0523 当2
足立敏之 自[岸] 比例㉘ 6550-0501 当1	501	524	赤池誠章 自[安] 比例[元] 6550-0524 当2

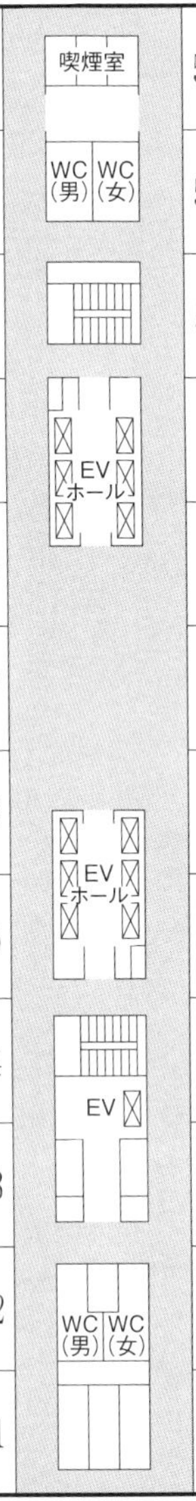
喫煙室
WC(男)
WC(女)
EV ホール
EV ホール
EV
WC(男)
WC(女)

国会議事堂側

参議院議員会館６階

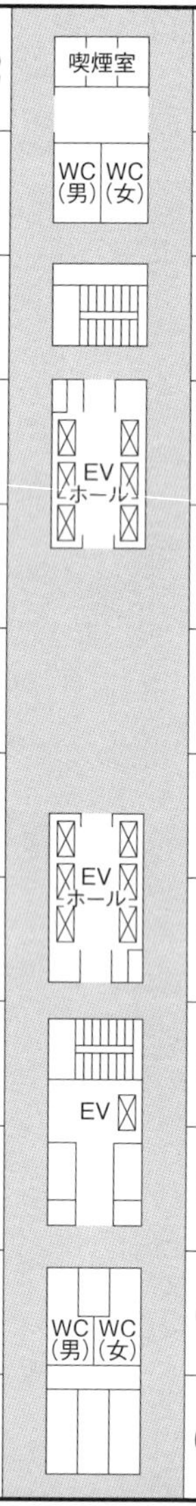

喫煙室
WC（男）
WC（女）
EV
ホール
EV
ホール
EV
WC（男）
WC（女）

議員	室	室	議員
音喜多　駿 維　東京[元] 6550-0612　当1	612	613	足立信也 国　大分㉘ 6550-0613　当3
岸　真紀子 立　比例[元] 6550-0611　当1	611	614	高橋光男 公　兵庫[元] 6550-0614　当1
宮崎雅夫 自[二]　比例[元] 6550-0610　当1	610	615	杉　久武 公　大阪[元] 6550-0615　当2
伊藤　岳 共　埼玉[元] 6550-0609　当1	609	616	石川博崇 公　大阪㉘ 6550-0616　当2
勝部賢志 立　北海道[元] 6550-0608　当1	608	617	吉川沙織 立　比例[元] 6550-0617　当3
そのだ修光 自[無]　比例㉘ 6550-0607　当1	607	618	上田清司 無(国民)　埼玉㉘補 6550-0618　当1
長浜博行 立　千葉[元] 6550-0606　当3	606	619	長谷川　岳 自[安]　北海道㉘ 6550-0619　当2
小川敏夫 無　東京㉘ 6550-0605　当4	605	620	朝日健太郎 自[無]　東京㉘ 6550-0620　当1
三宅伸吾 自[無]　香川[元] 6550-0604　当2	604	621	浅田　均 維　大阪㉘ 6550-0621　当1
舞立昇治 自[無]　鳥取・島根[元] 6550-0603　当2	603	622	中西祐介 自[麻]　徳島・高知㉘ 6550-0622　当2
増子輝彦 無(自民)　福島㉘ 6550-0602　当3	602	623	山田太郎 自[無]　比例[元] 6550-0623　当2
宮島喜文 自[安]　比例㉘ 6550-0601　当1	601	624	磯﨑仁彦 自[岸]　香川㉘ 6550-0624　当2

国会議事堂側

[参]会館

参議院議員会館７階

髙良鉄美 無（沖縄） 沖縄[元] 6550-0712 当1	712	喫煙室	713	石井浩郎 自［茂］ 秋田㉘ 6550-0713 当2
秋野公造 公 比例㉘ 6550-0711 当2	711	WC（男） WC（女）	714	竹内　功 自［無］ 比例㉘ 6550-0714 当1
紙　智子 共 比例[元] 6550-0710 当4	710		715	木戸口英司 立 岩手㉘ 6550-0715 当1
ながえ孝子 無（碧水） 愛媛[元] 6550-0709 当1	709	EV ホール	716	こやり隆史 自［岸］ 滋賀㉘ 6550-0716 当1
佐藤　啓 自［安］ 奈良㉘ 6550-0708 当1	708		717	藤川政人 自［麻］ 愛知㉘ 6550-0717 当2
斎藤嘉隆 立 愛知㉘ 6550-0707 当2	707		718	古川俊治 自［安］ 埼玉[元] 6550-0718 当3
塩村あやか 立 東京[元] 6550-0706 当1	706		719	進藤金日子 自［二］ 比例㉘ 6550-0719 当1
佐藤正久 自［茂］ 比例[元] 6550-0705 当3	705	EV ホール	720	河野義博 公 比例[元] 6550-0720 当2
上月良祐 自［茂］ 茨城[元] 6550-0704 当2	704		721	片山大介 維 兵庫㉘ 6550-0721 当1
柳ヶ瀬裕文 維 比例[元] 6550-0703 当1	703	EV	722	佐藤信秋 自［茂］ 比例[元] 6550-0722 当3
横沢高徳 立 岩手[元] 6550-0702 当1	702	WC（男） WC（女）	723	酒井庸行 自［安］ 愛知[元] 6550-0723 当2
徳永エリ 立 北海道㉘ 6550-0701 当2	701		724	杉尾秀哉 立 長野㉘ 6550-0724 当1

国会議事堂側

参議院議員会館８階

牧野たかお 自[茂]　静岡[元] 6550-0812　当3	812	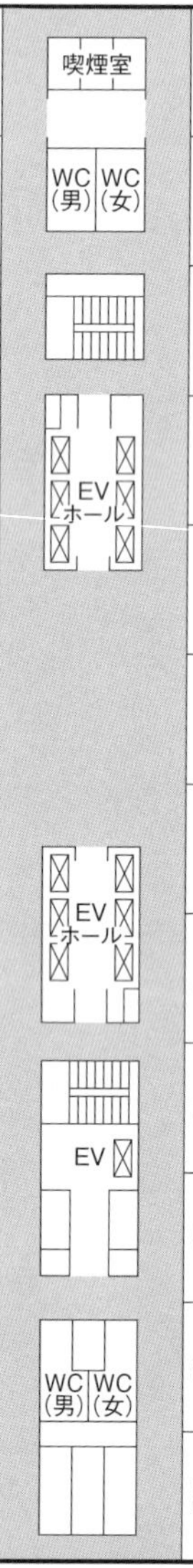	813	石垣のりこ 立　宮城[元] 6550-0813　当1
三浦　靖 自[茂]　比例[元] 6550-0811　当1	811		814	青木一彦 自[茂] 鳥取・島根㉘ 6550-0814　当2
舟山康江 国　山形㉘ 6550-0810　当2	810		815	嘉田由紀子 無(碧水) 滋賀[元] 6550-0815　当1
山田俊男 自[森]　比例[元] 6550-0809　当3	809		816	柴田　巧 維　比例[元] 6550-0816　当2
福山哲郎 立　京都㉘ 6550-0808　当4	808		817	山添　拓 共　東京㉘ 6550-0817　当1
岡田直樹 自[安]　石川㉘ 6550-0807　当3	807		818	羽田次郎 立　長野[元] 6550-0818　当1
山口那津男 公　東京[元] 6550-0806　当4	806		819	加田裕之 自[安]　兵庫[元] 6550-0819　当1
	805		820	宮沢洋一 自[岸]　広島㉘ 6550-0820　当2
三浦信祐 公　神奈川㉘ 6550-0804　当1	804		821	難波奨二 立　比例㉘ 6550-0821　当2
橋本聖子 無　比例[元] 6550-0803　当5	803		822	平山佐知子 無　静岡㉘ 6550-0822　当1
長峯　誠 自[安]　宮崎[元] 6550-0802　当2	802		823	三原じゅん子 自[無] 神奈川㉘ 6550-0823　当2
竹内真二 公　比例㉘繰 6550-0801　当1	801		824	松下新平 自[無]　宮崎㉘ 6550-0824　当3

喫煙室
WC(男)
WC(女)
EV
ホール
EV
ホール
EV
WC(男)
WC(女)

国会議事堂側

[参]
会館

参議院議員会館９階

郡司　彰 立　茨城㉘ 6550-0912　当4	912	喫煙室	913	下野六太 公　福岡[元] 6550-0913　当1
山本博司 公　比例[元] 6550-0911　当3	911	WC(男) WC(女)	914	須藤元気 無　比例[元] 6550-0914　当1
田村まみ 国　比例[元] 6550-0910　当1	910		915	小西洋之 立　千葉㉘ 6550-0915　当2
元榮太一郎 自[茂]　千葉㉘ 6550-0909　当1	909	EVホール	916	山下雄平 自[茂]　佐賀[元] 6550-0916　当2
田村智子 共　比例㉘ 6550-0908　当2	908		917	芳賀道也 無(国民)　山形[元] 6550-0917　当1
高瀬弘美 公　福岡㉘ 6550-0907　当1	907		918	上野通子 自[安]　栃木㉘ 6550-0918　当2
吉田忠智 立　比例[元] 6550-0906　当2	906		919	福岡資麿 自[茂]　佐賀㉘ 6550-0919　当2
末松信介 自[安]　兵庫㉘ 6550-0905　当3	905	EVホール	920	鉢呂吉雄 立　北海道㉘ 6550-0920　当1
中川雅治 自[安]　東京㉘ 6550-0904　当3	904	EV	921	二之湯　智 自[茂]　京都㉘ 6550-0921　当3
	903		922	谷合正明 公　比例㉘ 6550-0922　当3
丸川珠代 自[安]　東京[元] 6550-0902　当3	902	WC(男) WC(女)	923	清水真人 自[二]　群馬[元] 6550-0923　当1
打越さく良 立　新潟[元] 6550-0901　当1	901		924	森　まさこ 自[安]　福島[元] 6550-0924　当3

国会議事堂側

参議院議員会館 10 階

議員	室		室	議員
小沼　巧 立　茨城[元] 6550-1012　当1	1012	喫煙室	1013	水落敏栄 自[岸]　比例[28] 6550-1013　当3
榛葉賀津也 国　静岡[元] 6550-1011　当4	1011	WC(男) WC(女)	1014	伊藤孝江 公　兵庫[28] 6550-1014　当1
野上浩太郎 自[安]　富山[28] 6550-1010　当3	1010		1015	有村治子 自[麻]　比例[元] 6550-1015　当4
藤末健三 無(自民)　比例[28] 6550-1009　当3	1009	EV ホール	1016	馬場成志 自[岸]　熊本[元] 6550-1016　当2
伊藤孝恵 国　愛知[28] 6550-1008　当1	1008		1017	世耕弘成 自[安]　和歌山[元] 6550-1017　当5
牧山ひろえ 立　神奈川[元] 6550-1007　当3	1007		1018	宮本周司 自[安]　比例[元] 6550-1018　当2
藤木眞也 自[岸]　比例[28] 6550-1006　当1	1006	EV ホール	1019	山本順三 自[安]　愛媛[28] 6550-1019　当3
西田実仁 公　埼玉[28] 6550-1005　当3	1005		1020	渡辺喜美 無(みんな)　比例[28] 6550-1020　当1
梅村みずほ 維　大阪[元] 6550-1004　当1	1004	EV	1021	倉林明子 共　京都[元] 6550-1021　当2
堂故　茂 自[茂]　富山[元] 6550-1003　当2	1003		1022	浜口　誠 国　比例[28] 6550-1022　当1
岩渕　友 共　比例[28] 6550-1002　当1	1002	WC(男) WC(女)	1023	松村祥史 自[茂]　熊本[28] 6550-1023　当3
本田顕子 自[無]　比例[元] 6550-1001　当1	1001		1024	山本香苗 公　比例[元] 6550-1024　当4

国会議事堂側

参議院議員会館 11 階

議員	室		室	議員
新妻秀規 公 比例(元) 6550-1112 当2	1112	喫煙室	1113	石川大我 立 比例(元) 6550-1113 当1
福島みずほ 社 比例㉘ 6550-1111 当4	1111	WC(男) WC(女)	1114	柘植芳文 自[無] 比例(元) 6550-1114 当2
西田昌司 自[安] 京都(元) 6550-1110 当3	1110		1115	石井苗子 維 比例㉘ 6550-1115 当1
北村経夫 自[安] 山口(元) 6550-1109 当3	1109	EVホール	1116	白　眞勲 立 比例㉘ 6550-1116 当3
古賀之士 立 福岡㉘ 6550-1108 当1	1108		1117	塩田博昭 公 比例(元) 6550-1117 当1
山谷えり子 自[安] 比例㉘ 6550-1107 当3	1107		1118	熊野正士 公 比例㉘ 6550-1118 当1
田名部匡代 立 青森㉘ 6550-1106 当1	1106		1119	小沢雅仁 立 比例(元) 6550-1119 当1
猪口邦子 自[麻] 千葉㉘ 6550-1105 当2	1105	EVホール	1120	野村哲郎 自[茂] 鹿児島㉘ 6550-1120 当3
関口昌一 自[茂] 埼玉㉘ 6550-1104 当4	1104	EV	1121	大塚耕平 国 愛知(元) 6550-1121 当4
江島　潔 自[安] 山口㉘ 6550-1103 当2	1103		1122	室井邦彦 維 比例(元) 6550-1122 当3
	1102	WC(男) WC(女)	1123	山下芳生 共 比例(元) 6550-1123 当4
石田昌宏 自[安] 比例(元) 6550-1101 当2	1101		1124	松山政司 自[岸] 福岡(元) 6550-1124 当4

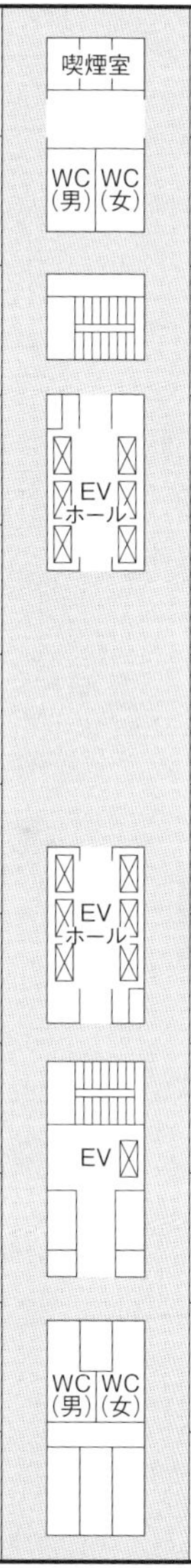

国会議事堂側

参議院議員会館 12 階

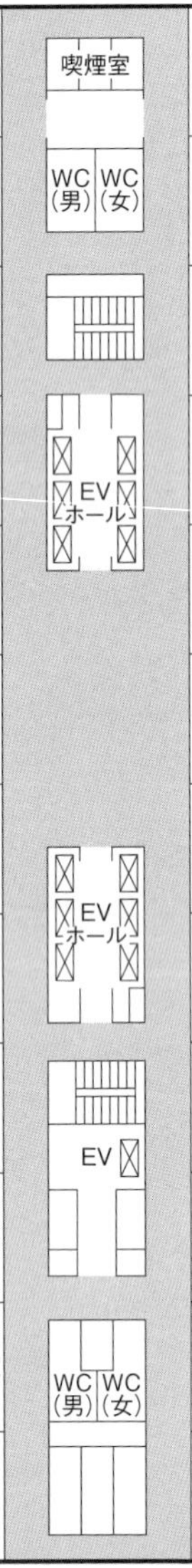

喫煙室
WC (男)
WC (女)
EV ホール
EV ホール
EV
WC (男)
WC (女)

議員	室	室	議員
矢田わか子 国　比例㉘ 6550-1212　当1	1212	1213	豊田俊郎 自[麻]　千葉[元] 6550-1213　当2
森屋　隆 立　比例[元] 6550-1211　当1	1211	1214	石井正弘 自[安]　岡山[元] 6550-1214　当2
礒崎哲史 国　比例[元] 6550-1210　当2	1210	1215	青山繁晴 自[無]　比例㉘ 3581-3111(代)　当1
宮崎　勝 公　比例㉘ 6550-1209　当1	1209	1216	衛藤晟一 自[二]　比例[元] 6550-1216　当3
小池　晃 共　比例[元] 6550-1208　当4	1208	1217	熊谷裕人 立　埼玉[元] 6550-1217　当1
若松謙維 公　比例[元] 6550-1207　当2	1207	1218	藤井基之 自[岸]　比例㉘ 6550-1218　当3
古賀友一郎 自[岸]　長崎[元] 6550-1206　当2	1206	1219	鈴木宗男 維　比例[元] 6550-1219　当1
山田　宏 自[安]　比例㉘ 6550-1205　当1	1205	1220	和田政宗 自[無]　比例[元] 6550-1220　当2
石井　章 維　比例㉘ 6550-1204　当1	1204	1221	比嘉奈津美 自[茂]　比例[元] 6550-1221　当1
大門実紀史 共　比例㉘ 6550-1203　当4	1203	1222	柳田　稔 無(国民)　広島㉘ 6550-1222　当4
金子原二郎 自[岸]　長崎㉘ 6550-1202　当2	1202	1223	川合孝典 国　比例㉘ 6550-1223　当2
山崎正昭 自[安]　福井㉘ 6550-1201　当5	1201	1224	中曽根弘文 自[二]　群馬㉘ 6550-1224　当6

国会議事堂側

[参]会館

参議院議員写真・略歴・宿所一覧

議　長　山東昭子（さんとうあきこ）　秘書　庄司　輝光　篠窪　有恒　☎3581-1481

副議長　小川敏夫（おがわとしお）　秘書　小川　悠成　頓所　要介　☎3586-6741

勤続年数は**令和4年2月末現在**です。

参議院比例代表

第24回選挙
（平成28年7月10日施行／令和4年7月25日満了）

徳茂雅之（とくしげまさゆき）　**自** 新［無］　H28 当1
大阪府　S37・5・2
勤5年8ヵ月　（初／平28）

内閣委員長、倫選特委、全国郵便局長会顧問、前自民党副幹事長、日本郵便（株）執行役員近畿支社長、東大／59歳

〒100-8962　千代田区永田町2-1-1、会館　☎03（6550）0424

青山繁晴（あおやましげはる）　**自** 新［無］　H28 当1
兵庫県神戸市　S27・7・25
勤5年8ヵ月　（初／平28）

ODA・沖北特委理事、経産委理事、予算委、党経産部会長代理、（株）独立総合研究所社長、共同通信社、早大／69歳

〒100-8962　千代田区永田町2-1-1、会館

片山さつき（かたやま）　**自** 前［二］H28 当2（初／平22）※
埼玉県　S34・5・9
勤15年8ヵ月（衆3年11ヵ月）

党総務会長代理、党金融調査会長、前国務大臣（地方創生・規制改革・女性活躍）、衆院議員、財務省主計官、東大法／62歳

〒432-8069　浜松市西区志都呂1-32-15　☎053（581）7151
〒100-8962　千代田区永田町2-1-1、会館　☎03（6550）0420

中西　哲（なかにしさとし）　**自** 新［無］　H28 当1
高知県宿毛市　S26・12・7
勤5年8ヵ月　（初／平28）

国民生活調理事、経産委、外務大臣政務官、高知県議、中央大／70歳

〒780-0861　高知市升形1-21自民会館3F　☎088（823）3020
〒100-8962　千代田区永田町2-1-1、会館　☎03（6550）0423

※平17衆院初当選

いまいえりこ
今井絵理子
自 新［麻］ H28 当1
沖縄県那覇市 S58・9・22
勤5年8ヵ月 （初／平28）

党女性局次長、党内閣第一部会長代理、決算委、ODA・沖北特委理、文科委理、内閣府大臣政務官、歌手、八雲学園高校／38歳

〒100-8962 千代田区永田町2-1-1、会館 ☎03(6550)0315

あだちとしゆき
足立敏之
自 新［岸］ H28 当1
京都府福知山市 S29・5・20
勤5年8ヵ月 （初／平28）

国交委理、決算委、災害特委理、党国土交通部会長代理、国土交通省元技監、元水管理・国土保全局長、京大大学院修了／67歳

〒100-8962 千代田区永田町2-1-1、会館 ☎03(6550)0501

やまたにえりこ
山谷えり子
自 前［安］H28当3(初/平16)※
福井県 S25・9・19
勤21年3ヵ月（衆3年5ヵ月）

拉致特委長、倫選特委長、国家公安委員長・拉致問題担当大臣、参党政審会長、首相補佐官、サンケイリビング編集長、聖心女子大／71歳

〒100-8962 千代田区永田町2-1-1、会館 ☎03(6550)1107

ふじきしんや
藤木眞也
自 新［岸］ H28 当1
熊本県 S42・2・25
勤5年8ヵ月 （初／平28）

党農林副部会長、農林水産大臣政務官、JAかみましき組合長、JA全青協会長、農業生産法人社長、熊本農高／55歳

〒861-3101 熊本県上益城郡嘉島町大字鯰2792 ☎096(282)8856
〒100-8962 千代田区永田町2-1-1、会館 ☎03(6550)1006

じみ
自見はなこ
自 新［二］ H28 当1
福岡県北九州市 S51・2・15
勤5年8ヵ月 （初／平28）

財金委、党女性局長、日医連参与、前厚生労働大臣政務官、東海大医学部客員准教授、東大・虎の門病院小児科、筑波大・東海大医／46歳

〒802-0077 北九州市小倉北区馬借2-7-28-2F ☎093(513)0875
〒100-8962 千代田区永田町2-1-1、会館 ☎03(6550)0504

しんどうかねひこ
進藤金日子
自 新［二］ H28 当1
秋田県協和町(現大仙市) S38・7・7
勤5年8ヵ月 （初／平28）

農水委、予算委、党農林部会長代理、党水産調査会副会長、元農水省中山間地域振興課長、全国水土里ネット会長会議顧問、岩手大／58歳

〒100-8962 千代田区永田町2-1-1、会館 ☎03(6550)0719

※平12衆院初当選

やまだ　ひろし
山田　宏　**自新**［安］H28当1（初/平28）※
東京都八王子市　S33・1・8
勤10年11ヵ月（衆5年3ヵ月）

厚労委員長、憲法審委、防衛大臣政務官、衆院議員2期、杉並区長3期、東京都議2期、松下政経塾第2期生、京大／64歳

〒102-0093　千代田区平河町2-16-5-602
〒100-8962　千代田区永田町2-1-1、会館　☎03(6550)1205

ふじい　もとゆき
藤井基之　**自前**［岸］　H28　当3
岡山県　S22・3・16
勤17年10ヵ月（初／平13）

参党政審会長、厚労委、懲罰委、情報監視審査会長、沖北特委長、文部科学副大臣、厚生労働政務官、慶大薬学部客員教授、薬学博士、薬剤師、東大／74歳

〒100-8962　千代田区永田町2-1-1、会館　☎03(6550)1218

あだち　まさし
阿達雅志　**自前**［無］　H28　当2
京都府　S34・9・27
勤7年4ヵ月（初／平26繰）

経産委、資源エネ調委、首相補佐官、国交兼内閣府政務官、党外交部会長、NY州弁護士、住友商事、NY大、東大法／62歳

〒100-8962　千代田区永田町2-1-1、会館　☎03(6550)0309

うと　たかし
宇都隆史　**自前**［茂］　H28　当2
鹿児島県　S49・11・12
勤11年9ヵ月（初／平22）

党政務調査会長代理、外防委理、決算委、外務副大臣、外務大臣政務官、外交防衛委員長、元自衛官、防大／47歳

〒892-0853　鹿児島市城山町2-30
二之丸ビル203　☎099(239)6111
〒100-8962　千代田区永田町2-1-1、会館　☎03(6550)0516

おがわ　かつみ
小川克巳　**自新**［無］　H28　当1
福岡県　S26・8・31
勤5年8ヵ月　（初／平28）

厚労委理、予算委、ODA・沖北特委、国民生活調理、党厚労副部会長、党厚生関係団体副委員長、日本理学療法士協会理事、日本ユマニチュード学会理事、理学療法士、九州リハビリテーション大学校、熊本商科大／70歳

〒100-8962　千代田区永田町2-1-1、会館　☎03(6550)0405

みやじま　よしふみ
宮島喜文　**自新**［安］　H28　当1
長野県　S26・7・28
勤5年8ヵ月　（初／平28）

財金委、予算委、党文科部会長代理、財務大臣政務官、参国対副委員長、日本臨床衛生検査技師会会長、中医協専門委員、帝京医学技術学校／70歳

〒395-0032　長野県飯田市主税町15
井上ハイツ1F　☎0265(49)4423
〒100-8962　千代田区永田町2-1-1、会館　☎03(6550)0601

※平5衆院初当選

みず　おち　とし　えい
水落敏栄　自前［岸］　H28 当3
新潟県十日町市　S18・2・24
勤17年10ヵ月　（初/平16）

情報監視審査会長、(一財)日本遺族会会長、議運委員長、国際経済外交調査会長、文科兼内閣府副大臣、党遺骨帰還特命委員長、文科政務官、新潟商業高校／79歳

〒102-0094　千代田区紀尾井町1-15、宿舎

しゅうこう
そのだ修光　自新［無］H28 当1（初/平28）※
鹿児島県鹿児島市　S32・3・13
勤9年5ヵ月（衆3年9ヵ月）

党厚労副部会長、厚労委員長、(公社)全国老施協常任理事、(福)旭生会名誉会長、衆議院議員、鹿児島県議、日大／64歳

〒891-0143　鹿児島市和田2-39-1　☎099(260)1417
〒100-8962　千代田区永田町2-1-1、会館　☎03(6550)0607

たけ　うち　いさお
竹内　功　自新［無］　H28 繰当1
鳥取県鳥取市　S26・12・18
勤5ヵ月　（初/令3）

党国対委員、文教科学委、元国交省中国地方整備副局長、元鳥取市長(3期)、東大法、米ワシントン大学院修了／70歳

〒680-0022　鳥取市西町1丁目118　☎0857(51)1231
〒100-8962　千代田区永田町2-1-1、会館　☎03(6550)0714

こ　ばやし　まさ　お
小林正夫　国前　H28 当3
東京都　S22・5・11
勤17年10ヵ月　（初/平16）

参院会派会長、総務委、国家基本委、災害特委、元経産委員長、厚労委員長、厚労大臣政務官、電力総連顧問、都立世田谷工高／74歳

〒100-8962　千代田区永田町2-1-1、会館　☎03(6550)0406

はま　ぐち　まこと
浜口　誠　国新　H28 当1
三重県松阪市　S40・5・18
勤5年8ヵ月　（初/平28）

国土交通委理事、予算委、情監審委、党企業団体委員長、自動車総連顧問、トヨタ自動車、筑波大／56歳

〒100-8962　千代田区永田町2-1-1、会館　☎03(6550)1022

や　た　こ
矢田わか子　国新　H28 当1
大阪府　S40・9・25
勤5年8ヵ月　（初/平28）

経産委理、憲法審、震災復興特委、党副代表、男女共同参画推進本部長、パナソニックグループ労連中央執行副委員長、寝屋川高／56歳

〒100-8962　千代田区永田町2-1-1、会館　☎03(6550)1212

※平8衆院初当選

ありたよしふ
有田芳生
立前 H28 当2
京都府 S27・2・20
勤11年9ヵ月（初／平22）

拉致特委、党副幹事長、党沖縄県連代表代行、経産委員長、出版社勤務、ジャーナリスト、立命館大／70歳

〒100-8962 千代田区永田町2-1-1、会館 ☎03(6550)0416

かわいたかのり
川合孝典
国元 H28 当2
京都府京都市 S39・1・29
勤11年9ヵ月（初／平19）

法務委、国際経済調理、憲法審査会、会派国対委員長、党拉致問題対策本部長、UAゼンセン政治顧問、立命館大法学部／58歳

〒152-0004 目黒区鷹番3-4-5(自宅)

なんばしょうじ
難波奨二
立前 H28 当2
岡山県 S34・4・1
勤11年9ヵ月（初／平22）

国家基本委理、財金委、党参院国対委員長、党岡山県連合代表、JP労組書記長、岡山県立成羽高／62歳

〒102-0083 千代田区麹町4-7、宿舎 ☎03(3237)0106

えさきたかし
江崎　孝
立前 H28 当2
福岡県 S31・8・11
勤11年9ヵ月（初／平22）

内閣委筆頭理、復興特委筆頭理、党参副会長、国土交通委員長、沖北特委員長、自治労本部特別中執、法政大／65歳

〒100-8962 千代田区永田町2-1-1、会館 ☎03(6550)0511

なたにやまさよし
那谷屋正義
立前 H28 当3
神奈川県横浜市 S32・8・3
勤17年10ヵ月（初／平16）

震災復興特委員長、環境委、党参院国対委員長、文科政務官、日教組教育政策委長、小学校教師、横浜国大／64歳

〒100-8962 千代田区永田町2-1-1、会館 ☎03(6550)0409

いしばしみちひろ
石橋通宏
立前 H28 当2
島根県 S40・7・1
勤11年9ヵ月（初／平22）

経産委員長、行政監視委、党幹事長代理、党政調会長筆頭代理、沖北特委長、厚労委筆頭理事、情報労連、元ILO専門官、米アラバマ大院、中大法／56歳

〒100-8962 千代田区永田町2-1-1、会館 ☎03(6550)0523

ふじ すえ けん ぞう
藤末健三 無前(自民) H28 当3
熊本県 S39・2・18
勤17年10ヵ月 (初/平16)

財金委理、行監委、倫選特委、消費者特委、総務・郵政副大臣、総務委長、東大助教授、経産省、博士(東工大・早大)、ハーバード・MIT院/58歳

〒860-0051 熊本市西区二本木3-7-23 ☎096(221)7708
〒100-8962 千代田区永田町2-1-1、会館 ☎03(6550)1009

はく しん くん
白 眞勲 立前 H28 当3
東京都 S33・12・8
勤17年10ヵ月 (初/平16)

予算委筆頭理事、憲法審委、拉致特委、国土交通委、元内閣府副大臣、元拉致特委長、(株)朝鮮日報日本支社長、日大院/63歳

〒100-8962 千代田区永田町2-1-1、会館 ☎03(6550)1116

あき の こう ぞう
秋野公造 公前 H28 当2
兵庫県 S42・7・11
勤11年9ヵ月 (初/平22)

厚労委、地方・デジ特委、党中央幹事、党参国対委員長、総務・法務委員長、環境・内閣府大臣政務官、厚労省、医師、長崎大院/54歳

〒804-0066 北九州市戸畑区初音町6-7
中西ビル201 ☎093(873)7550
〒102-0083 千代田区麹町4-7、宿舎

よこ やま しん いち
横山信一 公前 H28 当2
北海道 S34・7・21
勤11年9ヵ月 (初/平22)

党北海道本部代表代行、党東北方面副本部長、党復興・防災部会長、復興副大臣、法務委員長、総務委員長、農水大臣政務官、北大院/62歳

〒060-0001 札幌市中央区北1条西19丁目
緒方ビル3F ☎011(688)6222
〒102-0083 千代田区麹町4-7、宿舎

くま の せい し
熊野正士 公新 H28 当1
兵庫県姫路市 S40・4・19
勤5年8ヵ月 (初/平28)

党農林水産部会長代理、党新型コロナ対策本部事務局次長、医学博士、放射線科専門医、愛媛大/56歳

〒542-0082 大阪市中央区島之内1-1-14
三和第一ビル205 ☎06(6121)5700
〒102-0083 千代田区麹町4-7、宿舎

たに あい まさ あき
谷合正明 公前 H28 当3
埼玉県 S48・4・27
勤17年10ヵ月 (初/平16)

党幹事長代理・参幹事長・国際委員長・中国方面本部長・岡山県本部代表、農水委、倫選特委理、農林水産副大臣、NGO職員、京大院/48歳

〒702-8031 岡山市南区福富西1-20-48
クボタビル2F ☎086(262)3611
〒102-0094 千代田区紀尾井町1-15、宿舎

はま　だ　まさ　よし
浜田昌良
公前　H28 当3
大阪府大阪市　S32・2・28
勤17年10ヵ月 （初/平16）

党中央規律委員長、参院政審会長、内閣委理事、総務委員長、復興副大臣、外務大臣政務官、経産省課長、京大／65歳

〒451-0045 名古屋市西区名駅2-34-17
セントラル名古屋511号室 ☎052(561)0431
〒100-8962 千代田区永田町2-1-1、会館 ☎03(6550)0316

みや　ざき　まさる
宮崎　勝
公新　H28 当1
埼玉県　S33・3・18
勤5年8ヵ月 （初/平28）

環境委、決算委理、党埼玉県本部副代表、党茨城県本部顧問、党環境部会長、前環境大臣政務官、元公明新聞編集局長、埼玉大／63歳

〒330-0063 さいたま市浦和区高砂3-7-4 2F ☎048(824)0340
〒102-0094 千代田区紀尾井町1-15、宿舎

たけ　うち　しん　じ
竹内真二
公新　H28 繰当1
東京都　S39・3・19
勤4年5ヵ月（初/平29繰）

国交委、決算委、拉致特委、党遊説局長、団体局次長、公明新聞編集局次長、早大／57歳

〒102-0094 千代田区紀尾井町1-15、宿舎

いち　だ　ただ　よし
市田忠義
共前　H28 当4
大阪府　S17・12・28
勤23年11ヵ月 （初/平10）

党幹部会副委員長、内閣委、懲罰委、政倫審、資源エネ調委、党書記局長、前京都府委員長、立命館大／79歳

〒135-0061 江東区豊洲4-9-13(自宅)

た　むら　とも　こ
田村智子
共前　H28 当2
東京都　S40・7・4
勤11年9ヵ月 （初/平22）

党副委員長、政策委員長、内閣委、予算委、元党東京都副委員長、参議院議員秘書、早大第一文学部／56歳

〒151-0053 渋谷区代々木1-44-11 ☎03(5304)5639
〒100-8962 千代田区永田町2-1-1、会館 ☎03(6550)0908

だいもん　み　き　し
大門実紀史
共前　H28 当4
京都府　S31・1・10
勤21年5ヵ月（初/平13繰）

党参院国対副委員長・消費者問題対策委事務局長、党中央委員、財金委、消費者特委、神戸大中退／66歳

〒100-8962 千代田区永田町2-1-1、会館 ☎03(6550)1203
〒102-0083 千代田区麴町4-7、宿舎 ☎03(5226)2320

いわ ぶち とも
岩渕 友　**共**新　H28 当1
福島県喜多方市　S51・10・3
勤5年8ヵ月　（初／平28）

党中央委員、経産委理、決算委、復興特委、国民生活調理、日本民主青年同盟福島県委員長、福島大／45歳

〒960-0112 福島市南矢野目字谷地65-3 ☎024(555)0550
〒100-8962 千代田区永田町2-1-1、会館 ☎03(6550)1002

たけ だ りょう すけ
武田良介　**共**新　H28 当1
長野県　S54・8・13
勤5年8ヵ月　（初／平28）

国交委、決算委、災害特委、拉致特委、党中央委員、民青同盟長野県委員長、信州大教育学部／42歳

〒380-0928 長野市若里1-12-7 ☎026(227)3220
〒102-0083 千代田区麴町4-7、宿舎

かたやまとら の すけ
片山虎之助　**維**前　H28 当5
岡山県　S10・8・2
勤30年　（初／平元）

総務委、党共同代表、国会議員団代表、元参自民党幹事長、総務大臣、参自民党国対委長、自治省、岡山県副知事、東大法／86歳

〒700-0816 岡山市北区富田町2-5-11
サンジェルマン富田町201 ☎086(221)1122
〒100-8962 千代田区永田町2-1-1、会館 ☎03(6550)0418

わた なべ よし み
渡辺喜美　**無**新（みんな）H28 当1（初／平28）※1
栃木県那須塩原市　S27・3・17
勤23年11ヵ月（衆18年3ヵ月）

財金委、憲法審委、みんなの党代表、元金融・行革・公務員制度改革・規制改革担当大臣、早大／69歳

〒329-2722 栃木県那須塩原市西朝日町15-12 ☎0287(36)3636
〒100-8962 千代田区永田町2-1-1、会館 ☎03(6550)1020

いし い みつ こ
石井苗子　**維**新　H28 当1
東京都　S29・2・25
勤5年8ヵ月　（初／平28）

厚労委、ODA・沖北特委、政倫審、保健師、看護師、女優、民放キャスター、心療内科勤務、聖路加大・東大院／68歳

〒100-8962 千代田区永田町2-1-1、会館 ☎03(6550)1115
〒102-0083 千代田区麴町4-7、宿舎

いし い あきら
石井 章　**維**新　H28 当1（初／平28）※2
茨城県取手市　S32・5・6
勤9年（衆3年4ヵ月）

経済産業委、議運委、倫選特委、元衆議院議員、社会福祉法人理事長、専修大法学部／64歳

〒300-1513 茨城県取手市片町296 ☎0297(83)8900
〒100-8962 千代田区永田町2-1-1、会館 ☎03(6550)1204

※1 平8衆院初当選　※2 平21衆院初当選

福島みずほ（ふくしま）　**社**前　[H28] 当4
宮崎県　S30・12・24
勤23年11ヵ月（初/平10）

党首、厚労委、予算委、消費者特委、憲法審委、前副党首、消費者庁・男女共同参画・少子化・食品安全担当大臣、弁護士、東大／66歳

〒100-8962　千代田区永田町2-1-1、会館　☎03(6550)1111

青木　愛（あおき　あい）　**立**元　[H28]当2(初/平19)※
東京都　S40・8・18
勤15年（衆7年2ヵ月）

環境委筆頭理事、元国交委筆頭理事、元復興特委員長、元消費者特委員長、保育士、千葉大学大学院修了／56歳

〒114-0021　北区岸町1-2-9　☎03(5948)5038
〒100-8962　千代田区永田町2-1-1、会館　☎03(6550)0507

参議院比例代表（第24回選挙・平成28年7月10日施行）

全国有権者数	106,202,873人	全国投票者数	58,085,678人
男　〃	51,326,614人	男　〃	28,292,337人
女　〃	54,876,259人	女　〃	29,793,341人
		有効投票数	56,007,830

党別当選者数・党別個人別得票数・党別得票率

（※小数点以下の得票数は按分票です）

自民党　19人　20,114,788.264票　35.91%

政党名得票　15,239,624　個人名得票　4,875,164.264

当	徳茂　雅之	新	521,060	当	阿達　雅志	前	139,046.148
当	青山　繁晴	新	481,890	当	宇都　隆史	前	137,993.904
当	片山さつき	前	393,382.272	当	小川　克巳	新	130,101.514
当	中西　哲	新	392,433.085	当	宮島　喜文	新	122,833
当	今井絵理子	新	319,359.569	当	水落　敏栄	前	114,485
当	足立　敏之	新	293,799.343	当	園田　修光	新	101,154
当	山谷えり子	前	249,844.289	繰	竹内　功	新	87,578.879
当	藤木　真也	新	236,119		（令3.10.28繰上）		
当	自見　英子	新	210,562		増山　寿一	新	85,355.300
当	進藤金日子	新	182,467		堀内　恒夫	前	84,597
当	高階恵美子	前	177,810		大江　康弘	元	53,731
	（令3.10.19失職）				畦元　将吾	新	37,731
当	山田　宏	新	149,833.925		（令元.7.10衆院議員繰上）		
当	藤井　基之	前	142,132		伊藤　洋介	新	29,865.036

※平15衆院初当選

民進党　11人　11,751,015.174票　20.98%

政党名得票　8,750,006　個人名得票　3,001,009.174

当	小林　正夫 前	270,285.341	轟木　利治 元　108,522
当	浜口　誠 新	266,623.257	森屋　隆 新　102,208.919
当	矢田　稚子 新	215,823	(令元.7.21当選)
当	有田　芳生 前	205,884	田中　直紀 前　86,596.258
当	川合　孝典 元	196,023	柴田　巧 前　73,166
当	難波　奨二 前	191,823	(令元.7.21当選)
当	江崎　孝 前	184,187.226	大河原雅子 元　71,398
当	那谷屋正義 前	176,683.167	(平29.10.22衆院議員当選)
当	石橋　通宏 前	171,486	前田　武志 前　59,853
当	藤末　健三 前	143,188	小野　次郎 前　46,213
当	白　真勲 前	138,813	西村　正美 前　38,899.955
	田城　郁 前	113,571	鎌谷　一也 新　26,717
	藤川　慎一 新	113,045.051	

公明党　7人　7,572,960.308票　13.52%

政党名得票　3,881,290　個人名得票　3,691,670.308

当	長沢　広明 前	942,266	高橋　秀明 新　5,878.053
	(平29.9.26辞職)		星　英一郎 新　5,666
当	秋野　公造 前	612,068.056	竹内　秀伸 新　4,334.064
当	横山　信一 前	606,889.782	高田　清久 新　3,497
当	熊野　正士 新	605,223	坂本　道応 新　3,377
当	谷合　正明 前	478,174	佐藤　史成 新　3,226.109
当	浜田　昌良 前	388,477.691	千葉　宣男 新　2,560
当	宮崎　勝 新	18,571	飯塚　栄治 新　2,440.545
繰	竹内　真二 新	7,489.008	栗岡　哲平 新　1,533
	(平29.10.13繰上)		

共産党　5人　6,016,194.559票　10.74%

政党名得票　5,599,060　個人名得票　417,134.559

当	市田　忠義 前	77,348	西沢　博 新　3,661.795
当	田村　智子 前	49,113.832	山田　和雄 新　3,579.877
当	大門実紀史 前	33,078	唐沢　千晶 新　3,528
当	岩渕　友 新	31,099.119	高木　光弘 新　3,147
当	武田　良介 新	23,938.968	坂口多美子 新　2,957
	奥田　智子 新	23,680.154	松本　隆 新　2,784.690
	伊勢田良子 新	23,261.444	熊谷　智 新　2,497.269
	春名　直章 新	21,478	松山　恭子 新　2,376.359
	椎葉　寿幸 新	13,228	高橋　渡 新　2,257.881
	吉俣　洋 新	11,139	亀田　良典 新　2,254.031
	古田美知代 新	7,921	原口　敏彦 新　2,184
	岩渕　彩子 新	7,757.211	釜井　敏行 新　1,932.247
	石山　浩行 新	7,136.077	松田　一志 新　1,931
	吉田　恭子 新	7,088.087	益田　牧子 新　1,786
	小池　一徳 新	7,070	遠藤　秀和 新　1,492
	岡田　正和 新	7,036	上村　泰稔 新　1,303
	山下　魁 新	4,579	三ヶ尻亮子 新　1,299.065
	伊藤　達也 新	4,476.034	宮内　現 新　1,189
	佐藤　耕平 新	4,377.757	和泉　信丈 新　972
	真栄里　保 新	4,032	植本　完治 新　744
	藤本　友里 新	3,921	小路　貴之 新　499.662

おおさか維新の会　4人　5,153,584.348票　9.20%

政党名得票　4,422,356　個人名得票　731,228.348

当	片山虎之助	前	194,902.646
当	渡辺　喜美	新	143,343.158
当	石井　苗子	新	68,147.939
当	石井　　章	新	50,073.511
	儀武　　剛	新	43,679
	梅村　　聡	元	37,570.460
	（令元.7.21当選）		
	鈴木　宏治	新	33,518.987
	三宅　　博	新	23,021.802
	坂井　良和	新	22,553
	中谷　裕之	新	19,946.236
	樋口　俊一	元	17,626.598
	鈴木　　望	新	16,816.398
	島　　　聡	新	12,677.059
	矢野　義昭	新	11,983
	新渡　英夫	新	11,090.715
	宇佐美孝二	新	9,755.728
	高橋　英明	新	8,562.659
	（令3.10.31衆院議員当選）		
	串田　誠一	新	5,959.452
	（平29.10.22衆院議員当選）		

社民党　1人　1,536,238.752票　2.74%

政党名得票　1,103,157　個人名得票　433,081.752

当	福島　瑞穂	前	254,956
	吉田　忠智	前	153,197.646
	（令元.7.21当選）		
	椎野　　隆	新	9,627.671
	伊藤　善規	新	6,368.048
	桝口　敏行	新	3,370.935
	田山　英次	新	3,273.452
	桂川　　悟	新	2,288

生活の党　1人　1,067,300.546票　1.91%

政党名得票　909,045　個人名得票　158,255.546

当	青木　　愛	元	109,050
	姫井由美子	元	16,116
	末次　精一	新	11,878.546
	（令3.10.31衆院議員当選）		
	北出　美翔	新	11,349
	日吉　雄太	新	9,862
	（平29.10.22衆院議員当選）		

その他の政党の得票総数・得票率等は下記のとおりです。（当選者はいません。個人名得票の内訳は省略しました）

日本のこころを大切にする党　得票総数　734,024.218票（1.31%）
政党名得票　555,297　個人名得票　178,727.218

支持政党なし　得票総数　647,071.670票（1.16%）
政党名得票　597,702　個人名得票　49,369.670

新党改革　得票総数　580,653.416票（1.04%）
政党名得票　204,256　個人名得票　376,397.416

国民怒りの声　得票総数　466,706.136票（0.83%）
政党名得票　340,337　個人名得票　126,369.136

幸福実現党　得票総数　366,815.451票（0.65%）
政党名得票　306,518　個人名得票　60,297.451

第25回選挙

（令和元年7月21日施行／令和7年7月28日満了）

三木　亨（みき　とおる）

自 前［二］ R1 当2
徳島県吉野川市 S42・7・10
勤8年9ヵ月 （初／平25）

環境委理、予算委、地方・デジ特委理、参党政審副会長、党環境関係団体委員長、党環境部会長代理、財務大臣政務官、中大法／54歳

〒770-8056 徳島市問屋町29 ☎088(657)6363
〒102-0083 千代田区麹町4-7、宿舎

三浦　靖（みうら　やすし）

自 新［茂］R1 当1(初/令元)※
島根県大田市 S48・4・9
勤4年6ヵ月（衆1年10ヵ月）

総務大臣政務官、総務委、国家基本委、資源エネ調委、衆議院議員、大田市議、衆議院議員秘書、神奈川大／48歳

〒690-0873 島根県松江市内中原町140-2 ☎0852(61)2828
〒100-8962 千代田区永田町2-1-1、会館 ☎03(6550)0811

柘植芳文（つげ　よしふみ）

自 前［無］ R1 当2
岐阜県 S20・10・11
勤8年9ヵ月 （初／平25）

党総務副会長、党情報・通信関係団体副委員長、総務委理、国際経済調理、元内閣委長、元全国郵便局長会会長、愛知大／76歳

〒100-8962 千代田区永田町2-1-1、会館 ☎03(6550)1114

山田太郎（やまだ　たろう）

自 元［無］ R1 当2
東京都 S42・5・12
勤6年4ヵ月 （初／平24）

デジタル兼内閣府大臣政務官、党デジ本部事務局長代理、党ネットメディア局長代理、知財小委事務局長、上場企業社長、東工大特任教授、東大非常勤講師、慶大経、早大院／54歳

〒100-8962 千代田区永田町2-1-1、会館 ☎03(6550)0623

和田政宗（わだ　まさむね）

自 前［無］ R1 当2
東京都 S49・10・14
勤8年9ヵ月 （初／平25）

予算委、復興特委、参党国対副委員長、前国土交通大臣政務官兼内閣府大臣政務官、元NHKアナウンサー、慶大／47歳

〒980-0011 仙台市青葉区上杉1-5-13 3-B ☎022(263)3005
〒102-0083 千代田区麹町4-7、宿舎

※平29衆院初当選

さとう まさひさ
佐藤正久 自前［茂］ R1 当3
福島県 S35・10・23
勤14年10ヵ月 （初／平19）

党外交部会長・国防議員連盟事務局長、元外務副大臣・防衛政務官、元自衛官・イラク先遣隊長、防衛大／61歳

〒162-0845 新宿区市谷本村町3-20新盛堂ビル4F ☎03(5206)7668
〒100-8962 千代田区永田町2-1-1、会館 ☎03(6550)0705

さとう のぶあき
佐藤信秋 自前［茂］ R1 当3
新潟県 S22・11・8
勤14年10ヵ月 （初／平19）

党地方行政調査会長、党国土強靭化推進本部本部長代理、国交委、元国交事務次官、技監、道路局長、京大院／74歳

〒951-8062 新潟市中央区西堀前通11番町1645-4 ☎025(226)7686
〒100-8962 千代田区永田町2-1-1、会館 ☎03(6550)0722

はしもと せいこ
橋本聖子 無前 R1 当5
北海道 S39・10・5
勤27年 （初／平7）

環境委、元東京オリンピック・パラリンピック担当大臣、自民党参院議員会長、外務副大臣、北開総括政務次官、駒苫高／57歳

〒060-0001 札幌市中央区北1条西5丁目2番 札幌興銀ビル6F ☎011(222)7275
〒102-0094 千代田区紀尾井町1-15、宿舎

やまだ としお
山田俊男 自前［森］ R1 当3
富山県小矢部市 S21・11・29
勤14年10ヵ月 （初／平19）

農水委理事、決算委、党人事局長、都市農業対策委員長、ODA特委員長、農水委員長、全国農協中央会専務理事、早大政経／75歳

〒932-0836 富山県小矢部市埴生352-2 ☎0766(67)8882
〒100-8962 千代田区永田町2-1-1、会館 ☎03(6550)0809

ありむら はるこ
有村治子 自前［麻］ R1 当4
滋賀県 S45・9・21
勤20年11ヵ月 （初／平13）

参党議員副会長、内閣委、行監委、ODA・沖北特委、裁判官弾劾裁判長、党広報本部長、参党政審会長、女性活躍担当大臣、米SIT大院修士／51歳

〒100-8962 千代田区永田町2-1-1、会館 ☎03(6550)1015

みやもと しゅうじ
宮本周司 自前［安］ R1 当2
石川県能美市 S46・3・27
勤8年9ヵ月 （初／平25）

参院党国会対策副委員長、経産委、復興特委、経済産業大臣政務官、全国商工会連合会顧問、東経大／50歳

〒920-8203 石川県金沢市鞍月3-127 AXIS鞍月1-B ☎076(256)5623
〒100-8962 千代田区永田町2-1-1、会館 ☎03(6550)1018

いしだ まさひろ
石田昌宏
自 前［安］ R1 当2
奈良県大和郡山市 S42・5・20
勤8年9ヵ月 （初／平25）

参院党国対副委員長、厚労委理、ODA・沖北特委、厚労委員長、議運委理、党財務金融副部会長、日本看護連盟幹事長、東大応援部／54歳

〒100-8962 千代田区永田町2-1-1、会館 ☎03(6550)1101

ほんだ あきこ
本田顕子
自 新［無］ R1 当1
熊本県熊本市 S46・9・29
勤2年8ヵ月 （初／令元）

厚労委、議運委、地方・デジ特委、ODA・沖北特委、党副幹事長、党女性局長代理、財金副部会長、日本薬剤師会顧問・薬剤師連盟顧問、星薬科大学／50歳

〒860-0072 熊本市西区花園7-12-16 ☎096(325)4470
〒100-8962 千代田区永田町2-1-1、会館 ☎03(6550)1001

えとう せいいち
衛藤晟一
自 前［二］ R1 当3（初／平19）※
大分県大分市 S22・10・1
勤27年1ヵ月（衆12年3ヵ月）

党紀委員長、党少子化対策調査会長、前一億総活躍・少子化対策担当大臣、元内閣総理大臣補佐官、厚労副大臣、大分大／74歳

〒870-0042 大分市豊町1-2-6 ☎097(534)2015
〒100-8962 千代田区永田町2-1-1、会館 ☎03(6550)1216

はにゅうだ たかし
羽生田俊
自 前［安］ R1 当2
群馬県 S23・3・28
勤8年9ヵ月 （初／平25）

厚労委、決算委理、復興特委理、党厚労部会長代理、東京医大客員教授、副幹事長、元日本医師会副会長、東京医科大学／73歳

〒371-0022 前橋市千代田町2-10-13 ☎027(289)8680
〒100-8962 千代田区永田町2-1-1、会館 ☎03(6550)0319

みやざき まさお
宮崎雅夫
自 新［二］ R1 当1
兵庫県神戸市 S38・12・3
勤2年8ヵ月 （初／令元）

農林水産大臣政務官、農水委、地方・デジ特委、資源エネ調委、党農林副部会長、農水省地域整備課長、神戸大学農学部／58歳

〒100-8962 千代田区永田町2-1-1、会館 ☎03(6550)0610

さんとう あきこ
山東昭子
無 前 R1 当8
東京都 S17・5・11
勤40年5ヵ月 （初／昭49）

参議院議長、前自民党党紀委員長・自民党食育調査会長、元参議院副議長・科技庁長官・環境政務次官、文化学院／79歳

〒100-8962 千代田区永田町2-1-1、会館 ☎03(6550)0310

※平2衆院初当選

あか いけ まさ あき
赤池誠章
自前［安］ R1 当2(初/平25)※1
山梨県甲府市 S36・7・19
勤12年8ヵ月(衆3年11ヵ月)

内閣府副大臣、党文部科学部会長(3期)、党広報本部長代理、文教科学委員長、文部科学大臣政務官、衆議院議員、明治大学／60歳

〒400-0032 山梨県甲府市中央1-1-11-2F ☎055(237)5523

ひ が な つ み
比嘉奈津美
自新［茂］ R1 繰当1
沖縄県沖縄市 S33・10・3
勤5年3ヵ月(衆4年10ヵ月) (初/令3)※2

厚労委、予算委、ODA・沖北特委、参院党国対副委員長、環境大臣政務官、衆議院議員、歯科医師、福岡歯科大／63歳

〒100-8962 千代田区永田町2-1-1、会館 ☎03(6550)1221

きし ま き こ
岸 真紀子
立新 R1 当1
北海道岩見沢市 S51・3・24
勤2年8ヵ月 (初/令元)

総務委、行監委、地方・デジ特委、資源エネ調委、党参比例第13総支部長、自治労特別中央執行委員、北海道岩見沢緑陵高等学校卒業／45歳

〒100-8962 千代田区永田町2-1-1、会館 ☎03(6550)0611

みず おか しゅん いち
水岡俊一
立元 R1 当3
兵庫県豊岡市 S31・6・13
勤14年10ヵ月 (初/平16)

文科委、懲罰委、党参院議員会長、内閣総理大臣補佐官、内閣委員長、兵庫県教組役員、中学校教員、奈良教育大／65歳

〒102-0083 千代田区麹町4-7、宿舎

お ざわ まさ ひと
小沢雅仁
立新 R1 当1
山梨県甲府市 S40・8・13
勤2年8ヵ月 (初/令元)

総務委、行監委、復興特委、憲法審査会、日本郵政グループ労働組合中央副執行委員長、山梨県立甲府西高／56歳

〒102-0083 千代田区麹町4-7、宿舎

よし かわ さ おり
吉川沙織
立前 R1 当3
徳島県 S51・10・9
勤14年10ヵ月 (初/平19)

議運委筆頭理事、総務委、倫選特委、党組織委員長、経産委員長、NTT元社員、同志社大院修了／45歳

〒100-8962 千代田区永田町2-1-1、会館 ☎03(6550)0617

※1 平17衆院初当選 ※2 平24衆院初当選

もりや　たかし
森屋　隆
立新　R1 当1
東京都　S42・6・28
勤2年8ヵ月　(初/令元)

厚労委、予算委、資源エネ調委、私鉄総連交通対策局長、西東京バス(株)、都立多摩工業高校／54歳

〒100-8962　千代田区永田町2-1-1、会館　☎03(6550)1211

かわだ　りゅうへい
川田龍平
立前　R1 当3
東京都　S51・1・12
勤14年10ヵ月　(初/平19)

参会派政審会長、厚労委筆頭理事、消費者特委筆頭理事、決算委、薬害エイズ訴訟原告、岩手医科大学客員教授、東経大／46歳

〒100-8962　千代田区永田町2-1-1、会館　☎03(6550)0508

いしかわ　たいが
石川大我
立新　R1 当1
東京都豊島区　S49・7・3
勤2年8ヵ月　(初/令元)

内閣委、ODA・沖北特委、国際経済調委、行政監視委、NPO法人代表理事、早大大学院修了／47歳

〒100-8962　千代田区永田町2-1-1、会館　☎03(6550)1113

すどう　げんき
須藤元気
無新　R1 当1
東京都江東区　S53・3・8
勤2年8ヵ月　(初/令元)

農水委、元格闘家、元拓殖大学レスリング部監督、会社役員、アーティスト、拓殖大学大学院／43歳

〒100-8962　千代田区永田町2-1-1、会館　☎03(6550)0914

やまもと　かなえ
山本香苗
公前　R1 当4
広島県　S46・5・14
勤20年11ヵ月　(初/平13)

厚労委理事、予算委、憲法審委、党中央幹事、参議院副会長、関西方面副本部長、大阪府本部代表代行、元厚労副大臣、元総務委員長、外務省、京大／50歳

〒542-0064　大阪市中央区上汐2-6-13
喜多ビル201号　☎06(6191)6077
〒100-8962　千代田区永田町2-1-1、会館　☎03(6550)1024

やまもと　ひろし
山本博司
公前　R1 当3
愛媛県八幡浜市　S29・12・9
勤14年10ヵ月　(初/平19)

財金委理、党中央幹事、党参院国会対策委員長、厚生労働副大臣兼内閣府副大臣、総務委員長、財務大臣政務官、日本IBM、慶大／67歳

〒760-0080　香川県高松市木太町607-1
クリエイト木太201　☎087(868)3607
〒152-0022　目黒区柿の木坂3-11-15　☎03(3418)9838

わか まつ かね しげ
若松謙維
公前 R1 当2(初/平25)[※1]
福島県石川町 S30・8・5
勤19年2ヵ月(衆10年5ヵ月)

党中央幹事・機関紙推進委員長、総務委理、予算委、復興特委、元復興副大臣、元総務副大臣、公認会計士、税理士、行政書士、防災士、中央大／66歳

〒960-8107 福島県福島市浜田町4-16
富士ビル1F2号 ☎024(572)5567

かわ の よし ひろ
河野義博
公前 R1 当2
福岡県 S52・12・1
勤8年9ヵ月 (初/平25)

党農林水産部会長、議運委理、ODA・沖北特委、経産委、農林水産大臣政務官、丸紅、東京三菱銀行、慶大経済／44歳

〒810-0045 福岡市中央区草香江1-4-34
エーデル大濠202 ☎092(753)6491

にい づま ひで き
新妻秀規
公前 R1 当2
埼玉県越谷市 S45・7・22
勤8年9ヵ月 (初/平25)

復興副大臣、党国際局次長、愛知県本部副代表、災害特委長、元文部科学・内閣府・復興政務官、東大院(工学系研究科)／51歳

〒460-0008 名古屋市中区栄1-14-15
RSビル203号室 ☎052(253)5085
〒102-0094 千代田区紀尾井町1-15、宿舎 ☎03(6550)1112

ひら き だい さく
平木大作
公前 R1 当2
長野県 S49・10・16
勤8年9ヵ月 (初/平25)

党中央幹事、青年委顧問、広報委員長、総務委員長、消費者特委、憲法審、経産・内閣府・復興大臣政務官、東大法、スペイン・イエセ・ビジネススクール経営学修士／47歳

〒273-0011 船橋市湊町1-7-4 B号室 ☎047(404)3202
〒100-8962 千代田区永田町2-1-1、会館 ☎03(6550)0422

しお た ひろ あき
塩田博昭
公新 R1 当1
徳島県阿波市 S37・1・19
勤2年8ヵ月 (初/令元)

党中央幹事、東京都本部副代表、秋田・山梨県本部顧問、国交委、議運委、災害特委、元党政調事務局長、秋田大／60歳

〒154-0004 世田谷区太子堂2-14-20-205 ☎03(6805)3946
〒100-8962 千代田区永田町2-1-1、会館 ☎03(6550)1117

すず き むね お
鈴木宗男
維新 R1 当1(初/令元)[※2]
北海道足寄町 S23・1・31
勤27年8ヵ月(衆25年)

外防委、沖北特別委員長、衆議院議員8期、元国務大臣、元外務委員長、拓殖大／74歳

〒060-0061 札幌市中央区南1条西5丁目17-2
プレジデント松井ビル1205 ☎011(251)5351

※1 平5衆院初当選　※2 昭58衆院初当選

むろ い くに ひこ
室井邦彦　**維**前　R1 当3(初/平19)※
兵庫県　S22・4・10
勤16年6ヵ月(衆1年10ヵ月)

懲罰委員長、国交委、災害特委、党参院幹事長、国交大臣政務官、衆院議員、兵庫県議2期、尼崎市議1期、追手門学院大1期生／74歳

〒660-0892 尼崎市東難波町5-7-17 中央ビル1F ☎06(6489)1001
〒102-0083 千代田区麴町4-7、宿舎

うめ むら さとし
梅村　聡　**維**元　R1 当2
大阪府　S50・2・13
勤8年9ヵ月 (初/平19)

厚労委、倫選特委、資源エネ調理、党厚労経財部会長、元厚労政務官、医師、大阪大学医学部／47歳

〒563-0055 大阪府池田市菅原町2-17 Wind. hill池田2F ☎072(751)2000
〒100-8962 千代田区永田町2-1-1、会館 ☎03(6550)0326

しば た たくみ
柴田　巧　**維**元　R1 当2
富山県　S35・12・11
勤8年9ヵ月 (初/平22)

内閣委、決算委、憲法審委、党参院国対委員長代理、富山県議、衆議院議員秘書、早大院／61歳

〒932-0113 富山県小矢部市岩武1051 ☎0766(61)1315

やな が せ ひろ ふみ
柳ヶ瀬裕文　**維**新　R1 当1
東京都大田区　S49・11・8
勤2年8ヵ月 (初/令元)

総務委理、予算委、地方・デジ特委、国際経済調理、党総務会長、東京都議会議員(3期)、大田区議会議員、議員秘書・会社員、早大／47歳

〒146-0083 東京都大田区千鳥3-11-19 第2桜ビル3F ☎03(6459)8706
〒100-8962 千代田区永田町2-1-1、会館 ☎03(6550)0703

こ いけ あきら
小池　晃　**共**前　R1 当4
東京都　S35・6・9
勤20年11ヵ月 (初/平10)

党書記局長、財金委、国家基本委、党政策委員長、東北大医／61歳

〒151-0053 渋谷区代々木1-44-11-1F ☎03(5304)5639

やま した よし き
山下芳生　**共**前　R1 当4
香川県　S35・2・27
勤20年11ヵ月 (初/平7)

党筆頭副委員長、環境委、倫選特委、憲法審委、党書記局長、鳥取大／62歳

〒537-0025 大阪市東成区中道1-10-10 102号 ☎06(6975)9111
〒100-8962 千代田区永田町2-1-1、会館 ☎03(6550)1123

※平15衆院初当選

いの　うえ　さと　し
井上哲士
共前 R1 当4
京都府 S33・5・5
勤20年11ヵ月（初/平13）

党参院幹事長・国対委長、党幹部会委員、外交防衛委理、倫選特委、ODA・沖北特委、「赤旗」記者、京大/63歳

〒604-0092 京都市中京区丸太町新町角大炊町186 ☎075(231)5198
〒102-0083 千代田区麴町4-7、宿舎

かみ　とも　こ
紙　智子
共前 R1 当4
北海道 S30・1・13
勤20年11ヵ月（初/平13）

党常任幹部会委員、党農林・漁民局長、農水委理、ODA・沖北特委、復興特委、民青同盟副委員長、国会議員団総会会長、北海道女短大/67歳

〒065-0012 札幌市東区北12条東2丁目3-2 ☎011(750)6677
〒102-0083 千代田区麴町4-7、宿舎 ☎03(3237)0804

た　むら
田村まみ
国新 R1 当1
広島県広島市 S51・4・23
勤2年8ヵ月（初/令元）

厚労委理、予算委、消費者特委、資源エネ調理、UAゼンセン、イオン労働組合、イオンリテール(株)、同志社大/45歳

〒100-8962 千代田区永田町2-1-1、会館 ☎03(6550)0910

いそ　ざき　てつ　じ
礒﨑哲史
国前 R1 当2(初/平25)
東京都世田谷区 S44・4・7
勤8年9ヵ月（初/平25）

内閣委理事、予算委、地方・デジ特委、党広報局長、元日産自動車(株)、東京電機大工学部/52歳

〒100-8962 千代田区永田町2-1-1、会館 ☎03(6550)1210

はま　の　よし　ふみ
浜野喜史
国前 R1 当2
兵庫県高砂市 S35・12・21
勤8年9ヵ月（初/平25）

国交委、議運委理、復興特委、党幹事長代理、組織委員長、労働組合役員、神戸大/61歳

〒102-0083 千代田区麴町4-7、宿舎

ふな　ご　やす　ひこ
舩後靖彦
れ新 R1 当1
岐阜県岐阜市加納御車町 S32・10・4
勤2年8ヵ月（初/令元）

文科委、拉致特委、(株)アース顧問、酒田時計貿易(株)、拓殖大学政経学部卒業/64歳

〒102-0083 千代田区麴町4-7、宿舎

木村英子（きむら えいこ）　**れ** 新　R1 当1
神奈川県横浜市　S40・5・11
勤2年8ヵ月　（初／令元）

国交委、国家基本委、自立ステーションつばさ事務局長、神奈川県立平塚養護学校高等部／56歳

〒100-8962　千代田区永田町2-1-1、会館　☎03(6550)0314

吉田忠智（よしだ ただとも）　**立** 元　R1 当2
大分県　S31・3・7
勤8年9ヵ月　（初／平22）

行政監視委員長、総務委、ODA・沖北特委、党選対委員長代理、社民党党首、自治労大分県職員連合労働組合委員長、大分県議会議員、九州大／65歳

〒870-0029　大分市高砂町4-20
高砂ビル203号室　☎097(573)8527

浜田聡（はまだ さとし）　**N** 新　R1 繰当1
京都府京都市　S52・5・11
勤2年5ヵ月　（初／令元）

財金委、行監委、拉致特委、国民生活調委、党政調会長、放射線医師、不動産賃貸業、東大大学院、京大／44歳

〒710-0056　倉敷市鶴形1-5-33-1001　☎03(6550)0403
〒102-0094　千代田区紀尾井町-15、宿舎　☎03(3264)1351

参議院比例代表（第25回選挙・令和元年7月21日施行）

全国有権者数	105,886,064人	全国投票者数	51,666,697人
男　〃	51,180,755人	男　〃	25,288,059人
女　〃	54,705,309人	女　〃	26,378,638人
		有効投票数	50,072,352

党別当選者数・党別個人別得票数・党別得票率

（※小数点以下の得票数は按分票です）

自民党　19人　17,712,373.119票　35.37%

政党名得票　12,712,515.344　**個人名得票**　4,999,857.775

当	三木　亨	前	特定枠
当	三浦　靖	新	特定枠
当	柘植　芳文	前	600,189.903
当	山田　太郎	元	540,077.960
当	和田　政宗	前	288,080
当	佐藤　正久	前	237,432.095
当	佐藤　信秋	前	232,548.956
当	橋本　聖子	前	225,617
当	山田　俊男	前	217,619.597
当	有村　治子	前	206,221
当	宮本　周司	前	202,122
当	石田　昌宏	前	189,893
当	北村　経夫 （令3.10.7失職）	前	178,210
当	本田　顕子	新	159,596.151
当	衛藤　晟一	前	154,578
当	羽生田　俊	前	152,807.948
当	宮崎　雅夫	新	137,502
当	山東　昭子	前	133,645.785
当	赤池　誠章	前	131,727.208
繰	比嘉奈津美 （令3.10.20繰上）	新	114,596
	中田　宏	新	112,581.303
	田中　昌史	新	100,005.187
	尾立　源幸	元	92,882
	木村　義雄	前	92,419.856
	井上　義行	元	87,946.669
	小川　眞史	新	85,266.022

山本　左近 新　78,236.224
（令3.10.31衆院議員当選）
角田　充由 新　75,241.505
丸山　和也 前　58,587
糸川　正晃 新　36,311.527
熊田　篤嗣 新　29,961
水口　尚人 新　24,504.222
森本　勝也 新　23,450.657

立憲民主党　8人　7,917,720.945票　15.81％

政党名得票　6,697,707.000　個人名得票　1,220,013.945

当　岸　真紀子 新　157,849
当　水岡　俊一 元　148,309
当　小沢　雅仁 新　144,751
当　吉川　沙織 前　143,472
当　森屋　　隆 新　104,339.413
当　川田　龍平 前　94,702
当　石川　大我 新　73,799
当　須藤　元気 新　73,787
市井紗耶香 新　50,415.298
奥村　政佳 新　32,024
若林　智子 新　31,683.757
おしどりマコ 新　29,072
藤田　幸久 前　28,919.215
斉藤　里恵 新　23,002
佐藤　　香 新　20,200.177
中村　起子 新　13,422.369
今泉　真緒 新　11,991
小俣　一平 新　10,140
白沢　みき 新　9,483.260
真野　　哲 新　9,008.343
塩見　俊次 新　5,115
深貝　　亨 新　4,529.113

公明党　7人　6,536,336.451票　13.05％

政党名得票　4,283,918.000　個人名得票　2,252,418.451

当　山本　香苗 前　594,288.947
当　山本　博司 前　471,759.555
当　若松　謙維 前　342,356
当　河野　義博 前　328,659
当　新妻　秀規 前　281,832
当　平木　大作 前　183,869
当　塩田　博昭 新　15,178
高橋　次郎 新　7,577
奈良　直記 新　5,413
西田　義光 新　3,986
藤井　伸城 新　3,249
竹島　正人 新　3,106
角田健一郎 新　2,924.278
坂本　道応 新　2,438
村中　克也 新　2,163.335
塩崎　　剛 新　1,996.336
国分　隆作 新　1,623

日本維新の会　5人　4,907,844.388票　9.80％

政党名得票　4,218,454.000　個人名得票　689,390.388

当　鈴木　宗男 新　220,742.675
当　室井　邦彦 前　87,188
当　梅村　　聡 元　58,269.522
当　柴田　　巧 元　53,938
当　柳ヶ瀬裕文 新　53,086
藤巻　健史 前　51,619.511
山口　和之 前　42,231.776
串田　久子 新　32,296
桑原久美子 新　20,721
奥田　真理 新　20,478
森口あゆみ 新　19,333.904
空本　誠喜 新　12,772
（令3.10.31衆院議員当選）
荒木　大樹 新　8,577
岩渕美智子 新　8,137

共産党　4人　4,483,411.183票　8.95％

政党名得票　4,051,700.000　個人名得票　431,711.183

当　小池　　晃 前　158,621
当　山下　芳生 前　48,932.480
当　井上　哲士 前　42,982.440
当　紙　　智子 前　34,696.013
仁比　聡平 前　33,360
山本　訓子 新　32,816.665
椎葉　寿幸 新　16,728.218
梅村早江子 新　15,357.129
山本千代子 新　7,573.462
船山　由美 新　5,364
佐藤ちひろ 新　4,199.426
原　　純子 新　3,671
藤本　友里 新　3,414
伊藤理智子 新　3,079.612
有坂ちひろ 新　2,787.721
田辺　健一 新　2,677
青山　了介 新　2,600.721
松崎　真琴 新　2,581
大野　聖美 新　2,170.469
島袋　恵祐 新　2,162
伊藤　達也 新　2,152.164
小久保剛志 新　1,200.134
下奥　奈歩 新　936
沼上　徳光 新　647
住寄　聡美 新　582.529
鎌野　祥二 新　419

国民民主党　3人　3,481,078.400票　6.95%

政党名得票　2,174,706.000　個人名得票　1,306,372.400

当	田村　麻美 新	260,324	円　より子 元	24,709
当	礒崎　哲史 前	258,507	姫井由美子 元	21,006
当	浜野　喜史 前	256,928.785	小山田経子 新	8,306
	石上　俊雄 前	192,586.679	鈴木　覚 新	5,923.855
	田中　久弥 新	143,492.942	酒井　亮介 新	4,379.272
	大島九州男 前	87,740	中沢　健 新	4,058
	山下　容子 新	35,938.867	藤川　武人 新	2,472

れいわ新選組 2人　2,280,252.750票　4.55%

政党名得票　1,226,412.714　個人名得票　1,053,840.036

当	船後　靖彦 新	特定枠	大西　恒樹 新	19,842
当	木村　英子 新	特定枠	安冨　歩 新	8,632.076
	山本　太郎 前	991,756.597	渡辺　照子 新	5,073.675
	(令3.10.31衆院議員当選)		辻村　千尋 新	4,070.549
	蓮池　透 新	20,557.200	三井　義文 新	3,907.939

社 民 党　1人　1,046,011.520票　2.09%

政党名得票　761,207.000　個人名得票　284,804.520

当	吉田　忠智 元	149,287	矢野　敦子 新	21,391
	仲村　未央 新	98,681.520	大椿　裕子 新	15,445

NHKから国民を守る党 1人　987,885.326票　1.97%

政党名得票　841,224.000　個人名得票　146,661.326

当	立花　孝志 新	130,233.367	岡本　介伸 新	4,269
	(令元.10.10退職)		熊丸　英治 新	2,850
繰	浜田　聡 新	9,308.959		
	(令元.10.21繰上)			

その他の政党の得票総数・得票率等は下記のとおりです。
(当選者はいません。個人名得票の内訳は省略しました)

安楽死制度を考える会　得票総数　269,052.000票 (0.54%)
政党名得票　233,441.000　個人名得票　35,611.000

幸福実現党　得票総数　202,278.772票 (0.40%)
政党名得票　158,954.000　個人名得票　43,324.772

オリーブの木　得票総数　167,897.997票 (0.34%)
政党名得票　136,873.000　個人名得票　31,024.997

労働の解放をめざす労働者党　得票総数　80,054.927票 (0.16%)
政党名得票　57,891.999　個人名得票　22,163.928

参議院選挙区

第24回選挙
（平成28年7月10日施行／令和4年7月25日満了）

第25回選挙
（令和元年7月21日施行／令和7年7月28日満了）

北海道　6人
（平成28、令和元年選挙で定数各1増）

平成28年選挙得票数

当	648,269	長谷川　岳	自前	(25.5)
当	559,996	徳永　エリ	民前	(22.0)
当	491,129	鉢呂　吉雄	民新	(19.3)
▽	482,688	柿木　克弘	自新	(19.0)
▽	239,564	森　英士	共新	(9.4)
	34,092	佐藤　和夫	こ新	(1.3)

以下はP267に掲載

令和元年選挙得票数

当	828,220	高橋はるみ	自新	(34.4)
当	523,737	勝部　賢志	立新	(21.7)
当	454,285	岩本　剛人	自新	(18.8)
▽	265,862	畠山　和也	共新	(11.0)
▽	227,174	原谷　那美	国新	(9.4)
	63,308	山本　貴平	諸新	(2.6)

以下はP267に掲載

長谷川　岳（はせがわ　がく）
自前［安］　H28 当2
愛知県　S46・2・16
勤11年9ヵ月（初／平22）

農水委員長、党政調副会長、前総務副大臣、党法務部会長、財政金融委員長、予算委理、党水産部会長、総務大臣政務官、議運委理、北大／51歳

〒060-0004　札幌市中央区北4条西4丁目
ニュー札幌ビル7F　☎011(223)7708
〒100-8962　千代田区永田町2-1-1、会館　☎03(6550)0619

徳永エリ（とくなが）
立前　H28 当2
北海道札幌市　S37・1・1
勤11年9ヵ月（初／平22）

環境委員長、ODA・沖北特委、党ジェンダー平等推進本部長、政調会長代理・選対副委員長、TVリポーター、法大中退／60歳

〒060-0042　札幌市中央区大通西5-8
昭和ビル9F　☎011(218)2133
〒100-8962　千代田区永田町2-1-1、会館　☎03(6550)0701

鉢呂吉雄（はちろ　よしお）
立新　H28 当1(初/平28)※
北海道新十津川町　S23・1・25
勤28年（衆22年4ヵ月）

国土交通委、倫選特委、国家基本委長、経産大臣、衆法務・厚労・農水委員長、民主党副代表・国対委員長・選対委員長、北大／74歳

〒001-0020　札幌市北区北20条西5-2-1
LEE北20条ビル30A号　☎011(205)0530
〒100-8962　千代田区永田町2-1-1、会館　☎03(6550)0920

高橋はるみ（たかはし）
自新［安］　R1 当1
富山県富山市　S29・1・6
勤2年8ヵ月（初／令元）

文部科学大臣政務官兼内閣府大臣政務官兼復興大臣政務官、文科委、消費者特委、資源エネ調委、北海道知事(4期)、北海道経済産業局長、一橋大学経済学部／68歳

〒060-0042　札幌市中央区大通西10丁目
南大通ビル4F　☎011(200)8066

※平2衆院初当選

かつ べ けん じ
勝部賢志

立新　R1 当1
北海道千歳市　S34・9・6
勤2年8ヵ月　(初/令元)

財金委、決算委、ODA・沖北特委理、国民生活調委、党自治体議員局長、道議会副議長、道議会議員、小学校教員、北海道教育大札幌分校／62歳

〒060-0042 札幌市中央区大通西5丁目8番
昭和ビル5F ☎011(596)7339
〒100-8962 千代田区永田町2-1-1、会館 ☎03(6550)0608

いわ もと つよ ひと
岩本剛人

自新[二]　R1 当1
北海道札幌市　S39・10・19
勤2年8ヵ月　(初/令元)

防衛大臣政務官、外交防衛委、倫選特委、北海道議会議員(5期)、淑徳大学社会福祉学科／57歳

〒060-0041 札幌市中央区大通東2丁目3-1
第36桂和ビル7F ☎011(211)8185
〒100-8962 千代田区永田町2-1-1、会館 ☎03(6550)0205

青森県　2人

平成28年選挙得票数					令和元年選挙得票数				
当	302,867	田名部匡代	民新	(49.2)	当	239,757	滝沢　　求	自前	(51.5)
▽	294,815	山崎　　力	自前	(47.9)	▽	206,582	小田切　達	立新	(44.4)
	18,071	三国　佑貴	諸新	(2.9)		19,310	小山日奈子	諸新	(4.1)

た な ぶ まさ よ
田名部匡代

立新　H28 当1(初/平28)※
青森県八戸市　S44・7・10
勤13年3ヵ月(衆7年7ヵ月)

農水委理、復興特委、党つながる本部本部長代行、党農林水産部会長、元農水政務官、衆議員秘書、玉川学園女子短大／52歳

〒031-0088 八戸市岩泉町4-7 ☎0178(44)1414
〒100-8962 千代田区永田町2-1-1、会館

たき さわ もとめ
滝沢　求

自前[麻]　R1 当2
青森県　S33・10・11
勤8年9ヵ月　(初/平25)

環境委理、決算委、災害特委、党環境部会長、外務大臣政務官、党環境関係団体委員長、元県議会副議長、中大法／63歳

〒031-0057 八戸市上徒士町15-1 ☎0178(45)5858
〒100-8962 千代田区永田町2-1-1、会館 ☎03(6550)0522

岩手県　2人

平成28年選挙得票数					令和元年選挙得票数				
当	328,555	木戸口英司	無新	(53.3)	当	288,239	横沢　高徳	無新	(49.0)
▽	252,767	田中　真一	自新	(41.0)	▽	272,733	平野　達男	自前	(46.3)
	34,593	石川　幹子	諸新	(5.6)		27,658	梶谷　秀一	諸新	(4.7)

※平15衆院初当選

きどぐちえいじ
木戸口英司　**立**新　H28 当1
岩手県花巻市　S38・8・21
勤5年8ヵ月　（初/平28）

総務委筆頭理事、復興特委、党総務副部会長、衆議員秘書、岩手県議、知事政務秘書、千葉大／58歳

〒020-0022　盛岡市大通3-1-24
第三菱和ビル5F　☎019(613)2203

よこさわたかのり
横沢高徳　**立**新　R1 当1
岩手県矢巾町　S47・3・6
勤2年8ヵ月　（初/令元）

農水委、議運委、復興特委、国際経済調委、モトクロス選手、バンクーバー・パラリンピックアルペンスキー日本代表、盛岡工業高校／49歳

〒020-0022　盛岡市大通3-1-24
第三菱和ビル5F　☎019(625)6601

宮城県　2人

（平成28、令和元年選挙で定数各1減）

平成28年選挙得票数

当	510,450	桜井　充	民前	(51.1)
▽	469,268	熊谷　大	自前	(47.0)
	19,129	油井　哲史	諸新	(1.9)

令和元年選挙得票数

当	474,692	石垣のり子	立新	(48.6)
▽	465,194	愛知　治郎	自前	(47.7)
	36,321	三宅　紀昭	諸新	(3.7)

さくらい　みつる
櫻井　充　**無**前（自民）　H28 当4
宮城県仙台市　S31・5・12
勤23年11ヵ月　（初/平10）

財金委、民主党政調会長、政審会長、厚労副大臣、財務副大臣、NC金融担当大臣、医博、東北大院／65歳

〒980-0811　仙台市青葉区一番町1-1-30
南町通有楽館ビル2F　☎022(723)4077
〒102-0083　千代田区麹町4-7、宿舎

いしがき
石垣のりこ　**立**新　R1 当1
宮城県仙台市　S49・8・1
勤2年8ヵ月　（初/令元）

厚労委、予算委、震災復興特委、国民生活調委、ラジオ局アナウンサー、宮城県第二女子高等学校、宮城教育大学／47歳

〒980-0014　仙台市青葉区本町3丁目5-21
アーカス本町ビル1F　☎022(355)9737
〒102-0083　千代田区麹町4-7、宿舎

秋田県　2人

平成28年選挙得票数

当	290,052	石井　浩郎	自前	(53.9)
▽	236,521	松浦　大悟	民元	(44.0)
	11,131	西野　晃	諸新	(2.1)

令和元年選挙得票数

当	242,286	寺田　静	無新	(50.5)
▽	221,219	中泉　松司	自前	(46.1)
	16,683	石岡　隆治	諸新	(3.5)

※選挙区別の当日有権者数・投票者数・投票率は268頁

いしいひろお
石井浩郎
自前［茂］ H28 当2
秋田県八郎潟町 S39・6・21
勤11年9ヵ月 (初／平22)

議運委庶務小委長、総務委、党副幹事長、党組織運動本部副本部長、党文科部会副部会長、倫選特委員長、文科委長、早大中退／57歳

〒010-0951 秋田市山王3-1-15 ☎018(883)1711
〒100-8962 千代田区永田町2-1-1、会館 ☎03(6550)0713

てらたしずか
寺田静
無新 R1 当1
秋田県横手市 S50・3・23
勤2年8ヵ月 (初／令元)

環境委、元議員秘書、早大／46歳

〒010-1424 秋田市御野場1-1-9 ☎018(853)9226

山形県 2人

平成28年選挙得票数

当	344,356	舟山 康江	無元	(59.0)
▽	223,583	月野 薫	自新	(38.3)
	15,223	城取 良太	諸新	(2.6)

令和元年選挙得票数

当	279,709	芳賀 道也	無新	(50.2)
▽	263,185	大沼 瑞穂	自前	(47.3)
	13,800	小野沢健至	諸新	(2.5)

ふなやまやすえ
舟山康江
国元 H28 当2
埼玉県 S41・5・26
勤11年9ヵ月 (初／平19)

党筆頭副代表、消費者特委員長、農水委、資源エネ調委、元党政調会長、元農水大臣政務官、農水省職員、北海道大／55歳

〒990-0039 山形市香澄町3-2-1 山交ビル8F ☎023(627)2780
〒102-0083 千代田区麴町4-7、宿舎

はがみちや
芳賀道也
無新(国民) R1 当1
山形県 S33・3・2
勤2年8ヵ月 (初／令元)

決算委理、復興特委理、総務委、キャスター、アナウンサー、日本大学文理学部／63歳

〒990-0825 山形市城北町1-24-15 2A ☎023(676)5115
〒100-8962 千代田区永田町2-1-1、会館 ☎03(6550)0917

福島県 2人

平成28年選挙得票数

当	462,852	増子 輝彦	民前	(50.5)
▽	432,982	岩城 光英	自前	(47.2)
	20,653	矢内 筆勝	諸新	(2.3)

令和元年選挙得票数

当	445,547	森 雅子	自前	(54.1)
▽	345,001	水野さち子	無新	(41.9)
	33,326	田山 雅仁	諸新	(4.0)

ましこてるひこ
増子輝彦
無 前（自民）H28 当3（初/平19補）※
福島県郡山市 S22・10・8
勤23年7ヵ月（衆8年6ヵ月）

国交委、国民生活調査会長、民主党副代表・参院政審会長、民進党幹事長、参経産委長、弾劾裁判長、復興特委長、経産副大臣、県議、早大商／74歳

〒963-8014 郡山市虎丸町10-4 ☎024(938)1000
〒102-0094 千代田区紀尾井町1-15、宿舎

もり
森　まさこ
自 前［安］ R1 当3
福島県いわき市 S39・8・22
勤14年10ヵ月（初/平19）

内閣総理大臣補佐官、法務大臣、国務大臣、環境・行政監視委員長、党環境・法務部会長、女性活躍推進本部長、弁護士、東北大／57歳

〒970-8026 いわき市平五色町1-103 ☎0246(21)3700
〒100-8962 千代田区永田町2-1-1、会館 ☎03(6550)0924

茨城県　4人

平成28年選挙得票数

当	609,636	岡田　広	自前	(50.3)
当	306,050	郡司　彰	民前	(25.3)
▽	113,833	小林　恭子	共新	(9.4)
	86,866	武藤　優子	お維新	(7.2)
	78,655	石原　順子	無新	(6.5)
	16,282	中村　幸樹	諸新	(1.3)

令和元年選挙得票数

当	507,260	上月　良祐	自前	(47.9)
当	237,614	小沼　巧	立新	(22.4)
▽	129,151	大内久美子	共新	(12.2)
▽	125,542	海野　徹	維新	(11.9)
	58,978	田中　健	諸新	(5.6)

おかだ　ひろし
岡田　広
自 前［無］ H28 当4
茨城県水戸市 S22・1・31
勤19年2ヵ月（初/平15繰）

政治倫理審査会長、法務委、憲法審、内閣府副大臣、厚労政務官、参院議員副会長、水戸市長、県議、立命館大／75歳

〒310-0911 水戸市見和2-198-11 ☎029(254)2345
〒102-0083 千代田区麴町4-7、宿舎

ぐんじ　あきら
郡司　彰
立 前 H28 当4
茨城県水戸市 S24・12・11
勤23年11ヵ月（初/平10）

農水委、党常任顧問、参議院副議長、民主党参院議員会長、農林水産大臣、農水委長、環境委長、党参院国対委長・経理局長、明学大中退／72歳

〒310-0022 水戸市梅香2-1-39
茨城県労働福祉会館3F ☎029(228)9565
〒100-8962 千代田区永田町2-1-1、会館 ☎03(6550)0912

こうづきりょうすけ
上月良祐
自 前［茂］ R1 当2
兵庫県神戸市 S37・12・26
勤8年9ヵ月（初/平25）

参党国対副委員長、内閣委筆理事、参党副幹事長、農林水産大臣政務官、参党国対副委員長、元総務省、内閣官房副長官秘書官、茨城県副知事、東大法／59歳

〒310-0063 水戸市五軒町1-3-4
渡辺ビル301 ☎029(291)7231

※平2衆院初当選

おぬま　たくみ
小沼　巧
立新　R1 当1
茨城県鉾田市 S60・12・21
勤2年8ヵ月（初/令元）

農水委、決算委、災害特委、国際経済調委、ボストン・コンサルティング、経済産業省、タフツ大院、早大／36歳

〒310-0851 水戸市千波町1150-1 石川ビル105 ☎029(350)1815
〒100-8962 千代田区永田町2-1-1、会館 ☎03(6550)1012

栃木県　2人

	平成28年選挙得票数			
当	484,300	上野　通子	自前	(58.9)
▽	314,401	田野辺隆男	無新	(38.3)
	23,262	三觜　明美	諸新	(2.8)

	令和元年選挙得票数			
当	373,099	高橋　克法	自前	(53.5)
▽	285,681	加藤　千穂	立新	(41.0)
	38,508	町田　紀光	諸新	(5.5)

うえのみちこ
上野通子
自前［安］　H28 当2
栃木県宇都宮市 S33・4・21
勤11年9ヵ月（初/平22）

文科委理事、予算委、党政調副会長、文科副大臣、文科委長、文科政務官、党女性局長、栃木県議、共立女子大／63歳

〒320-0034 宇都宮市泉町6-22 ☎028(627)8801

たかはしかつのり
高橋克法
自前［麻］　R1 当2
栃木県 S32・12・7
勤8年9ヵ月（初/平25）

参党国対筆頭副委員長、法務委筆頭理事、議運委理事、国交政務官、予算委理事、高根沢町長、栃木県議、参院議員秘書、明大／64歳

〒329-1232 栃木県塩谷郡高根沢町光陽台1-1-2 ☎028(675)6500
〒100-8962 千代田区永田町2-1-1、会館 ☎03(6550)0324

群馬県　2人

	平成28年選挙得票数			
当	527,371	中曽根弘文	自前	(66.0)
▽	248,615	堀越　啓仁	民新	(31.1)
	23,550	安永　陽	諸新	(2.9)

	令和元年選挙得票数			
当	400,369	清水　真人	自新	(53.9)
▽	286,651	斎藤　敦子	立新	(38.6)
	55,209	前田みか子	諸新	(7.4)

なかそねひろふみ
中曽根弘文
自前［二］　H28 当6
群馬県前橋市 S20・11・28
勤36年1ヵ月（初/昭61）

外防委、憲法審委、党総務、予算委長、議運委長、党参院議員会長、外務大臣、文相、科技長官、慶大／76歳

〒371-0801 前橋市文京町1-1-14 ☎027(221)1133
〒100-8962 千代田区永田町2-1-1、会館 ☎03(6550)1224

しみずまさと
清水真人
自新［二］ R1 当1
群馬県高崎市 S50・2・26
勤2年8ヵ月 （初/令元）

参党副幹事長、内閣第二副部会長、法務委理、議運委、拉致特委理、群馬県議2期、高崎市議2期、明治学院大／47歳

〒371-0805 前橋市南町2-38-4 AMビル1F ☎027(212)9366
〒100-8962 千代田区永田町2-1-1、会館 ☎03(6550)0923

埼玉県 7人
（令和元、4年選挙で定数各1増）

平成28年選挙得票数

当	898,827	関口	昌一	自前	(29.2)
当	676,828	大野	元裕	民前	(22.0)
当	642,597	西田	実仁	公前	(20.9)

以下はP267に掲載

令和元年8月5日大野元裕議員辞職補選（令和1.10.27）

当	1,065,390	上田	清司	無新	(86.4)
	168,289	立花	孝志	N前	(13.6)

令和元年選挙得票数

当	786,479	古川	俊治	自前	(28.2)
当	536,338	熊谷	裕人	立新	(19.3)
当	532,302	矢倉	克夫	公前	(19.1)
当	359,297	伊藤	岳	共新	(12.9)
▽	244,399	宍戸	千絵	国新	(8.8)
	204,075	沢田	良	維新	(7.3)

以下はP267に掲載

せきぐちまさかず
関口昌一
自前［茂］ H28 当4
埼玉県 S28・6・4
勤18年8ヵ月（初/平15補）

党参院議員会長、環境委、政倫審委、党参国対委員長、地方創生特委員長、総務副大臣兼内閣府副大臣、外務政務官、城西歯大／68歳

〒369-1412 埼玉県秩父郡皆野町皆野2391-9 ☎0494(62)3535
〒102-0083 千代田区麹町4-7、宿舎 ☎03(3237)0341

にしだまこと
西田実仁
公前 H28 当3
東京都旧田無市 S37・8・27
勤17年10ヵ月（初/平16）

総務委、行監委、憲法審幹事、党参議院会長、税調会長、埼玉県本部代表、党参院国対委長、経済週刊誌副編集長、慶大経／59歳

〒330-0063 さいたま市浦和区高砂3-7-4 2F
〒102-0094 千代田区紀尾井町1-15、宿舎

うえだきよし
上田清司
無新(国民) H28 補当1(初/令元)
福岡県福岡市 S23・5・15
勤12年8ヵ月（衆10年3ヵ月）

国家基本委員長、外交防衛委、埼玉県知事4期、全国知事会会長、衆議院議員3期、建設省建設大学校非常勤講師、早大院／73歳

〒100-8962 千代田区永田町2-1-1、会館 ☎03(6550)0618

ふるかわとしはる
古川俊治
自前［安］ R1 当3
埼玉県 S38・1・14
勤14年10ヵ月（初/平19）

地方・デジ特委員長、厚労委、憲法審委、医師、弁護士、慶大教授、博士(医学)、慶大医・文・法卒、オックスフォード大院修／59歳

〒330-0063 さいたま市浦和区高砂3-12-24 小峰ビル3F ☎048(788)8887

※選挙区別の当日有権者数・投票者数・投票率は268頁

くまがいひろと
熊谷裕人　**立**新　R1 当1
埼玉県さいたま市　S37・3・23
勤2年8ヵ月　(初/令元)

財金委、予算委、災害特委、憲法審幹事、党埼玉県連合代表代行、さいたま市議、国会議員政策担当秘書、中央大／59歳

〒330-0841　さいたま市大宮区東町2-289-2　☎048(640)5977

やくらかつお
矢倉克夫　**公**前　R1 当2
神奈川県横浜市　S50・1・11
勤8年9ヵ月　(初/平25)

法務委員長、党青年委員長、中央幹事、埼玉県本部副代表、予算委、地方・デジ特委、憲法審委、弁護士、元経済産業省参事官補佐、東大／47歳

〒331-0815　さいたま市北区大成町4-81-201
〒100-8962　千代田区永田町2-1-1、会館　☎03(6550)0401

いとうがく
伊藤岳　**共**新　R1 当1
埼玉県　S35・3・6
勤2年8ヵ月　(初/令元)

総務委、予算委、地方・デジ特委、国際経済調理、党中央委員、文教大学人間科学部卒／61歳

〒330-0835　さいたま市大宮区北袋町1-171-1　☎048(658)5551
〒102-0083　千代田区麹町4-7、宿舎

千葉県　6人

平成28年選挙得票数

当	760,093	猪口	邦子	自前	(29.2)
当	577,392	元栄太一郎		自新	(22.1)
当	472,219	小西	洋之	民前	(18.1)
▽	351,561	浅野	史子	共新	(13.5)
▽	314,670	水野	賢一	民前	(12.1)
	57,329	高橋	正夫	無新	(2.2)
	50,098	香取	成知	こ新	(1.9)
	23,777	古川	裕三	諸新	(0.9)

令和元年選挙得票数

当	698,993	石井	準一	自前	(30.5)
当	661,224	長浜	博行	立前	(28.9)
当	436,182	豊田	俊郎	自前	(19.1)
▽	359,854	浅野	史子	共新	(15.7)
	89,941	平塚	正幸	諸新	(3.9)
	42,643	門田	正則	諸新	(1.9)

いのぐちくにこ
猪口邦子　**自**前[麻]　H28 当2(初/平22)※
千葉県　S27・5・3
勤15年8ヵ月(衆3年11ヵ月)

党一億総活躍推進本部長、環境委、行監委、ODA・沖北特委、上智大名誉教授、元少子化・男女共同参画大臣、ジュネーブ軍縮大使、エール大博士号(Ph.D.)／69歳

〒260-0027　千葉市中央区新田町14-5
大野ビル101　☎043(307)9001
〒100-8962　千代田区永田町2-1-1、会館　☎03(6550)1105

もとえたいちろう
元榮太一郎　**自**新[茂]　H28 当1
米イリノイ州エバンストン市　S50・12・14
勤5年8ヵ月　(初/平28)

文教科学委員長、憲法審委、財務大臣政務官、参党副幹事長、弁護士、弁護士ドットコム創業者、慶大法／46歳

〒260-0013　千葉市中央区中央4-12-12
中央土地建物ビル202　☎043(202)3331
〒100-8962　千代田区永田町2-1-1、会館　☎03(6550)0909

※平17衆院初当選

こにし ひろゆき
小西洋之

立前 H28 当2
徳島県 S47・1・28
勤11年9ヵ月 (初/平22)

外防委理、予算委、憲法審幹事、倫選特委、党政調副会長、党外務・安保副部会長、総務省・経産省課長補佐、徳島大医、東大、コロンビア大院修、東大医療人材講座／50歳

〒260-0012 千葉市中央区本町2-2-6 パークサイド小柴102 ☎043(441)3011
〒100-8962 千代田区永田町2-1-1、会館 ☎03(6550)0915

いしい じゅんいち
石井準一

自前[茂] R1 当3
千葉県 S32・11・23
勤14年10ヵ月 (初/平19)

党幹事長代理、党選対委員長代理、憲法審筆頭幹事、予算委理、参党国対委員長代行、予算委長、議運委理、参国交委長、県議5期、長生高／64歳

〒297-0035 茂原市下永吉964-2 ☎0475(25)2311
〒100-8962 千代田区永田町2-1-1、会館 ☎03(6550)0506

ながはま ひろゆき
長浜博行

立前 R1 当3(初/平19)※
東京都 S33・10・20
勤25年3ヵ月 (衆10年5ヵ月)

国交委理事、議運委、ODA・沖北特委、政倫審委、前環境委員長、元環境大臣、内閣官房副長官、厚労副大臣、国交委員長、衆院4期、松下政経塾、早大政経／63歳

〒277-0021 柏市中央町5-21-705 ☎04(7166)8333
〒100-8962 千代田区永田町2-1-1、会館 ☎03(6550)0606

とよだ としろう
豊田俊郎

自前[麻] R1 当2
千葉県 S27・8・21
勤8年9ヵ月 (初/平25)

財政金融委員長、拉致特委、内閣府大臣政務官、千葉県議、八千代市長、中央工学校／69歳

〒276-0046 八千代市大和田新田310 ☎047(480)7777
〒100-8962 千代田区永田町2-1-1、会館 ☎03(6550)1213

東京都 12人

(平成28、令和元年選挙で定数各1増)

平成28年選挙得票数

	得票数	氏名	党派	得票率
当	1,123,145	蓮　舫	民前	(18.0)
当	884,823	中川　雅治	自前	(14.2)
当	770,535	竹谷とし子	公前	(12.4)
当	665,835	山添　拓	共新	(10.7)
当	644,799	朝日健太郎	自新	(10.4)
当	508,131	小川　敏夫	民前	(8.2)
▽	469,314	田中　康夫	お維元	(7.5)
▽	310,133	横粂　勝仁	無新	(5.0)
▽	257,036	三宅　洋平	無新	(4.1)
	102,402	鈴木麻理子	こ新	(1.6)
	93,677	増山　麗奈	社新	(1.5)
	82,357	小林　興起	諸新	(1.3)
	67,535	佐藤　香	無新	(1.1)
	60,431	高樹　沙耶	改新	(1.0)
	42,858	鈴木　信行	諸新	(0.7)
	28,408	浜田　和幸	無前	(0.5)
	20,412	トクマ	諸新	(0.3)
	16,187	鈴木　達夫	無新	(0.3)
	12,091	柳沢　秀敏	無新	(0.2)
	7,853	佐藤　均	諸新	(0.1)
	7,329	横堀　喜久	無新	(0.1)
	6,114	又吉　光雄	諸新	(0.1)
	5,812	川上　晃司	無新	(0.1)

以下はP267に掲載

令和元年選挙得票数

	得票数	氏名	党派	得票率
当	1,143,458	丸川　珠代	自前	(19.9)
当	815,445	山口那津男	公前	(14.2)
当	706,532	吉良　佳子	共前	(12.3)
当	688,234	塩村　文夏	立新	(12.0)
当	526,575	音喜多　駿	維新	(9.2)
当	525,302	武見　敬三	自前	(9.1)
▽	496,347	山岸　一生	立新	(8.6)
▽	214,438	野原　善正	諸新	(3.7)
▽	186,667	水野　素子	国新	(3.2)
	129,628	大橋　昌信	諸新	(2.3)
	91,194	野末　陳平	無元	(1.6)
	86,355	朝倉　玲子	社新	(1.5)
	34,121	七海ひろこ	諸新	(0.6)
	26,958	佐藤　均	諸新	(0.5)
	23,582	横山　昌弘	諸新	(0.4)
	18,123	溝口　晃一	諸新	(0.3)
	15,475	森　純	無新	(0.3)
	9,686	関口　安弘	無新	(0.2)
	9,562	西野　貞吉	無新	(0.2)
	3,586	大塚紀久雄	諸新	(0.1)

※平5衆院初当選

れん　ほう
蓮　舫
立 前　H28 当3
東京都目黒区 S42・11・28
勤17年10ヵ月（初／平16）

文科委、行監委、党代表代行、国民運動・広報本部長、民進党代表、内閣府特命担当大臣、総理補佐官、報道キャスター、青学大／54歳

〒100-8962　千代田区永田町2-1-1、会館　☎03(6550)0411

なか がわ まさ はる
中川雅治
自 前［安］　H28 当3
東京都 S22・2・22
勤17年10ヵ月（初／平16）

憲法審査会長、法務委、環境大臣、内閣府特命担当大臣(原子力防災)、環境事務次官、大蔵省理財局長、東大法／75歳

〒100-8962　千代田区永田町2-1-1、会館　☎03(6550)0904

たけ や　こ
竹谷とし子
公 前　H28 当2
北海道 S44・9・30
勤11年9ヵ月（初／平22）

党女性局長、党復興・防災部会長代理、党都本部副代表、厚労委、災害特委理、法務委長、総務委長、財務政務官、公認会計士、創価大／52歳

〒100-8962　千代田区永田町2-1-1、会館　☎03(6550)0517

やま ぞえ　たく
山添　拓
共 新　H28 当1
京都府京都市 S59・11・20
勤5年8ヵ月（初／平28）

予算委理、法務委、憲法審幹事、資源エネ調理、党常任幹部会委員、弁護士、東大法、早大院／37歳

〒151-0053　渋谷区代々木1-44-11　☎03(5304)5639
〒102-0094　千代田区紀尾井町1-15、宿舎

あさ ひ けん た ろう
朝日健太郎
自 新［無］　H28 当1
熊本県 S50・9・19
勤5年8ヵ月（初／平28）

国交委、国際経済調理、国土交通大臣政務官、党2020オリパラ実施本部事務局次長、五輪ビーチバレー日本代表、法政大、早大院／46歳

〒100-8962　千代田区永田町2-1-1、会館　☎03(6550)0620

お がわ とし お
小川敏夫
無 前　H28 当4
東京都練馬区 S23・3・18
勤23年11ヵ月（初／平10）

参議院副議長、元法務大臣、内閣委長、外防委長、決算委長、民進党参院議員会長、弁護士、元検事、裁判官、立教大／73歳

〒100-8962　千代田区永田町2-1-1、会館　☎03(6550)0605

まる かわ たま よ
丸川珠代

自前［安］ R1 当3
兵庫県 S46・1・19
勤14年10ヵ月 （初／平19）

党総務会副会長、党都連会長代行、予算委、憲法審委、前東京オリパラ大臣、元広報本部長、前参拉致特委長、元環境大臣、厚労委員長、党厚労部会長、厚労政務官、元テレ朝アナ、東大／51歳

〒160-0004 新宿区四谷1-9-3 新盛ビル4F B室 ☎03(3350)9504

やまぐち な つ お
山口那津男

公前 R1 当4(初／平13)※
茨城県 S27・7・12
勤27年7ヵ月（衆6年8ヵ月）

党代表、外防委、国家基本委、党政務調査会長、参行政監視委員長、予算委理事、防衛政務次官、弁護士、東大／69歳

〒100-8962 千代田区永田町2-1-1、会館 ☎03(6550)0806

き ら こ
吉良よし子

共前 R1 当2
高知県高知市 S57・9・14
勤8年9ヵ月 （初／平25）

文教科学委、行監委理、憲法審委、党青年・学生委員会責任者、早大第一文学部／39歳

〒151-0053 渋谷区代々木1-44-11 ☎03(3375)9323

しおむら
塩村あやか

立新 R1 当1
広島県 S53・7・6
勤2年8ヵ月 （初／令元）

内閣委、決算委、災害特委、資源エネ調委、東京都議、元放送作家、共立女子短大／43歳

〒100-8962 千代田区永田町2-1-1、会館 ☎03(6550)0706

おと き た しゅん
音喜多 駿

維新 R1 当1
東京都北区 S58・9・21
勤2年8ヵ月 （初／令元）

党政調会長、東京維新の会幹事長、予算委、外交防衛委、消費者特委、資源エネ調委、元東京都議、早大／38歳

〒114-0022 北区王子本町1-14-10 根岸ビル1F ☎03(3908)3121
〒100-8962 千代田区永田町2-1-1、会館 ☎03(6550)0612

たけ み けい ぞう
武見敬三

自前［麻］ R1 当5
東京都 S26・11・5
勤21年7ヵ月 （初／平7）

党国際保健戦略特委長、外防委、世界保健機関(WHO)親善大使、参院党政審会長、厚労副大臣、外務政務次官、ハーバード公衆衛生大学院研究員、慶大院／70歳

〒100-8962 千代田区永田町2-1-1、会館 ☎03(6550)0413

※平2衆院初当選

神奈川県　8人

平成28年選挙得票数

	得票数	氏名	党派	(%)
当	1,004,877	三原じゅん子	自前	(24.5)
当	629,582	三浦　信祐	公新	(15.3)
当	582,127	真山　勇一	民元	(14.2)
当	524,070	中西　健治	無前	(12.8)
▽	487,729	浅賀　由香	共新	(11.9)
▽	448,954	金子　洋一	民前	(10.9)
▽	218,853	丹羽　大	お維新	(5.3)
	76,424	森　英夫	社新	(1.9)
	50,256	清水　太一	こ新	(1.2)
	32,113	佐藤　政則	無新	(0.8)
	25,714	片野　英司	諸新	(0.6)
	21,611	壹岐　愛子	諸新	(0.5)

令和元年選挙得票数

	得票数	氏名	党派	(%)
当	917,058	島村　大	自前	(25.2)
当	742,658	牧山　弘恵	立前	(20.4)
当	615,417	佐々木さやか	公前	(16.9)
当	575,884	松沢　成文	維前	(15.8)
▽	422,603	浅賀　由香	共新	(11.6)
	126,672	乃木　涼介	国新	(3.5)
	79,208	林　大祐	諸新	(2.2)
	61,709	相原　倫子	社新	(1.7)
	22,057	森下　正勝	無新	(0.6)
	21,755	壹岐　愛子	諸新	(0.6)
	21,598	加藤　友行	諸新	(0.6)
	17,170	榎本　太志	諸新	(0.5)
	11,185	渋谷　貢	無新	(0.3)
	8,514	圷　孝行	諸新	(0.2)

三原じゅん子（みはら じゅんこ）

自前［無］　H28 当2
東京都　S39・9・13
勤11年9ヵ月（初／平22）

内閣府大臣補佐官、厚労委、行政監視委、倫選特委、消費者特委、厚生労働副大臣、党女性局長、厚労委員長、女優／57歳

〒231-0004　横浜市中区元浜町4-39-3F　☎045(228)9520
〒100-8962　千代田区永田町2-1-1、会館　☎03(6550)0823

三浦信祐（みうら のぶひろ）

公新　H28 当1
宮城県仙台市　S50・3・5
勤5年8ヵ月（初／平28）

経産委、行監委、拉致特委理事、党青年局長、外交部会長、県本部代表、博士(工学)、千葉工大／46歳

〒231-0033　横浜市中区長者町5-48-2 トローヂャンビル303　☎045(341)3751
〒100-8962　千代田区永田町2-1-1、会館　☎03(6550)0804

真山勇一（まやま ゆういち）

立元　H28 当2
東京都　S19・1・8
勤9年4ヵ月（初／平24繰）

地方・デジ特委理、法務委、元経産委員長、元国家基本委員長、調布市議、日本テレビキャスター、保護司、東京教育大／78歳

〒231-0014　横浜市中区常盤町3-21 アライアンス関内ビル501号室　☎045(319)4878
〒100-8962　千代田区永田町2-1-1、会館　☎03(6550)0320

中西健治（なかにし けんじ）　自民

辞　職（令和3年10月8日）

※公職選挙法の規定により、補欠選挙は行われない。

しま むら だい
島村 大 自前［無］ R1 当2
千葉県 S35・8・11
勤8年9ヵ月 (初／平25)

厚生労働大臣政務官、厚労委、拉致特委、党選対副委員長、厚労委員長、歯科医師、元日本歯科医師連盟理事長、東京歯科大／61歳

〒231-0011 横浜市中区太田町1-9-6F ☎045(306)5500
〒100-8962 千代田区永田町2-1-1、会館 ☎03(6550)0415

まきやま
牧山ひろえ 立前 R1 当3
東京都 S39・9・29
勤14年10ヵ月 (初／平19)

財金委理、国民生活調理、党常任幹事会議長、参議院議員会長代行、米国弁護士、TBSディレクター、ICU、トーマス・クーリー法科大学院／57歳

〒231-0023 横浜市中区山下町108
小黒ビル403号室 ☎045(226)2393

さ さ き
佐々木さやか 公前 R1 当2
青森県八戸市 S56・1・18
勤8年9ヵ月 (初／平25)

災害対策特別委員長、文科委、党女性委副委長、青年委副委長、文科大臣政務官、弁護士、税理士、創価大、同法科大学院修了／41歳

〒231-0002 横浜市中区海岸通4-22
関内カサハラビル3F ☎045(319)4945
〒100-8962 千代田区永田町2-1-1、会館 ☎03(6550)0514

まつ ざわ しげ ふみ
松沢成文 維新

失 職(令和3年8月8日)

※公職選挙法の規定により、次の参院選まで補欠選挙は行われない。

新潟県 2人

(平成28、令和元年選挙で定数各1減)

平成28年選挙得票数

当	560,429	森 裕子	無元	(49.0)
▽	558,150	中原 八一	自前	(48.8)
	24,639	横井 基至	諸新	(2.2)

令和元年選挙得票数

当	521,717	打越さく良	無新	(50.5)
▽	479,050	塚田 一郎	自前	(46.4)
	32,628	小島 糾史	諸新	(3.2)

もり
森 ゆうこ 立元 H28 当3
新潟県新潟市秋葉区 S31・4・20
勤17年10ヵ月 (初／平13)

拉致特委理、経産委、党参議院幹事長、拉致問題対策本部長、文科副大臣、予算・厚労各委筆頭理、拉致特委長、生活の党代表、横越町議、新潟大／65歳

〒956-0864 新潟市秋葉区新津本町1-3-22 ☎0250(21)0222

うちこし　ら
打越さく良
立新　R1 当1
北海道旭川市　S43・1・6
勤2年8ヵ月（初／令元）

厚労委、予算委、拉致特委、憲法審委、弁護士、東大大学院教育学研究科博士課程中途退学／54歳

〒950-0916 新潟市中央区米山2-5-8米山プラザビル201 ☎025(250)5915
〒100-8962 千代田区永田町2-1-1、会館 ☎03(6550)0901

富山県　2人

平成28年選挙得票数

当	339,055	野上浩太郎	自前	(69.2)
▽	134,212	道用　悦子	無新	(27.4)
	16,410	吉田かをる	諸新	(3.4)

令和元年選挙得票数

当	270,000	堂故　茂	自前	(66.7)
▽	134,625	西尾　政英	国新	(33.3)

の がみ こう た ろう
野上浩太郎
自前［安］　H28 当3
富山県富山市　S42・5・20
勤17年10ヵ月（初／平13）

参党幹事長代行、農林水産大臣、内閣官房副長官、国交副大臣、財務政務官、文教科学委長、三井不動産、県議、慶大／54歳

〒939-8271 富山市太郎丸西町1-5-12 ☎076(491)7500

どう　こ　しげる
堂故　茂
自前［茂］　R1 当2
富山県氷見市　S27・8・7
勤8年9ヵ月（初／平25）

参党国対副委員長、文科委筆頭理事、行監委、復興特委、文科政務官、農水委長、代議士秘書、県議、氷見市長、慶大／69歳

〒930-0095 富山市舟橋南町3-15
県自由民主会館4F ☎076(432)1217
〒100-8962 千代田区永田町2-1-1、会館 ☎03(6550)1003

石川県　2人

平成28年選挙得票数

当	328,013	岡田　直樹	自前	(61.7)
▽	191,371	柴田　未来	無新	(36.0)
	11,992	宮元　智	諸新	(2.3)

令和元年選挙得票数

当	288,040	山田　修路	自前	(67.2)
▽	140,279	田辺　徹	国新	(32.8)

おか　だ　なお　き
岡田直樹
自前［安］　H28 当3
石川県金沢市　S37・6・9
勤17年10ヵ月（初／平16）

参党国対委員長、内閣官房副長官、参党幹事長代行、財務副大臣、国交委員長、国交大臣政務官、県議、北國新聞記者・論説委、東大／59歳

〒920-8203 金沢市鞍月4-115
金沢ジーサイドビル4F ☎076(255)1931
〒102-0094 千代田区紀尾井町1-15、宿舎

やま　だ しゅう じ
山田修路　自民

辞　職（令和3年12月24日）

※補選は4月24日実施予定

福井県　2人

平成28年選挙得票数

当	217,304	山崎　正昭	自前	(60.1)
▽	131,278	横山　龍寛	無新	(36.3)
	12,856	白川　康之	諸新	(3.6)

令和元年選挙得票数

当	195,515	滝波　宏文	自前	(66.1)
▽	77,377	山田　和雄	共新	(26.2)
	22,719	嶋谷　昌美	諸新	(7.7)

やま ざき まさ あき
山崎正昭
自前［安］　H28 当5
福井県大野市　S17・5・24
勤30年　（初／平4）

法務委、参院議長、参院副議長、自民党参院幹事長、ODA特委長、内閣官房副長官、議運委長、大蔵政務次官、県議長、日大／79歳

〒912-0043　大野市国時町1205（自宅）　☎0779(65)3000
〒102-0083　千代田区麹町4-7、宿舎　☎03(5211)0248

たき なみ ひろ ふみ
滝波宏文
自前［安］　R1 当2
福井県　S46・10・20
勤8年9ヵ月　（初／平25）

総務委筆頭理事、党税調幹事、経産政務官、党青年局長代理、財務省広報室長、早大院博士、シカゴ大院修士、東大法／50歳

〒910-0854　福井市御幸4-20-18
オノダニビル御幸5F　☎0776(28)2815
〒100-8962　千代田区永田町2-1-1、会館　☎03(6550)0307

山梨県　2人

平成28年選挙得票数

当	173,713	宮沢　由佳	民新	(43.0)
▽	152,437	高野　剛	自新	(37.8)
▽	67,459	米長　晴信	無元	(16.7)
	10,183	西脇　愛	諸新	(2.5)

令和元年選挙得票数

当	184,383	森屋　宏	自前	(53.0)
▽	150,327	市来　伴子	無新	(43.2)
	13,344	猪野　恵司	諸新	(3.8)

みや ざわ ゆ か
宮沢由佳
立新　H28 当1
愛知県名古屋市S37・11・19
勤5年8ヵ月　（初／平28）

文科委理、消費者特委、党文部科学部会長、社会福祉法人理事長、保育士、名古屋市立保育短大／59歳

〒400-0845　山梨県甲府市上今井町802-5　☎055(242)3830
〒102-0083　千代田区麹町4-7、宿舎

※選挙区別の当日有権者数・投票者数・投票率は 268 頁

もり　や　ひろし
森屋　宏
自前［岸］　R1 当2
山梨県　S32・7・21
勤8年9ヵ月　（初／平25）

財金委筆頭理事、党副幹事長、党県連会長、内閣委員長、総務大臣政務官、県議会議長、北海道教育大、山梨学院大院／64歳

〒400-0031　山梨県甲府市丸の内1-17-18
東山ビル2F　☎055(298)6357
〒102-0083　千代田区麹町4-7、宿舎

長野県　2人
（平成28、令和元年選挙で定数各1減）

平成28年選挙得票数

当	574,052	杉尾　秀哉	民新	(52.5)
▽	499,974	若林　健太	自前	(45.7)
	20,350	及川　幸久	諸新	(1.9)

令和元年選挙得票数

当	512,462	羽田雄一郎	国前	(55.1)
▽	366,810	小松　裕	自新	(39.5)
	31,137	古谷　孝	諸新	(3.3)
	19,211	斎藤　好明	諸新	(2.1)

令和2年12月27日羽田雄一郎議員死去 補選(令和3.4.25)

当	415,781	羽田　次郎	立新	(54.8)
	325,826	小松　裕	自前	(42.9)
	17,559	神谷幸太郎	N新	(2.3)

すぎ　お　ひで　や
杉尾秀哉
立新　H28 当1
兵庫県明石市　S32・9・30
勤5年8ヵ月　（初／平28）

決算委理、内閣委、憲法審委、党県連代表代行、元TBSテレビキャスター、東大文／64歳

〒380-0936　長野市中御所岡田102-28　☎026(236)1517
〒100-8962　千代田区永田町2-1-1、会館　☎03(6550)0724

は　た　じ　ろう
羽田次郎
立新　R1　補当1
東京　S44・9・7
勤11ヵ月　（初／令3）

外交防衛委、決算委、消費者特委、憲法審委、党参院国対副委員長、会社社長、衆議院議員秘書、米ウェイクフォレスト大学留学／52歳

〒386-0014　上田市材木町1-1-13　☎0268(22)0321
〒102-0094　千代田区紀尾井町1-15、宿舎

岐阜県　2人

平成28年選挙得票数

当	531,412	渡辺　猛之	自前	(55.8)
▽	389,681	小見山幸治	民前	(40.9)
	31,651	加納有輝彦	諸新	(3.3)

令和元年選挙得票数

当	467,309	大野　泰正	自前	(56.4)
▽	299,463	梅村　慎一	立新	(36.1)
	61,975	坂本　雅彦	諸新	(7.5)

わた　なべ　たけ　ゆき
渡辺猛之
自前［茂］　H28 当2
岐阜県　S43・4・18
勤11年9ヵ月　（初／平22）

国土交通副大臣兼内閣府副大臣兼復興副大臣、国交委、国家基本委、元県議、名古屋大経／53歳

〒505-0027　美濃加茂市本郷町6-11-12　☎0574(23)1511
〒100-8962　千代田区永田町2-1-1、会館　☎03(6550)0325

おおのやすただ
大野泰正

自前[安]　R1 当2
岐阜県　S34・5・31
勤8年9ヵ月　(初/平25)

党副幹事長、党経産副部会長、国交委筆頭理事、災害特委、前国対副委員長、元国土交通大臣政務官、県議、全日空(株)、慶大法/62歳

〒501-6244　羽島市竹鼻町丸の内3-25-1　☎058(391)0273
〒100-8962　千代田区永田町2-1-1、会館　☎03(6550)0503

静岡県　4人

平成28年選挙得票数

	得票数	氏名	党派	得票率
当	747,410	岩井　茂樹	自前	(44.3)
当	691,687	平山佐知子	民新	(41.0)

令和3年5月14日岩井茂樹議員辞職 補選(令和3.10.24)

	得票数	氏名	党派	得票率
当	650,789	山崎真之輔	無新	(47.5)
	602,780	若林　洋平	自新	(44.0)
	116,554	鈴木　千佳	共新	(8.5)

令和元年選挙得票数

	得票数	氏名	党派	得票率
当	585,271	牧野　京夫	自前	(38.5)
当	445,866	榛葉賀津也	国前	(29.4)
▽	301,895	徳川　家広	立新	(19.9)
▽	136,623	鈴木　千佳	共新	(9.0)
	48,739	畑山　浩一	諸新	(3.2)

ひらやまさちこ
平山佐知子

無新　H28 当1
静岡県　S46・1・3
勤5年8ヵ月　(初/平28)

環境委、フリーアナウンサー、元NHK静岡放送局キャスター、日本福祉大学女子短大部/51歳

〒422-8061　静岡市駿河区森下町1-23　☎054(287)5511
〒100-8962　千代田区永田町2-1-1、会館　☎03(6550)0822

やまざきしんのすけ
山崎真之輔

無新(国民)　H28 補当1
静岡県浜松市　S56・9・1
勤5ヵ月　(初/令3)

経済産業委理、倫選特委、元静岡県議、元浜松市議、静岡県eスポーツ連合顧問、衆議員秘書、名古屋大法/40歳

〒435-0044　浜松市東区西塚町306-5 1F　☎053(477)5298
〒102-0083　千代田区麹町4-7、宿舎

まきの
牧野たかお

自前[茂]　R1 当3
静岡県島田市　S34・1・1
勤14年10ヵ月　(初/平19)

参院党国対委員長代行、国交委、決算委理、国交副大臣、外務政務官、議運筆頭理事、党副幹事長、県議3期、民放記者、早大/63歳

〒422-8056　静岡市駿河区津島町11-25
山形ビル1F　☎054(285)9777

しんばかづや
榛葉賀津也

国前　R1 当4
静岡県　S42・4・25
勤20年11ヵ月　(初/平13)

党幹事長、国交委、外務副大臣、防衛副大臣、党参国対委長、内閣委長、外防委長、議運筆頭理事、予算委理、米オタバイン大/54歳

〒436-0022　掛川市上張862-1 FGKビル　☎0537(62)3355
〒100-8962　千代田区永田町2-1-1、会館　☎03(6550)1011

※選挙区別の当日有権者数・投票者数・投票率は268頁

愛知県　8人　（平成28、令和元年選挙で定数各1増）

平成28年選挙得票数

	得票数	氏名	党派	(%)
当	961,096	藤川　政人	自前	(29.3)
当	575,119	斎藤　嘉隆	民前	(17.5)
当	531,488	里見　隆治	公新	(16.2)
当	519,510	伊藤　孝恵	民新	(15.8)
▽	302,489	須山　初美	共新	(9.2)
▽	218,171	奥田　香代	諸新	(6.7)
	64,781	平山　良平	社新	(2.0)

以下は P267 に掲載

令和元年選挙得票数

	得票数	氏名	党派	(%)
当	737,317	酒井　庸行	自前	(25.7)
当	506,817	大塚　耕平	国前	(17.7)
当	461,531	田島麻衣子	立新	(16.1)
当	453,246	安江　伸夫	公新	(15.8)
▽	269,081	岬　麻紀	維新	(9.4)
▽	216,674	須山　初美	共新	(7.6)
	85,262	末永友香梨	諸新	(3.0)

以下は P267 に掲載

藤川政人（ふじかわ まさひと）

自前[麻]　H28 当2
愛知県丹羽郡　S35・7・8
勤11年9ヵ月　（初／平22）

予算委筆頭理事、参党国対委員長代理、財務副大臣、総務大臣政務官、財金委長、党愛知県連会長、愛知県議、南山大／61歳

〒451-0042　名古屋市西区那古野2-23-21 デラ・ドーラ6C　☎052（485）8361
〒102-0094　千代田区紀尾井町1-15、宿舎

斎藤嘉隆（さいとう よしたか）

立前　H28 当2
愛知県　S38・2・18
勤11年9ヵ月　（初／平22）

国土交通委員長、地方・デジ特委、政倫審、党県連代表、経産委員長、環境委員長、連合愛知副会長、愛教組委員長、愛知教育大／59歳

〒454-0976　名古屋市中川区服部3-507　☎052（439）0550
〒100-8962　千代田区永田町2-1-1、会館　☎03（6550）0707

里見隆治（さとみ りゅうじ）

公新　H28 当1
京都府　S42・10・17
勤5年8ヵ月　（初／平28）

経産委、党労働局長、党愛知県本部代表代行、党経産部会長代理、厚労省参事官、トヨタ自動車（株）出向、防災士、認知症サポーター、東大／54歳

〒451-0031　名古屋市西区城西1-9-5 寺島ビル1F　☎052（522）1666
〒100-8962　千代田区永田町2-1-1、会館　☎03（6550）0301

伊藤孝恵（いとう たかえ）

国新　H28 当1
愛知県犬山市　S50・6・30
勤5年8ヵ月　（初／平28）

文科委、行監委、倫選特委理、国民生活調委、党副代表、金城学院大非常勤講師、テレビ大阪、リクルート、金城学院大／46歳

〒456-0002　名古屋市熱田区金山町1-5-3 トーワ金山ビル7F　☎052（683）1101
〒100-8962　千代田区永田町2-1-1、会館　☎03（6550）1008

酒井庸行（さかい やすゆき）

自前[安]　R1 当2
愛知県刈谷市　S27・2・14
勤8年9ヵ月　（初／平25）

参党国対副委員長、農水委理、決算委、復興特委、党政調副会長、内閣府大臣政務官、愛知県議、刈谷市議、日大芸術学部／70歳

〒448-0003　刈谷市一ツ木町8-11-2　☎0566（25）3071
〒102-0083　千代田区麴町4-7、宿舎

おおつかこうへい
大塚耕平

国前　R1 当4
愛知県　S34・10・5
勤20年11ヵ月（初/平13）

党代表代行、政調会長、税調・経済調査会長、早大・藤田医科大客員教授、元民進党代表、厚労・内閣府副大臣、日銀、早大院／62歳

〒464-0841 名古屋市千種区覚王山通9-19
覚王山プラザ2F　☎052(757)1955
〒100-8962 千代田区永田町2-1-1、会館 ☎03(6550)1121

たじままいこ
田島麻衣子

立新　R1 当1
東京都大田区 S51・12・20
勤2年8ヵ月（初/令元）

予算委、外交防衛委、ODA・沖北特委、国際経済調委、党県連副代表、国連世界食糧計画(WFP)、英オックスフォード大院／45歳

〒461-0003 名古屋市東区筒井3-26-10
リムファースト5F　☎052(937)0151
〒100-8962 千代田区永田町2-1-1、会館 ☎03(6550)0410

やすえのぶお
安江伸夫

公新　R1 当1
愛知県　S62・6・26
勤2年8ヵ月（初/令元）

予算委、法務委理、消費者特委理、党学生局長、青年委副委員長、県本部副代表、弁護士、創価大法科大学院／34歳

〒462-0044 名古屋市北区元志賀町1-68-1
ヴェルドミール志賀　☎052(908)3955
〒100-8962 千代田区永田町2-1-1、会館 ☎03(6550)0312

三重県　2人

平成28年選挙得票数

当	440,776	芝　博一	民前 (49.7)
▽	420,929	山本佐知子	自新 (47.5)
	24,871	野原　典子	諸新 (2.8)

令和元年選挙得票数

当	379,339	吉川　有美	自前 (50.3)
▽	334,353	芳野　正英	無新 (44.3)
	40,906	門田　節代	諸新 (5.4)

しばひろかず
芝　博一

立前　H28 当3
三重県　S25・4・21
勤17年10ヵ月（初/平16）

国民生活調査会長、環境委、内閣官房副長官、総理大臣補佐官、懲罰委員長、内閣委員長、県議、皇學館大學／71歳

〒513-0823 鈴鹿市道伯2-7-28 101号室　☎059(375)7755
〒100-8962 千代田区永田町2-1-1、会館　☎03(6550)0317

よしかわ
吉川ゆうみ

自前[安]　R1 当2
三重県桑名市　S48・9・4
勤8年9ヵ月（初/平25）

経産大臣政務官、経産委、国際経済調委、文科委員長、党女性局長、三井住友銀行、東京農工大院／48歳

〒510-0821 四日市市久保田2-8-1-103　☎059(356)8060
〒100-8962 千代田区永田町2-1-1、会館　☎03(6550)0412

※選挙区別の当日有権者数・投票者数・投票率は 268 頁

滋賀県　2人

	平成28年選挙得票数					令和元年選挙得票数			
当	332,248	小鑓　隆史	自新	(52.2)	当	291,072	嘉田由紀子	無新	(49.4)
▽	291,290	林　久美子	民前	(45.8)	▽	277,165	二之湯武史	自前	(47.0)
	12,705	荒川　雅司	諸新	(2.0)		21,358	服部　修	諸新	(3.6)

こやり隆史（たかし）

自新［岸］　H28 当1
滋賀県大津市　S41・9・9
勤5年8ヵ月　（初／平28）

予算委理、国交委、資源エネ調理、情報監視審委、党税調幹事、厚労政務官、経産省職員、内閣参事官、京大院、インペリアルカレッジ大学院／55歳

〒520-0043　滋賀県大津市中央3-2-1
セザール大津森田ビル1F　☎077(523)5048
〒102-0094　千代田区紀尾井町1-15、宿舎

嘉田由紀子（かだゆきこ）

無新（碧水）　R1 当1
埼玉県本庄市　S25・5・18
勤2年8ヵ月　（初／令元）

法務委、災害特委、環境社会学者、滋賀県知事、びわこ成蹊スポーツ大学長、京都精華大教授、博士(農学)、京大／71歳

〒520-0044　滋賀県大津市京町2-4-23　☎077(509)7206
〒102-0083　千代田区麹町4-7、宿舎

京都府　4人

	平成28年選挙得票数					令和元年選挙得票数			
当	422,416	二之湯　智	自前	(40.0)	当	421,731	西田　昌司	自前	(44.2)
当	389,707	福山　哲郎	民前	(36.9)	当	246,436	倉林　明子	共前	(25.8)
▽	211,663	大河原寿貴	共新	(20.0)	▽	232,354	増原　裕子	立新	(24.4)
	32,973	大八木光子	諸新	(3.1)		37,353	山田　彰久	諸新	(3.9)
						16,057	三上　隆	諸新	(1.7)

二之湯　智（にのゆ　さとし）

自前［茂］　H28 当3
京都府京都市　S19・9・13
勤17年10ヵ月　（初／平16）

国家公安委員長、国務大臣、参政審会長、決算委員長、総務副大臣、文教委員長、総務大臣政務官、慶大法／77歳

〒615-0062　京都市右京区西院坤町2
ハウスドウ四条ビル6F　☎075(315)2228
〒102-0083　千代田区麹町4-7、宿舎

福山哲郎（ふくやまてつろう）

立前　H28 当4
東京都　S37・1・19
勤23年11ヵ月　（初／平10）

外交防衛委、国家基本委、党幹事長、内閣官房副長官、外務副大臣、外防委長、環境委長、松下政経塾、大和証券、京大院／60歳

〒602-0873　京都市上京区河原町通丸太町下ル伊勢屋町406
マツヲビル1F　☎075(213)0988
〒100-8962　千代田区永田町2-1-1、会館　☎03(6550)0808

にし　だ　しょう　じ
西田昌司
自前［安］　R1　当3
京都府　S33・9・19
勤14年10ヵ月（初/平19）

党政調会長代理、財金委理、決算委、党税調幹事、政調整備新幹線等鉄道調査会副会長、税理士、京都府議、滋賀大／63歳

〒601-8031　京都市南区烏丸通り十条上ル西側　☎075(661)6100
〒102-0083　千代田区麹町4-7、宿舎

くら ばやし あき　こ
倉林明子
共前　R1　当2
福島県　S35・12・3
勤8年9ヵ月（初/平25）

厚労委、議運委理、党副委員長、ジェンダー平等委員会責任者、看護師、京都府議、京都市議、京都市立看護短大／61歳

〒604-0092　京都市中京区丸太町新町角大炊町186　☎075(231)5198

大阪府　8人

平成28年選挙得票数

当	761,424	松川　るい	自新	(20.4)
当	727,495	浅田　均	お維新	(19.5)
当	679,378	石川　博崇	公新	(18.2)
当	669,719	高木佳保里	お維新	(17.9)
▽	454,502	渡部　結	共新	(12.2)
▽	347,753	尾立　源幸	民前	(9.3)

以下はP267に掲載

令和元年選挙得票数

当	729,818	梅村みずほ	維新	(20.9)
当	660,128	東　徹	維前	(18.9)
当	591,664	杉　久武	公前	(16.9)
当	559,709	太田　房江	自前	(16.0)
▽	381,854	辰巳孝太郎	共前	(10.9)
▽	356,177	亀石　倫子	立新	(10.2)

以下はP267に掲載

まつ　かわ
松川るい
自新［安］　H28　当1
奈良県　S46・2・26
勤5年8ヵ月（初/平28）

外交防衛委、党国防部会長代理、2025年大阪・関西万博推進本部事務局長、広報本部報道局長代理、女性局団体部長、防衛大臣政務官、外務省、東大法／51歳

〒571-0030　門真市末広町8-13-6階　☎06(6908)6677
〒100-8962　千代田区永田町2-1-1、会館　☎03(6550)0407

あさ　だ　ひとし
浅田　均
維新　H28　当1
大阪府大阪市　S25・12・29
勤5年8ヵ月（初/平28）

財金委、国家基本委、憲法審委、日本維新の会参議院会長、大阪府議、OECD日本政府代表、スタンフォード大院／71歳

〒536-0005　大阪市城東区中央1-13-13-218　☎06(6933)2300
〒102-0094　千代田区紀尾井町1-15、宿舎

いし　かわ　ひろ　たか
石川博崇
公前　H28　当2
大阪府　S48・9・12
勤11年9ヵ月（初/平22）

法務委、震災復興特委、党中央幹事、市民活動委員長、安全保障部会長、法務委員長、元外務省職員、創価大／48歳

〒543-0021　大阪市天王寺区東高津町1-28　☎06(6766)1458
〒102-0083　千代田区麹町4-7、宿舎

たかぎ
高木かおり
維新 H28 当1
大阪府堺市 S47・10・10
勤5年8ヵ月 (初/平28)

内閣委、地方・デジ特委、憲法審委、党幹事長代理、ダイバーシティ推進局長、堺市議、京都女子大/49歳

〒593-8311 堺市西区上439-8 ☎072(349)3295
〒100-8962 千代田区永田町2-1-1、会館 ☎03(6550)0306

うめむら
梅村みずほ
維新 R1 当1
愛知県名古屋市 S53・9・10
勤2年8ヵ月 (初/令元)

農水委、決算委、日本維新の会参議院大阪府選挙区第4支部代表、フリーアナウンサー、JTB、立命館大/43歳

〒532-0011 大阪市淀川区西中島5-1-4 モジュール新大阪1002号室 ☎06(6379)3183
〒102-0094 千代田区紀尾井町1-15、宿舎

あずま とおる
東 徹
維前 R1 当2
大阪府大阪市住之江区 S41・9・16
勤8年9ヵ月 (初/平25)

議運委理、法務委、拉致特委、参国対委員長、大阪府議3期、社会福祉士、福祉専門学校副学科長、東洋大院修士課程修了/55歳

〒559-0012 大阪市住之江区東加賀屋4-5-19 ☎06(6681)0350
〒100-8962 千代田区永田町2-1-1、会館 ☎03(6550)0510

すぎ ひさたけ
杉 久武
公前 R1 当2
大阪府大阪市 S51・1・4
勤8年9ヵ月 (初/平25)

予算委理事、財金委、倫選特委、資源エネ調委、党参院国対副委員長、財務大臣政務官、公認会計士、米国公認会計士、税理士、創価大/46歳

〒543-0033 大阪市天王寺区堂ヶ芝1-9-2-3B ☎06(6773)0234
〒102-0083 千代田区麹町4-7、宿舎

おおた ふさえ
太田房江
自前[安] R1 当2
広島県 S26・6・26
勤8年9ヵ月 (初/平25)

内閣委理事、決算委、党内閣第二部会長、党女性局長、厚労政務官、大阪府知事、通産省大臣官房審議官、岡山県副知事、通産省、東大/70歳

〒541-0046 大阪市中央区平野町2-5-14 FUKUビル三休橋502号室 ☎06(4862)4822
〒102-0094 千代田区紀尾井町1-15、宿舎 ☎03(3264)1351

兵庫県 6人
(平成28、令和元年選挙で定数各1増)

平成28年選挙得票数

	得票数	氏名	党派	%
当	641,910	末松 信介	自前	(26.3)
当	542,090	伊藤 孝江	公新	(22.2)
当	531,165	片山 大介	お維新	(21.8)
▽	420,068	水岡 俊一	民前	(17.2)
▽	228,811	金田 峰生	共新	(9.4)
	49,913	湊 侑子	諸新	(2.0)
	23,954	下家淳の介	こ新	(1.0)

令和元年選挙得票数

	得票数	氏名	党派	%
当	573,427	清水 貴之	維前	(26.1)
当	503,790	高橋 光男	公新	(22.9)
当	466,161	加田 裕之	自新	(21.2)
▽	434,846	安田 真理	立新	(19.8)
▽	166,183	金田 峰生	共新	(7.6)
	54,152	原 博義	諸新	(2.5)

すえ まつ しん すけ
末松信介
自前［安］ H28 当3
兵庫県 S30・12・17
勤17年10ヵ月 （初/平16）

文部科学大臣、参党国対委員長、議運委員長、国土交通・内閣府・復興副大臣、財務大臣政務官、県議、全日空(株)、関学大／66歳

〒655-0044 神戸市垂水区舞子坂3-15-9 ☎078(783)8682
〒102-0094 千代田区紀尾井町1-15、宿舎

い とう たか え
伊藤孝江
公新 H28 当1
兵庫県尼崎市 S43・1・13
勤5年8ヵ月 （初/平28）

国交委、憲法審委、党法務・国交副部会長、党女性委員会副委員長、弁護士、税理士、関西大／54歳

〒650-0015 神戸市中央区多聞通3-3-16 甲南第1ビル812号室 ☎078(599)6619
〒102-0083 千代田区麴町4-7、宿舎

かた やま だい すけ
片山大介
維新 H28 当1
岡山県 S41・10・6
勤5年8ヵ月 （初/平28）

予算委理、文科委、党国会議員団政調副会長、NHK記者、慶大理工学部、早大院公共経営研究科修了／55歳

〒650-0022 神戸市中央区元町通3-17-8 TOWA神戸元町ビル202号室 ☎078(332)4224

し みず たか ゆき
清水貴之
維前 R1 当2
福岡県筑紫野市 S49・6・29
勤8年9ヵ月 （初/平25）

環境委、ODA・沖北特委理、震災復興特委、党総務会副会長、朝日放送アナウンサー、早大、関西学院大学大学院修士／47歳

〒662-0916 西宮市戸田町4-23-202 ☎0798(24)2426
〒102-0094 千代田区紀尾井町1-15、宿舎

たか はし みつ お
高橋光男
公新 R1 当1
兵庫県宝塚市 S52・2・15
勤2年8ヵ月 （初/令元）

外交防衛委理事、議運委、地方・デジ特委理事、党青年委副委員長、党国際局次長、外交副部会長、元外務省職員、中央大学法／45歳

〒650-0015 神戸市中央区多聞通3-3 16-1102 ☎078(367)6755
〒100-8962 千代田区永田町2-1-1、会館 ☎03(6550)0614

か だ ひろ ゆき
加田裕之
自新［安］ R1 当1
兵庫県神戸市 S45・6・8
勤2年8ヵ月 （初/令元）

法務大臣政務官、法務委、ODA・沖北特委、兵庫県議会副議長、兵庫県議(4期)、甲南大／51歳

〒650-0001 神戸市中央区加納町2-4-10-603 ☎078(262)1666
〒100-8962 千代田区永田町2-1-1、会館 ☎03(6550)0819

※選挙区別の当日有権者数・投票者数・投票率は 268 頁

奈良県　2人

平成28年選挙得票数				
当	292,440	佐藤　啓	自新	(45.5)
▽	216,361	前川　清成	民前	(33.7)
▽	119,994	吉野　忠男	お維新	(18.7)
	13,293	田中　孝子	諸新	(2.1)

令和元年選挙得票数				
当	301,201	堀井　巌	自前	(55.3)
▽	219,244	西田　一美	無新	(40.2)
	24,660	田中　孝子	諸新	(4.5)

佐藤　啓（さとう　けい）

自新［安］　H28 当1
奈良県奈良市　S54・4・7
勤5年8ヵ月　(初/平28)

党内閣第二部会長代理、経済産業兼内閣府兼復興大臣政務官、経産委、復興特委、議運委理、総務省、首相官邸、米カーネギーメロン大院、米南カリフォルニア大院、東大／42歳

〒630-8115　奈良市大宮町1-115-1 石田ビル2F　☎0742(36)0086
〒100-8962　千代田区永田町2-1-1、会館　☎03(6550)0708

堀井　巌（ほりい　いわお）

自前［安］　R1 当2
奈良県橿原市　S40・10・22
勤8年9ヵ月　(初/平25)

党副幹事長、予算委理、総務委、党法務部会長代理、外務政務官、参党国対副委長、総務省、SF領事、内閣官房副長官秘書官、岡山県総務部長、東大／56歳

〒630-8114　奈良市芝辻町1-2-27乾ビル2F　☎0742(30)3838
〒100-8962　千代田区永田町2-1-1、会館　☎03(6550)0417

和歌山県　2人

平成28年選挙得票数				
当	306,361	鶴保　庸介	自前	(69.2)
▽	115,397	由良　登信	無新	(26.1)
	21,064	西本　篤	諸新	(4.8)

令和元年選挙得票数				
当	295,608	世耕　弘成	自前	(73.8)
▽	105,081	藤井　幹雄	無新	(26.2)

鶴保庸介（つるほ　ようすけ）

自前［二］　H28 当4
大阪府大阪市　S42・2・5
勤23年11ヵ月　(初/平10)

国際経済調査会長、国交委、党捕鯨対策特委長、沖北大臣、党参政審会長、国交副大臣、党水産部会長、議運・決算・厚労委長、国交政務官2期、東大法／55歳

〒640-8341　和歌山市黒田107-1-503　☎073(472)3311
〒100-8962　千代田区永田町2-1-1、会館　☎03(6550)0313

世耕弘成（せこう　ひろしげ）

自前［安］　R1 当5
大阪府　S37・11・9
勤23年8ヵ月　(初/平10補)

参党幹事長、経済産業大臣、官房副長官、参自政審会長、党政調会長代理、参自国対委長代理、総理補佐官、NTT、早大／59歳

〒640-8232　和歌山市南汀丁22 汀ビル2F　☎073(427)1515
〒100-8962　千代田区永田町2-1-1、会館　☎03(6550)1017

鳥取県・島根県　2人　（平成28年選挙より鳥取県・島根県合同選挙区に）

平成28年選挙得票数

当	387,787	青木　一彦	自前	(62.7)
▽	214,917	福島　浩彦	無新	(34.7)
	15,791	国領　豊太	諸新	(2.6)

令和元年選挙得票数

当	328,394	舞立　昇治	自前	(62.3)
▽	167,329	中林　佳子	無新	(31.7)
	31,770	黒瀬　信明	諸新	(6.0)

青木一彦（あおき かずひこ）

自前［茂］　H28 当2
島根県　S36・3・25
勤11年9ヵ月（初/平22）

ODA・沖北特委員長、国交委、予算委筆頭理事、国土交通副大臣、党水産部会長代理、官房長官秘書官、早大／60歳

〒690-0873　松江市内中原町140-2　☎0852(22)0111
〒100-8962　千代田区永田町2-1-1、会館　☎03(6550)0814

舞立昇治（まいたち しょうじ）

自前［無］　R1 当2
鳥取県日吉津村　S50・8・13
勤8年9ヵ月（初/平25）

議運委理事、総務委、憲法審委、党副幹事長、過疎対策特委事務局次長、前水産部会長、元内閣府政務官、総務省、東大／46歳

〒683-0067　米子市東町177 東町ビル1F　☎0859(37)5016
〒100-8962　千代田区永田町2-1-1、会館　☎03(6550)0603

岡山県　2人

平成28年選挙得票数

当	437,347	小野田紀美	自新	(55.6)
▽	329,501	黒石健太郎	民新	(41.9)
	20,378	田部　雄治	諸新	(2.6)

令和元年選挙得票数

当	415,968	石井　正弘	自前	(59.5)
▽	248,990	原田　謙介	立新	(35.6)
	33,872	越智　寛之	諸新	(4.8)

小野田紀美（おのだ きみ）

自新［茂］　H28 当1
岡山県　S57・12・7
勤5年8ヵ月（初/平28）

参党政審副会長、党農林副部会長、農水委、党過疎特委次長、党青年局次長、法務大臣政務官、東京都北区議会議員、CD・ゲーム制作会社、拓殖大学／39歳

〒700-0927　岡山市北区西古松2-2-27　☎086(243)8000
〒100-8962　千代田区永田町2-1-1、会館　☎03(6550)0318

石井正弘（いしい まさひろ）

自前［安］　R1 当2
岡山県岡山市　S20・11・29
勤8年9ヵ月（初/平25）

経産兼内閣府副大臣、党国交部会長代理、税調幹事、内閣委員長、岡山県知事4期、建設省大臣官房審議官、東大法／76歳

〒700-0824　岡山市北区内山下1-9-15　☎086(233)6600
〒100-8962　千代田区永田町2-1-1、会館　☎03(6550)1214

※選挙区別の当日有権者数・投票者数・投票率は 268 頁

広島県　4人

平成28年選挙得票数

当	568,252	宮沢　洋一	自前	(49.8)
当	264,358	柳田　稔	民前	(23.1)
▽	157,858	灰岡　香奈	お維新	(13.8)
	88,499	高見　篤己	共新	(7.7)
	28,211	中丸　啓	こ新	(2.5)
	18,218	佐伯　知子	諸新	(1.6)
	16,691	玉田　憲勲	無新	(1.5)

令和元年選挙得票数

当	329,792	森本　真治	無前	(32.3)
当	295,871	河井　案里	自新	(29.0)
▽	270,183	溝手　顕正	自前	(26.5)

以下は P267 に掲載

令和3年2月3日河井あんり議員辞職再選挙(令和3.4.25)

当	370,860	宮口　治子	諸新	(48.4)
	336,924	西田　英範	自新	(43.9)
	20,848	佐藤　周一	無新	(2.7)
	16,114	山本　貴平	N新	(2.1)
	13,363	大山　宏	無新	(1.7)
	8,806	玉田　憲勲	無新	(1.1)

みや ざわ よう いち
宮沢洋一

自前［岸］H28当2(初/平22)※1
広島県福山市　S25・4・21
勤20年11ヵ月(衆9年2ヵ月)

資源エネ調査会長、党税調会長、党総務、経済産業大臣、党政調会長代理、元内閣府副大臣、元首相首席秘書官、大蔵省企画官、東大法／71歳

〒730-0017　広島市中区鉄砲町8-24
にしたやビル401号☎082(511)5541
〒100-8962　千代田区永田町2-1-1、会館☎03(6550)0820

やなぎ だ　みのる
柳田　稔

無前(国民)H28当4(初/平10)※2
鹿児島県鹿児島市　S29・11・6
勤30年7ヵ月(衆6年8ヵ月)

環境委、拉致特委、法務大臣、参予算・厚労・財金・復興特各委員長、党参幹事長、衆議員、神戸製鋼所、東大／67歳

〒720-0043　福山市船町2-5岩部第5ビル3F ☎084(927)3520
〒102-0083　千代田区麹町4-7、宿舎　☎03(3237)0341

もり もと しん じ
森本真治

立前　R1 当2
広島県広島市　S48・5・2
勤8年9ヵ月　(初/平25)

予算委理、経産委オブザーバー、国際経済調理、政倫審幹事、党副幹事長兼財務局長、会派国対委員長代理、広島市議3期、弁護士秘書、松下政経塾、同志社大学文／48歳

〒739-1732　広島市安佐北区落合南1-3-12 ☎082(840)0801

みや ぐち はる こ
宮口治子

立新　R1 再当1
広島県福山市　S51・3・5
勤11ヵ月　(初/令3)

文科委、議運委、倫選特委、国民生活調委、元TV局キャスター、フリーアナウンサー、声楽家、ヘルプマーク普及団体代表、大阪音大／45歳

〒720-0032　福山市三吉町南1-7-17　☎084(926)4878
〒100-8962　千代田区永田町2-1-1、会館　☎03(6550)0206

山口県　2人

平成28年選挙得票数

当	394,907	江島　潔	自前	(64.0)
▽	183,817	纐纈　厚	無新	(29.8)
	37,865	河井美和子	諸新	(6.1)

令和元年選挙得票数

当	374,686	林　芳正	自前	(70.0)
▽	118,491	大内　一也	国新	(22.1)
	24,131	河井美和子	諸新	(4.5)
	18,177	竹本　秀之	無新	(3.4)

令和3年8月16日林芳正議員辞職補選(令和3.10.24)

当	307,894	北村　経夫	自前	(75.6)
	92,532	河合　喜代	共新	(22.7)
	6,809	へずまりゅう	N新	(1.7)

※1 平12衆院初当選　※2 平2衆院初当選

えじま　きよし
江島　潔　**自前**［安］　H28 当2
山口県下関市　S32・4・2
勤9年　（初／平25補）

議運委筆頭理事、前経産・内閣府副大臣、元農水委員長、復興特委員長、党水産部会長、国交政務官、下関市長、東大院／64歳

〒754-0011　山口市小郡御幸町7-31
アドレ・ビル103号　☎083(976)4318
〒102-0083　千代田区麹町4-7、宿舎

きたむら　つねお
北村経夫　**自前**［安］　R1 補当3
山口県田布施町　S30・1・5
勤8年10ヵ月（初／平25）

党副幹事長、広報本部長代理、財金部会長代理、経産政務官、参外防委員長、産経新聞、中央大、ペンシルベニア大学院／67歳

〒753-0064　山口市神田町5-11　☎083(928)8071
〒100-8962　千代田区永田町2-1-1、会館　☎03(6550)1109

徳島県・高知県　2人

（平成28年選挙より徳島県・高知県合同選挙区に）

平成28年選挙得票数

	得票数	氏名	党派	(%)
当	305,688	中西　祐介	自前	(54.1)
▽	242,781	大西　聡	無新	(42.9)
	16,988	福山　正敏	諸新	(3.0)

令和元年選挙得票数

	得票数	氏名	党派	(%)
当	253,883	高野光二郎	自前	(50.3)
▽	201,820	松本　顕治	無新	(40.0)
	33,764	石川新一郎	諸新	(6.7)
	15,014	野村　秀邦	無新	(3.0)

なかにし　ゆうすけ
中西祐介　**自前**［麻］　H28 当2
徳島県　S54・7・12
勤11年9ヵ月（初／平22）

総務副大臣、参党国対筆頭副委員長、財政金融委員長、党水産部会長、党青年局長代理、財務大臣政務官、銀行員、松下政経塾、慶大法／42歳

〒770-8056　徳島市問屋町31　☎088(655)8852
〒100-8962　千代田区永田町2-1-1、会館　☎03(6550)0622

たかの　こうじろう
高野光二郎　**自前**［麻］　R1 当2
高知県高知市　S49・9・30
勤8年9ヵ月（初／平25）

議運委理、参党国対副委員長、党広報戦略局長代理兼地方振興室長、農水政務官、高知県議、衆院議員秘書、東農大／47歳

〒780-0870　高知市本町5-6-35
つちばしビル2F　☎088(855)5223
〒100-8962　千代田区永田町2-1-1、会館　☎03(6550)0421

香川県　2人

平成28年選挙得票数

	得票数	氏名	党派	(%)
当	259,854	磯﨑　仁彦	自前	(65.1)
▽	104,239	田辺　健一	共新	(26.1)
	17,563	中西　利恵	諸新	(4.4)
	17,268	田中　俊秀	無新	(4.3)

令和元年選挙得票数

	得票数	氏名	党派	(%)
当	196,126	三宅　伸吾	自前	(54.0)
▽	151,107	尾田美和子	無新	(41.6)
	15,970	田中　邦明	諸新	(4.4)

※選挙区別の当日有権者数・投票者数・投票率は268頁

いそざき よしひこ
磯﨑仁彦

自前［岸］ H28 当2
香川県 S32・9・8
勤11年9ヵ月（初／平22）

内閣官房副長官、内閣委、党政調会長代理、経産副大臣兼内閣府副大臣、環境委員長、東大法／64歳

〒760-0068 高松市松島町1-13-14 九十九ビル4F ☎087(834)6301
〒102-0094 千代田区紀尾井町1-15、宿舎

み やけ しん ご
三宅伸吾

自前［無］ R1 当2
香川県さぬき市S36・11・24
勤8年9ヵ月（初／平25）

外務大臣政務官、外交防衛委、党外交部会長代理、党新聞出版局長、外交防衛委員長、日本経済新聞社記者、編集委員、東大大学院／60歳

〒760-0080 高松市木太町2343-4 木下産業ビル2F ☎087(802)3845

愛媛県 2人

平成28年選挙得票数

当	326,990	山本 順三	自前	(49.6)
▽	318,561	永江 孝子	無新	(48.3)
	14,013	森田 浩二	諸新	(2.1)

令和元年選挙得票数

当	335,425	永江 孝子	無新	(56.0)
▽	248,616	らくさぶろう	自新	(41.5)
	14,943	椋本 薫	諸新	(2.5)

やま もと じゅん ぞう
山本順三

自前［安］ H28 当3
愛媛県今治市 S29・10・27
勤17年10ヵ月（初／平16）

予算委員長、国家公安委員長、内閣府特命担当大臣、議運委員長、党県連会長、国交・内閣府・復興副大臣、幹事長代理、決算委員長、国交政務官、県議、早大／67歳

〒794-0005 今治市大新田町2-2-50 ☎0898(31)7800
〒102-0094 千代田区紀尾井町1-15、宿舎

たか こ
ながえ孝子

無新（碧水） R1 当1(初/令元)※
愛媛県 S35・6・15
勤6年（衆3年4ヵ月）

経産委、国家基本委、ODA・沖北特委、衆議院議員1期、南海放送アナウンサー、神戸大学法学部／61歳

〒790-0802 松山市喜与町1-5-4 ☎089(941)8007

福岡県 6人

(平成28、令和元年選挙で定数各1増)

平成28年選挙得票数

当	670,392	古賀 之士	民新	(30.7)
当	640,473	大家 敏志	自前	(29.3)
当	467,752	高瀬 弘美	公新	(21.4)
▽	195,629	柴田 雅子	共新	(9.0)
▽	93,683	森上 晋平	お維新	(4.3)
	55,017	竹内 信昭	社新	(2.5)

以下は P267 に掲載

令和元年選挙得票数

当	583,351	松山 政司	自前	(33.2)
当	401,495	下野 六太	公新	(22.8)
当	365,634	野田 国義	立前	(20.8)
▽	171,436	河野 祥子	共新	(9.8)
▽	143,955	春田久美子	国新	(8.2)
	46,362	川口 尚宏	諸新	(2.6)

以下は P267 に掲載

※平21衆院初当選

こが ゆきひと
古賀之士　**立**新　H28 当1
福岡県久留米市　S34・4・9
勤5年8ヵ月　(初/平28)

行監委理事、財金委、情監審委、党行政改革副部会長、党県連副代表、FBS福岡放送キャスター、明治大／62歳

〒814-0015 福岡市早良区室見5-13-21 アローズ室見駅前201号 ☎092(833)2288
〒102-0094 千代田区紀尾井町1-15、宿舎

おおいえ さとし
大家敏志　**自**前[麻]　H28 当2
福岡県　S42・7・17
勤11年9ヵ月　(初/平22)

財務副大臣、党政調副会長、議運筆頭理事、財金委員長、財務大臣政務官、予算委理事、県議、北九州大／54歳

〒805-0019 北九州市八幡東区中央3-8-24 ☎093(681)5500
〒100-8962 千代田区永田町2-1-1、会館 ☎03(6550)0518

たかせ ひろみ
高瀬弘美　**公**新　H28 当1
福岡県　S56・12・21
勤5年8ヵ月　(初/平28)

内閣委、行監委、ODA・沖北特委理、党国際局次長、外交副部会長、創価大、米コロンビア大学院／40歳

〒812-0053 福岡市東区箱崎1-2-31-2F ☎092(642)1635

まつやま まさじ
松山政司　**自**前[岸]　R1 当4
福岡県福岡市　S34・1・20
勤20年11ヵ月　(初/平13)

環境委、ODA・沖北特委、党外労特委長、一億・内特相、参党政審会長、参党国対委長、外務副大臣、議運委長、経産政務官、日本JC会頭、明治大商／63歳

〒810-0001 福岡市中央区天神3-8-20-1F ☎092(725)7739
〒100-8962 千代田区永田町2-1-1、会館 ☎03(6550)1124

しもの ろくた
下野六太　**公**新　R1 当1
福岡県北九州市八幡西区 S39・5・1
勤2年8ヵ月　(初/令元)

農水大臣政務官、農水委、国民生活調委、中学校保健体育科教諭、国立福岡教育大学大学院修士課程／57歳

〒812-0873 福岡市博多区西春町3-2-21 島田ビル2F ☎092(558)8910
〒100-8962 千代田区永田町2-1-1、会館 ☎03(6550)0913

のだ くによし
野田国義　**立**前　R1 当2(初/平25)※
福岡県　S33・6・3
勤12年1ヵ月(衆3年4ヵ月)

議運委理、国交委、災害特委理、資源エネ調理、行政監視委員長、衆院議員、八女市長(4期)、日大法／63歳

〒834-0031 福岡県八女市本町2-81 ☎0943(24)4630
〒102-0094 千代田区紀尾井町1-15、宿舎

※平21衆院初当選

佐賀県　　2人

平成28年選挙得票数

当	251,601	福岡　資麿	自前	(65.6)
▽	119,908	中村　哲治	民元	(31.3)
	12,152	中島　徹	諸新	(3.2)

令和元年選挙得票数

当	186,209	山下　雄平	自前	(61.6)
▽	115,843	犬塚　直史	国元	(38.4)

ふくおか たかまろ
福岡資麿　**自**前［茂］H28当2(初/平22)※1
佐賀県　S48・5・9
勤15年8ヵ月（衆3年11ヵ月）

議運委員長、法務委、復興特委、党厚労部会長、内閣府副大臣・政務官、党政調会長・総務会長代理、衆院議員、慶大法／48歳

〒840-0826　佐賀市白山1-4-18　☎0952(20)0111
〒100-8962　千代田区永田町2-1-1、会館　☎03(6550)0919

やました ゆうへい
山下雄平　**自**前［茂］　R1 当2
佐賀県唐津市　S54・8・27
勤8年9ヵ月　（初/平25）

予算委理、法務委、憲法審委、党副幹事長、党新聞出版局長、内閣府大臣政務官、日本経済新聞社記者、時事通信社記者、慶大／42歳

〒840-0801　佐賀市駅前中央3-6-11　☎0952(37)8290
〒102-0083　千代田区麹町4-7、宿舎　☎03(3237)0341

長崎県　　2人

平成28年選挙得票数

当	336,612	金子原二郎	自前	(52.9)
▽	285,743	西岡　秀子	民新	(44.9)
	13,936	江夏　正敏	諸新	(2.2)

令和元年選挙得票数

当	258,109	古賀友一郎	自前	(51.5)
▽	224,022	白川　鮎美	国新	(44.7)
	19,240	神谷宗太郎	諸新	(3.8)

かねこ げんじろう
金子原二郎　**自**前［岸］H28当2(初/平22)※2
長崎県　S19・5・8
勤25年11ヵ月（衆14年2ヵ月）

農林水産大臣、予算委員長、党地方行政調査会長、党水産総合調査会長代行、長崎県知事、建設政務次官、県議、慶大／77歳

〒857-0875　佐世保市下京町3-7DKビル2F　☎0956(23)5151
〒102-0094　千代田区紀尾井町1-15、宿舎

こが ゆういちろう
古賀友一郎　**自**前［岸］　R1 当2
長崎県諫早市　S42・11・2
勤8年9ヵ月　（初/平25）

党政調副会長、内閣委、決算委理、総務大臣政務官兼内閣府大臣政務官、長崎市副市長、総務省室長、北九州市財政局長、岡山県財政課長、東大法／54歳

〒850-0033　長崎市万才町2-7松本ビル301　☎095(832)6061
〒102-0083　千代田区麹町4-7、宿舎

※1 平17衆院初当選　※2 昭58衆院初当選

熊本県　　2人

平成28年選挙得票数				
当	440,607	松村　祥史	自前	(59.1)
▽	269,168	阿部　広美	無新	(36.1)
	20,742	木下　順子	諸新	(2.8)
	14,493	本藤　哲哉	諸新	(1.9)

令和元年選挙得票数				
当	379,223	馬場　成志	自前	(56.4)
▽	262,664	阿部　広美	無新	(39.1)
	30,539	最勝寺辰也	諸新	(4.5)

松村祥史（まつむらよしふみ）

自前［茂］　H28 当3
熊本県　S39・4・22
勤17年10ヵ月（初／平16）

決算委員長、経産委、議運委員長、経済産業副大臣、党水産部会長、環境委員長、全国商工会顧問、専修大／57歳

〒862-0950 熊本市中央区水前寺6-41-5 千代田レジデンス県庁東101 ☎096(384)4423
〒100-8962 千代田区永田町2-1-1、会館 ☎03(6550)1023

馬場成志（ばばせいし）

自前［岸］　R1 当2
熊本県熊本市　S39・11・30
勤8年9ヵ月（初／平25）

外防委員長、地方・デジ特委、党副幹事長、厚労大臣政務官、党国対副委員長、熊本県議会議長、全国都道府県議長会副会長、市議、県立熊工／57歳

〒861-8045 熊本市東区小山6-2-20 ☎096(388)8855
〒102-0083 千代田区麹町4-7、宿舎

大分県　　2人

平成28年選挙得票数				
当	271,783	足立　信也	民前	(48.1)
▽	270,693	古庄　玄知	自新	(47.9)
	22,153	上田　敦子	諸新	(3.9)

令和元年選挙得票数				
当	236,153	安達　澄	無新	(49.6)
▽	219,498	礒崎　陽輔	自前	(46.1)
	20,909	牧原慶一郎	諸新	(4.4)

足立信也（あだちしんや）

国前　H28 当3
大分県大分市　S32・6・5
勤17年10ヵ月（初／平16）

厚労委、倫選特委、憲法審幹事、党参院幹事長、社会保障調査会長、大分県連代表、筑波大学客員教授、元厚労政務官、医博、筑波大／64歳

〒870-0955 大分市下郡南4 3-13 利光ビル2F ☎097(504)8484
〒100-8962 千代田区永田町2-1-1、会館 ☎03(6550)0613

安達澄（あだちきよし）

無新　R1 当1
大分県別府市　S44・12・14
勤2年8ヵ月（初／令元）

経産委、(株)DMOジャパン代表取締役、朝日新聞社、新日本製鉄(現・日本製鉄)株式会社、上智大／52歳

〒874-0909 大分県別府市田の湯町3-6 ☎0977(76)9008
〒100-8962 千代田区永田町2-1-1、会館 ☎03(6550)0419

※選挙区別の当日有権者数・投票者数・投票率は268頁

宮崎県　2人

	平成28年選挙得票数			
当	282,407	松下　新平	自前	(62.0)
▽	152,470	読谷山洋司	無新	(33.5)
	20,354	河野　一郎	諸新	(4.5)

	令和元年選挙得票数			
当	241,492	長峯　誠	自前	(64.4)
▽	110,782	園生　裕造	立新	(29.5)
	23,002	河野　一郎	諸新	(6.1)

松下新平（まつした しんぺい）　自前［無］　H28 当3
宮崎県宮崎市(旧高岡町)　S41・8・18
勤17年10ヵ月　(初/平16)

倫選特委員長、党財金・外交・総務部会長、総務兼内閣府副大臣、国交政務官、ODA特・災害特委長、県議、県職員、法大／55歳

〒880-0813　宮崎市丸島町5-18 平和ビル丸島1F　☎0985(61)1501
〒102-0083　千代田区麴町4-7、宿舎

長峯　誠（ながみね まこと）　自前［安］　R1 当2
宮崎県都城市　S44・8・2
勤8年9ヵ月　(初/平25)

党水産部会長、行監委理事、国交委、拉致特委、外防委員長、財務大臣政務官、都城市長、県議、早大政経／52歳

〒880-0805　宮崎市橘通東1-8-11 3F　☎0985(27)7677
〒100-8962　千代田区永田町2-1-1、会館　☎03(6550)0802

鹿児島県　2人

	平成28年選挙得票数			
当	438,499	野村　哲郎	自前	(59.0)
▽	216,881	下町　和三	無新	(29.2)
	46,096	坂田　英明	無新	(6.2)
	42,228	松沢　力	諸新	(5.7)

	令和元年選挙得票数			
当	290,844	尾辻　秀久	自前	(47.4)
▽	211,301	合原　千尋	無新	(34.4)
▽	112,063	前田　終止	無新	(18.2)

野村哲郎（のむら てつろう）　自前［茂］　H28 当3
鹿児島県霧島市　S18・11・20
勤17年10ヵ月　(初/平16)

参党議員副会長、決算委員長、党農林部会長、党政調会長代理、農水委長、参議運庶務小委長、農水政務官、鹿児島県農協中央会常務、ラ・サール高／78歳

〒890-0064　鹿児島市鴨池新町6-5-404　☎099(206)7557
〒100-8962　千代田区永田町2-1-1、会館　☎03(6550)1120

尾辻秀久（おつじ ひでひさ）　自前［茂］　R1 当6
鹿児島県　S15・10・2
勤33年1ヵ月　(初/平1)

党両院議員総会長、懲罰委理、元参議院副議長、党参院議員会長、予算委員長、厚労大臣、財務副大臣、県議、防大、東大中退／81歳

〒890-0064　鹿児島市鴨池新町6-5-603　☎099(214)3754

沖縄県　　2人

平成28年選挙得票数

当	356,355	伊波　洋一	無新	(57.8)
▽	249,955	島尻安伊子	自前	(40.6)
	9,937	金城　竜郎	諸新	(1.6)

令和元年選挙得票数

当	298,831	高良　鉄美	無新	(53.6)
▽	234,928	安里　繁信	自新	(42.1)
	12,382	玉利　朝輝	無新	(2.2)
	11,662	磯山　秀夫	諸新	(2.1)

伊波洋一（いは よういち）

無新（沖縄）　H28 当1
沖縄県宜野湾市　S27・1・4
勤5年8ヵ月　（初／平28）

外交防衛委、行政監視委、ODA・沖北特委、宜野湾市長、沖縄県議、宜野湾市職員、琉球大／70歳

〒901-2203　沖縄県宜野湾市野嵩2-1-8-101　☎098(892)7734
〒100-8962　千代田区永田町2-1-1、会館　☎03(6550)0519

髙良鉄美（たから てつみ）

無新（沖縄）　R1 当1
沖縄県那覇市　S29・1・15
勤2年8ヵ月　（初／令元）

法務委、倫選特委、国際経済調委、琉球大学名誉教授、琉球大学法科大学院院長、琉球大法文学部教授、九州大大学院博士課程／68歳

〒903-0803　沖縄県那覇市首里平良町1-18-102　☎098(885)7171
〒100-8962　千代田区永田町2-1-1、会館　☎03(6550)0712

参議院議員選挙得票数（続き）

第24回選挙（平成28年）

北海道（P235 より）

	29,072	中村　治	諸新	(1.1)
	26,686	飯田　佳宏	無新	(1.0)
	21,006	森山　佳則	諸新	(0.8)
	12,944	水越　寛陽	無新	(0.5)

埼玉県（P241 より）

▽	486,778	伊藤　岳	共新	(15.8)
▽	228,472	沢田　良	お維新	(7.4)
	118,030	佐々木知子	こ新	(3.8)
	27,283	小島　一郎	諸新	(0.9)

東京都（P243 より）

	5,388	犬丸　勝子	諸新	(0.1)
	5,377	大槻　文彦	諸新	(0.1)
	5,184	岩坂　行雄	無新	(0.1)
	5,017	原田　君明	無新	(0.1)
	4,497	深江　孝	諸新	(0.1)
	3,854	ひめじけんじ	諸新	(0.1)
	3,714	鮫島　良司	諸新	(0.1)
	3,296	藤代　洋行	諸新	(0.1)

静岡県（P251 より）

▽	172,382	鈴木　千佳	共新	(10.2)
	54,412	大嶽創太郎	無新	(3.2)
	23,021	江頭　俊満	諸新	(1.4)

愛知県（P252 より）

	59,651	井桁　亮	こ新	(1.8)
	47,088	中根　裕美	諸新	(1.4)

大阪府（P255 より）

	37,913	古川　秀雄	こ新	(1.0)
	36,646	佐野　明美	諸新	(1.0)
	16,532	数森　圭吾	諸新	(0.4)

福岡県（P262 より）

	30,909	石井　英俊	こ新	(1.4)
	16,047	船戸タキ子	無新	(0.7)
	15,743	吉冨　和枝	諸新	(0.7)

第25回選挙（令和元年）

北海道（P235 より）

23,785	中村　治	諸新	(1.0)
13,724	森山　佳則	諸新	(0.6)
10,108	岩瀬　清次	無新	(0.4)

埼玉県（P241 より）

80,741	佐藤恵理子	諸新	(2.9)
21,153	鮫島　良司	諸新	(0.8)
19,515	小島　一郎	諸新	(0.7)

愛知県（P252 より）

43,756	平山　良平	社新	(1.5)
32,142	石井　均	無新	(1.1)
25,219	牛田　宏幸	諸新	(0.9)
17,905	古川　均	諸新	(0.6)
16,425	橋本　勉	諸新	(0.6)

大阪府（P255 より）

129,587	にしゃんた	国新	(3.7)
43,667	尾崎　全紀	諸新	(1.2)
14,732	浜田　健	諸新	(0.4)
11,203	数森　圭吾	諸新	(0.3)
9,314	足立美生代	諸新	(0.3)
7,252	佐々木一郎	諸新	(0.2)

広島県（P260 より）

70,886	高見　篤己	共新	(6.9)
26,454	加陽　輝実	諸新	(2.6)
15,253	玉田　憲勲	無新	(1.5)
12,327	泉　安政	諸新	(1.2)

福岡県（P262 より）

15,511	本藤　昭子	諸新	(0.9)
15,380	江夏　正敏	諸新	(0.9)
14,586	浜武　振一	諸新	(0.8)

※選挙区別の当日有権者数・投票者数・投票率は268頁

参議院議員選挙 選挙区別当日有権者数・投票者数・投票率

選挙区	第24回選挙(平成28年7月10日)			第25回選挙(令和元年7月21日)		
	当日有権者数	投票者数	投票率(%)	当日有権者数	投票者数	投票率(%)
北海道	4,613,374	2,619,549	56.78	4,569,237	2,456,307	53.76
青森県	1,140,629	630,882	55.31	1,109,105	476,241	42.94
岩手県	1,092,042	630,961	57.78	1,066,495	603,115	56.55
宮城県	1,947,737	1,020,380	52.39	1,942,518	993,990	51.17
秋田県	897,614	546,353	60.87	864,562	486,653	56.29
山形県	952,172	592,418	62.22	925,158	561,961	60.74
福島県	1,637,954	935,612	57.12	1,600,928	839,115	52.41
茨城県	2,457,957	1,248,026	50.77	2,431,531	1,094,580	45.02
栃木県	1,653,308	849,497	51.38	1,634,678	721,568	44.14
群馬県	1,650,035	833,437	50.51	1,630,505	785,514	48.18
埼玉県	6,069,018	3,152,336	51.94	6,121,021	2,845,047	46.48
千葉県	5,201,477	2,705,717	52.02	5,244,929	2,374,964	45.28
東京都	11,157,991	6,415,554	57.50	11,396,789	5,900,049	51.77
神奈川県	7,577,073	4,202,475	55.46	7,651,249	3,728,103	48.73
新潟県	1,959,714	1,171,287	59.77	1,919,522	1,061,606	55.31
富山県	904,805	503,153	55.61	891,171	417,762	46.88
石川県	960,487	546,304	56.88	952,304	447,560	47.00
福井県	657,443	371,429	56.50	646,976	308,201	47.64
山梨県	705,769	415,188	58.83	693,775	357,741	51.56
長野県	1,770,348	1,112,858	62.86	1,744,373	947,069	54.29
岐阜県	1,699,228	981,218	57.74	1,673,778	853,555	51.00
静岡県	3,111,085	1,734,621	55.76	3,074,712	1,551,423	50.46
愛知県	6,074,520	3,366,173	55.41	6,119,143	2,948,450	48.18
三重県	1,518,247	907,077	59.75	1,496,659	773,570	51.69
滋賀県	1,149,277	649,532	56.52	1,154,433	599,882	51.96
京都府	2,132,372	1,090,830	51.16	2,126,435	987,180	46.42
大阪府	7,292,841	3,809,288	52.23	7,311,131	3,555,053	48.63
兵庫県	4,631,741	2,488,871	53.74	4,603,272	2,237,085	48.60
奈良県	1,163,136	661,743	56.89	1,149,183	569,173	49.53
和歌山県	838,098	463,357	55.29	816,550	411,689	50.42
鳥取県・島根県	1,070,057	636,932	59.52	1,048,600	547,406	52.20
鳥取	483,895	272,355	56.28	474,342	237,076	49.98
島根	586,162	364,577	62.20	574,258	310,330	54.04
岡山県	1,599,520	813,484	50.86	1,587,953	715,907	45.08
広島県	2,363,368	1,171,849	49.58	2,346,879	1,048,374	44.67
山口県	1,191,751	635,822	53.35	1,162,683	550,186	47.32
徳島県・高知県	1,279,900	592,092	46.26	1,247,237	528,657	42.39
徳島	651,552	306,089	46.98	636,739	245,745	38.59
高知	628,348	286,003	45.52	610,498	282,912	46.34
香川県	834,059	417,392	50.04	825,466	373,999	45.31
愛媛県	1,188,362	669,772	56.36	1,161,978	608,817	52.39
福岡県	4,224,093	2,232,596	52.85	4,225,217	1,810,510	42.85
佐賀県	693,811	393,345	56.69	683,956	309,459	45.25
長崎県	1,167,985	652,745	55.89	1,137,066	516,939	45.46
熊本県	1,500,518	772,157	51.46	1,471,767	695,050	47.23
大分県	989,619	577,747	58.38	969,453	489,974	50.54
宮崎県	936,443	465,962	49.76	920,474	384,656	41.79
鹿児島県	1,395,089	779,229	55.86	1,371,428	627,480	45.75
沖縄県	1,150,806	626,755	54.46	1,163,784	570,305	49.00
合計	106,202,873	58,094,005	54.70	105,886,063	51,671,922	48.80

参議院常任・特別委員一覧（令和4年1月17日現在）

【常任委員会】

内閣委員(21)

(自10)(立4)(公2)(国1)(維2)(共2)

㊤	徳茂雅之	自
㊥	太田房江	自
㊥	上月良祐	自
㊥	江崎孝	立
㊥	浜田昌良	公
㊥	礒﨑哲史	国
	赤池誠章	自
	有村治子	自
	磯﨑仁彦	自
	古賀友一郎	自
	高野光二郎	自
	山田太郎	自
	山谷えり子	自
	石川大我	立
	塩村あやか	立
	杉尾秀哉	立
	高瀬弘美	公
	柴田巧	維
	高木かおり	維
	市田忠義	共
	田村智子	共

総務委員(25)

(自11)(立5)(公3)(国2)(維2)(共1)(欠1)

㊤	平木大作	公
㊥	滝波宏文	自
㊥	柘植芳文	自
㊥	木戸口英司	立
㊥	若松謙維	公
㊥	柳ヶ瀬裕文	維
	石井浩郎	自
	江島潔	自
	片山さつき	自
	中西祐介	自
	堀井巌	自
	舞立昇治	自
	松下新平	自
	三浦靖	自
	山本順三	自
	小沢雅仁	立
	岸真紀子	立
	吉川沙織	立
	吉田忠智	立
	西田実仁	公
	小林正夫	国
	芳賀道也	国
	片山虎之助	維
	伊藤岳	共

法務委員(21)

(自9)(立2)(公3)(国1)(維1)(共1)(沖1)(碧1)(無2)

㊤	矢倉克夫	公
㊥	清水真人	自
㊥	有田芳生	立
㊥	安江伸夫	公
	岡田広	自
	加田裕之	自
	高橋克法	自
	中川雅治	自
	福岡資麿	自
	森まさこ	自
	山崎正昭	自
	山下雄平	自
	真山勇一	立
	石川博崇	公
	川合孝典	国
	東徹	維
	山添拓	共
	高良鉄美	沖
	嘉田由紀子	碧
	小川敏夫	無
	山東昭子	無

外交防衛委員(21)

(自9)(立4)(公2)(国1)(維2)(共1)(沖1)(欠1)

㊤	馬場成志	自
㊥	宇都隆史	自
㊥	和田政宗	自
㊥	小西洋之	立
㊥	高橋光男	公
㊥	井上哲士	共
	岩本剛人	自
	佐藤正久	自
	武見敬三	自
	中曽根弘文	自
	松川るい	自
	三宅伸吾	自
	田島麻衣子	立
	羽田次郎	立
	福山哲郎	立
	山口那津男	公
	上田清司	国
	音喜多駿	維
	鈴木宗男	維
	伊波洋一	沖

㊤＝委員長・会長、㊥＝理事、㊦＝幹事、議員氏名の右は会派名

財政金融委員(25)

(自12)(立5)(公2)(国1)
(維1)(共2)(み2)

役職	氏名	会派
(長)	**豊田　俊郎**	自
(理)	西田　昌司	自
(理)	藤末　健三	自
(理)	森屋　宏	自
(理)	牧山ひろえ	立
(理)	山本　博司	公
	大家　敏志	自
	岡田　直樹	自
	櫻井　充	自
	自見はなこ	自
	末松　信介	自
	藤川　政人	自
	宮沢　洋一	自
	宮島　喜文	自
	勝部　賢志	立
	熊谷　裕人	立
	古賀　之士	立
	難波　奨二	立
	杉　久武	公
	大塚　耕平	国
	浅田　均	維
	小池　晃	共
	大門実紀史	共
	浜田　聡	み
	渡辺　喜美	み

厚生労働委員(25)

(自12)(立5)(公3)
(国2)(維2)(共1)

役職	氏名	会派
(長)	**山田　宏**	自
(理)	石田　昌宏	自
(理)	小川　克巳	自
(理)	川田　龍平	立
(理)	山本　香苗	公
(理)	田村　まみ	国
	衛藤　晟一	自
	島村　大	自
	そのだ修光	自
	羽生田　俊	自
	比嘉奈津美	自
	藤井　基之	自
	古川　俊治	自
	本田　顕子	自
	三原じゅん子	自
	石垣のりこ	立
	打越さく良	立
	福島みずほ	立
	森屋　隆	立
	秋野　公造	公
	竹谷とし子	公
	足立　信也	国
	石井　苗子	維
	梅村　聡	維
	倉林　明子	共

文教科学委員(20)

(自9)(立4)(公2)(国1)
(維1)(共1)(れ1)(欠1)

役職	氏名	会派
(長)	**元榮太一郎**	自
(理)	今井絵理子	自
(理)	上野　通子	自
(理)	堂故　茂	自
(理)	宮沢　由佳	立
	世耕　弘成	自
	高橋はるみ	自
	竹内　功	自
	丸川　珠代	自
	水落　敏栄	自
	水岡　俊一	立
	宮口　治子	立
	蓮　舫	立
	佐々木さやか	公
	横山　信一	公
	伊藤　孝恵	国
	片山　大介	維
	吉良よし子	共
	船後　靖彦	れ

農林水産委員(21)

(自10)(立4)(公3)
(国1)(維1)(共1)(無1)

役職	氏名	会派
(長)	**長谷川　岳**	自
(理)	酒井　庸行	自
(理)	藤木　眞也	自
(理)	山田　俊男	自
(理)	田名部匡代	立
(理)	紙　智子	共
	小野田紀美	自
	佐藤　啓	自
	進藤金日子	自
	野上浩太郎	自
	野村　哲郎	自
	宮崎　雅夫	自
	小沼　巧	立
	郡司　彰	立
	横沢　高徳	立
	熊野　正士	公
	下野　六太	公
	谷合　正明	公
	舟山　康江	国
	梅村みずほ	維
	須藤　元気	無

経済産業委員(21)

(自9)(立3)(公3)(国2)
(維1)(共1)(碧1)(無1)

㊐	石橋 通宏	立
㊟	青山 繁晴	自
㊟	矢田 わか子	国
㊟	山崎 真之輔	国
㊟	岩渕 友	共
	阿達 雅志	自
	石井 正弘	自
	金子 原二郎	自
	北村 経夫	自
	中西 哲	自
	松村 祥史	自
	宮本 周司	自
	吉川 ゆうみ	自
	森 ゆうこ	立
	森本 真治	立
	河野 義博	公
	里見 隆治	公
	三浦 信祐	公
	石井 章	維
	ながえ 孝子	碧
	安達 澄	無

国土交通委員(25)

(自11)(立5)(公3)(国3)
(維1)(共1)(れ1)

㊐	斎藤 嘉隆	立
㊟	足立 敏之	自
㊟	大野 泰正	自
㊟	長浜 博行	立
㊟	塩田 博昭	公
㊟	浜口 誠	国
	青木 一彦	自
	朝日 健太郎	自
	こやり 隆史	自
	佐藤 信秋	自
	鶴保 庸介	自
	長峯 誠	自
	牧野 たかお	自
	増子 輝彦	自
	渡辺 猛之	自
	野田 国義	立
	白 眞勲	立
	鉢呂 吉雄	立
	伊藤 孝江	公
	竹内 真二	公
	榛葉 賀津也	国
	浜野 喜史	国
	室井 邦彦	維
	武田 良介	共
	木村 英子	れ

環境委員(20)

(自8)(立4)(公2)
(国1)(維1)(共1)(無3)

㊐	徳永 エリ	立
㊟	滝沢 求	自
㊟	三木 亨	自
㊟	青木 愛	立
	石井 準一	自
	猪口 邦子	自
	尾辻 秀久	自
	関口 昌一	自
	二之湯 智	自
	松山 政司	自
	芝 博一	立
	那谷屋 正義	立
	新妻 秀規	公
	宮崎 勝	公
	柳田 稔	国
	清水 貴之	維
	山下 芳生	共
	寺田 静	無
	橋本 聖子	無
	平山 佐知子	無

国家基本政策委員(20)

(自8)(立3)(公2)(国3)
(維1)(共1)(れ1)(碧1)

㊐	上田 清司	国
㊟	衛藤 晟一	自
	赤池 誠章	自
	石井 正弘	自
	大家 敏志	自
	中西 祐介	自
	野村 哲郎	自
	三浦 靖	自
	渡辺 猛之	自
	郡司 彰	立
	難波 奨二	立
	福山 哲郎	立
	谷合 正明	公
	山口 那津男	公
	足立 信也	国
	小林 正夫	国
	浅田 均	維
	小池 晃	共
	木村 英子	れ
	ながえ 孝子	碧

予算委員(45)

(自22)(立9)(公5)
(国3)(維3)(共3)

㊐	山本 順三	自
㊟	こやり 隆史	自
㊟	藤川 政人	自
㊟	堀井 巌	自
㊟	山下 雄平	自
㊟	白 眞勲	立
㊟	森本 真治	立

㊓	杉　久武	公
㊓	山添　拓	共
	青山　繁晴	自
	上野　通子	自
	小川　克巳	自
	岡田　広	自
	片山　さつき	自
	佐藤　正久	自
	進藤　金日子	自
	滝波　宏文	自
	比嘉　奈津美	自
	藤木　眞也	自
	丸川　珠代	自
	三木　亨	自
	宮島　喜文	自
	宮本　周司	自
	森屋　宏	自
	山谷　えり子	自
	和田　政宗	自
	石垣　のりこ	立
	打越　さく良	立
	熊谷　裕人	立
	小西　洋之	立
	田島　麻衣子	立
	福島　みずほ	立
	森屋　隆	立
	矢倉　克夫	公
	安江　伸夫	公
	山本　香苗	公
	若松　謙維	公
	礒﨑　哲史	国
	田村　まみ	国
	浜口　誠	国
	音喜多　駿	維
	片山　大介	維
	柳ヶ瀬　裕文	維
	伊藤　岳	共
	田村　智子	共

決算委員(30)

(自15)(立6)(公4)
(国1)(維2)(共2)

㊤	**松村　祥史**	自
㊓	古賀　友一郎	自
㊓	羽生田　俊	自
㊓	牧野　たかお	自
㊓	杉尾　秀哉	立
㊓	宮崎　勝	公
㊓	芳賀　道也	国
	足立　敏之	自
	今井　絵理子	自
	宇都　隆史	自
	大野　泰正	自
	太田　房江	自
	酒井　庸行	自
	滝沢　求	自
	中川　雅治	自
	西田　昌司	自
	森　まさこ	自
	山田　俊男	自
	小沼　巧	立
	勝部　賢志	立
	川田　龍平	立
	塩村　あやか	立
	羽田　次郎	立
	佐々木　さやか	公
	竹内　真二	公
	平木　大作	公
	梅村　みずほ	維
	柴田　巧	維
	岩渕　友	共
	武田　良介	共

行政監視委員(35)

(自15)(立8)(公5)(国2)
(維2)(共1)(沖1)(み1)

㊤	**吉田　忠智**	立
㊓	北村　経夫	自
㊓	そのだ　修光	自
㊓	長峯　誠	自
㊓	古賀　之士	立
㊓	横山　信一	公
㊓	吉良　よし子	共
	阿達　雅志	自
	有村　治子	自
	石田　昌宏	自
	猪口　邦子	自
	小野田　紀美	自
	武見　敬三	自
	柘植　芳文	自
	堂故　茂	自
	中西　哲	自
	藤末　健三	自
	松下　新平	自
	三原　じゅん子	自
	石川　大我	立
	石橋　通宏	立
	江崎　孝	立
	小沢　雅仁	立
	岸　真紀子	立
	蓮　舫	立
	高瀬　弘美	公
	西田　実仁	公
	浜田　昌良	公
	三浦　信祐	公
	伊藤　孝恵	国
	大塚　耕平	国
	清水　貴之	維
	鈴木　宗男	維
	伊波　洋一	沖
	浜田　聡	み

議院運営委員(25)

(自12)(立5)(公3)
(国2)(維2)(共1)

長 福岡 資麿 自
理 江島 潔 自
理 高野 光二郎 自
理 舞立 昇治 自
理 野田 国義 立
理 吉川 沙織 立
理 河野 義博 公
理 浜野 喜史 国
理 東 徹 維
理 倉林 明子 共
朝日 健太郎 自
石井 浩郎 自
佐藤 啓 自
清水 真人 自
自見 はなこ 自
竹内 功 自
本田 顕子 自
松川 るい 自
長浜 博行 立
宮口 治子 立
横沢 高徳 立
塩田 博昭 公
高橋 光男 公
山崎 真之輔 国
石井 章 維

懲罰委員(10)

(自5)(立1)(公1)
(国1)(維1)(共1)

長 室井 邦彦 維
理 尾辻 秀久 自
理 野上 浩太郎 自
世耕 弘成 自
関口 昌一 自
藤井 基之 自
水岡 俊一 立
山本 博司 公
榛葉 賀津也 国
市田 忠義 共

【特別委員会】

災害対策特別委員(20)

(自9)(立4)(公3)
(国1)(維1)(共1)(碧1)

長 佐々木 さやか 公
理 足立 敏之 自
理 そのだ 修光 自
理 野田 国義 立
理 竹谷 とし子 公
大野 泰正 自
酒井 庸行 自
自見 はなこ 自
滝沢 求 自
野村 哲郎 自
藤木 眞也 自
森屋 宏 自
小沼 巧 立
熊谷 裕人 立
塩村 あやか 立
塩田 博昭 公
小林 正夫 国
室井 邦彦 維
武田 良介 共
嘉田 由紀子 碧

政府開発援助等及び沖縄・北方問題に関する特別委員(35)

(自17)(立6)(公3)(国2)
(維3)(共2)(沖1)(碧1)

長 青木 一彦 自
理 青山 繁晴 自
理 今井 絵理子 自
理 北村 経夫 自
理 勝部 賢志 立
理 高瀬 弘美 公
理 大塚 耕平 国
理 清水 貴之 維
有村 治子 自
石田 昌宏 自
猪口 邦子 自
小川 克巳 自
加田 裕之 自
佐藤 正久 自
滝沢 求 自
鶴保 庸介 自
比嘉 奈津美 自
藤井 基之 自
本田 顕子 自
松山 政司 自
山本 順三 自
石川 大我 立
田島 麻衣子 立
徳永 エリ 立
長浜 博行 立
吉田 忠智 立
河野 義博 公
宮崎 勝 公
榛葉 賀津也 国
石井 苗子 維
鈴木 宗男 維
井上 哲士 共
紙 智子 共
伊波 洋一 沖
ながえ 孝子 碧

政治倫理の確立及び選挙制度に関する特別委員(35)

(自17)(立6)(公4)
(国3)(維2)(共2)(沖1)

長 松下 新平 自
理 石井 準一 自
理 古賀 友一郎 自
理 西田 昌司 自

(理) 牧山　ひろえ　立
(理) 谷合　正明　公
(理) 伊藤　孝恵　国
(理) 梅村　聡　維
岩本　剛人　自
北村　経夫　自
上月　良祐　自
竹内　功　自
武見　敬三　自
柘植　芳文　自
徳茂　雅之　自
長峯　誠　自
比嘉　奈津美　自
藤末　健三　自
三原　じゅん子　自
森屋　宏　自
山下　雄平　自
青木　愛　立
小西　洋之　立
鉢呂　吉雄　立
宮口　治子　立
吉川　沙織　立
里見　隆治　公
杉　久武　公
山本　博司　公
足立　信也　国
山崎　真之輔　国
石井　章　維
井上　哲士　共
山下　芳生　共
高良　鉄美　沖

北朝鮮による拉致問題等に関する特別委員(20)

(自9)(立4)(公2)(国1)
(維1)(共1)(れ1)(み1)

(長) **山谷　えり子**　自
(理) 清水　真人　自
(理) 宮本　周司　自
(理) 森　ゆうこ　立
(理) 三浦　信祐　公
衛藤　晟一　自
岡田　広　自
島村　大　自
豊田　俊郎　自
長峯　誠　自
丸川　珠代　自
有田　芳生　立
打越　さく良　立
白　眞勲　立
竹内　真二　公
柳田　稔　国
東　徹　維
武田　良介　共
舩後　靖彦　れ
浜田　聡　み

地方創生及びデジタル社会の形成等に関する特別委員(20)

(自9)(立4)(公3)
(国1)(維2)(共1)

(長) **古川　俊治**　自
(理) 太田　房江　自
(理) 三木　亨　自
(理) 真山　勇一　立
(理) 高橋　光男　公
進藤　金日子　自
馬場　成志　自
堀井　巌　自
本田　顕子　自
宮崎　雅夫　自
山田　俊男　自
岸　真紀子　立
斎藤　嘉隆　立
森屋　隆　立
秋野　公造　公
矢倉　克夫　公
礒崎　哲史　国
高木　かおり　維
柳ヶ瀬　裕文　維
伊藤　岳　共

消費者問題に関する特別委員(20)

(自9)(立4)(公3)
(国2)(維1)(共1)

(長) **舟山　康江**　国
(理) 阿達　雅志　自
(理) 上野　通子　自
(理) 川田　龍平　立
(理) 安江　伸夫　公
大野　泰正　自
高橋　克法　自
高橋　はるみ　自
藤井　基之　自
藤末　健三　自
三原　じゅん子　自
山田　太郎　自
羽田　次郎　立
福島　みずほ　立
宮沢　由佳　立
熊野　正士　公
平木　大作　公
田村　まみ　国
音喜多　駿　維
大門　実紀史　共

東日本大震災復興特別委員(35)

(自17)(立7)(公4)
(国3)(維2)(共2)

(長) **那谷屋　正義**　立
(理) 小野田　紀美　自
(理) 進藤　金日子　自

(理) 羽生田 俊 自
(理) 江崎 孝 立
(理) 横山 信一 公
(理) 芳賀 道也 国
(理) 梅村 みずほ 維
朝日 健太郎 自
石田 昌宏 自
片山 さつき 自
佐藤 啓 自
酒井 庸行 自
そのだ 修光 自
滝波 宏文 自
堂故 茂 自
福岡 資麿 自
増子 輝彦 自
宮島 喜文 自
宮本 周司 自
森 まさこ 自
和田 政宗 自
石垣 のりこ 立
小沢 雅仁 立
木戸口 英司 立
田名部 匡代 立
横沢 高徳 立
石川 博崇 公
新妻 秀規 公
若松 謙維 公
浜野 喜史 国
矢田 わか子 国
清水 貴之 維
岩渕 友 共
紙 智子 共

【調査会】

国際経済・外交に関する調査会委員(25)

(自12)(立5)(公3)(国1)
(維1)(共1)(沖1)(碧1)

(長) 鶴保 庸介 自
(理) 朝日 健太郎 自
(理) 柘植 芳文 自
(理) 松川 るい 自
(理) 森本 真治 立
(理) 高橋 光男 公
(理) 川合 孝典 国
(理) 柳ヶ瀬 裕文 維
(理) 伊藤 岳 共
猪口 邦子 自
今井 絵理子 自
宇都 隆史 自
上野 通子 自
小野田 紀美 自
太田 房江 自
森 まさこ 自
吉川 ゆうみ 自
石川 大我 立
小沼 巧 立
田島 麻衣子 立

横沢 高徳 立
熊野 正士 公
宮崎 勝 公
高良 鉄美 沖
ながえ 孝子 碧

国民生活・経済に関する調査会委員(25)

(自11)(立5)(公3)
(国2)(維2)(共1)(み1)

(長) 芝 博一 立
(理) 小川 克巳 自
(理) 中西 哲 自
(理) 和田 政宗 自
(理) 牧山 ひろえ 立
(理) 安江 伸夫 公
(理) 大塚 耕平 国
(理) 岩渕 友 共
足立 敏之 自
高橋 克法 自
堂故 茂 自
羽生田 俊 自
藤川 政人 自
三宅 伸吾 自
山田 太郎 自
山田 俊男 自
石垣 のりこ 立
勝部 賢志 立
宮口 治子 立
佐々木 さやか 公
下野 六太 公
伊藤 孝恵 国
梅村 みずほ 維
片山 大介 維
浜田 聡 み

資源エネルギーに関する調査会委員(25)

(自12)(立4)(公3)
(国2)(維2)(共2)

(長) 宮沢 洋一 自
(理) こやり 隆史 自
(理) 滝波 宏文 自
(理) 宮島 喜文 自
(理) 野田 国義 立
(理) 塩田 博昭 公
(理) 田村 まみ 国
(理) 梅村 聡 維
(理) 山添 拓 共
阿達 雅志 自
佐藤 啓 自
自見 はなこ 自
高野 光二郎 自
高橋 はるみ 自
藤木 眞也 自
三浦 靖 自
宮崎 雅夫 自
岸 真紀子 立
塩村 あやか 立
森屋 隆 立

河野 義博	公
杉 久武	公
舟山 康江	国
音喜多 駿	維
市田 忠義	共

【憲法審査会】

憲法審査会委員(45)

(自21)(立9)(公5)
(国3)(維3)(共3)(み1)

㊥長	**中川 雅治**	自
㊥幹	有村 治子	自
㊥幹	石井 準一	自
㊥幹	西田 昌司	自
㊥幹	藤末 健三	自
㊥幹	熊谷 裕人	立
㊥幹	小西 洋之	立
㊥幹	西田 実仁	公
㊥幹	足立 信也	国
㊥幹	山添 拓	共
	青山 繁晴	自
	衛藤 晟一	自
	岡田 広	自
	片山 さつき	自
	古賀 友一郎	自
	上月 良祐	自
	佐藤 正久	自
	中曽根 弘文	自
	古川 俊治	自
	堀井 巌	自
	舞立 昇治	自
	丸川 珠代	自
	元榮 太一郎	自
	山下 雄平	自
	山田 宏	自
	山谷 えり子	自
	有田 芳生	立
	打越 さく良	立
	小沢 雅仁	立
	杉尾 秀哉	立
	羽田 次郎	立
	白 眞勲	立
	福島 みずほ	立
	伊藤 孝江	公
	平木 大作	公
	矢倉 克夫	公
	山本 香苗	公
	川合 孝典	国
	矢田 わか子	国
	浅田 均	維
	柴田 巧	維
	高木 かおり	維
	吉良 よし子	共
	山下 芳生	共
	渡辺 喜美	み

【情報監視審査会】

情報監視審査会委員(8)

(自4)(立2)(公1)(国1)

㊥長	**水落 敏栄**	自
	猪口 邦子	自
	こやり 隆史	自
	堀井 巌	自
	古賀 之士	立
	牧山 ひろえ	立
	浜田 昌良	公
	浜口 誠	国

【政治倫理審査会】

政治倫理審査会委員(15)

(自7)(立3)(公2)
(国1)(維1)(共1)

㊥長	**岡田 広**	自
㊥幹	野上 浩太郎	自
㊥幹	牧野 たかお	自
㊥幹	森本 真治	立
	岡田 直樹	自
	世耕 弘成	自
	関口 昌一	自
	西田 昌司	自
	斎藤 嘉隆	立
	長浜 博行	立
	谷合 正明	公
	山本 博司	公
	小林 正夫	国
	石井 苗子	維
	市田 忠義	共

会派名の表記は下記の通り。

自＝自由民主党・国民の声
立＝立憲民主・社民
公＝公明党
国＝国民民主党・新緑風会
維＝日本維新の会
共＝日本共産党
沖＝沖縄の風
れ＝れいわ新選組
碧＝碧水会
み＝みんなの党
無＝各派に属しない議員
欠＝欠員

各政党役員一覧

（令和4年1月17日現在）

自由民主党
（昭和30年11月15日結成）

〒100-8910 千代田区永田町1-11-23
☎03-3581-6211

総裁　岸田文雄
副総裁　麻生太郎
幹事長　茂木敏充
幹事長代行　梶山弘志
幹事長代理　田中和徳
同　上川陽子
同　石井準一
副幹事長　西村明宏(筆頭)、坂本哲志、永岡桂子、鷲尾英一郎、亀岡偉民、松本洋平、大西英男、井上貴博、門山宏哲、笹川博義、藤井比早之、秋本真利、新谷正義、辻　清人、金子俊平、石井浩郎、北村経夫、森屋　宏、大野泰正、堀井　巌、舞立昇治、山下雄平、本田顕子
人事局長　山田俊男
経理局長　渡辺博道
情報調査局長　秋葉賢也
国際局長　平沢勝栄
財務委員長　塩谷　立
両院議員総会長　尾辻秀久
衆議院議員総会長　船田　元
党紀委員長　衛藤晟一
中央政治大学院長　下村博文
組織運動本部長　小渕優子
同本部長代理　坂本哲志、橘慶一郎、佐藤正久
団体総局長　齋藤　健
法務・自治関係団体委員長　高木宏壽
財政・金融・証券関係団体委員長　古川　康
教育・文化・スポーツ関係団体委員長　三谷英弘
社会教育・宗教関係団体委員長　小林茂樹
厚生関係団体委員長　長坂康正
環境関係団体委員長　三木　亨
労働関係団体委員長　吉川　赳
農林水産関係団体委員長　中川郁子
商工・中小企業関係団体委員長　鈴木隼人
運輸・交通関係団体委員長　鈴木憲和
情報・通信関係団体委員長　尾身朝子
国土・建設関係団体委員長　斎藤洋明
安全保障関係団体委員長　松川るい
生活安全関係団体委員長　杉田水脈
NPO・NGO関係団体委員長　谷川とむ
地方組織・議員総局長　尾﨑正直
女性局長　自見はなこ
青年局長　小倉將信
労政局長　森　英介
遊説局長　和田義明
広報本部長　河野太郎
同本部長代理　小野寺五典、平井卓也、井上信治、柴山昌彦、北村経夫
広報戦略局長　松本洋平
ネットメディア局長　平　将明
新聞出版局長　山下雄平
報道局長　鈴木淳司
国会対策委員長　髙木　毅
委員長代理　御法川信英
副委員長　盛山正仁（筆頭）、丹羽秀樹、石原宏高、伊東良孝、八木哲也、三ッ林裕巳、大串正樹、山田賢司、佐々木紀、武井俊輔、中谷真一、井野俊郎、青山周平、牧野たかお、藤川政人
総務会長　福田達夫
会長代行　森山　裕
会長代理　江﨑鐵磨、小泉進次郎、片山さつき
副会長　下村博文、棚橋泰文、柘植芳文、丸川珠代
総務　畦元将吾、江渡聡徳、衛藤征士郎、小林茂樹、後藤田正純、坂井　学、柴山昌彦、中西健治、西田昭二、野中厚、和田義明、佐藤信秋、武見敬三、中曽根弘文、羽生田　俊、宮沢洋一

政務調査会長　高市早苗
会長代行　古屋圭司
会長代理　新藤義孝、谷公一、江藤　拓、伊藤信太郎、宮下一郎、葉梨康弘、髙鳥修一、西田昌司、宇都隆史
副会長　木原　稔（事務局長）、勝俣孝明、上野通子、長谷川　岳、古賀友一郎

部会長

内閣第一部会長　工藤彰三
〃部会長代理　星野剛士、今井絵理子
内閣第二部会長　太田房江
〃部会長代理　今枝宗一郎、佐藤　啓
国防部会長　宮澤博行
〃部会長代理　辻　清人、松川るい
総務部会長　田所嘉徳
〃部会長代理　武村展英、柘植芳文
法務部会長　山田美樹
〃部会長代理　熊田裕通、堀井巌
外交部会長　佐藤正久
〃部会長代理　藤丸　敏、阿達雅志
財務金融部会長　井林辰憲
〃部会長代理　神田憲次、北村経夫
文部科学部会長　山本ともひろ
〃部会長代理　宮内秀樹、宮島喜文
厚生労働部会長　牧原秀樹
〃部会長代理　大串正樹、井出庸生、羽生田　俊
農林部会長　簗　和生
〃部会長代理　根本幸典、進藤金日子
水産部会長　長峯　誠
〃部会長代理　堀井　学、舞立昇治
経済産業部会長　石川昭政
〃部会長代理　國場幸之助、青山繁晴
国土交通部会長　小島敏文
〃部会長代理　宮﨑政久、足立敏之
環境部会長　滝沢　求
〃部会長代理　菅家一郎、三木亨

調査会長

税制調査会長　宮沢洋一
選挙制度調査会長　逢沢一郎
科学技術・イノベーション戦略調査会長　渡海紀三朗
ITS推進・道路調査会長　石田真敏
治安・テロ対策調査会長　岩屋　毅
沖縄振興調査会長　小渕優子
消費者問題調査会長　船田　元
障害児者問題調査会長　田村憲久
雇用問題調査会長　塩谷　立
総合農林政策調査会長　江藤　拓
水産総合調査会長　浜田靖一
金融調査会長　片山さつき
知的財産戦略調査会長　藤井基之
中小企業・小規模事業者政策調査会長　根本　匠
国際協力調査会長　松本剛明
司法制度調査会長　森　英介
スポーツ立国調査会長　遠藤利明
環境・温暖化対策調査会長　井上信治
住宅土地・都市政策調査会長　松島みどり
文化立国調査会長　山谷えり子
食育調査会長　土屋品子
観光立国調査会長　林　幹雄
青少年健全育成推進調査会長　中曽根弘文
外交調査会長　衛藤征士郎
安全保障調査会長　小野寺五典
社会保障制度調査会長　加藤勝信
総合エネルギー戦略調査会長　額賀福志郎
情報通信戦略調査会長　佐藤　勉
整備新幹線等鉄道調査会長　稲田朋美
競争政策調査会長　伊藤達也
地方行政調査会長　佐藤信秋
教育・人材力強化調査会長　柴山昌彦
物流調査会長　今村雅弘
少子化対策調査会長　衛藤晟一

特別委員長

過疎対策特別委員長	谷　公一
外国人労働者等特別委員長	松山政司
たばこ特別委員長	江渡聡徳
捕鯨対策特別委員長	鶴保庸介
災害対策特別委員長	武田良太
再犯防止推進特別委員長	渡辺博道
国際保健戦略特別委員長	武見敬三
宇宙・海洋開発特別委員長	新藤義孝
超電導リニア鉄道に関する特別委員長	古屋圭司
航空政策特別委員長	西村明宏
海運・造船対策特別委員長	村上誠一郎
都市公園緑地対策特別委員長	江﨑鐵磨
山村振興特別委員長	奥野信亮
離島振興特別委員長	谷川弥一
半島振興特別委員長	北村誠吾
インフラシステム輸出総合戦略特別委員長	二階俊博
原子力規制に関する特別委員長	鈴木淳司
鳥獣被害対策特別委員長	武藤容治
奄美振興特別委員長	尾辻秀久
クールジャパン戦略推進特別委員長	世耕弘成
領土に関する特別委員長	秋葉賢也
北海道総合開発特別委員長	伊東良孝
交通安全対策特別委員長	田中和德
下水道・浄化槽対策特別委員長	山本有二
社会的事業推進特別委員長	橋　慶一郎
所有者不明土地等に関する特別委員長	土井　亨
女性活躍推進特別委員長	丸川珠代

特命委員長

郵政事業に関する特命委員長	森山　裕
戦没者遺骨帰還に関する特命委員長	水落敏栄
日本の名誉と信頼を回復するための特命委員長	有村治子
性的指向・性自認に関する特命委員長	髙階恵美子
虐待等に関する特命委員長	平沢勝栄
安全保障と土地法制に関する特命委員長	北村経夫
医療情報政策・ゲノム医療推進特命委員長	古川俊治
差別問題に関する特命委員長	小林茂樹
PFI推進特命委員長	櫻田義孝
日本Well-being計画推進特命委員長	上野通子
孤独・孤立対策特命委員長	坂本哲志
ベビーシッター・家政士活動推進特命委員長	あべ俊子

本部長・PT座長

経済成長戦略本部長	小里泰弘
財政政策検討本部長	西田昌司
人生100年時代戦略本部長	上川陽子
新型コロナウイルス等感染症対策本部長	西村康稔
経済安全保障対策本部長	高市早苗
デジタル社会推進本部長	平井卓也
自由で開かれたインド太平洋戦略本部長	麻生太郎
社会機能移転分散型国づくり推進本部長	高市早苗
有明海・八代海再生PT座長	松村祥史
終末期医療に関する検討PT座長	山口俊一
子どもの元気！農村漁村で育むPT座長	齋藤　健
二輪車問題対策PT座長	三原じゅん子
選挙対策委員長	遠藤利明

参議院自由民主党

参議院議員会長	関口昌一
副会長	有村治子
同	野村哲郎
参議院幹事長	世耕弘成
幹事長代行	野上浩太郎
幹事長代理	石井準一

副幹事長　石井浩郎、北村経夫、森屋　宏、大野泰正、堀井　巌、舞立昇治、山下雄平、太田房江、本田顕子、清水真人

参議院政策審議会長	藤井基之
会長代理	西田昌司
同	宇都隆史

副会長　上野通子、長谷川　岳、古賀友一郎、羽生田俊、三木　亨、小野田紀美

参議院国会対策委員長	岡田直樹
委員長代行	牧野たかお
委員長代理	藤川政人

副委員長　高橋克法、酒井庸行、堂故　茂、上月良祐、石田昌宏、宮本周司、滝波宏文、高野光二郎、和田政宗、比嘉奈津美

特別機関

行政改革推進本部長	棚橋泰文
北朝鮮による拉致問題対策本部長	山谷えり子
党改革実行本部長	茂木敏充
憲法改正実現本部長	古屋圭司

東日本大震災復興加速化本部長	額賀福志郎
地方創生実行統合本部長	林幹雄
一億総活躍推進本部長	猪口邦子
北朝鮮核実験・ミサイル問題対策本部長	江渡聡徳
国土強靭化推進本部長	二階俊博
2025年大阪・関西万博推進本部長	二階俊博
TPP・日EU・日米TAG等経済協定対策本部長	森山裕
「こども・若者」輝く未来創造本部長	茂木敏充
新しい資本主義実行本部長	岸田文雄
財政健全化推進本部長	額賀福志郎

立憲民主党

（令和2年9月15日結成）

〒102-0093 千代田区平河町2-12-4
ふじビル3F ☎03-6811-2301

最高顧問	菅直人
同	野田佳彦
常任顧問	岡田克也
同	郡司彰
代表	泉健太
代表代行	逢坂誠二
幹事長	西村智奈美
幹事長代行	篠原孝

幹事長代理 小熊慎司（筆頭）、金子恵美、手塚仁雄、石橋通宏

財務局長／副幹事長	森本真治
災害・緊急事態局長／副幹事長	森山浩行
選対担当／副幹事長	徳永久志
青年局長／副幹事長	石川香織
国際局長／副幹事長	源馬謙太郎
総務局長／副幹事長	打越さく良
役員室長	後藤祐一
常任幹事会議長	牧山ひろえ
参議院議員会長	水岡俊一
両院議員総会長	阿部知子
選挙対策委員長	大西健介
政務調査会長	小川淳也
政務調査会長代行	階猛
同	城井崇
政務調査会長代理	川田龍平

政務調査会副会長 重徳和彦（筆頭）、小西洋之、稲富修二、落合貴之、鎌田さゆり、小山展弘、白石洋一、谷田川元、山崎誠、桜井周、早稲田ゆき、岸真紀子

国会対策委員長	馬淵澄夫
国会対策委員長代理	寺田学
同	奥野総一郎

国会対策副委員長 青柳陽一郎、井坂信彦、稲富修二、森山浩行、近藤和也、青山大人、中谷一馬、石川香織

代議士会長	菊田真紀子
組織委員長	吉川沙織
企業・団体交流委員長	小宮山泰子
参議院議員会長代行	牧山ひろえ
参議院幹事長	森ゆうこ
参議院国会対策委員長	難波奨二
参議院政策審議会長	川田龍平
つながる本部本部長	泉健太
つながる本部本部長代行	田名部匡代
ジェンダー平等推進本部長	徳永エリ
政治改革推進本部長	渡辺周
拉致問題対策本部長	森ゆうこ
東日本大震災復興対策本部長	玄葉光一郎
新型コロナウイルス対策本部長	長妻昭
倫理委員長	那谷屋正義
代表選挙管理委員長	渡辺周
会計監査	芝博一
同	福田昭夫
北海道ブロック常任幹事	山岡達丸
東北ブロック常任幹事	石垣のりこ
北関東ブロック常任幹事	青山大人
南関東ブロック常任幹事	早稲田ゆき
東京ブロック常任幹事	手塚仁雄
北陸信越ブロック常任幹事	近藤和也
東海ブロック常任幹事	中川正春
近畿ブロック常任幹事	櫻井周
中国ブロック常任幹事	佐藤公治
四国ブロック常任幹事	白石洋一
九州ブロック常任幹事	吉川元
内閣部会長	森山浩行
災害対策部会長	野田国義
消費者部会長	吉田統彦
総務部会長	吉川元
法務部会長	有田芳生

外務部会長　小熊慎司
安全保障部会長　篠原豪
財務金融部会長　末松義規
文部科学部会長　宮沢由佳
厚生労働部会長　山井和則
農林水産部会長　田名部匡代
経済産業部会長　山岡達丸
国土交通部会長　小宮山泰子
環境・原子力部会長　田嶋要
行政改革部会長　杉尾秀哉
政治改革部会長　篠原孝
拉致問題対策部会長　森ゆうこ
震災復興部会長　金子恵美
憲法調査会長　中川正春
税制調査会長　大串博志
経済・産業政策調査会長　大島敦
社会保障調査会長　牧義夫
環境エネルギー調査会長　田嶋要
外交・安保・主権調査会長　末松義規
教育調査会長　菊田真紀子
地域活性化調査会長　福田昭夫
SOGIに関するPT座長　大河原まさこ
子ども・子育てPT座長　城井崇
障がい・難病PT座長　早稲田ゆき
外国人受け入れ制度及び多文化共生社会のあり方に関する検討PT座長　石橋通宏
デジタル政策PT座長　中谷一馬
生殖補助医療PT座長　中島克仁
孤独・孤立支援PT座長　徳永エリ
豪雪対策PT座長　近藤和也
離島対策PT座長　松原仁

公明党

（※1、P284参照）

〒160-0012 新宿区南元町17
☎03-3353-0111

代表　山口那津男
副代表　北側一雄、古屋範子、斉藤鉄夫
幹事長　石井啓一
中央幹事会会長　北側一雄
政務調査会長　竹内譲
中央幹事　大口善徳（会長代理）、稲津久、庄子賢一、塩田博昭、中川宏昌、中川康洋、山本香苗、山本博司、濵地雅一、秋野公造、中島義雄、小笹正博、松葉多美子、金城裕司、山口広治、若松謙維、伊藤渉、石川博崇、平木大作、矢倉克夫
中央規律委員長　浜田昌良
中央会計監査委員　竹谷とし子
同　杉久武
幹事長代行　赤羽一嘉
幹事長代理　稲津久
同　谷合正明
政務調査会長代理　大口善徳、古屋範子、浜田昌良、上田勇
国会対策委員長　佐藤茂樹
国会対策委員長代理　濵地雅一
国対筆頭副委員長　國重徹
選挙対策委員長　高木陽介
組織委員長　大口善徳
組織局長　稲津久
地方議会局長　輿水恵一
遊説局長　竹内真二
広報委員長　平木大作
宣伝局長　伊佐進一
広報局長　竹谷とし子
総務委員長　高鍋博之
財務委員長　石井啓一
機関紙委員長　吉本正史
機関紙推進委員長　若松謙維
国際委員長　谷合正明
国際局長　濵地雅一
団体渉外委員長　伊藤渉
団体局長　中野洋昌
労働局長　里見隆治
市民活動委員長　石川博崇
市民活動局長　石川博崇
文化芸術局長　浮島智子
NPO局長　角田秀穂
女性委員長　古屋範子
女性局長　竹谷とし子
青年委員長　矢倉克夫
青年局長　三浦信祐
学生局長　安江伸夫

常任顧問　神崎武法、太田昭宏、井上義久
顧問　白浜一良、漆原良夫、魚住裕一郎
特別顧問　坂口　力
アドバイザー　石田祝稔、桝屋敬悟、高木美智代
参議院会長　西田実仁
参議院副会長　山本香苗
参議院幹事長　谷合正明
参院国会対策委員長　山本博司
参院国対筆頭副委員長　河野義博
参院政策審議会長　浜田昌良
全国地方議員団会議議長　中島義雄

日本維新の会

（※2、P284参照）

〒542-0082 大阪市中央区島之内1-17-16 三栄長堀ビル ☎06-4963-8800

代表　松井一郎
共同代表　馬場伸幸
副代表　吉村洋文
幹事長・選挙対策本部長　藤田文武
選挙対策本部長補佐　浦野靖人
幹事長代行　河崎大樹
政務調査会長　音喜多　駿
政務調査会長代行　藤田　暁
総務会長　柳ヶ瀬裕文
総務会長代行　岡崎　太
大阪府議会議員団の長　森　和臣
大阪市会議員団の長　山下昌彦
堺市議会議員団の長　的場慎一
大阪府内市町村議会議員・首長団の長　吉村洋文
非常任役員　森本尚順
学生局長　松本常広
女性局長　辻　淳子
組織局長　浦野靖人
広報局長　伊良原　勉
財務局長　丹野壮治
党紀委員長　横倉廉幸
維新政治塾名誉塾長　松井一郎
維新政治塾塾長　音喜多　駿
会計監査人代表　井上英孝

〔国会議員団〕

代表　馬場伸幸
副代表　鈴木宗男
幹事長　藤田文武
幹事長代理　高木かおり
広報局長　柳ヶ瀬裕文
学生局長　池下　卓
ダイバーシティ推進局長　高木かおり
政務調査会長　足立康史
政務調査会長代行　音喜多　駿
政務調査会長代理　青柳仁士
政務調査会副会長　梅村　聡、中司　宏、守島　正、三木圭恵、市村浩一郎、小野泰輔、空本誠喜、片山大介、梅村みずほ、岩谷良平
総務会長　井上英孝
総務会長代行　浦野靖人
総務副会長　清水貴之、吉田豊文、前川清成、阿部　司、池下　卓
国会対策委員長　遠藤　敬
国会対策委員長代行　東　徹
国会対策委員長代理　市村浩一郎
国会対策副委員長　山本剛正、柴田　巧、中司　宏、奥下剛光、金村龍那、遠藤良太
代議士会長　杉本和巳
参議院会長　浅田　均
参議院幹事長　室井邦彦
参議院国会対策委員長　東　徹
参議院国会対策委員長代理　柴田　巧
両院議員総会長　石井　章
党紀委員長　中司　宏
党紀委員　浦野靖人、梅村聡、三木圭恵、柴田　巧

日本共産党

（大正11年7月15日結成）

〒151-8586 渋谷区千駄ヶ谷4-26-7 ☎03-3403-6111

幹部会委員長　志位和夫
書記局長　小池　晃

幹部会副委員長（筆頭）山下芳生、市田忠義、緒方靖夫、倉林明子、田村智子、浜野忠夫

常任幹部会委員 市田忠義、岩井鐵也、浦田宣昭、太田善作、岡嵜郁子、緒方靖夫、笠井　亮、紙　智子、吉良よし子、倉林明子、小池　晃、小木曽陽司、穀田恵二、志位和夫、高橋千鶴子、田中　悠、田村智子、寺沢亜志也、中井作太郎、浜野忠夫、広井暢子、藤田　文、不破哲三、山下芳生、山添　拓、若林義春

書記局次長（筆頭）中井作太郎、田中　悠、若林義春、土井洋彦

訴願委員会責任者 太田善作
規律委員会責任者 田邊進
監査委員会責任者 広井暢子
中央機関紙編集委員会責任者 小木曽陽司
政策委員会委員長 田村智子
経済・社会保障政策委員会責任者 垣内亮
政治・外交委員会責任者 山根隆志
人権委員会責任者 倉林明子
ジェンダー平等委員会責任者 倉林明子
子どもの権利委員会責任者 梅村早江子
障害者の権利委員会責任者 高橋千鶴子
先住民（アイヌ）の権利委員会責任者 紙智子
在日外国人の権利委員会責任者 田川実
宣伝局長 田村一志
広報部長 植木俊雄
国民の声室責任者 藤原忠雄
国民運動委員会責任者 浦田宣昭
労働局長 大幡基夫
農林・漁民局長 紙智子
市民・住民運動・中小企業局長 堤文俊
平和運動局長 川田忠明
基地対策委員会責任者 小泉親司
災害問題対策委員会責任者 太田善作
学術・文化委員会責任者 土井洋彦
文教委員会責任者 藤森毅
宗教委員会責任者 土井洋彦
スポーツ委員会責任者 畑野君枝

選挙対策局長 中井作太郎
選挙対策委員長 穀田恵二
自治体局長 岡嵜郁子
国際委員会責任者 緒方靖夫
党建設委員会責任者 山下芳生
組織局長 土方明果
機関紙活動局長 田中悠
学習・教育局長 山谷富士雄
青年・学生委員会責任者 吉良よし子
中央党学校運営委員会責任者 山下芳生
法規対策部長 柳沢明夫
人事局長 浜野忠夫
財務・業務委員会責任者 岩井鐵也
財政部長 大久保健三
機関紙誌業務部長 佐藤正美
管理部長 結城久志
厚生部長 三輪慎
コンピュータ・システム開発管理部長 田中芳樹
赤旗まつり実行委員長 小木曽陽司
社会科学研究所長 不破哲三
出版企画委員会責任者 岩井鐵也
出版局長 田代忠利
雑誌刊行委員会責任者 田代忠利
資料室責任者 菅原正伯
党史資料室責任者 岡宏輔
中央委員会事務室責任者 工藤充
第二事務室責任者 高宮正芳
赤旗編集局長 小木曽陽司
原発・気候変動・エネルギー問題対策委員会責任者 笠井亮
国会議員団総会長 紙智子
衆議院議員団長 高橋千鶴子
参議院議員団長 紙智子
参議院幹事長 井上哲士
国会対策委員長 穀田恵二
衆議院国会対策委員長 穀田恵二
参議院国会対策委員長 井上哲士
国会議員団事務局長 藤井正人

国民民主党

（令和2年9月15日結成）

〒102-0093 千代田区平河町2-5-1 永田町グリッド4F ☎03-3593-6229

代表 玉木雄一郎

代表代行兼選挙対策委員長	前原誠司
代表代行兼政務調査会長	大塚耕平
筆頭副代表	舟山康江
幹事長	榛葉賀津也
幹事長代行	岸本周平
国会対策委員長	古川元久
参議院議員会長兼両院議員総会長	小林正夫
役員室長	伊藤孝恵
副代表	矢田わか子
同	伊藤孝恵
幹事長代理	鈴木義弘
同	浜野喜史
国会対策委員長代理	浅野哲
国会対策副委員長	鈴木敦
同	田中健
企業・団体委員長	浜口誠
組織委員長	浜野喜史
広報局長	礒﨑哲史
財務局長兼総務局長	岸本周平
倫理委員長	小林正夫
国民運動局長	田村まみ
青年局長	浅野哲
参議院幹事長	足立信也
参議院国会対策委員長	川合孝典
政治改革・行政改革推進本部長	古川元久
男女共同参画推進本部長	矢田わか子
拉致問題対策本部長	川合孝典
新型コロナウイルス対策本部長	玉木雄一郎
政務調査会長代理	西岡秀子
同	礒﨑哲史
政務調査副会長	斎藤アレックス
同	長友慎治
第一部会長	西岡秀子
第二部会長	礒﨑哲史
人権外交・経済安全保障研究会主査	舟山康江
安全保障調査会長	前原誠司
社会保障調査会長	足立信也
憲法調査会長	古川元久
経済調査会長／税制調査会長	大塚耕平
農林水産調査会長	舟山康江
エネルギー調査会長	浅野哲
子ども・子育て・若者政策調査会長	伊藤孝恵

れいわ新選組

（平成31年4月1日結成）

〒102-0083 千代田区麹町2-5-20
押田ビル4F ☎03-6384-1974

代表・選挙対策委員長	山本太郎
副代表・両院総会長・参議院会長	舩後靖彦
副代表・参議院国会対策委員長	木村英子
国会対策委員長	たがや亮
政策審議会長・衆議院会長	大石あきこ
幹事長	高井崇志

社会民主党

（※3、P284参照）

〒104-0043 中央区湊3-18-17
マルキ榎本ビル5F ☎03-3553-3731

党首	福島みずほ
副党首	大椿裕子
幹事長	服部良一
政策審議会長(兼)	服部良一
国会対策委員長	新垣邦男
選挙対策委員長(兼)	服部良一
総務企画局長	中島修
機関紙宣伝局長(兼)	中島修
組織団体局長	渡辺英明
常任幹事	伊是名夏子、伊地智恭子、山城博治

NHK受信料を支払わない国民を守る党

（平成25年6月17日結成）
〒100-8962 千代田区永田町2-1-1
参議院議員会館403号
☎03-6550-0403

党首/選挙対策委員長/次期選挙戦略本部長	立花孝志
副党首	丸山穂高
副党首	大橋昌信
政策調査会長	浜田聡
幹事長／国会対策委員長	上杉隆

※1 昭和39年11月17日旧公明党結党。平成10年11月7日、「公明」と「新党平和」が合流して、新しい現在の「公明党」結成
※2 平成27年10月31日、おおさか維新の会結党。平成28年8月23日、日本維新の会へ党名変更
※3 昭和20年11月2日、日本社会党結成。昭和30年10月13日、左右再統一。平成8年1月19日、社会民主党へ党名変更

衆議院議員勤続年数・当選回数表

（令和4年2月末現在）

氏名の前の(　)内の数字は参議院の通算在職年数、端数は切り上げてあります。
○内の数字は衆議院議員としての当選回数です。

53年（1人）
小沢一郎⑱

45年（1人）
(7)衛藤征士郎⑬

43年（1人）
中村喜四郎⑮

42年（1人）
菅直人⑭

40年（1人）
麻生太郎⑭

39年（3人）
甘利明⑬
二階俊博⑬
額賀福志郎⑬

36年（4人）
逢沢一郎⑫
石破茂⑫
船田元⑬
村上誠一郎⑫

33年（7人）
岡田克也⑪
中谷元⑪
古屋圭司⑪
細田博之⑪
森英介⑪
山口俊一⑪
山本有二⑪

29年（16人）
安倍晋三⑩
石井啓一⑩
枝野幸男⑩
岸田文雄⑩
北側一雄⑩
玄葉光一郎⑩
穀田恵二⑩
斉藤鉄夫⑩
志位和夫⑩
鈴木俊一⑩
渡海紀三朗⑩
野田聖子⑩
浜田靖一⑩
林幹雄⑩
前原誠司⑩
茂木敏充⑩

27年（3人）
塩谷立⑩
高市早苗⑨
(27)林芳正①

26年（24人）
安住淳⑨
赤羽一嘉⑨
伊藤達也⑨
今村雅弘⑨
岩屋毅⑨
遠藤利明⑨
大口善徳⑨
河野太郎⑨
近藤昭一⑨
佐藤茂樹⑩
佐藤勉⑨
下村博文⑨
菅義偉⑨
田中和徳⑨
田村憲久⑨
高木陽介⑨
棚橋泰文⑨
中川正春⑨
根本匠⑨
野田佳彦⑨
原口一博⑨
平沢勝栄⑨
古川元久⑨
渡辺周⑨

25年（1人）
(13)金田勝年⑤

24年（2人）
新藤義孝⑧
(6)森山裕⑦

23年（6人）
江﨑鐵磨⑧
江渡聡徳⑧
(7)笠井亮⑥
櫻田義孝⑧
土屋品子⑧
渡辺博道⑧

22年（18人）
阿部知子⑧
赤嶺政賢⑧
小渕優子⑧
大島敦⑧
梶山弘志⑧
金子恭之⑧
北村誠吾⑧
後藤田正純⑧
塩川鉄也⑧
髙木毅⑧
長妻昭⑧
平井卓也⑧
細野豪志⑧
松野博一⑧
松原仁⑧
松本剛明⑧
山井和則⑧
吉野正芳⑧

21年（3人）
小野寺五典⑧
海江田万里⑧
末松義規⑦

20年（3人）
石田真敏⑧
牧義夫⑦
山口壯⑦

19年（20人）
井上信治⑦
泉健太⑧
江藤拓⑦
加藤勝信⑦
上川陽子⑦
菊田真紀子⑦
小宮山泰子⑦
後藤茂之⑦
篠原孝⑦
田嶋要⑦
高橋千鶴子⑦
武田良太⑦
谷公一⑦
谷川弥一⑦
長島昭久⑦
西村康稔⑦
古川禎久⑦
古屋範子⑦
松島みどり⑦

笠 浩史 ⑦

18年（6人）

伊藤 信太郎 ⑦
江田 憲司 ⑦
(9)岸 信夫 ④
小泉 龍司 ⑦
柴山 昌彦 ⑦
馬淵 澄夫 ⑦

17年（17人）

あべ 俊子 ⑥
赤澤 亮正 ⑥
秋葉 賢也 ⑦
稲田 朋美 ⑥
小川 淳也 ⑥
小里 泰弘 ⑥
大串 博志 ⑥
吉良 州司 ⑥
坂本 哲志 ⑦
平 将明 ⑥
寺田 学 ⑥
永岡 桂子 ⑥
西村 智奈美 ⑥
福田 昭夫 ⑥
(7)宮本 岳志 ⑤
柚木 道義 ⑥
鷲尾 英一郎 ⑥

16年（13人）

(7)浮島 智子 ④
奥野 信亮 ⑥
(7)佐藤 公治 ④
鈴木 淳司 ⑥
竹内 譲 ⑥
西村 明宏 ⑥
西銘 恒三郎 ⑥
葉梨 康弘 ⑥
萩生田 光一 ⑥
伴野 豊 ⑥
御法川 信英 ⑥
宮下 一郎 ⑥
山際 大志郎 ⑥

15年（6人）

逢坂 誠二 ⑤
城内 実 ⑥
階 猛 ⑥
寺田 稔 ⑥
丹羽 秀樹 ⑥
(6)義家 弘介 ④

14年（29人）

あかま 二郎 ⑤
伊藤 忠彦 ⑤
伊藤 渉 ⑤
石原 宏高 ⑤
上野 賢一郎 ⑤
越智 隆雄 ⑤
大塚 拓 ⑤
(7)金子 恵美 ③
亀岡 偉民 ⑤
木原 誠二 ⑤
木原 稔 ⑤
坂井 学 ⑤
下条 みつ ⑤
鈴木 馨祐 ⑤
関 芳弘 ⑤
薗浦 健太郎 ⑤
田中 良生 ⑤
髙鳥 修一 ⑤
手塚 仁雄 ⑤
土井 亨 ⑤
中根 一幸 ⑤
橋本 岳 ⑤
平口 洋 ⑤
牧原 秀樹 ⑤
松本 洋平 ⑤
武藤 容治 ⑤
盛山 正仁 ⑤
山本 ともひろ ⑤
若宮 健嗣 ⑤

13年（14人）

伊東 良孝 ⑤
稲津 久 ⑤
大西 健介 ⑤
奥野 総一郎 ⑤
柿沢 未途 ⑤
岸本 周平 ⑤
小泉 進次郎 ⑤
後藤 祐一 ⑤
齋藤 健 ⑤
橘 慶一郎 ⑤
玉木 雄一郎 ⑤
(13)塚田 一郎 ①
(13)前川 清成 ①
松本 けんこう ⑥

12年（3人）

(3)小熊 慎司 ④
(12)髙階 恵美子 ①
(12)中西 健治 ①

11年（2人）

(7)大河原 まさこ ②
(7)鰐淵 洋子 ②

10年（89人）

足立 康史 ④
青柳 陽一郎 ④
秋本 真利 ④
井出 庸生 ④
井野 俊郎 ④
井上 貴博 ④
井上 英孝 ④
井林 辰憲 ④
伊佐 進一 ④
池田 佳隆 ④
石川 昭政 ④
市村 浩一郎 ④
今枝 宗一郎 ④
岩田 和親 ④
浦野 靖人 ④
遠藤 敬 ④
小倉 將信 ④
小田原 潔 ④
大岡 敏孝 ④
大串 正樹 ④
大西 英男 ④
大野 敬太郎 ④
岡本 三成 ④
鬼木 誠 ④
勝俣 孝明 ④
門山 宏哲 ④
神田 憲次 ④
菅家 一郎 ④
城井 崇 ④
黄川田 仁志 ④
北神 圭朗 ④
工藤 彰三 ④
國重 徹 ④
熊田 裕通 ④
小島 敏文 ④
小林 鷹之 ④
小林 史明 ④
古賀 篤 ④
國場 幸之助 ④
佐々木 紀 ④
佐藤 英道 ④
斎藤 洋明 ④
笹川 博義 ④
重徳 和彦 ④
(10)島尻 安伊子 ①
新谷 正義 ④
杉本 和巳 ④

鈴木憲和 ④
田所嘉徳 ④
田中英之 ④
田野瀬太道 ④
田畑裕明 ④
武井俊輔 ④
武部新 ④
武村展英 ④
津島淳 ④
辻清人 ④
冨樫博之 ④
中島克仁 ④
中谷真一 ④
中野洋昌 ④
中村裕之 ④
中山展宏 ④
長坂康正 ④
根本幸典 ④
野中厚 ④
馬場伸幸 ④
濵地雅一 ④
福田達夫 ④
藤井比早之 ④
藤丸敏 ④
藤原崇 ④
星野剛士 ④
細田健一 ④
堀井学 ④
堀内詔子 ④
牧島かれん ④
三ッ林裕巳 ④
宮内秀樹 ④
宮澤博行 ④
務台俊介 ④
村井英樹 ④
八木哲也 ④
簗和生 ④
山下貴司 ④
山田賢司 ④
山田美樹 ④
吉川元 ④
渡辺孝一 ④

9年（2人）

鈴木貴子 ④
宮﨑政久 ④

8年（20人）

青山周平 ④
稲富修二 ③
尾身朝子 ③
落合貴之 ③
加藤鮎子 ③
近藤和也 ③
篠原豪 ③
白石洋一 ③
鈴木隼人 ③
田村貴昭 ③
谷川とむ ③
古川康 ③
宮路拓馬 ③
宮本徹 ③
宗清皇一 ③
本村伸子 ③
森山浩行 ③
山岡達丸 ③
山崎誠 ③
吉田統彦 ③

7年（11人）

(7)井原巧 ①
緒方林太郎 ③
小林茂樹 ③
小山展弘 ③
杉田水脈 ③
(7)徳永久志 ①
福島伸享 ③
三谷英弘 ③
谷田川元 ③
(7)山本太郎 ①
(7)若林健太 ①

6年（11人）

井坂信彦 ③
伊東信久 ③
輿水恵一 ③
坂本祐之輔 ③
鈴木義弘 ③
高木宏壽 ③
中川郁子 ③
野間健 ③
鳩山二郎 ③
吉川赳 ③
和田義明 ③

5年（27人）

青山大人 ②
浅野哲 ②
伊藤俊輔 ②
石川香織 ②
泉田裕彦 ②
上杉謙太郎 ②
岡本あき子 ②
金子俊平 ②
鎌田さゆり ③
神谷裕 ②
木村次郎 ②
国光あやの ②
源馬謙太郎 ②
小寺裕雄 ②
高村正大 ②
櫻井周 ②
髙木啓 ②
中曽根康隆 ②
中谷一馬 ②
西岡秀子 ②
西田昭二 ②
穂坂泰 ②
本田太郎 ②
道下大樹 ②
緑川貴士 ②
森田俊和 ②
早稲田ゆき ②

4年（8人）

空本誠喜 ②
角田秀穂 ②
中川康洋 ②
仁木博文 ②
山本剛正 ②
湯原俊二 ②
吉田豊史 ②
吉田宣弘 ③

3年（3人）

畦元将吾 ②
藤田文武 ②
三木圭恵 ②

2年（2人）

深澤陽一 ②
美延映夫 ②

1年（87人）

阿部司 ①
阿部弘樹 ①
青柳仁士 ①
赤木正幸 ①
浅川義治 ①
東国幹 ①
荒井優 ①
新垣邦男 ①
五十嵐清 ①
池下卓 ①
池畑浩太朗 ①
石井拓 ①

石橋　林太郎 ①
石原　正　敬 ①
一谷　勇一郎 ①
岩谷　良　平 ①
上田　英　俊 ①
梅谷　　　守 ①
漆間　譲　司 ①
遠藤　良　太 ①
おおつき紅葉 ①
小野　泰　輔 ①
尾﨑　正　直 ①
大石　あきこ ①
奥下　剛　光 ①
加藤　竜　祥 ①
河西　宏　一 ①
勝目　　　康 ①
金村　龍　那 ①
川﨑　ひでと ①
神田　潤　一 ①
金城　泰　邦 ①
日下　正　喜 ①
国定　勇　人 ①
小森　卓　郎 ①
神津　たけし ①
斎藤アレックス ①
沢田　　　良 ①
塩﨑　彰　久 ①
庄子　賢　一 ①
末次　精　一 ①
鈴木　　　敦 ①
鈴木　英　敬 ①
鈴木　庸　介 ①
住吉　寛　紀 ①
たがや　　亮 ①
田中　　　健 ①
高橋　英　明 ①
高見　康　裕 ①
土田　　　慎 ①
堤　　かなめ ①
中川　貴　元 ①
中川　宏　昌 ①
中司　　　宏 ①
中野　英　幸 ①
長友　慎　治 ①
西野　太　亮 ①
長谷川　淳　二 ①
馬場　雄　基 ①
早坂　　　敦 ①
平沼　正二郎 ①
平林　　　晃 ①
福重　隆　浩 ①
藤岡　隆　雄 ①
藤巻　健　太 ①
太　　栄　志 ①
古川　直　季 ①
堀場　幸　子 ①
掘井　健　智 ①
本庄　知　史 ①
松本　　　尚 ①
三反園　　訓 ①
岬　　麻　紀 ①
守島　　　正 ①
保岡　宏　武 ①
柳本　　　顕 ①
山岸　一　生 ①
山口　　　晋 ①
山崎　正　恭 ①
山田　勝　彦 ①
山本　左　近 ①
吉田　久美子 ①
吉田　とも代 ①
吉田　はるみ ①
米山　隆　一 ①
和田　有一朗 ①
渡辺　　　創 ①

㊥勤続年数

参議院議員勤続年数・当選回数表

（令和4年2月末現在）

氏名の前の(　)内の数字は衆議院の通算在職年数、端数は切り上げてあります。
○内の数字は参議院議員としての当選回数。

41年（1人）
山東昭子 ⑧

37年（1人）
中曽根弘文 ⑥

34年（1人）
尾辻秀久 ⑥

31年（1人）
(7)柳田　稔 ④

30年（2人）
片山虎之助 ⑤
山崎正昭 ⑤

28年（4人）
(13)衛藤晟一 ③
(25)鈴木宗男 ①
(23)鉢呂吉雄 ①
(7)山口那津男 ④

27年（1人）
橋本聖子 ⑤

26年（2人）
(15)金子原二郎 ②
(11)長浜博行 ③

24年（10人）
市田忠義 ④
小川敏夫 ④
郡司　彰 ④
櫻井　充 ④
世耕弘成 ⑤
鶴保庸介 ④
福島みずほ ④
福山哲郎 ④
(9)増子輝彦 ③
(19)渡辺喜美 ①

22年（3人）
大門実紀史 ④
武見敬三 ⑤
(4)山谷えり子 ③

21年（10人）
有村治子 ④
井上哲士 ④
大塚耕平 ④
紙　智子 ④
小池　晃 ④
榛葉賀津也 ④
松山政司 ④
(10)宮沢洋一 ②
山下芳生 ④
山本香苗 ④

20年（2人）
岡田　広 ④
(11)若松謙維 ②

19年（1人）
関口昌一 ④

18年（22人）
足立信也 ③
岡田直樹 ③
小林正夫 ③
芝　博一 ③
末松信介 ③
谷合正明 ③
那谷屋正義 ③
中川雅治 ③
二之湯　智 ③
西田実仁 ③
野上浩太郎 ③
野村哲郎 ③
白　眞勲 ③
浜田昌良 ③
藤井基之 ③
藤末健三 ③
松下新平 ③
松村祥史 ③
水落敏栄 ③
森　ゆうこ ③
山本順三 ③
蓮　舫 ③

17年（1人）
(2)室井邦彦 ③

16年（3人）
(4)猪口邦子 ②
(4)片山さつき ②
(4)福岡資麿 ②

15年（15人）
(8)青木　愛 ②
石井準一 ③
川田龍平 ③
佐藤信秋 ③
佐藤正久 ③
西田昌司 ③
古川俊治 ③
牧野たかお ③
牧山ひろえ ③
丸川珠代 ③
水岡俊一 ③
森　まさこ ③
山田俊男 ③
山本博司 ③
吉川沙織 ③

14年（1人）
(8)田名部匡代 ①

13年（3人）
(4)赤池誠章 ②
(11)上田清司 ①
(4)野田国義 ②

12年（25人）
青木一彦 ②
秋野公造 ②
有田芳生 ②
石井浩郎 ②
石川博崇 ②
石橋通宏 ②
磯﨑仁彦 ②
宇都隆史 ②
上野通子 ②
江崎　孝 ②
大家敏志 ②
川合孝典 ②
小西洋之 ②
斎藤嘉隆 ②
田村智子 ②
竹谷とし子 ②
徳永エリ ②
中西祐介 ②
難波奨二 ②
長谷川　岳 ②
藤川政人 ②
舟山康江 ②
三原じゅん子 ②
横山信一 ②
渡辺猛之 ②

11年（1人）
(6)山田　宏 ①

参 勤続年数

10年（2人）
(4)そのだ　修　光　①
真　山　勇　一　②

9年（46人）
東　　徹　②
(4)石　井　章　①
石　井　正　弘　②
石　田　昌　宏　②
礒　﨑　哲　史　②
梅　村　聡　②
江　島　潔　②
大　野　泰　正　②
太　田　房　江　②
河　野　義　博　②
吉　良　よし子　②
北　村　経　夫　③
倉　林　明　子　②
古　賀　友一郎　②
上　月　良　祐　②
佐々木　さやか　②
酒　井　庸　行　②
清　水　貴　之　②
柴　田　巧　②
島　村　大　②
杉　久　武　②
高　野　光二郎　②
高　橋　克　法　②
滝　沢　求　②
滝　波　宏　文　②
柘　植　芳　文　②
堂　故　茂　②
豊　田　俊　郎　②
長　峯　誠　②
新　妻　秀　規　②
羽生田　俊　②
馬　場　成　志　②
浜　野　喜　史　②
平　木　大　作　②
堀　井　巌　②
舞　立　昇　治　②
三　木　亨　②
三　宅　伸　吾　②
宮　本　周　司　②
森　本　真　治　②
森　屋　宏　②
矢　倉　克　夫　②
山　下　雄　平　②
吉　川　ゆうみ　②
吉　田　忠　智　②
和　田　政　宗　②

8年（1人）
阿　達　雅　志　②

7年（1人）
山　田　太　郎　②

6年（40人）
足　立　敏　之　①
青　山　繁　晴　①
浅　田　均　①
朝　日　健太郎　①
伊　藤　孝　江　①
伊　藤　孝　恵　①
伊　波　洋　一　①
石　井　苗　子　①
今　井　絵理子　①
岩　渕　友　①
小　川　克　巳　①
小野田　紀　美　①
片　山　大　介　①
木戸口　英　司　①
熊　野　正　士　①
こやり　隆　史　①
古　賀　之　士　①
佐　藤　啓　①
里　見　隆　治　①
自　見　はなこ　①
進　藤　金日子　①
杉　尾　秀　哉　①
高　木　かおり　①
高　瀬　弘　美　①
武　田　良　介　①
徳　茂　雅　之　①
(4)ながえ　孝　子　①
中　西　哲　①
浜　口　誠　①
(5)比　嘉　奈津美　①
平　山　佐知子　①
藤　木　眞　也　①
松　川　る　い　①
三　浦　信　祐　①
宮　崎　勝　①
宮　沢　由　佳　①
宮　島　喜　文　①
元　榮　太一郎　①
矢　田　わか子　①
山　添　拓　①

5年（2人）
竹　内　真　二　①
(2)三　浦　靖　①

3年（36人）
安　達　澄　①
伊　藤　岳　①
石　垣　のりこ　①
石　川　大　我　①
岩　本　剛　人　①
打　越　さく良　①
梅　村　みずほ　①
小　沢　雅　仁　①
小　沼　巧　①
音喜多　駿　①
加　田　裕　之　①
嘉　田　由紀子　①
勝　部　賢　志　①
木　村　英　子　①
岸　真紀子　①
熊　谷　裕　人　①
清　水　真　人　①
塩　田　博　昭　①
塩　村　あやか　①
下　野　六　太　①
須　藤　元　気　①
田　島　麻衣子　①
田　村　ま　み　①
高　橋　はるみ　①
高　橋　光　男　①
髙　良　鉄　美　①
寺　田　静　①
芳　賀　道　也　①
浜　田　聡　①
舩　後　靖　彦　①
本　田　顕　子　①
宮　崎　雅　夫　①
森　屋　隆　①
安　江　伸　夫　①
柳ヶ瀬　裕　文　①
横　沢　高　徳　①

1年（4人）
竹　内　功　①
羽　田　次　郎　①
宮　口　治　子　①
山　﨑　真之輔　①

党派別国会議員一覧

（令和4年1月20日現在）

※衆参の正副議長は無所属に含む。 ○内は当選回数・無所属には諸派を含む。

自民党　370人

（衆議院263人）

麻生 太郎⑭
甘利 明⑬
衛藤 征士郎⑬
二階 俊博⑬
額賀 福志郎⑬
船田 元⑬
逢沢 一郎⑫
石破 茂⑫
村上 誠一郎⑫
中谷 元⑪
古屋 圭司⑪
森 英介⑪
山口 俊一⑪
山本 有二⑪
安倍 晋三⑩
岸田 文雄⑩
塩谷 立⑩
鈴木 俊一⑩
渡海 紀三朗⑩
野田 聖子⑩
浜田 靖一⑩
林 幹雄⑩
茂木 敏充⑩
伊藤 達也⑨
今村 雅弘⑨
岩屋 毅⑨
遠藤 利明⑨
河野 太郎⑨
佐藤 勉⑨
下村 博文⑨
菅 義偉⑨
田中 和徳⑨
田村 憲久⑨
高市 早苗⑨
棚橋 泰文⑨
根本 匠⑨
平沢 勝栄⑨
石田 真敏⑧
江﨑 鐵磨⑧
江渡 聡徳⑧
小野寺 五典⑧
小渕 優子⑧
梶山 弘志⑧
金子 恭之⑧
北村 誠吾⑧
後藤田 正純⑧
櫻田 義孝⑧
新藤 義孝⑧
髙木 毅⑧
土屋 品子⑧
平井 卓也⑧
細野 豪志⑧
松野 博一⑧
松本 剛明⑧
吉野 正芳⑧
渡辺 博道⑧
秋葉 賢也⑦
井上 信治⑦
伊藤 信太郎⑦
江藤 拓⑦
加藤 勝信⑦
上川 陽子⑦
小泉 龍司⑦
後藤 茂之⑦
坂本 哲志⑦
柴山 昌彦⑦
武田 良太⑦
谷 公一⑦
谷川 弥一⑦
長島 昭久⑦
西村 康稔⑦
古川 禎久⑦
松島 みどり⑦
森山 裕⑦
山口 壯⑦
あべ 俊子⑥
赤澤 亮正⑥
稲田 朋美⑥
小里 泰弘⑥
奥野 信亮⑥
城内 実⑥
鈴木 淳司⑥
平 将明⑥
寺田 稔⑥
永岡 桂子⑥
丹羽 秀樹⑥
西村 明宏⑥
西銘 恒三郎⑥
葉梨 康弘⑥
萩生田 光一⑥
御法川 信英⑥
宮下 一郎⑥
山際 大志郎⑥
鷲尾 英一郎⑥
あかま 二郎⑤
伊東 良孝⑤
伊藤 忠彦⑤
石原 宏高⑤
上野 賢一郎⑤
越智 隆雄⑤
大塚 拓⑤
柿沢 未途⑤
金田 勝年⑤
亀岡 偉民⑤
木原 誠二⑤
木原 稔⑤
小泉 進次郎⑤
齋藤 健⑤
坂井 学⑤
鈴木 馨祐⑤
関 芳弘⑤
薗浦 健太郎⑤
田中 良生⑤
髙鳥 修一⑤
橘 慶一郎⑤
土井 亨⑤
中根 一幸⑤
橋本 岳⑤
平口 洋⑤
牧原 秀樹⑤
松本 洋平⑤
武藤 容治⑤
盛山 正仁⑤
山本 ともひろ⑤
若宮 健嗣⑤
青山 周平④
秋本 真利④
井出 庸生④
井野 俊郎④

井上貴博④
井林辰憲④
池田佳隆④
石川昭政④
今枝宗一郎④
岩田和親④
小倉將信④
小田原潔④
大岡敏孝④
大串正樹④
大西英男④
大野敬太郎④
鬼木誠④
勝俣孝明④
門山宏哲④
神田憲次④
菅家一郎④
黄川田仁志④
岸信夫④
工藤彰三④
熊田裕通④
小島敏文④
小林鷹之④
小林史明④
古賀篤④
國場幸之助④
佐々木紀④
斎藤洋明④
笹川博義④
新谷正義④
鈴木貴子④
鈴木憲和④
田所嘉徳④
田中英之④
田野瀬太道④
田畑裕明④
武井俊輔④
武部新④
武村展英④
津島淳④
辻清人④
冨樫博之④
中谷真一④
中村裕之④
中山展宏④
長坂康正④
根本幸典④
野中厚④
福田達夫④
藤井比早之④
藤丸敏④
藤原崇④
星野剛士④
細田健一④
堀井学④
堀内詔子④
牧島かれん④
三ッ林裕巳④
宮内秀樹④
宮﨑政久④
宮澤博行④
務台俊介④
村井英樹④
八木哲也④
簗和生④
山下貴司④
山田賢司④
山田美樹④
義家弘介④
渡辺孝一④
尾身朝子③
加藤鮎子③
小林茂樹③
杉田水脈③
鈴木隼人③
高木宏壽③
谷川とむ③
中川郁子③
鳩山二郎③
古川康③
三谷英弘③
宮路拓馬③
宗清皇一③
吉川赳③
和田義明③
畦元将吾②
泉田裕彦②
上杉謙太郎②
金子俊平②
木村次郎②
国光あやの②
小寺裕雄②
高村正大②
髙木啓②
中曽根康隆②
西田昭二②
深澤陽一②
穂坂泰②
本田太郎②
東国幹①
五十嵐清①
井原巧①
石井拓①
石橋林太郎①
石原正敬①
上田英俊①
尾﨑正直①
加藤竜祥①
勝目康①
川崎ひでと①
神田潤一①
国定勇人①
小森卓郎①
塩崎彰久①
島尻安伊子①
鈴木英敬①
髙階恵美子①
高見康裕①
塚田一郎①
土田慎①
中川貴元①
中西健治①
中野英幸①
西野太亮①
長谷川淳二①
林芳正①
平沼正二郎①
古川直季①
松本尚①
保岡宏武①
柳本顕①
山口晋①
山本左近①
若林健太①

（参議院107人）
（任期　R4.7.25）

中曽根弘文⑥
山崎正昭⑤
岡田広④
関口昌一④
鶴保庸介④
岡田直樹③
末松信介③
中川雅治③

二之湯 智 ③
野上 浩太郎 ③
野村 哲郎 ③
藤井 基之 ③
松下 新平 ③
松村 祥史 ③
水落 敏栄 ③
山谷 えり子 ③
山本 順三 ③
阿達 雅志 ②
青木 一彦 ②
石井 浩郎 ②
磯﨑 仁彦 ②
猪口 邦子 ②
宇都 隆史 ②
上野 通子 ②
江島 潔 ②
大家 敏志 ②
片山 さつき ②
金子 原二郎 ②
中西 祐介 ②
長谷川 岳 ②
福岡 資麿 ②
藤川 政人 ②
三原 じゅん子 ②
宮沢 洋一 ②
渡辺 猛之 ②
足立 敏之 ①
青山 繁晴 ①
朝日 健太郎 ①
今井 絵理子 ①
小川 克巳 ①
小野田 紀美 ①
こやり 隆史 ①
佐藤 啓 ①
自見 はなこ ①
進藤 金日子 ①
そのだ 修光 ①
竹内 功 ①
徳茂 雅之 ①
中西 哲 ①
藤木 眞也 ①
松川 るい ①
宮島 喜文 ①
元榮 太一郎 ①
山田 宏 ①

（任期 R7.7.28）

尾辻 秀久 ⑥
世耕 弘成 ⑤
武見 敬三 ⑤
有村 治子 ④
松山 政司 ④
石井 準一 ③
衛藤 晟一 ③
北村 経夫 ③
佐藤 信秋 ③
佐藤 正久 ③
西田 昌司 ③
古川 俊治 ③
牧野 たかお ③
丸川 珠代 ③
森 まさこ ③
山田 俊男 ③
赤池 誠章 ②
石井 正弘 ②
石田 昌宏 ②
大野 泰正 ②
太田 房江 ②
古賀 友一郎 ②
上月 良祐 ②
酒井 庸行 ②
島村 大 ②
高野 光二郎 ②
高橋 克法 ②
滝沢 求 ②
滝波 宏文 ②
柘植 芳文 ②
堂故 茂 ②
豊田 俊郎 ②
長峯 誠 ②
羽生田 俊 ②
馬場 成志 ②
堀井 巌 ②
舞立 昇治 ②
三木 亨 ②
三宅 伸吾 ②
宮本 周司 ②
森屋 宏 ②
山下 雄平 ②
山田 太郎 ②
吉川 ゆうみ ②
和田 政宗 ②
岩本 剛人 ①
加田 裕之 ①
清水 真人 ①
高橋 はるみ ①
比嘉 奈津美 ①
本田 顕子 ①
三浦 靖 ①
宮崎 雅夫 ①

立憲民主党139人

（衆議院95人）

小沢 一郎 ⑱
中村 喜四郎 ⑮
菅 直人 ⑭
岡田 克也 ⑪
枝野 幸男 ⑩
玄葉 光一郎 ⑩
安住 淳 ⑨
近藤 昭一 ⑨
中川 正春 ⑨
野田 佳彦 ⑨
原口 一博 ⑨
渡辺 周 ⑨
阿部 知子 ⑧
泉 健太 ⑧
大島 敦 ⑧
長妻 昭 ⑧
松原 仁 ⑧
山井 和則 ⑧
江田 憲司 ⑦
菊田 真紀子 ⑦
小宮山 泰子 ⑦
篠原 孝 ⑦
末松 義規 ⑦
田嶋 要 ⑦
馬淵 澄夫 ⑦
牧 義夫 ⑦
笠 浩史 ⑦
小川 淳也 ⑥
大串 博志 ⑥
階 猛 ⑥
寺田 学 ⑥
西村 智奈美 ⑥
伴野 豊 ⑥
福田 昭夫 ⑥
松木 けんこう ⑥
柚木 道義 ⑥
大西 健介 ⑤
逢坂 誠二 ⑤
奥野 総一郎 ⑤
後藤 祐一 ⑤
下条 みつ ⑤

手塚 仁雄 ⑤
青柳 陽一郎 ④
小熊 慎司 ④
城井 崇 ④
佐藤 公治 ④
重徳 和彦 ④
中島 克仁 ④
吉川 元 ④
井坂 信彦 ③
稲富 修二 ③
落合 貴之 ③
金子 恵美 ③
鎌田 さゆり ③
小山 展弘 ③
近藤 和也 ③
坂本 祐之輔 ③
篠原 豪 ③
白石 洋一 ③
野間 健 ③
森山 浩行 ③
谷田川 元 ③
山岡 達丸 ③
山崎 誠 ③
吉田 統彦 ③
青山 大人 ②
伊藤 俊輔 ②
石川 香織 ②
大河原 まさこ ②
岡本 あき子 ②
神谷 裕 ②
源馬 謙太郎 ②
櫻井 周 ②
中谷 一馬 ②
道下 大樹 ②
緑川 貴士 ②
森田 俊和 ②
湯原 俊二 ②
早稲田 ゆき ②
荒井 優 ①
梅谷 守 ①
おおつき 紅葉 ①
神津 たけし ①
末次 精一 ①
鈴木 庸介 ①
堤 かなめ ①
徳永 久志 ①
馬場 雄基 ①
藤岡 隆雄 ①
太 栄志 ①
本庄 知史 ①
山岸 一生 ①
山田 勝彦 ①
吉田 はるみ ①
渡辺 創 ①

（参議院44人）

（任期 R4.7.25）

郡司 彰 ④
福山 哲郎 ④
芝 博一 ③
那谷屋 正義 ③
白 眞勲 ③
森 ゆうこ ③
蓮 舫 ③
青木 愛 ②
有田 芳生 ②
石橋 通宏 ②
江崎 孝 ②
小西 洋之 ②
斎藤 嘉隆 ②
徳永 エリ ②
難波 奨二 ②
真山 勇一 ②
木戸口 英司 ①
古賀 之士 ①
杉尾 秀哉 ①
田名部 匡代 ①
鉢呂 吉雄 ①
宮沢 由佳 ①

（任期 R7.7.28）

川田 龍平 ③
長浜 博行 ③
牧山 ひろえ ③
水岡 俊一 ③
吉川 沙織 ③
野田 国義 ②
森本 真治 ②
吉田 忠智 ②
石垣 のりこ ①
石川 大我 ①
打越 さく良 ①
小沢 雅仁 ①
小沼 巧 ①
勝部 賢志 ①
岸 真紀子 ①
熊谷 裕人 ①
塩村 あやか ①
田島 麻衣子 ①
羽田 次郎 ①
宮口 治子 ①
森屋 隆 ①
横沢 高徳 ①

公明党 60人

（衆議院32人）

石井 啓一 ⑩
北側 一雄 ⑩
佐藤 茂樹 ⑩
斉藤 鉄夫 ⑩
赤羽 一嘉 ⑨
大口 善徳 ⑨
高木 陽介 ⑨
古屋 範子 ⑦
竹内 譲 ⑥
伊藤 渉 ⑤
稲津 久 ⑤
伊佐 進一 ④
浮島 智子 ④
岡本 三成 ④
國重 徹 ④
佐藤 英道 ④
中野 洋昌 ④
濵地 雅一 ④
輿水 恵一 ③
吉田 宣弘 ③
角田 秀穂 ②
中川 康洋 ②
鰐淵 洋子 ②
河西 宏一 ①
金城 泰邦 ①
日下 正喜 ①
庄子 賢一 ①
中川 宏昌 ①
平林 晃 ①
福重 隆浩 ①
山崎 正恭 ①
吉田 久美子 ①

（参議院28人）

（任期 R4.7.25）

谷合 正明 ③
西田 実仁 ③
浜田 昌良 ③
秋野 公造 ②
石川 博崇 ②
竹谷 とし子 ②

横山信一②
伊藤孝江①
熊野正士①
里見隆治①
高瀬弘美①
竹内真二①
三浦信祐①
宮崎　勝①
（任期　R7.7.28）
山口那津男④
山本香苗④
山本博司③
河野義博②
佐々木さやか②
杉　久武②
新妻秀規②
平木大作②
矢倉克夫②
若松謙維②
塩田博昭①
下野六太①
高橋光男①
安江伸夫①

日本維新の会 56人

（衆議院41人）

足立康史④
井上英孝④
市村浩一郎④
浦野靖人④
遠藤　敬④
杉本和巳④
馬場伸幸④
伊東信久③
空本誠喜②
藤田文武②
三木圭恵②
美延映夫②
山本剛正②
吉田豊史②
阿部　司①
阿部弘樹①
青柳仁士①
赤木正幸①
浅川義治①
池下　卓①
池畑浩太朗①
一谷勇一郎①
岩谷良平①
漆間譲司①
遠藤良太①
小野泰輔①
奥下剛光①
金村龍那①
沢田　良①
住吉寛紀①
高橋英明①
中司　宏①
早坂　敦①
藤巻健太①
堀場幸子①
掘井健智①
前川清成①
岬　麻紀①
守島　正①
吉田とも代①
和田有一朗①

（参議院15人）
（任期　R4.7.25）
片山虎之助⑤
浅田　均①
石井　章①
石井苗子①
片山大介①
高木かおり①
（任期　R7.7.28）
室井邦彦③
東　徹②
梅村　聡②
清水貴之②
柴田　巧②
梅村みずほ①
音喜多　駿①
鈴木宗男①
柳ヶ瀬裕文①

国民民主党 23人

（衆議院11人）

前原誠司⑩
古川元久⑨
岸本周平⑤
玉木雄一郎⑤
鈴木義弘③
浅野　哲②
西岡秀子②
斎藤アレックス①
鈴木　敦①
田中　健①
長友慎治①

（参議院12人）
（任期　R4.7.25）
足立信也③
小林正夫③
川合孝典②
舟山康江②
伊藤孝恵①
浜口　誠①
矢田わか子①
（任期　R7.7.28）
大塚耕平④
榛葉賀津也④
礒﨑哲史②
浜野喜史②
田村まみ①

共産党 23人

（衆議院10人）

穀田恵二⑩
志位和夫⑩
赤嶺政賢⑧
塩川鉄也⑧
高橋千鶴子⑦
笠井　亮⑥
宮本岳志⑤
田村貴昭③
宮本　徹③
本村伸子③

（参議院13人）
（任期　R4.7.25）
市田忠義④
大門実紀史④
田村智子②
岩渕　友①
武田良介①
山添　拓①
（任期　R7.7.28）
井上哲士④
紙　智子④
小池　晃④
山下芳生④
吉良よし子②
倉林明子②
伊藤　岳①

れいわ新選組　5人

（衆議院3人）

大石あきこ ①
たがや亮 ①
山本太郎 ①

（参議院2人）
（任期　R7.7.28）

木村英子 ①
舩後靖彦 ①

社民党　2人

（衆議院1人）

新垣邦男 ①※1

（参議院1人）
（任期　R4.7.25）

福島みずほ ④※4

NHK受信料を支払わない国民を守る党　1人

（参議院1人）
（任期　R7.7.28）

浜田聡 ②※8

無所属　28人

（衆議院9人）

細田博之 ⑪
海江田万里 ⑧
吉良州司 ⑥※2
北神圭朗 ④※2
緒方林太郎 ③※2
福島伸享 ③※2
仁木博文 ②※2
三反園訓 ①
米山隆一 ①※1

（参議院19人）
（任期　R4.7.25）

小川敏夫 ④
櫻井充 ④※3
柳田稔 ④※5
藤末健三 ③※3
増子輝彦 ③※3
伊波洋一 ①※7
上田清司 ①※5
平山佐知子 ①
山﨑真之輔 ①※5
渡辺喜美 ①※8

（任期　R7.7.28）

山東昭子 ⑧
橋本聖子 ⑤
安達澄 ①
嘉田由紀子 ①※6
須藤元気 ①
髙良鉄美 ①※7
寺田静 ①
ながえ孝子 ①※6
芳賀道也 ①※5

※の議員の所属会派は以下の通り。

衆議院

※1 立憲民主党・社民・無所属
※2 有志の会

参議院

※3 自由民主党・国民の声
※4 立憲民主・社民
※5 国民民主党・新緑風会
※6 碧水会
※7 沖縄の風
※8 みんなの党

自由民主党内派閥一覧

（令和4年1月17日現在）

○内は当選回数・他派との重複及び自民党系議員を含む

安倍派　94人

（衆議院60人）

衛藤征士郎⑬
安倍晋三⑩
塩谷立⑩
下村博文⑨
髙木毅⑧
松野博一⑧
吉野正芳⑧
柴山昌彦⑦
谷川弥一⑦
西村康稔⑦
松島みどり⑦
稲田朋美⑥
奥野信亮⑥
鈴木淳司⑥
西村明宏⑥
萩生田光一⑥
宮下一郎⑥
越智隆雄⑤
大塚拓⑤
亀岡偉民⑤
関芳弘⑤
髙鳥修一⑤
土井亨⑤
中根一幸⑤
青山周平④
池田佳隆④
小田原潔④
大西英男④
神田憲次④
菅家一郎④
岸信夫④
佐々木紀④
田畑裕明④
根本幸典④
福田達夫④
藤原崇④
細田健一④
堀井学④
三ッ林裕巳④
宮澤博行④
簗和生④
山田美樹④
義家弘介④
尾身朝子③
杉田水脈③
谷川とむ③
宗清皇一③
和田義明③
上杉謙太郎②
木村次郎②
髙木啓②
井原巧①
石井拓①
加藤竜祥①
小森卓郎①
塩崎彰久①
鈴木英敬①
髙階恵美子①
松本尚①
若林健太①

（参議院34人）

（任期　R4.7.25）

山崎正昭⑤
岡田直樹③
末松信介③
中川雅治③
野上浩太郎③
山谷えり子③
山本順三③
上野通子②
江島潔②
長谷川岳②
佐藤啓①
松川るい①
宮島喜文①
山田宏①

（任期　R7.7.28）

世耕弘成⑤
北村経夫③
西田昌司③
古川俊治③
丸川珠代③
森まさこ③
赤池誠章②
石井正弘②
石田昌宏②
大野泰正②
太田房江②
酒井庸行②
滝波宏文②
長峯誠②
羽生田俊②
堀井巌②
宮本周司②
吉川ゆうみ②
加田裕之①
高橋はるみ①

麻生派　53人

（衆議院42人）

麻生太郎⑭
甘利明⑬
森英介⑪
山口俊一⑪
鈴木俊一⑩
岩屋毅⑨
河野太郎⑨
佐藤勉⑨
田中和徳⑨
棚橋泰文⑨
江渡聡徳⑧
松本剛明⑧
井上信治⑦
伊藤信太郎⑦
あべ俊子⑥
永岡桂子⑥
丹羽秀樹⑥
御法川信英⑥
山際大志郎⑥
あかま二郎⑤
鈴木馨祐⑤
薗浦健太郎⑤
武藤容治⑤
井出庸生④
井上貴博④
井林辰憲④
今枝宗一郎④
工藤彰三④
斎藤洋明④
中村裕之④
中山展宏④
長坂康正④
牧島かれん④
務台俊介④
山田賢司④
高村正大②
塚田一郎①
土田慎①
中川貴元①
中西健治①
柳本顕①
山本左近①

自民党派閥

(参議院11人)
(任期 R4.7.25)
猪口 邦子 ②
大家 敏志 ②
中西 祐介 ②
藤川 政人 ②
今井 絵理子 ①
(任期 R7.7.28)
武見 敬三 ⑤
有村 治子 ④
高野 光二郎 ②
高橋 克法 ②
滝沢 求 ②
豊田 俊郎 ②

茂木派 53人

(衆議院32人)
額賀 福志郎 ⑬
船田 元 ⑬
茂木 敏充 ⑩
小渕 優子 ⑧
後藤田 正純 ⑧
新藤 義孝 ⑧
渡辺 博道 ⑧
秋葉 賢也 ⑦
加藤 勝信 ⑦
古川 禎久 ⑦
西銘 恒三郎 ⑥
木原 稔 ⑤
橋本 岳 ⑤
平口 洋 ⑤
若宮 健嗣 ⑤
井野 俊郎 ④
笹川 博義 ④
新谷 正義 ④
鈴木 貴子 ④
鈴木 憲和 ④
津島 淳 ④
中谷 真一 ④
野中 厚 ④
宮﨑 政久 ④
鈴木 隼人 ③
古川 康 ③
東 国幹 ①
五十嵐 清 ①
上田 英俊 ①
島尻 安伊子 ①
高見 康裕 ①
山口 晋 ①
(参議院21人)
(任期 R4.7.25)
関口 昌一 ④
二之湯 智 ③
野村 哲郎 ③
松村 祥史 ③
青木 一彦 ②
石井 浩郎 ②
宇都 隆史 ②
福岡 資麿 ②
渡辺 猛之 ②
小野田 紀美 ①
元榮 太一郎 ①
(任期 R7.7.28)
尾辻 秀久 ⑥
石井 準一 ③
佐藤 信秋 ③
佐藤 正久 ③
牧野 たかお ③
上月 良祐 ②
堂故 茂 ②
山下 雄平 ②
比嘉 奈津美 ①
三浦 靖 ①

二階派 44人

(衆議院34人)
二階 俊博 ⑬
林 幹雄 ⑩
今村 雅弘 ⑨
平沢 勝栄 ⑨
江﨑 鐵磨 ⑧
櫻田 義孝 ⑧
細野 豪志 ⑧
小泉 龍司 ⑦
武田 良太 ⑦
谷 公一 ⑦
長島 昭久 ⑦
山口 壮 ⑦
鷲尾 英一郎 ⑥
伊東 良孝 ⑤
伊藤 忠彦 ⑤
金田 勝年 ⑤
松本 洋平 ⑤
小倉 將信 ④
大岡 敏孝 ④
勝俣 孝明 ④
小林 鷹之 ④
武部 新 ④
宮内 秀樹 ④
小林 茂樹 ③
高木 宏壽 ③
中川 郁子 ③
鳩山 二郎 ③
泉田 裕彦 ②
小寺 裕雄 ②
中曽根 康隆 ②
尾﨑 正直 ①
国定 勇人 ①
中野 英幸 ①
平沼 正二郎 ①
(参議院10人)
(任期 R4.7.25)
中曽根 弘文 ⑥
鶴保 庸介 ④
片山 さつき ②
自見 はなこ ①
進藤 金日子 ①
(任期 R7.7.28)
衛藤 晟一 ③
三木 亨 ②
岩本 剛人 ①
清水 真人 ①
宮崎 雅夫 ①

岸田派 44人

(衆議院32人)
岸田 文雄 ⑩
根本 匠 ⑨
石田 真敏 ⑧
小野寺 五典 ⑧
金子 恭之 ⑧
北村 誠吾 ⑧
平井 卓也 ⑧
上川 陽子 ⑦
寺田 稔 ⑥
葉梨 康弘 ⑥
石原 宏高 ⑤
木原 誠二 ⑤
盛山 正仁 ⑤
岩田 和親 ④
小島 敏文 ④
小林 史明 ④
古賀 篤 ④
國場 幸之助 ④
武井 俊輔 ④
辻 清人 ④
藤丸 敏 ④
堀内 詔子 ④
村井 英樹 ④
渡辺 孝一 ④
吉川 赳 ③
畦元 将吾 ②
金子 俊平 ②
国光 あやの ②
西田 昭二 ②
深澤 陽一 ②
石橋 林太郎 ①
林 芳正 ①

(参議院12人)

(任期 R4.7.25)

藤井 基之③
水落 敏栄③
磯﨑 仁彦②
金子 原二郎②
宮沢 洋一②
足立 敏之①
こやり 隆史①
藤木 眞也①

(任期 R7.7.28)

松山 政司④
古賀 友一郎②
馬場 成志②
森屋 宏②

森山派 7人

(衆議院6人)

坂本 哲志⑦
森山 裕⑦
上野 賢一郎⑤
鬼木 誠④
田野瀬 太道④
宮路 拓馬③

(参議院1人)

(任期 R7.7.28)

山田 俊男③

無派閥 75人

(衆議院57人)

逢沢 一郎⑫
石破 茂⑫
村上 誠一郎⑫
中谷 元⑪
古屋 圭司⑪
山本 有二⑪
渡海 紀三朗⑩
野田 聖子⑩
浜田 靖一⑩
伊藤 達也⑨
遠藤 利明⑨
菅 義偉⑨
田村 憲久⑨
高市 早苗⑨
梶山 弘志⑧
土屋 品子⑧
江藤 拓⑦
後藤 茂之⑦
赤澤 亮正⑥
小里 泰弘⑥
城内 実⑥
平 将明⑥
柿沢 未途⑤
小泉 進次郎⑤
齋藤 健⑤
坂井 学⑤
田中 良生⑤
橘 慶一郎⑤
牧原 秀樹⑤
山本 ともひろ⑤
秋本 真利④
石川 昭政④
大串 正樹④
大野 敬太郎④
門山 宏哲④
黄川田 仁志④
熊田 裕通④
田所 嘉徳④
田中 英之④
武村 展英④
冨樫 博之④
藤井 比早之④
星野 剛士④
八木 哲也④
山下 貴司④
加藤 鮎子③
三谷 英弘③
穂坂 泰②
本田 太郎②
石原 正敬①
勝目 康①
川崎 ひでと①
神田 潤一①
西野 太亮①
長谷川 淳二①
古川 直季①
保岡 宏武①

(参議院18人)

(任期 R4.7.25)

岡田 広④
松下 新平③
阿達 雅志②
三原 じゅん子②
青山 繁晴①
朝日 健太郎①
小川 克巳①
そのだ 修光①
竹内 功①
徳茂 雅之①
中西 哲①

(任期 R7.7.28)

島村 大②
柘植 芳文②
舞立 昇治②
三宅 伸吾②
山田 太郎②
和田 政宗②
本田 顕子①

派閥住所・電話一覧

名　　　　　称		郵便番号	住　　　所	電話番号
清和政策研究会	(安倍派)	102-0093	千．平河町2-7-1 塩崎ビル	3265-2941
志　公　会	(麻生派)	102-0093	千．平河町2-5-5 全国旅館会館3F	3237-1121
平成研究会	(茂木派)	100-0014	千．永田町1-11-32 全国町村会館西館3F	3580-1311
志　帥　会	(二階派)	102-0093	千．平河町2-7-4 砂防会館別館3F	3263-3001
宏　池　会	(岸田派)	100-0014	千．永田町1-11-32 全国町村会館西館6F	3508-0551
近未来政治研究会	(森山派)	102-0093	千．平河町2-4-16 平河中央ビル3F	3288-9055

省庁幹部職員抄録

●編集要領

○ゴシック書体は、両院議長、同副議長、常任・特別委員長並びに大臣・副大臣・政務官及び各省庁の役職名称。

○明朝書体は上記以外の氏名及び住所・電話番号。

○各主要ポジションについては緊急電話連絡用として**夜間電話**を記載。

○記載内容は原則として令和4年1月17日現在。

●目　次

国　会

〔衆議院〕

〒100-8960 千代田区永田町1-7-1
☎03(3581)5111

議長	細田博之
秘書	椎名雄一
同	石川真一
副議長	海江田万里
秘書	清家弘司
同	中川浩史

〔常任委員長〕

内閣	上野賢一郎
総務	赤羽一嘉
法務	鈴木馨祐
外務	城内実
財務金融	薗浦健太郎
文部科学	義家弘介
厚生労働	橋本岳
農林水産	平口洋
経済産業	古屋範子
国土交通	中根一幸
環境	関芳弘
安全保障	大塚拓
国家基本政策	渡海紀三朗
予算	根本匠
決算行政監視	原口一博
議院運営	山口俊一
懲罰	安住淳

〔特別委員長〕

災害対策	小里泰弘
倫理公選	浜田靖一
沖縄・北方問題	阿部知子
拉致問題	長島昭久
消費者問題	松島みどり
科学技術	手塚仁雄
東日本大震災復興	伊藤忠彦
原子力問題調査	赤澤亮正
地方創生	石田真敏

〔憲法審査会〕

会長	森英介

〔情報監視審査会〕

会長	小野寺五典

〔政治倫理審査会〕

会長	吉野正芳

〔衆議院事務局〕

事務総長	岡田憲治
事務次長	築山信彦
秘書課長	石塚公彦
統括監	佐藤浩
総務主幹	小関隆史
議長公邸長	東山哲道
副議長公邸長	佐藤順
議事部長	二階堂豊
副部長	寶寺浩
同	野口幸彦
議事課長事務取扱	野口幸彦
議案課長	中居健吾
請願課長	佐々木利明
資料課長	大場誉之
委員部長	小林英樹
副部長	野﨑政栄
総務課長事務取扱	野﨑政栄
総務主幹	近藤英之
議院運営課長	元尾竜一
第一課長	木口克浩
第二課長(兼)	木口克浩
調整主幹	飯嶋正雄
第三課長(兼)	木口克浩
調整主幹	饗庭建司
第四課長	須澤卓士
第五課長(兼)	須澤卓士
調整主幹	平井俊紀
第六課長(兼)	吉田一路
調整主幹	野一色裕二
第七課長(兼)	吉田一路
調整主幹	杉本守
調査課長	吉田一路
調査主幹	高橋裕介
記録部長	片岡義隆
総務主幹	志田和子
第一課長	温品多美子
会議録データ管理室長	森川雅也
第二課長	工藤しのぶ
第三課長	森田千賀子
第四課長	温品達雄
警務部長	永窪方明
副部長	井出憲治
警備主幹	臼井俊二
警務課長事務取扱	井出憲治

警備課長	藤森　隆
調整課長	我妻勝好
防災課長	佐藤雅也
防災主幹(兼)	臼井俊二
庶務部長	梶田　秀
副部長	佐藤彰芳
同	浅見剛成
議員課長	近藤弘康
企画調整主幹	本部実香
文書課長	内藤義人
調整主幹	平子由美
広報課長	青山卯女
人事課長	日高孝一
企画室長	竹内聡子
会計課長	奥川陽一
監査主幹	井門麻子
営繕課長	嶋津伸一
契約監理主幹	小久保尚一
PFI推進室長	田家裕一郎
電気施設課長	鈴木猛夫
契約監理主幹	寺田　稔
情報管理監(兼)	浅見剛成
情報基盤整備室長	秋山幸司
管理部長	三橋善一郎
副部長	菊田幸夫
管理課長	原田健成
総務主幹	本多基宏
議員会館課長	松本邦義
総務主幹	増田貴嘉
自動車課長	本山啓登
印刷課長	渡辺　豊
厚生課長事務取扱	菊田幸夫
業務課長	安藤康昭
国際部長	山本麻美
副部長	水谷一博
総務課長	小池洋子
海外渡航水際対策担当主幹	鴻巣正博
議員外交支援室長	荒井コスモ
渉外課長	四方明子
国際会議課長事務取扱	水谷一博
憲政記念館長	山本浩慎
副館長	髙橋和彦
資料管理課長事務取扱	髙橋和彦
総務主幹	神薗直子
憲法審査会事務局長	神﨑一郎
事務局次長	那須　茂
総務課長	髙森雅樹
情報監視審査会事務局長	佐藤憲仁
総務課長	牛丸禎之

〔調査局〕

調査局長	宮岡宏信
総括調整監	田中　仁
総務課長	仲宗根　一
総務主幹	辻岡美夏
調査情報課長	南　圭次
内閣調査室長	近藤博人
首席調査員	尾本高広
次席調査員	志村慶太郎
総務調査室長	阿部哲也
首席調査員	中村　清
次席調査員	相原克哉
法務調査室長	藤井宏治
首席調査員	白川弘基
次席調査員	及川英宣
外務調査室長	大野雄一郎
首席調査員	近藤真由美
次席調査員	藤田博光
財務金融調査室長	鈴木祥一
首席調査員	相川雅樹
次席調査員	小室芳昭
文部科学調査室長	但野　智
首席調査員	原　佳子
次席調査員	奈良誠悦
厚生労働調査室長	大島　悟
首席調査員	若本義信
次席調査員	青木修二
農林水産調査室長	梶原　武
首席調査員	千葉　諭
次席調査員	山田弘明
経済産業調査室長	藤田和光
首席調査員	勝部　雄
次席調査員	深谷陵子
国土交通調査室長	武藤裕良
首席調査員	鈴木鉄夫
次席調査員	竹田優司
環境調査室長	飯野伸夫
首席調査員	鈴木　努
次席調査員	河上恵子
安全保障調査室長	奥　克彦
首席調査員	風間義久

次席調査員	今井一晶
国家基本政策調査室長	水野真司
首席調査員	宮田正雄
同	塩野剛
予算調査室長	小池章子
首席調査員	白藤知木
同	藤井晃
決算行政監視調査室長	花島克臣
首席調査員	國廣勇人
次席調査員	髙野雅司
第一特別調査室長	菅野亨
首席調査員（沖縄・北方、消費者）	周藤英
第二特別調査室長	大泉淳一
首席調査員（倫理・選挙）	花房久美
次席調査員	益田理
第三特別調査室長	吉田はるみ
首席調査員（災害）	吉岡正廣
次席調査員	小林和彦
北朝鮮による拉致問題等に関する特別調査室長（兼）	水野真司
首席調査員（兼）	宮田正雄
同（兼）	塩野剛
科学技術・イノベーション推進特別調査室長（兼）	但野智
首席調査員（兼）	原佳子
次席調査員（兼）	奈良誠悦
東日本大震災復興特別調査室長（兼）	吉田はるみ
首席調査員（兼）	吉岡正廣
次席調査員（兼）	小林和彦
原子力問題調査特別調査室長（兼）	飯野伸夫
首席調査員（兼）	鈴木努
次席調査員（兼）	河上恵子
地方創生に関する特別調査室長（兼）	阿部哲也
首席調査員（兼）	中村清
次席調査員（兼）	相原克哉

〔常任委員会専門員〕

内閣委員会専門員	近藤博人
総務委員会専門員	阿部哲也
法務委員会専門員	藤井宏治
外務委員会専門員	大野雄一郎
財務金融委員会専門員	鈴木祥一
文部科学委員会専門員	但野智
厚生労働委員会専門員	大島悟
農林水産委員会専門員	梶原武
経済産業委員会専門員	藤田和光
国土交通委員会専門員	武藤裕良
環境委員会専門員	飯野伸夫
安全保障委員会専門員	奥克彦
国家基本政策委員会専門員	水野真司
予算委員会専門員	小池章子
決算行政監視委員会専門員	花島克臣

〔衆議院法制局〕

法制局長	橘幸信
法制次長	笠井真一
法制企画調整部長	森恭子
企画調整監	尾形孝史
副部長	中川博史
企画調整課長事務取扱	中川博史
基本法制課長事務取扱	森恭子
調整主幹	牛山敦
総務課長	窪島春樹
調査課長	梶山知唯
第一部長	板屋篤志
副部長	片山敦嗣
第一課長事務取扱	片山敦嗣
第二課長	仁田山義明
第二部長	齋藤育子
第一課長	中谷幸司
第二課長	氏家正喜
第三部長	望月讓
副部長	栗原理恵
第一課長	中司光紀
第二課長事務取扱	栗原理恵
第四部長	吉澤紀子
副部長	津田樹見宗
第一課長	正木寛也
第二課長事務取扱	津田樹見宗
第五部長	石原隆史
第一課長	笠松珠美
第二課長	吉田尚弘
法制主幹	吉田早樹人
法制例規室室長（兼）	梶山知唯

〔参議院〕

〒100-8961 千代田区永田町1-7-1
☎03（3581）3111

議長	**山東昭子**
秘書	庄司輝光
同	篠窪有恒
副議長	**小川敏夫**
秘書	小川悠成
同	頓所要介

〔常任委員長〕

内閣　徳茂雅之
総務　平木大作
法務　矢倉克夫
外交防衛　馬場成志
財政金融　豊田俊郎
文教科学　元榮太一郎
厚生労働　山田宏
農林水産　長谷川岳
経済産業　石橋通宏
国土交通　斎藤嘉隆
環境　徳永エリ
国家基本政策　上田清司
予算　山本順三
決算　松村祥史
行政監視　吉田忠智
議院運営　福岡資麿
懲罰　室井邦彦

〔特別委員長〕

災害対策　佐々木さやか
政府開発援助及び沖縄北方　青木一彦
倫理選挙　松下新平
拉致問題　山谷えり子
地方創生及びデジタル社会の形成　古川俊治
消費者問題　舟山康江
東日本大震災復興　那谷屋正義

〔調査会長〕

国際経済・外交　鶴保庸介
国民生活・経済　芝博一
資源エネルギー　宮沢洋一

〔憲法審査会〕

会長　中川雅治

〔情報監視審査会〕

会長　水落敏栄

〔政治倫理審査会〕

会長　岡田広

〔参議院事務局〕

事務総長　岡村隆司
事務次長　小林史武
秘書課長事務取扱　黒川和良
秘書主幹　大嶋健志
議長公邸長　橋本泰治
副議長公邸長　田岡彦了
議事部長　金子真実
副部長　黒川和良
議事課長　内田衡純
議事主幹　木暮雅和
議案課長　鶴岡貴子
総務主幹　松本良起
請願課長　鎌田純一
委員部長　大蔵誠
副部長　光地壱朗
調整課長　加來賢一
議院運営課長事務取扱　光地壱朗
第一課長　鎌野慎一
第二課長　森下伊三夫
第三課長　橋本貴義
第四課長　宇津木真也
第五課長　加藤方五
第六課長(兼)　宇津木真也
第七課長　大里慶子
第八課長(兼)　上村隆行
記録部長　中内康夫
記録企画課長　大井田淳
記録企画主幹　馬場葉子
速記第一課長　長田貴子
速記第二課長　町井直子
速記第三課長　岩本勝美
警務部長　八鍬敬嗣
警務課長　本多浩二
警務主幹　石井剛
警備第一課長　根本修一
警備第二課長　今井正広
警備第三課長　石塚雅人
庶務部長　加賀谷ちひろ
副部長　相澤達也
神戸敬行　森黒土
文書課長　富士由將
広報課長　林晋
議員課長　柴崎敦史
人事課長　松下和史
人事主幹　杉山綾子
会計課長　高嶋久志
会計主幹　渡邊啓輝
厚生課長　福嶋博之
情報システム安全管理室長　桐谷淳司
管理部長　伊藤文靖
副部長　光井裕二
管理課長　正木裕二
麹町議員宿舎長　小林一芳

清水谷議員宿舎長	山崎邦夫
企画室長	鈴木克洋
議員会館監理室長	佐久間　譲
業務室長	山下彰人
営繕課長	桜田由香里
電気施設課長	高久信彦
電気施設主幹	鈴木智道
自動車課長	高橋　力
総務主幹	小林孝明
国際部長	大村周太郎
国際交流課長	小野浩隆
国際企画室長	藥師寺聖一
国際会議課長	小川明子

〔企画調整室〕

企画調整室長	金澤真志
企画調整室次長	山田千秀
調査情報担当室長事務取扱	山田千秀
総合調査担当室長	蜂谷　勉
次席調査員	大澤　敦

〔常任委員会調査室〕

常任委員会専門員内閣委員会調査室長	宮崎一徳
首席調査員	三瓶朋秀
次席調査員	澤井勇人
同	柿沼重志
常任委員会専門員総務委員会調査室長	佐藤研資
首席調査員	荒井透雅
同	皆川健一
次席調査員	三角政勝
常任委員会専門員法務委員会調査室長	久保田正志
首席調査員	本多恵美
次席調査員	藤乗一道
常任委員会専門員外交防衛委員会調査室長	神田　茂
首席調査員	宮崎雅史
同	沓脱和人
次席調査員	和喜多裕一
常任委員会専門員財政金融委員会調査室長	小松康志
首席調査員	野澤大介
次席調査員	藤井一裁
常任委員会専門員文教科学委員会調査室長	武蔵誠憲
首席調査員	有薗裕章
次席調査員	吉田博光
常任委員会専門員厚生労働委員会調査室長	佐伯道子
首席調査員	寺澤泰大
同	長谷明弘
次席調査員	伊田賢司
常任委員会専門員農林水産委員会調査室長	笹口裕二
首席調査員	西村尚敏
次席調査員	安藤利昭
常任委員会専門員経済産業委員会調査室長	山口秀樹
首席調査員	高野智子
次席調査員	新妻健一
常任委員会専門員国土交通委員会調査室長	清野和彦
首席調査員	有安洋樹
同	村田和彦
次席調査員	瀬戸山順一
常任委員会専門員環境委員会調査室長	金子和裕
首席調査員	新井賢治
常任委員会専門員予算委員会調査室長	星　正彦
首席調査員	崎山建樹
常任委員会専門員決算委員会調査室長	亀澤宏徳
首席調査員	折茂　建
次席調査員	松本英樹
常任委員会専門員行政監視委員会調査室長	清水　賢
首席調査員	根岸隆史

〔特別調査室〕

第一特別調査室長	岩波祐子
首席調査員	中西　渉
第二特別調査室長	塚本禎宏
首席調査員	廣松彰彦
第三特別調査室長	海野耕太郎
首席調査員	泉水健宏

〔憲法審査会事務局〕

事務局長	岡崎慎吾
事務局次長	植木祐子
総務課長	上村隆行

〔情報監視審査会事務局〕

事務局長	北脇達也
総務課長	藤原直幸

〔参議院法制局〕

〒100-0014 千代田区永田町1-11-16
参議院第二別館内

法制局長	川崎政司
法制次長	村上たか
第一部長	加藤敏博
副部長	宇田川令子
第一課長事務取扱	宇田川令子
第二課長	下野久欣
第二部長	小野寺　理

第一課長　滝川雄一
第二課長　小沼　敦
第三部長事務取扱　村上たか
第一課長　齋藤陽夫
第二課長　又木奈菜子
第四部長　宮澤宏幸
第一課長　岩井美奈
第二課長　桑原　明
第五部長　井上　勉
第一課長　坂本　光
第二課長　尾崎陽一
法制主幹　山岸健一
総務課長　伊藤正規
調査課長　高澤和也

裁判官弾劾裁判所

〒100-0014 千代田区永田町1-11-16
参議院第二別館内 ☎03(5521)7738

裁判長　船田　元
第一代理裁判長　松山政司
第二代理裁判長
裁判員　山本有二
稲田朋美　山下貴司
階　猛　杉本和巳
北側一雄　有村治子
野上浩太郎　鉢呂吉雄
古賀之士　安江伸夫
片山大介

〔事務局〕

事務局長　鈴木千明
総務課長　縄田康光
訟務課長　光安陽子

裁判官訴追委員会

〒100-8982 千代田区永田町2-1-2
衆議院第二議員会館内 ☎03(3581)5111

委員長　新藤義孝
第二代理委員長　近藤昭一
委員　越智隆雄
奥野信亮　柴山昌彦
鈴木淳司　盛山正仁
中川正春　美延映夫
大口善徳　石井準一
片山さつき　佐藤正久
野村哲郎　牧野たかお
小西洋之　里見隆治
浜野喜史　石井　章
山添　拓

〔事務局〕

事務局長　中村　実
事務局次長　澁谷美保
総務・事案課長　江成友幸

国立国会図書館

〒100-8924 千代田区永田町1-10-1
☎03(3581)2331(代)
(国会分館)
〒100-8961 千代田区永田町1-7-1
(国会議事堂内)☎03(3581)9123

館長　吉永元信
副館長　片山信子

〔総務部〕

部長事務取扱　片山信子
副部長　松浦　茂
竹内秀樹　松山健二
福井祥人
司書監　大嶌　薫
紫藤美子　野口貴弘
三浦良文
主任参事　東　弘子
苅込照彰　水戸部由美
宮本和彦　村本聡子
総務課長事務取扱　松浦　茂
企画課長　上保佳穂
人事課長事務取扱　竹内秀樹
人事課厚生室長(兼)　水戸部由美
会計課長事務取扱　松山健二
管理課長事務取扱　福井祥人
支部図書館・協力課長　大柴忠彦

〔調査及び立法考査局〕

局長　寺倉憲一
次長　奥山裕之
専門調査員総合調査室主任　中渡明弘
専門調査員総合調査室付　樋口　修
主幹　相原信也
同　塚田　洋
主任調査員　芦田　淳
同　伊藤淑子
専門調査員議会官庁資料調査室主任　ローラーミカ
主任調査員　大川龍一
専門調査員憲法調査室主任　小林公夫
主幹　南　亮一

裁判官弾劾裁判所　裁判官訴追委員会　国会図書館

主任調査員	河島太朗
専門調査員政治議会調査室主任	塩田智明
主任調査員(兼)	河島太朗
専門調査員行政法務調査室主任	千原正敬
専門調査員外交防衛調査室主任	鈴木　滋
専門調査員財政金融調査室主任	深澤映司
専門調査員経済産業調査室主任	小池拓自
専門調査員農林環境調査室主任	森田倫子
専門調査員国土交通調査室主任	山下修弘
専門調査員文教科学技術調査室主任	石渡裕子
主任調査員	樋山千冬
専門調査員社会労働調査室主任	小寺正一
主任調査員	鈴木智之
専門調査員海外立法情報調査室主任	泉　眞樹子
主任調査員	上綱秀治
同	伊藤信博
調査企画課長	小澤　隆
調査企画課連携協力室長(兼)	芦田　淳
国会レファレンス課長	遠藤真弘
議会官庁資料課長	兼松芳之
憲法課長事務取扱	南　亮一
政治議会課長	小熊美幸
行政法務課長	越田崇夫
外交防衛課長	川西晶大
財政金融課長	鎌倉治子
経済産業課長	長谷川　卓
農林環境課長	小笠原美喜
国土交通課長	阿部　泰
文教科学技術課長	河合美穂
文教科学技術課科学技術室長(兼)	樋山千冬
社会労働課長	恩田裕之
海外立法情報課長	内海和美
国会分館長	松本　保

〔収集書誌部〕

部長	山地康志
副部長	秋山　勉
司書監	川鍋道子
主任司書	大原裕子

小柏良輔　永井善一
西尾初紀

収集・書誌調整課長	諏訪康子
国内資料課長	田中智子
逐次刊行物・特別資料課長	幡谷祐子
外国資料課長	山﨑幹子
資料保存課長	立松真希子

〔利用者サービス部〕

部長	遊佐啓之
副部長	伊藤克尚
司書監	倉橋哲朗
主任司書	胡　龍子

田中　譲　根岸輝美子
堀越敬祐

サービス企画課長事務取扱	伊藤克尚
サービス運営課長	林　直樹
図書館資料整備課長	小林裕之
図書館資料整備課図書整備室長(兼)	根岸輝美子
複写課長	石井俊行
人文課長	伊東敦子
科学技術・経済課長	髙品盛也
政治史料課長	大島康作
音楽映像資料課長	金井ゆき

〔電子情報部〕

部長	大場利康
副部長	藤本和彦
主任司書	德原直子

中川　透　西中山　隆
村上浩介

電子情報企画課長	木目沢　司
電子情報企画課資料デジタル化推進室長(兼)	村上浩介
電子情報企画課次世代システム開発研究室長(兼)	德原直子
電子情報流通課長	関根美穂
電子情報サービス課長	竹鼻和夫
システム基盤課長	足立　潔

〔関西館〕

〒619-0287 京都府相楽郡精華町精華台8-1-3 ☎0774(98)1200(代)

館長	木藤淳子
次長	柴田昌樹
主任司書	大橋邦生
同	櫻井理恵
総務課長(兼)	野口貴弘
文献提供課長	本夛真紀子
アジア情報課長	前田直俊
収集整理課長	白石郁子
図書館協力課長	小坂　昌
電子図書館課長	辰巳公一

〔国際子ども図書館〕

〒110-0007 台東区上野公園12-49 ☎03(3827)2053(代)

館長	堀　純子

国会図書館

主任司書　北村弥生
企画協力課長(兼)　三浦良文
資料情報課長　飛田由美
児童サービス課長　堀内夏紀

内　閣

〒100-0014 千代田区永田町2-3-1
総理官邸 ☎03(3581)0101

内閣総理大臣　岸田文雄
総務大臣　金子恭之
法務大臣　古川禎久
外務大臣　林　芳正
財務大臣 内閣府特命担当大臣(金融) デフレ脱却担当　鈴木俊一
文部科学大臣 教育再生担当　末松信介
厚生労働大臣　後藤茂之
農林水産大臣　金子原二郎
経済産業大臣 産業競争力担当 ロシア経済分野協力担当 原子力経済被害担当 内閣府特命担当大臣(原子力損害賠償・廃炉等支援機構)　萩生田光一
国土交通大臣 水循環政策担当　斉藤鉄夫
環境大臣 内閣府特命担当大臣(原子力防災)　山口　壮
防衛大臣　岸　信夫
内閣官房長官 沖縄基地負担軽減担当 拉致問題担当　松野博一
デジタル大臣 行政改革担当 内閣府特命担当大臣(規制改革)　牧島かれん
復興大臣 福島原発事故再生総括担当 内閣府特命担当大臣(沖縄及び北方対策)　西銘恒三郎
国家公安委員会委員長 国土強靭化担当 領土問題担当 国家公務員制度担当 内閣府特命担当大臣(防災　海洋政策)　二之湯　智
内閣府特命担当大臣(地方創生　少子化対策 男女共同参画) 女性活躍担当 こども政策担当 孤独・孤立対策担当　野田聖子
経済再生担当 新しい資本主義担当 新型コロナ対策・健康危機管理担当 全世代型社会保障改革担当 内閣府特命担当大臣(経済財政政策)　山際大志郎
経済安全保障担当 内閣府特命担当大臣(科学技術政策　宇宙政策)　小林鷹之
東京オリンピック競技大会・東京パラリンピック競技大会担当 ワクチン接種推進担当　堀内詔子
国際博覧会担当 デジタル田園都市国家構想担当 共生社会担当 内閣府特命担当大臣(消費者及び食品安全　クールジャパン戦略　知的財産戦略)　若宮健嗣

〔内　閣　官　房〕

〒100-8968 千代田区永田町1-6-1
〒100-8970 千代田区霞が関3-1-1
合同庁舎4号館
☎03(5253)2111

内閣総理大臣　岸田文雄
内閣官房長官　松野博一
内閣官房副長官　木原誠二
同　磯﨑仁彦
同　栗生俊一
内閣危機管理監　村田　隆
国家安全保障局長　秋葉剛男
内閣官房副長官補　藤井健志
同　滝崎成樹
同　髙橋憲一
内閣広報官　四方敬之
内閣情報官　瀧澤裕昭
内閣総理大臣補佐官(国家安全保障に関する重要政策及び核軍縮・不拡散問題担当)　寺田　稔
内閣総理大臣補佐官(国際人権問題担当)　中谷　元
内閣総理大臣補佐官(国内経済その他特命事項担当)　村井英樹
内閣総理大臣補佐官(女性活躍担当)　森　まさこ
内閣総理大臣補佐官(国土強靭化及び復興等の社会資本整備並びに科学技術イノベーション政策その他特命事項担当)　森　昌文
内閣総理大臣秘書官　嶋田　隆
山本高義　中嶋浩一郎
中込正志　宇波弘貴
荒井勝喜　中山光輝
逢阪貴士
内閣官房長官秘書官　小澤貴仁
同　事務取扱　山本文土
南　順子　坂本成範
原　昌史　安中　健
曳野　潔　岩瀬　聡
安藤　誠

〔内閣総務官室〕

内閣総務官　大西証史
内閣審議官　松田浩樹
溝口　洋　(併)佐藤正一
内閣参事官　福田　毅
川崎穂高　山田章平
(併)坂口常明　(併)吉田勝夫
(併)山本元一　(併)畠山貴晃
(併)宇田川佳宏　(併)原　典久
(併)土屋暁胤　(併)川本　登
(併)江口　満　(併)黄地吉隆
(併)八木貴弘　(併)梶　元伸
(併)吉野議章　(併)松本圭介
(併)竹内尚也　(併)上杉和貴
(併)田中宏和　(併)菅原　強
企画官　墳﨑正俊

内閣

御厩敷　寛　(併)錦織　誠
(併)大橋方利　(併)押切哲夫
(併)熊谷勝美　(併)古川淳永
(併)髙野　仁　(併)高橋敏明
(併)児玉泰明　(併)徳大寺祥宏
(併)符川公平　(併)鈴木智之
(併)門　寛子　(併)二瓶朋史
調査官　千葉　均

(皇室典範改正準備室)
室長　大西証史
副室長　松田浩樹
同　溝口　洋
審議官(併)　古賀浩史
参事官　川崎穂高
佐藤昭一　(併)坂口常明
(併)稲原　浩

(公文書監理官室)
室長　松田浩樹
参事官　福田　毅

(総理大臣官邸事務所)
所長　三浦靖彦
副所長　春日英二

〔国家安全保障局〕

局長　秋葉剛男
次長(内閣官房副長官補)　滝崎成樹
同　(同)　髙橋憲一
内閣審議官　藤井敏彦
加野幸司　高村泰夫
徳永勝彦　室田幸靖
(併)三貝　哲
内閣参事官　山路栄作
鬼塚友章　米山栄一
柏原　裕　八塚　哲
志賀佐保子　太田　学
山本将之　川上直人
(併)西山英将　(併)山口　剛
(併)小新井友厚　(併)石原雄介
(併)有田　純
企画官　時田裕士
長野将光　山本武臣
荒　心平　富田晃弘
森川直哉　堀江雅司
三角崇人　(併)佐々木渉

(併)杉浦史朗　(併)原　裕
(併)猪俣明彦　(併)折笠史典
(併)是永基樹　(併)大矢　実
(併)近藤亮治　(併)中村晋士
(併)小森貴文　(併)金井伸輔
(併)谷澤厚志

〔内閣官房副長官補〕

内閣官房副長官補　藤井健志
同　滝崎成樹
同　髙橋憲一
内閣審議官　石川正一郎
新原浩朗　髙原　剛
道井緑一郎　田島淳志
大矢俊雄　谷内　繁
五道仁実　稲山文男
椿　泰文　清瀬和彦
大村慎一　小森敏也
川辺英一郎　下田隆文
中村博治　長谷川貴彦
豊岡宏規　柳樂晃洋
十時憲司　森田弘一
澤田史朗　上田康治
青柳　肇　村井紀之
大西友弘　岸本武史
木村　聡　渡邊昇治
大沢　博　井上諭一
谷村栄二　益田　浩
武井佐代里　菊池善信
中村　賢　田原芳幸
前田　努　迫井正深
田中仁志　足達雅英
長田　敬　佐々木　健
(併)田和　宏　(併)岡本　宰
(併)福島靖正　(併)伯井美徳
(併)安藤晴彦　(併)井上裕之
(併)小原　昇　(併)瀧本　寛
(併)青木由行　(併)林　伴子
(併)松尾泰樹　(併)新川浩嗣
(併)牛草哲朗　(併)大島一博
(併)松本泰宏　(併)八神敦雄
(併)和田浩一　(併)達谷窟庸野
(併)髙橋季承　(併)川嶋貴樹
(併)林　幸宏　(併)小野啓一
(併)船越健裕　(併)北浦修敏

内閣

(併)阪田　渉　(併)松浦克巳
(併)川又竹男　(併)渡邊　毅
(併)松尾剛彦　(併)松本貴久
(併)黒田岳士　(併)野村　裕
(併)木村　実　(併)渡辺その子
(併)星野芳隆　(併)吾郷俊樹
(併)小野平八郎　(併)小宮義之
(併)松重友啓　(併)杉浦久弘
(併)藤原朋子　(併)横幕章人
(併)内田幸雄　(併)渡邉洋一
(併)表　尚志　(併)須藤　治
(併)髙科　淳　(併)田村暁彦
(併)山下隆一　(併)渡辺　健
(併)大髙豪太　(併)新井孝雄
(併)吉住啓作　(併)難波健太
(併)彦谷直克　(併)堀本善雄
(併)蝦名喜之　(併)鹿沼　均
(併)北波　孝　(併)長田浩志
(併)黒田淳一郎　(併)村上敬亮
(併)村瀬佳史　(併)矢作友良
(併)渡邉政嘉　(併)村田茂樹
(併)濱島秀夫　(併)阿部知明
(併)池田達雄　(併)黒瀬敏文
(併)吉岡秀弥　(併)白井利明
(併)長野裕子　(併)阿久澤孝
(併)榎本　剛　(併)内山博之
(併)宮崎敦文　(併)永井春信
(併)金子知裕　(併)福永哲郎
(併)金子正志　(併)木村典央
(併)坂巻健太　(併)田中佐智子
(併)富田　望　(併)大澤一夫
(併)黒田昌義　(併)三橋さゆり
(併)小川康則　(併)寺﨑秀俊
(併)佐久間正哉　(併)泉　恒有
(併)相川哲也　(併)内野洋次郎
(併)辻　貴博　(併)湯下敦史
(併)淵上　孝　(併)片岡宏一郎
(併)成田達治　(併)三浦章豪
(併)大野　達　(併)西村秀隆
(併)師田晃彦　(併)保坂和人
(併)坂本三郎　(併)大坪寛子

内閣参事官　柊平　健
岩松　潤　廣瀬健司
三浦　明　那須　基
西川隆久　桐山伸夫

宇田川佳宏　川上恭一郎
岩佐　理　梶山正司
渋谷闘志彦　中西礎之
前　健一　野村政樹
日向　彰　松下雄介
大場寛之　梶野友樹
舟橋弥生　近藤貴幸
細川真宏　山下　護
下世古光可　髙木正人
安藤英樹　水野敦志
久保大輔　安枝　亮
高城　亮　中井智洋
後沢彰宏　吉浜隆雄
下荒磯　誠　東　高士
松岡輝昌　渡邉顕太郎
林　揚哲　(併)竹内　聡
(併)柏尾倫哉　(併)齊藤幸司
(併)石島光男　(併)渡邉洋平
(併)香月真治　(併)木村直樹
(併)八百屋市男　(併)川村謙一
(併)梶本洋之　(併)寺門成真
(併)野口武人　(併)三嶋英一
(併)山田正人　(併)中野穣治
(併)田邉　仁　(併)谷本信賢
(併)一瀬圭一　(併)渡部保寿
(併)岸本哲哉　(併)秋山公城
(併)髙橋一成　(併)西浦博之
(併)野村栄悟　(併)西岡邦彦
(併)新田隆夫　(併)中込　淳
(併)山川　修　(併)原田浩一
(併)松本　圭　(併)横山　直
(併)神田忠雄　(併)塚田益徳
(併)股野元貞　(併)北山浩士
(併)佐藤光次郎　(併)御厩祐司
(併)小澤時男　(併)巽　慎一
(併)中野岳史　(併)麻山健太郎
(併)岡野まさ子　(併)柴﨑哲也
(併)本間和義　(併)茂呂賢吾
(併)津村　晃　(併)長嶺行信
(併)町田鉄男　(併)有吉孝史
(併)上田淳二　(併)大畠　大
(併)福島秀生　(併)小谷和浩
(併)田村真一　(併)平山直子
(併)石川賢司　(併)榎本芳人
(併)野添剛司　(併)平山潤一郎

(併)菊川人吾　(併)平泉　洋
(併)水野正人　(併)山影雅良
(併)吉田健一郎　(併)今井和哉
(併)山下雄史　(併)桑田龍太郎
(併)古瀬陽子　(併)山田敏充
(併)常山修治　(併)岩田和昭
(併)西村治彦　(併)尾原淳之
(併)松林高樹　(併)森本敦司
(併)河野琢次郎　(併)次田　彰
(併)北郷恭子　(併)吉田　綾
(併)河邑忠昭　(併)三ツ本晃代
(併)御友重希　(併)今井裕一
(併)田淵エルガ　(併)中野理美
(併)平野　誠　(併)西岡　隆
(併)井上誠一郎　(併)滝澤　豪
(併)桃井謙祐　(併)田中賢二
(併)飛田　章　(併)安岡義敏
(併)山上俊行　(併)井草真言
(併)江原康雄　(併)小林明生
(併)重里佳宏　(併)中里吉孝
(併)平居秀一　(併)大野　祥
(併)小澤研也　(併)澤飯　敦
(併)芹生太郎　(併)田中耕太郎
(併)中村武浩　(併)吉田英一郎
(併)尾崎守正　(併)姫野泰啓
(併)松田尚之　(併)尾﨑　道
(併)伊藤正雄　(併)岡本剛和
(併)香月健太郎　(併)田中昇治
(併)石川　亨　(併)宇野禎晃
(併)溝口　進　(併)市川靖之
(併)小松雅人　(併)岩橋　保
(併)安部憲明　(併)深堀　亮
(併)藤山智博　(併)小林秀幸
(併)西平賢哉　(併)亀井明紀
(併)福地真美　(併)吉屋拓之
(併)小熊弘明　(併)瀬井威公
(併)飯嶋威夫　(併)手倉森一郎
(併)渡辺正道　(併)神谷将広
(併)松浦　直　(併)小柳太郎
(併)川村朋哉　(併)大山　修
(併)石橋英宣　(併)大西一義
(併)梶原　徹　(併)田中勇人
(併)佐藤人海　(併)篠田智志
(併)髙鹿秀明　(併)内田了司
(併)寺本恒昌　(併)樋本　諭

(併)松本加代　(併)若月一泰
(併)星　明彦　(併)佐藤　俊
(併)宮本康宏　(併)平井　滋
(併)森川　武　(併)中村英昭
(併)箭野拓士　(併)荒木裕人
(併)山口正行　(併)中原廣道
(併)指田　徹　(併)堀　信太朗
(併)倉石誠司　(併)渡瀬友博
(併)野崎　彰　(併)佐藤勇輔
(併)前田勇太　(併)小玉大輔
(併)谷口謙治　(併)田村英康
(併)輕部　努　(併)磯貝敬智
(併)井圡和志　(併)髙松忠介
(併)中谷祐貴子　(併)中橋宗一郎
(併)福永佳史　(併)島津裕紀
(併)安居院公仁　(併)漆畑有浩
(併)山内孝一郎

企画官　新川俊一
杦浦維勝　西川宜宏
野田博之　(併)石橋朋子
(併)空閑信憲　(併)能美健一郎
(併)上野裕大　(併)生田目尚美
(併)井田直樹　(併)藤山健人
(併)福田一博　(併)加藤弘也
(併)千谷真美子　(併)倉谷英和
(併)近藤　修　(併)村上真祥
(併)山田　協　(併)金子憲一
(併)齋藤康平　(併)蹴揚秀男
(併)西澤洋行　(併)木村順治
(併)原　裕　(併)石丸　淳
(併)猪俣明彦　(併)嶋田研司
(併)後藤章文　(併)折笠史典
(併)相澤寛史　(併)岡﨑雄太
(併)原田　貴　(併)川上悟史
(併)是永基樹　(併)工藤健一
(併)西村　卓　(併)藤井信英
(併)藤沼広一　(併)田中義高
(併)金子尚哉　(併)芥　唯一郎
(併)櫻井理寛　(併)佐々木明彦
(併)形岡拓文　(併)加藤隆行
(併)水野忠幸　(併)家田健一郎
(併)土肥　学　(併)佐藤隆夫
(併)赤間圭祐　(併)髙見英樹
(併)朝比奈祥子　(併)宮本賢一
(併)田中麻理　(併)橋本成央

(併)金井伸輔　(併)橘髙徹哉
(併)佐藤　司　(併)河原　卓
(併)谷澤厚志　(併)筑紫正宏
(併)田代　毅　(併)笹尾一洋
(併)前田翔三　(併)松山大貴

(空港・港湾水際危機管理チーム)

参事官　髙木正人
安枝　亮　(併)市村信之
(併)米山徹明　(併)筒井直樹
(併)峰本健正　(併)西村　拓
(併)澤井　俊　(併)松林高樹
(併)土屋暁胤　(併)北浦康弘
(併)森髙龍平
空港危機管理官(併)　鈴木　健
大嶽裕保　香川剛志
港湾危機管理官(併)　山田昌弘
糸井一幸　森　征人
相馬　淳　花井宏泰
加瀬和浩　柳田誠治

(アイヌ総合政策室)

〒107-0052 港区赤坂1-9-13
三会堂ビル9F ☎03(5575)1044

室長(併)　小原　昇
室長代理(併)　髙橋季承
同(併)　杉浦久弘
次長　木村　聡
同(併)　吾郷俊樹
参事官(併)　田仲教泰
梶本洋之　江口幹太
佐藤忠晴　岸本哲哉
山上俊行　平山直子
富山未来仁
企画官(併)　蹴揚秀男
北海道分室長(併)　池下一文

(郵政民営化推進室)

〒100-0014 千代田区永田町1-11-39
永田町合同庁舎3F ☎03(5251)8748

室長　椿　泰文
副室長(併)　松重友啓
同(併)　西岡邦彦
参事官(併)　髙田義久
大畠　大　香月健太郎
小林知也
企画官(併)　芥　唯一郎

(沖縄連絡室)

室長(内閣官房副長官)　栗生俊一
室長代理(内閣官房副長官補)　藤井健志
室員　大沢　博
廣瀬健司　川上恭一郎
梶山正司　日向　彰
細川真宏　水野敦志
後沢彰宏　(併)井草真言
(併)小玉大輔

(沖縄連絡室沖縄分室)

分室長(併)　田中愛智朗
室員(併)　宮崎　順
同(併)　梶田琢磨

(全世代型社会保障構築本部事務局)

局長(併)　大島一博
審議官(併)　横幕章人
鹿沼　均　阿久澤　孝
田中佐智子　相川哲也
田原芳幸　池田達雄
参事官(併)　松本　圭
川野宇宏　巽　慎一
石川賢司　一松　旬
田中勇人　山内孝一郎
企画官(併)　和田幸典

(原子力発電所事故による経済被害対応室)

室長(併)　須藤　治
参事官(併)　實國慎一
同(併)　仙波秀志

(新しい資本主義実現本部事務局)

事務局長(内閣官房副長官)　栗生俊一
事務局長代行(内閣官房副長官)　藤井健志
事務局長代理　田和　宏
同　新原浩朗
事務局次長　岸本武史
木村　聡　田原芳幸
(併)井上裕之　(併)土生栄二
(併)松浦克巳　(併)林　幸宏
(併)彦谷直克　(併)堀本善雄
(併)村瀬佳史　(併)柿田恭良
(併)吉岡秀弥　(併)三浦章豪
参事官(併)　齊藤幸司
香月真治　秋山公城
塚田益徳　阿部竜矢

本間和義　中澤信吾
茂呂賢吾　上田淳二
太田原和房　水野正人
山影雅良　山田敏充
坂本里和　北郷恭子
黒田紀幸　小澤研也
伊藤正雄　溝口　進
市川靖之　垣見直彦
藤山智博　渡辺正道
佐藤人海　遠藤幹夫
佐藤　俊　平井　滋
堀　泰雄　磯貝敬智
島津裕紀
企画官(併)　高居良平
山田　協　金子憲一
岡﨑雄太　田邉国治
佐藤隆夫　筑紫正宏
田代　毅　前田翔三
松山大貴

(新しい資本主義実現本部事務局私的独占禁止法特例法担当室)

室長　新原浩朗
次長(併)　堀本善雄
参事官(併)　塚田益徳
同(併)　倉石誠司

(教育未来創造会議担当室)

室長(併)　瀧本　寛
次長(併)　寺門成真
参事官(併)　新田隆夫
小谷和浩　平山潤一郎
田淵エルガ　宇野禎晃
島津裕紀
企画官(併)　相澤寛史
川上悟史　赤間圭祐
髙見英樹

(国土強靭化推進室)

室長(内閣官房副長官)　栗生俊一
次長　五道仁実
審議官(併)　五味裕一
同(併)　金子正志
参事官(併)　中込　淳
矢崎剛吉　小松雅人
神谷将広　小玉典彦
企画官(併)　藤山健人

西澤洋行　工藤健一
土肥　学

(拉致問題対策本部事務局)

☎03(3581)3885

事務局長　石川正一郎
審議官(併)　岡本　宰
船越健裕　白井利明
参事官(併)　難波正樹
深堀　亮　前田勇太
情報室長(併)　一瀬圭一
総務・拉致被害者等支援室長　野村政樹
政策企画室長(併)　大野　祥
総務・拉致被害者等支援室企画官(併)　加藤弘也
政策企画室企画官(併)　藤沼広一
情報室企画官(併)　能美健一郎

(行政改革推進本部事務局)

事務局長　稲山文男
事務局次長　小森敏也
同(併)　湯下敦史
参事官(併)　柏尾倫哉
渡邉洋平　山田正人
尾原淳之　平泉　洋
長嶺行信　三ツ本晃代
重里佳宏　中村武浩
川村朋哉　中村英昭
谷口謙治　髙松忠介
企画官(併)　宮本賢一
同(併)　橘髙徹哉

(領土・主権対策企画調整室)

室長　川辺英一郎
審議官(併)　伊藤　信
参事官　久保大輔
同(併)　中嶋　護
企画官(併)　北川公也
同(併)　齋藤康平

(重要土地等調査法施行準備室)

室長　田島淳志
次長　川辺英一郎
(併)川嶋貴樹　(併)大澤一夫
参事官(併)　常山修治
安岡義敏　江原康雄
平居秀一　宮本康宏
企画官(併)　金子尚哉

同　(併)　家田健一郎

(健康・医療戦略室)

室長(内閣官房副長官補)　藤井健志
室長代理(併)　福島靖正
次長(併)　鎌田光明
伊原和人　八神敦雄
小野啓一　池田貴城
長野裕子　浅沼一成
佐原康之　西村秀隆
畠山陽二郎　鈴木健彦
田中一成　井上肇
大坪寛子
参事官(併)　神田忠雄
姫野泰啓　福地真美
吉屋拓之　荒木裕人
企画官(併)　西村卓
形岡拓文　加藤隆行
江副聡　河原卓

(TPP(環太平洋パートナーシップ)等政府対策本部)

本部長(経済再生担当大臣)　山際大志郎
首席交渉官(併)　香川剛廣
国内調整統括官　田島淳志
企画・推進審議官　道井緑一郎
審議官　谷村栄二
同　(併)　田村暁彦
交渉官(併)　石橋朋子
同　(併)　上野裕大
部員(併)　牛草哲朗
達谷窟庸野　小野啓一
阪田渉　渡邊毅
松尾剛彦　小宮義之
渡辺健　渡邉洋一
黒田淳一郎　矢作友良
福永哲郎　泉恒有
交渉官(併)　尾﨑道
大西一義　田村英康
福永佳史
部員　廣瀬健司
桐山伸夫　(併)齊藤幸司
(併)西浦博之　(併)二瓶大輔
(併)田中耕太郎　(併)内田了司
(併)福島秀生
交渉官(併)　井田直樹
千谷真美子　西村聞多
原田貴　佐々木明彦
橋本成央
部員(併)　空閑信憲
生田目尚美　嶋田研司

(水循環政策本部事務局)

事務局長(併)　三橋さゆり
審議官(併)　永井春信
参事官(併)　緒方和之
川村謙一　佐藤寿延
名倉良雄　川又孝太郎
塩手能景　石川亨
企画官(併)　近藤修

(産業遺産の世界遺産登録推進室)

室長(併)　青木由行
次長(併)　榎本剛
武井佐代里　岡野結城子
参事官(併)　木村直樹
中野穣治　桑田龍太郎
今井新　俣野敏道
企画官(併)　野畑直城
川﨑俊正　村上真祥

(東京オリンピック競技大会・東京パラリンピック競技大会推進本部事務局)

事務局長　豊岡宏規
総括調整統括官　豊岡宏規
企画・推進統括官　十時憲司
益田浩　中村賢
特命担当統括官(併)　串田俊巳
審議官　田原芳幸
同　(併)　星野芳隆
参事官　岩佐理
梶山正司　下世古光可
中井智洋　林揚哲
(併)市村信之　(併)前田泰宏
(併)渡部保寿　(併)日向信和
(併)熊木正人　(併)西川隆久
(併)岡野まさ子　(併)伊澤知法
(併)宮﨑貴哉　(併)片山敏宏
(併)松林高樹　(併)今井裕一
(併)平野誠　(併)矢田貝泰之
(併)中村裕治　(併)今井宗雄
(併)渡辺栄二　(併)南野圭史
(併)渡瀬友博
企画官　杦浦維勝

内閣

（併）渡邉慎二　（併）雲田陽一

（観光戦略実行推進室）

室長（内閣官房副長官）　栗生俊一
室長代理（内閣官房副長官補）　藤井健志
同（併）　和田浩一
次長　木村聡
同（併）　村田茂樹
審議官（併）　馬場竹次郎
堀本善雄　金子知裕
黒田昌義　大野達
池光崇
参事官（併）　河南正幸
荻野憲一　新発田龍史
中澤正彦　阿部竜矢
日向弘基　伊藤正志
杉田憲英　片山敏宏
堤洋介　熊倉基之
成松英範　桃井謙祐
田島聖一　田淵エルガ
上原龍　北浦康弘
三輪田優子　篠田智志
星明彦　指田徹
渡瀬友博　輕部努
高橋泰史　髙松忠介
浅野大介　柿沼宏明
企画官（併）　後藤章文
横田愛　叶雅仁
佐藤司

（特定複合観光施設区域整備推進室）

室長（併）　和田浩一
次長（併）　木村典央
参事官（併）　今井和哉
岩橋保　小林秀幸
梶原徹　箭野拓士
堀信太朗

（地理空間情報活用推進室）

室長（併）　松本貴久
室長代理　木村聡
（併）岡村直子　（併）吉田誠
参事官　後沢彰宏
（併）大木章一　（併）東出成記
（併）森戸義貴　（併）次田彰
（併）福井俊英　（併）奥田誠子

企画官（併）　都築直史
同（併）　小川裕之

（ギャンブル等依存症対策推進本部事務局）

事務局長（内閣官房副長官）　栗生俊一
事務局長代行（内閣官房副長官補）　藤井健志
ギャンブル等依存症対策総括官（併）　高田潔
審議官　大沢博
（併）清水雄策　（併）北波孝
参事官　廣瀬健司
山下護　（併）榎本芳人
（併）秋田未樹　（併）新田一郎
（併）森本敦司　（併）福島一
（併）小堀厚司　（併）小林秀幸
（併）林修一郎　（併）小堀龍一郎
（併）石塚哲朗　（併）早渕宏毅
企画官（併）　三浦裕幸
満永俊典　小澤幸生
五月女有良

（小型無人機等対策推進室）

室長（内閣官房副長官補）　藤井健志
審議官　木村聡
（併）平井一彦　（併）大高豪太
（併）髙田陽介　（併）野崎雅稔
（併）森元良幸　（併）苗村公嗣
（併）新川達也　（併）坂巻健太
（併）武井貞治
参事官（併）　名倉良雄
小津敦　翁長久
土屋暁胤　正田聡
堀江信幸　盛谷幸一郎
小熊弘明　安田篤
森髙龍平

（オリンピック・パラリンピックレガシー推進室）

室長　豊岡宏規
次長（併）　榎本剛
審議官　十時憲司
中村賢　（併）木村実
（併）星野芳隆　（併）大野達
参事官　下世古光可
中井智洋　（併）渡部保寿
（併）佐藤光次郎　（併）日向信和
（併）岡野まさ子　（併）今井裕一
（併）輕部努

(就職氷河期世代支援推進室)

室長(内閣官房副長官補)　藤井健志
室長代理(併)　大島一博
同　(併)　林　幸宏
次長　田原芳幸
(併)野村　裕　(併)田中佐智子
参事官　安藤英樹
(併)駒木賢司　(併)松本　圭
(併)御厩祐司　(併)岡野まさ子
(併)蒔苗浩司　(併)伊藤正志
(併)杉田憲英　(併)平山潤一郎
(併)黒澤　朗　(併)大沢元一
(併)神山　弘　(併)井上誠一郎
(併)岡田智裕　(併)藤山智博
(併)島津裕紀
企画官(併)　朝比奈祥子

(デジタル市場競争本部事務局)

局長(内閣官房副長官補)　藤井健志
局長代理　新原浩朗
次長(併)　濱島秀夫
佐久間正哉　成田達治
三浦章豪
参事官(併)　佐脇紀代志
塚田益徳　山澄　克
吉田恭子　河野琢次郎
飯倉主税　岡本剛和
亀井明紀　須賀千鶴
企画官(併)　日置純子
藤井信英　寺西直子
安藤元太

(新型コロナウイルス等感染症対策推進室)

室長　迫井正深
次長　中村博治
審議官　柳樂晃洋
森田弘一　大西友弘
渡邊昇治　菊池善信
前田　努　田中仁志
足達雅英　(併)辻　貴博
参事官　岩松　潤
三浦　明　那須　基
前　健一　大場寛之
梶野友樹　山下　護
高城　亮　下荒磯　誠
松岡輝昌　渡邉顕太郎
(併)麻山健太郎　(併)菱山　大
(併)松林高樹　(併)河邑忠昭
(併)石井達也　(併)水田　豊
(併)芹生太郎　(併)尾崎守正
(併)西平賢哉　(併)石橋英宣
企画官　新川俊一
西川宜宏　野田博之
(併)府川秀樹　(併)石丸　淳

(新型コロナウイルス等感染症対策推進室
新型インフルエンザ等対策室)

室長　柳樂晃洋
参事官　三浦　明
山下　護　(併)松林高樹
企画官　西川宜宏
同　野田博之

(新型コロナウイルス感染症対策本部事務局)

事務局長(内閣官房副長官)　栗生俊一
事務局長代理　秋葉剛男
沖田芳樹　藤井健志
滝崎成樹　髙橋憲一
(充)迫井正深　(併)福島靖正
(併)吉田　学
次長　中村博治
審議官　柳樂晃洋
森田弘一　大西友弘
渡邊昇治　菊池善信
田中仁志　足達雅英
前田　努　(併)辻　貴博
参事官　岩松　潤
三浦　明　那須　基
前　健一　大場寛之
梶野友樹　西平賢哉
山下　護　高城　亮
下荒磯　誠　松岡輝昌
渡邉顕太郎　(併)麻山健太郎
(併)菱山　大　(併)松林高樹
(併)河邑忠昭　(併)石井達也
(併)水田　豊　(併)芹生太郎
(併)尾崎守正　(併)石橋英宣
企画官　新川俊一
西川宜宏　野田博之
(併)府川秀樹　(併)石丸　淳

(国際博覧会推進本部事務局)

局長　新原浩朗

局長代理(併)　畠山陽二郎
次　長　益田　浩
長田　敬　(併)髙科　淳
(併)渡辺　健
参事官(併)　齊藤幸司
野口武人　山川　修
中野岳史　有吉孝史
滝澤　豪　鎌谷陽之
藤山智博

(孤独・孤立対策担当室)
室　長　大村慎一
室長代理(併)　大島一博
同　(併)　笹川　武
次　長　大沢　博
(併)難波健太　(併)北波　孝
参事官　廣瀬健司
安藤英樹　(併)八百屋市男
(併)上森康幹　(併)松本　圭
(併)御厩祐司　(併)江口有隣
(併)田村真一　(併)藤吉尚之
(併)筒井誠二　(併)石川賢司
(併)岩下忝善　(併)前田奈歩子
(併)髙橋俊博　(併)手倉森一郎
(併)石塚哲朗　(併)中橋宗一郎
企画官(併)　木村順治
同　(併)　和田幸典

(気候変動対策推進室)
室　長(併)　新川浩嗣
次　長(併)　山下隆一
同　(併)　上田康治
参事官　松下雄介
近藤貴幸　(併)岩間　浩
(併)太田原和房　(併)菊川人吾
(併)松家新治　(併)西村治彦
(併)松田尚之　(併)細川真宏
(併)若月一泰　(併)中原廣道
(併)井上和志

(FATF(金融活動作業部会)勧告関係法整備検討室)
室　長　大矢俊雄
室長代理　村井紀之
次　長(併)　内野洋次郎
保坂和人　股野元貞
参事官(併)　加藤博紀
佐藤大作　島村　英
町田鉄男　陣田直也
稲盛久人　淺井洋介
棚瀬　誠　浅沼雄介
企画官(併)　小牟田竜一
同　(併)　德　聡子

(デジタル田園都市国家構想実現会議事務局)
局　長　髙原　剛
次　長　谷内　繁
清瀬和彦　(併)村上敬亮
審議官　武井佐代里
(併)北浦修敏　(併)渡辺その子
(併)内田幸雄　(併)新井孝雄
(併)渡邉政嘉　(併)井上諭一
(併)吉岡秀弥　(併)富田　望
(併)黒田昌義　(併)相川哲也
(併)師田晃彦
参事官(併)　竹内　聡
石島光男　横山　直
三嶋英一　田邉　仁
谷本信賢　野村栄悟
髙橋一成　原田浩一
吉田健一郎　片山敏宏
古瀬陽子　御友重希
中野理美　西岡　隆
澤飯　敦　溝口　進
田中昇治　飯嶋威夫
篠田智志　星　明彦
泉　聡子　山口正行
倉石誠司　中橋宗一郎
企画官(併)　角南　巌
倉谷英和　後藤章文
植田博信　菊田逸平
笹尾一洋

(経済安全保障法制準備室)
室　長　藤井敏彦
次　長　高村泰夫
木村　聡　(併)三貝　哲
(併)泉　恒有
参事官　山路栄作
八塚　哲　山本将之
(併)西山英将　(併)山口　剛
(併)小新井友厚　(併)有田　純

内閣

(令和3年経済対策世帯給付金等事業企画室)
室長(併) 井上裕之
次長(併) 林幸宏
同(併) 小野平八郎
審議官(併) 川又竹男
黒田岳士 池田達雄
阿久澤孝 相川哲也
参事官(併) 茂呂賢吾
吉田英一郎 水野敦志
野崎彰
企画官(併) 田中義高
櫻井理寛 水野忠幸

(こども家庭庁設置法案等準備室)
室長 谷内繁
次長(併) 伯井美徳
橋本泰宏 藤原朋子
審議官(併) 川又竹男
難波健太 蝦名喜之
長田浩志 相川哲也
淵上孝
参事官(併) 北山浩士
御厩祐司 小澤時男
津村晃 小林明生
手倉森一郎 髙鹿秀明
泉聡子 山口正行
佐藤勇輔
企画官(併) 水野忠幸
同(併) 田中麻理

〔内閣広報室〕

内閣広報官 四方敬之
内閣審議官(併) 渡邉清
内閣参事官 小八木大成
井上淳 富永健嗣
角野浩之 (併)吉田充志
(併)坂本眞一 (併)松本好一朗
企画官 松山理然
同(併) 林慎一郎
調査官 佐藤忠美

(国際広報室)
室長(併) 松本好一朗
室員 齋藤康平
角野浩之 松山理然

(総理大臣官邸報道室)
室長 富永健嗣
調査官 佐藤忠美

〔内閣情報調査室〕

内閣情報官 瀧澤裕昭
次長(内閣審議官) 柳淳
内閣審議官 福本茂伸
河野真 向山喜浩
濵田隆 (併)小柳誠二
(併)大隅洋
内閣情報分析官(内閣審議官) 加藤達也
同(内閣参事官) 深瀬聡之
前田清人 大槻耕太郎
加門俊彦 原塚勝洋
(併)丹野博信 (併)河村憲明
内閣参事官 矢野幸雄
内藤新一 (併)石井敬千
(併)千葉陽一
調査官(併) 高橋真仁
原大輔 重成麻利
山田雅史

(総務部門)
内閣参事官 上田泰宏
立﨑正夫 苧坂壮栄
恒吉雄一 野田哲之
(併)北林利基 (併)片山真
(併)野川明輝 (併)圖師執二
(併)髙野昌博
調査官 島倉善広
野田浩絵 玉川達也
(併)柳川浩介 (併)森充広

(国内部門)
内閣参事官 後藤友宏
(併)山浦親一 (併)小西威夫
調査官 川越政雄
山田修 (併)矢作将人

(国際部門)
内閣参事官(併) 山本幹二
小林正佳 吉越清人
鳩村康 榎下健司
調査官 佐藤義実
小寺保暢 高瀬光将

（経済部門）

内閣参事官　門井　誠
岩田安晴　中山隆介
調査官（併）　西森雅樹

（内閣情報集約センター）

内閣参事官　一村　浩
（併）出戸雅之　（併）山本　豊
調査官（併）　大嶋文彦

（カウンターインテリジェンス・センター）

センター長（内閣情報官）　瀧澤裕昭
副センター長　河野　真
同　（併）　小柳誠二
参事官　立﨑正夫
（併）北林利基　（併）片山　真
（併）野村朋美

（国際テロ情報集約室）

室長（内閣官房副長官）　栗生俊一
室長代理（内閣情報官）　瀧澤裕昭
情報収集統括官　福本茂伸
次長　柳　淳
河野　真　向山喜浩
濵田　隆　（併）森　美樹夫
（併）横尾洋一　（併）瀨口良夫
（併）山内弘志　（併）松尾元信
（併）櫻澤健一　（併）阪田　渉
（併）増田和夫　（併）飯田陽一
（併）島田勘資　（併）大隅　洋
（併）西山卓爾
参事官　上田泰宏
立﨑正夫　苧坂壮栄
野田哲之　（併）圖師執二
（併）河村憲明　（併）髙田勝信
調査官　島倉善広
玉川達也　（併）中島　健
（併）森　充広

〔国際テロ対策・経済安全保障等情報共有センター〕

センター長（併）　圖師執二
副センター長　上田泰宏
同　（併）　森　充広

〔内閣衛星情報センター〕

所長　宮川　正
次長　植田秀人
管理部長　森田治男
総務課長　高橋美佐子
会計課長　越川浩和
運用情報管理課長　野川明輝
分析部長　中村耕一郎
管理課長　西野　聡
主任分析官　西山孝行
中川真紀　佐藤卓也
安藤暁史　坂本大地
割澤広一
技術部長　佐藤明生
企画課長　森下　信
管制課長　稲垣哲哉
主任開発官　三木清香
山田鎌司　小寺　章
総括開発官　末澤　洋
副センター所長　唐澤宏喜
北受信管制局長　野崎利光
南受信管制局長　大井勝義

（内閣サイバーセキュリティセンター）

センター長（内閣官房副長官補）　髙橋憲一
副センター長（内閣審議官）　吉川徹志
同　（同）（充）　下田隆文
内閣審議官（併）　山内智生
内閣参事官　中溝和孝
中村裕治　佐伯宜昭
（併）内田浩行　（併）結城則尚
（併）堀　真之助　（併）高柳大輔
（併）八嶋忠大　（併）野村朋美
（併）中野美夏
企画官　坪郷　聡
（併）雲田陽一　（併）扇　慎太郎
（併）鈴木健太郎　（併）渡邊修宏

〔内閣人事局〕

〒100-8914 千代田区永田町1-6-1
中央合同庁舎8号館 ☎03(6257)3731

内閣人事局長（内閣官房副長官）　栗生俊一
人事政策統括官　堀江宏之
横田信孝　大西証史
内閣審議官　松田浩樹
岡本誠司　佐野裕子
（併）松本敦司
人事制度研究官　城戸　亮
内閣参事官　北川　修

中井　亨　福田　毅
小山茂樹　鳥海貴之
山村和也　添田徹郎
越尾　淳　小野雄大
清水久子　鈴木邦夫
松本圭介　菅昌徹治
佐藤昭一　久山淳爾
(併)阿南哲也　(併)平沢克俊
(併)山本宏樹
企画官　西山賢司
今井由紀子　松井拓郎
池田繭樹　阿部一貴
松隈健一　山崎光輝
大野由希　西川奈緒
(併)御厩敷寛
調査官　長野浩二
山本隆之　石川義浩

(郵政民営化委員会事務局)
局長　椿　泰文
次長(併)　松重友啓
同(併)　西岡邦彦
参事官(併)　髙田義久
大畠　大　香月健太郎
企画官(併)　芥　唯一郎

(原子力防災会議事務局)
次長(併)　荒木真一
同(併)　松澤　裕
審議官(併)　松下　整
同(併)　森光敬子
参事官(併)　小山田　巧
新田　晃　坂内俊洋
成田浩司　安原　達
鈴木章記　馬場康弘

(特定複合観光施設区域整備推進本部事務局)
局長(併)　和田浩一
次長(併)　木村典央
参事官(併)　今井和哉
岩橋　保　小林秀幸
梶原　徹　箭野拓士
堀　信太朗

〔内閣法制局〕
〒100-0013 千代田区霞が関3-1-1
中央合同庁舎4号館 ☎03(3581)7271
内閣法制局長官　近藤正春
内閣法制次長　岩尾信行
長官秘書官　五十嵐　光
総務主幹　嶋　一哉
総務課長　鈴木芳樹
会計課長　照屋　敦
調査官　久下富雄
公文書監理官(兼)　久下富雄
第一部長　木村陽一
参事官　江﨑　崇
乗越徹哉　畑　佳秀
松谷　朗　堀　和匡
法令調査官　礒岡章子
憲法資料調査室長事務取扱　嶋　一哉
参事官(兼)　畑　佳秀
第二部長　平川　薫
参事官　衣斐瑞穂
渡邊哲至　櫛　清隆
栗原弥生　長谷浩之
大野　敬
第三部長　佐藤則夫
参事官　飯村博之
佐々木克之　西尾尚記
加藤　淳　永田将一
伊藤直人
第四部長　栗原秀忠
参事官　重元博道
澁谷秀行　駒井　航
安倍暢宏　森　大輔

〔国家安全保障会議〕
〒100-0014 千代田区永田町2-4-12
☎03(5253)2111
議長(内閣総理大臣)　**岸田文雄**
議員
総務大臣　**金子恭之**
外務大臣　**林　芳正**
財務大臣　**鈴木俊一**
経済産業大臣　**萩生田光一**
国土交通大臣　**斉藤鉄夫**
防衛大臣　**岸　信夫**
内閣官房長官　**松野博一**
国家公安委員長　**二之湯　智**

人事院

〒100-8913 千代田区霞が関1-2-3
中央合同庁舎5号館別館
☎03(3581)5311

総裁　川本裕子
人事官　立花宏
同　古屋浩明
総裁秘書官　小林義和

〔事務総局〕
事務総長　松尾恵美子
総括審議官　柴﨑澄哉
審議官　岩崎敏
公文書監理官(併)　福西謙
サイバーセキュリティ・情報化審議官　福西謙
政策立案参事官　宮川豊治
事務総局付　森川武
総務課長　木村秀崇
企画法制課長　植村隆生
人事課長　原田三嘉
会計課長　長谷川一也
国際課長　浅尾久美子
国際人事行政専門官　徳山淳記
公文書監理室長(併)　綾部悟始
情報管理室長　宮川忠彰

〔職員福祉局〕
局長　合田秀樹
次長　練合聡
職員団体審議官　好岡厚徳
職員福祉課長　役田平
審査課長　酒井元康
補償課長　藤原知朗
職員団体審議官付参事官　増尾秀樹

〔人材局〕
局長　西浩明
審議官　幸清聡
試験審議官　渡邊直一
参事官　住吉威彦
企画課長　箕浦正人
試験課長　澤田晃一
研修推進課長　西桜子
首席試験専門官　安部哲弥
石水修　佐藤昌博
田中独歩

〔給与局〕
局長　佐々木雅之
次長　荻野剛
給与第一課長　近藤明生
給与第二課長　三浦隆
給与第三課長　一之瀬徹
生涯設計課長　奈良間貴洋

〔公平審査局〕
局長　中山隆志
審議官　吉田德幸
調整課長　井上勉
公平審査分析官　古田義行
職員相談課長　木下清利
首席審理官　森谷明浩
前田聡子　太田清文

〔公務員研修所〕
〒358-0014 入間市宮寺3131
☎04(2934)1291
所長　池本武広
副所長　河原節子
同(併)　幸清聡
主任教授　府川陽子
教授　井手亮
教務部長　柳田健一
教務部政策研修分析官　小堀幸一

〔国家公務員倫理審査会〕
会長　秋吉淳一郎
委員　青山佳世
上野幹夫　潜道文子
立花宏
事務局長　荒井仁志
首席参事官　岸本康雄
参事官　森奈美

内閣府

〒100-8914 千代田区永田町1-6-1
〒100-8914 千代田区永田町1-6-1
中央合同庁舎8号館
〒100-8970 千代田区霞が関3-1-1
中央合同庁舎4号館(分館)
☎03(5253)2111

内閣総理大臣　岸田文雄
内閣官房長官　松野博一
内閣府特命担当大臣(金融)　鈴木俊一
内閣府特命担当大臣(原子力損害賠償・廃炉等支援機構)　萩生田光一
内閣府特命担当大臣(原子力防災)　山口壯
内閣府特命担当大臣(規制改革)　牧島かれん
内閣府特命担当大臣(沖縄及び北方対策)　西銘恒三郎

内閣府特命担当大臣（防災　海洋政策）	二之湯　智
内閣府特命担当大臣（地方創生　少子化対策　男女共同参画）	野田聖子
大臣補佐官	三原じゅん子
内閣府特命担当大臣（経済財政政策）	山際大志郎
内閣府特命担当大臣（科学技術政策　宇宙政策）	小林鷹之
内閣府特命担当大臣（消費者及び食品安全　クールジャパン戦略　知的財産戦略）	若宮健嗣
副大臣	大野敬太郎
同	黄川田仁志
同	赤池誠章
同（兼）	小林史明
同（兼）	池田佳隆
同（兼）	佐藤英道
同（兼）	細田健一
同（兼）	石井正弘
同（兼）	渡辺猛之
同（兼）	務台俊介
同（兼）	鬼木　誠
大臣政務官	小寺裕雄
同	宮路拓馬
同	宗清皇一
同（兼）	山田太郎
同（兼）	高橋はるみ
同（兼）	島村　大
同（兼）	吉川ゆうみ
同（兼）	岩田和親
同（兼）	泉田裕彦
同（兼）	穂坂　泰
同（兼）	中曽根康隆
事務次官	田和　宏
内閣府審議官	大塚幸寛
同	井上裕之

〔大臣官房〕

大臣官房長	宮地　毅
大臣官房政策立案総括審議官	黒田岳士
大臣官房公文書監理官（併）	黒瀬敏文
大臣官房サイバーセキュリティ・情報化審議官	佐藤正一
大臣官房審議官（官房担当）	吉住啓作
（併）笹川　武	（併）辻　貴博
（併）黒田岳士	（併）三浦章豪
（併）黒瀬敏文	（併）増島　稔
（併）大貫裕二	（併）伊藤　信
官房審議官（公文書監察担当）（併）	黒瀬敏文
官房審議官（拉致被害者等支援担当）（併）	岡本　宰
総務課長	原　典久
参事官（総務課）（併）	冨岡勇哉
伊藤誠一	菅原　強
馬場純郎	中嶋　護
上杉和貴	茂呂賢吾
田中駒子	田中宏和
管理室長（併）	田中宏和
萩生田国務大臣秘書官事務取扱	呉村益生
山口国務大臣秘書官事務取扱	杉井威夫
同　事務取扱	小林祐紀
松野国務大臣秘書官事務取扱	南　順子
牧島国務大臣秘書官事務取扱	内野宏人
小山里沙	中道紘一郎
西銘国務大臣秘書官事務取扱	橋爪孝明
二之湯国務大臣秘書官事務取扱	藤本真也
同　事務取扱	大堀芳文
野田国務大臣秘書官	村上和子
同　事務取扱	魚井宏泰
同　事務取扱	村上仰志
山際国務大臣秘書官	吉野哲平
同　事務取扱	永原伯武
末光大毅	吉田昌司
阿部康幸	
小林国務大臣秘書官	竹内仁美
同　事務取扱	有田　純
釜井宏行	是永基樹
若宮国務大臣秘書官	荒木田　聡
同　事務取扱	積田北辰
同　事務取扱	阪口理司
人事課長	矢作修己
参事官（人事課担当）	堤　雅彦
参事官	角田リサ
会計課長	畠山貴晃
参事官（会計課担当）	山本元一
企画調整課長	伊藤誠一
参事官（企画調整課担当）	大西公一郎
（併）山影雅良	（併）北村　実
（併）尾﨑真美子	（併）岡本信一
同（拉致被害者等支援担当）（併）	野村政樹
合理的根拠政策立案推進室長（併）	伊藤誠一
政策評価広報課長	久保田　誉
参事官（政策評価広報課担当）（併）	菅原　強
同　（同）（併）	茂呂賢吾
公文書管理課長	吉田真晃
参事官（公文書管理課担当）（併）	佐々木奈佳
政府広報室長	渡邉　清

参事官(政府広報室担当) 加藤喜仁
坂本眞一 小坂伸行
(併)吉田充志 (併)小八木大成
(併)角野浩之 (併)久保大輔
(併)松本好一朗
厚生管理官 吉田勝夫
サイバーセキュリティ・情報化推進室長(併) 高橋敏明
拉致被害者等支援担当室長(併) 野村政樹
重要土地等調査法施行準備室長(併) 田島淳志
次長(併) 川辺英一郎
参事官(併) 江原康雄
安岡義敏 平居秀一
常山修治

〔政策統括官〕

〔政策統括官(経済財政運営担当)〕

政策統括官(経済財政運営担当) 林幸宏
大臣官房審議官(経済財政運営担当) 野村裕
北波孝 坂田進
(併)阿部知明 (併)小川康則
(併)永井克郎
参事官(総括担当) 茂呂賢吾
(併)佐藤伸樹 (併)井上誠一郎
(併)関口祐司 (併)吉田英一郎
(併)野崎彰 (併)水野敦志
同(経済対策・金融担当) 菱山大
同(企画担当)(併) 吉中孝
参事官心得(経済見通し担当) 赤井久宣
参事官(産業・雇用担当) 井上誠一郎
(併)垣見直彦 (併)佐藤人海
(併)佐藤伸樹 (併)石川賢司
(併)大西公一郎
同(予算編成基本方針担当) 佐藤伸樹
同(国際経済担当) 田中茂樹
同(地域経済活性化支援機構担当)(併) 新発田龍史
政府調達苦情処理対策室長(併) 坂田進
同次長(併) 佐藤伸樹
対日直接投資推進室長(併) 永井克郎
同次長(併) 井上誠一郎
経済財政国際室長(併) 茨木秀行
同参事官(併) 上野有子
同(併) 田中茂樹
道州制特区担当室長(併) 寺﨑秀俊
同参事官(併) 佐藤伸樹
地域経済活性化支援機構担当室室長(併) 石田晋也
同次長(併) 野崎英司
新発田龍史 細田均
同参事官(併) 杉田憲英
佐藤伸樹 新発田龍史
地域就職氷河期世代支援加速化事業推進室長(併) 林幸宏
同次長(併) 野村裕
河野恭子 小川康則
同参事官(併) 井上誠一郎
石川賢司 佐藤伸樹
大西公一郎
令和3年経済対策世帯給付金等事業担当室長(併) 林幸宏
審議官(併) 阿久澤孝
池田達雄 相川哲也
川又竹男 黒田岳士
参事官(併) 吉田英一郎
野崎彰 水野敦志
茂呂賢吾

〔政策統括官(経済社会システム担当)〕

政策統括官(経済社会システム担当) 村瀬佳史
大臣官房審議官(経済社会システム担当) 金子正志
小川康則 北波孝
吉岡秀弥 (併)渡部良一
参事官(総括担当) 中澤信吾
同(同)(併) 福永真一
同(企画担当) 吉中孝
同(社会システム担当) 川野宇宏
同(同)(併) 山口顕
同(社会基盤担当)(併) 小林正典
同(市場システム担当) 川村尚永
(併)黛孝次 (併)天田弘人
(併)山口顕 (併)木尾修文
(併)大野卓
同(財政運営基本担当) 下井善博
同(共助社会づくり推進担当) 小川敦之
同(民間資金等活用事業・成果連動型事業推進担当) 石田直美
民間資金等活用事業推進室長(併) 金子正志
同参事官(併) 福永真一
同(併) 石田直美
規制改革推進室長(併) 村瀬佳史
同次長(併) 辻貴博
山西雅一郎 渡部良一
吉岡秀弥
同参事官(併) 黛孝次
川村尚永 天田弘人

木尾修文　大野　卓
休眠預金等活用担当室室長（併）　小川康則
同参事官（併）　小川敦之
同　（併）　下井善博
成果連動型事業推進室長（併）　金子正志
同参事官（併）　石田直美
特定非営利活動法人に係る持続化給付金事前確認連絡調整室長（併）　村瀬佳史
同室長代理（併）　小川康則
同参事官（併）　中澤信吾
同　（併）　下井善博

〔政策統括官（経済財政分析担当）〕
政策統括官（経済財政分析担当）　村山　裕
大臣官房審議官（経済財政分析担当）　茨木秀行
同　（併）　山西雅一郎
参事官（総括担当）　水田　豊
同（企画担当）　石井達也
同（同）（併）　水田　豊
同（地域担当）　谷本信賢
同（海外担当）　上野有子
計量分析室長（併）　吉岡秀弥
同参事官事務代理　加藤卓生

（地方創生推進室）
〒100-0014 千代田区永田町1-11-39 永田町合同庁舎 ☎03(5510)2151
地方創生推進室長（併）　青木由行
同室長代理（併）　山西雅一郎
同次長（併）　谷内　繁
三浦　聡　内田幸雄
茂木　正　黒田昌義
辻　貴博　白石隆夫
新井孝雄　渡邉政嘉
曽根健孝　清瀬和彦
師田晃彦　渡辺その子
北浦修敏　岡田輝彦
武井佐代里
同参事官（併）　野村栄悟
田邉　仁　澤飯　敦
喜多功彦　北廣雅之
桑田龍太郎　光安達也
西岡　隆　岩佐　理
清水　充　髙橋一成
黒田紀幸　福永真一
田中昇治　木村直樹
原田浩一　津田陽子
中野理美　篠田智志
石島光男　中野穣治
倉石誠司　田島聖一
三嶋英一　竹内　聡
飯嶋威夫　山口正行
中橋宗一郎

〔政策統括官（防災担当）〕
政策統括官（防災担当）　榊　真一
大臣官房審議官（防災担当）　五味裕一
内田欽也　（併）岡本裕豪
参事官（総括担当）　横山征成
同（災害緊急事態対処担当）　島田勝則
同（調査・企画担当）　矢崎剛吉
同（防災計画担当）　小玉典彦
同（普及啓発・連携担当）　村上威夫
同（事業継続担当）　山田剛士
同（避難生活担当）　重永将志
同（被災者生活再建担当）（併）　髙田　龍
同（復旧・復興担当）　伊佐　寛
同　（併）　中見大志
宮木一寛　立岩里生太
大釜達夫

〔政策統括官（原子力防災担当）〕
政策統括官（原子力防災担当）　荒木真一
大臣官房審議官（原子力防災担当）　（併）松下　整
（併）辻本圭助　（併）森光敬子
竹島　睦　（併）師田晃彦
（併）松永　明
参事官（総括担当）（併）　成田浩司
同　（同）　小山田　巧
同（企画・国際担当）　安原　達
同（地域防災担当）（併）　坂内俊洋
同（総合調整・訓練担当）（併）　小山田　巧

〔政策統括官（沖縄政策担当）〕
政策統括官（沖縄政策担当）　原　宏彰
大臣官房審議官（沖縄政策担当）　望月明雄
参事官（総括担当）　馬場純郎
同（政策調整担当）（併）　鈴木哲哉
同（企画担当）　畑山栄介
同（産業振興担当）（併）　中村浩一郎

〔政策統括官（政策調整担当）〕
政策統括官（政策調整担当）　笹川　武
大臣官房審議官（政策調整担当）　（併）相川哲也

難波健太　(併)伊藤豊
(併)黒瀬敏文　(併)覺道崇文
参事官(総括担当)　小林明生
同(総合調整担当)(併)　手倉森一郎
同(青少年企画担当)　御厩祐司
同(青少年支援担当)(併)　御厩祐司
同(青少年環境整備担当)　鈴木達也
同(青年国際交流担当)(併)　田中駒子
同(高齢社会対策担当)(併)　手倉森一郎
同(障害者施策担当)(併)　立石祐子
同(交通安全対策担当)　寺本耕一
同(子どもの貧困対策担当)　手倉森一郎
同(金融担当)(併)　太田原和房
参事官　(併)石塚哲朗
(併)中野孝浩　大條成太
伊藤一幸　(併)園田雄二
(併)細田大造　(併)谷中謙一
(併)岡澤俊長　(併)中里吉孝
(併)加藤主税　(併)小柳太郎
(併)中井亨　(併)山口真矢
(併)水本圭祐　(併)進藤和澄
(併)實國慎一　(併)吉添圭介
(併)中橋宗一郎
大臣官房審議官兼遺棄化学兵器処理担当室長(併)　末永広
同参事官(併)　大條成太
同(併)　伊藤一幸
同参事官事務代理　小泉朋幸
原子力損害賠償・廃炉等支援機構担当室長(併)　米田健三
同次長(併)　覺道崇文
須藤治　堀内義規
山下隆一
同参事官(併)　進藤和澄
同(併)　實國慎一
大臣官房審議官(地方分権改革担当)地方分権改革推進室長(併)　寺崎秀俊
大臣官房審議官(地方分権改革担当)地方分権改革推進室次長(併)　阿部知明
大臣官房審議官(地方分権改革担当)地方分権改革推進室次長(併)　小川康則
同参事官(併)　園田雄二
谷中謙一　水本圭祐
細田大造　中井亨
山口真矢　中里吉孝
加藤主税　岡澤俊長
小柳太郎　吉添圭介
中橋宗一郎
同参事官事務代理　梶原照平

青年国際交流担当室室長(併)　黒瀬敏文
同参事官(併)　田中駒子
子供の貧困対策推進室室長(併)　笹川武
同副室長(併)　黒瀬敏文
髙口努　岸本武史
同参事官(併)　石塚哲朗
中野孝浩　手倉森一郎
独立公文書管理監(併)　宮川博行
独立公文書管理監付(併)　黒瀬敏文
独立公文書管理監付参事官　岩池正幸
髙橋徳嗣　(併)吉田真晃
(併)中島薫
公文書監察室長(併)　宮川博行
同次長(併)　黒瀬敏文
同参事官(併)　吉田真晃
同(併)　中島薫
情報保全監察室長(併)　宮川博行
同参事官(併)　岩池正幸
同(併)　髙橋徳嗣

〔賞勲局〕

局長　小野田壮
総務課長　由布和嘉子
審査官(賞勲局)　澤繁樹
坂上千秋　田中駒子

〔男女共同参画局〕

局長　林伴子
大臣官房審議官(男女共同参画局担当)　吉住啓作
総務課長　杉田和暁
推進課長　花咲恵乃
男女間暴力対策課長　難波康修
仕事と生活の調和推進室長(併)　林伴子
同参事官(併)　花咲恵乃

〔沖縄振興局〕

局長　水野敦
大臣官房審議官(沖縄科学技術大学院大学企画推進担当)(併)　合田哲雄
同(同)兼沖縄科学技術大学院大学企画推進室長(併)　望月明雄
総務課長　中田和幸
参事官(振興第一担当)　井浦義典
同(振興第二担当)　森寛敬
同(振興第三担当)　小澤康彦
同(調査金融担当)　原寛之

〔食品安全委員会〕

〒107-6122 港区赤坂5-2-20
赤坂パークビル22F
☎03(6234)1166

委員長 山本茂貴
事務局長 鋤柄卓夫
事務局次長 中 裕伸
総務課長 新 俊彦
評価第一課長 近藤恵美子
評価第二課長 石岡知洋
情報・勧告広報課長 都築伸幸

〔国会等移転審議会〕

〒100-8918 千代田区霞が関2-1-2
中央合同庁舎2号館
(国土交通省国土政策局総合計画課内)
☎03(3501)5480

事務局次長(併) 松本貴久
参事官(併) 黒川淳一

〔公益認定等委員会〕

〒105-0001 港区虎ノ門3-5-1
虎ノ門37森ビル12F
☎03(5403)9555

委員長 佐久間総一郎
事務局長兼大臣官房公益法人行政担当室長 北原 久
事務局次長兼大臣官房公益法人行政担当室次長 竹中一人
総務課長兼大臣官房公益法人行政担当室参事官 泉 吉顕

〔再就職等監視委員会〕

〒100-0004 千代田区大手町1-3-3
大手町合同庁舎3号館9F
☎03(6268)7657

委員長 井上弘通
事務局長 奥村 穣
参事官 秋庭能久
再就職等監察官 中川知三
同 (併) 篠原 敦

〔消費者委員会〕

〒100-8970 千代田区霞が関3-1-1
中央合同庁舎4号館
☎03(3581)9176

委員長 後藤巻則
事務局長(併) 加納克利
官房審議官(消費者委員会担当)(併) 渡部良一
同 (同)(併) 黒田岳士
参事官 太田哲生

〔経済社会総合研究所〕

〒100-8914 千代田区永田町1-6-1
中央合同庁舎8号館
☎03(5253)2111

所長 井野靖久
次長 増島 稔
総括政策研究官 山西雅一郎
相川哲也 渡部良一
斎藤尚樹 酒巻哲朗
桑原 進 永井克郎
大貫裕二
総務部長 岡本直樹
上席主任研究官 西崎寿美
沓掛 誠 石橋英宣
尾﨑真美子 萩野 覚
佐藤勇輔 澤井景子
中橋宗一郎
情報研究交流部長 鈴木高文
景気統計部長 金子浩之
国民経済計算部長 多田洋介
経済研修所総務部長 加納克利

〔迎賓館〕

〒107-0051 港区元赤坂2-1-1
☎03(3478)1111

館長 福井仁史
次長 岡本信一
総務課長 北村 実
接遇課長 笠原謙一
運営課長 上野秀一
京都事務所長 佐々木 明

〔地方創生推進事務局〕

〒100-0014 千代田区永田町1-11-39
永田町合同庁舎6F・7F・8F
☎03(5510)2151

事務局長 青木由行
事務局次長(併) 山西雅一郎
審議官(併) 曽根健孝
黒田昌義 内田幸雄
茂木 正 辻 貴博
白石隆夫 新井孝雄
渡邉政嘉 師田晃彦
三浦 聡 渡辺その子
北浦修敏 武井佐代里
参事官(併) 原口 剛
同 (併) 岡田輝彦
同(総括担当)(併) 黒田紀幸

桑田龍太郎　清水　充
福永真一　中野理美
同(中心市街地活性化担当)(併)　北廣雅之
同　(同)(併)　清水　充
同(都市再生担当)(併)　光安達也
同　(同)(併)　中野穣治
同(構造改革特別区域担当)(併)　樋口　聰
長　正敏　喜多功彦
日向弘基　黒田紀幸
小山内　司
同(地域再生担当)(併)　溝口　進
野村栄悟　荒木太郎
吉田健一郎　巽　慎一
澤飯　敦　光安達也
荻野憲一　岩佐　理
清水　充　髙橋一成
田中昇治　津田陽子
原田浩一　三嶋英一
彌栄定美　大野彰子
冨田晋司　五十嵐康之
星　明彦　堀上　勝
篠田智志　石島光男
御友重希　田邉　仁
山下信一郎　飯嶋威夫
中橋宗一郎
同(総合特別区域担当)(併)　樋口　聰
長　正敏　喜多功彦
日向弘基　黒田紀幸
小山内　司
同(国家戦略特別区域担当)(併)　樋口　聰
長　正敏　喜多功彦
日向弘基　黒田紀幸
小山内　司
同(産業遺産担当)(併)　今井　新
桑田龍太郎　俣野敏道
木村直樹　中野穣治
同(地方大学・産業創生担当)(併)　中野理美

〔知的財産戦略推進事務局〕

〒100-0014 千代田区永田町1-6-1
内閣府本府庁舎3F
☎03(3581)0324

事務局長　田中茂明
事務局次長(併)　澤川和宏
中原裕彦　田村公一
参事官(総括担当)(併)　川上敏寛
同(産業競争力強化担当)(併)　浜岸広明
同(コンテンツ振興担当)(併)　塩原誠志
同(クールジャパン戦略推進担当)(併)　塩原誠志
同(国際標準化戦略推進担当)(併)　小川祥直
大東道郎　浜岸広明
山口典史　波戸本　尚
森戸義貴　伊藤真澄
林　孝浩

〔科学技術・イノベーション推進事務局〕

事務局長　松尾泰樹
統括官　米田健三
審議官　覺道崇文
髙原　勇　合田哲雄
(併)堀内義規　(併)山下隆一
(併)井上諭一　(併)澤川和宏
(併)岡村直子　(併)吉田幸三
(併)阿蘇隆之
参事官(総括担当)　橋爪　淳
同　(同)(併)　有賀　理
同(統合戦略担当)　(併)樋本　諭
(併)星野利彦　(併)根本朋生
(併)寺門成真　(併)奥家敏和
(併)塩原誠志　(併)恒藤　晃
(併)新田隆夫　(併)佐々木昌弘
(併)岩間　浩　(併)森戸義貴
(併)佐々木　亨　(併)辻原　浩
白井俊行　(併)塩田剛志
(併)江頭　基　(併)佐伯耕三
(併)川口悦生　(併)岩渕秀樹
参事官事務代理(同)　(命)赤池伸一
参事官(イノベーション推進担当)(併)　大月光康
同　(同)(併)　井上睦子
同(研究環境担当)(併)　松木秀彰
堀野晶三　佐野多紀子
同(教育・人材担当)(併)　大月光康
同(大学改革・ファンド担当)(併)　渡邉倫子
大月光康　生田知子
寺本琢哉
参事官事務代理(同)　當間重光
参事官(重要課題担当)(併)　根本朋生
福島千枝　高村　信
佐々木昌弘　東出成記
山下恭範　佐々木　亨
辻原　浩　廣田光恵

植木健司　矢崎剛吉
上田光幸　江頭基
香山弘文　田中伸彦
同(事業推進総括担当)(併)　根本朋生
同　(同)(併)　植木健司
同(未来革新研究推進担当)　河合亮子
同(原子力担当)　進藤和澄
(併)實國慎一　(併)竹田健児
参事官(併)　吉田宏平
田邊光男　神田忠雄
吉屋拓之　川上敏寛
坂口昭一郎　白﨑俊介
原子力政策担当室長(併)　米田健三
次長(併)　覺道崇文
同　(併)　堀内義規
参事官(併)　進藤和澄
同　(同)(併)　實國慎一
大学改革・ファンド担当室長(併)　米田健三
次長(併)　井上諭一
参事官(併)　渡邉倫子
大月光康　生田知子
寺本琢哉
参事官事務代理　當間重光
日本医療研究開発機構担当室室長(併)　八神敦雄
次長(併)　長野裕子
西村秀隆　大坪寛子
田中一成
参事官(併)　神田忠雄
吉屋拓之　荒木裕人
標準活用推進室長(併)　田中茂明
次長(併)　澤川和宏
参事官(併)　川上敏寛
浜岸広明　小川祥直

〔健康・医療戦略推進事務局〕

事務局長　八神敦雄
事務局次長(併)　長野裕子
西村秀隆　大坪寛子
田中一成
参事官(併)　神田忠雄
吉屋拓之　荒木裕人
姫野泰啓　福地真美

〔宇宙開発戦略推進事務局〕

〒100-0013 千代田区霞が関3-7-1
霞が関東急ビル16F
☎03(6205)7036

事務局長　河西康之
審議官(併)　岡村直子
参事官　坂口昭一郎
(併)恒藤晃　(併)渡邊英一郎
(併)藤重敦彦　(併)上野麻子
(併)斉藤永　(併)田邊英介
(併)沼田健二　(併)福井俊英
準天頂衛星システム戦略室長(併)　上野麻子
同室長代理(併)　沼田健二

〔北方対策本部〕

〒100-8914 千代田区永田町1-6-1
中央合同庁舎8号館
☎03(5253)2111

本部長(特命担当大臣)　**西銘恒三郎**
審議官　伊藤信
参事官　中嶋護

〔子ども・子育て本部〕

〒100-8914 千代田区永田町1-6-1
中央合同庁舎8号館8F
☎03(5253)2111

子ども・子育て本部統括官　藤原朋子
子ども・子育て本部審議官　黒瀬敏文
(併)相川哲也　(併)岸本武史
(併)森田正信　(併)淵上孝
参事官(総括担当)(併)　小林明生
同(子ども・子育て支援担当)　丸山浩二
同(少子化対策担当)(併)　泉聡子
同(認定こども園担当)(併)　齋藤憲一郎
参事官(併)　寺本耕一
小澤時男　山口正行
原口剛　大杉住子
林俊宏　藤吉尚之
大学等修学支援担当室長(併)　森田正信
同参事官(併)　藤吉尚之

〔総合海洋政策推進事務局〕

〒100-0013 千代田区霞が関3-7-1
霞が関東急ビル16F
☎03(6257)1767

事務局長　平岡成哲
事務局次長(併)　吉田幸三
参事官(総括担当)(併)　白﨑俊介
同(安全保障・国際担当)(併)　佐藤勝

同（資源・エネルギー担当）（併） 蘆田和也
同（研究開発・人材育成担当）（併） 阿部浩一
同（大陸棚・海洋調査担当）（併） 小森達雄
同（水産・環境保全担当）（併） 久保寺聡之
同（離島（保全・管理）・沿岸域管理担当）（併） 常山修治
同（離島（地域社会維持）担当）（併） 南　衛
同（併） 冨山新一
川又孝太郎　中原正顕
山口　仁　能村幸輝
有人国境離島政策推進室長（併） 吉田幸三
同参事官（併） 南　衛
同（併） 常山修治

〔国際平和協力本部〕

〒100-8970 千代田区霞が関3-1-1
中央合同庁舎4号館8F
☎03（3581）2550

事務局長 久島直人
事務局次長 伊藤茂樹
参事官 宮野理子
同 山谷英之

〔日本学術会議〕

〒106-8555 港区六本木7-22-34
☎03（3403）3793

会長 梶田隆章
副会長 望月眞弓
菱田公一　髙村ゆかり
事務局長 三上明輝
事務局次長 金子昇一
企画課長 後藤一也
管理課長 木村友二
参事官（審議第一担当） 増子則義
同（審議第二担当） 松室寛治
同（国際業務担当） 寺内彩子

〔官民人材交流センター〕

〒100-0004 千代田区大手町1-3-3
大手町合同庁舎3号館9F
☎03（6268）7675

副センター長 松本敦司
審議官 上野進也
総務課長 阿南哲也

〔沖縄総合事務局〕

〒900-0006 那覇市おもろまち2-1-1
那覇第2地方合同庁舎2号館 ☎098（866）0031

事務局長 田中愛智朗
事務局次長（総務等担当） 上村秀紀
事務局次長 岩田美幸
総務部長 荻堂信代
財務部長 松永尚之
農林水産部長 玉原雅史
経済産業部長 本道和輝
開発建設部長 坂井功
運輸部長 米山茂

〔経済財政諮問会議〕

議長 岸田文雄
議員 鈴木俊一
松野博一　山際大志郎
金子恭之　萩生田光一
黒田東彦　美和麻奈
十倉雅和　新浪剛史
柳川範之

〔総合科学技術・イノベーション会議〕

議長 岸田文雄
議員 松野博一
小林鷹之　金子恭之
鈴木俊一　末松信介
萩生田光一　上山隆大
梶原ゆみ子　小谷元子
佐藤康博　篠原弘道
橋本和仁　藤井輝夫
梶田隆章

〔国家戦略特別区域諮問会議〕

議長 岸田文雄
議員 野田聖子
松野博一　鈴木俊一
牧島かれん　山際大志郎
秋山咲恵　坂根正弘
坂村健　竹中平蔵
八田達夫

〔中央防災会議〕

会長 岸田文雄
委員 二之湯智
金子恭之　古川禎久
林芳正　鈴木俊一
末松信介　後藤茂之
金子原二郎　萩生田光一
斉藤鉄夫　山口壯
岸信夫　松野博一
牧島かれん　西銘恒三郎

野田聖子　山際大志郎
小林鷹之　堀内詔子
若宮健嗣　沖田芳樹
黒田東彦　大塚義治
前田晃伸　岡　敦子
大原美保　小室広佐子
黒岩祐治　植田和生
中川俊男

〔男女共同参画会議〕

議長　松野博一
議員　金子恭之
古川禎久　林　芳正
鈴木俊一　末松信介
後藤茂之　金子原二郎
萩生田光一　斉藤鉄夫
山口　壯　二之湯　智
野田聖子　魚谷雅彦
小西聖子　佐々木かをり
佐藤博樹　白波瀬佐和子
鈴木　準　内藤佐和子
納米恵美子　細川珠生
山口慎太郎　山田昌弘
芳野友子

〔規制改革推進会議〕

議長　夏野　剛
委員　岩下直行
大槻奈那　佐藤主光
菅原晶子　杉本純子
武井一浩　中室牧子
本城慎之介　御手洗瑞子

宮内庁

〒100-8111　千代田区千代田1-1
☎03(3213)1111

長官　西村泰彦
次長　池田憲治
長官秘書官　佐々木一久真

〔長官官房〕

審議官　古賀浩史
宮務主管　諸橋省明
皇室経済主管　小山永樹
皇室医務主管　永井良三
参事官　稲原　浩
同　梶ヶ谷洋一
同　朝賀　浩
秘書課長　五嶋青也
調査企画室長　金子雄樹彦
総務課長　石川泰三
報道室長　小林勝也
宮務課長　小嶋明久
主計課長　小平武史
用度課長　藤田雅史

〔侍従職〕

侍従長　別所浩郎
侍従次長　坂根工博
侍従(事務主管)　枝　慶
侍医長　井上　暁
女官長　西宮幸子

〔上皇職〕

上皇侍従長　河相周夫
上皇侍従次長　髙橋美佐男
上皇侍従(事務主管)　岩井一郎
上皇侍医長　市倉　隆
上皇女官長　伊東典子

〔皇嗣職〕

皇嗣職大夫　加地隆治
皇嗣職宮務官長　石井裕晶
皇嗣職宮務官(事務主管)　西野博之
皇嗣職侍医長　加藤秀樹

〔式部職〕

式部官長　秋元義孝
式部副長(儀式)　岩見美鈴
同(外事)　飯島俊郎
式部官(儀式)　中井庸靖
同(外事)　宮澤保貴
同(同)　犬飼明美

〔書陵部〕

部長　野村善史
図書課長　久我直樹
編修課長　鹿内浩胤
陵墓課長　西尾招久

〔管理部〕

部長　坂井孝行
管理課長　武田誠司
工務課長　西澤一憲
庭園課長　牛場雅己
大膳課長　湯原　實
車馬課長　大関伸一
宮殿管理官　関根正明

公正取引委員会

〒100-8987 千代田区霞が関1-1-1
中央合同庁舎6号館B棟 ☎03(3581)5471

委員長 古谷一之
委員 山本和史
三村晶子 青木玲子
小島吉晴

〔事務総局〕

事務総長 菅久修一
審判官 西川康一
同 古賀千尋
同 安藤巨騎
官房総括審議官 杉山幸成
官房政策立案総括審議官 田辺治
官房審議官(国際) 大胡勝
官房審議官(企業結合) 品川武
官房サイバーセキュリティ・情報化参事官 西川康一
官房参事官 菱沼功
総務課長 原一弘
会計室長 三浦文博
企画官 岡田博己
訟務研究官 石谷直久
経済研究官
人事課長 深町正徳
企画官 伊藤武利
国際課長 稲熊克紀
企画官 山田卓
同 岸本宏之
経済取引局長 小林渉
総務課長 塚田益徳
企画室長 山本大輔
経済調査室長 五十嵐俊子
デジタル市場企画調査室長 寺西直子
調整課長 小室尚彦
企業結合課長 岩下生知
上席企業結合調査官 中島菜子
同 田邊貴紀
同 鈴木健太
取引部長 岩成博夫
取引企画課長 田中久美子
取引調査室長 栗谷康正
相談指導室長 原山康彦
上席転嫁対策調査官 多田修
企業取引課長 守山宏道
下請取引調査室長 山岡誠朗
上席下請取引検査官 白石文男
香城尚子 唐澤斉
審査局長 藤本哲也
審査管理官 藤井宣明
同 大元慎二
管理企画課長 宮本信彦
企画室長 山本慎
情報管理室長 神田哲也
公正競争監視室長 福田秀一郎
審査企画官 十川雅彦
課徴金減免管理官 久保田卓哉
上席審査専門官 大泉智彦
第一審査長 向井康二
上席審査専門官 高居良平
同(国際カルテル担当) 下津秀幸
第二審査長 山口正行
上席審査専門官 奥村豪
第三審査長 齋藤隆明
上席審査専門官 原田郁
第四審査長 垣内晋治
上席審査専門官 岩渕権
同(デジタルプラットフォーマー担当) 吉川泰宇
第五審査長 松本博明
訟務官 横手哲二
犯則審査部長 諏訪園貞明
第一特別審査長 遠藤光
第二特別審査長 中里浩

国家公安委員会

〒100-8974 千代田区霞が関2-1-2
中央合同庁舎2号館 ☎03(3581)0141

国家公安委員会委員長 二之湯智
秘書官 佐藤愛
同 事務取扱 飯崎準
委員 安藤裕子
小田尚 櫻井敬子
横畠裕介 宮崎緑

警察庁

〒100-8974 千代田区霞が関2-1-2
中央合同庁舎2号館 ☎03(3581)0141

長官 中村格
次長 露木康浩

〔長官官房〕

官房長 小島裕史
総括審議官 近藤知尚

政策立案総括審議官兼公文書監理官　堀　誠司
サイバーセキュリティ・情報化審議官　増山芳邦
審議官（国際担当）　大原光博
同（犯罪被害者等施策担当）　滝澤依子
同（生活安全局担当）　住友一仁
同（刑事局・犯罪収益対策担当）　鎌田徹郎
同　（交通局担当）　新田慎二
同（警備局・調整担当）　森元良幸
同（東京オリンピック・パラリンピック担当）
技術審議官　佐藤正明
参事官（刑事手続のＩＴ化・統計総括・サイバーセキュリティ対策調整担当）　羽石千代
同（国際・総合調整担当）　中村彰宏
同（犯罪被害者等施策担当）　長官官房調査官事務代理
同（高度道路交通政策担当）　牧野充浩
同（拉致問題対策担当）　難波正樹
同　稲盛久人
同　前田勇太
首席監察官　直江利克
総務課長　若田　英
広報室長　岡本慎一郎
情報公開・個人情報保護室長
留置管理室長　増田武志
企画課長　早川剛史
政策企画管　増沢五郎
同　附属警察情報通信学校特別教養部長兼務
国際協力室長　石井　龍
人事課長　筒井洋樹
人事総括企画官　大嶌正洋
人材戦略企画室長　森国浩輔
監察官　秋本泰志
同
会計課長　重松弘教
会計企画官　貝沼　諭
監査室長　吉野浩紀
装備室長　瀬戸口浩一
教養厚生課長　原田義久
厚生管理室長　吉岡直之
犯罪被害者支援室長　藤田有祐
国家公安委員会会務官　聖成竜太

〔生活安全局〕

局長　緒方禎己
生活安全企画課長　鈴木敏夫
生活安全企画官
犯罪抑止対策室長　金柿正志
地域警察指導室長　小川哲兵
都市防犯対策官　今井俊博
少年課長　山下恭徳
少年保護対策室長　安田貴司
保安課長　小堀龍一郎
風俗環境対策室長　平野雄介
情報技術犯罪対策課長　阿久津正好
情報技術犯罪捜査指導室長　伊貝　耕
官民連携推進官　齋藤正憲
生活経済対策管理官　江口寛章

〔刑事局〕

局長　大賀眞一
刑事企画課長　親家和仁
刑事指導室長　松下和彦
捜査第一課長　中山　仁
重大被害犯罪捜査企画官
検視指導室長　谷　直哉
特殊事件捜査室長　細田　正
捜査第二課長　福田英之
捜査支援分析管理官　種田英明
犯罪鑑識官　丸山彰久
指紋鑑定指導官
DNA型鑑定指導官　附属鑑定所主任研究官兼務
資料鑑定指導官

〔組織犯罪対策部〕

部長　渡邊国佳
組織犯罪対策企画課長　大濱健志
犯罪収益移転防止対策室長　髙井良浩
犯罪組織情報官　山本哲也
国際連携対策官
暴力団対策課長　長村順也
特殊詐欺対策室長　石田晴彦
暴力団排除対策官　内田晋太郎
薬物銃器対策課長　伊藤隆行
国際薬物・銃器犯罪組織捜査指導官　小栁津直哉
国際捜査管理官　半田新一朗

〔交通局〕

局長　楠　芳伸
交通企画課長　今村　剛
交通安全企画官
自動運転企画室長　伊藤健一
高速道路管理室長
交通指導課長　岡本　努
交通規制課長　井澤和生
交通管制技術室長　吉田和彦

東京オリンピック・パラリンピック交通対策室長
運転免許課長 宮内彰久
高齢運転者等支援室長 仲村健二
国際対策室長

〔警備局〕
局長 櫻澤健一
警備企画課長 重永達矢
画像情報分析室長 伊藤奨
サイバー攻撃対策室長 宮西健至
公安課長 蔵原智行
公安対策企画官

〔外事情報部〕
部長 迫田裕治
外事課長 岡素彦
外事情報調整室長 吉田知明
外事特殊事案対策官 谷井義正
国際テロリズム対策課長 山﨑洋平
国際テロリズム情報官 岩田康弘

〔警備運用部〕
部長 安田浩己
警備第一課長 土屋暁胤
東京オリンピック・パラリンピック警備対策室長
警衛室長 藤野秀彦
警護室長 宮廻好彦
警備第二課長 鎌谷陽之
事態対処調整官 高岩直樹
災害対策室長

〔情報通信局〕
局長 河原淳平
情報通信企画課長 原幸太郎
先端技術導入企画室長 渋谷秀悦
通信運用室長 小板橋宏典
情報管理課長 川畑佳市
情報処理センター所長 高尾健一
情報セキュリティ対策官 大塚祥央
通信施設課長 飯濱誠
情報技術解析課長 野本靖之
高度情報技術解析センター所長 臼井伸幸
サイバーテロ対策技術室長 臼井伸幸

個人情報保護委員会

〒100-0013 千代田区霞が関3-2-1
霞が関コモンゲート西館32F
☎03(6457)9680

委員長 丹野美絵子
委員(常勤) 小川克彦
中村玲子 大島周平
浅井祐二
同(非常勤) 加藤久和
藤原静雄 梶田恵美子
髙村浩
専門委員(非常勤) 麻田尚人
成川哲夫 新保史生
山地昇 中湊晃
事務局長 福浦裕介
審議官 佐脇紀代志
事務局次長 三原祥二
総務課長 西中隆
参事官 赤阪晋介
山澄克 栗原淳
鴨成彰
政策立案参事官 片岡秀実

カジノ管理委員会

〒105-6090 港区虎ノ門4-3-1
城山トラストタワー12F、13F ☎03(6453)0201

委員長 北村道夫
委員 氏兼裕之
同 渡路子
同(非常勤) 遠藤典子
同(非常勤) 樋口建史
事務局長 並木稔
事務局次長 坂口拓也
監察官 岩橋保
総務企画部長 清水雄策
公文書監理官(併) 箭野拓士
総務課長 箭野拓士
企画官 小林正史
企画課長 堀信太朗
国際室長(併) 梶原徹
企画官 江上智一
依存対策課長 小林秀幸
監督調査部長 和田薫
監督総括課長 堀内尚
企画官 野澤聡
規制監督課長 水庭誠一郎
犯罪収益移転防止対策室長 村瀬剛太
企画官 竹本林官
調査課長 小森敦
企画官 稲垣吉博
調査官 大野繁

国家公安委 個人情報保護委員会 カジノ管理委員会

同　菊澤信夫
財務監督課長　中原健一

金融庁

〒100-8967 千代田区霞が関3-2-1
中央合同庁舎7号館 ☎03(3506)6000

大臣　鈴木俊一
副大臣　黄川田仁志
大臣政務官　宗清皇一
秘書官　鈴木俊太郎
同 事務取扱　齊藤将彦
長官　中島淳一
金融国際審議官　天谷知子

〔総合政策局〕

局長　松尾元信
(官房部門)
総括審議官 公文書監理官(兼)　伊藤豊
参事官(兼)　松多秀一
秘書課長　岡田大
組織戦略監理官(兼)　三浦知宏
人事企画室長　小長谷章人
人事調査官　林秀憲
管理室長　境吉隆
開発研修室長(兼)　小長谷章人
情報化統括室長　萬場大輔
職員相談サポート室長　馬渕久一
総務課長　太田原和房
総括企画官 広報室長(兼)　齊藤貴文
総括管理官　守屋貴之
総括管理官(兼) 公文書管理室長(兼) 情報公開・個人情報保護室長(兼)　松下敬司
法令審査室長　太田昌男
国会連絡室長　大澤清司
審判手続室長 法務支援室長(兼)　森田哲次
審判官　長尾洋子
松本佳織　城處琢也
美濃口真琴
政策立案総括審議官　井藤英樹
総合政策課長　高田英樹
チーフ・サステナブルファイナンス・オフィサー(兼)　池田賢志
総合政策監理官　岸本学
資産運用高度化室長(兼)　桑田尚
総合政策企画室長　桑田尚
金融サービス利用者相談室長　今西隆浩
フィンテック室長(兼)　三浦知宏
サステナブルファイナンス推進室長　西田勇樹
(国際部門)
国際総括官　有泉秀
参事官　長岡隆
同　松多秀一
同　三好敏之
国際政策監理官　柴田聡
国際政策管理官　山下裕司
国際室長　橋本成央
国際政策管理官　坂巻綴
(モニタリング部門)
審議官　屋敷利紀
参事官　尾﨑有
リスク分析総括課長　加藤博紀
情報分析監理官 データ分析統括室長(兼) チーフ・データ・オフィサー(兼)　村木圭
情報・分析室長　宇根賢治
検査監理官 検査監督モニター管理官(兼)　熊沢隆一
リスク管理検査室長　野村俊之
検査企画官　信森毅博
主任統括検査官　片寄早百合
山崎勝行　山本明浩
田邊亮二　竹内信近
統括検査官　赤平吉仁
児玉紀秋　坂井平典
西山政実　前田茂輝
サイバーセキュリティ対策企画調整室長　齊藤剛
マクロ分析室長(兼)　村木圭
大手銀行モニタリング室長　矢野翔平
健全性基準室長 IFIAR戦略企画本部IFIAR戦略企画室長(兼)　鳩間正也
マネーローンダリング・テロ資金供与対策企画室長　尾崎寛
フィンテック監理官　眞下利春
フィンテックモニタリング室長　曽根康司
金融会社室長　多賀淳一
資金決済モニタリング室長　伊藤公祐
金融サービス仲介業室長 電子決済等代行業室長(兼)　鈴木啓嗣

〔企画市場局〕

局長　古澤知之
審議官　田原泰雅
同　井上俊剛
参事官　柳瀬護
総務課長　若原幸雄
金融トラブル解決制度推進室長　相澤昌士
調査室長 調整室長(兼) 保険企画室長(兼)　白井宏幸
信用制度参事官　端本秀夫
信用機構企画室長　満永俊典

金融庁

信用制度企画室長　安富稔晃
デジタル・分散型金融企画室長　玉川英資
銀行法制管理官　児玉勝義
市場課長　島崎征夫
市場機能強化室長　豊永康史
市場企画管理官　永山玲奈
市場業務監理官　繁本賢也
企業開示課長　廣川斉
開示業務室長　西山香織
企業財務調査官　大谷潤
企業統治改革推進管理官　浜田宰

〔監督局〕

局長　栗田照久
審議官(兼)　有泉秀
同　堀本善雄
同　石田晋也
参事官　石村幸三
総務課長　野崎英司
監督調査室長　慶野吉則
企画調整室長(兼)　村口和人
地域金融支援室長(兼)　今泉宣親
信用機構対応室長　村口和人
監督管理官　清水茂
郵便貯金・保険監督総括参事官　森拡光
郵便保険監督参事官　中山裕司
監督企画官　植松利紗
銀行第一課長　山下正通
銀行第二課長　新発田龍史
地域金融生産性向上支援室長 地域金融企画室長(兼)　今泉宣親
地域銀行調整官　本間晶
協同組織金融室長　松田泰幸
地域金融監理官　細田均
主任統括検査官　加藤光伸
同　町井智
統括検査官　向山央
同　市川弘樹
保険課長　池田賢志
損害保険・少額短期保険監督室長　川路智
保険商品室長(兼)　赤平吉仁
主任統括検査官 保険モニタリング室長(兼)　白藤文祐
主任統括検査官　清水洋一
証券課長　八木瑞枝
参事官　中川彩子
監督企画官 市場仲介モニタリング室長(兼)　有里貴夫
資産運用モニタリング室長(兼)　瀧野恵一
証券モニタリング室長(兼)　八木瑞枝
外国証券等モニタリング室長 証券モニタリング監理官(兼)　榎本雄一朗

〔証券取引等監視委員会〕

委員長　長谷川充弘
委員　浜田康
同　加藤さゆり
事務局長　油布志行
次長　齋藤馨
同　大西勝滋
市場監視総括官　鈴木慎二郎
総務課長　木股英子
情報解析室長　西澤伸彦
市場監視管理官 IT戦略室長(兼)　安達ゆり
市場分析審査課長 市場モニタリング室長(兼)　森島英之
証券検査課長　伊佐浩明
統括検査官　江原進
坂部一夫　萩藤博之
東原都男　緒方敬也
長谷川裕
取引調査課長　甲斐英樹
統括調査官　竹内肇
統括調査官 国際取引等調査室長(兼)　山谷浩昭
開示検査課長　野村昭文
統括調査官　芳賀裕司
特別調査課長　尾﨑輝宏
特別調査管理官　宮木恭子
統括特別調査官　澤田幸利
渡辺朋彦　中嶋信人

〔公認会計士・監査審査会〕

会長　櫻井久勝
委員　松井隆幸
玉井裕子　佐藤淑子
徳賀芳弘　浅見裕子
水口啓子　皆川邦仁
山田辰己　吉田慶太
事務局長(兼)　田原泰雅
総務試験課長　平岡泰幸
審査検査課長　八木原栄二
金融研究センター長　吉野直行
同　顧問　大庫直樹
副センター長　太田原和房

消費者庁

〒100-8958 千代田区霞が関3-1-1
中央合同庁舎4号館 ☎03(3507)8800

大臣	若宮健嗣
副大臣	赤池誠章
大臣政務官	木村哲也
長官	伊藤明子
次長	高田潔
政策立案総括審議官	村井正親
審議官	長谷川秀司
	片桐一幸
	片岡進
	日下部英紀
参事官	尾原知明
総務課長	植田広信
消費者政策課長	吉田恭子
消費者制度課長	黒木理恵
消費者教育推進課長	吉村紀一郎
地方協力課長	小堀厚司
消費者安全課長	大森崇利
取引対策課長	奥山剛
表示対策課長	南雅晴
食品表示企画課長	谷口正範
参事官(調査研究・国際担当)	小島宗一郎
同(公益通報・協働担当)	楢橋康英

〔消費者安全調査委員会〕

委員長	中川丈久
委員	小川武史
	河村真紀子
	澁谷いづみ
	城山英明
	中原茂樹
	水流聡子

デジタル庁

〒102-0094 千代田区紀尾井町1-3
東京ガーデンテラス紀尾井町19F・20F
☎03(4477)6775

大臣	牧島かれん
副大臣	小林史明
大臣政務官	山田太郎
秘書官	村上りん
デジタル監	石倉洋子
デジタル審議官	赤石浩一
顧問	村井純
参与	遠藤紘一
同	向井治紀

〔CxO〕

CA(Chief Architect)	江崎浩
CDO(Chief Design Officer)	浅沼尚
CISO(Chief Information Security Officer)	坂明
CPO(Chief Product Officer)	水島壮太
CTO(Chief Technology Officer)	藤本真樹

〔分野統括〕

ガバメントクラウド統括	梅谷晃宏
ガバメントソリューション統括	田丸健三郎
国際戦略統括	座間敏如
デジタルエデュケーション統括	中室牧子
デジタルヘルス統括	矢作尚久
データ戦略統括	平本健二
リソースマネジメント統括	岩澤俊典
特命プロジェクト担当統括	住田智子
国・地方デジタル基盤統括	本丸達也
戦略・組織グループ長	冨安泰一郎
次長	山本和徳
デジタル社会共通機能グループ長	楠正憲
次長	犬童周作
国民向けサービスグループ長	村上敬亮
次長	内山博之
省庁業務サービスグループ長	篠原俊博
次長	菅原希
同	早瀬千善
統括官付	二宮清治
	田原芳幸
	八神敦雄
	日置重人
	江口純一
	宮崎敦文
	辻貴博
	藤田清太郎
統括官付参事官	吉田宏平
	奥田直彦
	阿部文彦
	上仮屋尚
	徳満純一
	大澤健
	松田洋平
	瀧島勇樹
	門馬圭一
	田邊光男
	山野哲也
	浦上哲朗
	柳沢信高
	名越一郎
	木村公一
	山本寛繁
	板屋英治
	高木有生
	佐藤敬
	村上貴将
	淺岡孝充
	吉中孝
	渡邉洋平
	渋谷闘志彦
	菊川人吾
	浅野大介
	野崎彰
	平塚敦之
	須賀千鶴

統括官付参事官付企画官　帆足雅史
吉田楼蘭　石井啓介
柳生正毅　西室洋介
占部　祥　津脇慈子
吉田泰己　齋藤憲士
須﨑和馬　圓増正宏
林　隆幸　山本武史
濵口信彦　城戸　格
中川尚志　小川力也
鈴木崇弘　岡部　弘
能城　均　三好哲也
安田英司　梶山百合枝
橘髙徹哉　折田裕幸

復興庁

〒100-0013 千代田区霞が関3-1-1
中央合同庁舎4号館 ☎03(6328)1111

大臣　西銘恒三郎
副大臣　冨樫博之
副大臣　新妻秀規
副大臣(兼)　渡辺猛之
大臣政務官(兼)　宗清皇一
大臣政務官(兼)　高橋はるみ
大臣政務官(兼)　岩田和親
大臣政務官(兼)　泉田裕彦
秘書官　池本文子
同　事務取扱　阪井聡至
同　事務取扱(併)　沖川弘毅
事務次官　開出英之
統括官　林　俊行
同　由良英雄
統括官付審議官　斎須朋之
同　岡本裕豪
同　(併)　屋敷利紀
統括官付参事官　麻山晃邦
生田直樹　植草泰彦
大釜達夫　佐藤守孝
寺田広紀　原川忠典
柳澤好治　渡邊貴和
(併)天利和紀　(併)石川　靖
(併)伊地知英己　(併)上村昌博
(併)江口哲郎　(併)栗田泰正
(併)小林保幸　(併)佐藤宏昭
(併)杉山　真　(併)滝本浩司
(併)立岩里生太　(併)田村省二
(併)戸川秀俊　(併)徳増伸二
(併)中井淳一　(併)中見大志
(併)中山　理　(併)藤原啓志
(併)宮下正己　(併)山田哲也

〔岩手復興局〕

〒026-0004 釜石市松原町3-10-22
小澤ビル4F
☎0193(27)5331

局長　山本竜太郎
次長　直原史明

〔宮城復興局〕

〒986-0825 石巻市穀町12-24
シャロンビル内
☎0225(21)6001

局長　中島　洋
次長　山田和広

〔福島復興局〕

〒960-8031 福島市栄町11-25
AXCビル7F
☎024(522)8514

局長　生沼　裕
次長　戸邉千広
(併)岩下友也　(併)黒田浩司
(併)上月良吾　(併)重村健二

総務省

〒100-8926 千代田区霞が関2-1-2
中央合同庁舎2号館 ☎03(5253)5111

大臣　金子恭之
副大臣　田畑裕明
副大臣　中西祐介
大臣政務官　渡辺孝一
大臣政務官　三浦　靖
大臣政務官　鳩山二郎
事務次官　黒田武一郎
総務審議官　山下哲夫
同　竹内芳明
同　佐々木祐二
秘書官　立石昭太
同　事務取扱　岡　宏記
山本倫彦　佐藤輝彦

〔大臣官房〕

夜間(5253)5085(総務課)

官房長　原　邦彰
官房総括審議官(新型コロナウイルス感染症対策、政策企画(副)担当)　山野　謙
官房総括審議官(広報、政策企画(主)担当)(併:電気通信紛争処理委員会事務局長)　鈴木信也

官房総括審議官（情報通信担当）　竹村晃一
官房政策立案総括審議官 併：大臣官房公文書監理官　阪本克彦
官房地域力創造審議官　馬場竹次郎
官房サイバーセキュリティ・情報化審議官　湯本博信
官房審議官（大臣官房調整部門、行政管理局担当）（併：行政不服審査会事務局長）　七條浩二
秘書課長　砂山裕
官房参事官　田中聖也
同　山碕良志
総務課長　内藤茂雄
官房参事官 併：大臣官房総務課公文書監理室長　阿向泰二郎
官房参事官 併：大臣官房企画課政策室長　菊地健太郎
官房参事官 併：行政管理局管理官　大西一禎
会計課長 併：大臣官房会計課予算執行調査室長　牛山智弘
企画課長　伊藤正志
政策評価広報課長 併：大臣官房総務課管理室長 併：大臣官房政策立案支援室長　小原邦彦
広報室長　君塚明宏
官房審議官（行政評価局担当）（併：情報公開・個人情報保護審査会事務局長）　吉牟田剛
官房付（併：内閣官房内閣審議官（内閣官房副長官補付）命 内閣官房まち・ひと・しごと創生本部事務局次長）　新井孝雄
官房付（併：内閣府本府地方分権改革推進室長）　寺﨑秀俊
官房付（併：内閣官房内閣審議官（内閣官房副長官補付）命 内閣官房デジタル市場競争本部事務局次長）　濱島秀夫
官房付（併：内閣官房内閣参事官（内閣官房副長官補付）　柴﨑哲也
官房付（併）内閣官房内閣参事官（内閣官房副長官補付）　津村晃
官房付（併：内閣官房内閣参事官（内閣総務官室））　梶元伸
官房付（併：デジタル庁統括官付参事官）　大澤健
官房付（併：デジタル庁統括官付参事官）　山野哲也
官房付（併：デジタル庁統括官付参事官）　名越一郎
官房付（併：内閣官房内閣参事官（内閣官房副長官補付）命 内閣官房郵政民営化推進室副室長 併：郵政民営化委員会事務局副室長）　西岡邦彦
官房付（併：内閣官房内閣参事官（内閣官房副長官補付） 命 内閣官房郵政民営化推進室参事官併：郵政民営化委員会事務局参事官）　香月健太郎
官房付（併：内閣官房内閣参事官（内閣官房副長官補付）命 内閣官房成長戦略会議事務局参事官）　本間和義
官房付（併：内閣官房内閣参事官（内閣官房副長官補付）命 内閣官房行政改革推進本部事務局参事官 命 内閣官房統計改革推進室参事官）　谷口謙治
官房付 併：行政評価局（併：内閣官房内閣参事官（内閣官房副長官補付）命 内閣官房行政改革推進本部事務局参事官）　柏尾倫哉
官房付（併：内閣官房内閣参事官（内閣官房副長官補付）命 内閣官房まち・ひと・しごと創生本部事務局参事官）　田中昇治
官房付（併：内閣官房内閣参事官（内閣官房副長官補付）命 内閣官房まち・ひと・しごと創生本部事務局参事官）　飯嶋威夫
官房付（併：内閣官房内閣参事官（内閣官房副長官補付）内閣官房統計改革推進室参事官 命 内閣官房行政改革推進本部事務局参事官　阿南哲也
官房付 併：政策統括官付 併：統計改革実行推進室参事官（政策統括官付）（併：内閣官房内閣参事官（内閣官房副長官補付） 命 内閣官房統計改革推進室参事官 命 内閣官房行政改革推進本部事務局参事官）　尾原淳之
官房付 併：政策統括官付 併：統計委員会担当室次長（政策統括官付）（併：内閣官房内閣参事官（内閣官房副長官補付） 命 内閣官房統計改革推進室参事官）　重里佳宏
官房付（併：内閣官房内閣参事官（内閣官房副長官補付）命：内閣官房デジタル市場競争評価体制準備室参事官）　岡本剛和
官房付（併：内閣府参事官（市場システム担当）（政策統括官（経済社会システム担当）付）併：内閣府本府規制改革推進室参事官）　黛孝次
官房付（併：内閣府参事官（市場システム担当）（政策統括官（経済社会システム担当）付）併：内閣府本府規制改革推進室参事官）　大野卓
官房付（併：内閣府科学技術・イノベーション推進事務局参事官（事業推進総括担当、統合戦略担当、重要課題担当））　根本朋生
官房付（併：内閣府地方創生推進事務局参事官 併：内閣府本府地方創生推進室次長　岡田輝彦
官房付（併：内閣府本府地方分権改革推進室参事官）　吉添圭介
官房付（併：内閣府本府地方分権改革推進室参事官）　細田大造
官房付（併：内閣府本府地方分権改革推進室参事官）　小柳太郎
官房付（併：内閣府本府地方分権改革推進室参事官）　中里吉孝
官房付（併：内閣府本府地方分権改革推進室参事官）　水本圭祐
官房付（併：内閣府科学技術・イノベーション推進事務局参事官（重要課題担当））　福島千枝
官房付（併：内閣府本府宇宙開発戦略推進事務局参事官）　斉藤永
官房付（併：復興庁統括官付参事官）　江口哲郎
官房付（併：復興庁統括官付参事官）　天利和紀
官房付（併：デジタル庁統括官付参事官）　山本寛繁

〔行政管理局〕

夜間(5253)5308（企画調整課）

局長　白岩俊
業務改革特別研究官　澤田稔一
企画調整課長　山口真矢
調査法制課長　水野靖久
管理官（独法制度総括・特殊法人総括、外務）（併）　久山淳爾
管理官（独法評価総括）　方健児
管理官（内閣（復興庁を除く）・内閣府本府・個人情報保護委員会・金融・総務・公調委・財務）（併）　山村和也
管理官（消費者・経済産業・環境・国公委・法務）（併）　鳥海貴之
管理官（文部科学・農水・防衛・公取委）　平沢克俊
管理官（国土交通・復興・カジノ管理委員会）（併）　小野雄大
管理官（厚生労働・宮内）　山本宏樹

〔行政評価局〕

夜間(5253)5411（総務課）

局長　清水正博
官房審議官（行政評価局担当）　武藤真郷
同（行政評価局担当）　平池栄一
総務課長　原嶋清次
企画課長　西澤能之

政策評価課長　辻　寛起
行政相談企画課長　大槻大輔
評価監視官（内閣、総務等担当）　渡邉洋平
同（法務、外務、経済産業等担当）　野竹司郎
同（財務、文部科学等担当）　髙角健志
同（農水、防衛担当）　岡本成男
同（厚生労働等担当）　安仲陽一
同（復興、国土交通担当）　黒田忠司
同（連携調査、環境等担当）　渡邉浩之
行政相談管理官　渡邊　靖

〔自治行政局〕

夜間（5253）5508（行政課）

局長　吉川浩民
新型コロナ対策地方連携総括官　大村慎一
官房審議官（地方行政・個人番号制度、地方公務員制度、選挙担当）　阿部知明
行政課長　三橋一彦
住民制度課長　長谷川　孝
市町村課長　植田昌也
地域政策課長　杉田憲英
地域自立応援課長　彌栄定美
参事官命自治行政局国際室長事務取扱　上坊勝則
公務員部長　山越伸子
公務員課長　加藤主税
福利課長　野村謙一郎
選挙部長　森　源二
選挙課長　笠置隆範
管理課長　清田浩史
政治資金課長　北村朋生

〔自治財政局〕

夜間（5253）5611（総務室）

局長　前田一浩
官房審議官（財政制度・財務担当）（併）　池田達雄
官房審議官（公営企業担当）　渡邊　輝
財政課長　出口和宏
調整課長　神門純一
交付税課長　黒野嘉之
地方債課長　新田一郎
公営企業課長　坂越健一
財務調査課長　戸梶晃輔

〔自治税務局〕

夜間（5253）5658（企画課）

局長　稲岡伸哉
官房審議官（税務担当）　川窪俊広
企画課長　田辺康彦
都道府県税課長　山口最丈
市町村税課長　中野祐介
固定資産税課長　風早正毅

〔国際戦略局〕

夜間（5253）5718（情報通信政策課）

局長　田原康生
次長　小野寺　修
官房審議官（国際技術、サイバーセキュリティ担当）　山内智生
国際戦略課長　大森一顕
技術政策課長　新田隆夫
通信規格課長　山口典史
宇宙通信政策課長　山口真吾
国際展開課長　安藤高明
国際経済課長　北神　裕
国際協力課長　庄司周平
参事官　菱田光洋

〔情報流通行政局〕

夜間（5253）5709（総務課）

局長　吉田博史
官房審議官（情報流通行政局担当）（併）　藤野　克
官房審議官（情報流通行政局担当）　辺見　聡
総務課長　三田一博
情報通信政策課長　大村真一
情報流通振興課長　松井正幸
情報通信作品振興課長　井田俊輔
地域通信振興課長　金澤直樹
放送政策課長　飯倉主税
放送技術課長　近藤玲子
地上放送課長　堀内隆広
衛星・地域放送課長　安東高徳
郵政行政部長　今川拓郎
企画課長　髙田義久
郵便課長　松田昇剛
貯金保険課長　小林知也
信書便事業課長　寺村行生

〔総合通信基盤局〕

夜間（5253）5825（総務課）

局長　二宮清治
総務課長　林　弘郷
電気通信事業部長　北林大昌
事業政策課長　木村公彦
料金サービス課長　川野真稔
データ通信課長　柴山佳徳
電気通信技術システム課長　古賀康之
消費者行政第一課長　片桐義博

消費者行政第二課長　小川久仁子
電波部長　野崎雅稔
電波政策課長　荻原直彦
基幹・衛星移動通信課長　小津敦
移動通信課長　翁長久
電波環境課長　中里学

〔統計局〕

夜間(5273)1117(総務課)

局長　井上卓
統計高度利用特別研究官(統計局付)　佐伯修司
総務課長　永島勝利
事業所情報管理課長　植松良和
統計情報利用推進課長(併)　稲垣好展
統計情報システム管理官　槙田直木
統計調査部長　岩佐哲也
調査企画課長　稲垣好展
国勢統計課長　小松聖
経済統計課長　上田聖
消費統計課長　山形成彦

〔政策統括官〕

政策統括官(統計制度担当)(恩給担当)命統計改革実行推進室長　吉開正治郎
官房審議官(統計局、統計制度、統計情報戦略推進、恩給担当)命統計改革実行推進室次長　明渡将
統計企画管理官(併:統計改革実行推進室参事官(政策統括官付))(併:内閣官房副長官補付命内閣官房統計改革推進室参事官)　佐藤紀明
統計審査官　内山昌也
統計審査官(併)　併:統計改革実行推進室参事官(政策統括官付)　長嶺行信
統計審査官　併:統計改革実行推進室参事官(併:内閣官房内閣参事官命内閣官房統計改革推進室参事官)　中村英昭
統計調整官　併:統計委員会担当室次長(政策統括官付)　栗原直樹
国際統計管理官(併:統計改革実行推進室参事官(政策統括官付))　平野欧里絵
恩給管理官　熊木利行

〔サイバーセキュリティ統括官〕

サイバーセキュリティ統括官　巻口英司
参事官(総括担当)　梅村研
参事官(政策担当)　高村信
参事官(国際担当)　海野敦史

〔審議会等〕

行政不服審査会事務局長(併)　七條浩二
行政不服審査会事務局総務課長　谷輪浩二
情報公開・個人情報保護審査会事務局長(併)　吉牟田剛
情報公開・個人情報保護審査会事務局総務課長　福田勲
官民競争入札等監理委員会事務局長　渡部良一
官民競争入札等監理委員会事務局参事官　長瀬正明
統計委員会担当室長(併)　萩野覚
電気通信紛争処理委員会事務局長(併)　鈴木信也
電気通信紛争処理委員会事務局参事官　片桐広逸
審理官(電波監理審議会)　越後和徳

〔自治大学校〕

〒190-8581 立川市緑町10-1
☎042(540)4500

校長　村手聡

〔情報通信政策研究所〕

〒185-8795 国分寺市泉町2-11-16
☎042(320)5800

所長　高地圭輔

〔統計研究研修所〕

〒185-0024 国分寺市泉町2-11-16
☎042(320)5870

所長　植山克郎

〔政治資金適正化委員会〕

委員長　伊藤鉄男
委員　小見山満
日出雄平　大竹邦実
田中秀明
事務局長　植村哲
同参事官　三島由佳

公害等調整委員会

〒100-0013 千代田区霞が関3-1-1
中央合同庁舎4号館 ☎03(3581)9601

委員長　荒井勉
委員　上家和子
都築政則　若生俊彦
委員(非常勤)　野中智子
加藤一実　大橋洋一
事務局長　山内達矢
事務局次長　栗田奈央子
総務課長　荒木健司
審査官　加藤剛
山田裕典　古矢一郎
横田一磨　田中紀彦
渡辺幹司　(併)髙田美紗子
(併)櫻井進　(併)石垣智子
調査官　高野厚
同　内田亨

消防庁

〒100-8927 千代田区霞が関2-1-2
中央合同庁舎2号館 ☎03(5253)5111

長官　内藤尚志

次長　小宮大一郎
審議官(地域情報化担当)　齋藤秀生
総務課長　石山英顕
総務課政策評価広報官　泉水克規
消防・救急課長　門前浩司
救急企画室長　鉄永正紀
予防課長　白石暢彦
危険物保安室長　中本敦也
特殊災害室長　三浦宏
国民保護・防災部長　荻澤滋
防災課長　荒竹宏之
国民保護室長　濱里要
国民保護運用室長　佐藤篤
地域防災室長　田村一郎
広域応援室長　北澤剛
防災情報室長　中越康友
応急対策室長　吉野和久
参事官　村川奏支
小津敦　(併)出口和宏

〔消防大学校〕
〒182-8508 調布市深大寺東町4-35-3
☎0422(46)1711

校長　吉田悦教
副校長　髙谷博文
消防研究センター所長　鈴木康幸

法務省

〒100-8977 千代田区霞が関1-1-1
中央合同庁舎6号館 ☎03(3580)4111

大臣　古川禎久
副大臣　津島淳
大臣政務官　加田裕之
事務次官　髙嶋智光
秘書官　房野忠典
同　事務取扱　青木雄師

〔大臣官房〕
夜間(3592)7002(秘書課)

官房長　松本裕
政策立案総括審議官　吉川崇
公文書監理官　佐藤眞琴
サイバーセキュリティ・情報化審議官　佐竹毅
官房審議官(国際・人権担当)　柴田紀子
同　(民事局)　堂薗幹一郎
同　(刑事局)　保坂和人
同　(矯正局)　花村博文
同　(訟務局)　菊池憲久
同　(訟務局)　古宮久枝
官房参事官　早渕宏毅
杉原隆之　大谷太
大塚雄毅　新谷貴昭
石垣智子　森田強司
岡村佳明
秘書課長　丸山嘉代
人事課長　佐藤剛
会計課長　松井信憲
国際課長　渡部直希
施設課長　松本麗
厚生管理官　臺孝一
司法法制部長　竹内努
司法法制課長　加藤経将
審査監督課長　山上淳一
参事官　渡邊英夫
同　小林隼人

〔民事局〕
夜間(3581)1713(総務課)

局長　金子修
総務課長　村松秀樹
民事第一課長　土手敏行
民事第二課長　藤田正人
商事課長　篠原辰夫
民事法制管理官　内野宗揮
参事官　笹井朋昭
北村治樹　国分貴之
佐藤隆幸　渡辺諭
福田敦　脇村真治

〔刑事局〕
夜間(3581)1048(総務課)

局長　川原隆司
総務課長　大原義宏
刑事課長　是木誠
公安課長　岡本章
刑事法制管理官　吉田雅之
国際刑事管理官　隄良行
参事官　神渡史仁
栗木傑　棚瀬誠
鶴鶉昌二

〔矯正局〕
夜間(3592)7365(総務課)

局長　佐伯紀男
総務課長　小山定明
成人矯正課長　細川隆夫

少年矯正課長　西岡潔子
更生支援管理官　西岡慎介
矯正医療管理官　宮本哲也
参事官　坂元文彦

〔保護局〕
夜間(3581)1895(総務課)
局長　宮田祐良
総務課長　押切久遠
更生保護振興課長　瀧澤千都子
観察課長　生駒貴弘
参事官　中臣裕之

〔人権擁護局〕
夜間(3581)1558(総務課)
局長　松下裕子
総務課長　杉浦直紀
調査救済課長　江口幹太
人権啓発課長　鳥丸忠彦
参事官　唐澤英城

〔訟務局〕
局長　武笠圭志
訟務企画課長　小原一人
民事訟務課長　松本真
行政訟務課長　澁谷勝海
租税訟務課長　小山綾子
訟務支援課長　田原浩子
参事官　谷中文彦
同　脇村真治

〔法務総合研究所〕
法務省内 ☎03(3580)4111
所長　上冨敏伸
総務企画部長　瀧澤一弘
研究部長　外ノ池和弥
研修第一部長　千川亜紀
研修第二部長　山中一弘
研修第三部長　江原幸紀
国際連合研修協力部長　森永太郎
国際協力部長　内藤晋太郎

〔矯正研修所〕
〒196-8580 昭島市もくせいの杜2-1-20
☎042(500)5261
所長　嶋﨑公弘

〔検察官適格審査会〕
法務省大臣官房人事課内 ☎03(3580)4111
会長　井上正仁
委員　金田勝年
牧原秀樹　稲富修二
遠藤敬　西田昌司
吉川沙織　戸倉三郎
荒中　川出敏裕
大野恒太郎

〔中央更生保護審査会〕
法務省保護局総務課内 ☎03(3580)4111
委員長　倉吉敬
委員　岡田幸之
伊藤冨士江　小野正弘
山脇晴子

〔公安審査委員会〕
法務省内 ☎03(3580)4111
委員長　貝阿彌誠
委員　外井浩志
遠藤みどり　和田洋
秋山信将　鵜瀞恵子
西村篤子
事務局長　一法師靖之

出入国在留管理庁

〒100-8973 千代田区霞が関1-1-1
☎03(3580)4111
長官　佐々木聖子
次長　西山卓爾
審議官(総合調整担当)　福原道雄
同　(国際担当)　中川勉
総務課長　上原龍
政策課長　近江愛子
参事官　藤田小織
参事官　猪股正貴
出入国管理部長　丸山秀治
出入国管理課長　市村信之
審判課長　片山真人
警備課長　宮尾芳彰
在留管理支援部長　君塚宏
在留管理課長　本針和幸
在留支援課長　田平浩二
情報分析官　簾内友之

公安調査庁

〒100-0013 千代田区霞が関1-1-1
中央合同庁舎6号館 ☎03(3592)5711
長官　和田雅樹
次長　横尾洋一
総務部長　民野健治
総務課長　前田敦史
人事課長　霜田仁
参事官 公文書監理官　赤木俊則

調査第一部長　福田守雄
第一課長　二上英生
第二課長　吉田純平
公安調査管理官　伊藤誠彦
同　横川智之
調査第二部長　竹田公政
第一課長　渡部亜由子
第二課長　武田雅之
公安調査管理官　瀬下政行
坂入吉昭　池内久晃
研修所長　丸谷明彦

最高検察庁

〒100-0013 千代田区霞が関1-1-1
中央合同庁舎6号館 ☎03(3592)5611

検事総長　林眞琴
次長検事　落合義和
総務部長　神村昌通
監察指導部長　瀬戸毅
刑事部長　齋藤隆博
公安部長　浦田啓一
公判部長　吉田誠治
検事　菊池浩
白木功　大久保和征
加藤俊治　中澤康夫
清野憲一　古賀栄美
小橋常和　竹内寛志
田野尻猛　大串雅里
築雅子　内藤惣一郎
濱克彦　山内由光
検事総長秘書官　髙橋勝三
事務局長　中山敏之
総務課長　川鍋奨
会計課長　大内紳光
企画調査課長　佐藤修司
検務課長　小倉栄次
情報システム管理室長　田中真
監察指導課長　宇美輝隆
刑事事務課長　後藤和明
公安事務課長　小山千秋
公判事務課長　岡本壽

外務省

〒100-8919 千代田区霞が関2-2-1
☎03(3580)3311

大臣　林芳正
副大臣　小田原潔
副大臣　鈴木貴子
大臣政務官　上杉謙太郎
大臣政務官　本田太郎
大臣政務官　三宅伸吾
事務次官　森健良
大臣秘書官　河野恭子
外務審議官(政務)　山田重夫
外務審議官(経済)　鈴木浩
特命全権大使(沖縄担当)　橋本尚文
特命全権大使(関西担当)　姫野勉
特命全権大使(国際貿易・経済担当)　香川剛廣
特命全権大使(アフリカ開発会議(TICAD)担当、国連安保理改革担当、人権担当兼国際平和貢献担当、国際貿易・経済担当)　新美潤
特命全権大使(広報外交担当兼国際貿易・経済担当、国際保健担当)　南博
特命全権大使(国際テロ対策・組織犯罪対策協力担当)　杉山明
特命全権大使(北極担当)　竹若敬三

〔大臣官房〕

官房長　石川浩司
公文書監理官(兼)　島田丈裕
監察査察官　山口敬之
官房審議官(総括担当)　島田丈裕
官房審議官(危機管理担当)(兼)　安東義雄
官房審議官　石瀬素行
官房政策立案参事官(兼)　岡野結城子
サイバーセキュリティ・情報化参事官(兼)　宮下匡之
官房参事官(危機管理担当)(兼)　實生泰介
同　(同)(兼)　北川克郎
同　(同)(兼)　西永知史
大臣秘書官事務取扱　江碕智三郎
「改革推進本部」事務局長(兼)　三宅史人
考査・政策評価室長　川口伊靖
国際機関評価室長(兼)　川口伊靖
ODA評価室長(兼)　西野恭子
総務課長　三宅史人
危機管理調整室長(兼)　柿原基男
地方連携推進室長　菱山聡
情報防護対策室長　北川洋
新型インフルエンザ対策調整室長(兼)　北川克郎
業務合理化推進室長　尾崎壮太郎
監察査察室長　林達郎
国会対策室長　手塚高宏
国会連絡調整室長　齋藤彰敏
公文書監理室長　森田光枝

外交史料館長	和田　潔
図書館長	町田朝子
人事課長	門脇仁一
調査官	森　万希子
人事企画室長(兼)	門脇仁一
情報通信課長	渡邊　滋
会計課長	貝原健太郎
福利厚生室長	小田切敏郎
在外公館課長	南　慎二
在外勤務支援室長	大山信幸
警備対策室長	田辺　毅
儀典長〔大使〕	志野光子
儀典総括官	星野大輔
儀典調整官兼儀典外国公館室長	八木浩治
儀典官兼儀典賓客室長	町田信也
儀典官兼儀典外国訪問室長	野元義文
外務報道官	小野日子
国際文化交流審議官〔大使〕	曽根健孝
政策立案参事官／外務副報道官(報道・広報・文化交流担当)	岡野結城子
広報文化外交戦略課長	長尾成敏
国内広報室長	石川義久
IT広報室長	山本大介
広聴室長(兼)	上田奈生子
戦略的対外発信拠点室長	折原茂晴
報道課長	近藤紀文
文化交流・海外広報課長	津田陽子
対日理解促進交流室長(兼)	大塚　剛
国際文化協力室長	中島英登
人物交流室長	渡邉慎二
国際報道官	塚本康弘
東京オリンピック・パラリンピック要人接遇事務局副事務局長(兼)	渡邉慎二

〔総合外交政策局〕

局長	岡野正敬
審議官(兼)	新居雄介
審議官〔大使〕	遠藤和也
審議官〔大使〕	有馬　裕
参事官〔大使〕	股野元貞
総務課長	藤本健太郎
主任外交政策調整官	吉廣朋子
政策企画室長	松原一樹
新興国外交推進室長(兼)	松原一樹
安全保障政策課長	髙羽　陽
国際安全・治安対策協力室長	山田哲也
国際平和・安全保障協力室長	佐藤大輔
宇宙・海洋安全保障政策室長	倭島岳彦
経済安全保障政策室長	舟津龍一
円滑化協定担保法整備室長(兼)	山田哲也
国連企画調整課長	安藤重実
国際機関人事センター室長	山口忠彦
国連政策課長	野々村海太郎
国連制裁室長	徳　聡子
人権人道課長	富山未来仁
人権条約履行室長(兼)	富山未来仁
女性参画推進室長(兼)	石川真由美
軍縮不拡散・科学部長〔大使〕	海部　篤
審議官(兼)	遠藤和也
審議官〔大使〕	池松英浩
軍備管理軍縮課長	石井良実
生物・化学兵器禁止条約室長	田甫秀臣
通常兵器室長(兼)	石井良実
不拡散・科学原子力課長	石井秀明
国際科学協力室長	上薗英樹
国際原子力協力室長	永吉昭一

〔アジア大洋州局〕

局長	船越健裕
参事官	石月英雄
同	實生泰介
同	岩本桂一
政策立案参事官(兼)	岡野結城子
地域政策参事官	辻　昭弘
地域協力室長	大塚　剛
北東アジア第一課長	小野　健
日韓請求権関連問題対策室長	北川伸太郎
日韓交流室長(兼)	武田克利
北東アジア第二課長	深堀　亮
中国・モンゴル第一課長	有馬孝典
中国・モンゴル第二課長	園田　庸
大洋州課長	神田鉄平
南部アジア部長	加納雄大
審議官(兼)	渡邊　健
参事官(兼)	石月英雄
同(兼)	實生泰介
同(兼)	岩本桂一
同(兼)	北村俊博
南東アジア第一課長	大塚建吾
南東アジア第二課長	川埜　周
南西アジア課長	長谷部　潤

〔北米局〕

局長〔大使〕	市川恵一
審議官(兼)	有馬　裕

外務省

参事官	金井正彰
北米第一課長	入谷貴之
北米交流室長代行	秋山享平
北米第二課長	岡崎泰之
北米経済調整室長代行	荻原宏
日米安全保障条約課長	前田修司
日米地位協定室長	馬場隆治

〔中南米局〕

局長〔大使〕	小林麻紀
審議官(兼)	安東義雄
参事官	中村和彦
中米カリブ課長	清水知足
カリブ室長(兼)	清水知足
南米課長	豊田尚吾

〔欧州局〕

局長〔大使〕	宇山秀樹
審議官〔大使〕	德田修一
参事官〔大使〕	北川克郎
政策課長	齋藤敦
アジア欧州協力室長	水野光明
西欧課長	吉田昌弘
中・東欧課長	花田貴裕
ロシア課長	山田欣幸
中央アジア・コーカサス室長	武田善憲
日露経済室長(兼)	石川亘
ロシア交流室長(兼)	石川亘
日露共同経済活動推進室長(兼)	石川亘

〔中東アフリカ局〕

局長	長岡寛介
参事官(兼)	原圭一
参事官	西永知史
中東第一課長	多田昌弘
中東第二課長	黒宮貴義
アフリカ部長〔大使〕	米谷光司
参事官(兼)	原圭一
参事官	宮下匡之
アフリカ第一課長	間瀬博幸
アフリカ第二課長	古平充

〔経済局〕

局長	小野啓一
審議官〔大使〕	渡邊健
同(兼)	岡田恵子
同〔大使〕	大鶴哲也
参事官〔大使〕(兼)	中村和彦
政策課長	有吉孝史
官民連携推進室長	田公和幸
資源安全保障室長	菊地信之
漁業室長	中村安志
2023年G7サミット準備室長(兼)	有吉孝史
2025年日本国際博覧会室長(兼)	田公和幸
国際経済課長	二瓶大輔
欧州連合経済室長	小山武
経済協力開発機構室長	廣瀬愛子
国際貿易課長	泰松昌樹
サービス貿易室長	原田貴
知的財産室長	鵜木崇史
経済連携課長	大西一義
南東アジア経済連携協定交渉室長(兼)	大西一義
アジア太平洋経済協力室長	上田奈生子
投資政策室長(兼)	上野裕大

〔国際協力局〕

局長	植野篤志
審議官〔大使〕	岡田恵子
参事官	原圭一
同(兼)	宮下匡之
同	北村俊博
政策課長	上田肇
国際協力事業安全対策室長(兼)	角田崇成
民間援助連携室長	松田俊夫
開発協力総括課長	山﨑文夫
開発協力企画室長	森健朗
事業管理室長	角田崇成
緊急・人道支援課長	松田友紀子
国別開発協力第一課長	竹端昌宏
国別開発協力第二課長	秋山麻里
国別開発協力第三課長	西野修一
地球規模課題審議官〔大使〕	赤堀毅
地球規模課題総括課長	河原一貴
専門機関室長	松居眞司
国際保健政策室長	江副聡
地球環境課長	森下興
気候変動課長	大髙準一郎

〔国際法局〕

局長	鯰博行
審議官	御巫智洋
国際法課長	大平真嗣
海洋法室長	今田克彦
国際裁判対策室長	長沼善太郎
条約課長	菅原清行
経済条約課長	大西進一

外務省

経済紛争処理課長 谷内一智
経済紛争対策官 鈴木朋子
社会条約官 久賀百合子

〔領事局〕

局長 安藤俊英
審議官 安東義雄
審議官(兼) 遠藤和也
参事官(兼) 股野元貞
政策課長 森　尊俊
領事IT室長(兼) 森　尊俊
領事サービス室長 中根　勤
ハーグ条約室長 山地秀樹
領事体制強化室長(兼) 成嶌秀男
在外選挙室長 野依幸広
帰国邦人新型コロナウイルス・ワクチン接種支援室長(兼) 石丸　淳
領事サービスセンター室長(兼) 中根　勤
海外邦人安全課長 足立秀彰
邦人テロ対策室長 石丸　淳
旅券課長 山口　勇
外国人課長 北浦康弘

〔国際情報統括官組織〕

国際情報統括官 山内弘志
審議官 新居雄介
国際情報官(第一担当) 堀田　亨
同 (第二担当) 林　裕二郎
同 (第三担当) 石川　勇
同 (第四担当) 島　桂一

〔外務省研修所〕

〒252-0303 相模原市南区相模大野4-2-1
☎042(766)8101

所長〔大使〕 小泉　勉
副所長
総括指導官 渡部隆彦

財務省

〒100-8940 千代田区霞が関3-1-1
☎03(3581)4111

大臣 鈴木俊一
副大臣 大家敏志
同 岡本三成
大臣政務官 藤原　崇
同 高村正大
事務次官 矢野康治
財務官 神田眞人
秘書官 鈴木俊太郎
同 事務取扱 菅野裕人
同 事務取扱 佐久間寛道

〔大臣官房〕

夜間(3581)2836(文書課)

官房長 新川浩嗣
政策立案総括審議官兼企画調整総括官 水口　純
公文書監理官兼企画調整総括官 渡部　晶
サイバーセキュリティ・情報化審議官 深澤良光
審議官(大臣官房担当) 窪田　修
同 (同) 山根英一郎
同 (同) 堀井奈津子
同 (同) 平池栄一
企画調整総括官 寺岡光博
副財務官 岸　敬也
同 緒方健太郎
秘書課長 吉野維一郎
人事調整室長 木原健史
人事企画室長兼首席監察官 渡辺政顕
人事調査官 岡田芳明
財務官室長 藤中康生
文書課長 中島朗洋
調査室長 梅村元史
法令審査室長 小嶋龍亮
企画調整室長兼業務企画室長 原田佳典
情報公開・個人情報保護室長兼公文書監理室長 二宮悦郎
広報室長(兼)政策評価室長兼政策分析調整室長(兼) 伊藤　拓
情報管理室長 川﨑達也
国会連絡調整官 中村錠治
国会連絡室長(兼) 中村錠治
会計課長事務取扱(兼) 山根英一郎
調整室長 足利貴聖
監査室長 土井康行
管理室長 金田雅男
厚生管理官 中島和正
地方課長 錦織功政
総務調整企画室長 中澤吉博
人事調整企画室長 中島康夫
業務調整室長 林　信裕
地方連携推進官 青木　均
総括審議官 小野平八郎
総合政策課長 森田　稔
経済財政政策調整官 上田淳二
企画室長 小田原卓也
政策調整室長兼国際経済室長 川本　敦

政策推進室長　佐藤浩一
政策金融課長　横尾光輔
信用機構課長(兼)　横尾光輔
機構業務室長(兼)　横尾光輔

〔主計局〕

夜間(3581)4466(総務課)

局長　茶谷栄治
次長　奥　達雄
坂本　基　阿久澤　孝
総務課長　八幡道典
予算企画室長　篠田和哉
主計事務管理室長　石井伸人
主計企画官(調整担当)　今野　治
司計課長　大久保　誠
主計企画官兼予算執行企画室長　山岸　徹
会計監査調整室長　新谷直久
法規課長　藤崎雄二郎
主計企画官　鈴木大造
企画官兼公会計室長　園田雅宏
給与共済課長　吉田英一郎
給与調査官　高田喜康
調査課長　大沢元一
主計企画官(財政分析担当)　宮下賢章
参事官　田岡卓晃
主計官(総務課)　渡邉和紀
同(同)　三原　健
同(内閣、デジタル、復興、外務、経済協力係担当)　福田　誠
同(司法・警察、経済産業、環境係担当)　坂口和家男
同(総務、地方財政、財務係担当)　高田英樹
同(文部科学係担当)　有利浩一郎
同(厚生労働係第一担当)　一松　旬
社会保障企画室長　谷　雅彰
主計官(厚生労働係第二担当)　田中勇人
同(農林水産係担当)　野村宗成
同(国土交通、公共事業総括係担当)　北尾昌也
公共事業企画調整室長　阿部敦壽
主計官(防衛係担当)　渡辺公徳
主計監査官　寺澤毅彦

〔主税局〕

夜間(3581)3036(総務課)

局長　住澤　整
審議官　青木孝徳
同　江島一彦
総務課長　植松利夫
税制企画室長　石井隆太郎
主税企画官　佐藤栄一郎
企画官　和田良隆
調査課長　寺崎寛之
税制調査室長　染谷浩史
税制第一課長　吉沢浩二郎
法令企画室長　齊藤郁夫
主税企画官　佐野美波
企画官　松汐利悟
同　吉住秀夫
税制第二課長　佐藤　大
企画調整室長　石田　良
主税企画官　山川清徳
税制第三課長　関　禎一郎
審査室長　下高原　徹
国際租税総括官　武藤功哉
主税局参事官(国際租税総合調整官)　木原大策
国際租税企画室長　乾　慶一郎
主税企画官　宇多村哲也

〔関税局〕

夜間(3581)3038(総務課)

局長　阪田　渉
審議官　小宮義之
同　泉　恒有
関税政策総括調整官(兼)　中澤正彦
総務課長　中澤正彦
政策推進室長　三木文平
事務管理室長　鈴木崇文
管理課長　大関由美子
税関考査管理室長　正海伸幸
関税課長　河西　修
関税企画調整室長　恵﨑　恵
特殊関税調査室長　松田真吾
税関調査室長　荒巻英敏
原産地規則室長　近田春実
参事官　福島秀生
関税地域協力室長　上野絢子
経済連携室長　井田直樹
企画官　平田哲也
参事官　加藤勝俊
監視課長　米山徹明
業務課長　小多章裕
知的財産調査室長　石川陽一
調査課長　松田康宏

財務省

〔理財局〕

夜間(3581)1552(総務課)

局長 角田 隆
次長 大津俊哉
同 嶋田俊之
審議官 彦谷直克
理財政策総括調整官(兼) 石田 清
総務課長 石田 清
政策調整室長 藤野武広
調査室長 山下智也
たばこ塩事業室長 古渡善幸
国庫課長 西方建一
通貨企画調整室長 堀納隆成
国庫企画官 梅村知巳
国債企画課長 神谷 隆
国債政策情報室長(兼) 山下智也
国債企画官 豊田忠治
国債業務課長 西野 健
財政投融資総括課長 関口祐司
企画調整室長 越中隆広
資金企画室長 小林 修
財政投融資企画官兼産業投資室長 笠原慎吾
国有財産企画課長 柴田智樹
企画推進室長 桑田 弦
国有財産企画官 小林正人
政府出資室長(兼) 柴田智樹
国有財産調整課長 木村 隆
国有財産有効活用室長 中野利隆
国有財産監査室長 瀬川正志
国有財産業務課長 吉田 修
国有財産審理室長 梅野雄一朗
管理課長 米田博文
国有財産情報室長 石井克憲
電算システム室長 橋本祥也
計画官(内閣・財務、農林水産・環境、経済産業、海外投資係担当) 原田一寿
計画官(厚生労働・文部科学、国土交通、地方企画、地方財務審査 地方運用係担当) 漆原有浩

〔国際局〕

夜間(3580)2688(総務課)

局長 三村 淳
次長 土谷晃浩
審議官 吉田昭彦
同 内野洋次郎
総務課長 今村英章
国際企画調整室長 矢原雅文
調査課長 陣田直也
国際調査室長 杉浦達也
外国為替室長 土生健一
企画官 桜田雄紀
投資企画審査室長 髙橋洋明
為替実査室長 日向俊一
国際機構課長 飯塚正明
企画官 石崎寛憲
資金移転対策室長 髙木悠子
地域協力課長 森 和也
地域協力調整室長 日向寺裕芽子
国際調整室長 池田洋一郎
地域協力企画官 梶山美奈
為替市場課長 松本千城
資金管理室長 増原剛輝
開発政策課長 藤井大輔
開発政策調整室長 上村晃嗣
参事官 大江 亨
開発機関課長 田部真史
開発企画官 小林和雄
同 高橋慶子

〔財務総合政策研究所〕

財務省内 ☎03(3581)4111

所長(兼) 栗原 毅
副所長 (兼)小野 稔
(兼)渡部 晶 河内祐典
総務研究部長(兼) 上田淳二
総務課長 木村藍子
資料情報部長 巴 道章
調査統計部長 岩井俊介
研修部長 山本 朗

〔会計センター〕

〒102-8486 千代田区九段南1-2-1
九段第三合同庁舎21F ☎03(3265)9141

所長 栗原 毅
次長 稲垣大明
同 (兼) 大久保 誠
管理運用部長 岩永久夫
会計管理部長 阿部博一
研修部長 阿部浩之

〔関税中央分析所〕

〒277-0882 柏市柏の葉6-3-5
☎04(7135)0160

所長 德 正芳

〔税関研修所〕

〒277-0882 柏市柏の葉6-4-2
☎04(7133)9611

所長（兼）　阪田　渉
副所長　古島和男
研修・研究部長　伊藤正人

国税庁

〒100-8978 千代田区霞が関3-1-1
☎03(3581)4161

長官　大鹿行宏
次長　重藤哲郎

〔長官官房〕

審議官（国際担当）　日置重人
同（酒税等担当）　田村公一
参事官　菅　哲人
同　山下和博
総務課長　細田修一
情報公開・個人情報保護室長・税理士監理室長・公文書監理室長　菅沼哲矢
広報広聴室長　江崎純子
調整室長（兼）　本多康昭
監督評価官室長　本多康昭
人事課長　高橋俊一
会計課長　細田修一
企画課長　田島伸二
国税企画官　櫻井　淳
同　植木裕規
海外税務分析官　古川勇人
情報技術室長　松井誠二
国際業務課長　劔持敏幸
国際企画官　安井欧貴
井上博之　中山　覚
国際課税分析官　勝野　晃
相互協議室長　田畑健隆
相互協議支援官　岩間英憲
厚生管理官　松沢玲子
主任税務相談官（兼）　櫻井　淳
首席国税庁監察官　黒澤　伸

〔課税部〕

課税部長　星屋和彦
課税総括課長　上良睦彦
課税企画官　鈴木友康
同　福田あづさ
国際課税企画官　門脇瞬有
消費税室長　藤井　誠
軽減税率制度対応室長（兼）　福田あづさ
審理室長　上竹良彦
主任訟務専門官　山崎諭司
個人課税課長　山崎博之
資産課税課長　西野享太郎
法人課税課長　北村　厚
酒税課長　郷　敦
輸出促進室長　宮葉敏之
資産評価企画官　加藤千博
財産評価手法研究官　藤田英理子
鑑定企画官　山脇幹善
酒類国際技術情報分析官　小野玄記
分析鑑定技術支援官　松丸克己

〔徴収部〕

徴収部長　飯守一文
管理運営課長　初谷武志
徴収課長　木村正之

〔調査査察部〕

調査査察部長　木村秀美
調査課長　松山清人
国際調査管理官　磯見竜太
査察課長　西川健士

〔国税不服審判所〕

☎03(3581)4101

所長　東　亜由美
次長　牧田宗孝
部長審判官　森下幹夫
管理室長　山本　学

文部科学省

〒100-8959 千代田区霞が関3-2-2
☎03(5253)4111

大臣　末松信介
副大臣　池田佳隆
副大臣　田中英之
大臣政務官　鰐淵洋子
大臣政務官　高橋はるみ
事務次官　義本博司
文部科学審議官　丸山洋司
同　柳　孝
秘書官　荒金美保
同　事務取扱　春山浩康
同　事務取扱　池田一郎

〔大臣官房〕

夜間(6734)2150（総務課）

官房長　矢野和彦

総括審議官　柿田恭良
サイバーセキュリティ・政策立案総括審議官　渡辺その子
学習基盤審議官　茂里毅
審議官(総合教育政策局担当)　出倉功一
同(初等中等教育局担当)　淵上孝
同(高等教育局及び科学技術政策連携担当)　森田正信
同(高等教育局担当)　里見朋香
同(科学技術・学術政策局担当)　阿蘇隆之
同(研究振興局及び高等教育政策連携担当)　坂本修一
同(研究開発局担当)　堀内義規
同(同)　原克彦
参事官　清浦隆
同　大谷圭介
同　濱口太久未
人事課長　望月禎
総務課長　西條正明
会計課長　浅野敦行
政策課長　林孝浩
国際課長　小林万里子
広報室長(文部科学広報官)　西川由香
総務調整官(国会担当)　濱口太久未
同(同)　西川和孝
文教施設企画・防災部長　下間康行
技術参事官　笠原隆
施設企画課長　磯山武司
施設助成課長　野沢和也
計画課長　齋藤禎美
参事官(施設防災担当)　野口健

〔総合教育政策局〕

夜間(6734)2067(政策課)

局長　藤原章夫
社会教育振興総括官　根本幸枝
政策課長　佐藤光次郎
調査企画課長　桐生崇
教育人材政策課長　小幡泰弘
国際教育課長　石田善顕
生涯学習推進課長　神山弘
地域学習推進課長　根本幸枝
男女共同参画共生社会学習・安全課長　石塚哲朗

〔初等中等教育局〕

夜間(6734)2341(初等中等教育企画課)

局長　伯井美徳
教育課程総括官　佐藤光次郎
初等中等教育企画課長　水田功
財務課長　村尾崇
教育課程課長　常盤木祐一
児童生徒課長　江口有隣
幼児教育課長　大杉住子
特別支援教育課長　山田泰造
修学支援・教材課長　安彦広斉
教科書課長　安井順一郎
健康教育・食育課長　三木忠一
参事官(高校担当)　田中義恭

〔高等教育局〕

夜間(3593)7192(高等教育企画課)

局長　増子宏
高等教育企画課長　西田憲史
大学振興課長　新田正樹
専門教育課長　塩川達大
医学教育課長　伊藤史恵
学生・留学生課長　藤吉尚之
国立大学法人支援課長　堀野晶三
私学部長　森晃憲
私学行政課長　滝波泰
私学助成課長　八田和嗣
参事官(学校法人担当)　小代哲也

〔科学技術・学術政策局〕

夜間(6734)4004(政策課)

局長　千原由幸
科学技術・学術総括官　寺門成真
政策課長　寺門成真
研究開発戦略課長　塩田剛志
人材政策課長　斉藤卓也
研究環境課長　古田裕志
産業連携・地域振興課長　井上睦子
参事官(国際戦略担当)　上田光幸
科学技術・学術戦略官(制度改革・調査担当)　佐野多紀子

〔研究振興局〕

夜間(6734)4066(振興企画課)

局長　池田貴城
振興企画課長　奥野真
基礎・基盤研究課長　渡邉淳
大学研究基盤整備課長　黒沼一郎
学術研究推進課長　永田勝
ライフサイエンス課長　武田憲昌
参事官(情報担当)　川口悦生
同(ナノテクノロジー・物質・材料担当)　江頭基
研究振興戦略官　高木秀人

〔研究開発局〕
夜間(6734)4128(開発企画課)

局長　真先正人
もんじゅ・ふげん廃止措置対策監　竹田健児
開発企画課長　仙波秀志
地震・防災研究課長　鎌田俊彦
海洋地球課長　大土井智
環境エネルギー課長　土居下充洋
宇宙開発利用課長　福井俊英
原子力課長　松浦重和
参事官(原子力損害賠償担当)　佐藤弘毅
研究開発戦略官(核融合・原子力国際協力担当)　岩渕秀樹
同(核燃料サイクル廃止措置担当)　嶋崎政一

〔国際統括官〕
国際統括官　田口康

〔国立教育政策研究所〕
〒100-8951 千代田区霞が関3-2-2
中央合同庁舎第7号館東館5～6F
☎03(6733)6833

所長　浅田和伸
次長　鈴木敏之
総務部長　武井久幸
研究企画開発部長　田村寿浩
教育政策・評価研究部長　渡邊恵子
生涯学習政策研究部長　銀島文
初等中等教育研究部長　藤原文雄
国際研究・協力部長　佐藤透

〔科学技術・学術政策研究所〕
〒100-0013 千代田区霞が関3-2-2
中央合同庁舎第7号館東館16F
☎03(3581)2391

所長　佐伯浩治
総務研究官　岡谷重雄
総務課長　田島亘
企画課長　宮地俊一

スポーツ庁

文部科学省内 ☎03(5253)4111

長官　室伏広治
次長　串田俊巳
審議官　星野芳隆
スポーツ総括官　大谷圭介
政策課長　今井裕一
健康スポーツ課長　小沼宏治
競技スポーツ課長　南野圭史
国際課長　新井知彦
オリンピック・パラリンピック課長　渡辺栄二
参事官(地域振興担当)　原口太志
参事官(民間スポーツ担当)　渡辺隆史

文化庁

文部科学省内 ☎03(5253)4111

長官　都倉俊一
次長　杉浦久弘
同　塩見みづ枝
審議官　榎本剛
同　中原裕彦
文化財鑑査官　豊城浩行
政策課長　日向信和
企画調整課長　平山直子
文化経済・国際課長　寺本恒昌
国語課長　圓入由美
著作権課長　吉田光成
文化資源活用課長　篠田智志
文化財第一課長　鍋島豊
文化財第二課長　山下信一郎
宗務課長　石﨑宏明
参事官(芸術文化担当)　山田素子
同(文化創造担当)　髙田行紀
同(文化観光担当)　飛田章
同(食文化担当)　野添剛司

厚生労働省

〒100-8916 千代田区霞が関1-2-2
中央合同庁舎5号館本館 ☎03(5253)1111

大臣　後藤茂之
副大臣　古賀篤
副大臣　佐藤英道
大臣政務官　島村大
大臣政務官　深澤陽一
事務次官　吉田学
厚生労働審議官　坂口卓
医務技監　福島靖正
秘書官　波多野泰史
同　事務取扱　伊藤洋平
同　事務取扱　久野克人

〔大臣官房〕
夜間(3595)3036(総務課)

官房長　渡辺由美子
総括審議官　村山誠
同(国際担当)　達谷窟庸野
危機管理・医務技術総括審議官　浅沼一成

公文書監理官	河野恭子
審議官(医政、医薬品等産業振興、精神保健医療担当)(老健局、保険局併任)	大坪寛子
同(健康、生活衛生、アルコール健康障害対策担当)	宮崎敦文
同(医薬担当)	山本史
同(労働条件政策、賃金担当)	青山桂子
同(労災、建設・自動車運送分野担当)	小林高明
同(職業安定、労働市場整備、雇用環境・均等担当)	富田望
同(子ども家庭、少子化対策、地域共生・自殺対策担当)	川又竹男
同(社会、援護、人道調査、福祉連携、外国人雇用、就労支援連携担当)	本多則惠
同(老健、障害保健福祉担当)	堀内斉
同(医療保険担当)	榎本健太郎
同(口腔ケア、医療介護連携、データヘルス改革担当)(医政局、老健局併任)	間隆一郎
同(年金、災害対策担当)	屋敷次郎
同(人材開発担当)	岡崎毅
同(総合政策担当)(政策統括室長代理併任)	横幕章人
地域保健福祉施策特別分析官	度山徹
国際保健福祉交渉官	井上肇
国際労働交渉官	福味恵
人事課長	宮本悦子
参事官(人事担当)	竹林悟史
人事調査官	床枝栄一
調査官	渡邊由美子
人事企画官	岸本哲也
総務課長	野村知司
参事官(法務担当)(法務室長併任)	澁谷亮
公文書監理・情報公開室長(審理室長併任)	上田真由美
広報室長	安里賀奈子
国会連絡室長(併)	米田隆史
会計課長	鳥井陽一
会計管理官	松下和生
監査指導室長	小保内宏
経理室長	伊達浩二
管理室長	奥平忠
福利厚生室長	大前祐治
首席営繕専門官(施設整備室長)(併)	安川豊文
地方課長(労働局業務改革推進室長併任)	原口剛
参事官(地方担当)(地方厚生局管理室長併任)	谷祐次
地方企画官(地方支分部局法令遵守室長、労働局業務改革推進室長代理、労働行政デジタル化企画室長併任)	安達佳弘
国際課長	平岩勝
国際企画・戦略官(併)	平嶋壮州
国際保健・協力室長	北村吉崇
国際労働・協力室長	千谷真美子
厚生科学課長	佐々木昌弘
健康危機管理・災害対策室長	鷹合一真
医療イノベーション推進室長	前田彰久
研究企画官	高江慎一
参事官(総括調整、障害者雇用担当)	牛島聡
参事官(総括調整、行政改革担当)	岡本利久
参事官(自殺対策担当)	高橋俊博
参事官(健康、医政担当)	山口高志
参事官(救急・周産期・災害医療等担当)	吉田一生

〔医政局〕

夜間(3595)2189(総務課)

局長	伊原和人
総務課長(医政局医療経理室長併任)	熊木正人
医療安全推進室長(医療国際展開室長併任)	梅木和宣
医療政策企画官	古川弘剛
地域医療計画課長	鷲見学
医師確保等地域医療対策室長(併)	有賀玲子
医療経営支援課長	岩下正幸
国立ハンセン病療養所将来構想実現等推進室長	新川浩二
医療独立行政法人支援室長	樋山一郎
政策医療推進官(併)	田中彰子
医事課長	山本英紀
試験免許室長	久保木隆
医師臨床研修推進室長	錦泰司
死因究明等企画調査室長事務取扱	上田尚弘
歯科保健課長	小椋正之
歯科口腔保健推進室長	小嶺祐子
看護課長	島田陽子
看護サービス推進室長	習田由美子
看護職員確保対策官	草野哲也
経済課長	安藤公一
セルフケア・セルフメディケーション推進室長(併)	安藤公一
医療機器政策室長	堀岡伸彦
首席流通指導官(流通指導室長併任)	浅見圭介
医療用物資等確保対策推進室長(併)	岡譲
研究開発振興課長	笠松淳也
治験推進室長	野村由美子
医療情報技術推進室長	田中彰子

〔健康局〕

夜間(3595)2207(総務課)

局長	佐原康之
総務課長	伊澤知法
指導調査室長	小柳隆一
原子爆弾被爆者援護対策室長(併)	山本博之
健康課長	佐々木孝治
健康対策企画官	西澤栄晃

保健指導官（保健指導室長併任） 五十嵐久美子
予防接種室長 鶴田真也
がん・疾病対策課長 中谷祐貴子
肝炎対策推進室長（B型肝炎訴訟対策室長併任） 簑原哲弘
結核感染症課長 江浪武志
感染症情報管理官（感染症情報管理室長併任） 梅田浩史
難病対策課長 簑原哲弘
移植医療対策推進室長 木庭愛

〔医薬・生活衛生局〕

夜間(3595)2377(総務課)

局長 鎌田光明
総務課長 田中徹
国際薬事規制室長(併) 安田尚之
医薬品副作用被害対策室長（併） 今泉愛
薬事企画官（医薬情報室長併任） 太田美紀
医薬品審査管理課長 吉田易範
医療機器審査管理課長 関野秀人
医薬安全対策課長 中井清人
監視指導・麻薬対策課長 佐藤大作
麻薬対策企画官（監視指導室長併任） 荻原和宏
薬物取締調整官 小牟田竜一
血液対策課長 渡辺顕一郎
生活衛生・食品安全審議官 武井貞治
生活衛生・食品安全企画課長 西川隆久
食品基準審査課長 近澤和彦
食品監視安全課長 三木朗
輸出先国規制対策室長(併) 三木朗
輸入食品安全対策室長 蟹江誠
検疫所業務課長 若林健吾
検疫所業務企画調整官（検疫所管理室長併任） 川崎信一
生活衛生課長 成松英範
生活衛生対策企画官(併) 岩佐景一郎
水道課長 名倉良雄
水道計画指導室長 東利博
水道水質管理官（水道水質管理室長併任） 横井三知貴

〔労働基準局〕

夜間(3595)3201(総務課)

局長 吉永和生
総務課長 石垣健彦
石綿対策室長 村野伸介
主任労働保険専門調査官（労働保険審査会事務室長併任） 園部昌嗣
労働保険業務分析官 穴井元尚
労働条件政策課長 松原哲也
労働条件確保改善対策室長 竹野佑喜
医療労働企画官 坪井宏徳
過労死等防止対策企画官 角南巌
監督課長 尾田進
過重労働特別対策室長 黒部恭志
主任中央労働基準監察監督官（労働基準監察室長併任） 加藤博人
労働関係法課長 田村雅
賃金課長 佐藤俊
主任中央賃金指導官 小城英樹
最低賃金制度研究官 田原孝明
労災管理課長 平嶋壮州
労災保険財政数理室長 小此木裕二
主任中央労災補償監察官（労災補償監察室長併任） 千葉茂雄
労働保険徴収課長 片淵仁文
労働保険徴収業務室長 小島裕
補償課長 西村斗利
職業病認定対策室長 児屋野文男
労災保険審理室長 松浦直行
調査官 中村克美
労災保険業務課長 西岡邦昭
安全衛生部長 武田康久
計画課長 小宅栄作
機構・団体管理室長(併) 小保内宏
調査官 長山隆志
安全課長 安達栄
建設安全対策室長 八木健一
主任中央産業安全専門官（併） 八木健一
労働衛生課長 髙倉俊二
産業保健支援室長 和田訓
治療と仕事の両立支援室長 鈴木秀博
電離放射線労働者健康対策室長 渡三佳
主任中央労働衛生専門官 搆健一
主任中央じん肺診査医 諸冨伸夫
職業性疾病分析官 佐々木邦臣
化学物質対策課長 木口昌子
化学物質評価室長 佐藤京子
環境改善室長 成毛節

〔職業安定局〕

夜間(3595)3276(総務課)

局長 田中誠二
総務課長 蒔苗浩司
訓練受講者支援室長 安蒜孝至
公共職業安定所運営企画室長 岡野智晃
首席職業指導官 澤口浩司
主任中央職業安定監察官 岩野剛
人道調査室長（ハローワークサービス推進室長併任） 井上英明

雇用政策課長　溝口 進
民間人材サービス推進室長　高西盛登
雇用復興企画官（雇用開発企画課介護労働対策室長併任）　宮元康一
労働市場分析官　武田康祐
雇用保険課長　長良健二
主任中央雇用保険監察官　中野 実
調査官　山口了子
需給調整事業課長　篠崎拓也
派遣・請負労働企画官　林 歓
主任中央需給調整事業指導官　大塚陽太郎
外国人雇用対策課長　吉田暁郎
海外人材受入就労対策室長　野澤めぐみ
国際労働力対策企画官（経済連携協定受入対策室長併任）　安井省侍郎
労働市場センター業務室長　吉野彰一
主任システム計画官　笹 正光
高齢・障害者雇用開発審議官　奈尾基弘
雇用開発企画課長　中村かおり
就労支援室長　佐藤広道
労働移動支援室長　小林 学
農山村雇用対策室長　柴田栄二郎
建設・港湾対策室長　福岡洋志
雇用管理改善分析官　大隈由加里
高齢者雇用対策課長　野﨑伸一
高年齢者雇用対策分析官　藤井宏一
障害者雇用対策課長　小野寺徳子
地域就労支援室長　山本浩司
調査官　今井秀紀
主任障害者雇用専門官　佐藤悦子
地域雇用対策課長　竹内 聡

〔雇用環境・均等局〕

局長　山田雅彦
内閣官房内閣審議官（雇用環境・均等局、子ども家庭局併任）児童虐待防止等総合対策室長（命）雇用環境総合整備室長（命）　岸本武史
総務課長　源河真規子
労働紛争処理業務室長　亀井 崇
主任雇用環境・均等監察官（雇用環境・均等監察室長併任）　重河真弓
雇用機会均等課長　石津克己
ハラスメント防止対策室長　溝田景子
有期・短時間労働課長　牧野利香
多様な働き方推進室長　火宮麻衣子
職業生活両立課長　古瀬陽子
在宅労働課長　堀 泰雄
勤労者生活課長　岡 英範
勤労者福祉事業室長　曽我明裕
労働金庫業務室長　原田守康

〔子ども家庭局〕

局長　橋本泰宏
内閣官房内閣審議官（雇用環境・均等局、子ども家庭局併任）児童虐待防止等総合対策室長（命）雇用環境総合整備室長（命）　岸本武史
総務課長　小澤時男
少子化総合対策室長　山口正行
児童福祉調査官（保育課健全育成推進室長併任）　久保倉 修
保育課長　林 俊宏
家庭福祉課長　中野孝浩
虐待防止対策推進室長　羽野嘉朗
子育て支援課長　鈴木健吾
母子保健課長　山本圭子

〔社会・援護局〕

夜間(3595)2612(総務課)

局長　山本麻里
総務課長　駒木賢司
自殺対策推進室長(併)　高橋俊博
保護課長　池上直樹
自立推進・指導監査室長　金原辰夫
保護事業室長　進士順和
地域福祉課長　田仲教泰
成年後見制度利用促進室長　松﨑俊久
消費生活協同組合業務室長　内山 徹
生活困窮者自立支援室長（地域共生社会推進室長併任）　唐木啓介
福祉基盤課長　宮下雅行
福祉人材確保対策官（福祉人材確保対策室長併任）事務取扱　田中義高
援護企画課長　衣笠秀一
中国残留邦人等支援室長　岩楯信和
援護・業務課長　柴沼雄一朗
事業課長　佐藤 宏
事業推進室長　礒邊 憲
戦没者遺骨鑑定推進室長　櫻井公彦
障害保健福祉部長　田原克志
企画課長（アルコール健康障害対策推進室長併任）　矢田貝泰之
自立支援振興室長　奥出吉規
施設管理室長　佐藤秀崇
障害福祉課長　津曲共和
障害児・発達障害者支援室長　河村のり子
精神・障害保健課長　林 修一郎
心の健康支援室長（公認心理師制度推進室長併任）　風間信之
依存症対策推進室長（企画課障害福祉サービス等データ企画室長併任）　小澤幸生

〔老健局〕

夜間(3591)0954(総務課)

局長　土生栄二

総務課長　橋本敬史
介護保険指導室長　稲葉好晴
介護保険計画課長　日野力
高齢者支援課長　須藤明彦
認知症施策・地域介護推進課長　笹子宗一郎
認知症総合戦略企画官（地域づくり推進室長併任）　菱谷文彦
老人保健課長　古元重和

〔保険局〕

夜間（3595）2550（総務課）

局長　濵谷浩樹
総務課長　榊原毅
社会保険審査調整室長　栗原正明
保険課長　江口満
全国健康保険協会管理室長　佐々木功
国民健康保険課長　森田博通
高齢者医療課長　本後健
医療介護連携政策課長　水谷忠由
保険データ企画室長　大竹雄二
医療課長　井内努
歯科医療管理官　宮原勇治
保険医療企画調査室長　高宮裕介
医療技術評価推進室長　中田勝己
医療保険制度改革推進官（命）　角園太一
医療指導監査室長　日野原友佳子
薬剤管理官　紀平哲也
調査課長　西岡隆
数理企画官　鈴木健二
国際医療費動向分析官　下島敦

〔年金局〕

夜間（3595）2862（総務課）

局長　高橋俊之
総務課長　三好圭
年金広報企画室長（併）　三好圭
首席年金数理官　鎌田真隆
年金数理官（企業年金・個人年金課基金数理室長併任）　木村剛
年金課長　岡部史哉
国際年金課長　和田康紀
資金運用課長　寺本琢哉
企業年金・個人年金課長　小野俊樹
数理課長　佐藤裕亮
数理調整管理官（数理調整管理室長併任）　植田博信
年金管理審議官　宮本直樹
事業企画課長　田中謙一
システム室長　大野裕之
調査室長　村田祐美子
監査室長　前川幸哉
会計室長　服部浩樹
事業管理課長　樋口俊宏
給付事業室長（併）　安田正人

〔人材開発統括官〕

人材開発統括官　小林洋司
参事官（人材開発総務担当参事官室長併任）　黒澤朗
参事官（人材開発政策担当参事官室長併任）　宇野禎晃
訓練企画官（訓練企画室長併任）　平川雅浩
特別支援企画官（特別支援室長併任）　津崎僚二
就労支援訓練企画官（政策企画室長併任）　黒田啓太
主任職業能力開発指導官　宮崎千晶
参事官（若年者・キャリア形成支援担当参事官室長併任）　河嶋正敏
キャリア形成支援企画官（キャリア形成支援室長併任）　國分一行
企業内人材開発支援企画官（企業内人材開発支援室長併任）　吉岡勝利
参事官（能力評価担当参事官室長併任）　山地あつ子
主任職業能力検定官　中野響
参事官（海外人材育成担当参事官室長併任）　川口俊徳
海外協力企画官（海外協力室長併任）　土井智史

〔政策統括官〕

政策統括官（総合政策担当）（政策統括室長併任）　大島一博
審議官（総合政策担当）（政策統括室長代理併任）　横幕章人
政策立案総括審議官（統計、総合政策、政策評価担当）（政策統括室長代理併任）　田中佐智子
労働経済特別研究官　村松達也
参事官（総合政策統括担当）（政策統括室副室長併任）　巽慎一
参事官（総合政策統括担当）（政策統括室副室長併任）　松本圭
政策企画官　和田幸典
同　佐藤康弘
社会保障財政企画官　柴田拓己
労働経済調査官　古屋勝史
参事官（調査分析・評価担当）（政策立案・評価担当参事官室長併任）　山田航
政策立案・評価推進官　飯島俊哉
政策統括官（統計・情報政策、労使関係担当）　鈴木英二郎
政策立案総括審議官（統計、総合政策、政策評価担当）（政策統括室長代理併任）　田中佐智子
参事官（企画調整担当）（統計・情報総務室長併任）　古舘哲生
政策企画官　戸田淳仁
統計企画調整官（統計企画調整室長併任）　奥垣雅章
審査解析官（審査解析室長併任）　渡邉学
統計管理官（人口動態・保健社会統計室長併任）　廣瀬滋樹
保健統計官（保健統計室長併任）（併）　知念希和
社会統計室長　飯郷智子
世帯統計官（世帯統計室長併任）　細井俊明
統計管理官（雇用・賃金福祉統計室長併任）　野口智明
賃金福祉統計官（賃金福祉統計室長併任）　角井伸一

調査官　村野卓男
参事官（労使関係担当参事官室長併任）　大塚弘満
調査官　辻　政司
サイバーセキュリティ・情報化審議官　佐々木裕介
参事官（情報化担当）（情報化担当参事官室長併任）　山内孝一郎
参事官（サイバーセキュリティ・情報システム管理担当）（サイバーセキュリティ担当参事官室長併任）　釜石英雄
情報システム管理官（情報システム管理室長併任）　菅野清人

〔国立医薬品食品衛生研究所〕
〒210-9501 川崎市川崎区殿町3-25-26
☎044(270)6600
所長　奥田晴宏

〔国立保健医療科学院〕
〒351-0197 和光市南2-3-6
☎048(458)6111
院長　曽根智史

〔国立社会保障・人口問題研究所〕
〒100-0011 千代田区内幸町2-2-3
日比谷国際ビル6F ☎03(3595)2984
所長　田辺国昭

〔国立感染症研究所〕
〒162-8640 新宿区戸山1-23-1
☎03(5285)1111
所長　脇田隆字

〔中央労働委員会〕
〒105-0011 港区芝公園1-5-32
労働委員会会館内 ☎(5403)2111
会長　岩村正彦
会長代理　荒木尚志
畠山稔　両角道代
公益委員　柴田和史
鹿野菜穂子　沖野眞已
松下淳一　相原佳子
鹿士眞由美　守島基博
西川佳代　磯部哲
小圷淳子　小西康之
労働者委員　有野正治
岩﨑春良　小俣利通
山本和代　髙橋睦子
竹井京二　髙橋洋子
北口明代　石原富雄
六本木清子　宮本礼一
中島徹　冨永雄一
池之谷潤　金森美智子
使用者委員　長崎文康
御手洗尚樹　宮近清文
岩本宏　田中恭代
小野寺敦子　成宮治
小倉基弘　小山茂
小林洋子　井上龍子
高山靖子　柳井秀朗
坂田甲一　布山祐子
事務局長　田畑一雄
審議官（調整、企画広報担当）　荒木祥一
同（審査担当）　森川善樹
総務課長　山本博之
審査課長　宿里明弘
和解手法分析官　松淵厚樹
審査総括官（第一部会担当審査総括室長併任）　六本佳代
同（第二部会担当審査総括室長併任）　井口真嘉
同（第三部会担当審査総括室長併任）　片倉和弘
調整第一課長　上野康博
調整第二課長　甲斐三照

農林水産省

〒100-8950 千代田区霞が関1-2-1
中央合同庁舎1号館 ☎03(3502)8111
大臣　金子原二郎
副大臣　中村裕之
副大臣　武部新
大臣政務官　宮崎雅夫
大臣政務官　下野六太
事務次官　枝元真徹
農林水産審議官　新井ゆたか
秘書官　太田久晴
同　事務取扱　新川元康

〔大臣官房〕
夜間(6744)2428(文書課)
官房長　横山紳
総括審議官　安東隆
総括審議官（新事業・食品産業）　水野政義
技術総括審議官　青山豊久
危機管理・政策立案総括審議官　前島明成
公文書監理官　信夫隆生
サイバーセキュリティ・情報化審議官　信夫隆生
輸出促進審議官（兼輸出・国際局）　杉中淳
生産振興審議官（兼農産局）　安岡澄人
審議官（技術・環境）　川合豊彦
同（兼消費・安全局）　江﨑典宏
同（兼輸出・国際局・交渉総括）　牛草哲朗
同（兼輸出・国際局）　道野英司

同（兼輸出・国際局・新事業・食品産業） 安楽岡 武
同 （兼畜産局） 伏見啓二
同 （兼経営局） 松尾浩則
同 （兼経営局） 長井俊彦
同（兼農村振興局） 赤松忠幸
参事官（環境・兼輸出・国際局） 坂 勝浩
同 （兼消費・安全局 兼輸出・国際局） 沖 和尚
報道官 髙橋仁志
秘書課長 河南 健
文書課長 中澤克典
予算課長 押切光弘
政策課長 小林大樹
技術政策室長 松本賢英
食料安全保障室長 久納寛子
広報評価課長 常葉光郎
広報室長 安川 徹
報道室長 廣田美香
情報管理室長 山田智子
情報分析室長 平野賢一
地方課長 片貝敏雄
災害総合対策室長 野中振挙
環境バイオマス政策課長 秋葉一彦
地球環境対策室長 久保牧衣子
再生可能エネルギー室長 西尾利哉
参事官 馬越美恵
同 石田大喜
同 小峰賢哉
デジタル戦略グループ長 窪山富士男
参事官 窪山富士男
参事官（兼消費・安全局） 熊谷法夫
同 （新興地域） 吉岡 孝
国際戦略グループ長 久染 徹
参事官 久染 徹
検査・監察部長 松原明紀
調整・監察課長 小島吉量
審査室長 渡邊英雄
行政監察室長 七澤英樹
会計監査室長 臼井重明
検査課長 二宮清彦
農林水産政策研究所長 浅川京子
農林水産政策研究所次長（兼輸出・国際局） 松本雅夫
農林水産研修所長 尾﨑浩幸

〔統計部〕

夜間（3502）5609（管理課）

部長 菅家秀人
管理課長 坂本延久
統計品質向上室長 田中弘明
経営・構造統計課長 土橋信昭
センサス統計室長 清水司郎
生産流通消費統計課長 橋本陽子
消費統計室長 橋本博徳
統計企画管理官 木村恵太郎

〔新事業・食品産業部〕

夜間（3502）7568（新事業・食品産業政策課）

部長 宮浦浩司
新事業・食品産業政策課長 長野麻子
ファイナンス室長 大橋 聡
企画グループ長 吉松 亨
商品取引グループ長 渡邉泰輔
商品取引室長 渡邉泰輔
食品流通課長 武田裕紀
卸売市場室長 金澤正尚
食品製造課長 峯村英児
食品企業行動室長 大熊 武
基準認証室長 西川真由
外食・食文化課長 須永新平
食品ロス・リサイクル対策室長 森 幸子
食文化室長 永濵 享

〔消費・安全局〕

夜間（3502）8512（総務課）

局長 小川良介
総務課長 井上 計
消費者行政・食育課長 清水正雄
食品表示調整室長 大久保 豊
米穀流通・食品表示監視室長 阿部洋介
食品安全政策課長 古畑 徹
食品安全科学室長 浮穴学宗
国際基準室長 石橋朋子
農産安全管理課長 及川 仁
農薬対策室長 小林秀誉
畜水産安全管理課長 郷 達也
水産安全室長 坂本孝明
植物防疫課長 望月光顕
防疫対策室長 羽石洋平
国際室長 内田博文
動物衛生課長 石川清康
家畜防疫対策室長 星野和久
国際衛生対策室長 沖田賢治
参事官 前田奈歩子

〔輸出・国際局〕

夜間(3502)5851(総務課)

局長　渡邉洋一
総務課長　髙橋広道
国際政策室長　新藤光明
輸出企画課長　伊藤優志
輸出支援課長　佐藤紳
輸出産地形成室長　貞包隆司
輸出環境整備室長　難波良多
国際地域課長　平中隆司
参事官(規制対策)　黒井哲也
国際経済課長　尾﨑道
知的財産課長　福井逸人
種苗室長　藤田裕一

〔農産局〕

夜間(3502)5937(総務課)

局長　平形雄策
総務課長　髙橋一郎
生産推進室長　宮本亮
国際室長　田中弘幸
会計室長　澁谷和彦
穀物課長　東野昭浩
米麦流通加工対策室長　上原健一
経営安定対策室長　菊地護
園芸作物課長　今野聡
園芸流通加工対策室長　小宮英稔
花き産業・施設園芸振興室長　尾室義典
地域作物課長　水野秀信
果樹・茶グループ長　仙波徹
地域対策官　仙波徹
農産政策部長　松本平
企画課長　三野敏克
米穀貿易企画室長　小坂田章志
水田農業対策室長　木村崇之
貿易業務課長　萩原英樹
米麦品質保証室長　戸枝義晴
技術普及課長　横地洋
生産資材対策室長　吉田剛
農業環境対策課長　佐藤夏人

〔畜産局〕

夜間(6744)0564(総務課)

局長　森健
総務課長　西経子
畜産総合推進室長　馬場淳
企画課長　関村静雄
畜産経営安定対策室長　廣岡亮介
畜産振興課長　犬飼史郎
畜産技術室長　松本隆志
家畜遺伝資源管理保護室長　相田剛伸
飼料課長　冨澤宗高
流通飼料対策室長　姫野崇範
牛乳乳製品課長　大熊規義
食肉鶏卵課長　髙山成年
食肉需給対策室長　木下雅由
競馬監督課長　福島一

〔経営局〕

夜間(3502)6432(総務課)

局長　光吉一
総務課長　前田剛志
調整室長　高橋浩吉
経営政策課長　玉置賢
担い手総合対策室長　大石晃
農地政策課長　望月健司
農地集積促進室長　矢澤祐一
就農・女性課長　平山潤一郎
女性活躍推進室長　渡邉桃代
協同組織課長　三上卓矢
経営・組織対策室長　白石知隆
金融調整課長　中尾学
保険課長　福島央
農業経営収入保険室長　梅下幸弘
保険監理官　谷睦枝

〔農村振興局〕

夜間(3502)5997(総務課)

局長　牧元幸司
次長　安部伸治
総務課長　佐藤一絵
農村政策部長　山口靖
農村計画課長　庄司裕宇
農村政策推進室長　吉田健一
都市農業室長　新田直人
地域振興課長　冨田晋司
中山間地域・日本型直接支払室長　岩下幸司
都市農村交流課長　荻野憲一
農泊推進室長　米田太一
農福連携推進室長　元木要
鳥獣対策・農村環境課長　藤河正英
鳥獣対策室長　阿部尚人
農村環境対策室長　寺島友子
整備部長　川合規史

農林水産省

設計課長　青山健治
計画調整室長　松本　勉
施工企画調整室長　志村和信
海外土地改良技術室長　北田裕道
土地改良企画課長　山里直志
水資源課長　緒方和之
農業用水対策室長　長山政道
施設保全管理室長　影山義人
農地資源課長　北林英一郎
経営体育成基盤整備推進室長　菊地　要
多面的機能支払推進室長　秋永邦治
地域整備課長　香山泰久
防災課長　細井和夫
防災・減災対策室長　濱井和博
災害対策室長　山根伸司

〔農林水産技術会議〕

夜間(3502)7399(研究調整課)

会長　小林芳雄
事務局長　青山豊久
研究総務官　山田広明
同　山口潤一郎
研究調整課長　岩間　浩
研究企画課長　郡　健次
イノベーション戦略室長　羽子田知子
研究推進課長　藤田晋吾
産学連携室長　齊賀大昌
国際研究官　加藤貴司
研究統括官　濱松潮香
研究開発官　佐々木　亨
研究調整官　(兼)前田英郎
(兼)若生忠幸　(兼)松本光史
(兼)小沼明弘　早川卓郎
(兼)内田真司

林野庁

〒100-8952 千代田区霞が関1-2-1
中央合同庁舎1号館 ☎03(3502)8111
夜間(3502)7968(林政課)

長官　天羽　隆
次長　織田　央
林政部長　森　重樹
林政課長　清水浩太郎
監査室長　齋藤　哲
企画課長　天野正治
経営課長　猪上誠介
林業労働・経営対策室長　池田秀明
特用林産対策室長　塚田直子
木材産業課長　齋藤健一
木材製品技術室長　土居隆行
木材利用課長　小島裕章
木材貿易対策室長　福田　淳
森林整備部長　小坂善太郎
計画課長　関口高士
施工企画調整室長　赤羽　元
海外林業協力室長　山崎敬嗣
森林利用課長　箕輪富男
森林集積推進室長　川村竜哉
山村振興・緑化推進室長　安髙志穂
整備課長　石田良行
造林間伐対策室長　諏訪　実
治山課長　佐伯知広
山地災害対策室長　金谷範導
研究指導課長　木下　仁
技術開発推進室長　大川幸樹
森林保護対策室長　増田義昭
国有林野部長　橘　政行
管理課長　田中晋太郎
福利厚生室長　門田成生
経営企画課長　眞城英一
国有林野総合利用推進室長　井口真輝
国有林野生態系保全室長　野畑直城
業務課長　長﨑屋圭太
国有林野管理室長　大沼清仁

水産庁

〒100-8907 千代田区霞が関1-2-1
中央合同庁舎1号館 ☎03(3502)8111
夜間(3502)8397(漁政課)

長官　神谷　崇
次長　倉重泰彦
漁政部長　渡邊　毅
漁政課長　依田　学
船舶管理室長　加悦幸二
企画課長　河村　仁
水産業体質強化推進室長　鹿田敏嗣
水産経営課長　石川　治
指導室長　小幡浩一
加工流通課長　五十嵐麻衣子
水産物貿易対策室長　川島哲哉
漁業保険管理官　神田宜宏
参事官　佐々木　拓
資源管理部長　藤田仁司

審議官	髙瀬美和子
管理調整課長	坂本清一
資源管理推進室長	魚谷敏紀
沿岸・遊漁室長	松尾龍志
国際課長	水川明大
捕鯨室長	日向寺二郎
かつお・まぐろ漁業室長	成澤行人
海外漁業協力室長	中里智子
漁業取締課長	髙屋繁樹
参事官	諸貫秀樹
増殖推進部長	黒萩真悟
研究指導課長	廣野淳
海洋技術室長	長谷川裕康
漁場資源課長	桑原智
生態系保全室長	金子守男
栽培養殖課長	櫻井政和
内水面漁業振興室長	柿沼忠秋
参事官	越智洋介
漁港漁場整備部長	矢花渉史
計画課長	田中郁也
整備課長	横山純
防災漁村課長	中奥龍也
水産施設災害対策室長	中村隆

（漁業取締本部）

本部長	神谷崇
副本部長	倉重泰彦

経済産業省

〒100-8901 千代田区霞が関1-3-1
（調査統計グループは〒100-8902）
☎03（3501）1511

大臣	萩生田光一
副大臣	細田健一
同	石井正弘
大臣政務官	岩田和親
同	吉川ゆうみ
事務次官	多田明弘
経済産業審議官	広瀬直
秘書官	牛久保敏文
同 事務取扱	呉村益生

〔大臣官房〕
夜間（3501）1609（総務課）

官房長	飯田祐二
総括審議官	片岡宏一郎
公文書監理官（併）	片岡宏一郎
サイバーセキュリティ・情報化審議官	江口純一
技術総括・保安審議官	太田雄彦
審議官（政策総合調整担当）	藤本武士
政策統括調整官（国際関係担当）（併）	福永哲郎
秘書課長（併）	片岡宏一郎
参事官（技術・高度人材戦略担当）（併）大臣官房総務課危機管理・災害対策室長	宮﨑貴哉
人事企画官	茂木高志
人事審査官	佐竹佳典
企画官（労務担当）	木下利明
総務課長	井上博雄
国会業務室長	宮部勝弘
業務管理官	細谷賢二
文書室長	小柳聡志
公文書監理室長	千嶌浩
広報室長	野澤泰志
政策審議室長（併）	井上博雄
首席経済安全保障政策統括調整官（併）	飯田陽一
経済安全保障政策統括調整官（併）	風木淳
同（併）	弓削州司
経済安全保障室長（併）	香山弘文
グリーン成長戦略室長（併）	山下隆一
グリーン成長戦略室長代理（併）	奈須野太
グリーン成長戦略室統括戦略官（併）	木原晋一
同（併）	都築直史
グリーン成長戦略室総括企画調整官（併）	河原圭
グリーン成長戦略室プロジェクト推進企画調整官（併）	笠井康広
グリーン成長戦略室産業戦略調整官（併）	田尻貴裕
グリーン成長戦略室エネルギー戦略調整官（併）	西田光宏
グリーン成長戦略室国際戦略調整官（併）	小泉秀親
国際カーボンニュートラル政策室長（併）	南亮
国際カーボンニュートラル政策室長代理（併）	木原晋一
同（併）	都築直史
同（併）	小林出
国際カーボンニュートラル政策室統括戦略官（併）	小泉秀親
国際カーボンニュートラル政策室総括企画調整官（併）	田村英康
藤井亮輔	中原廣道
川口征洋	星野昌志
早田豪	松野大輔
首席ビジネス・人権政策統括調整官（併）	松尾剛彦
ビジネス・人権政策統括調整官（併）	柏原恭子
ビジネス・人権政策調整室長（併）	豊田原
ビジネス・人権政策調整室長代理（併）	猪狩克朗
同（併）	坂本里和
未来人材政策統括調整官（併）	蓮井智哉
未来人材室長（併）	島津裕紀

未来人材室総括企画調整官(併)　川村美穂
杉本敬次　荒木太郎
太田三音子　大石知広
河原圭　渡辺琢也
浅野大介　鮫島大幸
岡田智裕　関口訓央
先端テクノロジー政策統括調整官(併)　奈須野太
先端テクノロジー戦略室長(併)　田中哲也
先端テクノロジー戦略室総括企画調整官(併)　遠山毅
EBPM推進政策統括調整官(併)　飯田祐二
EBPM推進室長(併)　佐野究一郎
EBPM推進室総括企画調整官(併)　横島直彦
笹路健　石川浩
大貫繁樹　吉田泰己
スタートアップ創出推進政策統括調整官スタートアップ創出推進室長(併)　龍崎孝嗣
スタートアップ創出推進室総括企画調整官(併)　諸永裕一
石井芳明　若林伸佳
藤澤秀昭　亀山慎之介
仁科雅弘　神﨑忠彦
首席新型コロナウイルス感染症水際措置対応調整官(併)　松尾剛彦
新型コロナウイルス感染症水際措置対応調整官(併)　矢作友良
新型コロナウイルス感染症水際措置対応室長(併)　大川龍郎
経済・産業分析官　藤和彦
国際戦略情報分析官(貿易・投資環境担当)　田口左信
グローバル産業室長　豊田原
グローバル産業室企画官　福田一徳
(併)徳弘雅世　(併)前田翔三
第四次産業革命政策室長(併)　諸永裕一
会計課長　横島直彦
厚生企画室長(併)　佐竹佳典
業務改革課長(併)政策立案推進室長(併)情報公開推進室長(併)個人情報保護室長　佐野究一郎
情報システム室長　下田裕和
統括情報セキュリティ対策官　山下毅

〔大臣官房調査統計グループ〕

調査統計グループ長(併)　苗村公嗣
参事官(調査統計グループ・総合調整担当)　笹路健
統計企画室長　守谷敦子
統計情報システム室長　飯島勇
調査分析支援室長　田邉敬一
業務管理室長　渡邉幹夫
経済解析室長　竹永祥久
構造統計室長　荒川晋也
統括統計官　赤坂俊之
鉱工業動態統計室長　木下善雄
サービス動態統計室長　倉田裕子
企業統計室長　沓澤正道

〔大臣官房福島復興推進グループ〕

福島原子力事故処理調整総括官(併)処理水損害対応支援室長　松永明
福島復興推進グループ長(併)廃炉・汚染水・処理水特別対策監　須藤治
原子力事故災害対処審議官　湯本啓市
廃炉・汚染水・処理水対策現地事務所長　鈴木啓之
原子力損害対応総合調整官(併)原子力損害対応室長　服部桂治
業務管理室長　川崎雅和
総合調整室長　殿木文明
福島相双復興推進機構担当室長(併)　宮下正己
福島広報戦略・風評被害対応室長(併)　殿木文明
福島イノベーション・コースト構想推進機構担当室長(併)　宮下正己
福島新産業・雇用創出推進室長　宮下正己
福島事業・なりわい再建支援室長(併)　宮下正己
原子力発電所事故収束対応室長　福田光紀
東京電力福島第一原子力発電所事故廃炉・汚染水・処理水対策官　大江健太郎
企画官　谷川知実
企画官　石原弘仁
事故収束対応調整官　田辺有紀

〔経済産業政策局〕

夜間(3501)1674(総務課)

局長　平井裕秀
審議官(経済産業政策局担当)　蓮井智哉
同(同)　龍崎孝嗣
首席アジア新産業共創政策統括調整官(併)　平井裕秀
アジア新産業共創政策統括調整官(併)　飯田陽一
同(併)　松尾剛彦
業務管理官室長　高梨綾恵
総務課長　坂本里和
政策企画官　田邉国治
調査課長　竹田憲
産業政策分析官(経済産業政策担当)　伊藤公二
企業財務室長　井川良
産業構造課長　石川浩
経済社会政策室長　川村美穂
産業組織課長　安藤元太
競争環境整備室長　杉原光俊
消費税転嫁対策室長(併)　久保田浩
知的財産政策室長　渡邊佳奈子
産業創造課長　諸永裕一
新規事業創造推進室長　石井芳明
産業資金課長　若林伸佳

投資機構室長(併) 若林伸佳
産業人材課長 島津裕紀
企業行動課長 大貫繁樹
企業会計室長(併) 前田翔三
アジア新産業共創政策室長 前田翔三

〔地域経済産業グループ〕

地域経済産業グループ長(併) 濱野幸一
地域経済産業政策統括調整官 師田晃彦
業務管理官室長 松田剛
地域経済産業政策課長 吉田健一郎
地域経済活性化戦略室長 杉本敬次
地域経済産業調査室長(併) 芳田直樹
地方調整室長 山村直弘
地方調査企画官(併) 山村直弘
地域企業高度化推進課長 荒木太郎
地域未来投資促進室長(併) 荒木太郎
地域産業基盤整備課長(併)沖縄振興室長 塩手能景
統括地域活性化企画官(地域未来投資担当)(併)地域経済活性化戦略室長 杉本敬次
工業用水道計画官 小林秀司
中心市街地活性化室長(併) 古谷野義之

〔通商政策局〕

夜間(3501)1654(通商政策課)

局長 松尾剛彦
大臣官房審議官(通商政策局担当) 矢作友良
大臣官房審議官(通商戦略担当) 山中修
サイバー国際経済政策統括調整官(併) 通商戦略統括調整官(併) 柏原恭子
通商交渉官 安藤晴彦
服部崇 千代光一
通商法務官 米谷三以
業務管理官室長 大江健二
総務課長 藤澤秀昭
地域通商政策研究官 伊集院健夫
通商戦略室長(併) 田村英康
通商戦略室企画官 桑原亮
企画調査室長 岡田陽
国際経済課長 内田了司
アジア太平洋地域協力推進室長 新倉崇之
経済連携課長 福永佳史
経済連携交渉官(併)特別通商交渉官 田村英康
経済連携交渉官 小池穣治
米州課長 畑田浩之
中南米室長 村山勝彦
欧州課長 鶴田将範
ロシア・中央アジア・コーカサス室長 黒須利彦
中東アフリカ課長 田村亮平
アフリカ室長(併) 田村亮平
アジア大洋州課長 池谷巌
通商企画調整官 布施吉章
東アジア経済統合推進室長(併) 石川征幸
南西アジア室長 福岡功慶
北東アジア課長 大川龍郎
韓国室長 出雲晃
通商機構部長 黒田淳一郎
参事官(総括) 木村拓也
参事官(併)デジタル通商交渉官(併) 玉井優子
通商交渉調整官 石川征幸
同 清水茉莉
国際知財制度調整官 嶋田研司
国際経済紛争対策室長 福山光博
国際法務室長(併) 米谷三以

〔貿易経済協力局〕

夜間(3501)1664(総務課)

局長 飯田陽一
大臣官房審議官(貿易経済協力局担当) 岩永正嗣
大臣官房審議官(貿易経済協力局・農林水産品輸出担当) 窪田修
大臣官房審議官(貿易経済協力局・国際技術戦略担当) 弓削州司
戦略輸出交渉官 平塚敦之
業務管理官室長 藤村和弘
総務課長 石上庸介
貿易振興課長 阿部一郎
企画官 上田泰史
通商金融課長 藤井亮輔
通商金融国際交渉官 中村正大
通商金融調整官 柴谷昌宏
貿易保険監理官 市原克典
資金協力室長 下川徹也
国際金融交渉室長 木下宏一
技術・人材協力課長 太田三音子
投資促進課長 垣見直彦
対日投資総合相談室長(併) 垣見直彦
貿易管理部長 風木淳
貿易管理課長 猪狩克朗
電子化・効率化推進室長 永山純弘
情報システム調整官 日髙隆
原産地証明室長 山口純
貿易審査課長 本城浩
農水産室長 熊田純子
野生動植物貿易審査室長(併) 本城浩
特殊関税等調査室長 三輪田祐子

経済産業省

安全保障貿易管理政策課長　香山 弘文
参事官（国際担当）　西野 洋志
情報調査室長　迎 堅太郎
技術調査室長　田中 伸彦
国際投資管理室長　古谷 寿之
安全保障貿易管理課長　淺井 洋介
安全保障貿易国際室長　荒木 英輔
安全保障貿易検査官室長　縄田 俊之
安全保障貿易審査課長　横田 純一
統括安全保障貿易審査官　溝田 健志

〔産業技術環境局〕

夜間（3501）1857（業務管理官室）

局長　奈須野 太
審議官（産業技術環境局担当）　田中 哲也
同（環境問題担当）　木原 晋一
産業技術環境政策統括調整官　都築 直史
局付（産業分析研究官）　竹之内 修
業務管理官室長　木村 真己
総務課長　田尻 貴裕
成果普及・連携推進室長　前田 幸永
技術政策企画室長　根津 正志
国際室長　小山 雅臣
技術振興・大学連携推進課長　亀山 慎之介
大学連携推進室長　大石 知広
研究開発課長　遠山 毅
研究開発調整官　堀部 雅弘
未来開拓研究統括戦略官　戸田 始秀
産業技術プロジェクト推進室長　高田 和幸
産業技術総合研究所室長　小嶋 誠
技術評価室長　金地 隆志
新エネルギー・産業技術総合開発機構室長（併）　金地 隆志
基準認証政策課長（併）基準認証戦略室長　大東 道郎
標準情報分析官　坊田 佳紀
国際戦略情報分析官（国際標準化担当）　松本 満男
基準認証広報室長（併）産業標準調査室長（併）認証企画室長　齋藤 充
基準認証経済連携室長　菊地 陽一
製品評価技術基盤機構室長　相沢 一宏
計量行政室長　大崎 美洋
国際標準課長（併）サービス標準化推進室長　渡辺 真幸
国際電気標準課長　柳澤 智也
環境政策課長　中原 廣道
環境企画調整官　花輪 洋行
カーボンニュートラルプロジェクト推進室長　笠井 康広
エネルギー・環境イノベーション戦略室長　河原 圭
地球環境対策室長　川口 征洋
地球環境連携室長　長田 稔秋
環境経済室長　梶川 文博
企画官（制度・金融担当）　内野 泰明
環境金融企画調整官　井上 峰人
資源循環経済課長　羽田 由美子
環境管理推進室長　上條 剛

〔製造産業局〕

夜間（3501）1689（総務課）

局長　藤木 俊光
大臣官房審議官（製造産業局・中小企業政策担当）（併）大臣官房首席通商政策統括調整官　福永 哲郎
大臣官房審議官（製造産業局担当）　新川 達也
大臣官房審議官（製造産業局担当）　柴田 敬司
業務管理官室長　髙橋 一也
総務課長　河野 太志
政策企画委員　山口 徹朗
製造産業戦略企画室長（併）　伊奈 友子
ものづくり政策審議室長　伊奈 友子
大臣官房生活物資等供給確保戦略室長（併）　河野 太志
通商室長（併）　徳弘 雅世
国際プラント・インフラシステム・水ビジネス推進室長　徳弘 雅世
企画調整官（国際プラント・インフラシステム・水ビジネス担当）　髙﨑 早和香
金属課長　松野 大輔
金属技術室長　大竹 真貴
企画官（国際担当）　坂本 紀代美
化学物質管理課長（併）化学物質リスク評価室長　宮原 光穂
化学物質安全室長　藤澤 久
化学物質管理企画官　今村 真教
化学兵器・麻薬原料等規制対策室長　太田 聡
オゾン層保護等推進室長　田村 修司
化学物質リスク評価企画官　濱口 千絵
素材産業課長（併）アルコール室長　吉村 一元
企画調査官　小林 麻子
革新素材室長　森本 将史
生活製品課長　永澤 剛
住宅産業室長、企画官（技術・国際担当）　原田 富雄
伝統的工芸品産業室長、企画官（地場産品担当）　斎藤 秀幸
産業機械課長　安田 篤
次世代空モビリティ政策室長　宇田 香織
ロボット政策室長　大星 光弘
素形材産業室長　谷 浩
自動車課長（併）自動車部品・ソフトウェア産業室長　吉村 直泰
参事官（自動車・再生可能エネルギー担当）（併）自動車戦略企画室長　清水 淳太郎
企画調査官（自動車通商政策担当）　大今 宏史
企画官（自動車リサイクル担当）　金谷 明倫

企画調査官	吉野欣臣
ITS・自動走行推進室長	福永茂和
車両室長	三浦裕幸
航空機武器宇宙産業課長	日暮正毅
企画官(防衛産業担当)	府川秀樹
航空機部品・素材産業室長	宮越　朗
宇宙産業室長(併)	都築直史

〔商務情報政策局〕

夜間(3501)2964(総務課)

局長	野原　諭
審議官(商務情報政策局・政策調整担当)	門松　貴
審議官(IT戦略担当)	藤田清太郎
業務管理官室長	折橋正敬
総務課長	奥家敏和
情報プロジェクト室長	吉田泰己
国際室長	松本暢之
国際戦略企画調整官	津田麻紀子
情報経済課長	須賀千鶴
情報政策企画調整官	泉　卓也
デジタル取引環境整備室長	日置純子
アーキテクチャ戦略企画室長	和泉憲明
サイバーセキュリティ課長	奥田修司
国際サイバーセキュリティ企画官	星　代介
情報技術利用促進課長	渡辺琢也
デジタル高度化推進室長(併)	渡辺琢也
地域情報化人材育成推進室長(併)	大西啓仁
情報政策専門官	大西啓仁
情報産業課長	西川和見
参事官(情報産業・デジタル経済安全保障担当)	金指　壽
デバイス・情報家電戦略室長	荻野洋平
ソフトウエア・情報サービス戦略室長(併)	渡辺琢也
高度情報通信技術産業戦略室長	中野浩二
電池産業室長	武尾伸隆
コンテンツ産業課長	髙木美香

〔商務・サービスグループ〕

商務・サービス審議官	畠山陽二郎
審議官(商務・サービス担当)	澤井　俊
商務・サービス政策統括調整官	田中一成
業務管理官室長	平松克啓
参事官(商務・サービスグループ担当)	宮本岩男
参事官(商務・サービス産業担当)	宮﨑孝一
消費・流通政策課長(併)大規模小売店舗立地法相談室長	中野剛志
消費者相談室長	濱田直春
消費経済企画室長(併)	降井寮治
物流企画室長(併)	中野剛志
キャッシュレス推進室長	降井寮治
官民一体型需要喚起推進室長(併)	俣野敏道
商品市場整備室長	北村敦司
商品先物市場整備監視室長(併)	北村敦司
商取引監督課長	刀禰正樹
商取引検査室長	水野市朗
サービス政策課長(併)教育産業室長(併)スポーツ産業室長	浅野大介
サービス産業室長	三浦　聡
クールジャパン政策課長(併)ファッション政策室長(併)デザイン政策室長(併)クールジャパン海外戦略室長	俣野敏道
2025年国際博覧会統括調整官	井上　学
参事官(併)博覧会推進室長	滝澤　豪
国際博覧会上席企画調整官	菅野将史
ヘルスケア産業課長	稲邑拓馬
ヘルスケア産業研究官	仁賀建夫
企画官(ヘルスケア産業担当)	飯村康夫
医療・福祉機器産業室長	廣瀬大也
国際展開推進室長(併)	稲邑拓馬
生物化学産業課長	佐伯耕三
生物多様性・生物兵器対策室長	諏訪部和幸

〔産業保安グループ〕

産業保安グループ長(併)	太田雄彦
審議官(産業保安担当)	苗村公嗣
業務管理室長	松本ゆかり
保安課長	正田　聡
高圧ガス保安室長	佐藤孝一
ガス安全室長	杉山佳弘
電力安全課長	田上博道
電気保安室長	古郡　靖
鉱山・火薬類監理官	岡本繁樹
石炭保安室長	長谷尚武
製品安全課長	田中秀明
製品事故対策室長	望月知子

〔電力・ガス取引監視等委員会事務局〕

事務局長	佐藤悦緒
業務管理室長(併)	松本ゆかり
総務課長	鶴田将範
取引監視課長	池田卓郎
小売取引検査管理官	高橋　章
取引制度企画室長	東　哲也
ネットワーク事業監視課長	田中勇己
ネットワーク事業制度企画室長(併)総括企画調整官	内田　隆
統括ネットワーク事業管理官	伊藤春樹

資源エネルギー庁

〒100-8931 千代田区霞が関1-3-1
☎03(3501)1511
夜間(3501)2669(総合政策課)

長官	保坂　伸
次長	山下隆一
首席エネルギー・環境・イノベーション政策統括調整官(併)	山下隆一
首席国際カーボンニュートラル政策統括調整官 政策立案総括審議官	南　亮
国際カーボンニュートラル政策統括調整官(併)	小林　出
首席エネルギー・地域政策統括調整官 地域経済産業審議官	小澤典明
エネルギー・地域政策統括調整官(併)	佐々木雅人
資源エネルギー政策統括調整官	(併)南　亮
同	佐々木雅人

〔長官官房〕

総務課長	久米　孝
国際資源エネルギー戦略統括調整官	小林　出
エネルギー制度改革推進総合調整官(併)	浦上健一朗
企画調査官(併)	前田博貴
戦略企画室長	西田光宏
需給政策室長(併)調査広報室長(併)国際室長	長谷川　洋
業務管理官室長(併)	太田　匠
会計室長	滝沢正直
予算執行評価室長(併)	久米　孝
予算管理官	滝澤文彦
国際課長	小泉秀親
海外エネルギーインフラ室長(併)	星野昌志

〔省エネルギー・新エネルギー部〕

部長	茂木　正
政策課長(併)熱電併給推進室長	山口　仁
再生可能エネルギー主力電源化戦略調整官(併)	下村貴裕
国際室長	星野昌志
新エネルギーシステム課長(併)水素・燃料電池戦略室長	日野由香里
省エネルギー課長(併)省エネルギー対策業務室長	江澤正名
新エネルギー課長	能村幸輝
再生可能エネルギー推進室長	潮崎雄治
風力政策室長	石井孝裕

〔資源・燃料部〕

部長	定光裕樹
政策課長(併)海洋政策企画室長	若月一泰
企画官(石油政策担当)	渡邉雅士
国際資源戦略交渉官	猪口　相
海洋資源開発交渉官	沖嶌弘芳
燃料政策企画室長	蓮沼佳和
石油・天然ガス課長	早田　豪
石油精製備蓄課長	細川成己
石油流通課長	永井岳彦
企画官(液化石油ガス産業担当)	橋爪優文
石炭課長(併)長官官房カーボンリサイクル室長	土屋博史
企画官(石炭政策担当)	藤原晋一
鉱物資源課長	小林和昭
鉱物資源政策企画調整官(併)	鯉江雅人

〔電力・ガス事業部〕

部長	松山泰浩
政策課長	浦上健一朗
制度企画調整官	市村拓斗
政策企画官(立地総合調整担当)(併)電源地域整備室長	森本　要
電力産業・市場室長	下村貴裕
ガス市場整備室長	野田太一
電力基盤整備課長(併)電力流通室長	小川　要
電力供給室長	迫田英晴
原子力政策課長(併)原子力産業室長(併)原子力技術室長	遠藤量太
東京電力福島第一原子力発電所事故廃炉・汚染水・処理水対策官(併)	木野正登
東京電力福島第一原子力発電所事故廃炉・汚染水・処理水対策官	大江健太郎
原子力国際協力推進室長(併)	小林　出
原子力基盤室長	皆川重治
廃炉産業室長(併)	下堀友数
原子力発電所事故収束対応室長	福田光紀
企画官	谷川知実
原子力発電所事故収束対応調整官(併)	鈴木啓之
同(併)	田辺有紀
原子力立地・核燃料サイクル産業課長	貴田仁郎
核燃料サイクル産業立地対策室長	髙野史広
原子力立地政策室長(併)原子力広報室長	前田博貴
原子力政策企画調査官	塚本裕之
原子力発電立地企画官	樫福錠治
放射性廃棄物対策課長(併)放射性廃棄物対策技術室長(併)放射性廃棄物対策広報室長	下堀友数

特許庁

〒100-8915 千代田区霞が関3-4-3
☎03(3581)1101
夜間(3593)0436(総務課)

長官	森　清
特許技監	岩崎　晋
総務部長	小見山康二
秘書課長	石ケ休剛志
総務課長	清水幹治
会計課長	渡部伸仁
企画調査課長	仁科雅弘

普及支援課長　石井善之
国際政策課長　福田　聡
国際協力課長　冨澤武志
審査業務部長　川上一郎
審査業務課長　佐野元次
出願課長　大関孝弘
商標課長　高野和行
商標審査長(化学)　根岸克弘
同　(機械)　大橋良成
同　(雑貨繊維)　豊瀬京太郎
商標上席審査長(産業役務)　旦　克昌
審査第一部長　安田　太
調整課長　野仲松男
物理首席審査長(計測)　油科壮一
物理上席審査長(分析診断)　渋谷知子
光学上席審査長(応用光学)　南　宏輔
光学審査長(事務機器)　杉山輝和
社会基盤上席審査長(自然資源)　川俣洋史
社会基盤審査長(住環境)　池谷香次郎
意匠課長　下村圭子
意匠上席審査長(情報・交通意匠)　前畑さおり
意匠審査長(生活・流通意匠)　伊藤宏幸
審査第二部長　髙原愼太郎
交通輸送首席審査長(自動制御)　本庄亮太郎
交通輸送上席審査長(運輸)　小松竜一
生産基盤上席審査長(生産機械)　遠藤秀明
生産基盤審査長(搬送)　内山隆史
同(繊維包装機械)　金丸治之
生活福祉上席審査長(生活機器)　今村　亘
生活福祉審査長(医療機器)　鈴木貴雄
審査第三部長　中槇利明
素材首席審査長(無機化学)　松波由美子
素材上席審査長(素材加工)　松田成正
生命・環境上席審査長(医療)　淺野美奈
生命・環境審査長(生命工学)　新留　豊
応用化学上席審査長(有機化学)　北村弘樹
応用化学審査長(高分子)　平井裕彰
同(プラスチック工学)　磯貝香苗
審査第四部長　前田仁志
情報首席審査長(電子商取引)　伏本正典
情報上席審査長(情報処理)　河合弘明
通信上席審査長(伝送システム)　中野裕二
通信審査長(電力システム)　猪瀬隆広
同(デジタル通信)　高野　洋
画像上席審査長(映像システム)　髙橋宣博
画像審査長(電子デバイス)　篠塚　隆
審判部長　桂　正憲
首席審判長　田村聖子
第1部門(計測)
部門長　岡田吉美
審判長　中塚直樹
同　藤井　昇
第2部門(材料分析)
部門長　井上博之
審判長　柿崎　拓
同　三崎　仁
第3部門(アミューズメントマシン)
部門長　鉄　豊郎
審判長　長﨑洋一
平城俊雅　吉川康史
第4部門(アミューズメント一般)
上席部門長　瀬津太朗
審判長　石井　哲
古屋野浩志　長井真一
第5部門(自然資源、住環境)
部門長　森次　顕
審判長　川端　修
同　住田秀弘
第6部門(応用光学)
部門長　榎本吉孝
審判長　里村利光
第7部門(事務機器)
部門長　藤本義仁
審判長　吉村　尚
同　藤田年彦
第8部門(応用物理、光デバイス)
上席部門長　瀬川勝久
審判長　山村　浩
同　加々美一恵
第9部門(自動制御、生活機器)
部門長　佐々木芳枝
審判長　窪田治彦
同　居島一仁
第10部門(動力機械)
部門長　山本信平
審判長　金澤俊郎
第11部門(運輸、照明)
部門長　芦原康裕
審判長　一ノ瀬　覚
同　島田信一

第12部門(一般機械、搬送)
上席部門長 平田信勝
審判長 小川恭司
同 田村嘉章
第13部門(生産機械)
部門長 見目省二
審判長 刈間宏信
河端賢 森井隆信
第14部門(繊維包装機械)
部門長 藤原直欣
審判長 石井孝明
久保克彦 間中耕治
第15部門(医療機器)
上席部門長 千壽哲郎
審判長 冨永みどり
佐々木一浩 内藤真徳
第16部門(熱機器)
部門長 林茂樹
審判長 松下聡
同 山崎勝司
第17部門(無機化学、環境化学)
部門長 日比野隆治
審判長 五十棲毅
宮澤尚之 井上猛
第18部門(素材加工、金属電気化学)
部門長 平塚政宏
審判長 粟野正明
同 池渕立
第19部門(高分子)
部門長 佐藤健史
審判長 杉江渉
同 近野光知
第20部門(プラスチック工学)
上席部門長 須藤康洋
審判長 大島祥吾
同 加藤友也
第21部門(化学応用)
部門長 亀ヶ谷明弘
審判長 藏野雅昭
同 門前浩一
第22部門(有機化学)
部門長 大熊幸治
審判長 瀬良聡機
同 村上騎見高
第23部門(医薬)
部門長 原田隆興
審判長 井上典之
藤原浩子 前田佳与子
第24部門(バイオ医薬)
部門長 岡﨑美穂
審判長 上條肇
原賢一 細井龍史
第25部門(生命工学)
部門長 福井悟
審判長 中島庸子
長井啓子 中村則夫
第26部門(電子商取引)
部門長 髙瀬勤
審判長 畑中高行
井上茂夫 渡邊聡
第27部門(インターフェイス)
部門長 吉田耕一
審判長 稲葉和生
角田慎治 清水稔
第28部門(情報処理)
部門長 田中秀人
審判長 石井茂和
同 篠原功一
第29部門(電子デバイス)
上席部門長 辻本泰隆
審判長 恩田春香
河本充雄 西村泰英
第30部門(映像システム)
部門長 清水正一
審判長 五十嵐努
千葉輝久 畑中高行
第31部門(伝送システム)
部門長 國分直樹
審判長 中木努
福島浩司 廣川浩
第32部門(電気機器、電力システム)
上席部門長 酒井朋広
審判長 井上信一
村上聡 山田正文
第33部門(デジタル通信)
部門長 佐藤智康
審判長 伊藤隆夫
同 吉田隆之

第34部門(意匠)
上席部門長 上島靖範
審判長 北代真一
小林裕和 内藤弘樹
第35部門(商標(化学・食品))
上席部門長 佐藤淳
審判長 佐藤松江
同 平澤芳行
第36部門(商標(機械・電気))
部門長(併)訟務室長 冨澤美加
審判長 榎本政実
同 小松里美
第37部門(商標(雑貨繊維))
部門長 矢澤一幸
審判長 豊田純一
第38部門(商標(産業役務・一般役務))
部門長 齋藤貴博
審判長 岩崎安子
同 森山啓
審判課長 諸岡健一

中小企業庁

〒100-8912 千代田区霞が関1-3-1
☎03(3501)1511

長官 角野然生
次長 新居泰人

〔長官官房〕

中小企業政策統括調整官 米村猛
総務課長 小林浩史
中小企業政策上席企画調整官 柴山豊樹
企画官(給付金制度企画担当)(併)中小企業政策上席企画調整官 森喜彦
企画官(給付金制度管理担当)(併)訴訟・債権管理室長 平林純一
企画官(給付金不正対応等担当) 福田一博
生産性革命推進室長(併) 田辺雄史
中小企業金融検査室長 麻生賀寿夫
デジタル・トランスフォーメーション企画調整官 本由美子
企画官(中小企業基盤整備機構担当) 兵藤栄寿
業務管理官室長 難波豊
広報相談室長 工藤勝弘

〔事業環境部〕

部長 飯田健太
企画課長(併)中小企業政策上席企画調整官 飯島大幸
調査室長 芳田直樹
経営安定対策室長 下出政樹
国際協力室長 中山正幸
金融課長 神﨑忠彦
企画官(資金供給・企業法制担当) 鈴木貴詞
財務課長 日原正視
取引課長 遠藤幹夫
中小企業取引研究官 山下善太郎
統括官公需対策官 芦立勝博
統括下請代金検査官 小金澤喜久雄
消費税転嫁対策室長 久保田浩

〔経営支援部〕

部長 佐々木啓介
経営支援課長 岡田智裕
企画官(経営支援担当) 楠木真次
小規模企業振興課長 関口訓央
創業・新事業促進課長 松本真太郎
海外展開支援室長 西野友浩
技術・経営革新課長 田辺雄史
商業課長 古谷野義之

国土交通省

〒100-8918 千代田区霞が関2-1-3
中央合同庁舎3号館
千代田区霞が関2-1-2
中央合同庁舎2号館(分館)
☎03(5253)8111

大臣 斉藤鉄夫
副大臣 渡辺猛之
副大臣 中山展宏
大臣政務官 加藤鮎子
大臣政務官 泉田裕彦
大臣政務官 木村次郎
事務次官 山田邦博
技監 吉岡幹夫
国土交通審議官 藤井直樹
同 岡西康博
同 石田優
秘書官 城戸一興
同 事務取扱 北村朝一
同 事務取扱 齋藤良太

〔大臣官房〕

夜間(5253)8181(総務課)

官房長 瓦林康人
総括審議官 天河宏文
同 宮澤康一
技術総括審議官 髙田昌行
政策立案総括審議官 髙田陽介
公共交通・物流政策審議官 寺田吉道

土地政策審議官	市川篤志
危機管理・運輸安全政策審議官	島田勘資
海外プロジェクト審議官	横田正文
公文書監理官	白石秀俊
政策評価審議官(兼)	小林　豊
サイバーセキュリティ・情報化審議官	櫛田泰宏
官房審議官(危機管理)(兼)	坂巻健太
技術審議官	廣瀬昌由
秘書室長(兼)	小林　豊
人事課長	楠田幹人
総務課長(兼)	佐々木俊一
広報課長	多田浩人
会計課長	大沼俊之
地方室長(兼)	佐々木俊一
福利厚生課長	平山孝治
技術調査課長	森戸義貴
参事官(人事)	足立基成
同　(会計)	須藤明夫
同　(労務管理)	小池敏宏
同　(税制)	鈴木　毅
同(運輸安全防災)	禮田英一
調査官	渡邉勝大
総括監察官	中村貴志
危機管理官	森高龍平
運輸安全監理官	増田直樹
官庁営繕部長	下野浩史
官房審議官(官庁営繕)	秋月聡二郎
管理課長	砂川勝憲
計画課長	佐藤由美
整備課長	植木暁司
設備・環境課長	関本昌弘

〔総合政策局〕

夜間(5253)8252(総務課)

局長	和田信貴
次長	加藤　進
官房審議官(総政)	木村　実
官房審議官(公共交通・物流政策)	岩月理浩
官房審議官(国際)(兼)	髙橥圭一
官房参事官(交通プロジェクト)	田路龍吾
同(地域戦略)	小林健典
同(グローバル戦略)	増田　圭
同　(国際物流)	大坪弘敏
同　(物流産業)	紺野博行
総務課長	梶原輝昭
政策課長	岡野まさ子
社会資本整備政策課長	盛谷幸一郎
バリアフリー政策課長	真鍋英樹
環境政策課長	松家新治
海洋政策課長	久保麻紀子
交通政策課長	阿部竜矢
地域交通課長	倉石誠司
モビリティサービス推進課長	河田敦弥
物流政策課長	髙田公生
公共事業企画調整課長	岩見吉輝
技術政策課長	伊藤真澄
国際政策課長	長﨑敏志
海外プロジェクト推進課長	垣下禎裕
国際建設管理官	森　範行
情報政策課長	町田倫代
行政情報化推進課長	二俣芳美
社会資本経済分析特別研究官	沓澤隆司

〔国土政策局〕

夜間(5253)8350(総務課)

局長	青柳一郎
官房審議官(国政)	吉田幸三
同　(国政)	黒川淳一
同　(国政)(兼)	池光　崇
総務課長	笹原顕雄
総合計画課長	松原英憲
広域地方政策課長	佐藤弘之
地方振興課長	呉　祐一郎
離島振興課長	岡　朋史
計画官	鮎澤良史
特別地域振興官	笹野　健

〔不動産・建設経済局〕

夜間(5253)8373(総務課)

局長	長橋和久
次長	吉田　誠
官房審議官(不動産・建設経済)	大澤一夫
同(不動産・建設経済)	増田嗣郎
官房参事官(土地利用)	横山博一
総務課長	藤川眞行
国際市場課長	川合紀子
情報活用推進課長	奥田誠子
土地政策課長	千葉信義
地価調査課長	二橋宏樹
地籍整備課長	佐々木明徳
不動産業課長	井﨑信也
不動産市場整備課長	鈴木あおい
建設業課長	鎌原宜文
建設市場整備課長	西山茂樹

国土交通省

参事官　竹内重貴

〔都市局〕

夜間(5253)8393(総務課)

局長　宇野善昌
官房審議官(都市)　望月一範
官房審議官(都市生活環境)　上野純一
官房技術審議官(都市)　渡邉浩司
総務課長　後藤慎一
都市政策課長　諏訪克之
都市安全課長　服部卓也
まちづくり推進課長　光安達也
都市計画課長　堤洋介
市街地整備課長　菊池雅彦
街路交通施設課長　荒川辰雄
公園緑地・景観課長　五十嵐康之

〔水管理・国土保全局〕

夜間(5253)8434(総務課)

局長　井上智夫
次長　高橋謙司
官房審議官(防災・リスクコミュニケーション)　高村裕平
官房審議官(水・国)　永井春信
総務課長　藤田昌邦
水政課長　山本泰司
河川計画課長　佐藤寿延
河川環境課長　内藤正彦
治水課長　佐々木淑充
防災課長　朝堀泰明
水資源部長　三橋さゆり
水資源政策課長　石川亨
水資源計画課長　川村謙一
下水道部長　植松龍二
下水道企画課長　奥原崇
下水道事業課長　松原誠
流域管理官　藤井政人
砂防部長　三上幸三
砂防計画課長　草野愼一
保全課長　伊藤仁志

〔道路局〕

夜間(5253)8473(総務課)

局長　村山一弥
次長　佐々木正士郎
官房審議官(道路)　倉野泰行
総務課長　出口陽一
路政課長　高山泰
道路交通管理課長　植田雅俊
企画課長　山本巧
国道・技術課長　長谷川朋弘
環境安全・防災課長　荒瀬美和
高速道路課長　沓掛敏夫
参事官　金籠史彦

〔住宅局〕

夜間(5253)8501(総務課)

局長　淡野博久
官房審議官(住宅)　塩見英之
官房審議官(住宅)　石坂聡
総務課長　瀧澤謙
住宅政策課長　皆川武士
住宅総合整備課長　岩下泰善
安心居住推進課長　上森康幹
住宅生産課長　宿本尚吾
建築指導課長　深井敦夫
市街地建築課長　山下英和
参事官(マンション・賃貸住宅)　矢吹周平
参事官(建築企画)　今村敬
住宅企画官　高藤喜史

〔鉄道局〕

夜間(5253)8521(総務課)

局長　上原淳
次長　鶴田浩久
官房審議官(鉄道)(兼)　髙橥圭一
官房審議官(鉄道)　石原大
官房技術審議官(鉄道)　江口秀二
同　(同)(兼)　奥田薫
官房参事官(新幹線建設)　奥谷憲
官房参事官(海外高速鉄道プロジェクト)　中野智行
官房参事官(地域調整)　富田建蔵
総務課長　木村大
幹線鉄道課長　川島雄一郎
都市鉄道政策課長　金指和彦
鉄道事業課長　田口芳郎
国際課長　山本英貴
技術企画課長　権藤宗高
施設課長　森信哉
安全監理官　中谷育夫

〔自動車局〕

夜間(5253)8559(総務課)

局長　秡川直也
次長　野津真生
官房審議官(自動車)　山田知裕
官房参事官(自動車(保障))　長谷知治
総務課長　原田修吾

国土交通省

安全政策課長　谷合　隆
技術・環境政策課長　久保田秀暢
自動車情報課長　波々伯部信彦
旅客課長　大辻　統
貨物課長　日野祥英
安全・環境基準課長　猪股博之
審査・リコール課長　是則武志
整備課長　佐橋真人

〔海事局〕

夜間(5253)8608(総務課)

局長　髙橋一郎
次長　宮武宜史
官房審議官(海事)(兼)　坂巻健太
官房技術審議官(海事)　河野　順
総務課長　秋田未樹
安全政策課長　峰本健正
海洋・環境政策課長　田村顕洋
船員政策課長　谷口礼史
外航課長　宮沢正知
内航課長　小林基樹
船舶産業課長　今井　新
検査測度課長　小磯　康
海技課長　春名史久
安全技術調査官　田中信行

〔港湾局〕

夜間(5253)8665(管理課)

局長　浅輪宇充
官房審議官(港湾)(兼)　坂巻健太
官房技術参事官(港湾)　遠藤仁彦
総務課長　西海重和
港湾経済課長　奈良和美
計画課長　安部　賢
産業港湾課長　西尾保之
技術企画課長　杉中洋一
海洋・環境課長　中原正顕
海岸・防災課長　西村　拓

〔航空局〕

夜間(5253)8692(総務課)

局長　久保田雅晴
次長　海谷厚志
官房審議官(航空)　平嶋隆司
官房技術審議官(航空)　奥田　薫
官房参事官(航空予算)　重田裕彦
同(航空戦略)　大塚大輔
同(次世代航空モビリティ)　梅澤大輔
同(航空事業安全)　石井靖男
総務課長　片山敏宏
航空ネットワーク部長　五十嵐徹人
航空ネットワーク企画課長　内海雄介
国際航空課長　高橋　徹
航空事業課長　黒須　卓
空港計画課長　田中知足
空港技術課長　小池慎一郎
空港業務課長　西泉彰雄
首都圏空港課長　武田一寧
近畿圏・中部圏空港課長　折原英人
安全部長　平井一彦
安全企画課長　堀江信幸
運航安全課長　島津達行
航空機安全課長　北澤　歩
交通管制部長　工藤貴志
交通管制企画課長　渋武　容
管制課長　松岡慎治
運用課長　後藤勝行
管制技術課長　河合良則

〔北海道局〕

夜間(5253)8761(総務課)

局長　髙橋季承
官房審議官(北海道)　冨樫篤英
官房審議官(北海道)　吾郷俊樹
総務課長　佐藤忠晴
予算課長　金森　敬
地政課長　遠藤　平
水政課長　柿崎恒美
港政課長　鈴木　徹
農林水産課長　遠藤知庸
参事官　米津仁司

〔政策統括官〕

夜間(5253)8105～7

政策統括官　小原　昇
同　松本貴久
政策評価官　石崎憲寛

〔国際統括官〕

国際統括官　山上範芳
国際交通特別交渉官　三宅正寿

〔国土審議会〕

会長　永野　毅
会長代理　増田寛也
委員　末松信介
谷合正明　難波奨二
二之湯　智　青木真理子

国土交通省

石田東生　伊東香織
大竹文雄　小田切徳美
垣内恵美子　木場弘子
河野俊嗣　髙村典子
田澤由利　田村圭子
柘植康英　津谷典子
中村太士　沼尾波子
村尾和俊　山野目章夫
渡邉紹裕

〔運輸審議会〕

〒100-0013 千代田区霞が関3-1-1
中央合同庁舎4号館3F
☎03(5253)8141

会長　原田尚志
会長代理　牧満
委員(非常勤)　河野康子
山田攝子　和田貴志
二村真理子

〔国土開発幹線自動車道建設会議〕

国土交通省道路局総務課内
☎03(5253)8111

委員　泉健太
亀井亜紀子　岸田文雄
鈴木俊一　竹下亘
二階俊博　岡田広
郡司彰　武見敬三
西田実仁

〔国土交通政策研究所〕

〒160-0004 新宿区四谷1-6-1
四谷タワー15F ☎03(5369)6002

所長　藤﨑耕一
副所長　藤井賢一

〔国土技術政策総合研究所〕

〒305-0804 つくば市旭1
☎029(864)2211

所長　木村嘉富
副所長　坂克人
同　田中敬三

〔国土交通大学校〕

〒187-8520 小平市喜平町2-2-1
☎042(321)1541

校長　山本博之
副校長　大庭孝之
同　林泰三

〔航空保安大学校〕

〒598-0047 泉佐野市りんくう往来南3-11
☎072(458)3010

校長　成澤浩一

〔国土地理院〕

〒305-0811 つくば市北郷1
☎029(864)1111

院長　飛田幹男
参事官　金澤裕勝

〔小笠原総合事務所〕

〒100-2101 東京都小笠原村父島字東町152
☎04998(2)2245

所長　永井克典

〔海難審判所〕

〒102-0083 千代田区麹町2-1
☎03(6893)2400

所長　古城達也
首席審判官　福島千太郎
首席理事官　浅野真司

観光庁

国土交通省内 ☎03(5253)8111
夜間(5253)8321

長官　和田浩一
次長　村田茂樹
審議官(兼)　木村典央
同(兼)　池光崇
観光政策調整官(兼)　星明彦
同(兼)　叶雅仁
総務課長　舟本浩
総務課企画官　廣畑健次
調整室長　貴田晋
観光戦略課長　田島聖一
観光統計調査室長(兼)　岩上順子
観光産業課長　柿沼宏明
民泊業務適正化指導室長(兼)　牧田聡二
旅行業務適正化指導室長　青木幸裕
参事官　高橋泰史
同　田渕エルガ
同(兼)　桃井謙祐
国際観光部長　金子知裕
国際観光課長　三輪田優子
総合計画室長(兼)　寺井陽子
欧米豪市場推進室長(兼)　藤岡達也
新市場開発室長(兼)　藤岡達也
外客安全対策室長(兼)　温品清司
参事官　輕部努

同	今井和哉
観光地域振興部長	大野　達
観光地域振興課長	河南正幸
観光地域づくり法人支援室長（兼）	後藤章文
観光地域政策企画室長（兼）	後藤章文
広域連携推進室長（兼）	後藤章文
持続可能な観光推進室長（兼）	輕部　努
観光資源課長	星　明彦
地域資源活用推進室長	横田　愛
新コンテンツ開発推進室長（兼）	佐藤　司
観光政策特別研究交渉官	榎本通也

気象庁

〒105-8431 港区虎ノ門3-6-9
☎03(6758)3900

長官	長谷川直之
次長	大髙豪太
気象防災監	木俣昌久
総務部長	藤原威一郎
参事官	横田寛伸
参事官(気象・地震火山防災)	藤川典久
総務課長	湯原有哉
人事課長	大藤雅人
企画課長	室井ちあし
経理管理官	出口まきゆ
国際・航空気象管理官	益子直文
情報基盤部長	倉内利浩
情報政策課長	太原芳彦
情報利用推進課長	榊原茂記
数値予報課長	石田純一
情報通信基盤課長	西尾利一
気象衛星課長	長谷川昌樹
大気海洋部長	大林正典
業務課長	中本能久
気象リスク対策課長	酒井喜敏
予報課長	黒良龍太
観測整備計画課長	八木勝昌
気候情報課長	安田珠幾
環境・海洋気象課長	水野孝則
地震火山部長	森　隆志
管理課長	加藤孝志
地震津波監視課長	束田進也
火山監視課長	尾崎友亮
地震火山技術・調査課長	中村雅基

運輸安全委員会

〒160-0004 新宿区四谷1-6-1
四谷タワー15F ☎03(5367)5025

委員長	武田展雄
委員	柿嶋美子
宮下徹	丸井祐一
奥村文直	石田弘明
佐藤雄二	田村兼吉
同（非常勤）	中西美和
津田宏果	鈴木美緒
新妻実保子	岡本満喜子
事務局長	城福健陽
審議官	髙桒圭一
総務課長	坂本慶介
参事官	沖　竜嗣
首席航空事故調査官	山田康弘
首席鉄道事故調査官	森　宣夫
首席船舶事故調査官	澤木純一

海上保安庁

国土交通省内 ☎03(3591)6361

長官	奥島高弘
次長	石井昌平
海上保安監	瀬口良夫
総務部長	勝山　潔
参事官	橋本昌典
服部真樹	粟井次雄
政務課長	中山理映子
政策評価広報室長	近藤修志
予算執行管理室長	松田　修
秘書課長	真﨑和彦
夜間(3591)7944(秘書課)	
人事課長	飯塚秋成
人事企画官	知福政志
情報通信課長	坂本誠志郎
システム整備室長	髙橋裕之
システム管理室長	長谷川真琴
情報セキュリティ対策室長	中西健二
教育訓練管理官	赤松宏樹
主計管理官	岩川　勝
国際戦略官	清水　巌
危機管理官	勝谷大輔
海上保安試験研究センター所長	對馬靖浩
危機管理調整官	山田宏一
職員相談室長	梅原吉広

装備技術部長　岩本　泉
管理課長　久田隆弘
夜間(3591)6367(管理課)
技術開発官　芝田裕紀
施設補給課長　浦野史朗
施設調整官　上栗泰一
船舶課長　大橋将太
首席船舶工務官　髙橋邦彰
船舶整備企画室長　西山　博
航空機課長　吉本直哉
航空機整備管理室長　鬼塚勝昭
警備救難部長　白石昌己
管理課長　澤井幸保
航空業務管理室長　久保田昌行
運用司令センター所長　松村謙一
夜間(3591)9809(管理課)
刑事課長　猪瀬雅樹
外国人漁業対策室長　村本克巳
国際刑事課長　小幡章博
海賊対策室長　松本孝典
警備課長　筒井直樹
領海警備対策室長　室田英樹
警備企画官　古川大輔
警備情報課長　山戸義勝
警備情報調整官　奥　武
救難課長　川上　誠
環境防災課長　永井一浩

〔海洋情報部〕

〒135-0064 江東区青海2-5-18
青海総合庁舎
☎03(5500)7120

部長　加藤幸弘
企画課長　前野　明
夜間(3541)3810(企画課)
海洋調査運用室長　遠山良和
技術・国際課長　木下秀樹
海洋研究室長　小原泰彦
国際業務室長　中林　茂
海洋情報技術調整室長　難波江　靖
沿岸調査課長　楠　勝浩
海洋防災調査室長　政岡久志
大洋調査課長　森下泰成
海洋汚染調査室長　鮫島真吾
情報管理課長　冨山新一
情報利用推進課長　矢吹哲一朗
水路通報室長　中林久子
海洋空間情報室長　吉田　剛
図誌審査室長　岡野博文
交通部長　吉永隆博
企画課長　岩川　勝
夜間(3591)9807(企画課)
海上交通企画室長　宮本長宣
国際・技術開発室長　喜志多健史
航行安全課長　内田浩平
航行指導室長　藤吉克博
交通管理室長　金城政彦
安全対策課長　福本拓也
安全情報提供センター所長　栄　和志
整備課長　田中健彦
首席監察官　菊永純一
監察官　惠谷　修
同　市山卓己

〔海上保安大学校〕

〒737-8512 呉市若葉町5-1
☎0823(21)4961

校長　葛西正記
副校長　山田多津人

環境省

〒100-8975 千代田区霞が関1-2-2
中央合同庁舎5号館本館 ☎03(3581)3351

大臣　**山口　壯**
副大臣　**務台俊介**
同　**大岡敏孝**
大臣政務官　**穂坂　泰**
同　**中川康洋**
事務次官　中井徳太郎
地球環境審議官　正田　寛
秘書官　飯山美子
同　事務取扱　杉井威夫
同　事務取扱　小林祐紀

〔大臣官房〕

夜間(5521)8210(総務課)

官房長　鑓水　洋
政策立案総括審議官　角倉一郎
公文書監理官(充)　大森恵子
審議官　白石隆夫
瀬川恵子　(充)森光敬子
松本啓朗　前佛和秀
サイバーセキュリティ・情報化審議官　大森恵子
秘書課長　中尾　豊
調査官　萩原辰男

地方環境室長	今井正之
総務課長	永島徹也
広報室長	沼田正樹
企画官	吉口進朗
公文書監理室長	増田直文
国会連絡室長	松本行央
環境情報室長	明石健吾
危機管理・災害対策室長(併)	吉口進朗
会計課長	小森繁
監査指導室長	黒川ひとみ
庁舎管理室長	大竹敦
企画官	橋本洋逸

〔大臣官房環境保健部〕

夜間(5521)8250(環境保健企画管理課)

環境保健部長	神ノ田昌博
環境保健企画管理課長	田中良典
保健業務室長	黒羽真吾
特殊疾病対策室長	海老名英治
石綿健康被害対策室長	吉住奈緒子
化学物質審査室長	久保善哉
公害補償審査室長	手塚英明
水銀対策推進室長	吉﨑仁志
環境リスク情報分析官	山﨑邦彦
環境安全課長	太田志津子
環境リスク評価室長	田中桜
放射線健康管理担当参事官	鈴木章記

〔総合環境政策統括官グループ〕

夜間(5521)8224(総合政策課)

総合環境政策統括官	和田篤也
総合政策課長	福島健彦
調査官	堤達也
企画評価・政策プロモーション室長	相澤寛史
環境研究技術室長	加藤学
環境教育推進室長(併)	相澤寛史
民間活動支援室長(併)	相澤寛史
計画官	岡村幸代
環境統計分析官	
環境経済課長	波戸本尚
環境影響評価課長	西村学
環境影響審査室長	木野修宏
地域脱炭素推進総括官	上田康治
環境計画課長	松田尚之
地域脱炭素政策調整官	松下雄介
地域脱炭素事業推進調整官	近藤貴幸
地域循環共生圏推進室長	伊藤賢利
地域脱炭素企画官(併)	相澤寛史

〔地球環境局〕

夜間(5521)8241(総務課)

局長	小野洋
総務課長	西村治彦
脱炭素社会移行推進室長	坂口芳輝
脱炭素化イノベーション研究調査室長	河村玲央
気候変動適応室長	塚田源一郎
地球温暖化対策事業監理室長(併)	伊藤賢利
地球温暖化対策課長	小笠原靖
地球温暖化対策事業室長	加藤聖
脱炭素ビジネス推進室長	内藤冬美
市場メカニズム室長	井上和也
フロン対策室長	豊住朝子
脱炭素ライフスタイル推進室長	岩山政史
低炭素物流推進室長(併)	豊住朝子
事業監理官	寺沢直樹
国際連携課長	大井通博
国際協力・環境インフラ戦略室長	杉本留三
国際地球温暖化対策担当参事官	水谷好洋

〔水・大気環境局〕

夜間(5521)8289(総務課)

局長	松澤裕
総務課長	飯田博文
調査官	鈴木延昌
越境大気汚染情報分析官	東幸毅
環境管理技術室長(併)	鈴木延昌
大気環境課長	長坂雄一
大気生活環境室長(併)	長坂雄一
自動車環境対策課長(充)	飯田博文
水環境課長	川又孝太郎
閉鎖性海域対策室長	行木美弥
海洋環境室長	山下信
海洋プラスチック汚染対策室長	中島慶次
土壌環境課長	髙澤哲也
農薬環境管理室長	伊澤航
地下水・地盤環境室長(充)	髙澤哲也

〔自然環境局〕

夜間(5521)8269(総務課)

局長	奥田直久
総務課長	関谷毅史
調査官	長田啓
国民公園室長(併)	曽宮和夫
動物愛護管理室長	野村環
自然環境計画課長	堀上勝
自然環境情報分析官	秀田智彦

生物多様性戦略推進室長　中澤圭一
生物多様性主流化室長　谷貝雄三
国立公園課長　熊倉基之
国立公園利用推進室長　岡野隆宏
自然環境整備課長　佐藤邦雄
温泉地保護利用推進室長　北橋義昭
温泉制度管理技術研究官
野生生物課長　則久雅司
鳥獣保護管理室長　東岡礼治
希少種保全推進室長　山本麻衣
外来生物対策室長　大林圭司

〔環境再生・資源循環局〕

夜間(5521)3152(総務課)

局長　室石泰弘
次長　土居健太郎
総務課長　奥山祐矢
循環指標情報分析官
循環型社会推進室長(充)　平尾禎秀
循環型社会推進企画官(併)　岡野隆宏
リサイクル推進室長　平尾禎秀
制度企画室長　大川正人
廃棄物適正処理推進課長　筒井誠二
浄化槽推進室長　山本泰生
放射性物質汚染廃棄物対策室長　大倉紀彰
廃棄物規制課長　神谷洋一
越境移動情報分析官　福田宏之
参事官(総括)　新井田浩
同(特定廃棄物)　番匠克二
同(除染)　馬場康弘
同(中間貯蔵)　鮎川智一
企画官　布田洋史
同　中野哲哉
不法投棄原状回復事業対策室長(併)　神谷洋一
災害廃棄物対策室長(併)　筒井誠二
福島再生・未来志向プロジェクト推進室長(併)　布田洋史
ポリ塩化ビフェニル廃棄物処理推進室長(併)　神谷洋一

原子力規制委員会

〒106-8450 港区六本木1-9-9
☎03(3581)3352

委員長　更田豊志
委員　田中知
山中伸介　伴信彦
石渡明

原子力規制庁

〒106-8450 港区六本木1-9-9
☎03(3581)3352

長官　荻野徹
次長　片山啓
原子力規制技監　櫻田道夫
緊急事態対策監　金子修一
核物質・放射線総括審議官　佐藤暁
審議官　松下整
内閣府大臣官房審議官(原子力防災担当)(併)　松下整
審議官　森下泰
同　小野祐二
総務課長　黒川陽一郎
公文書監理官(併)　足立敏通
政策立案参事官　渡邉桂一
サイバーセキュリティ・情報化参事官　足立敏通
監査・業務改善推進室長　野村優子
広報室長　村田真一
国際室長　一井直人
事故対処室長　金子真幸
法令審査室長　吉野亜文
情報システム室長(併)　足立敏通
人事課長　金城慎司
参事官(会計担当)　河原雄介
参事官(法務担当)　布村希志子
緊急事案対策室長(併)　古金谷敏之
委員会運営支援室長　西沢正剛
技術基盤課長　遠山眞
安全技術管理官(システム安全担当)　田口清貴
同(シビアアクシデント担当)　舟山京子
同(核燃料廃棄物担当)　迎隆
同(地震・津波担当)　川内英史
放射線防護企画課長　新田晃
保障措置室長　寺﨑智宏
監視情報課長　村山綾介
放射線環境対策室長　竹本亮
安全規制管理官(核セキュリティ担当)　中村振一郎
同(放射線規制担当)　宮本久
原子力規制部長　市村知也
原子力規制企画課長　大島俊之
火災対策室長　守谷謙一
東京電力福島第一原子力発電所事故対策室長　竹内淳
安全規制管理官(実用炉審査担当)　田口達也
同(研究炉等審査担当)　志間正和
同(核燃料施設審査担当)　長谷川清光

同(地震・津波審査担当)　大浅田　薫
検査監督総括課長　古金谷敏之
検査評価室長　清丸勝正
安全規制管理官(実用炉監視担当)　武山松次
同(核燃料施設等監視担当)　門野利之
同(専門検査担当)　杉本孝信
原子力安全人材育成センター所長(兼)　片山　啓
副所長　大向繁勝

防衛省

〒162-8801 新宿区市谷本村町5-1
☎03(3268)3111

大臣　岸　信夫
副大臣　鬼木　誠
大臣政務官　岩本剛人
大臣政務官　中曽根康隆
事務次官　島田和久
防衛審議官　槌道明宏
秘書官　岸　信千世
同　事務取扱　松尾友彦

〔大臣官房〕

官房長　芹澤　清
政策立案総括審議官　川嶋貴樹
衛生監　鈴木健彦
施設監　杉山真人
報道官　石川　武
公文書監理官　茂木　陽
サイバーセキュリティ・情報化審議官　上田幸司
審議官　加藤雅啓
田部井貞明　田中利則
岩元達弘　安藤敦史
林　美都子　町田一仁
米軍再編調整官　茂木　陽
参事官　丸山幹夫
神谷昌文　伊藤和己
熊野有文　信太正志
秘書課長　小杉裕一
文書課長　吉野幸治
企画評価課長　五味賢至
広報課長　安居院公仁
会計課長　西村聞多
監査課長　佐藤伸樹
訟務管理官　畠中秀昭

〔防衛政策局〕

局長　増田和夫
次長　大和太郎
同　野口　泰
防衛政策課長　飯島秀俊
戦略企画課長　田邊英介
日米防衛協力課長　中間秀彦
国際政策課長　松尾智樹
運用政策課長　中野滋明
調査課長　中野憲幸
訓練課長　佐藤克文
参事官　海江田達也

〔整備計画局〕

局長　土本英樹
防衛計画課長　伊藤晋哉
情報通信課長　瀬川篤史
施設計画課長　宮本康宏
施設整備官　井上主勇
提供施設計画官　福島邦彦
施設技術管理官　河本裕司

〔人事教育局〕

局長　川崎方啓
人事計画・補任課長　末富理栄
給与課長　齋藤敏幸
人材育成課長　玉越崇志
厚生課長　坂部　誠
服務管理官　鈴木雄智
衛生官　日下英司

〔地方協力局〕

局長　岡　真臣
次長　青木健至
総務課長　品川高浩
地域社会協力総括課長　北川高生
東日本協力課長　藤井　真
西日本協力課長　鍋田克己
沖縄協力課長　折戸栄介
環境政策課長　池田眞人
在日米軍協力課長　中村浩平
労務管理課長　脇坂真一

〔統合幕僚監部〕

統合幕僚長　山崎幸二
統合幕僚副長　鈴木康彦
総括官　深澤雅貴
総務部長　伍賀祥裕
総務課長　中尾国保
人事教育課長　霜田豊英
運用部長　下　淳市
副部長　上野和士
運用第1課長　上村博之

運用第２課長	吉川徳等
運用第３課長	青木邦夫
防衛計画部長	江川　宏
副部長	白川訓通
防衛課長	佐瀬智之
計画課長	武者利勝
指揮通信システム部長	佐藤網夫
指揮通信システム企画課長	本村信悟
指揮通信システム運用課長	濱﨑徹也
首席参事官	鋤先幸浩
参事官	家護谷昌徳
報道官	小峯雅登
首席法務官	野崎英二
首席後方補給官	中島隆幸

〔陸上幕僚監部〕

陸上幕僚長	吉田圭秀
陸上幕僚副長	山根寿一
監理部長	岸良知樹
総務課長	黒川　修
会計課長	宮崎紀彦
人事教育部長	藤岡史生
人事教育計画課長	中村雄久
補任課長	香川賢士
募集・援護課長	大場智覚
厚生課長	田中裕宣
運用支援・訓練部長	戒田重雄
運用支援課長	岡田　豊
訓練課長	庭田　徹
防衛部長	松永浩二
防衛課長	小山直伸
防衛協力課長	弥頭親善
施設課長	末継智久
装備計画部長	上田和幹
装備計画課長	山本雅史
武器・化学課長	佐藤佳久
通信電子課長	川田義一
航空機課長	藤田　悟
指揮通信システム・情報部長	足立吉樹
指揮通信システム課長	奈良一志
情報課長	杉村繁実
衛生部長	森　知久
監察官	松本英樹
法務官	七嶋剛士
警務管理官	長谷場修也

〔海上幕僚監部〕

海上幕僚長	山村　浩
海上幕僚副長	齋藤　聡
総務部長	稲田丈司
副部長	小杉正博
総務課長	吉田久哉
経理課長	貴田幸典
人事教育部長	泉　博之
人事計画課長	鈴木克哉
補任課長	中大路　真
厚生課長	坂野祐輔
援護業務課長	三宅隆夫
教育課長	矢野浩美
防衛部長	大町克士
防衛課長	清水　徹
装備体系課長	一柳公大
運用支援課長	行松栄治
施設課長	檜垣　太
指揮通信情報部長	吉岡　猛
指揮通信課長	近藤　匡
情報課長	大江保友
装備計画部長	今吉真一
装備需品課長	塚越康記
艦船・武器課長	木下治信
航空機課長	大塚裕孝
監察官	中村敏弘
首席法務官	加治　勇
首席会計監査官	杉本弘次
首席衛生官	小川　均

〔航空幕僚監部〕

航空幕僚長	井筒俊司
航空幕僚副長	阿部睦晴
総務部長	船倉慶太
総務課長	田中信隆
会計課長	木村政和
人事教育部長	倉本昌弘
人事教育計画課長	小川貴也
補任課長	松浦知寛
厚生課長	世良達裕
募集・援護課長	兼田大助
防衛部長	坂梨弘明
防衛課長	富川　輝
事業計画第1課長	南　賢司
事業計画第2課長	林　育正
施設課長	山﨑浩二
運用支援・情報部長	稲月秀正
運用支援課長	藤田輝章
情報課長	細川裕一
装備計画部長	坂本浩一
装備課長	甲斐隆裕
整備・補給課長	荻野匡史

科学技術官　大谷康雄
監理監察官　佐川詳二
首席法務官　山下愛仁
首席衛生官　桒田成雄

〔防衛研究所〕

〒162-8808 新宿区市谷本村町5-1
☎03(3260)3019

所長　齋藤雅一
副所長　木口雄司

〔情報本部〕

本部長　尾崎義典
副本部長(併)　田部井貞明

〔防衛監察本部〕

防衛監察監　小川新二
副監察監　小波功
総務課長　宮原賢治
総括監察官　水田裕滋
監察官　池田頼昭
大西哲　鮫島建一

防衛装備庁

防衛省内 ☎03(3268)3111

長官　鈴木敦夫
防衛技監　三島茂徳

〔長官官房〕

審議官　春日原大樹
装備官(統合装備担当)　髙原雄児
同(陸上担当)　鵜居正行
同(海上担当)　柴田弘
同(航空担当)　後藤雅人
総務官　久澤洋
人事官　菅野厚志
会計官　杉山浩
監察監査・評価官　岩脇誠
装備開発官(統合装備担当)　山口裕之
同(陸上装備担当)　藤井圭介
同(艦船装備担当)　松本慎也
同(航空装備担当)　西村義孝
同(次期戦闘機担当)　門間政仁
艦船設計官　星直也

〔装備政策部〕

部長　萬浪学
装備政策課長　松本恭典
国際装備課長　荒木孝裕
装備保全管理官　小松克行

〔プロジェクト管理部〕

部長　坂本大祐
プロジェクト管理総括官(陸上担当)　大橋智
同(海上担当)　石田伸介
同(航空担当)　中澤省吾
事業計画官　室伏祐二
事業監理官(誘導武器・統合装備担当)　海老根巧
同(宇宙・地上装備担当)　吉岡正嗣
同(艦船担当)　萩原祐史
同(航空機担当)　射場隆昌
装備技術官(陸上担当)　青木圭
同(海上担当)　兼本貢祐
同(航空担当)　川口礼人

〔技術戦略部〕

部長　堀江和宏
革新技術戦略官　片山泰介
技術戦略課長　安藤智啓
技術計画官　横山映
技術振興官　森下政浩
技術連携推進官　金子学

〔調達管理部〕

部長　内藤正雄
調達企画課長　鈴木信丈
原価管理官　塩山泰聖
企業調査官　飯島延高

〔調達事業部〕

部長　北澤直樹
調達総括官　星指吉見
総括装備調達官(電子音響・艦船・通信電気担当)　松浦正裕
同(航空機・輸入担当)　秋本康雄
需品調達官　原田忠義
武器調達官　西田博昭
電子音響調達官　小嶋雅仁
艦船調達官　髙橋賢悟
通信電気調達官　纐纈親典
航空機調達官　西克洋
輸入調達官　芦塚修
航空装備研究所長　市橋孝浩
陸上装備研究所長　佐藤祐司
艦艇装備研究所長　有澤治幸
次世代装備研究所長　土志田実

会計検査院

〒100-8941 千代田区霞が関3-2-2
中央合同庁舎第7号館 ☎03(3581)3251

〔検査官会議〕

院長　森田祐司
検査官　岡村肇
同　田中弥生

院長秘書官　尾崎貴美

〔事務総局〕

事務総長　宮内和洋
事務総局次長　原田祐平

〔事務総長官房〕

総括審議官　片桐　聡
サイバーセキュリティ・情報化審議官併任公文書監理官　星野　博
審議官(事務総長官房担当)　長岡尚志
同(同)　清水　享
同(第一局担当)　山崎　健
同(同)　豊岡利昌
同(第二局担当)　瀬良田祥二
同(同)　鷹箸博史
同(第三局担当)　遠藤厚志
同(同)　岩城利明
同(第四局担当)　中村和紀
同(同)　山岸和永
同(第五局担当)　佐々木規人
同(同)　五味克仁
同(同)　安堂雅哉
総務課長　山崎淳也
人事課長　中川　浩
調査課長　富澤秀充
会計課長　佐藤稔久
法規課長　篠崎智宏
上席検定調査官　千葉正好
上席企画調査官　池谷　哲
厚生管理官　蛯名由典
上席情報システム調査官　石川　彰
能力開発官　前川　猛
技術参事官　蓮見有敏
堀田博幸　山田　稔

〔第一局〕

局長　篠原栄作
監理官　金津成彦
財務検査第一課長　栗島正彦
財務検査第二課長　坂本斉子
司法検査課長　牛木克也
総務検査課長　島崎栄治
外務検査課長　鹿野智洋
租税検査第一課長　中尾英樹
租税検査第二課長　武市昇委

〔第二局〕

局長　山口　亨
監理官　諸岡正樹
厚生労働検査第一課長　柳瀬太郎
厚生労働検査第二課長　鈴木慶太
厚生労働検査第三課長　桜井　順
厚生労働検査第四課長　西川克己
上席調査官(医療機関担当)　若林博幸
防衛検査第一課長　坂本周大
防衛検査第二課長　吉田和記
防衛検査第三課長　楢崎義憲

〔第三局〕

局長　田中克生
監理官　日野成人
国土交通検査第一課長　武宮　弘
国土交通検査第二課長　滝口修央
国土交通検査第三課長　安部公崇
国土交通検査第四課長　長井剛彦
国土交通検査第五課長　塚原慎一郎
環境検査課長　小谷敏明
上席調査官(道路担当)　石橋誠也

〔第四局〕

局長　内田竜雄
監理官　金澤　茂
文部科学検査第一課長　白川哲也
文部科学検査第二課長　花立　敦
上席調査官(文部科学担当)　梶田憲一
農林水産検査第一課長　冨士博司
農林水産検査第二課長　長森浩一郎
農林水産検査第三課長　本多正勝
農林水産検査第四課長　斉藤伊佐男

〔第五局〕

局長　宮川尚博
監理官　永野匡彦
情報通信検査課長　藤井秀樹
上席調査官(情報通信・郵政担当)　後藤幸夫
経済産業検査第一課長　奈良岡憲治
経済産業検査第二課長　浅井　昇
上席調査官(融資機関担当)　西村孝子
特別検査課長　岡本　孝
上席調査官(特別検査担当)　小池昌明

最高裁判所

〒102-8651　千代田区隼町4-2
☎03(3264)8111

長官　大谷直人
判事　菅野博之
山口　厚　戸倉三郎
深山卓也　三浦　守
草野耕一　宇賀克也
林　道晴　岡村和美
長嶺安政　安浪亮介

渡邉恵理子　岡　正晶
堺　徹
長官秘書官　立花将寛
菅野判事秘書官　石神　充
山口判事秘書官　賀好恵子
戸倉判事秘書官　坂崎恭子
深山判事秘書官　坂田大介
三浦判事秘書官　沼田昌男
草野判事秘書官　佐藤恵理子
宇賀判事秘書官　安本卓史
林判事秘書官　久保田雄巳
岡村判事秘書官　清水健太郎
長嶺判事秘書官　蛯名勇太
安浪判事秘書官　松井了平
渡邉判事秘書官　齋藤真理
岡判事秘書官　橋井路乃
堺判事秘書官　竹内基雄
首席調査官　八木一洋
上席調査官　福井章代
林　俊之　川田宏一

〔事務総局〕

事務総長　中村　慎
審議官　染谷武宣
審議官　後藤尚樹
家庭審議官　竹内　尚
秘書課長　大須賀寛之
参事官　片瀬　亮
猪股直子　石田一樹
川上　康
広報課長(兼)　大須賀寛之
情報政策課長　杜下弘記
情報セキュリティ室長　内田　曉
参事官　(兼)内田　曉
内田哲也　早川　太

〔総務局〕

局長　小野寺真也
第一課長　石井芳明
第二課長　川瀬孝史
第三課長　永井英雄
参事官　清藤健一
宇田川公輔　西岡慶記

〔人事局〕

局長　徳岡　治
総務課長　福島直之
任用課長　高田公輝
能率課長　丸山又生
調査課長(兼)　高田公輝
公平課長(兼)　丸山又生
職員管理官　青柳年泰
参事官　郡司英明
大和谷　教　黒瀬宣輝

〔経理局〕

局長　氏本厚司
総務課長　榎本光宏
主計課長　真鍋浩之
営繕課長　馬見田政公
用度課長　中島健司
監査課長　中橋　章
管理課長　増子政惠
厚生管理官　杉山洋一
参事官　小池仁美

〔民事局〕

局長　門田友昌
第一課長　岩井一真
第二課長　小津亮太
第三課長(兼)　岩井一真
参事官　橋爪　信
(兼)南　宏幸　(兼)内田哲也
河上基也

〔刑事局〕

局長　吉崎佳弥
第一課長　横山浩典
第二課長　市原志都
第三課長(兼)　横山浩典

〔行政局〕

局長(兼)　門田友昌
第一課長　荒谷謙介
第二課長　南　宏幸

〔家庭局〕

局長　手嶋あさみ
第一課長　戸苅左近
第二課長　木村匡彦
第三課長　木村直樹

〔司法研修所〕

〒351-0194 和光市南2-3-8 ☎048(460)2000
所長　笠井之彦
事務局長　一場康宏
事務局次長　川瀬弘之

〔裁判所職員総合研修所〕

〒351-0196 和光市南2-3-5 ☎048(452)5000
所長　遠藤邦彦
事務局長　布施敏幸
事務局次長　松田圭介

事業団・公庫等

(令和4年1月5日現在)
※1月6日以降の取材もあります。

日本私立学校振興・共済事業団

〒102-8145 千代田区富士見1-10-12
☎03(3230)1321
(共済事業本部)
〒113-8441 文京区湯島1-7-5
☎03(3813)5321

理事長 清家 篤
理事 舟橋 徹
齊藤 修 小瀬 孝雄
小谷 隆之 小松 弘和
同(非常勤) 小野 祥子
川並 弘純 近藤 彰郎
高柳 元明
監事 鳥井 幸雄
同(非常勤) 永和田 隆一
企画室長 金田 泰行
総務部長 菊池 裕明
審議役 北村 博史
監査室長 中山 正之
財務部長 白井 秀樹
システム管理室長 小川 泰正
私学経営情報センター長 野田 文克
融資部長 小林 一之
助成部長 吉田 秀樹
数理統計室長 松澤 秀彦
資産運用部長 田代 雅之
業務部長 大井 桂子
年金部長 大須賀 哲也
福祉部長 井戸 清隆
施設部長 安田 誠
広報相談センター長 廣田 浩一

沖縄振興開発金融公庫

〒900-8520 那覇市おもろまち1-2-26
☎098(941)1700
[東京本部] 〒105-0003 港区西新橋2-1-1
興和西新橋ビル10F ☎03(3581)3241

理事長 川上 好久
副理事長 井口 裕之
理事 齊藤 馨
城間 徹二 金城 光俊
監事 二之宮 義人
総務部長 新垣 尚之
経理部長 田中 透
検査役 安里 高志
秘書役 宮城 創
審査役 外間 聡
庶務部長 當間 直治
業務統括部長 屋比久 盛徳
調査部長 酒巻 浩
融資第一部長 新崎 康
融資第二部長 岸本 剛
融資第三部長 大城 盛直
事業管理部長 山城 興司
情報システム統括室長 與那嶺 茂雅
信用リスク管理統括室長(兼) 外間 聡
新事業育成出資室長 比嘉 努

日本銀行

〒103-8660 中央区日本橋本石町2-1-1
☎03(3279)1111

総裁 黒田 東彦
副総裁 雨宮 正佳
同 若田部 昌澄
審議委員 鈴木 人司
片岡 剛士 安達 誠司
中村 豊明 野口 旭
中川 順子
監事 小野澤 洋二
藤田 博一 坂本 哲也
理事 内田 眞一
山田 泰弘 清水 季子
貝塚 正彰 高口 博英
加藤 毅
政策委員会室長 中島 健至
秘書役 武田 直己
審議役(組織運営調整) 藤田 研二

同（国会関係）	堂野敦司
検査室長	宮下俊郎
企画局長	清水誠一
審議役(局内組織運営)	福田英司
金融機構局長	正木一博
審議役（局内組織運営および信用政策企画）	上口洋司
審議役兼上席考査役（考査統括）	山口智之
審議役(地域金融統括)	新見明久
同(国際関係統括)	峯岸誠
同(金融システム調査)	鈴木公一郎
同（金融高度化センター長事務取扱）	杉浦俊彦
決済機構局長	神山一成
審議役（デジタル通貨および局内組織運営）	奥野聡雄
金融市場局長	大谷聡
審議役（局内組織運営および国際関係）	小牧義弘
調査統計局長	亀田制作
国際局長	廣島鉄也
審議役(局内組織運営)	濱田秀夫
同（国際関係）	中村康治
発券局長	菅野浩之
業務局長	千田英継
システム情報局長	谷口文一
審議役(局内組織運営)	倉本勝也
情報サービス局長	渡邉昌一
総務人事局長	中尾根康宏
審議役(人事運用担当)	播本慶子
同（キャリア開発支援関連および人材開発関連）	中村毅史
文書局長	福地慶太
金融研究所長	副島豊

日本下水道事業団

〒113-0034 文京区湯島2-31-27
湯島台ビル ☎03(6361)7800

理事長	森岡泰裕
副理事長	井上伸夫
理事	草野圭司
原敬一	原田一郎
細川顕仁	渡辺志津男
広瀬勝貞（非常勤）	大西一史（非常勤）
菊地豊（非常勤）	
監事	植田達博
監事(非常勤)	柳亜紀

事業管理審議役	倉本喜文
審議役	古本顕光
髙橋克茂	大沼幸喜
経営企画部長	浅野敬広
事業統括部長	白﨑亮
ソリューション推進部長	金子昭人
技術戦略部長	橋本敏一
情報システム室長	三上譲
国際戦略室長	岩﨑宏和
監査室長	池田博之
研修センター所長	水津英則

日本年金機構

〒168-8505 杉並区高井戸西3-5-24
☎03(5344)1100

理事長	水島藤一郎
副理事長	樽見英樹
理事（人事・会計部門担当）	草刈俊彦
理事（事業企画部門担当）	鈴木建一
理事（事業管理部門担当）	岩井勝弘
理事（事業推進部門担当）	入澤俊行
理事（年金給付事業部門担当）	田浦美香
理事（システム部門担当）	中山裕之
理事（特命担当）	江藤友保
理事(非常勤)	川端和治
辻廣雅文	戸田博史
吉永みち子	
監事	石原亨
監事(非常勤)	矢崎ふみ子

独立行政法人

(令和4年1月5日現在)
※1月6日以降の取材もあります。

※(独)は独立行政法人を略したものです。

内閣府所管

(独)国立公文書館

〒102-0091 千代田区北の丸公園3-2
☎03(3214)0621
館　長　鎌田　薫

〔アジア歴史資料センター〕
〒113-0033 文京区本郷3-22-5
住友不動産本郷ビル10F
☎03(5805)8801

(独)北方領土問題対策協会

〒110-0014 台東区北上野1-9-12
住友不動産上野ビル9F ☎03(3843)3630
理事長　諸星　衛

国立研究開発法人 日本医療研究開発機構

〒100-0004 千代田区大手町1-7-1
読売新聞ビル ☎03(6870)2200
理事長　三島良直

消費者庁所管

(独)国民生活センター

相模原事務所
〒252-0229 相模原市中央区弥栄3-1-1
☎042(758)3161
東京事務所
〒108-8602 港区高輪3-13-22
☎03(3443)6211
理事長　山田昭典

総務省所管

国立研究開発法人 情報通信研究機構

(本部)〒184-8795 小金井市貫井北町4-2-1
☎042(327)7429
理事長　徳田英幸

(独)統計センター

〒162-8668 新宿区若松町19-1
☎03(5273)1200
理事長　笹島誉行

(独)郵便貯金簡易生命保険管理・郵便局ネットワーク支援機構

〒105-0001 港区虎ノ門5-13-1
虎ノ門40MTビル3F ☎03(5472)7101
理事長　天野藤男

外務省所管

(独)国際協力機構

〒102-8012 千代田区二番町5-25
二番町センタービル ☎03(5226)6660
理事長　北岡伸一

(独)国際交流基金

〒160-0004 新宿区四谷1-6-4
コモレ四谷 ☎03(5369)6075
理事長　梅本和義

財務省所管

(独)酒類総合研究所

〒739-0046 東広島市鏡山3-7-1
☎082(420)0800
理事長　福田　央

(独)造幣局

〒530-0043 大阪市北区天満1-1-79
☎06(6351)5361
理事長　山名規雄

(独)国立印刷局

〒105-8445 港区虎ノ門2-2-5
共同通信会館ビル ☎03(3582)4411
理事長　岸本　浩

文部科学省所管

(独)国立特別支援教育総合研究所

〒239-8585 横須賀市野比5-1-1
☎046(839)6803
理事長　宍戸和成

独立行政法人

(独)大学入試センター

〒153-8501 目黒区駒場2-19-23
☎03(3468)3311

理　事　長　山本廣基

(独)国立青少年教育振興機構

〒151-0052 渋谷区代々木神園町3-1
☎03(3467)7201

理　事　長　古川　和

(独)国立女性教育会館

〒355-0292 埼玉県比企郡嵐山町菅谷728
☎0493(62)6719(総務課)

理　事　長　内海房子

(独)国立科学博物館

〒110-8718 台東区上野公園7-20
☎03(3822)0111

館　長　篠田謙一

国立研究開発法人 物質・材料研究機構

〒305-0047 つくば市千現1-2-1
☎029(859)2000

理　事　長　橋本和仁

国立研究開発法人 防災科学技術研究所

〒305-0006 つくば市天王台3-1
☎029(851)1611

理　事　長　林　春男

国立研究開発法人 量子科学技術研究開発機構

〒263-8555 千葉市稲毛区穴川4-9-1
☎043(382)8001

理　事　長　平野俊夫

(独)国立美術館

〒102-8322 千代田区北の丸公園3-1
☎03(3214)2561

理　事　長　逢坂恵理子

〔東京国立近代美術館〕

〒102-8322 千代田区北の丸公園3-1
☎03(3214)2561

〔京都国立近代美術館〕

〒606-8344 京都市左京区岡崎円勝寺町26-1
☎075(761)4111

〔国立映画アーカイブ〕

〒104-0031 中央区京橋3-7-6
☎03(3561)0823

〔国立西洋美術館〕

〒110-0007 台東区上野公園7-7
☎03(3828)5131

〔国立国際美術館〕

〒530-0005 大阪市北区中之島4-2-55
☎06(6447)4680

〔国立新美術館〕

〒106-8558 港区六本木7-22-2
☎03(6812)9900

(独)国立文化財機構

〒110-8712 台東区上野公園13-9
☎03(3822)1196

理　事　長　島谷弘幸

〔東京国立博物館〕

〒110-8712 台東区上野公園13-9
☎03(3822)1111

〔京都国立博物館〕

〒605-0931 京都市東山区茶屋町527
☎075(541)1151

〔奈良国立博物館〕

〒630-8213 奈良市登大路町50
☎0742(22)7771

〔九州国立博物館〕

〒818-0118 太宰府市石坂4-7-2
☎092(918)2807

〔東京文化財研究所〕

〒110-8713 台東区上野公園13-43
☎03(3823)2241

〔奈良文化財研究所〕

〒630-8577 奈良市二条町2-9-1
☎0742(30)6733

〔アジア太平洋無形文化遺産研究センター〕

〒590-0802 堺市堺区百舌鳥夕雲町2丁
(堺市博物館内)
☎072(275)8050

(独)教職員支援機構

〒305-0802 つくば市立原3
☎029(879)6613

理事長 荒瀬克己

国立研究開発法人 科学技術振興機構

〒332-0012 川口市本町4-1-8
川口センタービル ☎048(226)5601

理事長 濵口道成

(独)日本学術振興会

〒102-0083 千代田区麹町5-3-1
麹町ビジネスセンター ☎03(3263)1722

理事長 里見進

国立研究開発法人 理化学研究所

〒351-0198 和光市広沢2-1
☎048(462)1111

理事長 松本紘

国立研究開発法人 宇宙航空研究開発機構

〒182-8522 調布市深大寺東町7-44-1
☎0422(40)3000
(東京事務所)
〒101-8008 千代田区神田駿河台4-6
御茶ノ水ソラシティ
☎03(5289)3600

理事長 山川宏

(独)日本スポーツ振興センター

〒107-0061 港区北青山2-8-35
☎03(5410)9124

理事長 芦立訓

(独)日本芸術文化振興会

〒102-8656 千代田区隼町4-1
☎03(3265)7411

理事長 河村潤子

(独)日本学生支援機構

〒226-8503 横浜市緑区長津田町4259 S-3
☎045(924)0812

理事長 吉岡知哉

国立研究開発法人 海洋研究開発機構

〒237-0061 横須賀市夏島町2-15
☎046(866)3811

理事長 松永是

(独)国立高等専門学校機構

〒193-0834 八王子市東浅川町701-2
☎042(662)3120

理事長 谷口功

(独)大学改革支援・学位授与機構

〒187-8587 小平市学園西町1-29-1
☎042(307)1500

機構長 福田秀樹

国立研究開発法人 日本原子力研究開発機構

〒319-1184 茨城県那珂郡東海村
大字舟石川765番地1
☎029(282)1122

理事長 児玉敏雄

厚生労働省所管

(独)勤労者退職金共済機構

〒170-8055 豊島区東池袋1-24-1
ニッセイ池袋ビル
☎03(6907)1275(総務部)

理事長 水野正望

(独)高齢・障害・求職者雇用支援機構

〒261-8558 千葉市美浜区若葉3-1-2
☎043(213)6000

理事長 湯浅善樹

(独)福祉医療機構

〒105-8486 港区虎ノ門4-3-13
ヒューリック神谷町ビル ☎03(3438)0211

理事長 中村裕一

(独)国立重度知的障害者総合施設のぞみの園

〒370-0865 高崎市寺尾町2120-2
☎027(325)1501

理事長 深代敬久

(独)労働政策研究・研修機構

〒177-8502 練馬区上石神井4-8-23
☎03(5903)6111
理事長 樋口美雄

(独)労働者健康安全機構

〒211-0021 川崎市中原区木月住吉町1-1
☎044(431)8600(総務部)
理事長 有賀 徹

(独)国立病院機構

〒152-8621 目黒区東が丘2-5-21
☎03(5712)5050
理事長 楠岡英雄

(独)医薬品医療機器総合機構

〒100-0013 千代田区霞が関3-3-2
新霞が関ビル
☎03(3506)9541
理事長 藤原康弘

国立研究開発法人 医薬基盤・健康・栄養研究所

〒567-0085 茨木市彩都あさぎ7-6-8
☎072(641)9811
理事長 米田悦啓

(独)地域医療機能推進機構

〒108-8583 港区高輪3-22-12
☎03(5791)8220
理事長 尾身 茂

年金積立金管理運用(独)

〒105-6377 港区虎ノ門1-23-1
虎ノ門ヒルズ森タワー7F ☎03(3502)2480
理事長 宮園雅敬

国立研究開発法人 国立がん研究センター

〒104-0045 中央区築地5-1-1
☎03(3542)2511
理事長 中釜 斉

国立研究開発法人 国立循環器病研究センター

〒564-8565 吹田市岸部新町6-1
☎06(6170)1070
理事長 大津欣也

国立研究開発法人 国立精神・神経医療研究センター

〒187-8551 小平市小川東町4-1-1
☎042(341)2711
理事長 中込和幸

国立研究開発法人 国立国際医療研究センター

〒162-8655 新宿区戸山1-21-1
☎03(3202)7181
理事長 國土典宏

国立研究開発法人 国立成育医療研究センター

〒157-8535 世田谷区大蔵2-10-1
☎03(3416)0181
理事長 五十嵐 隆

国立研究開発法人 国立長寿医療研究センター

〒474-8511 大府市森岡町7-430
☎0562(46)2311
理事長 荒井秀典

農林水産省所管

(独)農林水産消費安全技術センター

〒330-9731 さいたま市中央区新都心2-1
さいたま新都心合同庁舎検査棟
☎050(3797)1830
理事長 木内岳志

(独)家畜改良センター

〒961-8511 福島県西白河郡西郷村
大字小田倉字小田倉原1
☎0248(25)2231
理事長 入江正和

国立研究開発法人 農業・食品産業技術総合研究機構

〒305-8517 つくば市観音台3-1-1
☎029(838)8998
理事長 久間和生

国立研究開発法人 国際農林水産業研究センター

〒305-8686 つくば市大わし1-1
☎029(838)6313
理事長 小山 修

国立研究開発法人
森林研究・整備機構

〒305-8687 つくば市松の里1
☎029(873)3211

理事長 浅野 透

国立研究開発法人
水産研究・教育機構

〒221-8529 横浜市神奈川区新浦島町1-1-25
テクノウェイブ100 6F ☎045(277)0120

理事長 中山一郎

(独)農畜産業振興機構

〒106-8635 港区麻布台2-2-1
麻布台ビル ☎03(3583)8196(広報消費者課)

理事長 佐藤一雄

(独)農業者年金基金

〒105-8010 港区西新橋1-6-21
NBF虎ノ門ビル5F ☎03(3502)3941

理事長 西 惠正

(独)農林漁業信用基金

〒105-6228 港区愛宕2-5-1 愛宕グリーンヒルズ
MORIタワー28F ☎03(3434)7813

理事長 今井 敏

経済産業省所管

(独)経済産業研究所

〒100-8901 千代田区霞が関1-3-1
経済産業省別館11F ☎03(5501)0900

理事長 矢野 誠

(独)工業所有権情報・研修館

〒105-6008 港区虎ノ門4-3-1
城山トラストタワー8F ☎03(3501)5765

理事長 久保浩三

国立研究開発法人
産業技術総合研究所

〒100-8921 千代田区霞が関1-3-1
☎03(5501)0900

理事長 石村和彦

(独)製品評価技術基盤機構

〒151-0066 渋谷区西原2-49-10
☎03(3481)6685

理事長 長谷川史彦

国立研究開発法人新エネルギー・
産業技術総合開発機構

〒212-8554 川崎市幸区大宮町1310
ミューザ川崎セントラルタワー16F～20F
☎044(520)5100(総務部)

理事長 石塚博昭

(独)日本貿易振興機構

〒107-6006 港区赤坂1-12-32
アーク森ビル ☎03(3582)5511

理事長 佐々木伸彦

(独)情報処理推進機構

〒113-6591 文京区本駒込2-28-8
文京グリーンコートセンターオフィス16F
☎03(5978)7620

理事長 富田達夫

(独)石油天然ガス・金属鉱物資源機構

〒105-0001 港区虎ノ門2-10-1
虎ノ門ツインビルディング西棟
☎03(6758)8000

理事長 細野哲弘

(独)中小企業基盤整備機構

〒105-8453 港区虎ノ門3-5-1
虎ノ門37森ビル
☎03(3433)8811

理事長 豊永厚志

国土交通省所管

国立研究開発法人
土木研究所

〒305-8516 つくば市南原1-6
☎029(879)6700(総務課)

理事長 西川和廣

国立研究開発法人
建築研究所

〒305-0802 つくば市立原1
☎029(864)2151

理事長 緑川光正

国立研究開発法人
海上・港湾・航空技術研究所

〒181-0004 三鷹市新川6-38-1
☎0422(41)3013

理事長 栗山善昭

(独)海技教育機構

〒231-0003 横浜市中区北仲通5-57
横浜第2合同庁舎20F ☎045(211)7303

理　事　長　田島哲明

(独)航空大学校

〒880-8580 宮崎市大字赤江字飛江田
652-2 ☎0985(51)1211

理　事　長　井戸川　眞

(独)自動車技術総合機構

〒160-0003 新宿区四谷本塩町4-41
住友生命四谷ビル4F
☎03(5363)3441

理　事　長　木村隆秀

(独)鉄道建設・運輸施設整備支援機構

〒231-8315 横浜市中区本町6-50-1
横浜アイランドタワー
☎045(222)9100(総務課)

理　事　長　河村　隆

(独)国際観光振興機構

通称：日本政府観光局(JNTO)

〒160-0004 新宿区四谷1-6-4
☎03(5369)3342

理　事　長　清野　智

(独)水資源機構

〒330-6008 さいたま市中央区新都心11-2
ランド・アクシス・タワー内
☎048(600)6500

理　事　長　金尾健司

(独)自動車事故対策機構

〒130-0013 墨田区錦糸3-2-1
アルカイースト19F ☎03(5608)7560

理　事　長　濱　隆司

(独)空港周辺整備機構

〒812-0013 福岡市博多区博多駅東2-17-5
ARKビル9F ☎092(472)4591

理　事　長　今野洋美

(独)都市再生機構

〒231-8315 横浜市中区本町6-50-1
横浜アイランドタワー ☎045(650)0111

理　事　長　中島正弘

(独)奄美群島振興開発基金

〒894-0026 奄美市名瀬港町1-5
☎0997(52)4511

理　事　長　本田勝規

(独)日本高速道路保有・債務返済機構

〒220-0011 横浜市西区高島1-1-2
横浜三井ビルディング5F
☎045(228)5977

理　事　長　渡邊大樹

(独)住宅金融支援機構

〒112-8570 文京区後楽1-4-10
☎03(3812)1111

理　事　長　毛利信二

環境省所管

国立研究開発法人 国立環境研究所

〒305-8506 つくば市小野川16-2
☎029(850)2314

理　事　長　木本昌秀

(独)環境再生保全機構

〒212-8554 川崎市幸区大宮町1310
ミューザ川崎セントラルタワー
☎044(520)9501

理　事　長　小辻智之

防衛省所管

(独)駐留軍等労働者労務管理機構

〒108-0073 港区三田3-13-12
三田MTビル ☎03(5730)2163

理　事　長　中村範明

地　方　庁

（令和4年1月5日現在）
※1月6日以降の取材もあります。

北　海　道

〒060-8588 札幌市中央区北3条西6丁目
☎011（231）4111
〒100-0014 千代田区永田町2-17-17
永田町ほっかいどうスクエア1F
☎（3581）3411

議長	小畑保則
副議長	市橋修治
知事	鈴木直道
副知事	浦本元人
副知事	土屋俊亮
副知事	小玉俊宏
東京事務所長	加納孝之

青　森　県

〒030-8570 青森市長島1-1-1
☎017（722）1111
〒102-0093 千代田区平河町2-6-3
都道府県会館7F ☎（5212）9113

議長	三橋一三
副議長	蛯沢正勝
知事	三村申吾
副知事	青山祐治
副知事	柏木　司
東京事務所長	荒関浩巳

岩　手　県

〒020-8570 盛岡市内丸10-1
☎019（651）3111
〒104-0061 中央区銀座5-15-1
南海東京ビル2F ☎（3524）8316

議長	五日市　王
副議長	小野　共
知事	達増拓也
副知事	保　和衛
副知事	菊池　哲
東京事務所長	平井省三

宮　城　県

〒980-8570 仙台市青葉区本町3-8-1
☎022（211）2111
〒102-0093 千代田区平河町2-6-3
都道府県会館12F ☎（5212）9045

議長	菊地恵一
副議長	外崎浩子
知事	村井嘉浩
副知事	佐野好昭
副知事	遠藤信哉
東京事務所長	千葉　章

秋　田　県

〒010-8570 秋田市山王4-1-1
☎018（860）1032（秘書課）
〒102-0093 千代田区平河町2-6-3
都道府県会館7F ☎（5212）9115

議長	柴田正敏
副議長	杉本俊比古
知事	佐竹敬久
副知事	神部秀行
副知事	猿田和三
東京事務所長	成田光明

山　形　県

〒990-8570 山形市松波2-8-1
☎023（630）2211
〒102-0093 千代田区平河町2-6-3
都道府県会館13F ☎（5212）9026

議長	坂本貴美雄
副議長	奥山誠治
知事	吉村美栄子
副知事	平山雅之
東京事務所長	大泉定幸

福　島　県

〒960-8670 福島市杉妻町2-16
☎024（521）1111
〒102-0093 千代田区平河町2-6-3
都道府県会館12F ☎（5212）9050

議長	渡辺義信
副議長	佐藤政隆

知　事　内堀雅雄
副知事　鈴木正晃
副知事　井出孝利
東京事務所長　松本雅昭

茨城県

〒310-8555 水戸市笠原町978-6
☎029(301)1111
〒102-0093 千代田区平河町2-6-3
都道府県会館9F ☎(5212)9088

議　長　伊沢勝徳
副議長　舘　静馬
知　事　大井川和彦
副知事　小野寺俊
副知事　小善真司
東京渉外局長　高崎武夫

栃木県

〒320-8501 宇都宮市塙田1-1-20
☎028(623)2323
〒102-0093 千代田区平河町2-6-3
都道府県会館11F ☎(5212)9064

議　長　阿部寿一
副議長　佐藤　良
知　事　福田富一
副知事　北村一郎
副知事　末永洋之
東京事務所長　関本充博

群馬県

〒371-8570 前橋市大手町1-1-1
☎027(223)1111
〒102-0093 千代田区平河町2-6-3
都道府県会館8F ☎(5212)9102

議　長　井田　泉
副議長　安孫子　哲
知　事　山本一太
副知事　津久井治男
副知事　宇留賀敬一
東京事務所長　吉田功幸

埼玉県

〒330-9301 さいたま市浦和区高砂3-15-1
☎048(824)2111
〒102-0093 千代田区平河町2-6-3
都道府県会館8F ☎(5212)9104

議　長　梅澤佳一
副議長　岡地　優
知　事　大野元裕
副知事　砂川裕紀
副知事　橋本雅道
副知事　高柳三郎
東京事務所長　山﨑明弘

千葉県

〒260-8667 千葉市中央区市場町1-1
☎043(223)2110
〒102-0093 千代田区平河町2-6-3
都道府県会館14F ☎(5212)9013

議　長　信田光保
副議長　江野澤吉克
知　事　熊谷俊人
副知事　穴澤幸男
副知事　滝川伸輔
東京事務所長　相葉正宏

東京都

〒163-8001 新宿区西新宿2-8-1
☎(5321)1111

議　長　三宅しげき
副議長　本橋ひろたか
知　事　小池百合子
副知事　武市　敬
副知事　黒沼　靖
副知事　潮田　勉
副知事　宮坂　学

神奈川県

〒231-8588 横浜市中区日本大通1
☎045(210)1111
〒102-0093 千代田区平河町2-6-3
都道府県会館9F ☎(5212)9090

議　長　小島健一
副議長　佐々木正行

知　　事　黒岩祐治
副知事　武井政二
副知事　小板橋聡士
副知事　首藤健治
東京事務所長　長野敏昭

新潟県

〒950-8570 新潟市中央区新光町4-1
☎025(285)5511
〒102-0093 千代田区平河町2-6-3
都道府県会館15F ☎(5212)9002

議　　長　佐藤　純
副議長　小島　隆
知　　事　花角英世
副知事　佐久間　豊
副知事　橋本憲次郎
東京事務所長　近田孝之

富山県

〒930-8501 富山市新総曲輪1-7
☎076(431)4111
〒102-0093 千代田区平河町2-6-3
都道府県会館13F ☎(5212)9030

議　　長　五十嵐　務
副議長　武田慎一
知　　事　新田八朗
副知事　蔵堀祐一
副知事　横田美香
首都圏本部長　山崎孝志

石川県

〒920-8580 金沢市鞍月1-1
☎076(225)1111
〒102-0093 千代田区平河町2-6-3
都道府県会館14F ☎(5212)9016

議　　長　向出　勉
副議長　安居知世
知　　事　谷本正憲
副知事　中西吉明
副知事　田中新太郎
東京事務所長　横川浩三

福井県

〒910-8580 福井市大手3-17-1
☎0776(21)1111
〒102-0093 千代田区平河町2-6-3
都道府県会館10F ☎(5212)9074

議　　長　鈴木宏紀
副議長　宮本　俊
知　　事　杉本達治
副知事　中村保博
副知事　櫻本　宏
東京事務所長　吉田啓介

山梨県

〒400-8501 甲府市丸の内1-6-1
☎055(237)1111
〒102-0093 千代田区平河町2-6-3
都道府県会館13F ☎(5212)9033

議　　長　桜本広樹
副議長　杉山　肇
知　　事　長崎幸太郎
副知事　渡邊和彦
東京事務所長　小澤　浩

長野県

〒380-8570 長野市大字南長野字
幅下692-2 ☎026(232)0111
〒102-0093 千代田区平河町2-6-3
都道府県会館12F ☎(5212)9055

議　　長　宮本衡司
副議長　清水純子
知　　事　阿部守一
副知事　関　昇一郎
東京事務所長　小野沢弘夫

岐阜県

〒500-8570 岐阜市薮田南2-1-1
☎058(272)1111
〒102-0093 千代田区平河町2-6-3
都道府県会館14F ☎(5212)9020

議　　長　佐藤武彦
副議長　松岡正人
知　　事　古田　肇
副知事　平木　省
副知事　河合孝憲

東京事務所長　片桐伸一

静岡県

〒420-8601 静岡市葵区追手町9-6
☎054(221)2455(総合案内)
〒102-0093 千代田区平河町2-6-3
都道府県会館13F ☎(5212)9035

議長　宮沢正美
副議長　竹内良訓
知事　川勝平太
副知事　難波喬司
副知事　出野勉
ふじのくに大使館公使(東京事務所長)　大石勝彦

愛知県

〒460-8501 名古屋市中区三の丸3-1-2
☎052(961)2111
〒102-0093 千代田区平河町2-6-3
都道府県会館9F ☎(5212)9092

議長　坂田憲治
副議長　近藤裕人
知事　大村秀章
副知事　加藤慎也
副知事　松井圭介
副知事　佐々木菜々子
東京事務所長　高橋伸至

三重県

〒514-8570 津市広明町13
☎059(224)3070
〒102-0093 千代田区平河町2-6-3
都道府県会館11F ☎(5212)9065

議長　青木謙順
副議長　稲垣昭義
知事　一見勝之
副知事　廣田恵子
副知事　服部浩
東京事務所長　清水英彦

滋賀県

〒520-8577 大津市京町4-1-1
☎077(528)3993
〒102-0093 千代田区平河町2-6-3
都道府県会館8F ☎(5212)9107

議長　富田博明
副議長　岩佐弘明
知事　三日月大造
副知事　江島宏治
副知事　中條絵里
東京本部長　富家信次

京都府

〒602-8570 京都市上京区下立売通新町
西入薮ノ内町 ☎075(451)8111
〒102-0093 千代田区平河町2-6-3
都道府県会館8F ☎(5212)9109

議長　菅谷寛志
副議長　村井弘
知事　西脇隆俊
副知事　山下晃正
副知事　古川博規
副知事　鈴木貴典
東京事務所長　近藤健司

大阪府

〒540-8570 大阪市中央区大手前2-1-22
☎06(6941)0351
〒102-0093 千代田区平河町2-6-3
都道府県会館7F ☎(5212)9118

議長　鈴木憲
副議長　杉本太平
知事　吉村洋文
副知事　田中清剛
副知事　山口信彦
副知事　海老原諭
東京事務所長　春名克俊

兵庫県

〒650-8567 神戸市中央区下山手通5-10-1
☎078(341)7711
〒102-0093 千代田区平河町2-6-3
都道府県会館13F ☎(5212)9040

議長　藤本百男

副　議　長　谷口俊介
知　　　事　齋藤元彦
副　知　事　荒木一聡
副　知　事　片山安孝
東京事務所長　河本　要

奈良県

〒630-8501 奈良市登大路町30
☎0742(22)1101
〒102-0093 千代田区平河町2-6-3
都道府県会館9F ☎(5212)9096

議　　　長　荻田義雄
副　議　長　和田恵治
知　　　事　荒井正吾
副　知　事　村井　浩
副　知　事　土屋直毅
東京事務所長　岡本厚也

和歌山県

〒640-8585 和歌山市小松原通1-1
☎073(432)4111
〒102-0093 千代田区平河町2-6-3
都道府県会館12F ☎(5212)9057

議　　　長　森　礼子
副　議　長　鈴木太雄
知　　　事　仁坂吉伸
副　知　事　下　宏
東京事務所長　日根かがり

鳥取県

〒680-8570 鳥取市東町1-220
☎0857(26)7111
〒102-0093 千代田区平河町2-6-3
都道府県会館10F ☎(5212)9077

議　　　長　内田博長
副　議　長　広谷直樹
知　　　事　平井伸治
副　知　事　亀井一賀
東京本部長　谷長正彦

島根県

〒690-8501 松江市殿町1
☎0852(22)5111
〒102-0093 千代田区平河町2-6-3
都道府県会館11F ☎(5212)9070

議　　　長　田中八洲男
副　議　長　池田　一
知　　　事　丸山達也
副　知　事　松尾紳次
東京事務所長　清水克典

岡山県

〒700-8570 岡山市北区内山下2-4-6
☎086(224)2111
〒102-0093 千代田区平河町2-6-3
都道府県会館10F ☎(5212)9080

議　　　長　神宝謙一
副　議　長　池本敏朗
知　　　事　伊原木隆太
副　知　事　横田有次
副　知　事　小谷　敦
東京事務所長　小寺弘城

広島県

〒730-8511 広島市中区基町10-52
☎082(228)2111
〒105-0001 港区虎ノ門1-2-8
虎ノ門琴平タワー22F ☎(3580)0851

議　　　長　中本隆志
副　議　長　小林秀矩
知　　　事　湯﨑英彦
副　知　事　田邉昌彦
副　知　事　山田　仁
東京事務所長　小早川一英

山口県

〒753-8501 山口市滝町1-1
☎083(922)3111
〒100-0013 千代田区霞が関3-3-1
尚友会館4F ☎(3502)3355

議　　　長　柳居俊学
副　議　長　二木健治
知　　　事　村岡嗣政
副　知　事　平屋隆之

地方庁

東京事務所長　繁永俊之

徳島県

〒770-8570 徳島市万代町1-1
☎088(621)2500(案内係)
〒102-0093 千代田区平河町2-6-3
都道府県会館14F ☎(5212)9022

議長　岩丸正史
副議長　元木章生
知事　飯泉嘉門
副知事　酒池由幸
副知事　勝野美江
東京本部長　黄田隆史

香川県

〒760-8570 高松市番町4-1-10
☎087(831)1111
〒102-0093 千代田区平河町2-6-3
都道府県会館9F ☎(5212)9100

議長　十河直
副議長　高城宗幸
知事　浜田恵造
副知事　西原義一
東京事務所長　多田仁

愛媛県

〒790-8570 松山市一番町4-4-2
☎089(941)2111
〒102-0093 千代田区平河町2-6-3
都道府県会館11F ☎(5212)9071

議長　中畑保一
副議長　兵頭竜
知事　中村時広
副知事　田中英樹
副知事　八矢拓
東京事務所長　八木一成

高知県

〒780-8570 高知市丸ノ内1-2-20
☎088(823)1111
〒100-0011 千代田区内幸町1-3-3
内幸町ダイビル7F ☎(3501)5541

議長　森田英二
副議長　加藤漠
知事　濵田省司
副知事　井上浩之
理事・東京事務所長　有澤功

福岡県

〒812-8577 福岡市博多区東公園7-7
☎092(651)1111
〒102-0083 千代田区麹町1-12-1
住友不動産ふくおか半蔵門ビル2F ☎(3261)9861

議長　秋田章二
副議長　仁戸田元氣
知事　服部誠太郎
副知事　江口勝
副知事　大曲昭恵
副知事　生嶋亮介
東京事務所長　山口洋志

佐賀県

〒840-8570 佐賀市城内1-1-59
☎0952(24)2111
〒102-0093 千代田区平河町2-6-3
都道府県会館11F ☎(5212)9073

議長　藤木卓一郎
副議長　原田寿雄
知事　山口祥義
副知事　坂本洋介
副知事　南里隆
首都圏事務所長　種村昌也

長崎県

〒850-8570 長崎市尾上町3-1
☎095(824)1111
〒102-0093 千代田区平河町2-6-3
都道府県会館14F ☎(5212)9025

議長　坂本智徳
副議長　山口初實
知事　中村法道
副知事　上田裕司
副知事　平田研
東京事務所長　村田利博

熊本県

〒862-8570 熊本市中央区水前寺6-18-1
☎096(383)1111
〒102-0093 千代田区平河町2-6-3
都道府県会館10F ☎(5212)9084

議長 小早川宗弘
副議長 山口裕
知事 蒲島郁夫
副知事 田嶋徹
副知事 木村敬
東京事務所長 内田清之

大分県

〒870-8501 大分市大手町3-1-1
☎097(536)1111
〒102-0093 千代田区平河町2-6-3
都道府県会館4F
☎(6771)7011

議長 御手洗吉生
副議長 三浦正臣
知事 広瀬勝貞
副知事 尾野賢治
副知事 黒田秀郎
東京事務所長 阿部万寿夫

宮崎県

〒880-8501 宮崎市橘通東2-10-1
☎0985(26)7111
〒102-0093 千代田区平河町2-6-3
都道府県会館15F ☎(5212)9007

議長 中野一則
副議長 濵砂守
知事 河野俊嗣
副知事 日隈俊郎
副知事 永山寛理
東京事務所長 吉村達也

鹿児島県

〒890-8577 鹿児島市鴨池新町10-1
☎099(286)2111
〒102-0093 千代田区平河町2-6-3
都道府県会館12F ☎(5212)9060

議長 田之上耕三
副議長 吉留厚宏
知事 塩田康一
副知事 藤本徳昭
副知事 須藤明裕
東京事務所長 富永信一

沖縄県

〒900-8570 那覇市泉崎1-2-2
☎098(866)2074(総務私学課)
〒102-0093 千代田区平河町2-6-3
都道府県会館10F ☎(5212)9087

議長 赤嶺昇
副議長 仲田弘毅
知事 玉城デニー
副知事 謝花喜一郎
副知事 照屋義実
東京事務所長 上間司

札幌市

〒060-8611 札幌市中央区北1条西2
☎011(211)2111
〒100-0006 千代田区有楽町2-10-1
東京交通会館3F ☎(3216)5090

議長 細川正人
副議長 峯廻紀昌
市長 秋元克広
副市長 町田隆敏
副市長 吉岡亨
副市長 石川敏也
東京事務所長 里忠克

仙台市

〒980-8671 仙台市青葉区国分町3-7-1
☎022(261)1111
〒102-0093 千代田区平河町2-4-1
日本都市センター会館9F
☎(3262)5765

議長 赤間次彦
副議長 村上かずひこ
市長 郡和子
副市長 藤本章
副市長 髙橋新悦
東京事務所長 大上喜裕

さいたま市

〒330-9588 さいたま市浦和区常盤6-4-4
☎048(829)1111
〒102-0093 千代田区平河町2-4-1
日本都市センター会館11F
☎(5215)7561

議長	島崎　豊
副議長	松下壮一
市長	清水勇人
副市長	日野　徹
副市長	髙橋　篤
副市長	小川博之
東京事務所長	須田久美子

千葉市

〒260-8722 千葉市中央区千葉港1-1
☎043(245)5111
〒102-0093 千代田区平河町2-4-1
日本都市センター会館9F
☎(3261)6411

議長	川村博章
副議長	森山和博
市長	神谷俊一
副市長	鈴木達也
副市長	川口真友美
東京事務所長	青木　茂

横浜市

〒231-0005 横浜市中区本町6-50-10
☎045(671)2121
〒100-0014 千代田区永田町2-13-10
プルデンシャルタワー3F
☎(5501)4800

議長	清水富雄
副議長	髙橋正治
市長	山中竹春
副市長	平原敏英
副市長	小林一美
副市長	城　博俊
副市長	林　琢己
東京プロモーション本部長	齊藤貴子

川崎市

〒210-8577 川崎市川崎区宮本町1
☎044(200)2111

議長	橋本　勝
副議長	織田勝久
市長	福田紀彦
副市長	伊藤　弘
副市長	加藤順一
副市長	藤倉茂起
東京事務所長	田邊雅史

相模原市

〒252-5277 相模原市中央区中央2-11-15
☎042(754)1111
〒102-0093 千代田区平河町2-4-1
日本都市センター会館12F
☎(3222)1653

議長	寺田弘子
副議長	加藤明徳
市長	本村賢太郎
副市長	隠田展一
副市長	森　多可示
副市長	下仲宏卓
東京事務所長	井出政之

新潟市

〒951-8550 新潟市中央区学校町通1-602-1
☎025(228)1000
〒102-0093 千代田区平河町2-4-1
日本都市センター会館9F
☎(5216)5133

議長	古泉幸一
副議長	金子益夫
市長	中原八一
副市長	高橋建造
副市長	朝妻　博
東京事務所長	丸山　寛

静岡市

〒420-8602 静岡市葵区追手町5-1
☎054(254)2111
〒102-0093 千代田区平河町2-4-1
日本都市センター会館9F
☎(3556)0865

議長	鈴木和彦
副議長	山根田鶴子
市長	田辺信宏
副市長	大長義之
副市長	本田武志
東京事務所長	小島憲之

浜松市

〒430-8652 浜松市中区元城町103-2
☎053(457)2111
〒102-0093 千代田区平河町2-4-1
日本都市センター会館12F
☎(3556)2691

議長	和久田哲男
副議長	戸田誠
市長	鈴木康友
副市長	鈴木伸幸
副市長	長田繁喜
副市長	山名裕
東京事務所長	齊田一朗

名古屋市

〒460-8508 名古屋市中区三の丸3-1-1
☎052(961)1111
〒100-0013 千代田区霞が関3-3-2
新霞が関ビルディング1F ☎(3504)1738

議長	服部将也
副議長	中村満
市長	河村たかし
副市長	中田英雄
副市長	杉野みどり
副市長	松雄俊憲
東京事務所長	長屋信明

京都市

〒604-8571 京都市中京区寺町通
御池上る上本能寺前町488
☎075(222)3111
〒100-0005 千代田区丸の内1-6-5
丸の内北口ビル14F
☎(6551)2671

議長	田中明秀
副議長	吉田孝雄
市長	門川大作
副市長	岡田憲和
副市長	鈴木章一郎
副市長	吉田良比呂
東京事務所長	草木大

大阪市

〒530-8201 大阪市北区中之島1-3-20
☎06(6208)8181
〒102-0093 千代田区平河町2-6-3
都道府県会館7F(大阪府東京事務所内)
☎(3230)1631

議長	丹野壮治
副議長	西川ひろじ
市長	松井一郎
副市長	高橋徹
副市長	朝川晋
副市長	山本剛史
東京事務所長	濵ノ園英樹

堺市

〒590-0078 堺市堺区南瓦町3-1
☎072(233)1101
〒102-0093 千代田区平河町2-6-3
都道府県会館7F(大阪府東京事務所内)
☎(5276)2183

議長	池尻秀樹
副議長	池田克史
市長	永藤英機
副市長	島田憲明
副市長	中野時浩
副市長	山岡由佳
東京事務所長	坂口哲

神戸市

〒650-8570 神戸市中央区加納町6-5-1
☎078(331)8181
〒102-0093 千代田区平河町2-6-3
都道府県会館13F ☎(3263)3071

議長 坊 やすなが
副議長 沖久正留
市長 久元喜造
副市長 今西正男
副市長 油井洋明
副市長 小原一徳
東京事務所長 服部哲也

岡山市

〒700-8544 岡山市北区大供1-1-1
☎086(803)1000
〒100-0005 千代田区丸の内2-5-2
三菱ビル9F973区 ☎(3201)3807

議長 和氣 健
副議長 下市このみ
市長 大森雅夫
副市長 那須正己
副市長 古橋季良
東京事務所長 出原晋一郎

広島市

〒730-8586 広島市中区国泰寺町1-6-34
☎082(245)2111
〒100-0012 千代田区日比谷公園1-3
市政会館内 ☎(3591)1292

議長 佐々木壽吉
副議長 若林新三
市長 松井一實
副市長 小池信之
副市長 及川 享
東京事務所長 澤 裕二

北九州市

〒803-8501 北九州市小倉北区城内1-1
☎093(582)2102
〒100-0006 千代田区有楽町2-10-1
東京交通会館ビル6F ☎(6213)0093

議長 鷹木研一郎
副議長 成重正丈
市長 北橋健治
副市長 梅本和秀
副市長 鈴木 清
副市長 今永 博
東京事務所長 大迫道広

福岡市

〒810-8620 福岡市中央区天神1-8-1
☎092(711)4111
〒102-0093 千代田区平河町2-4-1
日本都市センター会館12F
☎(3261)9712

議長 伊藤嘉人
副議長 山口剛司
市長 髙島宗一郎
副市長 光山裕朗
副市長 中村英一
副市長 荒瀬泰子
東京事務所長 三宅宏治

熊本市

〒860-8601 熊本市中央区手取本町1-1
☎096(328)2111
〒102-0093 千代田区平河町2-4-1
日本都市センター会館9F
☎(3262)3840

議長 原口亮志
副議長 園川良二
市長 大西一史
副市長 深水政彦
副市長 中垣内隆久
東京事務所長 金山武史

全国都道府県議会議長会

〒102-0093 千代田区平河町2-6-3
都道府県会館5F ☎(5212)9155

会長 柴田正敏
副会長 小畑保則
五日市王 宮本衡司
佐藤武彦 藤本百男
柳居俊学 中畑保一
坂本智徳
理事 坂本貴美雄

佐藤　純　青木謙順
菅谷寛志　神宝謙一
森田英二　中野一則
監　事　三橋一三
向出　勉　中本隆志
事務総長　青木信之
総務部長　飯山尚人
議事調査部長　下田正幸
調査部長　植野隆志
共済会業務部長　宮田秀雄

全国知事会

〒102-0093 千代田区平河町2-6-3
都道府県会館内 ☎(5212)9127

会長　平井伸治
副会長　三村申吾
阿部守一　谷本正憲
仁坂吉伸　浜田恵造
蒲島郁夫
理事　村井嘉浩
小池百合子　古田　肇
荒井正吾　村岡嗣政
中村時広　広瀬勝貞
監事　達増達也
三日月大造　河野俊嗣
事務総長　古尾谷光男
事務局次長　満田　誉
総務部長　満田　誉
調査第一部長　川島正治
調査第二部長　鎌倉麗子
調査第三部長(兼)地方自治政策センター長　西村　健
事務局部長　坂本隆哉

全国市議会議長会

〒102-0093 千代田区平河町2-4-2
全国都市会館 ☎(3262)5234

会長　清水富雄
副会長　篠原藤雄
寺沢さゆり　廣瀬集一

鈴木和彦　小川眞和
原口亮志
事務総長　橋本嘉一
次長　天野勝司
総務部長　目黒宏康
特命担当部長　片岡智則
政務第一部長　福田将己
政務第二部長　見原　出
企画議事部長　上市直樹
共済会事務局長　天野勝司

全国市長会

〒102-8635 千代田区平河町2-4-2
全国都市会館 ☎(3262)2310～9

会長　立谷秀清
副会長　小笠原春一
小野寺晃彦　東村新一
山口伸樹　田辺信宏
青山節児　阪口伸六
神出政巳　伊東香織
久保田章市　内藤佐和子
佐藤義興
事務総長　稲山博司
事務局次長　横山忠弘
企画調整室長(事務取扱)　事務局次長
総務部長　村上賢治
行政部長　百武和宏
財政部長　平嵜正俊
社会文教部長　笹島晃司
経済部長　山本宏明
調査広報部長　髙橋英俊
共済保険部長(事務取扱)　事務局次長

全国町村議会議長会

〒102-0082 千代田区一番町25番地
全国町村議員会館 ☎(3264)8181

会長　南雲　正
副会長　中城重則
事務総長　望月達史

総務部長兼管理部長	三宅達也
企画調整部長	鈴木　毅
議事調査部長	飯田　厚
共済会業務部長	松浦貞治

全国町村会

〒100-0014 千代田区永田町1-11-35
全国町村会館 ☎(3581)0482

会長	荒木泰臣
副会長	棚野孝夫
船橋茂久	櫻井公一
古口達也	岩田利雄
羽田健一郎	西田　健
汐見明男	宮脇正道
谷川俊博	永原譲二
事務総長	武居丈二
事務局次長(総務・事業・災害共済・生協担当)	直江史彦
事務局次長(政務担当)	菅野孝志
総務部長(兼)	直江史彦
行政部長	小出太朗
財政部長	角田秀夫
経済農林部長	小川幸生
広報部長	田名網眞基
事業部長	戸田隆康
災害共済部長	坂中理人
保険部長(兼)	坂中理人
生協事務局長	佐川浩幸

指定都市市長会

〒100-0012 千代田区日比谷公園1-3
市政会館6F ☎(3591)4772

会長	鈴木康友
副会長	門川大作
北橋健治	清水勇人
事務局長	福島雅樹
参与	村上隆康
次長	花房新也
同	澤田賢一
同	枝元俊晴

全国都市東京事務所 (○は指定都市)

北海道市長会	〒100-0014	千,永田町2-17-17永田町ほっかいどうスクエア1F	☎(3500)3917
熊本県市長会	〒102-0093	千,平河町2-4-1日本都市センター11F	☎(3288)5235
○札幌市	〒100-0006	千,有楽町2-10-1東京交通会館3F	☎(3216)5090
○仙台市	〒102-0093	千,平河町2-4-1日本都市センター9F	☎(3262)5765
○さいたま市	〒102-0093	千,平河町2-4-1日本都市センター11F	☎(5215)7561
○千葉市	〒102-0093	千,平河町2-4-1日本都市センター9F	☎(3261)6411
○横浜市	〒100-0014	千,永田町2-13-10プルデンシャルタワー3F	☎(5501)4800
○川崎市	〒210-8577	川崎市川崎区宮本町1	☎044(200)0053
○相模原市	〒102-0093	千,平河町2-4-1日本都市センター12F	☎(3222)1653
○新潟市	〒102-0093	千,平河町2-4-1日本都市センター9F	☎(5216)5133
○静岡市	〒102-0093	千,平河町2-4-1日本都市センター9F	☎(3556)0865
○浜松市	〒102-0093	千,平河町2-4-1日本都市センター12F	☎(3556)2691
○名古屋市	〒100-0013	千,霞が関3-3-2新霞が関ビルディング1F	☎(3504)1738
○京都市	〒100-0005	千,丸の内1-6-5丸の内北口ビル14F	☎(6551)2671
○大阪市	〒102-0093	千,平河町2-6-3都道府県会館7F(大阪府東京事務所内)	☎(3230)1631
○堺市	〒102-0093	千,平河町2-6-3都道府県会館7F(大阪府東京事務所内)	☎(5276)2183
○神戸市	〒102-0093	千,平河町2-6-3都道府県会館13F	☎(3263)3071
○岡山市	〒100-0005	千,丸の内2-5-2三菱ビル9F973区	☎(3201)3807
○広島市	〒100-0012	千,日比谷公園1-3市政会館4F	☎(3591)1292

○北九州市　〒100-0006　千,有楽町2-10-1東京交通会館ビル6F　☎(6213)0093
○福岡市　〒102-0093　千,平河町2-4-1日本都市センター12F　☎(3261)9712
○熊本市　〒102-0093　千,平河町2-4-1日本都市センター9F　☎(3262)3840
小樽市　〒100-0014　千,永田町2-17-17永田町ほっかいどうスクエア614　☎(6205)7760
釧路市　〒102-0093　千,平河町2-4-1日本都市センター9F　☎(3263)1992
帯広市　〒105-0003　港,西新橋1-16-4ノアックスビル6F　☎(3581)2415
苫小牧市　〒102-0093　千,平河町2-4-2全国都市会館5F　☎(3265)8078
青森市　〒107-0052　港,赤坂3-13-7サクセス赤坂ビル　☎(5545)5652
八戸市　〒102-0093　千,平河町2-4-2全国都市会館5F　☎(3261)8973
盛岡市　〒100-0012　千,日比谷公園1-3市政会館5F　☎(3595)7101
秋田市　〒102-0093　千,平河町2-4-1日本都市センター11F　☎(3234)6871
鶴岡市　〒134-0088　江戸川区西葛西7-28-7　☎(5696)6821
いわき市　〒105-0004　港,新橋2-16-1ニュー新橋ビル7F　☎(5251)5181
金沢市　〒102-0093　千,平河町2-4-2全国都市会館5F　☎(3262)0444
福井市　〒100-0012　千,日比谷公園1-3市政会館5F　☎(6457)9181
長野市　〒100-0014　千,永田町2-17-17アイオス永田町509　☎(5501)0461
岐阜市　〒102-0093　千,平河町2-6-3都道府県会館14F県事務所内　☎(5210)2061
豊橋市　〒102-0093　千,平河町2-4-1日本都市センター9F　☎(5210)1484
豊田市　〒102-0093　千,平河町2-4-1日本都市センター11F　☎(3556)3861
四日市市　〒102-0093　千,平河町2-4-1日本都市センター11F　☎(3263)3038
津市　〒102-0093　千,平河町2-4-1日本都市センター11F　☎(6672)6868
姫路市　〒102-0093　千,平河町2-4-1日本都市センター12F　☎(6272)5690
和歌山市　〒102-0093　千,平河町2-6-3都道府県会館12F県事務所内　☎(5212)9193
倉敷市　〒102-0093　千,平河町2-4-2全国都市会館5F　☎(3263)2686
呉市　〒102-0093　千,平河町2-4-1日本都市センター11F　☎(6261)3746
福山市　〒102-0093　千,平河町2-4-1日本都市センター11F　☎(3263)0966
下関市　〒102-0093　千,平河町2-4-1日本都市センター12F　☎(3261)4098
松山市　〒102-0093　千,平河町2-4-1日本都市センター11F　☎(3262)0974
久留米市　〒102-0093　千,平河町2-4-1日本都市センター11F　☎(3556)6900
長崎市　〒100-0012　千,日比谷公園1-3市政会館7F　☎(3591)7600
佐世保市　〒102-0093　千,平河町2-4-1日本都市センター11F　☎(5213)9060
諫早市　〒112-0015　文,目白台1-4-15　☎(3947)3296
大分市　〒102-0093　千,平河町2-4-1日本都市センター12F　☎(3221)5951
別府市　〒100-0014　千,永田町2-17-17アイオス永田町606号室　☎(6457)9971
宮崎市　〒102-0093　千,平河町2-4-1日本都市センター12F　☎(3234)9777
鹿児島市　〒102-0093　千,平河町2-4-1日本都市センター12F　☎(3262)6684

（人口10万人以上の都市についての東京事務所を掲載。）

地方庁

特殊法人・主要団体等一覧

（令和4年1月5日現在）

【特　殊　法　人】

〔事業団〕

日本私立学校振興・共済事業団	102-8145	千，富士見1-10-12	3230-1321

〔公　庫〕

沖縄振興開発金融公庫	900-8520	那覇市おもろまち1-2-26	098-941-1700

〔特殊会社〕

日本電信電話㈱(NTT)	100-8116	千，大手町1-5-1 大手町ファーストスクエア イーストタワー	6838-5111
東日本電信電話㈱(NTT東日本)	163-8019	新，西新宿3-19-2 NTT東日本本社ビル	5359-5111
西日本電信電話㈱(NTT西日本)	540-8511	大阪市中央区馬場町3-15 NTT西日本本社ビル	06-4793-9111
日本郵政㈱	100-8791	千，大手町2-3-1	3477-0111
日本郵便㈱		同	
日本たばこ産業㈱	105-8422	港，虎ノ門2-2-1	3582-3111
新関西国際空港㈱	549-0011	大阪府泉南郡田尻町泉州空港中1番地 関西国際空港航空会社南ビル4F	072-455-4030
北海道旅客鉄道㈱	060-8644	札幌市中央区北11条西15丁目1-1	011-222-7111 (電話案内センター)
四国旅客鉄道㈱	760-8580	高松市浜ノ町8-33	087-825-1600
日本貨物鉄道㈱	151-0051	渋，千駄ヶ谷5-33-8 サウスゲート新宿	5367-7370 (総務部)
東京地下鉄㈱(東京メトロ)	110-8614	台，東上野3-19-6	3837-7041 (総務部)
成田国際空港㈱	282-8601	成田市古込1-1 成田国際空港内	0476-32-2802 (総務人事部)
東日本高速道路㈱	100-8979	千，霞が関3-3-2 新霞が関ビル	3506-0111
中日本高速道路㈱	460-0003	名古屋市中区錦2-18-19 三井住友銀行名古屋ビル	052-222-1620
西日本高速道路㈱	530-0003	大阪市北区堂島1-6-20 堂島アバンザ18F	06-6344-4000
首都高速道路㈱	100-8930	千，霞が関1-4-1 日土地ビル	3502-7311
阪神高速道路㈱	530-0005	大阪市北区中之島3-2-4 中之島フェスティバルタワー・ウエスト	06-6203-8888
本州四国連絡高速道路㈱	651-0088	神戸市中央区小野柄通4-1-22 アーバンエース三宮ビル	078-291-1000
日本アルコール産業㈱	103-0024	中，日本橋小舟町6-6 小倉ビル6F	5641-5255
中間貯蔵・環境安全事業㈱	105-0014	港，芝1-7-17 住友不動産芝ビル3号館4F	5765-1911
㈱日本政策金融公庫	100-0004	千，大手町1-9-4 大手町フィナンシャルシティ ノースタワー	3270-0636 (総務部)
㈱商工組合中央金庫(商工中金)	104-0028	中，八重洲2-10-17	3272-6111
㈱日本政策投資銀行	100-8178	千，大手町1-9-6 大手町フィナンシャルシティ サウスタワー	3270-3211
輸出入・港湾関連情報処理センター㈱	150-0013	港，浜松町1-3-1 浜離宮ザ タワー事務所棟6F	6732-6119 (総務部)
㈱国際協力銀行	100-8144	千，大手町1-4-1	5218-3100

〔その他〕

日本放送協会	150-8001	渋，神南2-2-1	3465-1111
放送大学学園	261-8586	千葉市美浜区若葉2-11	043-276-5111
日本中央競馬会	106-0032	港，六本木6-11-1	3591-5251
日本年金機構	168-8505	杉，高井戸西3-5-24	5344-1100
沖縄科学技術大学院大学学園	904-0495	沖縄県国頭郡恩納村字谷茶1919-1	098-966-8711

【認可法人・地方共同法人・共済組合等】(50音順)

銀行等保有株式取得機構	104-0033	中，新川2-28-1 ザ・パークレックス新川4F	3553-1761 (運営企画室)
警察共済組合	102-8588	千，三番町6-8 警察共済ビル	5213-8300

原子力損害賠償・廃炉等支援機構	105-0001	港，虎ノ門2-2-5 共同通信会館5F	5575-3810 (総務グループ)
公立学校共済組合	101-0062	千，神田駿河台2-9-5	5259-0011
国家公務員共済組合連合会	102-0074	千，九段南1-1-10 九段合同庁舎	3222-1841
使用済燃料再処理機構	030-0812	青森市堤町2-1-7 堤町ファーストスクエアビル4F	017-763-5910
損害保険契約者保護機構	101-8335	千，神田淡路町2-9 損保会館10F	3255-1635
地方公務員共済組合連合会	100-0011	千，内幸町2-1-1 飯野ビルディング11F	6807-3677
地方公務員災害補償基金	102-0093	千，平河町2-16-1 平河町森タワー8F	5210-1341 (総務課)
地方職員共済組合	102-8601	千，平河町2-4-9 地共済センタービル	3261-9821
貯金保険機構 (農水産業協同組合貯金保険機構)	100-0005	千，丸の内3-3-1 新東京ビル9F	3285-1270
電力広域的運営推進機関	135-0061	江東，豊洲6-2-15	0570-044-777
日本貸金業協会	108-0074	港，高輪3-19-15 二葉高輪ビル	5739-3011
日本銀行	103-0021	中，日本橋本石町2-1-1	3279-1111
日本下水道事業団	113-0034	文，湯島2-31-27 湯島台ビル	6361-7800 (総務課)
日本赤十字社	105-8521	港，芝大門1-1-3	3438-1311
預金保険機構	100-0006	千，有楽町1-12-1 新有楽町ビルヂング9F	3212-6030

【主要団体】(50音順)

(公社)＝公益社団法人、(一社)＝一般社団法人、(特社)＝特例社団法人、(公財)＝公益財団法人、(一財)＝一般財団法人、(特財)＝特例財団法人、(社福)＝社会福祉法人、(社医)＝社会医療法人財団

〔地方自治〕

(一財)尾崎行雄記念財団	100-0014	千，永田町1-1-1 憲政記念館内	3581-1778
(公財)後藤・安田記念東京都市研究所	100-0012	千，日比谷公園1-3 市政会館5F	3591-1201
指定都市市長会	100-0012	千，日比谷公園1-3 市政会館6F	3591-4772
全国過疎地域自立促進連盟	101-0047	千，内神田1-5-4 加藤ビル3F	5244-5827
全国市議会議長会	102-0093	千，平河町2-4-2 全国都市会館6F	3262-5234
全国市長会	102-8635	千，平河町2-4-2 全国都市会館4F	3262-2313
(一財)全国自治協会	100-0014	千，永田町1-11-35 全国町村会館	3581-0476 (災害共済部庶務係)
全国知事会	102-0093	千，平河町2-6-3 都道府県会館6F	5212-9162
全国町村会	100-0014	千，永田町1-11-35 全国町村会館	3581-0482
全国町村議会議長会	102-0082	千，一番町25 全国町村議員会館4F	3264-8181
全国都道府県議会議長会	102-0093	千，平河町2-6-3 都道府県会館5F	5212-9155
(一財)地方財務協会	102-0093	千，平河町2-4-9 地共済センタービル6F	3261-8547
(一財)地方自治研究機構	104-0061	中，銀座7-14-16 太陽銀座ビル2F	5148-0661 (総務部)
都道府県選挙管理委員会連合会	160-0022	新，新宿1-12-15 東洋新宿ビル3F	6273-0548
日本行政書士会連合会	105-0001	港，虎ノ門4-1-28 虎ノ門タワーズオフィス10F	6435-7330

〔財務省関係〕

(一財)産業経理協会	101-8333	千，神田淡路町1-15-6	3253-0361
信金中央金庫	103-0028	中，八重洲1-3-7	5202-7711
(一社)信託協会	100-0005	千，丸の内2-2-1 岸本ビル1F	6206-3981
(一社)生命保険協会	100-0005	千，丸の内3-4-1 新国際ビル3F	3286-2624
(一社)全国銀行協会	100-0004	千，大手町2-6-1 朝日生命大手町ビル	6262-6700
全信組連(全国信用協同組合連合会)	104-8310	中，京橋1-9-5	3562-5111
(一社)全国信用金庫協会	103-0028	中，八重洲1-3-7	3517-5711

団体名	郵便番号	所在地	電話
(一社)全国信用組合中央協会	104-0031	中，京橋1-9-5	3567-2451
(一社)全国信用保証協会連合会	101-0048	千，神田司町2-1 オーク神田ビル8F・9F	6823-1200
(一社)全国地方銀行協会	101-8509	千，内神田3-1-2 地方銀行会館	3252-5171
(一社)全国労働金庫協会	101-0062	千，神田駿河台2-5-15 労働金庫会館	3295-6721
損害保険料率算出機構	163-1029	新，西新宿3-7-1 新宿パークタワー28F・29F	6758-1300
(一社)第二地方銀行協会	102-8356	千，三番町5	3262-2181
㈱東京商品取引所	103-0026	中，日本橋兜町2-1	3666-1361
㈱東京証券取引所	103-8224	中，日本橋兜町2-1	3666-0141
(一社)投資信託協会	103-0026	中，日本橋兜町2-1 東京証券取引所ビル6F	5614-8400
日本公認会計士協会	102-8264	千，九段南4-4-1 公認会計士会館	3515-1120
日本証券業協会	103-0027	中，日本橋2-11-2 太陽生命日本橋ビル(8F～11F)	6665-6800
日本税理士会連合会	141-0032	品，大崎1-11-8 日本税理士会館8F	5435-0931
(一社)日本損害保険協会	101-8335	千，神田淡路町2-9 損保会館内	3255-1844
〔経済産業省関係〕			
板硝子協会	108-0074	港，高輪1-3-13 NBF高輪ビル4F	6450-3926
(一社)海洋水産システム協会	103-0027	中，日本橋3-15-8 アミノ酸会館ビル2F	6411-0021
(公社)関西経済連合会(関経連)	530-6691	大阪市北区中之島6-2-27 中之島センタービル30F	06-6441-0101
(一財)機械振興協会	105-0011	港，芝公園3-5-8 機械振興会館	3434-8224
(公社)経済同友会	100-0005	千，丸の内1-4-6 日本工業倶楽部別館5F	3211-1271 (総務部)
軽自動車検査協会	160-0023	新，西新宿3-2-11 新宿三井ビル2号館15F	5324-6611
高圧ガス保安協会	105-8447	港，虎ノ門4-3-13 ヒューリック神谷町ビル	3436-6100
(一社)自転車協会	107-0052	港，赤坂1-8-1 赤坂インターシティーAIR9F	6230-9896
(一財)製品安全協会	110-0012	台，竜泉2-20-2 ミサワホームズ三ノ輪2F	5808-3300
(一財)石炭エネルギーセンター	105-0003	港，西新橋3-2-1 Daiwa西新橋ビル3F	6402-6100
石油化学工業協会	104-0033	中，新川1-4-1 住友不動産六甲ビル8F	3297-2011 (総務部)
石油鉱業連盟	100-0004	千，大手町1-3-2 経団連会館17F	3214-1701
石油連盟	100-0004	千，大手町1-3-2 経団連会館17F	5218-2305
石灰石鉱業協会	101-0032	千，岩本町1-7-1 瀬木ビル4F	5687-7650
(一社)セメント協会	103-0023	中，日本橋本町1-9-4 ヒューリック日本橋本町一丁目ビル7F	5200-5051 (総務部門)
全国商工会連合会	100-0006	千，有楽町1-7-1 有楽町電気ビル北館19F	6268-0088
全国商工団体連合会(全商連)	171-8575	豊，目白2-36-13	3987-4391
全国石油業共済協同組合連合会	100-0014	千，永田町2-17-14 石油会館	3593-5811
全国石油商業組合連合会	100-0014	千，永田町2-17-14 石油会館	3593-5811
(公財)全国中小企業振興機関協会	104-0033	中，新川2-1-9 石川ビル	5541-6688
全国中小企業団体中央会	104-0033	中，新川1-26-19 全中・全味ビル	3523-4901
全国鍍金工業組合連合会	105-0011	港，芝公園3-5-8 機械振興会館206	3433-3855
全日本印刷工業組合連合会(全印工連)	104-0041	中，新富1-16-8 日本印刷会館4F	3552-4571
電気事業連合会	100-8118	千，大手町1-3-2 経団連会館	5221-1440 (広報部)
(一社)電子情報技術産業協会	100-0004	千，大手町1-1-3 大手センタービル	5218-1050 (総務部)
(一財)伝統的工芸品産業振興協会	107-0052	港，赤坂8-1-22 赤坂王子ビル2F	5785-1001
(一社)日本アルミニウム協会	104-0061	中，銀座4-2-15 塚本素山ビル7F	3538-0221
(一社)日本ガス協会	105-0001	港，虎ノ門1-15-12 日本ガス協会ビル9F	3502-0111

団体名	郵便番号	所在地	電話
(一社)日本化学工業協会	104-0033	中, 新川1-4-1 住友不動産六甲ビル7F	3297-2550 (総務部)
(公社)日本観光振興協会	105-0001	港, 虎ノ門3-1-1 虎ノ門3丁目ビルディング6F	6435-8331
(一社)日本機械工業連合会	105-0011	港, 芝公園3-5-8 機械振興会館5F	3434-5381
(一社)日本経済団体連合会(経団連)	100-8188	千, 大手町1-3-2 経団連会館	6741-0111
(一社)日本原子力産業協会	102-0084	千, 二番町11-19 興和二番町ビル5F	6256-9311 (総務部)
日本鉱業協会(JMIA)	101-0054	千, 神田錦町3-17-11 榮葉ビル8F	5280-2322
(一社)日本工業倶楽部	100-0005	千, 丸の内1-4-6 日本工業倶楽部会館	3281-1711
(一社)日本航空宇宙工業会	107-0052	港, 赤坂2-5-8 ヒューリックJP赤坂ビル10F	3585-0511
(一社)日本自動車会議所	105-0012	港, 芝大門1-1-30 日本自動車会館15F	3578-3880
(一社)日本自動車工業会	105-0012	港, 芝大門1-1-30 日本自動車会館16F	5405-6118 (総務統括部)
(一社)日本自動車販売協会連合会(自販連)	105-8530	港, 芝大門1-1-30 日本自動車会館15F	5733-3100 (総務部総務課)
日本司法書士会連合会	160-0003	新, 四谷本塩町4-37 司法書士会館	3359-4171
日本商工会議所	100-0005	千, 丸の内3-2-2 丸の内二重橋ビル6F	3283-7823
日本商品先物振興協会(JCFIA)	103-0012	中, 日本橋堀留町1-10-7 東京商品取引所ビル6F	3664-5731
日本商品先物取引協会	103-0012	中, 日本橋堀留町1-10-7 東京商品取引所ビル6F	3664-4731
日本消防検定協会	182-0012	調布市深大寺東町4-35-16	0422-44-7471
(公社)日本水道協会	102-0074	千, 九段南4-8-9	3264-2281 (総務部総務課)
(公財)日本生産性本部	102-8643	千, 平河町2-13-12	3511-4001
日本製紙連合会	104-8139	中, 銀座3-9-11 紙パルプ会館	3248-4801
(公社)日本青年会議所	102-0093	千, 平河町2-14-3	3234-5601
日本製薬団体連合会(日薬連)	103-0023	中, 日本橋本町3-7-2 MFPR日本橋本町ビル3F	3527-3154
(一社)日本造船工業会	105-0001	港, 虎ノ門1-15-12 日本ガス協会ビル3F	3580-1561
日本チェーンストア協会	105-0001	港, 虎ノ門1-21-17 虎ノ門NNビル11F	5251-4600
(一社)日本中小企業団体連盟(中団連)	103-0025	中, 日本橋茅場町2-8-4 全国会館4F	3668-2481
(一社)日本鉄鋼連盟	103-0025	中, 日本橋茅場町3-2-10 鉄鋼会館	3669-4811
(一社)日本電気協会	100-0006	千, 有楽町1-7-1 有楽町電気ビル北館4F	3216-0551 (総務部)
日本電気計器検定所(日電検)	108-0023	港, 芝浦4-15-7	3451-1181
(一社)日本電機工業会(JEMA)	102-0082	千, 一番町17-4	3556-5881 (総務部)
(一社)日本動力協会	105-0003	港, 西新橋1-5-8 川手ビル7F	3502-1261
(一社)日本百貨店協会	103-0027	中, 日本橋2-1-10 柳屋ビル2F	3272-1666
日本プラスチック工業連盟(プラ工連)	103-0025	中, 日本橋茅場町3-5-2 アロマビル5F	6661-6811
(一社)日本貿易会	100-0013	千, 霞ケ関3-2-1 霞ケ関コモンゲート西館20F	5860-9350
日本紡績協会	103-0023	中, 日本橋本町3-1-11 繊維会館	6265-1501 (東京事務局)

〔国土交通省関係〕

団体名	郵便番号	所在地	電話
自動車安全運転センター	102-0084	千, 二番町3 麹町スクエア6F	3264-8600
(一社)全国建設業協会	104-0032	中, 八丁堀2-5-1 東京建設会館	3551-9396
(公社)全国宅地建物取引業協会連合会	101-0032	千, 岩本町2-6-3 全宅連会館	5821-8111
(一社)全国治水砂防協会	102-0093	千, 平河町2-7-4 砂防会館別館	3261-8386
(公社)全国通運連盟	101-0063	千, 神田淡路町2-21 淡路町MHビル5F	5296-1670
(一社)全日本航空事業連合会	105-0014	港, 芝3-1-15 芝ボートビル8F	5445-1353
(公社)全日本トラック協会	160-0004	新, 四谷3-2-5	3354-1009

団体名	郵便番号	所在地	電話
(公社)鉄道貨物協会(RFA)	101-0048	千, 神田司町2-8-4 吹田屋ビル4F	5256-0577
(一社)日本海運集会所	112-0002	文, 小石川2-22-2 和順ビル3F	5802-8361 (総務グループ)
(一財)日本海事協会	102-8567	千, 紀尾井町4-7	3230-1201 (総務部)
(一財)日本気象協会(JWA)	170-6055	豊, 東池袋3-1-1 サンシャイン60 55F	5958-8111
(一社)日本建設業連合会(日建連)	104-0032	中, 八丁堀2-5-1 東京建設会館8F	3553-0701
(一社)日本港運協会	105-8666	港, 新橋6-11-10 港運会館内	3432-1050
(一社)日本交通協会	100-0005	千, 丸の内3-4-1 新国際ビル9F916号	3216-2200
(公社)日本港湾協会	107-0052	港, 赤坂3-3-5 住友生命山王ビル8F	5549-9575
日本小型船舶検査機構(JCI)	102-0073	千, 九段北4-1-3 飛栄九段北ビル5F	3239-0821
(公財)日本財団	107-8404	港, 赤坂1-2-2 日本財団ビル	6229-5111
(一社)日本船主協会	102-8603	千, 平河町2-6-4 海運ビル	3264-7171
(一社)日本倉庫協会	135-8443	江東, 永代1-13-3 倉庫会館内	3643-1221
(一財)日本ダム協会	104-0061	中, 銀座2-14-2 銀座GTビル7F	3545-8361
(一社)日本治山治水協会	100-0014	千, 永田町2-4-3 永田町ビル	3581-2288
(公社)日本道路協会	100-8955	千, 霞が関3-3-1 尚友会館7F	3581-2211
日本土地家屋調査士会連合会	101-0061	千, 三崎町1-2-10 土地家屋調査士会館	3292-0050
日本内航海運組合総連合会	102-0093	千, 平河町2-6-4 海運ビル8F	3263-4741
(一社)日本民営鉄道協会	100-8171	千, 大手町2-6-1 朝日生命大手町ビル16F	5202-1401
(一社)日本旅客船協会	102-0093	千, 平河町2-6-4 海運ビル9F	3265-9681
(一社)不動産協会	100-6017	千, 霞が関3-2-5 霞が関ビル17F	3581-9421

〔農林水産省関係〕

団体名	郵便番号	所在地	電話
JF全漁連(全国漁業協同組合連合会)	104-0033	中, 新川1-28-44 新川K・Tビル	6222-1301 (総合管理部)
製粉協会	103-0026	中, 日本橋兜町15-6 製粉会館5F	3667-1011
(一財)製粉振興会	103-0026	中, 日本橋兜町15-6 製粉会館2F	3666-2712
全国共済農業協同組合連合会(JA共済連)	102-8630	千, 平河町2-7-9 JA共済ビル	5215-9100 (総務部)
(公社)全国漁港漁場協会	107-0052	港, 赤坂1-9-13 三会堂ビル8F	5114-9981
全国厚生農業協同組合連合会(JA全厚連)	100-6827	千, 大手町1-3-1 JAビル27F	3212-8000
(一社)全国清涼飲料連合会	101-0041	千, 神田須田町2-9-2 PMO神田岩本町2F	6260-9260
全国たばこ耕作組合中央会	105-0012	港, 芝大門1-10-1	3432-4401
全国たばこ販売協同組合連合会	105-0014	港, 芝1-6-10 芝SIAビル7F	5476-7551
(一社)全国農業会議所	102-0084	千, 二番町9-8 中央労働基準協会ビル2F	6910-1121
(公社)全国農業共済協会	102-8411	千, 一番町19 全国農業共済会館	3263-6411
全国農業協同組合中央会(JA全中)	100-6837	千, 大手町1-3-1 JAビル	6665-6000
全国農業協同組合連合会(全農)	100-6832	千, 大手町1-3-1 JAビル	6271-8111
全国米穀販売事業共済協同組合(全米販)	103-0001	中, 日本橋小伝馬町15-15 食糧会館	4334-2100
全麦連(全国精麦工業協同組合連合会)	135-0031	江東, 佐賀1-9-13 精麦会館	3641-1101
(一財)大日本蚕糸会	100-0006	千, 有楽町1-9-4 蚕糸会館6F	3214-3411
(一社)大日本水産会	107-0052	港, 赤坂1-9-13 三会堂ビル8F	3585-6681
地方競馬全国協会	106-8639	港, 麻布台2-2-1 麻布台ビル	3583-6841
(公社)中央畜産会(JLIA)	101-0021	千, 外神田2-16-2 第2ディーアイシービル9F	6206-0840
日本酒造組合中央会	105-0003	港, 西新橋1-6-15 日本酒造虎ノ門ビル	3501-0101
(公財)日本醸造協会	114-0023	北, 滝野川2-6-30	3910-3853

日本醤油協会	103-0016	中，日本橋小網町3-11 醤油会館	3666-3286
日本蒸留酒酒造組合	103-0025	中，日本橋茅場町2-3-6 宗和ビル5Ｆ	3527-3707
(公社)日本茶業中央会	105-0021	港，東新橋2-8-5 東京茶業会館5Ｆ	3434-2001
農林漁業団体職員共済組合（農林年金）	110-8580	台，秋葉原2-3 日本農業新聞本社ビル	6260-7800
ビール酒造組合	104-0061	中，銀座1-16-7 銀座大栄ビル10F	3561-8386

〔厚生労働省関係〕

(公財)エイズ予防財団	101-0064	千，神田猿楽町2-7-1 TOHYUビル3Ｆ	5259-1811
(公財)沖縄協会	103-0001	中，日本橋小伝馬町17-6 Siesta日本橋201	6231-1433
(社福)恩賜財団 済生会	108-0073	港，三田1-4-28 三田国際ビルヂング21Ｆ	3454-3311
(公財)がん研究会	135-8550	江東，有明3-8-31	3520-0111
企業年金連合会	105-0011	港，芝公園2-4-1 芝パークビルB館10Ｆ・11Ｆ	5401-8711
健保連(健康保険組合連合会)	107-8558	港，南青山1-24-4	3403-0915
(公社)国民健康保険中央会	100-0014	千，永田町1-11-35 全国町村会館	3581-6821
国民年金基金連合会	106-0032	港，六本木6-1-21 三井住友銀行六本木ビル	5411-0211
国立障害者リハビリテーションセンター	359-8555	所沢市並木4-1	04-2995-3100
(一社)産業環境管理協会	101-0044	千，鍛冶町2-2-1 三井住友銀行神田駅前ビル	5209-7701
社会保険診療報酬支払基金	105-0004	港，新橋2-1-3	3591-7441
主婦連合会	102-0085	千，六番町15 主婦会館プラザエフ3Ｆ	3265-8121
消防基金（消防団員等公務災害補償等共済基金）	105-0003	港，西新橋3-7-1 ランディック第2新橋ビル4F	5422-1710
(公社)全国自治体病院協議会	102-8556	千，平河町2-7-5 砂防会館7Ｆ	3261-8555
(社福)全国社会福祉協議会	100-8980	千，霞が関3-3-2 新霞が関ビル	3581-7820
(一社)全国社会保険協会連合会(全社連)	141-0031	品，西五反田1-31-1 日本生命五反田ビル2F	5434-8577
全国社会保険労務士会連合会	103-8346	中，日本橋本石町3-2-12 社会保険労務士会館	6225-4864
(一社)全国消費者団体連絡会	102-0085	千，六番町15 プラザエフ6Ｆ	5216-6024
(公社)全国私立保育連盟	111-0051	台，蔵前4-11-10 全国保育会館	3865-3880
(一社)全国年金受給者団体連合会(全年連)	160-0022	新，新宿2-17-10 黒岩ビル3Ｆ	6709-8762
(一財)全国母子寡婦福祉団体協議会	140-0011	品，東大井5-23-13	6718-4088
全国理容生活衛生同業組合連合会	151-0053	渋，代々木1-36-4 全理連ビル	3379-4111
全地婦連（全国地域婦人団体連絡協議会）	150-0002	渋，渋谷1-17-14 全国婦人会館3F	3407-4303
(公社)全日本医薬品登録販売者協会	112-0002	文，小石川5-20-17 研修センター2Ｆ	3813-5353
全旅連（全国旅館ホテル生活衛生同業組合連合会）	102-0093	千，平河町2-5-5 全国旅館会館4Ｆ	3263-4428
(社福)中央共同募金会	100-0013	千，霞が関3-3-2 新霞が関ビル5Ｆ	3581-3846
中央職業能力開発協会(JAVADA)	160-8327	新，西新宿7-5-25 西新宿プライムスクエア11F	6758-2880（総務部）
中央労働災害防止協会	108-0014	港，芝5-35-2 安全衛生総合会館	3452-6841
(公社)日本医師会	113-8621	文，本駒込2-28-16	3946-2121
(一財)日本遺族会	102-0074	千，九段南1-6-17 千代田会館3Ｆ	3261-5521
(一社)日本医療法人協会	102-0071	千，富士見2-6-12 AMビル3Ｆ	3234-2438
(公社)日本栄養士会	105-0004	港，新橋5-13-5 新橋MCVビル6F	5425-6555
(一社)日本環境保全協会	102-0073	千，九段北1-10-9 九段VIGASビル	3264-7935
(公社)日本看護協会	150-0001	渋，神宮前5-8-2	5778-8831
(一社)日本救急救命士協会	102-0084	千，二番町5-2 麹町駅プラザ901	6403-3892

(更生保護法人)日本更生保護協会	151-0051	渋，千駄ケ谷5-10-9 更生保護会館内	3356-5721
(一社) 日本郷友連盟	160-0001	新，片町3-3 マンション壁装館4F402号	3353-2342
(公社) 日本歯科医師会	102-0073	千，九段北4-1-20 歯科医師会館	3262-9321
(公社) 日本歯科衛生士会	169-0072	新，大久保2-11-19	3209-8020
(公社) 日本歯科技工士会	162-0846	新，市谷左内町21-5 歯科技工士会館	3267-8681
(社福) 日本肢体不自由児協会	173-0037	板，小茂根1-1-7	5995-4511
(公社) 日本柔道整復師会	110-0007	台，上野公園16-9 日本柔整会館	3821-3511
(公社) 日本食品衛生協会	150-0001	渋，神宮前2-6-1	3403-2111
(公社) 日本助産師会	111-0054	台，鳥越2-12-2	3866-3054
日本生協連(日本生活協同組合連合会)	150-8913	渋，渋谷3-29-8 コーププラザ	5778-8111
(公財) 日本対がん協会	104-0061	中，銀座7-16-12 G-7ビルディング9F	3541-4771
日本母親大会連絡会	102-0084	千，二番町12-1 全国教育文化会館B1F	3230-1836
(一社) 日本病院会	102-8414	千，三番町9-15 ホスピタルプラザビル	3265-0077
日本婦人団体連合会(婦団連)	151-0051	渋，千駄ケ谷4-11-9-303	3401-6147
(社福) 日本保育協会	102-0083	千，麴町1-6-2 アーバンネット麴町ビル6F	3222-2111
(公社) 日本薬剤師会	160-8389	新，四谷3-3-1 四谷安田ビル7F	3353-1170
(公財) 日本レクリエーション協会	110-0016	台，台東1-1-14 ANTEX24ビル7F	3834-1091 (総務部)
(社医) 白十字会	110-0016	台，台東4-20-6 T&Kビル301	3831-8075
(公財) 放射線影響研究所(広島研究所)	732-0815	広島市南区比治山公園5-2	082-261-3131
(公財) 放射線影響研究所(長崎研究所)	850-0013	長崎市中川1-8-6	095-823-1121

〔文部科学省関係〕

(一社) 教科書協会	135-0015	江東，千石1-9-28	5606-9781
(一社) 公立大学協会	100-0013	千，霞が関3-8-1 虎の門三井ビルB106	3501-3336
(一社) 国立大学協会	101-0003	千，一ツ橋2-1-2 学術総合センター4F	4212-3506
全国高等学校長協会	105-0003	港，西新橋2-5-10 NBC西新橋ビル4F	3580-0570
(公社) 全国公民館連合会	105-0001	港，虎ノ門1-16-8 飯島ビル3F	3501-9666
全国公立学校事務長会	170-0013	豊，東池袋1-36-3 池袋陽光ハイツ203号	5960-5666
全国専修学校各種学校総連合会	102-0073	千，九段北4-2-25 私学会館別館11F	3230-4814
全国都道府県教育委員会連合会	100-0013	千，霞が関3-3-1 尚友会館	3501-0575
全国連合小学校長会	105-0003	港，西新橋1-22-14	3501-9288
全日本私立幼稚園連合会	102-0073	千，九段北4-2-25 私学会館別館4F	3237-1080
全日本中学校長会	105-0003	港，西新橋1-22-13 全日本中学校長会館	3580-0604
(一社) 日本音楽著作権協会(JASRAC)	151-8540	渋，上原3-6-12	3481-2121
日本私立小学校連合会	102-0073	千，九段北4-2-25 私学会館別館6F	3261-2934
日本私立大学協会		同 9F	3261-7048
(一社) 日本私立大学連盟(JAPUC)		同 7F	3262-2420
日本私立短期大学協会		同 6F	3261-9055
日本私立中学高等学校連合会		同 5F	3262-2828
(公財) 日本相撲協会	130-0015	墨，横網1-3-28	3623-5111
(公社) 日本PTA全国協議会(日P)	107-0052	港，赤坂7-5-38	5545-7151

〔その　他〕

原水禁(原水爆禁止日本国民会議)	101-0062	千，神田駿河台3-2-11 連合会館1F	5289-8224

全国麻雀業組合総連合会(全雀連)	220-0004	横浜市西区北幸2-9-40 銀洋ビルB1F	045-620-2614
(公財)NIRA総合研究開発機構	150-6034	渋，恵比寿4-20-3 恵比寿ガーデンプレイスタワー34F	5448-1700 (総括管理部)
(公財)日本環境協会(JEA)	101-0032	千，岩本町1-10-5 TMMビル5F	5829-6524 (総務部)
日本原水協(原水爆禁止日本協議会)	113-8464	文，湯島2-4-4 平和と労働センター6F	5842-6031
日本弁護士連合会(日弁連)	100-0013	千，霞が関1-1-3 弁護士会館15F	3580-9841
(一財)ゆうちょ財団	101-0061	千，三崎町3-7-4 ゆうビル	5275-1810

【労働組合】(50音順)

印刷労連(印刷情報メディア産業労働組合連合会)	105-0014	港，芝2-20-12 友愛会館16F	5442-0191
運輸労連(全日本運輸産業労働組合連合会)	100-0013	千，霞が関3-3-3 全日通霞ヶ関ビル5F	3503-2171
NTT労組(旧全電通)	101-8320	千，神田駿河台3-6 全電通労働会館内	3219-2111
紙パ連合(日本紙パルプ紙加工産業労働組合連合会)	110-0008	台，池之端2-7-17 井門池之端ビル2F	5809-0482
基幹労連(日本基幹産業労働組合連合会)	104-0033	中，新川1-23-4 I・Sリバーサイドビル4F	3555-0401
金融労連(全国金融労働組合連合会)	102-0093	千，平河町1-9-9 レフラスック平河町ビル4F	3230-8415
建交労(全日本建設交運一般労働組合)	169-0073	新，百人町4-7-2 全日自労会館	3360-8021
航空連合	144-0041	大，羽田空港1-6-5 第5綜合ビル5F	5708-7161
交通労連(全国交通運輸労働組合総連合)	105-0014	港，芝2-20-12 友愛会館15F	3451-7243
国労(国鉄労働組合)	105-0004	港，新橋5-15-5 交通ビル4F	5403-1660
国公連合(国公関連労働組合連合会)	101-0062	千，神田駿河台3-2-11 連合会館5F 公務労協内	5209-6205
ゴム連合(日本ゴム産業労働組合連合)	171-0031	豊，目白2-3-3 ゴム産業会館2F	3984-5656
サービス連合(サービス・ツーリズム産業労働組合連合会)	160-0002	新，四谷坂町9-6 坂町Mビル2F	5919-3261
JR総連(全日本鉄道労働組合総連合会)	141-0031	品，西五反田3-2-13 目黒さつき会館	3491-7191
JR連合(日本鉄道労働組合連合会)	103-0022	中，日本橋室町1-8-10 東興ビル9F	3270-4590
JAM(ものづくり産業労働組合)	105-0014	港，芝2-20-12 友愛会館10F・11F	3451-2141
JEC連合(日本化学エネルギー産業労働組合連合会)	110-0008	台，池之端2-7-17 井門池之端ビル2F	5832-9612
JP労組(日本郵政グループ労働組合)	110-0015	台，東上野5-2-2	5830-2655
自治労(全日本自治団体労働組合)	102-8464	千，六番町1 自治労会館	3263-0262
私鉄総連(日本私鉄労働組合総連合会)	108-0074	港，高輪4-3-5 私鉄会館内	3473-0166
自動車総連(全日本自動車産業労働組合総連合会)	108-0074	港，高輪4-18-21 ビューウェルスクエア	5447-5811
情報労連(情報産業労働組合連合会)	101-0062	千，神田駿河台3-6 全電通労働会館5F	3219-2231
新聞労連(日本新聞労働組合連合)	113-0033	文，本郷2-17-17 井門本郷ビル6F	5842-2201
生保労連(全国生命保険労働組合連合会)	113-0034	文，湯島3-19-5 湯島三組坂ビル3F	3837-2031
セラミックス連合(セラミックス産業労働組合連合会)	467-0879	名古屋市瑞穂区平郷町3-11	052-882-4562
全教(全日本教職員組合)	102-0084	千，二番町12-1 全国教育文化会館3F	5211-0123
全銀連合(全国銀行員組合連合会議)	103-0002	中，日本橋馬喰町2-6-10 スズビル4F	6264-4474
全建総連(全国建設労働組合総連合)	169-8650	新，高田馬場2-7-15 全建総連会館3F	3200-6221
全港湾(全日本港湾労働組合)	144-0052	大，蒲田5-10-2 日港福会館4F	3733-8821
全国一般(じちろう・全国一般評議会)	102-8464	千，六番町1 自治労会館5F	3263-0441
全国ガス(全国ガス労働組合連合会)	143-0015	大，大森西5-11-1	5493-8381
全国農団労(全国農林漁業団体職員労働組合連合)	105-0013	港，浜松町1-19-4 佐藤ビル4F	3437-0931
全国林野関連労働組合	100-8952	千，霞が関1-2-1 農林水産省内	3519-5981
全自交労連(全国自動車交通労働組合連合会)	151-0051	渋，千駄ケ谷3-7-9	3408-0875

団体名	郵便番号	所在地	電話
全水道(全日本水道労働組合)	113-0033	文, 本郷1-4-1 全水道会館2F	3816-4132
全電線(全日本電線関連産業労働組合連合会)	142-0064	品, 旗の台1-11-6	3785-2991
全日教連(全日本教職員連盟)	102-0083	千, 麹町3-7 半蔵門村山ビル6F	3264-3861
全日農(全日本農民組合連合会)	169-0051	新, 西早稲田1-9-19-207	6233-9335
全日本海員組合	106-0032	港, 六本木7-15-26 海員ビル	5410-8329
全労金(全国労働金庫労働組合連合会)	101-0063	千, 神田淡路町1-11 淡路町MHアネックス3F	3256-1015
損保労連(損害保険労働組合連合会)	102-0083	千, 麹町5-3 麹町中田ビル3F	5276-0071
電機連合(全日本電機・電子・情報関連産業労働組合連合会)	108-8326	港, 三田1-10-3 電機連合会館	3455-6911
電力総連(全国電力関連産業労働組合総連合)	108-0073	港, 三田2-7-13 TDS三田3F	3454-0231
都労連(東京都労働組合連合会)	163-8001	新, 西新宿2-8-1 都庁第2本庁舎	3343-1301
日教組(日本教職員組合)	101-0003	千, 一ツ橋2-6-2 日本教育会館内	3265-2171
日建協(日本建設産業職員労働組合協議会)	169-0075	新, 高田馬場1-31-16 ワイム高田馬場ビル3F	5285-3870
日高教(日本高等学校教職員組合)	101-0046	千, 神田多町2-11 青木ビル4F	5297-8371
日産労連(全日産・一般業種労働組合連合会)	105-0011	港, 芝公園2-4-1 芝パークビルB13F	3434-4721
日本医労連(日本医療労働組合連合会)	110-0013	台, 入谷1-9-5 日本医療労働会館3F	3875-5871
フード連合(日本食品関連産業労働組合総連合会)	108-0014	港, 芝5-26-30 専売ビル4F	6435-2882
ヘルスケア労協(保健医療福祉労働組合協議会)	105-0014	港, 芝2-17-20 日本赤十字労働組合会館内	3451-6025
民放労連	160-0008	新, 四谷三栄町6-5 木原ビル	3355-0461
UAゼンセン(全国繊維化学食品流通サービス一般労働組合同盟)	102-8273	千, 九段南4-8-16	3288-3737
連合(日本労働組合総連合会)	101-0062	千, 神田駿河台3-2-11 連合会館	5295-0550(総務局)

【報道関係】

団体名	郵便番号	所在地	電話
(一社)共同通信社	105-7201	港, 東新橋1-7-1 汐留メディアタワー	6252-8000
㈱時事通信社	104-8178	中, 銀座5-15-8	6800-1111
(公社)日本外国特派員協会	100-0005	千, 丸の内3-2-3 丸の内二重橋ビル5F	3211-3161
(公社)日本記者クラブ	100-0011	千, 内幸町2-2-1 日本プレスセンタービル9F	3503-2721
(一社)日本雑誌協会	101-0051	千, 神田神保町1-32 出版クラブビル5F	3291-0775
(一社)日本新聞協会	100-8543	千, 内幸町2-2-1 日本プレスセンタービル7F	3591-4401
(公社)日本専門新聞協会	105-0001	港, 虎ノ門1-2-12 第二興業ビル	3597-8881
(一社)日本地方新聞協会	160-0008	新, 四谷三栄町2-14 四谷ビジネスガーデン224号	6856-6997
(一社)日本民間放送連盟(民放連)	102-8577	千, 紀尾井町3-23	5213-7711
民間放送報道協議会	100-0014	千, 永田町1-6-2 国会記者会館	3581-1957
(一財)ラヂオプレス	162-0056	新, 若松町33-8 アールビル新宿	5273-2171

【新聞社】

団体名	郵便番号	所在地	電話
㈱朝日新聞社	104-8011	中, 築地5-3-2	3545-0131
㈱産業経済新聞社	100-8077	千, 大手町1-7-2	3231-7111
㈱ジャパンタイムズ	102-0094	千, 紀尾井町3-12 紀尾井町ビル14F	050-3646-0123
㈱中日新聞東京本社	100-8505	千, 内幸町2-1-4	6910-2211
㈱日刊工業新聞社	103-8548	中, 日本橋小網町14-1	5644-7000
㈱日本経済新聞社	100-8066	千, 大手町1-3-7	3270-0251
㈱日本工業新聞社	100-8125	千, 大手町1-7-2	3231-7111
㈱毎日新聞社	100-8051	千, 一ツ橋1-1-1	3212-0321
㈱読売新聞社	100-8055	千, 大手町1-7-1	3242-1111

〔北海道・東北〕

秋田魁新報社 100-0011 千，内幸町2-2-1 日本プレスセンタービル6F 5511-8261
岩手日報社 104-0061 中，銀座7-12-14 大栄会館5F 3541-4346
河北新報社 105-0004 港，新橋5-13-1 新橋菊栄ビル7F 6435-9059
デーリー東北新聞社 104-0061 中，銀座7-13-21 銀座新六洲ビル7F 3543-0248
東奥日報社 104-0061 中，銀座8-11-5 正金ビル5F 3573-0701
福島民報社 104-0061 中，銀座5-15-18 時事通信ビル9F 6226-1001
北海道新聞社 105-0001 港，虎ノ門2-2-5 共同通信会館1F 6229-0416
陸奥新報社 104-0061 中，銀座2-8-5 石川ビル7F 3561-6733
山形新聞社 104-0061 中，銀座6-13-16 銀座ウォールビル 3543-0821

〔関　東〕

茨城新聞社 104-0032 中，八丁堀3-25-10 JR八丁堀ビル2F 3552-0505
神奈川新聞社 104-0061 中，銀座7-15-11 日宝銀座Kビル8F 3544-2507
埼玉新聞社 104-0045 中，築地2-10-4 エミタ銀座イーストビル5F 3543-3371
下野新聞社 100-0011 千，内幸町2-2-1 日本プレスセンタービル8F 5501-0520
上毛新聞社 105-0021 港，東新橋2-16-1 ルーシスビル5F 5777-6677
千葉日報社 104-0061 中，銀座4-10-12 銀座サマリヤビル4F 3545-1261

〔甲信・北陸〕

北日本新聞社 104-0061 中，銀座7-10-6 アスク銀座ビル8F 3569-3811
信濃毎日新聞社 100-0011 千，内幸町2-2-1 日本プレスセンタービル6F 5521-3100
富山新聞社 104-0045 中，築地6-4-8 北國新聞東京会館 3541-7221
新潟日報社 100-0011 千，内幸町2-2-1 日本プレスセンタービル2F 5510-5511
福井新聞社 105-0004 港，新橋2-19-4 SNTビル5F 3571-2918
北國新聞社 104-0045 中，築地6-4-8 北國新聞東京会館 3541-7221
山梨日日新聞社 104-0061 中，銀座8-3-7 静新ビル 3572-6031

〔中部・近畿〕

伊勢新聞社 104-0045 中，築地2-11-11 諸井ビル3F 5550-7911
岐阜新聞社 104-0061 中，銀座8-16-6 銀座ストラパックビル2F 6278-8130
京都新聞社 104-0061 中，銀座8-2-8 京都新聞銀座ビル 3572-5411
神戸新聞社 100-0011 千，内幸町2-2-1 日本プレスセンタービル3F 6457-9650
静岡新聞社 104-0061 中，銀座8-3-7 静岡新聞静岡放送ビル 3571-5891
中日新聞東京本社 100-0011 千，内幸町2-1-4 6910-2211
中部経済新聞社 104-0061 中，銀座5-9-13 銀座菊正ビル8F 3572-3601
奈良新聞社 105-0003 港，西新橋1-17-4 猪八ビル3F 6811-2860

〔中国・四国〕

愛媛新聞社 105-0004 港，新橋6-4-3 ル・グラシエルBLDG.7・6F 6435-7432
高知新聞社 100-0011 千，内幸町2-2-1 日本プレスセンタービル3F 3506-7281
山陰中央新報社 104-0045 中，築地4-1-1 東劇ビル17F 3248-1980
山陽新聞社 100-0011 千，内幸町2-2-1 日本プレスセンタービル4F 5521-6861
四国新聞社 104-0061 中，銀座7-14-13 日土地銀座ビル5F 6738-1377
新日本海新聞社 107-0051 港，元赤坂1-1-7 モートサイドビル3F 5410-1871
中国新聞社 100-0011 千，内幸町2-2-1 日本プレスセンタービル2F 3597-1611

徳島新聞社	104-0061	中，銀座7-11-6 徳島新聞ビル4F	3573-2616
山口新聞社	104-0045	中，築地2-10-6 Daiwa築地駅前ビル8F	6226-3720

〔九州・沖縄〕

大分合同新聞社	100-0011	千，内幸町2-2-1 日本プレスセンタービル4F	6205-7881
沖縄タイムス社	104-0061	中，銀座8-18-1 銀座木挽町ビル6F	6264-7878
熊本日日新聞社	100-6307	千，丸の内2-4-1 丸ビル7F	3212-2941
佐賀新聞社	104-0061	中，銀座8-18-11 銀座SCビル9F	3545-1831
長崎新聞社	104-0061	中，銀座8-9-16 長崎センタービル7F	3571-4727
南海日日新聞社	104-0061	中，銀座5-15-8 時事通信ビル1305室	5565-3631
西日本新聞社	100-0006	千，有楽町2-10-1 東京交通会館4F	3217-7071
南日本新聞社	104-0061	中，銀座6-7-16 岩月ビル4F	3572-2241
宮崎日日新聞社	104-0061	中，銀座4-9-6 陽光銀座三原橋ビル4F	3543-3825
琉球新報社	104-0061	中，銀座4-9-6 陽光銀座三原橋ビル3F	6264-0981

【放　送　局】

㈱アール・エフ・ラジオ日本	106-8039	港，麻布台2-2-1 麻布台ビル	3582-2351
㈱エフエム東京	102-8080	千，麹町1-7	3221-0080
㈱J－WAVE	106-6188	港，六本木6-10-1 六本木ヒルズ森タワー33F	6832-1111
㈱TBSテレビ	107-8006	港，赤坂5-3-6	3746-1111
㈱テレビ朝日	106-8001	港，六本木6-9-1	6406-1111
㈱テレビ東京	106-8007	港，六本木3-2-1 六本木グランドタワー	6632-7777
㈱日経ラジオ社(ラジオNIKKEI)	105-8565	港，虎ノ門1-2-8 虎ノ門琴平タワー	6205-7810
㈱ニッポン放送	100-8439	千，有楽町1-9-3	3287-1111
日本テレビ放送網㈱	105-7444	港，東新橋1-6-1	6215-4111
日本放送協会(NHK)	150-8001	渋，神南2-2-1	3465-1111
㈱フジテレビジョン	137-8088	港，台場2-4-8	5500-8888
㈱文化放送	105-8002	港，浜松町1-31	5403-1111
毎日放送	107-6328	港，赤坂5-3-1 赤坂Bizタワー28F	5561-1200
ラジオ日本	106-8039	港，麻布台2-2-1 麻布台ビル	3582-2351

【タクシー・ハイヤー】

国際興業㈱	103-0028	中，八重洲2-10-3	3273-1112
国際自動車㈱	107-0052	港，赤坂2-8-6 km赤坂ビル	3586-3611
大和自動車交通㈱	135-0003	江東，猿江2-16-31	6757-7161
帝都自動車交通㈱	103-0027	中，日本橋1-21-5 木村實業ビル	6262-3311
日本交通㈱	102-0094	千，紀尾井町3-12 紀尾井町ビル	6265-6210
日の丸リムジン	112-0004	文，後楽1-1-8 水道橋外堀通ビル7F	5689-0423
㈱はとバス	143-0006	大，平和島5-4-1	3761-8111

【航　空　会　社】

日本航空(国内線) 0570-025-071　(国際線) 0570-025-031

全日空　(国内線) 0570-029-222　(国際線) 0570-029-333

東京シティ・エアターミナル㈱	103-0015	中，日本橋箱崎町42-1	3655-7111

団体等一覧

アエロフロート・ロシア航空	03-5532-8781	スイスエアラインズ	03-5405-6821
アエロメヒコ航空	0570-783-057	スカンジナビア	050-6864-8086
アシアナ航空	0570-082-555	スリランカ航空	03-3431-6600
アメリカン航空	03-4333-7675	大韓航空	0088-21-2001
イベリア航空	03-3298-5238	タイ国際航空	0570-064-015
エア・インディア	03-3508-0261	チャイナエアライン	03-6378-8855
エア・カナダ	0570-014-787	中国国際航空	0570-095-583
エアカラン	03-6205-7063	ターキッシュ エアラインズ航空	03-3435 0421
LOTポーランド航空	03-6277-6516	デルタ航空	0570-077-733
エールフランス	03-6634-4983	ニュージーランド航空	0570-015-424
エジプト航空	03-6869-5881	フィリピン航空	03-5157-4362
エミレーツ航空	03-6743-4567	フィンエアー	03-4579-0121
オーストリア航空	03-5402-5218	ブリティッシュエアウェイズ	03-3298-5238
カタール航空	03-5402-5282	ベトナム航空	03-3508-1481
ガルーダ・インドネシア航空	03-3240-6161	マカオ航空	06-6263-5383
カンタス航空	03-6833-0700	マレーシア航空	03-4477-4938
キャセイパシフィック航空	03-6746-1000	モンゴル	03-5615-4653
KLMオランダ航空	03-6634-4984	ユナイテッド航空	03-6732-5011
シンガポール航空	03-3213-3431	ルフトハンザ・ドイツ航空	0570-089-000

【鉄道会社】

JR東日本お問い合わせセンター	050-2016-1600	相鉄お客様センター	045-319-2111
JR東海テレフォンセンター	050-3772-3910	東京メトロお客様センター	0120-104-106
小田急電鉄CSR・広報部	3349-2291	都営交通お客様センター	3816-5700
京王お客さまセンター	042-357-6161	東急お客さまセンター	3477-0109
京急ご案内センター	5789-8686	東武鉄道お客さまセンター	5962-0102
京成お客様ダイヤル	0570-081-160	東京モノレールお客さまセンター	050-2016-1640
西武鉄道お客さまセンター	04-2996-2888	ゆりかもめお客さまセンター	3529-7221

【ホテル】

赤坂エクセルホテル東急	100-0014	千，永田町2-14-3	3580-2311
アマン東京	100-0004	千，大手町1-5-6 大手町タワー	5224 3333
ザ・キャピトルホテル東急	100-0014	千，永田町2-10-3	3503-0109
ザ・プリンスギャラリー 東京紀尾井町	102-8585	千，紀尾井町1-2	3234-1111
ザ・ペニンシュラ東京	100-0006	千，有楽町1-8-1	6270-2888
シャングリ・ラ東京	100-8283	千，丸の内1 8 3 丸の内トラストタワー本館	6739-7888
ダイヤモンドホテル	102-0083	千，麹町1-10-3	3263-2211
帝国ホテル	100-8558	千，内幸町1-1-1	3504-1111
東京ステーションホテル	100-0005	千，丸の内1-9-1	5220-1111
都市センターホテル	102-0093	千，平河町2-4-1	3265-8211
パレスホテル東京	100-0005	千，丸の内1-1-1	3211-5211
フォーシーズンズホテル丸の内 東京	100-6277	千，丸の内1-11-1 パシフィックセンチュリープレイス丸の内	5222-7222
ホテルニューオータニ	102-8578	千，紀尾井町4-1	3265-1111

ホテルルポール麹町	102-0093	千，平河町2-4-3	3265-5361
丸の内ホテル	100-0005	千，丸の内1-6-3	3217-1111
マンダリンオリエンタル東京	103-0022	中，日本橋室町2-1-1	3270-8800
ANAインターコンチネンタルホテル東京	107-0052	港，赤坂1-12-33	3505-1111
アンダーズ東京	105-0001	港，虎ノ門1-23-4	6830-1234
グランドニッコー東京 台場	135-8701	港，台場2-6-1	5500-6711
グランド ハイアット 東京	106-0032	港，六本木6-10-3	4333-1234
グランドプリンスホテル高輪	108-8612	港，高輪3-13-1	3447-1111
京急EXホテル高輪	108-0074	港，高輪4-10-8	5423-3910
コンラッド東京	105-7337	港，東新橋1-9-1	6388-8000
ザ・プリンス さくらタワー東京	108-8612	港，高輪3-13-1	5798-1111
ザ・プリンス パークタワー東京	105-8563	港，芝公園4-8-1	5400-1111
ザ・リッツ・カールトン東京	107-6245	港，赤坂9-7-1東京ミッドタウン	3423-8000
ザロイヤルパークホテルアイコニック東京汐留	105-8333	港，東新橋1-6-3	6253-1111
シェラトン都ホテル東京	108-8640	港，白金台1-1-50	3447-3111
芝パークホテル	105-0011	港，芝公園1-5-10	3433-4141
第一ホテル東京	105-8621	港，新橋1-2-6	3501-4411
東京グランドホテル	105-0014	港，芝2-5-2	3456-2222
東京プリンスホテル	105-8560	港，芝公園3-3-1	3432-1111
ヒルトン東京お台場	135-8625	港，台場1-9-1	5500-5500
ホテルオークラ東京	105-0001	港，虎ノ門2-10-4	3582-0111
ホテル ザ セレスティン東京芝	105-0014	港，芝3-23-1	5441-4111
京王プラザホテル	160-8330	新，西新宿2-2-1	3344-0111
新宿プリンスホテル	160-8487	新，歌舞伎町1-30-1	3205-1111
パークハイアット東京	163-1055	新，西新宿3-7-1-2	5322-1234
ハイアットリージェンシー東京	160-0023	新，西新宿2-7-2	3348-1234
ヒルトン東京	160-0023	新，西新宿6-6-2	3344-5111
東京ドームホテル	112-8562	文，後楽1-3-61	5805-2111
ホテル椿山荘東京	112-8680	文，関口 2-10-8	3943-1111
渋谷エクセルホテル東急	150-0043	渋，道玄坂1-12-2	5457-0109
羽田エクセルホテル東急	144-0041	大，羽田空港3-4-2	5756-6000
ホテルメトロポリタン	171-8505	豊，西池袋1-6-1	3980-1111

【その他】

政府刊行物センター(霞が関)	100-0013	千，霞が関1-4-1 日土地ビル1F	3504-3885
㈱ジェイティービー	140-8602	品，東品川2-3-11 JTBビル	5479-2211
㈱JTB国会内店	100-0014	千，永田町2-2-1 衆議院第1議員会館B4F	050-3786-0393
東京中央郵便局(郵便)	100-8994	千，丸の内2-7-2 JPタワー内	3217-5231
りそな銀行参議院支店	100-8962	千，永田町2-1-1参院議員会館内	3581-0251 内線6161・6162
りそな銀行衆議院支店	100-8981	千，永田町2-2-1 衆院第1議員会館内	3581-3754

衆議院・参議院案内図

本館1階

〈衆議院〉

秘書課
記録部第1課
記録部長室
地下通路
EV
WC
記録部書庫
WC
EV
正玄関
休憩室
厨房
会議録データ管理室
EV
警備課
防災課
WC
警務部警備分室
WC
警務課衛視室
中庭
池
警務部長室
警務課
調整課
警務部分室
文書課配付室
議案課
眼科・耳鼻咽喉科
記者クラブ
国会写真
皮膚科
内科
EV
地下通路
EV
倉庫
倉庫
EV
中央食堂
WC
WC
倉庫
35 立憲民主党
EV
40 各派に属しない議員 碧水会・みんなの党
41 自民党政審事務室
42 沖縄の風
医務室
36 公明党
39 自民党
38 自民党
中庭
37 自民党
池

〈参議院〉

警務部分室
警務部長室
文書課分室
文書課配布室
警備第1課分室
WC
WC
庶務部広報課
警務部
警務課
警備第1課
EV
書庫
広報課分室
湯沸室
製氷器
厨房
正玄関
議事部議案課
EV
WC
WC
EV
地下通路
秘書課
秘書課
本館分室
記録部
文書課本室
庶務部長室
管理課分室

衆議院・参議院案内図

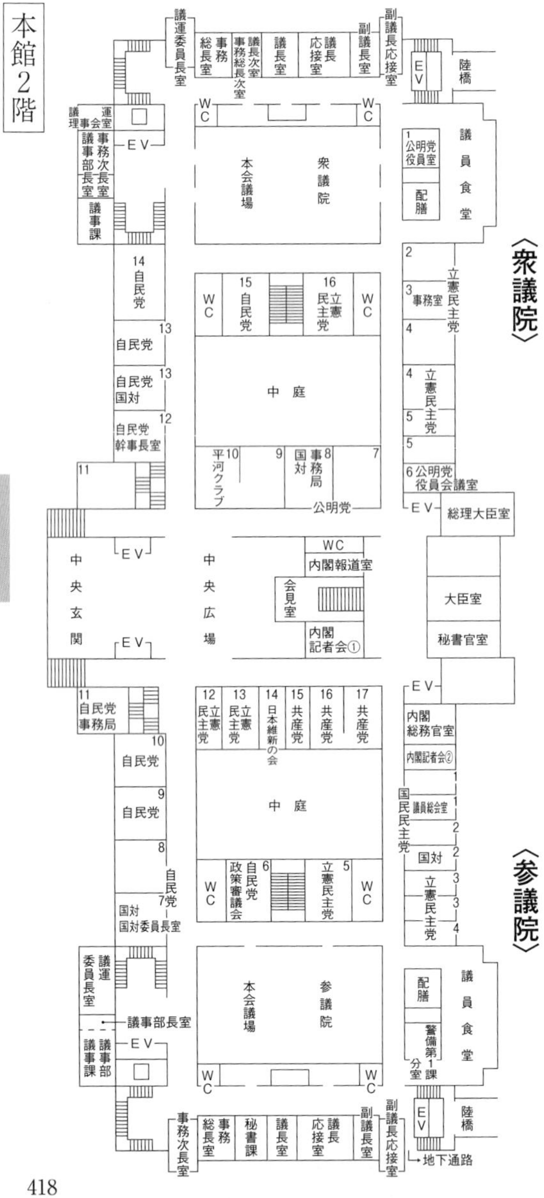

本館2階

〈衆議院〉

議運委員長室
事務総長室
議長次室
事務総長次室
議長室
議長応接室
副議長室
副議長応接室
EV
陸橋
議運理事会室
議事部長室
事務次長室
EV
議事課
WC
本会議場
衆議院
1 公明党役員室
配膳
議員食堂
14 自民党
15 自民党
16 立憲民主党
2
3 事務室
4
立憲民主党
4 立憲民主党
5
5
6 公明党役員会議室
13 自民党
13 自民党国対
12 自民党幹事長室
中庭
平河クラブ 10
9
国対 事務局 8
7
公明党
11
EV
総理大臣室
中央玄関
中央広場
WC
内閣報道室
会見室
内閣記者会①
大臣室
秘書官室
EV
EV

〈参議院〉

11 自民党事務局
12 立憲民主党
13 立憲民主党
14 日本維新の会
15 共産党
16 共産党
17 共産党
EV
内閣総務官室
内閣記者会②
10 自民党
9 自民党
中庭
国民民主党
1
議員総会室
1
2
国対
2
8
自民党
7
国対
国対委員長室
WC
自民党政策審議会 6
立憲民主党 5
WC
立憲民主党
3
3
4
議運委員長室
議事部長室
議事課
議事部
EV
本会議場
参議院
WC
WC
配膳
警備第1課分室
議員食堂
EV
陸橋
地下通路
事務次長室
事務総長室
秘書課
議長室
議長応接室
副議長室
副議長応接室

院内案内図

衆議院・参議院案内図

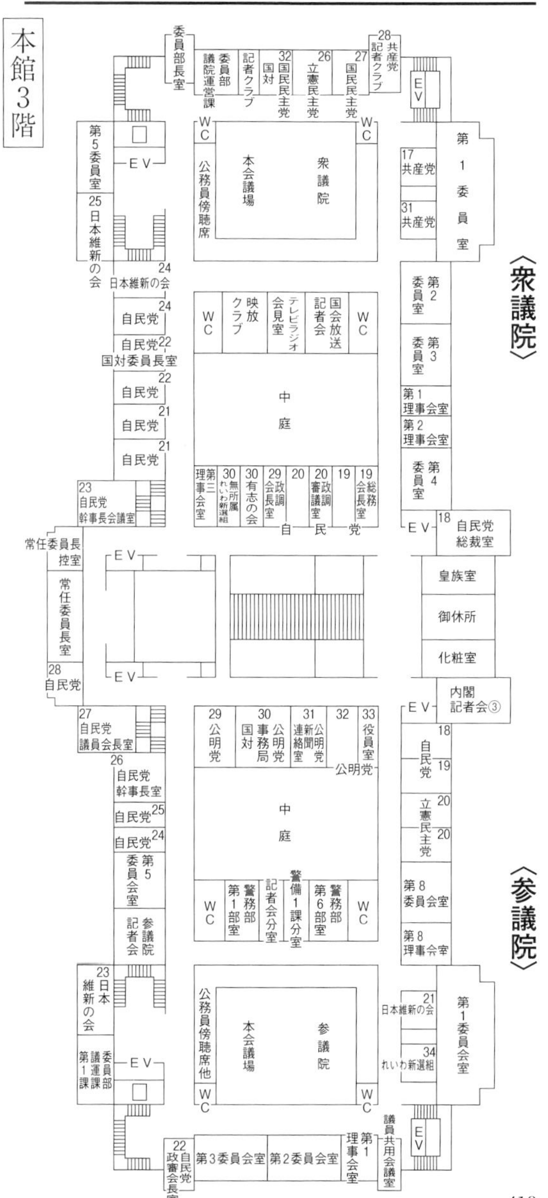
本館3階
委員部長室
委員部議院運営課
記者クラブ
32 国対 国民民主党
26 立憲民主党
27 国民民主党
28 共産党記者クラブ
EV
WC
第5委員室
EV
25 日本維新の会
24 日本維新の会
公務員傍聴席
本会議場
衆議院
WC
第1委員室
17 共産党
31 共産党
〈衆議院〉
第2委員室
第3委員室
第1理事会室
第2理事会室
第4委員室
24 自民党
22 自民党 国対委員長室
22 自民党
21 自民党
21 自民党
WC
映放クラブ
テレビラジオ会見室
国会記者会
国会放送記者会
WC
中庭
第三理事会室
30 無所属 れいわ新選組
30 有志の会
29 政調会長室
20
20 政調審議室
19
19 総務会長室
自民党
23 自民党幹事長会議室
EV
18 自民党総裁室
常任委員長控室
EV
常任委員長室
皇族室
御休所
化粧室
28 自民党
EV
EV
内閣記者会③
27 自民党議員会長室
29 公明党
30 国対 事務局 公明党
31 新聞連絡室 公明党
32
33 役員室
公明党
18 自民党 19
26 自民党幹事長室
25 自民党
24 自民党
20 立憲民主党 20
第5委員会室
中庭
第8委員会室
参議院記者会
WC
第1部室 警務部
記者会分室
警備1課分室
第6部室 警務部
WC
第8理事会室
〈参議院〉
23 日本維新の会
21 日本維新の会
公務員傍聴席他
本会議場
参議院
第1委員会室
委員部議運課第1課
EV
34 れいわ新選組
WC
WC
EV
22 自民党政審会長室
第3委員会室
第2委員会室
第1理事会室
議員共用会議室

衆議院別館・分館案内図

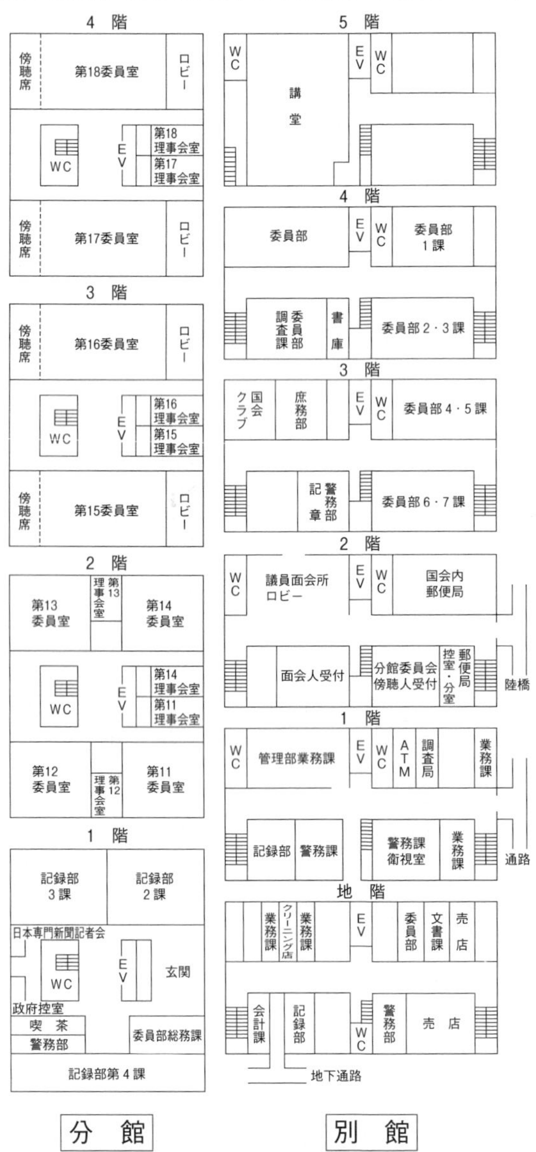

4 階
傍聴席
第18委員室
ロビー
WC
EV
第18理事会室
第17理事会室
傍聴席
第17委員室
ロビー
3 階
傍聴席
第16委員室
ロビー
WC
EV
第16理事会室
第15理事会室
傍聴席
第15委員室
ロビー
2 階
第13委員室
第13理事会室
第14委員室
WC
EV
第14理事会室
第11理事会室
第12委員室
第12理事会室
第11委員室
1 階
記録部3課
記録部2課
日本専門新聞記者会
WC
EV
玄関
政府控室
喫　茶
警務部
委員部総務課
記録部第4課
分　館
5 階
WC
講堂
EV
WC
4 階
委員部
EV
WC
委員部1課
調査課
委員部
書庫
委員部2・3課
3 階
国会クラブ
庶務部
EV
WC
委員部4・5課
記章
警務部
委員部6・7課
2 階
WC
議員面会所ロビー
EV
WC
国会内郵便局
面会人受付
分館委員会傍聴人受付
郵便局控室・分室
陸橋
1 階
WC
管理部業務課
EV
WC
ATM
調査局
業務課
記録部
警務課
警務課衛視室
業務課
通路
地　階
業務課
クリーニング店
業務課
EV
委員部
文書課
売店
会計課
記録部
WC
警務部
売　店
地下通路
別　館

院内案内図

参議院別館・分館案内図

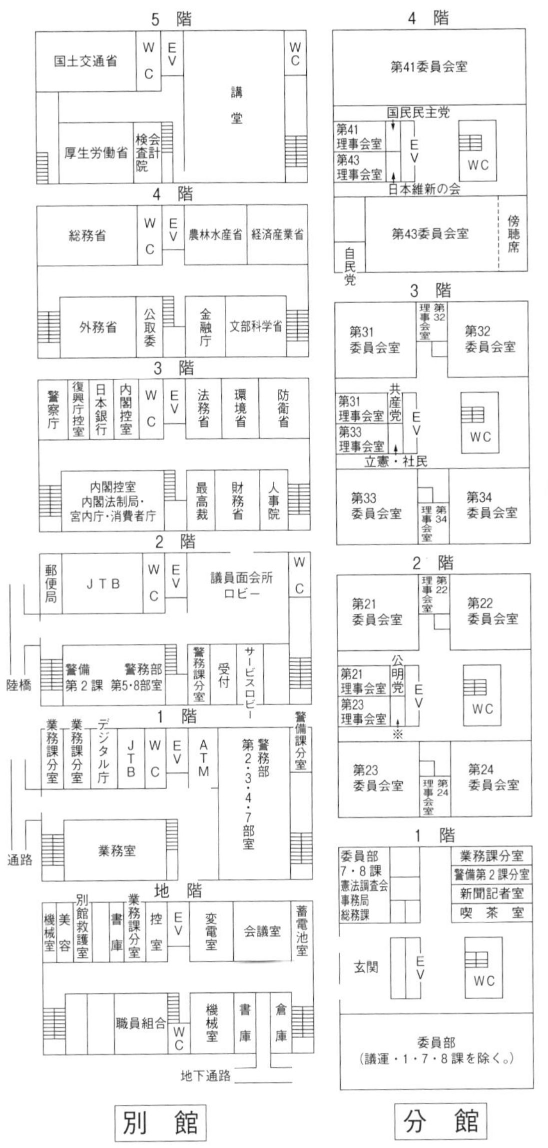
5 階
国土交通省
WC
EV
講堂
厚生労働省
会計検査院
4 階
総務省
農林水産省
経済産業省
外務省
公取委
金融庁
文部科学省
3 階
警察庁
復興庁控室
日本銀行
内閣控室
法務省
環境省
防衛省
内閣控室
内閣法制局・
宮内庁・消費者庁
最高裁
財務省
人事院
2 階
郵便局
JTB
議員面会所
ロビー
警備第2課
警務部第5・8部室
警務課分室
受付
サービスロビー
陸橋
1 階
業務課分室
業務課分室
デジタル庁
JTB
ATM
警務部第2・3・4・7部室
警備課分室
業務室
通路
地階
機械室
美容
別館救護室
書庫
業務課分室
控室
変電室
会議室
蓄電池室
職員組合
機械室
書庫
倉庫
地下通路
別館
4 階
第41委員会室
国民民主党
第41理事会室
第43理事会室
日本維新の会
第43委員会室
傍聴席
自民党
3 階
第31委員会室
第32理事会室
第32委員会室
共産党
第31理事会室
第33理事会室
立憲・社民
第33委員会室
第34理事会室
第34委員会室
2 階
第21委員会室
第22理事会室
第22委員会室
公明党
第21理事会室
第23理事会室
※
第23委員会室
第24理事会室
第24委員会室
1 階
委員部
7・8課
憲法調査会
事務局
総務課
業務課分室
警備第2課分室
新聞記者室
喫茶室
玄関
委員部
（議運・1・7・8課を除く。）
分館

※沖縄の風、れいわ新選組、碧水会、みんなの党、各派に属しない議員

院内案内図

衆議院第１議員会館２階案内図

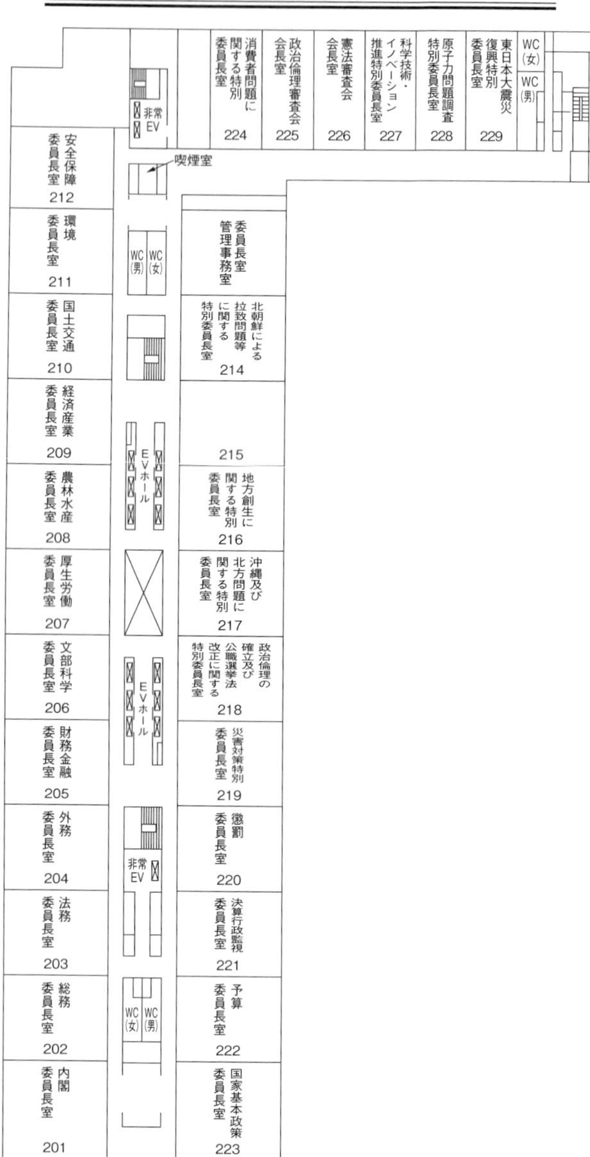

非常EV
消費者問題に関する特別委員長室 224
政治倫理審査会会長室 225
憲法審査会会長室 226
科学技術・イノベーション推進特別委員長室 227
原子力問題調査特別委員長室 228
東日本大震災復興特別委員長室 229
WC(女)
WC(男)
喫煙室
安全保障委員長室 212
環境委員長室 211
国土交通委員長室 210
経済産業委員長室 209
農林水産委員長室 208
厚生労働委員長室 207
文部科学委員長室 206
財務金融委員長室 205
外務委員長室 204
法務委員長室 203
総務委員長室 202
内閣委員長室 201
委員長室管理事務室
WC(男) WC(女)
北朝鮮による拉致問題等に関する特別委員長室 214
215
EVホール
地方創生に関する特別委員長室 216
沖縄及び北方問題に関する特別委員長室 217
政治倫理の確立及び公職選挙法改正に関する特別委員長室 218
EVホール
災害対策特別委員長室 219
懲罰委員長室 220
非常EV
決算行政監視委員長室 221
WC(女) WC(男)
予算委員長室 222
国家基本政策委員長室 223
国会議事堂側

衆議院第１議員会館１階案内図

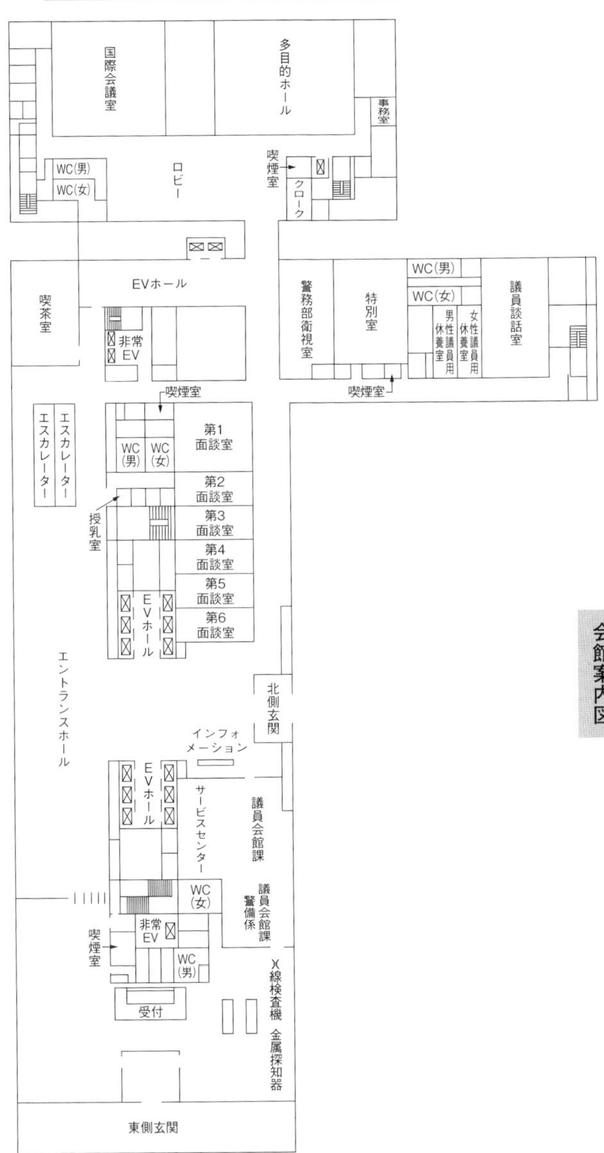

国会議事堂側

衆議院第１議員会館地下１階案内図

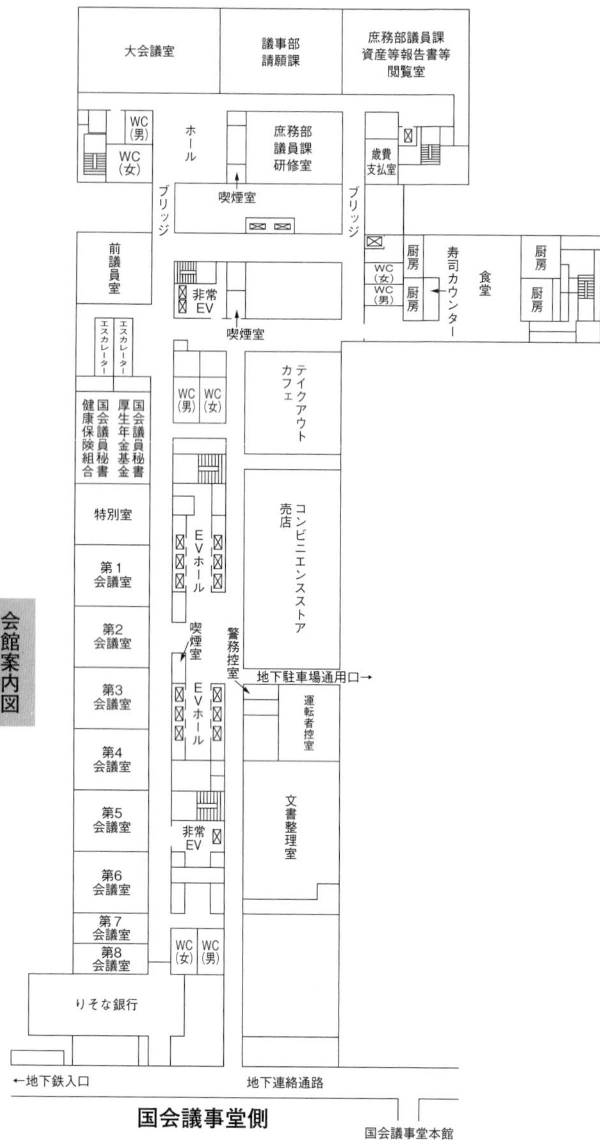

会館案内図

衆議院第１議員会館地下２階案内図

※2 国家基本政策調査室
内閣調査室
安全保障調査室
外務調査室
※1 第一特別調査室
調査局一号会議室
WC（男）
WC（女）
※3 総務調査室
調査局図書室
調査局文書整理室
総括調整監
喫煙室
法務調査室
非常EV
調査局調査情報課
調査局総務課
調査局長室
局長会議室
調査局二号研修室
調査局会議室
物品管理室
客員調査員室
特別委員会PT室
予備的調査PT室
調査局閲覧室
議員会館課分室
日本共産党事務室
日本共産党会議室
国民民主党会議室
自由民主党会議室
日本維新の会政務調査会室
WC（男）
WC（女）
調査局共用資料室
調査局一号研修室C
調査局一号研修室B
調査局一号研修室A
EVホール
立憲民主党B会議室
立憲民主党A会議室
EVホール
理髪室
美容室
非常EV
歯科診療室
WC（男）
WC（女）
療術治療室

国会議事堂側

※1 沖縄及び北方問題に関する特別委員会
消費者問題に関する特別委員会
※2 北朝鮮による拉致問題等に関する特別調査室
※3 地方創生に関する特別調査室

衆議院第１議員会館地下３階案内図

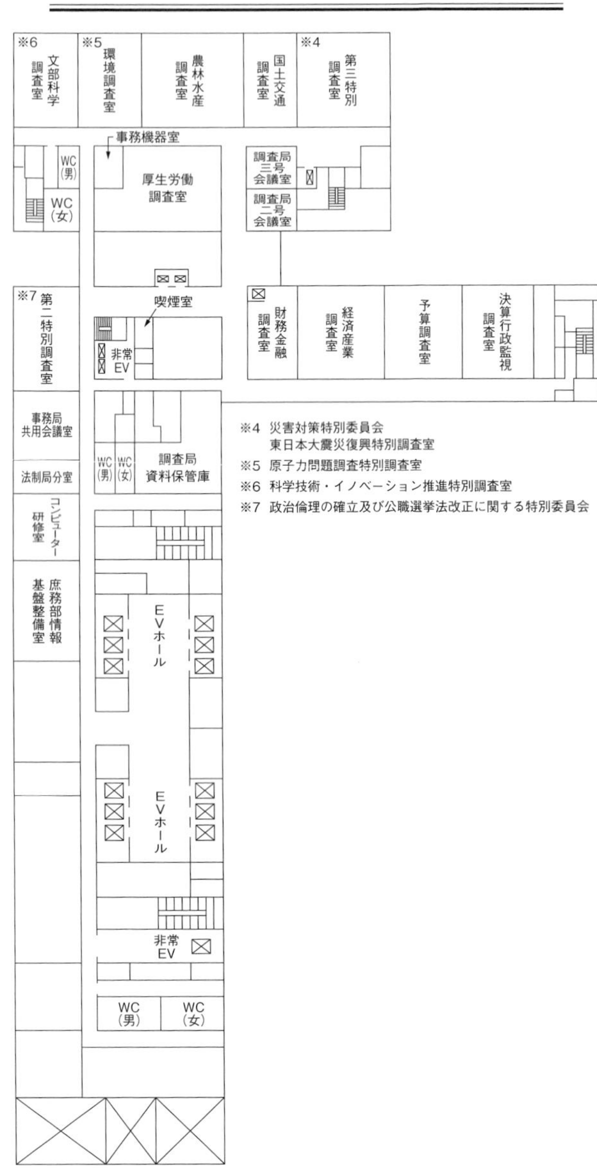

※4 災害対策特別委員会
東日本大震災復興特別調査室
※5 原子力問題調査特別調査室
※6 科学技術・イノベーション推進特別調査室
※7 政治倫理の確立及び公職選挙法改正に関する特別委員会

衆議院第２議員会館１階案内図

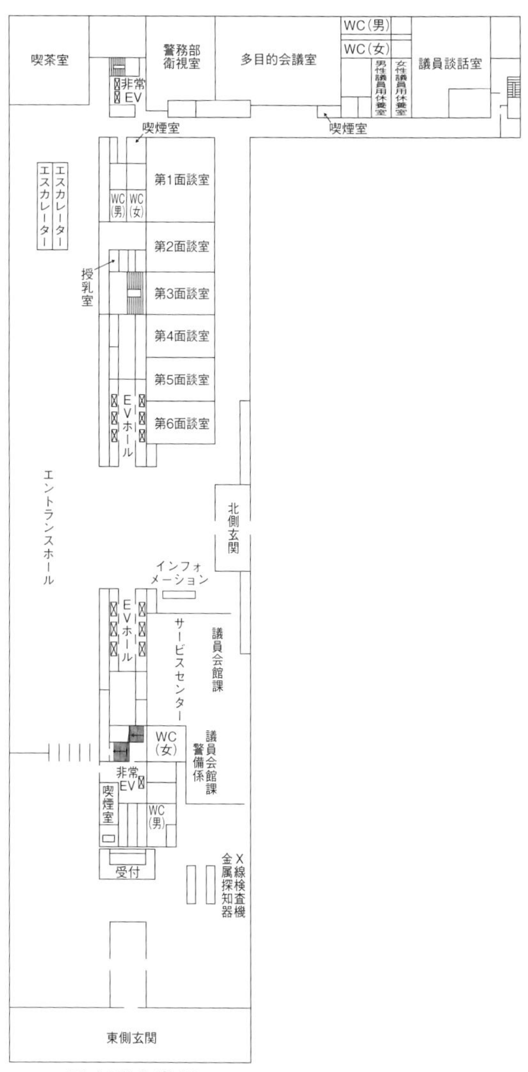

国会議事堂側

会館案内図

衆議院第２議員会館地下１階案内図

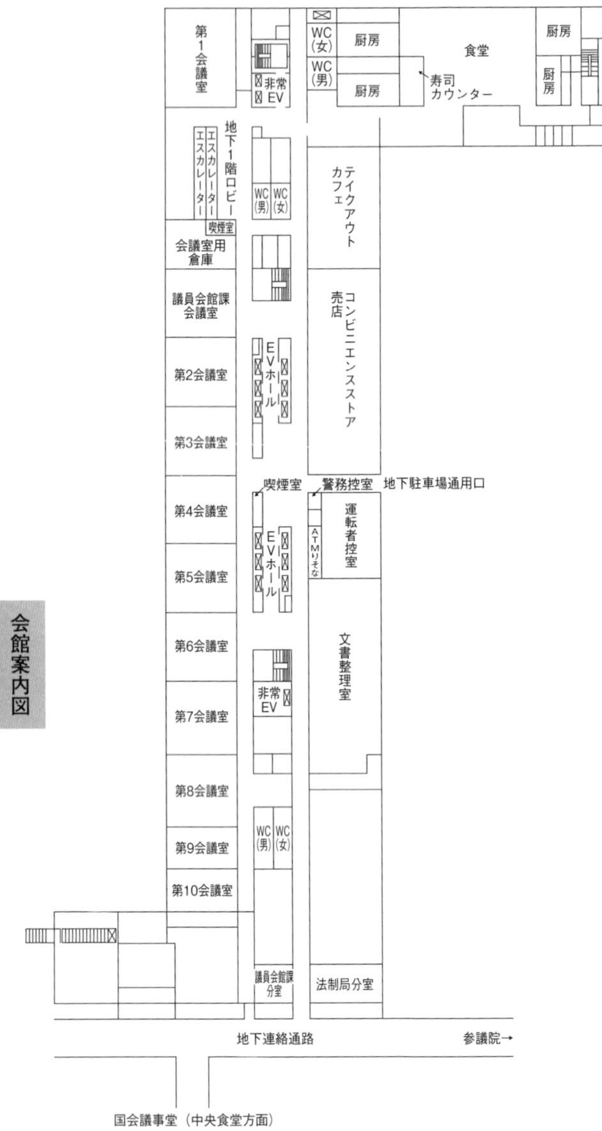

国会議事堂側

衆議院第２議員会館地下２階案内図

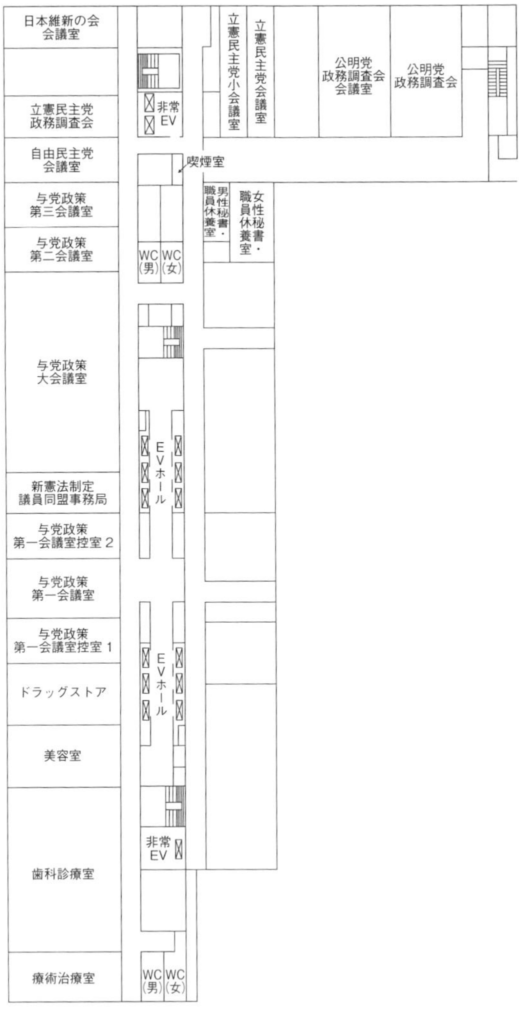
日本維新の会
会議室
立憲民主党
政務調査会
自由民主党
会議室
与党政策
第三会議室
与党政策
第二会議室
与党政策
大会議室
新憲法制定
議員同盟事務局
与党政策
第一会議室控室２
与党政策
第一会議室
与党政策
第一会議室控室１
ドラッグストア
美容室
歯科診療室
療術治療室
非常
EV
喫煙室
WC
(男)
WC
(女)
EVホール
EVホール
非常
EV
WC
(男)
WC
(女)
立憲民主党小会議室
立憲民主党会議室
公明党
政務調査会
会議室
公明党
政務調査会
男性秘書・職員休養室
女性秘書・職員休養室

国会議事堂側

参議院議員会館２階案内図

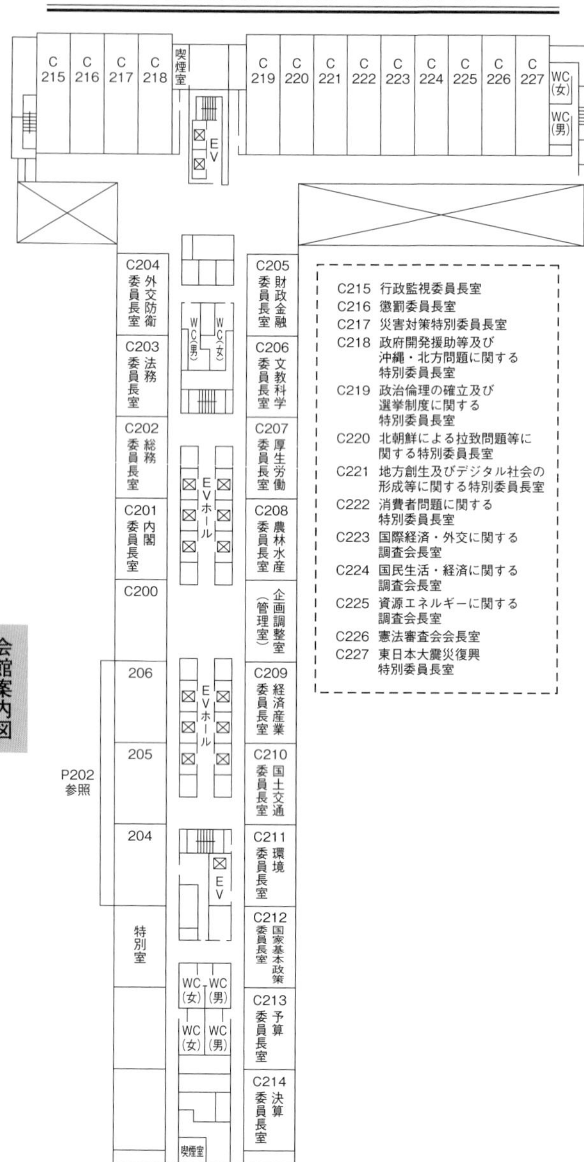
C 215
C 216
C 217
C 218
喫煙室
EV
C 219
C 220
C 221
C 222
C 223
C 224
C 225
C 226
C 227
WC(女)
WC(男)
C204 外交防衛委員長室
WC(男)
WC(女)
C205 財政金融委員長室
C203 法務委員長室
C206 文教科学委員長室
C202 総務委員長室
EVホール
C207 厚生労働委員長室
C201 内閣委員長室
C208 農林水産委員長室
C200
企画調整室（管理室）
206
EVホール
C209 経済産業委員長室
205
P202参照
C210 国土交通委員長室
204
EV
C211 環境委員長室
特別室
C212 国家基本政策委員長室
WC(女)
WC(男)
WC(女)
WC(男)
C213 予算委員長室
C214 決算委員長室
喫煙室
C215 行政監視委員長室
C216 懲罰委員長室
C217 災害対策特別委員長室
C218 政府開発援助等及び沖縄・北方問題に関する特別委員長室
C219 政治倫理の確立及び選挙制度に関する特別委員長室
C220 北朝鮮による拉致問題等に関する特別委員長室
C221 地方創生及びデジタル社会の形成等に関する特別委員長室
C222 消費者問題に関する特別委員長室
C223 国際経済・外交に関する調査会長室
C224 国民生活・経済に関する調査会長室
C225 資源エネルギーに関する調査会長室
C226 憲法審査会会長室
C227 東日本大震災復興特別委員長室
国会議事堂側

参議院議員会館１階案内図

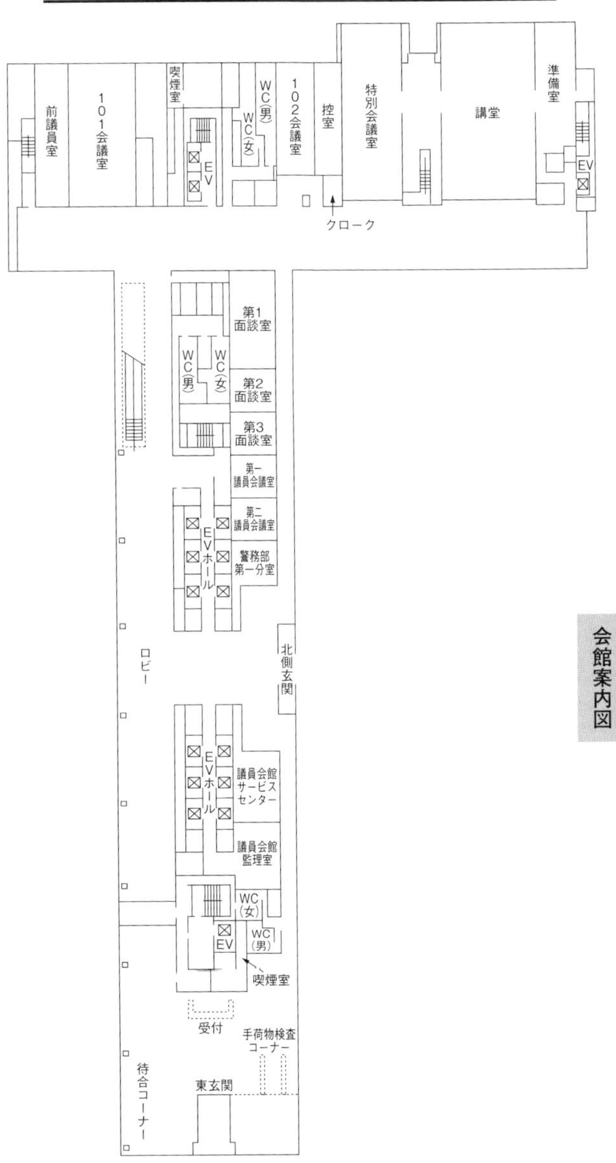
前議員室
101会議室
喫煙室
EV
WC(男)
WC(女)
102会議室
控室
特別会議室
講堂
準備室
EV
クローク
第1面談室
WC(男)
WC(女)
第2面談室
第3面談室
第一議員会議室
第二議員会議室
EVホール
警務部第一分室
北側玄関
ロビー
EVホール
議員会館サービスセンター
議員会館監理室
WC(女)
EV
WC(男)
喫煙室
受付
手荷物検査コーナー
待合コーナー
東玄関
国会議事堂側

参議院議員会館地下1階案内図

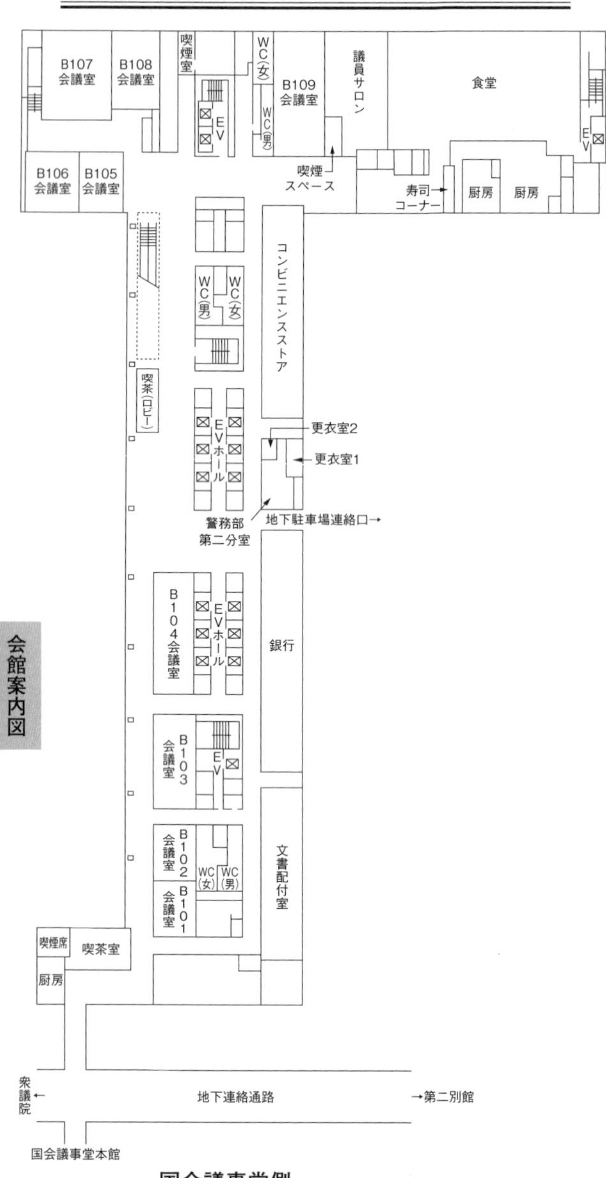
B107
会議室
B108
会議室
喫煙室
WC(女)
WC(男)
EV
B109
会議室
議員サロン
食堂
EV
喫煙スペース
寿司コーナー
厨房
厨房
B106
会議室
B105
会議室
WC(男)
WC(女)
コンビニエンスストア
喫茶(ロビー)
EVホール
更衣室2
更衣室1
警務部
第二分室
地下駐車場連絡口→
B104会議室
EVホール
銀行
B103
会議室
EV
B102
会議室
WC(女)
WC(男)
B101
会議室
文書配付室
喫煙席
喫茶室
厨房
衆議院←
地下連絡通路
→第二別館
国会議事堂本館

国会議事堂側

参議院議員会館地下２階案内図

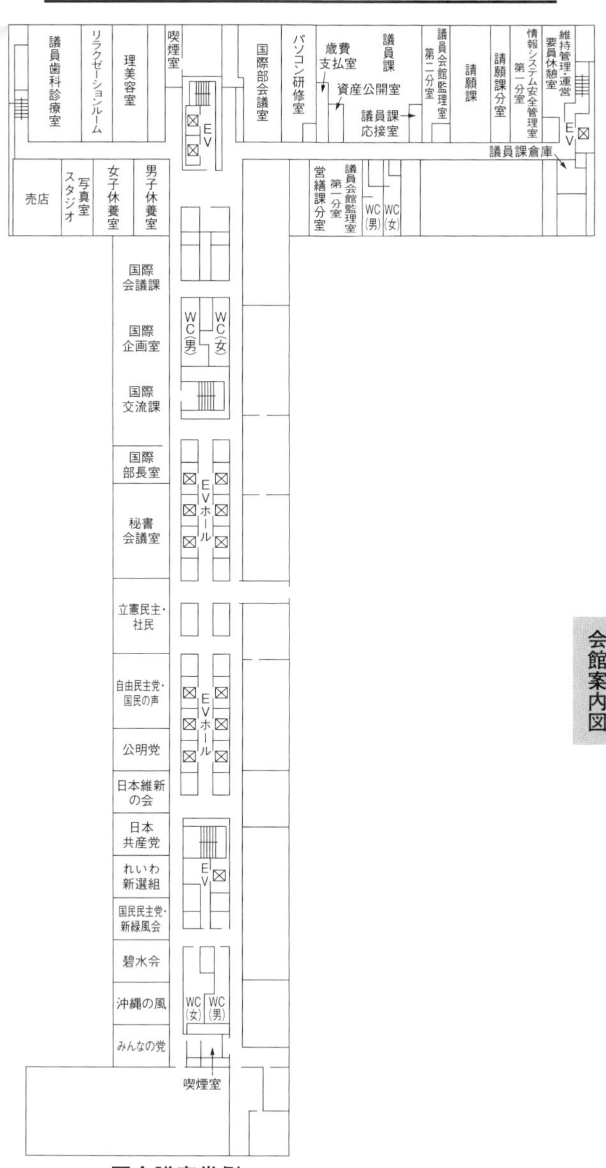
議員歯科診療室
リラクゼーションルーム
理美容室
喫煙室
EV
国際部会議室
パソコン研修室
歳費支払室
議員課
資産公開室
議員課応接室
議員会館監理第二分室
請願課
請願課分室
情報システム安全管理室第一分室
維持管理・運営要員休憩室
EV
議員課倉庫
売店
写真室スタジオ
女子休養室
男子休養室
営繕課分室
議員会館監理第一分室
WC(男)
WC(女)
国際会議課
国際企画室
WC(男)
WC(女)
国際交流課
国際部長室
EVホール
秘書会議室
立憲民主・社民
自由民主党・国民の声
EVホール
公明党
日本維新の会
日本共産党
EV
れいわ新選組
国民民主党・新緑風会
碧水会
沖縄の風
WC(女)
WC(男)
みんなの党
喫煙室
国会議事堂側

ドント方式による比例代表選挙当選順位

	A党	B党	C党
	1500票	900票	720票
1で割る	1500①	900②	720④
2で割る	750③	450⑥	360
3で割る	500⑤	300	240
4で割る	375⑦	225	180
5で割る	300	180	144

（日本経済新聞より）

各党の得票数を1、2、3……と整数（各党に割り振る議席）で割っていき、商の大きい順に当選を決めていく。左の図は7議席を配分した例。当選順位を決定していく作業はどの政党の何人目の候補に議席を与えれば有権者の投票を最も反映するかを判断するとともに、各党の1議席当たりの得票数をなるべく公平にする意味がある。

第49回衆議院選挙（令和3年10月31日施行）

【北海道】(8人)

（P57参照）

自民党　4人

÷1	①	863,300
÷2	③	431,650
÷3	⑥	287,766
÷4	⑧	215,825

立憲民主党　3人

÷1	②	682,912
÷2	④	341,456
÷3	⑦	227,637

公明党　1人

÷1	⑤	294,371

【東北】(13人)

（P66参照）

自民党　6人

÷1	①	1,628,233
÷2	③	814,116
÷3	④	542,744
÷4	⑦	407,058
÷5	⑨	325,646
÷6	⑪	271,372

立憲民主党　4人

÷1	②	991,504
÷2	⑤	495,752
÷3	⑧	330,501
÷4	⑬	247,876

公明党　1人

÷1	⑥	456,287

共産党　1人

÷1	⑩	292,830

日本維新の会　1人

÷1	⑫	258,690

【北関東】(19人)

（P78参照）

自民党　7人

÷1	①	2,172,065
÷2	③	1,086,032
÷3	⑤	724,021
÷4	⑧	543,016
÷5	⑪	434,413
÷6	⑬	362,010
÷7	⑮	310,295

立憲民主党　5人

÷1	②	1,391,148
÷2	⑥	695,574
÷3	⑨	463,716
÷4	⑭	347,787
÷5	⑱	278,229

公明党　3人

÷1	④	823,930
÷2	⑫	411,965
÷3	⑲	274,643

日本維新の会　2人

÷1	⑦	617,531
÷2	⑯	308,765

共産党　1人

÷1	⑩	444,115

国民民主党　1人

÷1	⑰	298,056

【南関東】(22人)

（P92参照）

自民党　9人

÷1	①	2,590,787
÷2	③	1,295,393
÷3	⑤	863,595
÷4	⑧	647,696
÷5	⑪	518,157
÷6	⑬	431,797
÷7	⑰	370,112
÷8	⑲	323,848
÷9	㉒	287,865

立憲民主党　5人

÷1	②	1,651,562
÷2	⑦	825,781
÷3	⑨	550,520
÷4	⑮	412,890
÷5	⑱	330,312

日本維新の会　3人

÷1	④	863,897
÷2	⑫	431,948
÷3	㉑	287,965

公明党　2人

÷1	⑥	850,667
÷2	⑭	425,333

共産党　1人

÷1	⑩	534,493

国民民主党　1人

÷1	⑯	384,481

れいわ新選組　1人

÷1	⑳	302,675

【東京都】(17人)

（P102参照）

自民党　6人

÷1	①	2,000,084
÷2	③	1,000,042
÷3	⑦	666,694
÷4	⑨	500,021
÷5	⑫	400,016
÷6	⑯	333,347

立憲民主党　4人

÷1	②	1,293,281
÷2	⑧	646,640
÷3	⑩	431,093
÷4	⑰	323,320

日本維新の会　2人

÷1	④	858,577
÷2	⑪	429,288

公明党　2人

÷1	⑤	715,450
÷2	⑭	357,725

共産党　2人

÷1	⑥	670,340

÷2　⑮　335,170
れいわ新選組　1人
÷1　⑬　360,387

【北陸信越】(11人)
(P110参照)

自民党　6人
÷1　①　1,468,380
÷2　③　734,190
÷3　④　489,460
÷4　⑥　367,095
÷5　⑨　293,676
÷6　⑪　244,730

立憲民主党　3人
÷1　②　773,076
÷2　⑤　386,538
÷3　⑩　257,692

日本維新の会　1人
÷1　⑦　361,476

公明党　1人
÷1　⑧　322,535

【東海】(21人)
(P123参照)

自民党　9人
÷1　①　2,515,841
÷2　③　1,257,920
÷3　④　838,613
÷4　⑧　628,960
÷5　⑨　503,168
÷6　⑪　419,306
÷7　⑯　359,405
÷8　⑱　314,480
÷9　⑳　279,537

立憲民主党　5人
÷1　②　1,485,947
÷2　⑥　742,973
÷3　⑩　495,315
÷4　⑮　371,486
÷5　⑲　297,189

公明党　3人
÷1　⑤　784,976
÷2　⑬　392,488
÷3　㉑　261,658

日本維新の会　2人
÷1　⑦　694,630
÷2　⑰　347,315

共産党　1人
÷1　⑫　408,606

国民民主党　1人
÷1　⑭　382,733

れいわ新選組　1人
÷1　－　273,208

※れいわ新選組は1議席分の票を獲得したが、名簿登載者2人(重複立候補)がいずれも小選挙区で復活当選に必要な得票数(有効投票総数の10%)に満たなかった。このため、次点だった公明党に1議席が割り振られた。

【近畿】(28人)
(P141参照)

日本維新の会　10人
÷1　①　3,180,219
÷2　③　1,590,109
÷3　⑦　1,060,073
÷4　⑨　795,054
÷5　⑪　636,043
÷6　⑮　530,036
÷7　⑰　454,317
÷8　⑲　397,527
÷9　㉓　353,357
÷10　㉕　318,021

自民党　8人
÷1　②　2,407,699
÷2　④　1,203,849
÷3　⑧　802,566
÷4　⑫　601,924
÷5　⑯　481,539
÷6　⑱　401,283
÷7　㉔　343,957
÷8　㉗　300,962

公明党　3人
÷1　⑤　1,155,683
÷2　⑬　577,841
÷3　⑳　385,227

立憲民主党　3人
÷1　⑥　1,090,665
÷2　⑭　545,332
÷3　㉒　363,555

共産党　2人
÷1　⑩　736,156
÷2　㉑　368,078

国民民主党　1人
÷1　㉖　303,480

れいわ新選組　1人
÷1　㉘　292,483

【中国】(11人)
(P149参照)

自民党　6人
÷1　①　1,352,723
÷2　②　676,361
÷3　④　450,907
÷4　⑥　338,180
÷5　⑨　270,544
÷6　⑩　225,453

立憲民主党　2人
÷1　③　573,324
÷2　⑦　286,662

公明党　2人
÷1　⑤　436,220
÷2　⑪　218,110

日本維新の会　1人
÷1　⑧　286,302

【四国】(6人)
(P154参照)

自民党　3人
÷1　①　664,805
÷2　②　332,402
÷3　⑤　221,601

立憲民主党　1人
÷1　③　291,870

公明党　1人
÷1　④　233,407

日本維新の会　1人
÷1　⑥　173,826

【九州】(20人)
(P167参照)

自民党　8人
÷1　①　2,250,966
÷2　③　1,125,483
÷3　⑤　750,322
÷4　⑦　562,741
÷5　⑩　450,193
÷6　⑫　375,161
÷7　⑮　321,566
÷8　⑰　281,370

立憲民主党　4人
÷1　②　1,266,801
÷2　⑥　633,400
÷3　⑪　422,267
÷4　⑯　316,700

公明党　4人
÷1　④　1,040,756
÷2　⑨　520,378
÷3　⑭　346,918
÷4　⑳　260,189

日本維新の会　2人
÷1　⑧　540,338
÷2　⑲　270,169

共産党　1人
÷1　⑬　365,658

国民民主党　1人
÷1　⑱　279,509

(小数点以下は切り捨て)

第24回参議院選挙（平成28年7月10日施行）

（P221参照）

自民党　19人

÷1	①	20,114,788
÷2	③	10,057,394
÷3	⑤	6,704,929
÷4	⑨	5,028,697
÷5	⑩	4,022,957
÷6	⑬	3,352,464
÷7	⑯	2,873,541
÷8	⑲	2,514,348
÷9	㉑	2,234,976
÷10	㉒	2,011,478
÷11	㉖	1,828,617
÷12	㉙	1,676,232
÷13	㉚	1,547,291
÷14	㉟	1,436,770
÷15	㊱	1,340,985
÷16	㊵	1,257,174
÷17	㊷	1,183,222
÷18	㊹	1,117,488
÷19	㊽	1,058,673

民進党　11人

÷1	②	11,751,015
÷2	⑦	5,875,507
÷3	⑪	3,917,005
÷4	⑮	2,937,753
÷5	⑳	2,350,203
÷6	㉔	1,958,502
÷7	㉘	1,678,716
÷8	㉞	1,468,876
÷9	㊲	1,305,668
÷10	㊸	1,175,101
÷11	㊻	1,068,274

公明党　7人

÷1	④	7,572,960
÷2	⑫	3,786,480
÷3	⑱	2,524,320
÷4	㉕	1,893,240
÷5	㉜	1,514,592
÷6	㊴	1,262,160
÷7	㊺	1,081,851

共産党　5人

÷1	⑥	6,016,194
÷2	⑭	3,008,097
÷3	㉓	2,005,398
÷4	㉝	1,504,048
÷5	㊶	1,203,238

おおさか維新の会　4人

÷1	⑧	5,153,584
÷2	⑰	2,576,792
÷3	㉗	1,717,861
÷4	㊳	1,288,396

社民党　1人

÷1	㉛	1,536,238

生活の党　1人

÷1	㊼	1,067,300

（小数点以下は切り捨て）

第25回参議院選挙（令和元年7月21日施行）

（P232参照）

自民党　19人

÷1	①	17,712,373
÷2	②	8,856,186
÷3	⑤	5,904,124
÷4	⑧	4,428,093
÷5	⑩	3,542,474
÷6	⑬	2,952,062
÷7	⑮	2,530,339
÷8	⑲	2,214,046
÷9	㉒	1,968,041
÷10	㉓	1,771,237
÷11	㉗	1,610,215
÷12	㉚	1,476,031
÷13	㉛	1,362,490
÷14	㉞	1,265,169
÷15	㊱	1,180,824
÷16	㊶	1,107,023
÷17	㊹	1,041,904
÷18	㊼	984,020
÷19	㊿	932,230

立憲民主党　8人

÷1	③	7,917,720
÷2	⑨	3,958,860
÷3	⑭	2,639,240
÷4	㉑	1,979,430
÷5	㉘	1,583,544
÷6	㉜	1,319,620
÷7	㊴	1,131,102
÷8	㊺	989,715

公明党　7人

÷1	④	6,536,336
÷2	⑫	3,268,168
÷3	⑳	2,178,778
÷4	㉖	1,634,084
÷5	㉝	1,307,267
÷6	㊷	1,089,389
÷7	㊾	933,762

日本維新の会　5人

÷1	⑥	4,907,844
÷2	⑯	2,453,922
÷3	㉕	1,635,948
÷4	㉟	1,226,961
÷5	㊽	981,568

共産党　4人

÷1	⑦	4,483,411
÷2	⑱	2,241,705
÷3	㉙	1,494,470
÷4	㊵	1,120,852

国民民主党　3人

÷1	⑪	3,481,078
÷2	㉔	1,740,539
÷3	㊲	1,160,359

れいわ新選組　2人

÷1	⑰	2,280,252
÷2	㊳	1,140,126

社民党　1人

÷1	㊸	1,046,011

NHKから国民を守る党　1人

÷1	㊻	987,885

（小数点以下は切り捨て）

※　各党の得票数を1、2、3…の整数で割り、その「商」の大きい順に議席が配分されます。各党の得票数を1、2、3…の整数で割った「商」を掲載しています。丸なか数字はドント式当選順位です。

年齢早見表

（令和4年・西暦2022年・紀元2682年）

生まれ年	年齢	西暦	十干十二支
昭和 7	90	1932	壬申
8	89	1933	癸酉
9	88	1934	甲戌
10	87	1935	乙亥
11	86	1936	丙子
12	85	1937	丁丑
13	84	1938	戊寅
14	83	1939	己卯
15	82	1940	庚辰
16	81	1941	辛巳
17	80	1942	壬午
18	79	1943	癸未
19	78	1944	甲申
20	77	1945	乙酉
21	76	1946	丙戌
22	75	1947	丁亥
23	74	1948	戊子
24	73	1949	己丑
25	72	1950	庚寅
26	71	1951	辛卯
27	70	1952	壬辰
28	69	1953	癸巳
29	68	1954	甲午
30	67	1955	乙未
31	66	1956	丙申
32	65	1957	丁酉
33	64	1958	戊戌
34	63	1959	己亥
35	62	1960	庚子
36	61	1961	辛丑
37	60	1962	壬寅
38	59	1963	癸卯
39	58	1964	甲辰
40	57	1965	乙巳
41	56	1966	丙午
42	55	1967	丁未
43	54	1968	戊申
44	53	1969	己酉
45	52	1970	庚戌
46	51	1971	辛亥
47	50	1972	壬子
48	49	1973	癸丑
49	48	1974	甲寅
50	47	1975	乙卯

生まれ年	年齢	西暦	十干十二支
昭和51	46	1976	丙辰
52	45	1977	丁巳
53	44	1978	戊午
54	43	1979	己未
55	42	1980	庚申
56	41	1981	辛酉
57	40	1982	壬戌
58	39	1983	癸亥
59	38	1984	甲子
60	37	1985	乙丑
61	36	1986	丙寅
62	35	1987	丁卯
63	34	1988	戊辰
(昭64) 平成元	33	1989	己巳
2	32	1990	庚午
3	31	1991	辛未
4	30	1992	壬申
5	29	1993	癸酉
6	28	1994	甲戌
7	27	1995	乙亥
8	26	1996	丙子
9	25	1997	丁丑
10	24	1998	戊寅
11	23	1999	己卯
12	22	2000	庚辰
13	21	2001	辛巳
14	20	2002	壬午
15	19	2003	癸未
16	18	2004	甲申
17	17	2005	乙酉
18	16	2006	丙戌
19	15	2007	丁亥
20	14	2008	戊子
21	13	2009	己丑
22	12	2010	庚寅
23	11	2011	辛卯
24	10	2012	壬辰
25	9	2013	癸巳
26	8	2014	甲午
27	7	2015	乙未
28	6	2016	丙申
29	5	2017	丁酉
30	4	2018	戊戌
(平31) 令和元	3	2019	己亥
2	2	2020	庚子
3	1	2021	辛丑
4	0	2022	壬寅

國會議員要覧® 令和四年二月版
商標登録番号　第4797602号
定価：2,992円
（本体＋税10%）
令和4年2月21日発行（第95版）
※定期購読の場合は当社負担と致します。
編集･発行人　中島孝司
発行所　国政情報センター
〒150-0044　東京都渋谷区円山町5-4　道玄坂ビル
電話　03（3476）4111（大代）
FAX　03（3476）4842
郵便振替　00150－1－24932

ISBN978-4-87760-314-4 C2531 ¥2720E

政党／省庁 住所・電話番号一覧

自由民主党	〒100-8910	千代田区永田町1-11-23	☎03(3581)6211
立憲民主党	〒102-0083	千代田区平河町2-12-4 ふじビル3F	☎03(6811)2301
日本維新の会	〒542-0082	大阪市中央区島之内1-17-16 三栄長堀ビル	☎06(4963)8800
公明党	〒160-0012	新宿区南元町17	☎03(3353)0111
国民民主党	〒102-0093	千代田区平河町2-5-3 永田町グリッド4F	☎03(3593)6229
日本共産党	〒151-8586	渋谷区千駄ヶ谷4-26-7	☎03(3403)6111
れいわ新選組	〒102-0083	千代田区麹町2-5-20 押田ビル4F	☎03(6384)1974
社会民主党	〒104-0043	中央区湊3-18-17 マルキ榎本ビル5F	☎03(3553)3731
NHK受信料を支払わない国民を守る党	〒100-8962	千代田区永田町2-1-1参議院議員会館403号	☎03(6550)0403
衆議院	〒100-8960	千代田区永田町1-7-1	☎03(3581)5111
参議院	〒100-8961	千代田区永田町1-7-1	☎03(3581)3111
国立国会図書館	〒100-8924	千代田区永田町1-10-1	☎03(3581)2331
内閣	〒100-0014	千代田区永田町2-3-1 総理官邸	☎03(3581)0101
内閣官房	〒100-8968	千代田区永田町1-6-1	☎03(5253)2111
内閣法制局	〒100-0013	千代田区霞が関3-1-1 ㊎4号館	☎03(3581)7271
人事院	〒100-8913	千代田区霞が関1-2-3 ㊎5号館別館	☎03(3581)5311
内閣府	〒100-8914	千代田区永田町1-6-1	☎03(5253)2111
宮内庁	〒100-8111	千代田区千代田1-1	☎03(3213)1111
公正取引委員会	〒100-8987	千代田区霞が関1-1-1 ㊎6号館B棟	☎03(3581)5471
警察庁	〒100-8974	千代田区霞が関2-1-2 ㊎2号館	☎03(3581)0141
個人情報保護委員会	〒100-0013	千代田区霞が関3-2-1 霞が関コモンゲート西館32F	☎03(6457)9680
カジノ管理委員会	〒105-6090	港区虎ノ門4-3-1 城山トラストタワー12F・13F	☎03(6453)0201
金融庁	〒100-8967	千代田区霞が関3-2-1 ㊎7号館	☎03(3506)6000
消費者庁	〒100-8958	千代田区霞が関3-1-1 ㊎4号館	☎03(3507)8800
デジタル庁	〒102-0094	千代田区紀尾井町1-3 東京ガーデンテラス紀尾井町19F・20F	☎03(4477)6775
復興庁	〒100-0013	千代田区霞が関3-1-1 ㊎4号館	☎03(6328)1111
総務省	〒100-8926	千代田区霞が関2-1-2 ㊎2号館	☎03(5253)5111
消防庁	〒100-8927	〃	〃
法務省	〒100-8977	千代田区霞が関1-1-1 ㊎6号館	☎03(3580)4111
出入国在留管理庁	〃	〃	〃
公安調査庁	〒100-0013	〃	☎03(3592)5711
最高検察庁	〒100-0013	〃	☎03(3592)5611
外務省	〒100-8919	千代田区霞が関2-2-1	☎03(3580)3311
財務省	〒100-8940	千代田区霞が関3-1-1	☎03(3581)4111
国税庁	〒100-8978	〃	☎03(3581)4161
文部科学省	〒100-8959	千代田区霞が関3-2-2	☎03(5253)4111
スポーツ庁	〃	〃	〃
文化庁	〃	〃	〃
厚生労働省	〒100-8916	千代田区霞が関1-2-2 ㊎5号館本館	☎03(5253)1111
農林水産省	〒100-8950	千代田区霞が関1-2-1 ㊎1号館	☎03(3502)8111
林野庁	〒100-8952	〃	〃
水産庁	〒100-8907	〃	〃
経済産業省	〒100-8901	千代田区霞が関1-3-1	☎03(3501)1511
資源エネルギー庁	〒100-8901	〃	〃
特許庁	〒100-8915	千代田区霞が関3-4-3	☎03(3581)1101
中小企業庁	〒100-8912	千代田区霞が関1-3-1	☎03(3501)1511
国土交通省	〒100-8918	千代田区霞が関2-1-3 ㊎3号館	☎03(5253)8111
観光庁	〃	〃	〃
気象庁	〒105-8431	港区虎ノ門3-6-9	☎03(6758)3900
海上保安庁		国土交通省内	☎03(3591)6361
環境省	〒100-8975	千代田区霞が関1-2-2 ㊎5号館本館	☎03(3581)3351
原子力規制庁	〒106-8450	港区六本木1-9-9	☎03(3581)3352
防衛省	〒162-8801	新宿区市谷本村町5-1	☎03(3268)3111
防衛装備庁	〃	〃	〃
会計検査院	〒100-8941	千代田区霞が関3-2-2 ㊎7号館	☎03(3581)3251
最高裁判所	〒102-8651	千代田区隼町4-2	☎03(3264)8111

※㊎＝中央合同庁舎

●主要駅から国会議事堂周

出発駅	経路	到着駅
東京駅	地下鉄丸ノ内線約 5 分	霞ヶ関駅
東京駅	地下鉄丸ノ内線約 7 分	国会議事堂前駅
東京駅	JR 山手線約 2 分 → 有楽町駅 → 地下鉄有楽町線約 2 分	桜田門駅
東京駅	JR 山手線約 2 分 → 有楽町駅 → 地下鉄有楽町線約 4 分	永田町駅
東京駅	地下鉄丸ノ内線約 3 分 → 銀座駅 → 地下鉄銀座線約 4 分	虎ノ門駅
上野駅	地下鉄銀座線約 15 分	虎ノ門駅
上野駅	地下鉄日比谷線約 20 分	霞ヶ関駅

DESIGNED by ぴあ株式会社

國會議員要覧
<令和4年2月版>

國　會　要　覧
<第72版>

第一別冊〈議員情報〉

国政情報センター

●編集要領

- ○記載内容は、議員への取材及び各種資料による。
- ○掲載の国会議員の氏名及び所属政党は令和4年1月17日現在。
- ○所属政党名については氏名の右のカッコ内に略称で掲載した。（自…自民党、立…立憲民主党、維…日本維新の会、公…公明党、国…国民民主党、共…共産党、れ…れいわ新選組、社…社民党、Ｎ…ＮＨＫ受信料を支払わない国民を守る党、無…無所属）
- ○**出身校別一覧**は国会議員を大学、大学院、短大、高校、その他（旧制学校含む）の最終学歴別（中退者を含む）にまとめた。
- ○大学院修了者（在籍者を含む）は、大学、大学院の両方で掲載した。出身者が10人以上の大学（11校）は出身者の多い大学順に、10人未満の大学は大学名の50音順に掲載した。
- ○短大以下の学校は個々の学校名の掲載は省略した。
- ○留学経験者、ＭＢＡ資格取得者を別途掲載した。
- ○**出身高校別一覧**は国会議員の出身高校の都道府県別、高校別に国会議員名を掲載した。同一都道府県内は出身議員の多い高校順に、出身者数が同数の高校は校名の50音順（公立、私立別）。
- ○**出身別一覧**は国会議員の当選前の主な出身分野ごとに現・元国会議員親類（3親等以内、4親等以上）、公募、中央省庁（入省時の省庁別）、参議院事務局、特殊法人・独立行政法人、地方庁、美術館、学芸員、地方議会（都道府県議会議長・副議長、都道府県議、市区町村議会議長・副議長、市区町村議）、首長（知事、市区町村長）、各種団体、生協、労働組合、弁護士・裁判官・検事、米国弁護士、法律事務所、公認会計士、米国公認会計士、税理士、監査法人、社会保険労務士、行政書士、司法書士、中小企業診断士、宅地建物取引士、土地家屋調査士、弁理士、経営コンサルタント、ＩＴコンサルタント、一級建築士、技術士、気象予報士、防災士、マスコミ（新聞社、ミニコミ紙、テレビ・ラジオ、出版社、通信社）、ジャーナリスト、作家・評論家・ライター、放送作家、スポーツ・文化・芸能、F1ドライバー、飲食店経営・勤務、調理師、料理研究家、フラワーアーティスト、神主、僧侶、医師、歯科医師、看護師、薬剤師、臨床検査技師、診療放射線技師、理学療法士、柔道整復師、保健師、ヘルスケアカウンセラー、社会福祉関連、社会福祉士、アンガーマネジメント講師、獣医師、医療法人役員・職員、社会福祉法人役員、障害者団体代表、介護施設代表、介護施設職員、保護司、松下政経塾、一新塾（大前研一）、維新政治塾、会社役員、金融機関（銀行·証券·生損保等）、企業（金融機関を除く）、議員秘書·大臣秘書官、学校法人・幼稚園・保育園理事長・理事、塾経営・講師、保育士、小・中・高教諭、大学・短大等教授・准教授・講師等、専門学校講師、大学職員、日本銀行、農協、農業、漁協、杜氏、ＮＴＴグループ、ＪＲ、日本郵政、特定郵便局、日本青年会議所、政党職員、民青、ＮＧＯ・ＮＰＯ・市民運動、ALS患者、HIV 訴訟原告、国連、ＩＬＯ、ＷＦＰ、ＯＥＣＤ、アフリカ開発銀行、米外交問題評議会研究員、米国市長・議員スタッフ、シンクタンク・調査機関に分けて掲載した。
- ○複数の出身分野に該当する議員は複数箇所に掲載されている。
- ○地方議会出身者は、議長・副議長経験者は区別して掲載し、議長・副議長を経験していない議員を都道府県議、市区町村議の欄に掲載。県議、市議を両方経験している場合は2箇所に掲載。
- ○**生れ年表、当選回数表**は、衆・参別に、生年の順、当選回数の順に一覧表にした。

国会議員出身校別一覧

（令和4年1月17日現在）

大学

（669人）
（衆議院452人、参議院217人）

東京大学（131人）

衆議院（95人）

阿部知子（立）
赤澤亮正（自）
井出庸生（自）
井上信治（自）
伊佐進一（公）
石井啓一（公）
稲富修二（立）
今村雅弘（自）
江田憲司（立）
小川淳也（立）
小倉將信（自）
小田原潔（自）
小野泰輔（維）
尾﨑正直（自）
尾身朝子（自）
緒方林太郎（無）
大串博志（立）
岡田克也（立）
奥野総一郎（立）
加藤勝信（自）
河西宏一（公）
柿沢未途（自）
笠井亮（共）
勝目康（自）
上川陽子（自）
神田潤一（自）
木原誠二（自）
吉良州司（無）
城内実（自）
岸本周平（国）
小泉龍司（自）
小林鷹之（自）
小森卓郎（自）
古賀篤（自）
後藤茂之（自）
後藤祐一（立）
齋藤健（自）
坂井学（自）
志位和夫（共）
塩崎彰久（自）
重徳和彦（立）
階猛（立）
柴山昌彦（自）
白石洋一（立）
新谷正義（自）
鈴木英敬（自）
鈴木馨祐（自）
鈴木憲和（自）
鈴木隼人（自）
薗浦健太郎（自）
田嶋要（立）
高見康裕（自）
橘慶一郎（自）
棚橋泰文（自）
玉木雄一郎（国）
寺田稔（自）
中西健治（自）
中野洋昌（公）
仁木博文（無）
西野太亮（自）
西村康稔（自）
根本匠（自）
長谷川淳二（自）
葉梨康弘（自）
林芳正（自）
原口一博（立）
平口洋（自）
平沢勝栄（自）
福島伸享（無）
藤井比早之（自）
古川元久（国）
古川康（自）
古川禎久（自）
細田博之（無）
本庄知史（立）
本田太郎（自）
牧原秀樹（自）
松島みどり（自）
松本剛明（自）
三谷英弘（自）
宮澤博行（自）
宮路拓馬（自）
宮下一郎（自）
宮本徹（共）
務台俊介（自）
村井英樹（自）
村上誠一郎（自）
茂木敏充（自）
盛山正仁（自）
山岸一生（立）
山口壮（自）
山下貴司（自）
山田美樹（自）
米山隆一（無）
鷲尾英一郎（自）

参議院（36人）

阿達雅志（自）
石井正弘（自）
石田昌宏（自）
磯﨑仁彦（自）
打越さく良（立）
江島潔（自）
尾辻秀久（自）
太田房江（自）
岡田直樹（自）
片山さつき（自）
片山虎之助（維）
小西洋之（立）
古賀友一郎（自）
上月良祐（自）
佐藤啓（自）
里見隆治（公）
杉尾秀哉（立）
滝波宏文（自）
竹内功（自）
鶴保庸介（自）
徳茂雅之（自）
中川雅治（自）
新妻秀規（公）
浜田聡（N）
平木大作（公）
福島みずほ（社）
藤井基之（自）
堀井巌（自）

舞立昇治(自)
松川るい(自)
丸川珠代(自)
宮沢洋一(自)
矢倉克夫(公)
柳田稔(無)
山口那津男(公)
山添拓(共)

早稲田大学(84人)

衆議院(62人)

安住淳(立)
阿部司(維)
青柳仁士(維)
赤木正幸(維)
荒井優(立)
伊藤忠彦(自)
石田真敏(自)
稲田朋美(自)
岩谷良平(維)
岩屋毅(自)
上杉謙太郎(自)
上田英俊(自)
梅谷守(立)
衛藤征士郎(自)
大岡敏孝(自)
大島敦(立)
金子恭之(自)
亀岡偉民(自)
菅家一郎(自)
木原稔(自)
岸田文雄(自)
北村誠吾(自)
小山展弘(立)
國場幸之助(自)
篠原豪(立)
下村博文(自)
杉本和巳(維)
鈴木俊一(自)
鈴木淳司(自)
空本誠喜(維)
田野瀬太道(自)
平将明(自)
髙鳥修一(自)
武田良太(自)
武部新(自)
手塚仁雄(立)
渡海紀三朗(自)
徳永久志(立)
中川貴元(自)
中司宏(維)
長友慎治(国)
西村明宏(自)
額賀福志郎(自)
野田佳彦(立)
濵地雅一(公)
古屋範子(公)
松野博一(自)
松原仁(立)
三反園訓(無)
岬麻紀(維)
緑川貴士(立)
森田俊和(立)
谷田川元(立)
山本有二(自)
湯原俊二(立)
吉田豊史(維)
吉野正芳(自)
早稲田ゆき(立)
和田有一朗(維)
和田義明(自)
渡辺周(立)
渡辺博道(自)

参議院(22人)

青木一彦(自)
青山繁晴(自)
石井浩郎(自)
小沼巧(立)
大塚耕平(国)
音喜多駿(維)
吉良よし子(共)
清水貴之(維)
柴田巧(維)
世耕弘成(自)
田村智子(共)
竹内真二(公)
寺田静(無)
長浜博行(立)
長峯誠(自)
牧野たかお(自)
増子輝彦(無)
三宅伸吾(自)
柳ヶ瀬裕文(維)
山田俊男(自)
山本順三(自)
渡辺喜美(無)

慶應義塾大学(65人)

衆議院(46人)

逢沢一郎(自)
青山大人(立)
赤羽一嘉(公)
甘利明(自)
伊藤信太郎(自)
伊藤達也(自)
石破茂(自)
石原宏高(自)
漆間譲司(維)
小里泰弘(自)
小沢一郎(立)
越智隆雄(自)
大塚拓(自)
奥野信亮(自)
落合貴之(立)
加藤鮎子(自)
海江田万里(無)
金子俊平(自)
岸信夫(自)
小林茂樹(自)
小宮山泰子(立)
後藤田正純(自)
高村正大(自)
佐藤公治(立)
塩谷立(自)
高木宏壽(自)
武村展英(自)
中曽根康隆(自)
中谷一馬(立)
長島昭久(自)
長妻昭(立)
野中厚(自)
野間健(立)
馬場雄基(立)
橋本岳(自)
福田達夫(自)
藤巻健太(維)
船田元(自)
松本洋平(自)
御法川信英(自)
武藤容治(自)
簗和生(自)
山岡達丸(立)
笠浩史(立)

若林健太(自)
若宮健嗣(自)

参議院(19人)

青山繁晴(自)
大野泰正(自)
片山大介(維)
金子原二郎(自)
河野義博(公)
武見敬三(自)
堂故茂(自)
中曽根弘文(自)
中西祐介(自)
二之湯智(自)
西田実仁(公)
野上浩太郎(自)
福岡資麿(自)
古川俊治(自)
元榮太一郎(自)
山下雄平(自)
山田太郎(自)
山本博司(公)
和田政宗(自)

京都大学(32人)

衆議院(21人)

足立康史(維)
井坂信彦(立)
井林辰憲(自)
泉田裕彦(自)
上野賢一郎(自)
大西健介(立)
城井崇(立)
北神圭朗(無)
近藤和也(立)
佐藤茂樹(公)
櫻井周(立)
篠原孝(立)
末次精一(立)
竹内譲(公)
辻清人(自)
土田慎(自)
細田健一(自)
細野豪志(自)
前原誠司(国)
柳本顕(自)
山井和則(立)

参議院(11人)

足立敏之(自)
浅田均(維)
井上哲士(共)
嘉田由紀子(無)
こやり隆史(自)
佐藤信秋(自)
谷合正明(公)
浜田聡(N)
浜田昌良(公)
山田宏(自)
山本香苗(公)

中央大学(22人)

衆議院(14人)

秋葉賢也(自)
伊藤俊輔(立)
遠藤利明(自)
門山宏哲(自)
木村次郎(自)
工藤彰三(自)
坂本哲志(自)
武井俊輔(自)
塚田一郎(自)
寺田学(立)
二階俊博(自)
太栄志(立)
道下大樹(立)
八木哲也(自)

参議院(8人)

石橋通宏(立)
北村経夫(自)
熊谷裕人(立)
滝沢求(自)
中西哲(自)
三木亨(自)
若松謙維(公)
渡辺喜美(無)

日本大学(22人)

衆議院(16人)

青柳陽一郎(立)
浅川義治(維)
新垣邦男(社)
江渡聡徳(自)
加藤竜祥(自)

梶山弘志(自)
國場幸之助(自)
佐藤勉(自)
坂本祐之輔(立)
沢田良(維)
鈴木義弘(国)
中野英幸(自)
中村喜四郎(立)
林幹雄(自)
星野剛士(自)
三ッ林裕巳(自)

参議院(6人)

酒井庸行(自)
そのだ修光(自)
野田国義(立)
芳賀道也(無)
白眞勲(立)
山崎正昭(自)

創価大学(16人)

衆議院(10人)

大口善徳(公)
岡本三成(公)
北側一雄(公)
國重徹(公)
佐藤英道(公)
高木陽介(公)
角田秀穂(公)
中川宏昌(公)
中川康洋(公)
福重隆浩(公)

参議院(6人)

石川博崇(公)
佐々木さやか(公)
杉久武(公)
高瀬弘美(公)
竹谷とし子(公)
安江伸夫(公)

青山学院大学(13人)

衆議院(11人)

輿水恵一(公)
浅野哲(国)
田中健(国)
髙木毅(自)
中山展宏(自)

長坂 康正(自)
穂坂 泰(自)
松木 けんこう(立)
宮内 秀樹(自)
保岡 宏武(自)
山口 俊一(自)

参議院(2人)

田島 麻衣子(立)
蓮舫(立)

明治大学(13人)

衆議院(9人)

井野 俊郎(自)
櫻田 義孝(自)
笹川 博義(自)
新藤 義孝(自)
谷 公一(自)
萩生田 光一(自)
古川 直季(自)
宮﨑 政久(自)
森山 浩行(立)

参議院(4人)

赤池 誠章(自)
古賀 之士(立)
高橋 克法(自)
松山 政司(自)

上智大学(12人)

衆議院(9人)

玄葉 光一郎(立)
小林 史明(自)
近藤 昭一(立)
島尻 安伊子(自)
西銘 恒三郎(自)
野田 聖子(自)
平井 卓也(自)
牧 義夫(立)
山崎 誠(立)

参議院(3人)

安達 澄(無)
石井 苗子(維)
猪口 邦子(自)

法政大学(12人)

衆議院(7人)

青山 周平(自)
秋本 真利(自)
金子 恵美(立)
川崎 ひでと(自)
菅 義偉(自)
田中 和德(自)
山田 勝彦(立)

参議院(5人)

朝日 健太郎(自)
上田 清司(無)
江崎 孝(立)
徳永 エリ(立)
松下 新平(自)

10人以上は上記11大学

※以下、大学名の50音順

愛知学院大学(1人)

衆議院(1人)

西田 昭二(自)

愛知教育大学(1人)

参議院(1人)

斎藤 嘉隆(立)

愛知大学(2人)

衆議院(1人)

岬 麻紀(維)

参議院(1人)

柘植 芳文(自)

秋田経済法科大学(1人)
(現・ノースアジア大学)

衆議院(1人)

冨樫 博之(自)

秋田大学(1人)

参議院(1人)

塩田 博昭(公)

岩手大学(1人)

参議院(1人)

進藤 金日子(自)

愛媛大学(1人)

参議院(1人)

熊野 正士(公)

追手門学院大学(2人)

衆議院(1人)

遠藤 良太(維)

参議院(1人)

室井 邦彦(維)

大分大学(1人)

参議院(1人)

衛藤 晟一(自)

大阪音楽大学(1人)

参議院(1人)

宮口 治子(立)

大阪外国語大学(2人)
(現・大阪大学)

衆議院(1人)

石橋 林太郎(自)

参議院(1人)

高橋 光男(公)

大阪産業大学(1人)

衆議院(1人)

掘井 健智(維)

大阪大学(4人)

衆議院(3人)

伊藤 渉(公)
大石 あきこ(れ)
藤岡 隆雄(立)

参議院(1人)

梅村 聡(維)

岡山大学(1人)

衆議院(1人)

柚木 道義(立)

沖縄国際大学(1人)

衆議院(1人)

金城 泰邦(公)

学習院大学(8人)

衆議院(8人)

麻生太郎(自)
勝俣孝明(自)
斎藤洋明(自)
津島淳(自)
永岡桂子(自)
西岡秀子(国)
平沼正二郎(自)
堀内詔子(自)

神奈川大学(2人)

衆議院(1人)

熊田裕通(自)

参議院(1人)

三浦靖(自)

金沢大学(1人)

衆議院(1人)

松本尚(自)

関西大学(4人)

衆議院(3人)

山本ともひろ(自)
前川清成(維)
三木圭恵(維)

参議院(1人)

伊藤孝江(公)

関西学院大学(2人)

衆議院(1人)

関芳弘(自)

参議院(1人)

末松信介(自)

関東学院大学(1人)

衆議院(1人)

小泉進次郎(自)

北九州大学(2人)
(現・北九州市立大学)

衆議院(1人)

田村貴昭(共)

参議院(1人)

大家敏志(自)

九州大学(6人)

衆議院(4人)

岩田和親(自)
鬼木誠(自)
堤かなめ(立)
吉田宣弘(公)

参議院(2人)

高良鉄美(無)
吉田忠智(立)

京都外国語大学(1人)

衆議院(1人)

田中英之(自)

京都女子大学(1人)

参議院(1人)

高木かおり(維)

共立女子大学(1人)

参議院(1人)

上野通子(自)

杏林大学(1人)

衆議院(1人)

鳩山二郎(自)

近畿大学(2人)

衆議院(1人)

井上英孝(維)

参議院(1人)

東徹(維)

金城学院大学(1人)

参議院(1人)

伊藤孝恵(国)

熊本商科大学(1人)
(現・熊本学園大学)

参議院(1人)

小川克巳(自)

熊本大学(1人)

衆議院(1人)

阿部弘樹(維)

皇學館大学(1人)

参議院(1人)

芝博一(立)

甲南大学(1人)

参議院(1人)

加田裕之(自)

神戸学院大学(1人)

衆議院(1人)

美延映夫(維)

神戸大学(8人)

衆議院(4人)

伊東信久(維)
高市早苗(自)
山田賢司(自)
吉川元(立)

参議院(4人)

大門実紀史(共)
ながえ孝子(無)
浜野喜史(国)
宮崎雅夫(自)

國學院大学(3人)

衆議院(3人)

石川昭政(自)
大西英男(自)
たがや亮(れ)

国際基督教大学(4人)

衆議院(2人)

大河原まさこ(立)
牧島かれん(自)

参議院(2人)

有村治子(自)
牧山ひろえ(立)

駒澤大学(1人)

衆議院(1人)

山本剛正(維)

埼玉大学(1人)

参議院(1人)

宮崎　勝(公)

佐賀大学(1人)

衆議院(1人)

吉田久美子(公)

滋賀大学(1人)

参議院(1人)

西田昌司(自)

静岡大学(1人)

衆議院(1人)

藤原　崇(自)

島根大学(1人)

参議院(1人)

下野六太(公)

淑徳大学(1人)

参議院(1人)

岩本剛人(自)

城西歯科大学(1人)
(現・明海大学)

参議院(1人)

関口昌一(自)

信州大学(3人)

衆議院(2人)

下条みつ(立)
深澤陽一(自)

参議院(1人)

武田良介(共)

駿河台大学(1人)

衆議院(1人)

鈴木　敦(国)

成蹊大学(3人)

衆議院(3人)

安倍晋三(自)
源馬謙太郎(立)
古屋圭司(自)

成城大学(4人)

衆議院(4人)

池田佳隆(自)
江藤　拓(自)
小渕優子(自)
山口　晋(自)

聖心女子大学(4人)

衆議院(3人)

石川香織(立)
土屋品子(自)
中川郁子(自)

参議院(1人)

山谷えり子(自)

聖路加看護大学(1人)

参議院(1人)

石井苗子(維)

聖和大学(1人)

衆議院(1人)

浦野靖人(維)

専修大学(9人)

衆議院(7人)

井原　巧(自)
稲津　久(公)
小熊慎司(立)
奥下剛光(維)
金村龍那(維)
浜田靖一(自)
堀井　学(自)

参議院(2人)

石井　章(維)
松村祥史(自)

大東文化大学(2人)

衆議院(2人)

小島敏文(自)
吉川　赳(自)

拓殖大学(3人)

参議院(3人)

小野田紀美(自)
鈴木宗男(維)
舩後靖彦(れ)

玉川大学(1人)

衆議院(1人)

丹羽秀樹(自)

千葉工業大学(1人)

参議院(1人)

三浦信祐(公)

千葉大学(3人)

衆議院(1人)

田村憲久(自)

参議院(2人)

青木　愛(立)
木戸口英司(立)

中京大学(2人)

衆議院(2人)

神田憲次(自)
山崎正恭(公)

筑波大学(4人)

衆議院(1人)

藤田文武(維)

参議院(3人)

足立信也(国)
自見はなこ(自)
浜口　誠(国)

帝京大学(3人)

衆議院(3人)

神谷　裕(立)
新谷正義(自)
中島克仁(立)

桐蔭大学(1人)

衆議院(1人)

伊藤俊輔(立)

東海大学(3人)

衆議院(2人)

東　国幹(自)
谷川とむ(自)

参議院(1人)

自見　はなこ(自)

東京医科歯科大学(2人)

衆議院(1人)

髙階　恵美子(自)

参議院(1人)

櫻井　充(無)

東京医科大学(1人)

参議院(1人)

羽生田　俊(自)

東京学芸大学(1人)

衆議院(1人)

藤丸　敏(自)

東京教育大学(2人)

衆議院(1人)

赤嶺　政賢(共)

参議院(1人)

真山　勇一(立)

東京経済大学(2人)

参議院(2人)

川田　龍平(立)
宮本　周司(自)

東京工業大学(5人)

衆議院(4人)

大野　敬太郎(自)
菅　直人(立)
斉藤　鉄夫(公)
平林　晃(公)

参議院(1人)

藤末　健三(無)

東京歯科大学(1人)

参議院(1人)

島村　大(自)

東京水産大学(1人)

(現・東京海洋大学)

衆議院(1人)

小野寺　五典(自)

東京電機大学(1人)

参議院(1人)

礒﨑　哲史(国)

東京都立大学(1人)

衆議院(1人)

塩川　鉄也(共)

東京農業大学(2人)

参議院(2人)

高野　光二郎(自)
吉川　ゆうみ(自)

東京理科大学(1人)

衆議院(1人)

黄川田　仁志(自)

同志社大学(7人)

衆議院(3人)

小寺　裕雄(自)
斎藤アレックス(国)
守島　正(維)

参議院(4人)

田村　まみ(国)
福山　哲郎(立)
森本　真治(立)
吉川　沙織(立)

東北学院大学(3人)

衆議院(3人)

鎌田　さゆり(立)
庄子　賢一(公)
土井　亨(自)

東北大学(8人)

衆議院(6人)

枝野　幸男(立)
大串　正樹(自)
岡本　あき子(立)
佐々木　紀(自)
福田　昭夫(立)
森　英介(自)

参議院(2人)

小池　晃(共)
森　まさこ(自)

徳島大学(2人)

衆議院(1人)

仁木　博文(無)

参議院(1人)

小西　洋之(立)

獨協大学(2人)

衆議院(2人)

井上　貴博(自)
田畑　裕明(自)

鳥取大学(2人)

衆議院(1人)

杉田　水脈(自)

参議院(1人)

山下　芳生(共)

長崎大学(2人)

衆議院(1人)

国光　あやの(自)

参議院(1人)

秋野　公造(公)

名古屋工業大学(1人)

衆議院(1人)

伴野　豊(立)

名古屋大学(6人)

衆議院(4人)

石原　正敬(自)
今枝　宗一郎(自)
住吉　寛紀(維)
吉田　統彦(立)

参議院(2人)

山﨑　真之輔(無)
渡辺　猛之(自)

奈良教育大学(1人)

参議院(1人)

水岡　俊一(立)

南山大学(2人)
衆議院(1人)
山 本 左 近 (自)

参議院(1人)
藤 川 政 人 (自)

新潟大学(3人)
衆議院(2人)
西 村 智奈美 (立)
渡 辺 創 (立)

参議院(1人)
森 ゆうこ (立)

日本体育大学(1人)
衆議院(1人)
中 根 一 幸 (自)

白鷗大学(1人)
衆議院(1人)
田 所 嘉 德 (自)

東日本学園大学(1人)
(現・北海道医療大学)
衆議院(1人)
渡 辺 孝 一 (自)

一橋大学(7人)
衆議院(6人)
市 村 浩一郎 (維)
金 田 勝 年 (自)
国 定 勇 人 (自)
末 松 義 規 (立)
根 本 幸 典 (自)
三 原 朝 彦 (自)

参議院(1人)
高 橋 はるみ (自)

弘前大学(1人)
衆議院(1人)
高 橋 千鶴子 (共)

広島大学(1人)
衆議院(1人)
日 下 正 喜 (公)

フェリス女学院大学(1人)
衆議院(1人)
堀 場 幸 子 (維)

福岡歯科大学(1人)
参議院(1人)
比 嘉 奈津美 (自)

福島大学(1人)
参議院(1人)
岩 渕 友 (共)

文教大学(1人)
参議院(1人)
伊 藤 岳 (共)

防衛大学校(6人)
衆議院(3人)
高 木 宏 壽 (自)
中 谷 元 (自)
中 谷 真 一 (自)

参議院(3人)
宇 都 隆 史 (自)
尾 辻 秀 久 (自)
佐 藤 正 久 (自)

星薬科大学(1人)
参議院(1人)
本 田 顕 子 (自)

北海学園大学(1人)
衆議院(1人)
中 村 裕 之 (自)

北海道教育大学(3人)
衆議院(1人)
伊 東 良 孝 (自)

参議院(2人)
勝 部 賢 志 (立)
森 屋 宏 (自)

北海道大学(5人)
衆議院(1人)
逢 坂 誠 二 (立)

参議院(4人)
長谷川 岳 (自)
鉢 呂 吉 雄 (立)
舟 山 康 江 (国)
横 山 信 一 (公)

宮城教育大学(1人)
参議院(1人)
石 垣 のりこ (立)

武蔵大学(1人)
衆議院(1人)
高 橋 英 明 (維)

明治学院大学(4人)
衆議院(1人)
義 家 弘 介 (自)

参議院(3人)
石 川 大 我 (立)
郡 司 彰 (立)
清 水 真 人 (自)

山口大学(1人)
衆議院(1人)
山 際 大志郎 (自)

横浜国立大学(2人)
衆議院(1人)
馬 淵 澄 夫 (立)

参議院(1人)
那谷屋 正 義 (立)

立教大学(7人)
衆議院(6人)
あかま 二 郎 (自)
江 﨑 鐵 磨 (自)
鈴 木 庸 介 (立)
田 中 良 生 (自)
髙 木 啓 (自)
吉 田 はるみ (立)

参議院(1人)
小 川 敏 夫 (無)

立命館大学(8人)

衆議院(3人)

石井　拓(自)
泉　健太(立)
穀田恵二(共)

参議院(5人)

有田芳生(立)
市田忠義(共)
梅村みずほ(維)
岡田　広(自)
川合孝典(国)

琉球大学(1人)

参議院(1人)

伊波洋一(無)

龍谷大学(3人)

衆議院(3人)

池下　卓(維)
宗清皇一(自)
本村伸子(共)

和歌山大学(1人)

衆議院(1人)

宮本岳志(共)

米アラバマ州立大学(1人)

衆議院(1人)

あべ俊子(自)

米アンバサダー大学(1人)

衆議院(1人)

塩谷　立(自)

米ウェイクフォレスト大学(1人)

参議院(1人)

羽田次郎(立)

米エルマイラ大学(1人)

衆議院(1人)

星野剛士(自)

米オハイオ州オタバイン大学(2人)

衆議院(1人)

神津たけし(立)

参議院(1人)

榛葉賀津也(国)

米カリフォルニア大学サンディエゴ校(1人)

衆議院(1人)

篠原　豪(立)

米コロンビア大学(1人)

参議院(1人)

三宅伸吾(自)

米ジョージタウン大学(2人)

衆議院(2人)

河野太郎(自)
中川正春(立)

米ハワイ大学(1人)

参議院(1人)

寺田　静(無)

米陸軍指揮幕僚大学(1人)

参議院(1人)

佐藤正久(自)

米ワシントン州立大学(1人)

参議院(1人)

石井苗子(維)

カナダ・トレント大学(1人)

衆議院(1人)

鈴木貴子(自)

ブラジル・ジュイスジフォーラム連邦大学(1人)

衆議院(1人)

吉良州司(無)

英インペリアル・カレッジ・ロンドン(1人)

参議院(1人)

こやり隆史(自)

英ウォーリック大学(1人)

参議院(1人)

山下雄平(自)

英バーミンガムシティ大学(1人)

衆議院(1人)

おおつき紅葉(立)

英ブリストル大学(1人)

衆議院(1人)

西村智奈美(立)

仏パリ大学(1人)

衆議院(1人)

山口俊一(自)

スウェーデン・ウプサラ大学(1人)

参議院(1人)

谷合正明(公)

北京大学(2人)

衆議院(1人)

伊藤俊輔(立)

参議院(1人)

蓮　舫(立)

オーストラリア・ボンド大学(1人)

衆議院(1人)

五十嵐　清(自)

イスラエル国立テルアビブ大学(1人)

参議院(1人)

榛葉賀津也(国)

大学院

（大学名の50音順）
（211人）
（衆議院146人、参議院65人）

愛知学院大学（1人）
衆議院（1人）
神田憲次（自）

青山学院大学（3人）
衆議院（2人）
浅野哲（国）
山崎誠（立）

参議院（1人）
有村治子（自）

愛媛大学（1人）
参議院（1人）
熊野正士（公）

大阪市立大学（2人）
衆議院（2人）
伊東信久（維）
守島正（維）

大阪大学（5人）
衆議院（5人）
伊藤渉（公）
大石あきこ（れ）
黄川田仁志（自）
谷川とむ（自）
藤岡隆雄（立）

学習院大学（1人）
衆議院（1人）
堀内詔子（自）

鹿児島大学（1人）
衆議院（1人）
保岡宏武（自）

関西学院大学（1人）
参議院（1人）
清水貴之（維）

九州大学（2人）
衆議院（1人）
堤かなめ（立）

参議院（1人）
髙良鉄美（無）

京都産業大学（1人）
衆議院（1人）
岩谷良平（維）

京都大学（12人）
衆議院（5人）
足立康史（維）
井林辰憲（自）
櫻井周（立）
山井和則（立）
山本ともひろ（自）

参議院（7人）
足立敏之（自）
嘉田由紀子（無）
こやり隆史（自）
佐藤信秋（自）
谷合正明（公）
浜田昌良（公）
福山哲郎（立）

杏林大学（1人）
衆議院（1人）
鳩山二郎（自）

熊本大学（1人）
衆議院（1人）
阿部弘樹（維）

慶應義塾大学（7人）
衆議院（6人）
伊藤信太郎（自）
池田佳隆（自）
勝俣孝明（自）
長島昭久（自）
橋本岳（自）
船田元（自）

参議院（1人）
武見敬三（自）

神戸市外国語大学（1人）
衆議院（1人）
和田有一朗（維）

神戸大学（2人）
衆議院（2人）
斎藤洋明（自）
盛山正仁（自）

國學院大学（1人）
衆議院（1人）
石川昭政（自）

国際基督教大学（1人）
衆議院（1人）
牧島かれん（自）

政策研究大学院大学（1人）
衆議院（1人）
神津たけし（立）

専修大学（2人）
衆議院（1人）
中根一幸（自）

参議院（1人）
石井章（維）

創価大学（3人）
衆議院（1人）
佐藤英道（公）

参議院（2人）
佐々木さやか（公）
安江伸夫（公）

拓殖大学（1人）
参議院（1人）
須藤元気（無）

千葉大学（1人）
参議院（1人）
青木愛（立）

中央大学（1人）
衆議院（1人）
太栄志（立）

中京大学(1人)

衆議院(1人)

神田　憲次(自)

筑波大学(1人)

参議院(1人)

柳ヶ瀬　裕文(維)

帝京大学(1人)

衆議院(1人)

穂坂　泰(自)

デジタルハリウッド大学(1人)

衆議院(1人)

中谷　一馬(立)

東京医科歯科大学(2人)

衆議院(2人)

国光　あやの(自)
髙階　恵美子(自)

東京学芸大学(1人)

衆議院(1人)

藤丸　敏(自)

東京芸術大学(1人)

参議院(1人)

青木　愛(立)

東京工業大学(3人)

衆議院(3人)

大野　敬太郎(自)
斉藤　鉄夫(公)
平林　晃(公)

東京大学(16人)

衆議院(10人)

小野寺　五典(自)
越智　隆雄(自)
鈴木　隼人(自)
住吉　寛紀(維)
空本　誠喜(維)
高見　康裕(自)
本田　太郎(自)
簗　和生(自)
山際　大志郎(自)
米山　隆一(無)

参議院(6人)

石井　苗子(維)
打越　さく良(立)
江島　潔(自)
新妻　秀規(公)
浜田　聡(N)
三宅　伸吾(自)

東京農工大学(1人)

参議院(1人)

吉川　ゆうみ(自)

同志社大学(1人)

参議院(1人)

吉川　沙織(立)

東北大学(3人)

衆議院(2人)

秋葉　賢也(自)
大串　正樹(自)

参議院(1人)

櫻井　充(無)

東洋大学(1人)

参議院(1人)

東　徹(維)

徳島大学(1人)

衆議院(1人)

仁木　博文(無)

長崎大学(2人)

衆議院(1人)

末次　精一(立)

参議院(1人)

秋野　公造(公)

名古屋工業大学(1人)

衆議院(1人)

伴野　豊(立)

名古屋大学(2人)

衆議院(2人)

石原　正敬(自)
吉田　統彦(立)

鳴門教育大学(1人)

衆議院(1人)

山崎　正恭(公)

新潟大学(1人)

衆議院(1人)

西村　智奈美(立)

日本大学(4人)

衆議院(3人)

江渡　聡徳(自)
小宮山　泰子(立)
吉川　赳(自)

参議院(1人)

白　眞勲(立)

白鷗大学(1人)

衆議院(1人)

田所　嘉徳(自)

一橋大学(1人)

衆議院(1人)

山口　晋(自)

広島大学(1人)

衆議院(1人)

日下　正喜(公)

フェリス女学院大学(1人)

衆議院(1人)

堀場　幸子(維)

福岡教育大学(1人)

参議院(1人)

下野　六太(公)

福島大学(1人)

衆議院(1人)

金子　恵美(立)

北陸先端科学技術大学院大学　(1人)

衆議院(1人)

大串　正樹(自)

北海道大学(1人)

参議院(1人)

横　山　信　一 (公)

明治学院大学(1人)

衆議院(1人)

藤　原　　　崇 (自)

明治大学(2人)

衆議院(2人)

古　川　直　季 (自)
渡　辺　博　道 (自)

山梨学院大学(1人)

参議院(1人)

森　屋　　　宏 (自)

横浜国立大学(1人)

衆議院(1人)

山　崎　　　誠 (立)

龍谷大学(2人)

衆議院(2人)

池　下　　　卓 (維)
本　村　伸　子 (共)

早稲田大学(21人)

衆議院(13人)

青　柳　陽一郎 (立)
赤　木　正　幸 (維)
衛　藤　征士郎 (自)
小　渕　優　子 (自)
小　山　展　弘 (立)
篠　原　　　豪 (立)
武　井　俊　輔 (自)
武　田　良　太 (自)
中　山　展　宏 (自)
西　村　明　宏 (自)
本　田　太　郎 (自)
森　田　俊　和 (立)
若　林　健　太 (自)

参議院(8人)

朝　日　健太郎 (自)
石　川　大　我 (立)
上　田　清　司 (無)
大　塚　耕　平 (国)
片　山　大　介 (維)
柴　田　　　巧 (維)
山　添　　　拓 (共)
山　田　太　郎 (自)

米アメリカン大学(1人)

衆議院(1人)

源　馬　謙太郎 (立)

米アラバマ州立大学(1人)

衆議院(1人)

あ　べ　俊　子 (自)

米アラバマ大学(1人)

参議院(1人)

石　橋　通　宏 (立)

米イェール大学(2人)

衆議院(1人)

神　田　潤　一 (自)

参議院(1人)

猪　口　邦　子 (自)

米イリノイ州立大学(1人)

衆議院(1人)

あ　べ　俊　子 (自)

米ウィスコンシン大学(1人)

参議院(1人)

嘉　田　由紀子 (無)

米ウェスタンワシントン大学(1人)

衆議院(1人)

高　木　宏　壽 (自)

米カーネギーメロン大学(1人)

参議院(1人)

佐　藤　　　啓 (自)

米カリフォルニア大学バークレー校(1人)

衆議院(1人)

白　石　洋　一 (立)

米カリフォルニア大学ロサンゼルス校(UCLA)(3人)

衆議院(2人)

大　串　博　志 (立)
国　光　あやの (自)

参議院(1人)

矢　倉　克　夫 (公)

米カリフォルニア州立大学フレズノ校(1人)

衆議院(1人)

金　子　恵　美 (立)

米コーネル大学(1人)

衆議院(1人)

赤　澤　亮　正 (自)

米コロンビア大学(17人)

衆議院(15人)

足　立　康　史 (維)
赤　木　正　幸 (維)
稲　富　修　二 (立)
加　藤　鮎　子 (自)
小　泉　進次郎 (自)
重　徳　和　彦 (立)
鈴　木　庸　介 (立)
辻　　　清　人 (自)
中曽根　康　隆 (自)
中　野　洋　昌 (公)
西　野　太　亮 (自)
古　川　元　久 (国)
御法川　信　英 (自)
山　下　貴　司 (自)
山　田　美　樹 (自)

参議院(2人)

小　西　洋　之 (立)
高　瀬　弘　美 (公)

米シカゴ大学(2人)

衆議院(1人)

武　部　　　新 (自)

参議院(1人)

滝　波　宏　文 (自)

米ジョージタウン大学(2人)

衆議院(1人)

牧　原　秀　樹(自)

参議院(1人)

松　川　る　い(自)

米ジョージワシントン大学　(1人)

衆議院(1人)

牧　島　かれん(自)

米ジョンズホプキンス大学　(4人)

衆議院(4人)

伊　佐　進　一(公)
長　島　昭　久(自)
福　田　達　夫(自)
山　口　　　壯(自)

米スタンフォード大学(1人)

参議院(1人)

浅　田　　　均(維)

米タフツ大学(2人)

参議院(1人)

小　沼　　　巧(立)

米ツレーン大学(1人)

衆議院(1人)

西　銘　恒三郎(自)

米デューク大学(2人)

衆議院(2人)

青　柳　仁　士(維)
平　沢　勝　栄(自)

米トーマス・クーリー法科大学院　(1人)

参議院(1人)

牧　山　ひろえ(立)

米ニューヨーク州立大学　(1人)

衆議院(1人)

斎　藤　洋　明(自)

米ニューヨーク大学(3人)

衆議院(1人)

赤　木　正　幸(維)

参議院(2人)

阿　達　雅　志(自)
森　　　まさこ(自)

米ノースウエスタン大学ケロッグ経営大学院(1人)

衆議院(1人)

岡　本　三　成(公)

米ハーバード大学(16人)

衆議院(14人)

伊　藤　信太郎(自)
江　田　憲　司(立)
大　塚　　　拓(自)
岡　田　克　也(立)
上　川　陽　子(自)
小　林　鷹　之(自)
齋　藤　　　健(自)
杉　本　和　巳(維)
玉　木　雄一郎(国)
寺　田　　　稔(自)
林　　　芳　正(自)
細　田　健　一(自)
村　井　英　樹(自)
茂　木　敏　充(自)

参議院(2人)

藤　末　健　三(無)
宮　沢　洋　一(自)

米バーモント州SIT大学院大学(1人)

参議院(1人)

有　村　治　子(自)

米ブラウン大学(2人)

衆議院(2人)

後　藤　茂　之(自)
櫻　井　　　周(立)

米プリンストン大学(2人)

衆議院(2人)

小　森　卓　郎(自)
末　松　義　規(立)

米ペンシルバニア大学(3人)

衆議院(2人)

田　嶋　　　要(立)
平　口　　　洋(自)

参議院(1人)

北　村　経　夫(自)

米ペンシルバニア大学ウォートン校　(1人)

衆議院(1人)

塩　崎　彰　久(自)

米ボストン大学(2人)

衆議院(1人)

塚　田　一　郎(自)

参議院(1人)

世　耕　弘　成(自)

米マサチューセッツ工科大学　(1人)

参議院(1人)

藤　末　健　三(無)

米南カリフォルニア大学　(1人)

参議院(1人)

佐　藤　　　啓(自)

米メリーランド大学(2人)

衆議院(2人)

黄川田　仁　志(自)
西　村　康　稔(自)

米ワシントン大学(3人)

衆議院(2人)

篠　原　　　孝(立)
三　谷　英　弘(自)

参議院(1人)

竹　内　　　功(自)

カナダ・マギール大学(1人)

衆議院(1人)

森田俊和(立)

英インペリアル・カレッジ・ロンドン(1人)

衆議院(1人)

平林晃(公)

英ウェールズ大学(1人)

衆議院(1人)

関芳弘(自)

英オックスフォード大学(4人)

衆議院(2人)

小倉將信(自)
杉本和巳(維)

参議院(2人)

田島麻衣子(立)
古川俊治(自)

英ケンブリッジ大学(2人)

衆議院(2人)

井上信治(自)
橘慶一郎(自)

英バーミンガム大学(1人)

衆議院(1人)

吉田はるみ(立)

英マンチェスター大学(1人)

衆議院(1人)

あかま二郎(自)

英ロンドン経済政治学院(LSE)(1人)

衆議院(1人)

鈴木庸介(立)

英ロンドン大学(2人)

衆議院(1人)

木原誠二(自)

参議院(1人)

こやり隆史(自)

フランス経済商科大学院(ESSEC)(1人)

衆議院(1人)

越智隆雄(自)

フランス国立行政学院(ENA)(1人)

参議院(1人)

片山さつき(自)

フランス・リール第2大学(1人)

衆議院(1人)

緒方林太郎(無)

オーストリア・ウィーン大学(1人)

衆議院(1人)

阿部弘樹(維)

スイス連邦工科大学ローザンヌ校(1人)

衆議院(1人)

平林晃(公)

スペイン・イエセビジネススクール(1人)

参議院(1人)

平木大作(公)

韓国・梨花女子大学(1人)

衆議院(1人)

堀場幸子(維)

シンガポール大学(1人)

衆議院(1人)

山口晋(自)

トルコ・イスタンブール大学(1人)

参議院(1人)

山本香苗(公)

イスラエル国立エルサレム・ヘブライ大学(1人)

参議院(1人)

榛葉賀津也(国)

短大

(8人)

衆議院(2人)

吉田とも代(維)
鰐淵洋子(公)

参議院(6人)

紙智子(共)
倉林明子(共)
塩村あやか(立)
田名部匡代(立)
平山佐知子(無)
宮沢由佳(立)

高校

(23人)

衆議院(8人)

浮島智子(公)
遠藤敬(維)
菊田真紀子(立)
谷川弥一(自)
馬場伸幸(維)
早坂敦(維)
森山裕(自)
山本太郎(れ)

参議院(15人)

石井準一(自)
今井絵理子(自)
小沢雅仁(立)
岸真紀子(立)
小林正夫(国)
難波奨二(立)
野村哲郎(自)
馬場成志(自)
橋本聖子(無)
藤木眞也(自)
三原じゅん子(自)

水落敏栄(自)
森屋隆(立)
矢田わか子(国)
横沢高徳(立)

その他
(7人)

衆議院(3人)

畦元将吾(自)
池畑浩太朗(維)
一谷勇一郎(維)

参議院(4人)

木村英子(れ)
山東昭子(無)
豊田俊郎(自)
宮島喜文(自)

留学
(81人)

衆議院(54人)

安倍晋三(自)
足立康史(維)
阿部弘樹(維)
青柳仁士(維)
赤木正幸(維)
麻生太郎(自)
伊藤俊輔(立)
石橋林太郎(自)
石原宏高(自)
江田憲司(立)
おおつき紅葉(立)
緒方林太郎(無)
大串博志(立)
岡田克也(立)
加藤鮎子(自)
上川陽子(自)
吉良州司(無)
菊田真紀子(立)
国定勇人(自)
小林鷹之(自)
小森卓郎(自)
後藤茂之(自)
國場幸之助(自)
近藤昭一(立)
齋藤健(自)
斎藤洋明(自)
塩崎彰久(自)
篠原豪(立)
篠原孝(立)
島尻安伊子(自)
杉本和巳(維)
鈴木敦(立)
田嶋要(立)
高木宏壽(自)
塚田一郎(自)
寺田稔(自)
中野洋昌(公)
西村智奈美(立)
西銘恒三郎(自)
浜田靖一(自)
林芳正(自)
平口洋(自)
平林晃(公)
福田達夫(自)
古川元久(国)
細田健一(自)
堀場幸子(維)
村井英樹(自)
森田俊和(立)
山口俊一(自)
山口晋(自)
山田美樹(自)
山井和則(立)
吉田はるみ(立)

参議院(27人)

秋野公造(公)
石井苗子(維)
石橋通宏(立)
片山さつき(自)
川田龍平(立)
小西洋之(立)
佐藤啓(自)
酒井庸行(自)
塩村あやか(立)
榛葉賀津也(国)
世耕弘成(自)
田島麻衣子(立)
高瀬弘美(公)
高橋光男(公)
滝波宏文(自)
竹内功(自)
武見敬三(自)
谷合正明(公)
藤末健三(無)
古川俊治(自)
三宅伸吾(自)
宮沢洋一(自)
森まさこ(自)
矢倉克夫(公)
山下雄平(自)
山本香苗(公)
蓮舫(立)

MBA
(18人)

衆議院(15人)

赤木正幸(維)
赤澤亮正(自)
池田佳隆(自)
大串博志(立)
岡本三成(公)
勝俣孝明(自)
塩崎彰久(自)
白石洋一(立)
末次精一(立)
関芳弘(自)
田嶋要(立)
高木宏壽(自)
松本尚(自)
山田美樹(自)
吉田はるみ(立)

参議院(3人)

清水貴之(維)
平木大作(公)
古川俊治(自)

国会議員出身高校別一覧

（令和4年1月17日現在）

北海道 23人

北海道小樽潮陵高校
おおつき紅葉（衆/立）
中村裕之（衆/自）
北海道札幌北陵高校
勝部賢志（参/立）
横山信一（参/公）
北海道旭川東高校
道下大樹（衆/立）
北海道芦別高校
稲津久（衆/公）
北海道足寄高校
鈴木宗男（参/維）
北海道岩見沢東高校
渡辺孝一（衆/自）
北海道岩見沢緑陵高校
岸真紀子（参/立）
北海道恵庭南高校
紙智子（参/共）
北海道釧路江南高校
伊東良孝（衆/自）
北海道倶知安高校
逢坂誠二（衆/立）
北海道札幌開成高校
泉健太（衆/立）
北海道札幌月寒高校
高木宏壽（衆/自）
北海道札幌南高校
武部新（衆/自）
北海道滝川高校
鉢呂吉雄（参/立）
北海道深川西高校
東国幹（衆/自）
札幌市立清田高校
岩本剛人（参/自）
駒澤大学附属苫小牧高校
橋本聖子（参/無）
札幌光星高校
松木けんこう（衆/立）
白樺学園高校
堀井学（衆/自）
藤女子高校
徳永エリ（参/立）
北星学園余市高校
義家弘介（衆/自）

青森県 6人

県立八戸高校
神田潤一（衆/自）
滝沢求（参/自）
県立青森東高校
江渡聡徳（衆/自）
県立八戸北高校
佐々木さやか（参/公）
県立八戸東高校
田名部匡代（参/立）
県立弘前高校
木村次郎（衆/自）

岩手県 5人

県立盛岡第一高校
穀田恵二（衆/共）
階猛（衆/立）
県立黒沢尻北高校
藤原崇（衆/自）
県立花巻北高校
木戸口英司（参/立）
県立盛岡工業高校
横沢高徳（参/立）

宮城県 14人

宮城県第二女子高校
石垣のりこ（参/立）
岡本あき子（衆/立）
宮城学院高校
あべ俊子（衆/自）
鎌田さゆり（衆/立）
宮城県石巻高校
安住淳（衆/立）
宮城県角田高校
秋葉賢也（衆/自）
宮城県気仙沼高校
小野寺五典（衆/自）
宮城県仙台第一高校
櫻井充（参/無）
宮城県古川女子高校
（現・宮城県古川黎明高校）
髙階恵美子（衆/自）
市立仙台高校
佐藤英道（衆/公）
聖ウルスラ学院高校
島尻安伊子（衆/自）
仙台育英学園高校
庄子賢一（衆/公）
東北工業大学電子工業高校
（現・仙台城南高校）
土井亨（衆/自）
東北高校
早坂敦（衆/維）

秋田県 9人

県立秋田高校
石井浩郎（参/自）
金田勝年（衆/自）
県立横手高校
寺田学（衆/立）
御法川信英（衆/自）
県立秋田工業高校
冨樫博之（衆/自）
県立大館桂高校
高橋千鶴子（衆/共）
県立湯沢高校
菅義偉（衆/自）
県立横手城南高校
寺田静（参/無）
秋田経済大学附属高校
（現・明桜高校）
進藤金日子（参/自）

山形県 3人

県立長井高校
芳賀道也（参/無）
県立山形北高校
吉田はるみ（衆/立）
県立山形東高校
遠藤利明（衆/自）

福島県 14人

県立安積高校 4人
玄葉光一郎（衆/立）
根本　匠（衆/自）
馬場雄基（衆/立）
増子輝彦（参/無）
県立福島高校
佐藤正久（参/自）
平沢勝栄（衆/自）
三浦信祐（参/公）
県立会津高校
小熊慎司（衆/立）
菅家一郎（衆/自）
県立磐城高校
吉野正芳（衆/自）
県立磐城女子高校
（現・磐城桜が丘高校）
森　まさこ（参/自）
県立喜多方高校
倉林明子（参/共）
県立福島女子高校
（現・橘高校）
金子恵美（衆/立）
県立福島南高校
岩渕　友（参/共）

茨城県 9人

県立土浦第一高校
青山大人（衆/立）
石井　章（参/維）
県立水戸第一高校
福島伸享（衆/無）
山口那津男（参/公）
県立太田第一高校
梶山弘志（衆/自）
県立高萩高校
郡司　彰（参/立）
県立日立第一高校
石川昭政（衆/自）
県立水戸商業高校
岡田　広（参/自）
清真学園高校
小沼　巧（参/立）

栃木県 11人

県立宇都宮高校
枝野幸男（衆/立）
船田　元（衆/自）
県立足利高校
茂木敏充（衆/自）
県立石橋高校
五十嵐　清（衆/自）
県立今市高校
福田昭夫（衆/立）
県立宇都宮女子高校
上野通子（参/自）
県立宇都宮東高校
高橋克法（参/自）
県立大田原高校
渡辺喜美（参/無）
県立壬生高校
佐藤　勉（衆/自）
県立真岡農業高校
（現・真岡北陵高校）
田所嘉德（衆/自）
作新学院高校
亀岡偉民（衆/自）

群馬県 5人

県立高崎高校
下村博文（衆/自）
中曽根弘文（参/自）
東京農業大学第二高校
井野俊郎（衆/自）
清水真人（参/自）
県立前橋高校
羽生田　俊（参/自）

埼玉県 23人

立教高校
（現・立教新座高校）
小川敏夫（参/無）
鈴木庸介（衆/立）
田中良生（衆/自）
髙木　啓（衆/自）
県立春日部高校
阿部　司（衆/維）
三ッ林裕巳（衆/自）
宮﨑政久（衆/自）
県立浦和第一女子高校
舟山康江（参/国）
古屋範子（衆/公）
県立松山高校
坂本祐之輔（衆/立）
宮崎　勝（参/公）
慶應義塾志木高校
逢沢一郎（衆/自）
和田政宗（参/自）
県立伊奈学園総合高校
中根一幸（衆/自）
県立川口高校
若松謙維（参/公）
県立川越高校
塩川鉄也（衆/共）
県立熊谷高校
森田俊和（衆/立）
県立熊谷女子高校
嘉田由紀子（参/無）
県立越ヶ谷高校
伊藤　岳（参/共）
県立所沢北高校
緑川貴士（衆/立）
浦和市立南高校
高橋英明（衆/維）
西武学園文理高
山口　晋（衆/自）
早稲田本庄高校
手塚仁雄（衆/立）

千葉県 18人

県立木更津高校
浜田靖一（衆/自）
松野博一（衆/自）
県立佐原高校
林　幹雄（衆/自）
谷田川　元（衆/立）
県立千葉高校
門山宏哲（衆/自）
志位和夫（衆/共）
県立東葛飾高校
櫻田義孝（衆/自）
渡辺博道（衆/自）
県立安房高校
青木　愛（参/立）
県立印旛高校
（現・印旛明誠高校）
豊田俊郎（参/自）
県立国府台高校
竹内真二（参/公）
県立千葉西高校
神谷　裕（衆/立）
県立千葉南高校
船後靖彦（参/れ）

県立長生高校
石井準一 (参/自)
県立船橋高校
野田佳彦 (衆/立)
芝浦工業大学柏中学高校
清水貴之 (参/維)
成田高校
秋本真利 (衆/自)
日本大学習志野高校
沢田良 (衆/維)

東京都 135人

筑波大学附属駒場高校10人
(旧東京教育大学附属駒場高校を含む)
赤澤亮正 (衆/自)
笠井亮 (衆/共)
小池晃 (参/共)
後藤茂之 (衆/自)
後藤田正純 (衆/自)
齋藤健 (衆/自)
鈴木隼人 (衆/自)
葉梨康弘 (衆/自)
細田博之 (衆/無)
山岸一生 (衆/立)
創価高校 9人
大口善徳 (衆/公)
河西宏一 (衆/公)
北側一雄 (衆/公)
高木陽介 (衆/公)
竹谷とし子 (参/公)
谷合正明 (参/公)
濵地雅一 (衆/公)
平木大作 (参/公)
矢倉克夫 (参/公)
開成高校 8人
井上信治 (衆/自)
城内実 (衆/自)
岸田文雄 (衆/自)
小林鷹之 (衆/自)
下条みつ (衆/立)
鈴木馨祐 (衆/自)
鈴木憲和 (衆/自)
古川俊治 (参/自)
麻布高校 6人
柿沢未途 (衆/自)
鈴木俊一 (衆/自)
中川雅治 (参/自)
新妻秀樹 (参/公)
牧原秀樹 (衆/自)
山田太郎 (参/自)
武蔵高校 5人
井出庸生 (衆/自)
木原誠二 (衆/自)
柴山昌彦 (衆/自)
中西健治 (衆/自)
松本剛明 (衆/自)
東京教育大学附属高校 4人
(現・筑波大学附属高校)
片山さつき (参/自)
小泉龍司 (衆/自)
宮沢洋一 (参/自)
村上誠一郎 (衆/自)
青山学院高等部 4人
田島麻衣子 (参/立)
鳩山二郎 (衆/自)
穂坂泰 (衆/自)
蓮舫 (参/立)
海城高校 4人
小野泰輔 (衆/維)
音喜多駿 (参/維)
村井英樹 (衆/自)
柳ヶ瀬裕文 (参/維)
明治大学付属中野高校 4人
笹川博義 (衆/自)
新藤義孝 (衆/自)
中野英幸 (衆/自)
三原じゅん子 (参/自)
早稲田実業学校高等部 4人
梅谷守 (衆/立)
杉本和巳 (衆/維)
平将明 (衆/自)
萩生田光一 (衆/自)
東京学芸大学附属高校
高見康裕 (衆/自)
棚橋泰文 (衆/自)
森英介 (衆/自)
都立青山高校
赤羽一嘉 (衆/公)
尾身朝子 (衆/自)
片山大介 (参/維)
都立戸山高校
井坂信彦 (衆/立)
江島潔 (参/自)
宮下一郎 (衆/自)
暁星高校
金子原二郎 (参/自)
野間健 (衆/立)
山本剛正 (衆/維)
國學院高校
大西英男 (衆/自)
落合貴之 (衆/立)
塚田一郎 (衆/自)
お茶の水女子大学附属高校
阿部知子 (衆/立)
打越さく良 (参/立)
都立国立高校
坂井学 (衆/自)
山田宏 (参/自)
都立小石川高校
(現・都立小石川中等教育学校)
小沢一郎 (衆/立)
真山勇一 (参/立)
都立新宿高校
礒﨑哲史 (参/国)
若林健太 (衆/自)
桜蔭高校
猪口邦子 (参/自)
山田美樹 (衆/自)
学習院高等科
麻生太郎 (衆/自)
津島淳 (衆/自)
学習院女子高等科
永岡桂子 (衆/自)
堀内詔子 (衆/自)
慶應義塾女子高校
加藤鮎子 (衆/自)
小宮山泰子 (衆/立)
芝高校
井林辰憲 (衆/自)
長浜博行 (参/立)
成蹊高校
安倍晋三 (衆/自)
古屋圭司 (衆/自)
聖心女子学院高等科
石川香織 (衆/立)
中川郁子 (衆/自)
早稲田大学高等学院
青柳仁士 (衆/維)
伊藤忠彦 (衆/自)
都立稲城高校
(現・都立若葉総合高校)
福重隆浩 (衆/公)
都立上野高校
馬淵澄夫 (衆/立)

都立大泉高校

加藤勝信 (衆/自)

都立北園高校

白眞勲 (参/立)

都立小平高校

川田龍平 (参/立)

都立駒場高校

山谷えり子 (参/自)

都立小山台高校

菅直人 (衆/立)

都立鷺宮高校

海江田万里 (衆/無)

都立世田谷工業高校
(現・総合工科高校)

小林正夫 (参/国)

都立高島高校

石川大我 (参/立)

都立多摩工業高校

森屋隆 (参/立)

都立豊島高校

松原仁 (衆/立)

都立西高校

山崎誠 (衆/立)

都立練馬高校

長妻昭 (衆/立)

都立富士高校

小田原潔 (衆/自)

都立南多摩高校

浅野哲 (衆/国)

都立向丘高校

角田秀穂 (衆/公)

関東第一高校

須藤元気 (参/無)

共立女子高校
(現・共立女子中学高校)

土屋品子 (衆/自)

京華中学高校

大島敦 (衆/立)

啓明学園高校

中村喜四郎 (衆/立)

佼成学園高校

額賀福志郎 (衆/自)

國學院大学付属久我山高校

たがや亮 (衆/れ)

国際基督教大学高校

源馬謙太郎 (衆/立)

駒場東邦高校

国定勇人 (衆/自)

聖徳学園高校

鈴木敦 (衆/国)

白百合学園高校

早稲田ゆき (衆/立)

成城学園中学高校

小渕優子 (衆/自)

中央大学附属高校

熊谷裕人 (参/立)

田園調布雙葉高校

野田聖子 (衆/自)

東京立正高校

浮島智子 (衆/公)

桐朋高校

簗和生 (衆/自)

日本大学第一高校

鈴木義弘 (衆/国)

日本大学第二高校

島村大 (参/自)

日本大学豊山高校

関口昌一 (参/自)

文化学院

山東昭子 (参/無)

八雲学園高校

今井絵理子 (参/自)

早稲田高校

石井啓一 (衆/公)

神奈川県 50人

慶應義塾高校 24人

伊藤信太郎 (衆/自)

伊藤達也 (衆/自)

石破茂 (衆/自)

石原宏高 (衆/自)

越智隆雄 (衆/自)

大塚拓 (衆/自)

大野泰正 (参/自)

奥野信亮 (衆/自)

金子俊平 (衆/自)

岸信夫 (衆/自)

高村正大 (衆/自)

河野太郎 (衆/自)

佐藤公治 (衆/立)

武見敬三 (参/自)

中曽根弘文 (参/自)

中曽根康隆 (衆/自)

長島昭久 (衆/自)

西田実仁 (参/公)

野中厚 (衆/自)

福田達夫 (衆/自)

松本洋平 (衆/自)

武藤容治 (衆/自)

山岡達丸 (衆/立)

若宮健嗣 (衆/自)

栄光学園高校

小倉將信 (衆/自)

小森卓郎 (衆/自)

三谷英弘 (衆/自)

県立厚木高校

甘利明 (衆/自)

後藤祐一 (衆/立)

県立湘南高校

元榮太一郎 (参/自)

山際大志郎 (衆/自)

県立横浜翠嵐高校

那谷屋正義 (参/立)

浜田昌良 (参/公)

逗子開成高校

篠原豪 (衆/立)

土田慎 (衆/自)

県立鎌倉高校

福島伸享 (衆/無)

県立希望ケ丘高校

古川直季 (衆/自)

県立港南台高校

荒井優 (衆/立)

県立相模原高校

あかま二郎 (衆/自)

県立茅ヶ崎北陵高校

上杉謙太郎 (衆/自)

県立鶴嶺高校

星野剛士 (衆/自)

県立富岡高校
(現・金沢総合高校)

浅川義治 (衆/維)

県立柏陽高校

黄川田仁志 (衆/自)

県立横浜平沼高校

中谷一馬 (衆/立)

関東学院六浦高校

小泉進次郎 (衆/自)

聖光学院高校

藤巻健太 (衆/維)

桐蔭高校

伊藤俊輔 (衆/立)

日本大学高校

青柳陽一郎 (衆/立)

フェリス女学院高校
大河原 まさこ（衆/立）
山手学院高校
石 井 苗 子（参/維）
横浜雙葉高校
牧 島 かれん（衆/自）

新潟県 9人

県立三条高校
泉 田 裕 彦（衆/自）
西 村 智奈美（衆/立）
県立新潟高校
佐 藤 信 秋（参/自）
鷲 尾 英一郎（衆/自）
県立加茂高校
菊 田 真紀子（衆/立）
県立高田高校
髙 鳥 修 一（衆/自）
県立中条高校
斎 藤 洋 明（衆/自）
県立新潟商業高校
水 落 敏 栄（参/自）
県立新津高校
森 ゆうこ（参/立）

富山県 10人

県立高岡高校
橘 慶一郎（衆/自）
堂 故 茂（参/自）
山 田 俊 男（参/自）
県立富山中部高校
高 橋 はるみ（参/自）
吉 田 豊 史（衆/維）
県立魚津高校
上 田 英 俊（衆/自）
県立呉羽高校
梅 村 みずほ（参/維）
県立富山高校
野 上 浩太郎（参/自）
県立富山東高校
田 畑 裕 明（衆/自）
県立福野高校
柴 田 巧（参/維）

石川県 7人

金沢大学附属高校
岡 田 直 樹（参/自）
松 本 尚（衆/自）
県立金沢泉丘高校
宮 本 周 司（参/自）
県立小松高校
佐々木 紀（衆/自）
県立七尾高校
近 藤 和 也（衆/立）
県立七尾商業高校
西 田 昭 二（衆/自）
金沢高校
平 山 佐知子（参/無）

福井県 3人

県立大野高校
滝 波 宏 文（参/自）
山 崎 正 昭（参/自）
県立敦賀高校
髙 木 毅（衆/自）

山梨県 6人

県立甲府第一高校
赤 池 誠 章（参/自）
中 谷 真 一（衆/自）
県立桂高校
森 屋 宏（参/自）
県立甲府西高校
小 沢 雅 仁（参/立）
県立甲府南高校
輿 水 恵 一（衆/公）
県立韮崎高校
中 島 克 仁（衆/立）

長野県 7人

長野県阿南高校
宮 島 喜 文（参/自）
長野県飯山北高校
武 田 良 介（参/共）
長野県塩尻高校
（現・塩尻志学館高校）
中 川 宏 昌（衆/公）
長野県長野高校
篠 原 孝（衆/立）
長野県長野東高校
義 家 弘 介（衆/自）
長野県野沢北高校
田 村 智 子（参/共）
長野県松本深志高校
務 台 俊 介（衆/自）

岐阜県 1人

県立加茂高校
渡 辺 猛 之（参/自）

静岡県 11人

県立磐田南高校
小 山 展 弘（衆/立）
宮 澤 博 行（衆/自）
県立沼津東高校
勝 俣 孝 明（衆/自）
渡 辺 周（衆/立）
県立掛川西高校
榛 葉 賀津也（参/国）
県立静岡高校
塩 谷 立（衆/自）
県立島田高校
牧 野 たかお（参/自）
県立清水東高校
深 澤 陽 一（衆/自）
県立浜松北高校
山 﨑 真之輔（参/無）
県立富士高校
田 中 健（衆/国）
静岡雙葉高校
上 川 陽 子（衆/自）

愛知県 37人

東海高校 8人
池 田 佳 隆（衆/自）
今 枝 宗一郎（衆/自）
工 藤 彰 三（衆/自）
長 坂 康 正（衆/自）
丹 羽 秀 樹（衆/自）
長谷川 淳 二（衆/自）
細 田 健 一（衆/自）
吉 田 統 彦（衆/立）
県立旭丘高校 4人
大 塚 耕 平（参/国）
田 嶋 要（衆/立）
平 林 晃（衆/公）
古 川 元 久（衆/国）
県立千種高校
近 藤 昭 一（衆/立）
鈴 木 淳 司（衆/自）
長谷川 岳（参/自）
県立岡崎高校
青 山 周 平（衆/自）

重徳和彦（衆/立）
県立時習館高校
太田房江（参/自）
根本幸典（衆/自）
県立昭和高校
牧義夫（衆/立）
宮沢由佳（参/立）
名古屋市立菊里高校
伊藤渉（衆/公）
斎藤嘉隆（参/立）
県立一宮高校
江﨑鐵磨（衆/自）
県立刈谷高校
本村伸子（衆/共）
県立瑞陵高校
伴野豊（衆/立）
県立東郷高校
岬麻紀（衆/維）
県立豊田西高校
八木哲也（衆/自）
県立豊橋南高校
山本左近（衆/自）
県立丹羽高校
藤川政人（参/自）
県立西尾高校
石井拓（衆/自）
県立半田高校
安江伸夫（参/公）
県立明和高校
柘植芳文（参/自）
愛知高校
熊田裕通（衆/自）
金城学院高校
伊藤孝恵（参/国）
名古屋工業高校
金村龍那（衆/維）
南山高校
酒井庸行（参/自）

三重県 7人

県立松阪高校
田村憲久（衆/自）
浜口誠（参/国）
県立四日市南高校
石原正敬（衆/自）
中川康洋（衆/公）
県立津高校
中川正春（衆/立）
皇學館高校
芝博一（参/立）
メリノール女子学院高校
吉川ゆうみ（参/自）

滋賀県 8人

県立彦根東高校
小寺裕雄（衆/自）
徳永久志（衆/立）
細野豪志（衆/自）
県立膳所高校
こやり隆史（参/自）
佐藤茂樹（衆/公）
県立虎姫高校
上野賢一郎（衆/自）
県立八日市高校
市田忠義（参/共）
近江兄弟社高校
有村治子（参/自）

京都府 19人

洛星高校
阿達雅志（参/自）
勝目康（衆/自）
竹内譲（衆/公）
洛南高校
伊佐進一（衆/公）
浜田聡（参/N）
山井和則（衆/立）
府立乙訓高校
有田芳生（参/立）
稲田朋美（衆/自）
京都教育大学附属高校
前原誠司（衆/国）
府立嵯峨野高校
福山哲郎（参/立）
府立北稜高校
山本ともひろ（衆/自）
京都市立塔南高校
西田昌司（参/自）
京都市立西京高校
二之湯智（参/自）
京都市立日吉ヶ丘高校
大門実紀史（参/共）
京都市立堀川高校
山添拓（参/共）
京都市立紫野高校
川合孝典（参/国）
大谷高校
武村展英（衆/自）
京都成章高校
田中英之（衆/自）
京都聖母学院高校
堀場幸子（衆/維）

大阪府 47人

関西創価高校 7人
石川博崇（参/公）
國重徹（衆/公）
里見隆治（参/公）
杉久武（参/公）
高橋光男（参/公）
中野洋昌（衆/公）
鰐淵洋子（衆/公）
清風高校 4人
浦野靖人（衆/維）
小林茂樹（衆/自）
谷川とむ（衆/自）
美延映夫（衆/維）
大阪教育大学附属高校池田校舎
梅村聡（参/維）
岡田克也（衆/立）
丸川珠代（参/自）
大阪教育大学附属高校天王寺校舎
大石あきこ（衆/れ）
世耕弘成（参/自）
山田賢司（衆/自）
府立北野高校
松島みどり（衆/自）
山本香苗（参/公）
府立寝屋川高校
中司宏（衆/維）
矢田わか子（参/国）
府立三国丘高校
高木かおり（参/維）
森山浩行（衆/立）
大阪教育大学附属高校平野校舎
柳本顕（衆/自）
府立茨木高校
足立康史（衆/維）
府立大手前高校
浅田均（参/維）

府立鳳高校
馬場伸幸（衆/維）
府立岸和田高校
宮本岳志（衆/共）
府立北千里高校
伊藤孝江（参/公）
府立四條畷高校
藤田文武（衆/維）
府立高槻北高校
池下卓（衆/維）
府立天王寺高校
鶴保庸介（参/自）
府立花園高校
宗清皇一（衆/自）
府立枚方高校
田村貴昭（衆/共）
大阪学芸高校
（旧・成器高校）
一谷勇一郎（衆/維）
大阪工業大学高校
（現・常翔学園高校）
守島正（衆/維）
大阪産業大学附属高校
遠藤敬（衆/維）
大阪貿易学院高校
（現・開明高校）
井上英孝（衆/維）
関西大学第一高校
前川清成（衆/維）
金蘭千里高校
岩谷良平（衆/維）
四天王寺高校
松川るい（参/自）
東海大学付属大阪仰星高校
斎藤アレックス（衆/国）
同志社香里高校
漆間譲司（衆/維）
初芝高校
（現・初芝立命館高校）
遠藤良太（衆/維）
箕面自由学園高校
山本太郎（衆/れ）
桃山学院高校
東徹（参/維）
履正社高校
奥下剛光（衆/維）

兵庫県　33人

灘高校　6人
上月良祐（参/自）
鈴木英敬（衆/自）
徳茂雅之（参/自）
西村康稔（衆/自）
盛山正仁（衆/自）
米山隆一（衆/無）
白陵高校
秋野公造（参/公）
稲富修二（衆/立）
住吉寛紀（衆/維）
県立加古川東高校
杉尾秀哉（参/立）
浜野喜史（参/国）
県立神戸高校
伊東信久（衆/維）
和田有一朗（衆/維）
甲陽学院高校
石田昌宏（参/自）
奥野総一郎（衆/立）
淳心学院高校
青山繁晴（参/自）
山口壮（衆/自）
県立明石西高校
宮本徹（衆/共）
県立尼崎西高校
室井邦彦（参/維）
県立伊丹高校
櫻井周（衆/立）
県立小野高校
藤井比早之（衆/自）
県立豊岡高校
水岡俊一（参/立）
県立西宮南高校
三木圭恵（衆/維）
県立農業高校
池畑浩太朗（衆/維）
県立東灘高校
加田裕之（参/自）
県立姫路西高校
渡海紀三朗（衆/自）
県立兵庫高校
宮崎雅夫（参/自）
県立八鹿高校
谷公一（衆/自）
育英高校
掘井健智（衆/維）
三田学園高校
末松信介（参/自）
松陰女子高校
吉田とも代（衆/維）
親和女子高校
杉田水脈（衆/自）
報徳学園高校
大串正樹（衆/自）

奈良県　6人

東大寺学園高校
堀井巌（参/自）
本田太郎（衆/自）
西大和学園高校
佐藤啓（参/自）
田野瀬太道（衆/自）
県立畝傍高校
高市早苗（衆/自）
奈良学園高校
大西健介（衆/立）

和歌山県　5人

県立海南高校
石田真敏（衆/自）
日下正喜（衆/公）
県立桐蔭高校
足立敏之（参/自）
岸本周平（衆/国）
県立日高高校
二階俊博（衆/自）

鳥取県　3人

県立米子東高校
舞立昇治（参/自）
湯原俊二（衆/立）
県立鳥取西高校
竹内功（参/自）

島根県　3人

県立大田高校
三浦靖（参/自）
県立大社高校
青木一彦（参/自）
県立松江北高校
石橋通宏（参/立）

岡山県 12人

県立岡山操山高校 4人
石井正弘（参/自）
江田憲司（衆/立）
藤井基之（参/自）
山下貴司（衆/自）
県立岡山朝日高校
片山虎之助（参/維）
県立岡山一宮高校
平沼正二郎（衆/自）
県立岡山大安寺高校
赤木正幸（衆/維）
県立成羽高校
（現・県立高梁城南高校）
難波奨二（参/立）
岡山高校
橋本岳（衆/自）
金光学園高校
柚木道義（衆/立）
就実高校
塩村あやか（参/立）
清心女子高校
小野田紀美（参/自）

広島県 14人

広島大学附属高校
石橋林太郎（衆/自）
寺田稔（衆/自）
広島学院高校
平口洋（衆/自）
森本真治（参/立）
県立呉三津田高校
空本誠喜（衆/維）
県立世羅高校
小島敏文（衆/自）
県立広島国泰寺高校
井上哲士（参/共）
県立三原東高校
熊野正士（参/公）
英数学館高校
小林史明（衆/自）
山陽高校
畦元将吾（衆/自）
修道高校
斉藤鉄夫（衆/公）
崇徳学園高校
神田憲次（衆/自）
広島女学院高校
田村まみ（参/国）
福山暁の星女子高校
宮口治子（参/立）

山口県 4人

県立宇部高校
菅直人（衆/立）
県立熊毛南高校
北村経夫（参/自）
県立下関西高校
林芳正（衆/自）
県立西市高校
田中和德（衆/自）

徳島県 8人

県立城ノ内高校
関芳弘（衆/自）
吉川沙織（参/立）
徳島市立高校
小西洋之（参/立）
仁木博文（衆/無）
県立阿波高校
塩田博昭（参/公）
県立城南高校
山口俊一（衆/自）
県立富岡西高校
中西祐介（参/自）
徳島文理高校
三木亨（参/自）

香川県 10人

県立高松高校 5人
小川淳也（衆/立）
薗浦健太郎（衆/自）
玉木雄一郎（衆/国）
中山展宏（衆/自）
三宅伸吾（参/自）
県立丸亀高校
磯﨑仁彦（参/自）
大野敬太郎（衆/自）
吉川元（衆/立）
県立善通寺第一高校
山下芳生（参/共）
高松市立高松第一高校
平井卓也（衆/自）

愛媛県 8人

県立今治西高校
白石洋一（衆/立）
山本順三（参/自）
県立松山東高校
ながえ孝子（参/無）
宮内秀樹（衆/自）
愛光学園高校
塩﨑彰久（衆/自）
新谷正義（衆/自）
県立三島高校
井原巧（衆/自）
県立八幡浜高校
山本博司（参/公）

高知県 7人

土佐高校
尾﨑正直（衆/自）
中谷元（衆/自）
山本有二（衆/自）
県立高知追手前高校
吉良よし子（参/共）
県立高知小津高校
山﨑正恭（衆/公）
高知高校
中西哲（参/自）
高知中央高校
高野光二郎（参/自）

福岡県 22人

県立小倉高校
武田良太（衆/自）
西村明宏（衆/自）
県立修猷館高校
河野義博（参/公）
笠浩史（衆/立）
県立東筑高校
緒方林太郎（衆/無）
末松義規（衆/立）
久留米大学附設高校
大家敏志（参/自）
古賀篤（衆/自）
県立嘉穂高校
高瀬弘美（参/公）
県立北九州高校
小川克巳（参/自）

県立筑紫高校
下 野 六 太 (参/公)
県立筑紫丘高校
堤　かなめ (衆/立)
県立伝習館高校
江 崎　孝 (参/立)
県立福岡高校
阿 部 弘 樹 (衆/維)
県立福島高校
野 田 国 義 (参/立)
県立三池高校
上 田 清 司 (参/無)
県立京都高校
松 山 政 司 (参/自)
県立明善高校
古 賀 之 士 (参/立)
県立門司高校
城 井　崇 (衆/立)
県立山門高校
藤 丸　敏 (衆/自)
西南学院高校
井 上 貴 博 (衆/自)
福岡大学附属大濠高校
市 村 浩一郎 (衆/維)

佐賀県　8人

県立佐賀西高校 4人
岩 田 和 親 (衆/自)
大 串 博 志 (衆/立)
原 口 一 博 (衆/立)
福 岡 資 麿 (参/自)
県立鳥栖高校
岡 本 三 成 (衆/公)
吉 田 久美子 (衆/公)
県立鹿島高校
今 村 雅 弘 (衆/自)
弘学館高校
山 下 雄 平 (参/自)

長崎県　7人

青雲高校
古 賀 友一郎 (参/自)
末 次 精 一 (衆/立)
県立大村高校
山 田 勝 彦 (衆/立)
県立北松西高校
北 村 誠 吾 (衆/自)
県立国見高校
加 藤 竜 祥 (衆/自)
県立長崎東高校
谷 川 弥 一 (衆/自)
活水高校
西 岡 秀 子 (衆/国)

熊本県　11人

県立熊本高校
西 野 太 亮 (衆/自)
藤 末 健 三 (参/無)
県立人吉高校
金 子 恭 之 (衆/自)
松 村 祥 史 (参/自)
県立熊本工業高校
馬 場 成 志 (参/自)
県立熊本農業高校
藤 木 眞 也 (参/自)
県立済々黌高校
木 原　稔 (衆/自)
県立玉名高校
吉 田 宣 弘 (衆/公)
九州女学院高校
(現・ルーテル学院高校)
本 田 顕 子 (参/自)
熊本商科大学付属高校
(現・熊本学園大学付属高校)
坂 本 哲 志 (衆/自)
鎮西高校
朝 日 健太郎 (参/自)

大分県　6人

県立大分舞鶴高校
足 立 信 也 (参/国)
吉 良 州 司 (衆/無)
県立大分上野丘高校
衛 藤 晟 一 (参/自)
県立鶴崎工業高校
吉 田 忠 智 (参/立)
県立森高校
衛 藤 征士郎 (衆/自)
別府青山高校
(現・別府翔青高校)
安 達　澄 (参/無)

宮崎県　7人

県立宮崎西高校
江 藤　拓 (衆/自)
武 井 俊 輔 (衆/自)
松 下 新 平 (参/自)
県立都城泉ヶ丘高校
長 峯　誠 (参/自)
県立宮崎大宮高校
福 島 みずほ (参/社)
県立宮崎北高校
渡 辺　創 (衆/立)
県立宮崎南高校
長 友 慎 治 (衆/国)

鹿児島県　16人

ラ・サール高校 6人
岩 屋　毅 (衆/自)
大 岡 敏 孝 (衆/自)
鬼 木　誠 (衆/自)
野 村 哲 郎 (参/自)
古 川　康 (衆/自)
古 川 禎 久 (衆/自)
県立鶴丸高校　4人
宇 都 隆 史 (参/自)
小 里 泰 弘 (衆/自)
宮 路 拓 馬 (衆/自)
柳 田　稔 (参/無)
県立錦江湾高校
そのだ 修 光 (参/自)
保 岡 宏 武 (衆/自)
県立指宿高校
三反園　訓 (衆/無)
県立日新高校
(現・県立開陽高校)
森 山　裕 (衆/自)
鹿児島市立鹿児島玉龍高校
尾 辻 秀 久 (参/自)
れいめい高校
太　栄 志 (衆/立)

沖縄県　8人

県立那覇高校
赤 嶺 政 賢 (衆/共)
髙 良 鉄 美 (参/無)
西 銘 恒三郎 (衆/自)
県立浦添高校
金 城 泰 邦 (衆/公)
県立名護高校
新 垣 邦 男 (衆/社)
県立普天間高校
伊 波 洋 一 (参/無)

沖縄尚学高校
國 場 幸之助（衆/自）
昭和薬科大学附属高校
比 嘉 奈津美（参/自）

海 外 10人

【アメリカ】
あさひ学園高等部
（ロサンゼルス）
北 神 圭 朗（衆/無）
コンコード・アカデミー高校
（マサチューセッツ州）
猪 口 邦 子（参/自）
ジョーンズヴィル高校
（ミシガン州）
野 田 聖 子（衆/自）
ノースビュー高校
（インディアナ州）
山 田 賢 司（衆/自）
ブルックリン高校
（ニューヨーク州）
自 見 はなこ（参/自）
【カナダ】
セントジョージ高校
（バンクーバー）
辻 清 人（衆/自）
ロックリッジ高校
（バンクーバー）
鈴 木 貴 子（衆/自）
【フランス】
アルザス成城学園
（キンツハイム）
羽 田 次 郎（参/立）
パリ・インターナショナル
スクール
和 田 義 明（衆/自）
【オーストラリア】
ザ・サウスポートスクール
（クイーンズランド州）
鳩 山 二 郎（衆/自）

国会議員出身別一覧

（令和4年1月17日現在）

現・元国会議員親類（3親等以内）152人

衆議院（118人）

安倍晋三（自）
逢沢一郎（自）
青柳陽一郎（立）
赤澤亮正（自）
麻生太郎（自）
甘利明（自）
荒井優（立）
井出庸生（自）
井原巧（自）
伊藤俊輔（立）
伊藤信太郎（自）
池畑浩太朗（維）
石川香織（立）
石破茂（自）
石原宏高（自）
梅谷守（立）
江﨑鐵磨（自）
江藤拓（自）
小里泰弘（自）
小沢一郎（立）
小渕優子（自）
尾身朝子（自）
越智隆雄（自）
大塚拓（自）
大野敬太郎（自）
岡田克也（立）
奥野信亮（自）
加藤鮎子（自）
加藤勝信（自）
加藤竜祥（自）
柿沢未途（自）
梶山弘志（自）
金子恵美（立）
金子俊平（自）
亀岡偉民（自）
川崎ひでと（自）
木村次郎（自）
岸信夫（自）
岸田文雄（自）
北側一雄（公）
玄葉光一郎（立）
小泉進次郎（自）
小林史明（自）
小宮山泰子（立）
小森卓郎（自）
高村正大（自）
河野太郎（自）
神津たけし（立）
佐藤公治（立）
笹川博義（自）
塩崎彰久（自）
塩谷立（自）
下条みつ（立）
鈴木俊一（自）
鈴木貴子（自）
田野瀬太道（自）
田村憲久（自）
髙鳥修一（自）
武田良太（自）
武部新（自）
橘慶一郎（自）
棚橋泰文（自）
谷公一（自）
谷川とむ（自）
津島淳（自）
塚田一郎（自）
土屋品子（自）
寺田学（立）
寺田稔（自）
渡海紀三朗（自）
中川郁子（自）
中島克仁（立）
中曽根康隆（自）
中谷元（自）
中野英幸（自）
中村喜四郎（立）
永岡桂子（自）
丹羽秀樹（自）
西岡秀子（国）
西村智奈美（立）
西村康稔（自）
西銘恒三郎（自）
根本匠（自）
野田聖子（自）
野中厚（自）
葉梨康弘（自）
橋本岳（自）
鳩山二郎（自）
浜田靖一（自）
林幹雄（自）
林芳正（自）
平井卓也（自）
平沼正二郎（自）
福田達夫（自）
藤巻健太（維）
船田元（自）
古屋圭司（自）
細田博之（無）
堀内詔子（自）
松本剛明（自）
三ッ林裕巳（自）
御法川信英（自）
宮路拓馬（自）
宮下一郎（自）
武藤容治（自）
村上誠一郎（自）
盛山正仁（自）
森英介（自）
保岡宏武（自）
柳本顕（自）
山岡達丸（立）
山口晋（自）
山田勝彦（立）
山本剛正（維）
和田義明（自）
若林健太（自）
渡辺孝一（自）
渡辺周（立）

参議院（34人）

阿達雅志（自）
青木一彦（自）
石川博崇（公）
石橋通宏（立）
江島潔（自）
大野泰正（自）
岡田直樹（自）
片山大介（維）

片山虎之助(維)
金子原二郎(自)
川田龍平(立)
自見はなこ(自)
杉久武(公)
鈴木宗男(維)
世耕弘成(自)
関口昌一(自)
田名部匡代(立)
寺田静(無)
中川雅治(自)
中曽根弘文(自)
長峯誠(自)
二之湯智(自)
西田昌司(自)
野上浩太郎(自)
羽田次郎(立)
羽生田俊(自)
橋本聖子(無)
福岡資麿(自)
本田顕子(自)
増子輝彦(無)
丸川珠代(自)
宮沢洋一(自)
室井邦彦(維)
渡辺喜美(無)

現・元国会議員親類(4親等以上) 4人

衆議院(4人)

後藤田正純(自)
國場幸之助(自)
福島伸享(無)
谷田川元(立)

公募 42人

衆議院(34人)

あかま二郎(自)
青山周平(自)
秋葉賢也(自)
五十嵐清(自)
井林辰憲(自)
池田佳隆(自)
石橋林太郎(自)
岩田和親(自)
枝野幸男(立)
大岡敏孝(自)
大西健介(立)
木原誠二(自)
木原稔(自)
小林鷹之(自)
古賀篤(自)
斎藤洋明(自)
杉本和巳(維)
関芳弘(自)
田中良生(自)
平将明(自)
武井俊輔(自)
辻清人(自)
寺田学(立)
長谷川淳二(自)
古川直季(自)
星野剛士(自)
松島みどり(自)
松野博一(自)
村井英樹(自)
簗和生(自)
山下貴司(自)
山本ともひろ(自)
柚木道義(立)
若林健太(自)

参議院(8人)

伊藤孝恵(国)
磯崎仁彦(自)
清水真人(自)
滝波宏文(自)
古川俊治(自)
三宅伸吾(自)
山下雄平(自)
吉川沙織(立)

中央省庁 108人

(衆議院70人、参議院38人)

旧大蔵省 20人

衆議院(16人)

尾崎正直(自)
大串博志(立)
加藤勝信(自)
金田勝年(自)
木原誠二(自)
岸本周平(国)
北神圭朗(無)
小泉龍司(自)
小林鷹之(自)
小森卓郎(自)
古賀篤(自)
後藤茂之(自)
鈴木馨祐(自)
玉木雄一郎(国)
寺田稔(自)
古川元久(国)

参議院(4人)

片山さつき(自)
滝波宏文(自)
中川雅治(自)
宮沢洋一(自)

財務省 2人

衆議院(2人)

西野太亮(自)
村井英樹(自)

旧通産省 18人

衆議院(13人)

足立康史(維)
泉田裕彦(自)
江田憲司(立)
岡田克也(立)
後藤祐一(立)
齋藤健(自)
鈴木英敬(自)
棚橋泰文(自)
西村康稔(自)
福島伸享(無)
細田健一(自)
細田博之(無)
山田美樹(自)

参議院(5人)

太田房江(自)
こやり隆史(自)
高橋はるみ(自)
浜田昌良(公)
藤末健三(無)

経済産業省 4人

衆議院(2人)

鈴木隼人(自)

牧原秀樹(自)

参議院(2人)

小沼巧(立)
矢倉克夫(公)

旧自治省　13人

衆議院(8人)

上野賢一郎(自)
小川淳也(立)
勝目康(自)
重徳和彦(立)
長谷川淳二(自)
藤井比早之(自)
古川康(自)
務台俊介(自)

参議院(5人)

片山虎之助(維)
古賀友一郎(自)
上月良祐(自)
堀井巌(自)
舞立昇治(自)

旧郵政省　4人

衆議院(2人)

奥野総一郎(立)
国定勇人(自)

参議院(2人)

小西洋之(立)
徳茂雅之(自)

総務省　2人

衆議院(1人)

宮路拓馬(自)

参議院(1人)

佐藤啓(自)

旧建設省　9人

衆議院(5人)

井上信治(自)
石井啓一(公)
根本匠(自)
平口洋(自)
古川禎久(自)

参議院(4人)

足立敏之(自)
石井正弘(自)
佐藤信秋(自)
竹内功(自)

旧運輸省　2人

衆議院(2人)

赤澤亮正(自)
盛山正仁(自)

旧北海道開発庁　1人

衆議院(1人)

橘慶一郎(自)

国土交通省　2人

衆議院(2人)

井林辰憲(自)
中野洋昌(公)

外務省　9人

衆議院(4人)

緒方林太郎(無)
城内実(自)
末松義規(立)
山口壯(自)

参議院(5人)

石川博崇(公)
高瀬弘美(公)
高橋光男(公)
松川るい(自)
山本香苗(公)

農水省　5人

衆議院(2人)

篠原孝(立)
鈴木憲和(自)

参議院(3人)

進藤金日子(自)
舟山康江(国)
宮崎雅夫(自)

防衛省　6人

(旧防衛庁、自衛隊を含む)

衆議院(3人)

高見康裕(自)
中谷元(自)
中谷真一(自)

参議院(3人)

宇都隆史(自)
佐藤正久(自)
三浦信祐(公)

旧厚生省　2人

衆議院(1人)

髙階恵美子(自)

参議院(1人)

藤井基之(自)

旧労働省　1人

参議院(1人)

里見隆治(公)

厚生労働省　2人

衆議院(1人)

国光あやの(自)

参議院(1人)

秋野公造(公)

警察庁　2人

衆議院(2人)

葉梨康弘(自)
平沢勝栄(自)

金融庁　2人

衆議院(1人)

藤岡隆雄(立)

参議院(1人)

森まさこ(自)

公正取引委員会　1人

衆議院(1人)

斎藤洋明(自)

旧科学技術庁 1人

衆議院（1人）

伊佐進一（公）

参議院事務局 1人

衆議院（1人）

大西健介（立）

特殊法人・独立行政法人 6人

衆議院（6人）

青柳仁士（維）
梶山弘志（自）
神津たけし（立）
櫻井周（立）
中川正春（立）
西銘恒三郎（自）

地方庁 28人

衆議院（17人）

阿部弘樹（維）
新垣邦男（社）
小野泰輔（維）
小野寺五典（自）
大石あきこ（れ）
逢坂誠二（立）
木村次郎（自）
塩川鉄也（共）
新藤義孝（自）
杉田水脈（自）
髙階恵美子（自）
高木宏壽（自）
谷公一（自）
中村裕之（自）
福田昭夫（立）
吉田宣弘（公）
渡辺博道（自）

参議院（11人）

伊波洋一（無）
岩渕友（共）
江崎孝（立）
木戸口英司（立）
岸真紀子（立）
藤川政人（自）
松下新平（自）
宮沢由佳（立）
宮島喜文（自）
横山信一（公）
吉田忠智（立）

美術館 1人

衆議院（1人）

堀内詔子（自）

学芸員 2人

衆議院（1人）

堀内詔子（自）

参議院（1人）

嘉田由紀子（無）

地方議会 221人

衆議院（158人）
参議院（ 63人）

都道府県議会 議長・副議長 16人

衆議院（6人）

五十嵐清（自）
小島敏文（自）
小寺裕雄（自）
谷川弥一（自）
冨樫博之（自）
西田昭二（自）

参議院（10人）

浅田均（維）
加田裕之（自）
勝部賢志（立）
末松信介（自）
滝沢求（自）
中西哲（自）
馬場成志（自）
森屋宏（自）
山崎正昭（自）
山本順三（自）

都道府県議 148人

衆議院（107人）

あかま二郎（自）
阿部弘樹（維）
青山大人（立）
秋葉賢也（自）
東国幹（自）
井上貴博（自）
井原巧（自）
伊東良孝（自）
伊藤忠彦（自）
池下卓（維）
池畑浩太朗（維）
石井拓（自）
石田真敏（自）
石橋林太郎（自）
石原正敬（自）
稲津久（公）
岩田和親（自）
岩谷良平（維）
岩屋毅（自）
上田英俊（自）
梅谷守（立）
浦野靖人（維）
漆間譲司（維）
遠藤利明（自）
小熊慎司（立）
大岡敏孝（自）
大河原まさこ（立）
大西英男（自）
鬼木誠（自）
柿沢未途（自）
鎌田さゆり（立）
神谷昇（自）
菅家一郎（自）
北村誠吾（自）
金城泰邦（公）
熊田裕通（自）
玄葉光一郎（立）
源馬謙太郎（立）
小林茂樹（自）
小宮山泰子（立）
國場幸之助（自）
佐藤勉（自）
佐藤英道（公）
坂本哲志（自）
櫻田義孝（自）
笹川博義（自）
下村博文（自）
庄子賢一（公）
末次精一（立）
鈴木義弘（国）

住吉寛紀(維)
田所嘉德(自)
田中和德(自)
田中健(国)
田畑裕明(自)
髙木啓(自)
高木宏壽(自)
高橋千鶴子(共)
高見康裕(自)
武井俊輔(自)
堤かなめ(立)
手塚仁雄(立)
土井亨(自)
徳永久志(立)
中川宏昌(公)
中川正春(立)
中川康洋(公)
中谷一馬(立)
中司宏(維)
中野英幸(自)
中村裕之(自)
長坂康正(自)
二階俊博(自)
西村智奈美(立)
西銘恒三郎(自)
額賀福志郎(自)
野田聖子(自)
野田佳彦(立)
野中厚(自)
萩生田光一(自)
林幹雄(自)
原口一博(立)
深澤陽一(自)
福重隆浩(公)
星野剛士(自)
堀井学(自)
掘井健智(維)
本田太郎(自)
前原誠司(国)
松原仁(立)
道下大樹(立)
宗清皇一(自)
森田俊和(立)
森山浩行(立)
谷田川元(立)
山口俊一(自)
山崎正恭(公)
山本有二(自)
湯原俊二(立)
吉田豊史(維)
吉田宣弘(公)
吉野正芳(自)
早稲田ゆき(立)
和田有一朗(維)
渡辺周(立)
渡辺創(立)
渡辺博道(自)

参議院(41人)

東徹(維)
伊波洋一(無)
石井準一(自)
岩本剛人(自)
上野通子(自)
衛藤晟一(自)
尾辻秀久(自)
大家敏志(自)
大野泰正(自)
岡田直樹(自)
岡田広(自)
音喜多駿(維)
金子原二郎(自)
木戸口英司(立)
倉林明子(共)
酒井庸行(自)
清水真人(自)
塩村あやか(立)
芝博一(立)
柴田巧(維)
関口昌一(自)
そのだ修光(自)
高野光二郎(自)
高橋克法(自)
堂故茂(自)
豊田俊郎(自)
長峯誠(自)
西田昌司(自)
野上浩太郎(自)
藤川政人(自)
牧野たかお(自)
増子輝彦(無)
松下新平(自)
三木亨(自)
室井邦彦(維)
柳ヶ瀬裕文(維)
山崎真之輔(無)
山田宏(自)
横山信一(公)
吉田忠智(立)
渡辺猛之(自)

市区町村議会議長・副議長 9人

衆議院(7人)

大西英男(自)
坂本祐之輔(立)
中川貴元(自)
馬場伸幸(維)
美延映夫(維)
森山裕(自)
八木哲也(自)

参議院(2人)

清水真人(自)
二之湯智(自)

市区町村議 77人

衆議院(58人)

赤嶺政賢(共)
秋本真利(自)
浅川義治(維)
東国幹(自)
井坂信彦(立)
井野俊郎(自)
井上英孝(維)
伊東良孝(自)
石井拓(自)
小熊慎司(立)
大岡敏孝(自)
岡本あき子(立)
金子恵美(立)
鎌田さゆり(立)
菅家一郎(自)
菊田真紀子(立)
北村誠吾(自)
金城泰邦(公)
工藤彰三(自)
穀田恵二(共)
輿水恵一(公)
櫻井周(立)
櫻田義孝(自)
篠原豪(立)
島尻安伊子(自)
新藤義孝(自)

菅　　義偉(自)
鈴木淳司(自)
田所嘉徳(自)
田中和徳(自)
田中　　健(国)
田中英之(自)
田畑裕明(自)
田村貴昭(共)
髙木　　啓(自)
高橋英明(維)
竹内　　譲(公)
角田秀穂(公)
中川康洋(公)
中根一幸(自)
西田昭二(自)
根本幸典(自)
萩生田光一(自)
早坂　　敦(維)
深澤陽一(自)
古川直季(自)
穂坂　　泰(自)
掘井健智(維)
三木圭恵(維)
宮澤博行(自)
守島　　正(維)
森山浩行(立)
柳本　　顕(自)
山崎　　誠(立)
湯原俊二(立)
吉田とも代(維)
早稲田ゆき(立)
和田有一朗(維)

参議院(19人)

石井　　章(維)
石川大我(立)
衛藤晟一(自)
小野田紀美(自)
熊谷裕人(立)
倉林明子(共)
酒井庸行(自)
榛葉賀津也(国)
高木かおり(維)
中西　　哲(自)
馬場成志(自)
真山勇一(立)
三浦　　靖(自)
室井邦彦(維)

森　　ゆうこ(立)
森本真治(立)
柳ヶ瀬裕文(維)
山﨑真之輔(無)
山崎正昭(自)

首長　38人

衆議院(22人)
参議院(16人)

知事　13人

衆議院(7人)

泉田裕彦(自)
尾﨑正直(自)
鈴木英敬(自)
福田昭夫(立)
古川　　康(自)
三反園　　訓(無)
米山隆一(無)

参議院(6人)

石井正弘(自)
上田清司(無)
太田房江(自)
嘉田由紀子(無)
金子原二郎(自)
高橋はるみ(自)

市区町村長　26人

衆議院(16人)

阿部弘樹(維)
新垣邦男(社)
井原　　巧(自)
伊東良孝(自)
石田真敏(自)
石原正敬(自)
衛藤征士郎(自)
逢坂誠二(立)
菅家一郎(自)
国定勇人(自)
坂本祐之輔(立)
橘　　慶一郎(自)
中司　　宏(維)
鳩山二郎(自)
福田昭夫(立)
渡辺孝一(自)

参議院(10人)

伊波洋一(無)
江島　　潔(自)
岡田　　広(自)
高橋克法(自)
竹内　　功(自)
堂故　　茂(自)
豊田俊郎(自)
長峯　　誠(自)
野田国義(立)
山田　　宏(自)

各種団体　9人

衆議院(4人)

一谷勇一郎(維)
加藤鮎子(自)
塩谷　　立(自)
髙階恵美子(自)

参議院(5人)

石田昌宏(自)
小川克巳(自)
尾辻秀久(自)
藤井基之(自)
水落敏栄(自)

生協　1人

参議院(1人)

山下芳生(共)

労働組合　30人

衆議院(4人)

赤嶺政賢(共)
浅野　　哲(国)
田村貴昭(共)
高橋千鶴子(共)

参議院(26人)

伊波洋一(無)
石橋通宏(立)
礒﨑哲史(国)
市田忠義(共)
江崎　　孝(立)
小沢雅仁(立)

大塚耕平(国)
勝部賢志(立)
川合孝典(国)
岸真紀子(立)
倉林明子(共)
郡司彰(立)
小林正夫(国)
斎藤嘉隆(立)
田村まみ(国)
大門実紀史(共)
那谷屋正義(立)
難波奨二(立)
浜口誠(国)
浜野喜史(国)
水岡俊一(立)
森屋隆(立)
矢田わか子(国)
柳田稔(無)
吉川沙織(立)
吉田忠智(立)

弁護士・裁判官・検事 33人

衆議院(21人)

井野俊郎(自)
稲田朋美(自)
枝野幸男(立)
大口善徳(公)
門山宏哲(自)
北側一雄(公)
國重徹(公)
塩崎彰久(自)
階猛(立)
柴山昌彦(自)
棚橋泰文(自)
濵地雅一(公)
藤原崇(自)
本田太郎(自)
前川清成(維)
牧原秀樹(自)
三谷英弘(自)
宮﨑政久(自)
山下貴司(自)
山本有二(自)
米山隆一(無)

参議院(12人)

伊藤孝江(公)
打越さく良(立)
小川敏夫(無)
佐々木さやか(公)
福島みずほ(社)
古川俊治(自)
元榮太一郎(自)
森まさこ(自)
矢倉克夫(公)
安江伸夫(公)
山口那津男(公)
山添拓(共)

米国弁護士 3人

衆議院(1人)

牧原秀樹(自)

参議院(2人)

阿達雅志(自)
牧山ひろえ(立)

法律事務所 3人

参議院(3人)

市田忠義(共)
中西哲(自)
森本真治(立)

公認会計士 6人

衆議院(3人)

武村展英(自)
若林健太(自)
鷲尾英一郎(自)

参議院(3人)

杉久武(公)
竹谷とし子(公)
若松謙維(公)

米国公認会計士 4人

衆議院(2人)

白石洋一(立)
高木宏壽(自)

参議院(2人)

杉久武(公)
滝波宏文(自)

税理士 13人

衆議院(7人)

池下卓(維)
神田憲次(自)
北側一雄(公)
國重徹(公)
穂坂泰(自)
若林健太(自)
鷲尾英一郎(自)

参議院(6人)

伊藤孝江(公)
佐々木さやか(公)
杉久武(公)
竹谷とし子(公)
西田昌司(自)
若松謙維(公)

監査法人 1人

参議院(1人)

田島麻衣子(立)

社会保険労務士 1人

衆議院(1人)

角田秀穂(公)

行政書士 7人

衆議院(5人)

井坂信彦(立)
岩谷良平(維)
逢坂誠二(立)
田所嘉徳(自)
鷲尾英一郎(自)

参議院(2人)

竹谷とし子(公)
若松謙維(公)

司法書士 1人

衆議院(1人)

濵地雅一(公)

出身別一覧

中小企業診断士 2人

衆議院(2人)

大岡敏孝(自)
守島正(維)

宅地建物取引士 5人

衆議院(3人)

田所嘉徳(自)
田畑裕明(自)
堀内詔子(自)

参議院(2人)

岩本剛人(自)
長峯誠(自)

土地家屋調査士 1人

参議院(1人)

豊田俊郎(自)

弁理士 2人

衆議院(2人)

菅直人(立)
櫻井周(立)

経営コンサルタント 8人

衆議院(5人)

小野泰輔(維)
加藤鮎子(自)
茂木敏充(自)
山田美樹(自)
吉田はるみ(立)

参議院(3人)

小沼巧(立)
竹谷とし子(公)
平木大作(公)

ITコンサルタント 1人

衆議院(1人)

尾身朝子(自)

一級建築士 2人

衆議院(2人)

田所嘉徳(自)
渡海紀三朗(自)

技術士 2人

衆議院(1人)

斉藤鉄夫(公)

参議院(1人)

新妻秀規(公)

気象予報士 1人

衆議院(1人)

緑川貴士(立)

防災士 9人

衆議院(3人)

伊藤渉(公)
石橋林太郎(自)
緑川貴士(立)

参議院(6人)

石垣のりこ(立)
里見隆治(公)
長峯誠(自)
新妻秀規(公)
和田政宗(自)
若松謙維(公)

マスコミ 73人

衆議院(35人)
参議院(38人)

新聞社 24人

衆議院(16人)

近藤昭一(立)
坂本哲志(自)
篠原豪(立)
薗浦健太郎(自)
高木陽介(公)
高見康裕(自)
角田秀穂(公)
中司宏(維)
額賀福志郎(自)
星野剛士(自)
牧義夫(立)
松島みどり(自)
茂木敏充(自)
山岸一生(立)
渡辺周(立)
渡辺創(立)

参議院(8人)

安達澄(無)
岡田直樹(自)
加田裕之(自)
北村経夫(自)
白眞勲(立)
三宅伸吾(自)
山下雄平(自)
山谷えり子(自)

ミニコミ紙 1人

衆議院(1人)

早稲田ゆき(立)

テレビ・ラジオ 44人
(キャスター、パーソナリティ含む)

衆議院(17人)

安住淳(立)
井出庸生(自)
伊藤信太郎(自)
石川香織(立)
おおつき紅葉(立)
小渕優子(自)
柿沢未途(自)
鈴木貴子(自)
鈴木庸介(立)
平井卓也(自)
牧島かれん(自)
三反園訓(無)
岬麻紀(維)
緑川貴士(立)
森山浩行(立)
山岡達丸(立)
笠浩史(立)

参議院(27人)

青木愛(立)
青木一彦(自)

青山繁晴(自)
浅田均(維)
有田芳生(立)
伊藤孝恵(国)
石井苗子(維)
石垣のりこ(立)
梅村みずほ(維)
片山大介(維)
古賀之士(立)
清水貴之(維)
杉尾秀哉(立)
武見敬三(自)
徳永エリ(立)
ながえ孝子(無)
芳賀道也(無)
平山佐知子(無)
古川俊治(自)
真山勇一(立)
牧野たかお(自)
牧山ひろえ(立)
丸川珠代(自)
宮口治子(立)
元榮太一郎(自)
蓮舫(立)
和田政宗(自)

出版社 4人

衆議院(2人)

篠原豪(立)
長妻昭(立)

参議院(2人)

有田芳生(立)
西田実仁(公)

通信社 2人

参議院(2人)

青山繁晴(自)
山下雄平(自)

ジャーナリスト1人

参議院(1人)

有田芳生(立)

作家・評論家・ライター7人

衆議院(3人)

海江田万里(無)
長友慎治(国)
茂木敏充(自)

参議院(4人)

青山繁晴(自)
石川大我(立)
山田太郎(自)
山谷えり子(自)

放送作家 1人

参議院(1人)

塩村あやか(立)

スポーツ・文化・芸能16人

衆議院(4人)

浮島智子(公)
谷川とむ(自)
堀井学(自)
山本太郎(れ)

参議院(12人)

朝日健太郎(自)
石井浩郎(自)
石井苗子(維)
今井絵理子(自)
山東昭子(無)
塩村あやか(立)
須藤元気(無)
橋本聖子(無)
三原じゅん子(自)
宮口治子(立)
横沢高徳(立)
蓮舫(立)

F1ドライバー1人

衆議院(1人)

山本左近(自)

飲食店経営・勤務 5人

衆議院(3人)

遠藤敬(維)
沢田良(維)
たがや亮(れ)

参議院(2人)

石井浩郎(自)
徳永エリ(立)

調理師 1人

衆議院(1人)

馬場伸幸(維)

料理研究家 1人

衆議院(1人)

土屋品子(自)

フラワーアーティスト1人

衆議院(1人)

土屋品子(自)

神主 1人

参議院(1人)

芝博一(立)

僧侶 1人

衆議院(1人)

谷川とむ(自)

医師 22人

衆議院(12人)

阿部知子(立)
阿部弘樹(維)
伊東信久(維)
今枝宗一郎(自)
国光あやの(自)
新谷正義(自)
中島克仁(立)
仁木博文(無)
松本尚(自)

三ッ林　裕　巳(自)
吉　田　統　彦(立)
米　山　隆　一(無)

参議院(10人)

足　立　信　也(国)
秋　野　公　造(公)
梅　村　　　聡(維)
熊　野　正　士(公)
小　池　　　晃(共)
櫻　井　　　充(無)
自　見　はなこ(自)
羽生田　　　俊(自)
浜　田　　　聡(N)
古　川　俊　治(自)

歯科医師　4人

衆議院(1人)

渡　辺　孝　一(自)

参議院(3人)

島　村　　　大(自)
関　口　昌　一(自)
比　嘉　奈津美(自)

看護師　5人

衆議院(2人)

あ　べ　俊　子(自)
髙　階　恵美子(自)

参議院(3人)

石　井　苗　子(維)
石　田　昌　宏(自)
倉　林　明　子(共)

薬剤師　3人

衆議院(1人)

逢　坂　誠　二(立)

参議院(2人)

藤　井　基　之(自)
本　田　顕　子(自)

臨床検査技師 1人

参議院(1人)

宮　島　喜　文(自)

診療放射線技師 1人

衆議院(1人)

畦　元　将　吾(自)

理学療法士 1人

参議院(1人)

小　川　克　巳(自)

柔道整復師 2人

衆議院(2人)

一　谷　勇一郎(維)
中　谷　一　馬(立)

保健師　3人

衆議院(1人)

髙　階　恵美子(自)

参議院(2人)

石　井　苗　子(維)
石　田　昌　宏(自)

ヘルスケアカウンセラー 1人

参議院(1人)

石　井　苗　子(維)

社会福祉関連 1人

衆議院(1人)

金　子　恵　美(立)

社会福祉士 1人

参議院(1人)

東　　　　　徹(維)

アンガーマネジメント講師　1人

衆議院(1人)

堀　場　幸　子(維)

獣医師　1人

衆議院(1人)

山　際　大志郎(自)

医療法人役員・職員 9人

衆議院(8人)

伊　東　信　久(維)
稲　津　　　久(公)
小　倉　將　信(自)
新　谷　正　義(自)
仁　木　博　文(無)
穂　坂　　　泰(自)
山　本　左　近(自)
吉　川　　　赳(自)

参議院(1人)

梅　村　　　聡(維)

社会福祉法人役員 27人

衆議院(18人)

浦　野　靖　人(維)
江　渡　聡　徳(自)
小　倉　將　信(自)
門　山　宏　哲(自)
城　井　　　崇(立)
北　村　誠　吾(自)
小　島　敏　文(自)
小　林　茂　樹(自)
坂　本　祐之輔(立)
笹　川　博　義(自)
田　中　英　之(自)
田野瀬　太　道(自)
高　木　宏　壽(自)
中　島　克　仁(立)
橋　本　　　岳(自)
穂　坂　　　泰(自)
山　本　左　近(自)

吉野正芳(自)

参議院(9人)

青木愛(立)
岩本剛人(自)
衛藤晟一(自)
清水真人(自)
そのだ修光(自)
馬場成志(自)
舩後靖彦(れ)
三原じゅん子(自)
宮沢由佳(立)

障害者団体代表1人

参議院(1人)

木村英子(れ)

介護施設代表2人

衆議院(2人)

一谷勇一郎(維)
森田俊和(立)

介護施設職員3人

衆議院(2人)

早坂敦(維)
吉川赳(自)

参議院(1人)

東徹(維)

保護司 5人

衆議院(4人)

あかま二郎(自)
秋葉賢也(自)
田中和徳(自)
山田賢司(自)

参議院(1人)

真山勇一(立)

松下政経塾 34人

衆議院(26人)

逢沢一郎(自)
秋葉賢也(自)
伊藤達也(自)
市村浩一郎(維)
稲富修二(立)
小野寺五典(自)
大串正樹(自)
城井崇(立)
黄川田仁志(自)
玄葉光一郎(立)
源馬謙太郎(立)
斎藤アレックス(国)
坂井学(自)
鈴木淳司(自)
高市早苗(自)
徳永久志(立)
野田佳彦(立)
野間健(立)
馬場雄基(立)
原口一博(立)
前原誠司(国)
松野博一(自)
松原仁(立)
谷田川元(立)
山井和則(立)
山本ともひろ(自)

参議院(8人)

赤池誠章(自)
宇都隆史(自)
中西祐介(自)
長浜博行(立)
福山哲郎(立)
森本真治(立)
山田宏(自)
渡辺猛之(自)

一新塾(大前研一) 4人

衆議院(4人)

今枝宗一郎(自)
大西健介(立)
黄川田仁志(自)
田嶋要(立)

維新政治塾 8人

衆議院(6人)

青柳仁士(維)
伊藤俊輔(立)
一谷勇一郎(維)
沢田良(維)
杉田水脈(自)
藤田文武(維)

参議院(2人)

片山大介(維)
塩村あやか(立)

会社役員 94人

衆議院(73人)

赤木正幸(維)
畦元将吾(自)
麻生太郎(自)
井上貴博(自)
伊藤俊輔(立)
伊藤信太郎(自)
池田佳隆(自)
池畑浩太朗(維)
石橋林太郎(自)
一谷勇一郎(維)
岩田和親(自)
岩谷良平(維)
上杉謙太郎(自)
漆間譲司(維)
遠藤敬(維)
遠藤良太(維)
尾身朝子(自)
大塚拓(自)
岡本三成(公)
奥野信亮(自)
梶山弘志(自)
金村龍那(維)
上川陽子(自)
神田潤一(自)
菅家一郎(自)
工藤彰三(自)
小寺裕雄(自)
小林茂樹(自)
神津たけし(立)
佐々木紀(自)
坂本祐之輔(立)

櫻田義孝(自)
笹川博義(自)
下村博文(自)
杉田水脈(自)
鈴木義弘(国)
空本誠喜(維)
田中良生(自)
平将明(自)
髙木啓(自)
髙木毅(自)
橘慶一郎(自)
谷川弥一(自)
土屋品子(自)
中谷一馬(立)
中西健治(自)
中野英幸(自)
中村喜四郎(立)
中村裕之(自)
長友慎治(国)
丹羽秀樹(自)
西岡秀子(国)
根本幸典(自)
野間健(立)
早坂敦(維)
平井卓也(自)
平沼正二郎(自)
藤田文武(維)
星野剛士(自)
堀井学(自)
馬淵澄夫(立)
松木けんこう(立)
松野博一(自)
道下大樹(立)
武藤容治(自)
森田俊和(立)
森山裕(自)
柳本顕(自)
山田勝彦(立)
吉田豊史(維)
吉野正芳(自)
若宮健嗣(自)
渡辺博道(自)

参議院(21人)

安達澄(無)
青山繁晴(自)
石井準一(自)
石井浩郎(自)
太田房江(自)
須藤元気(無)
高野光二郎(自)
竹谷とし子(公)
徳永エリ(立)
豊田俊郎(自)
中西哲(自)
羽田次郎(立)
長谷川岳(自)
舟山康江(国)
船後靖彦(れ)
増子輝彦(無)
松村祥史(自)
松山政司(自)
宮本周司(自)
元榮太一郎(自)
山田太郎(自)

金融機関
(銀行・証券・生損保等) 63人

衆議院(56人)

赤木正幸(維)
浅川義治(維)
石破茂(自)
石原宏高(自)
漆間譲司(維)
小里泰弘(自)
小田原潔(自)
越智隆雄(自)
大島敦(立)
大塚拓(自)
岡本三成(公)
落合貴之(立)
鬼木誠(自)
加藤鮎子(自)
勝俣孝明(自)
神田潤一(自)
岸田文雄(自)
小林茂樹(自)
小山展弘(立)
近藤和也(立)
斎藤アレックス(国)
櫻井周(立)
階猛(立)
島尻安伊子(自)
下条みつ(立)
白石洋一(立)
杉本和巳(維)
住吉寛紀(維)
関芳弘(自)
田嶋要(立)
田中健(国)
田畑裕明(自)
高木宏壽(自)
竹内譲(公)
武部新(自)
塚田一郎(自)
中川宏昌(公)
中曽根康隆(自)
中西健治(自)
中山展宏(自)
丹羽秀樹(自)
馬場雄基(立)
濵地雅一(公)
藤巻健太(維)
古川直季(自)
古屋圭司(自)
掘井健智(維)
本田太郎(自)
松本剛明(自)
松本洋平(自)
御法川信英(自)
宮下一郎(自)
山田賢司(自)
吉田とも代(維)
吉田はるみ(立)
早稲田ゆき(立)

参議院(7人)

河野義博(公)
芝博一(立)
高木かおり(維)
中西祐介(自)
平木大作(公)
福山哲郎(立)
吉川ゆうみ(自)

企業
(金融機関を除く) 158人

衆議院(104人)

あべ俊子(自)
安倍晋三(自)
阿部司(維)
青山周平(自)

赤木正幸(維)
赤羽一嘉(公)
浅野哲(国)
甘利明(自)
荒井優(立)
伊東良孝(自)
伊藤忠彦(自)
稲富修二(立)
梅谷守(立)
遠藤良太(維)
小野泰輔(維)
緒方林太郎(無)
大岡敏孝(自)
大河原まさこ(立)
大串正樹(自)
大島敦(立)
大野敬太郎(自)
加藤鮎子(自)
加藤竜祥(自)
河西宏一(公)
金子俊平(自)
亀岡偉民(自)
木原誠二(自)
木原稔(自)
吉良州司(無)
黄川田仁志(自)
岸信夫(自)
岸本周平(国)
金城泰邦(公)
後藤田正純(自)
高村正大(自)
河野太郎(自)
國場幸之助(自)
輿水恵一(公)
佐藤公治(立)
佐藤茂樹(公)
佐藤勉(自)
斉藤鉄夫(公)
坂井学(自)
柴山昌彦(自)
庄子賢一(公)
杉田水脈(自)
鈴木敦(国)
空本誠喜(維)
田畑裕明(自)
田村憲久(自)
平将明(自)
髙鳥修一(自)
武井俊輔(自)
津島淳(自)
辻清人(自)
土田慎(自)
堤かなめ(立)
寺田学(立)
渡海紀三朗(自)
徳永久志(立)
中川郁子(自)
長妻昭(立)
長友慎治(国)
西岡秀子(国)
根本幸典(自)
野田聖子(自)
野中厚(自)
野間健(立)
馬場伸幸(維)
林芳正(自)
平井卓也(自)
平沼正二郎(自)
福重隆浩(公)
福田達夫(自)
藤田文武(維)
古屋範子(公)
細田健一(自)
堀井学(自)
堀場幸子(維)
掘井健智(維)
馬淵澄夫(立)
松野博一(自)
三木圭恵(維)
美延映夫(維)
宮澤博行(自)
武藤容治(自)
宗清皇一(自)
茂木敏充(自)
守島正(維)
森英介(自)
八木哲也(自)
谷田川元(立)
保岡宏武(自)
柳本顕(自)
山口晋(自)
山崎誠(立)
山田美樹(自)
山本剛正(維)
柚木道義(立)
吉田とも代(維)
吉田豊史(維)
吉田宣弘(公)
和田義明(自)
若宮健嗣(自)

参議院(54人)

安達澄(無)
阿達雅志(自)
青木一彦(自)
朝日健太郎(自)
東徹(維)
有村治子(自)
伊藤孝恵(国)
石井浩郎(自)
磯﨑仁彦(自)
礒﨑哲史(国)
市田忠義(共)
岩本剛人(自)
梅村みずほ(維)
江島潔(自)
小沼巧(立)
小野田紀美(自)
大野泰正(自)
音喜多駿(維)
金子原二郎(自)
紙智子(共)
川合孝典(国)
河野義博(公)
吉良よし子(共)
熊谷裕人(立)
郡司彰(立)
小林正夫(国)
酒井庸行(自)
芝博一(立)
末松信介(自)
田村まみ(国)
大門実紀史(共)
高野光二郎(自)
堂故茂(自)
中曽根弘文(自)
長浜博行(立)
新妻秀規(公)
野上浩太郎(自)
橋本聖子(無)
浜口誠(国)
浜野喜史(国)
平木大作(公)
平山佐知子(無)

福岡資麿(自)
船後靖彦(れ)
本田顕子(自)
三木亨(自)
水落敏栄(自)
森屋隆(立)
矢田わか子(国)
柳ヶ瀬裕文(維)
柳田稔(無)
山本順三(自)
山本博司(公)
吉川ゆうみ(自)

議員秘書・大臣秘書官195人

衆議院(151人)

安倍晋三(自)
青柳陽一郎(立)
青山大人(立)
秋本真利(自)
浅野哲(国)
東国幹(自)
甘利明(自)
五十嵐清(自)
井上英孝(維)
井原巧(自)
伊藤信太郎(自)
伊藤忠彦(自)
池畑浩太朗(維)
石田真敏(自)
泉健太(立)
岩屋毅(自)
上杉謙太郎(自)
上田英俊(自)
梅谷守(立)
江﨑鐵磨(自)
江田憲司(立)
江藤拓(自)
遠藤利明(自)
小熊慎司(立)
小里泰弘(自)
小野泰輔(維)
小渕優子(自)
越智隆雄(自)
大西健介(立)
大西英男(自)
大野敬太郎(自)
奥下剛光(維)
奥野総一郎(立)
落合貴之(立)
加藤鮎子(自)
加藤勝信(自)
加藤竜祥(自)
海江田万里(無)
柿沢未途(自)
梶山弘志(自)
勝目康(自)
金子俊平(自)
金子恭之(自)
金村龍那(維)
神谷裕(立)
亀岡偉民(自)
川崎ひでと(自)
城井崇(立)
菊田真紀子(立)
岸田文雄(自)
北村誠吾(自)
金城泰邦(公)
工藤彰三(自)
熊田裕通(自)
小泉進次郎(自)
小島敏文(自)
小宮山泰子(立)
高村正大(自)
佐藤公治(立)
斎藤アレックス(国)
坂井学(自)
櫻井周(立)
沢田良(維)
塩崎彰久(自)
下条みつ(立)
菅義偉(自)
鈴木敦(国)
鈴木俊一(自)
鈴木義弘(国)
薗浦健太郎(自)
田中和徳(自)
田中健(国)
田野瀬太道(自)
田村憲久(自)
髙鳥修一(自)
武田良太(自)
武部新(自)
武村展英(自)
谷公一(自)
谷川とむ(自)
津島淳(自)
土田慎(自)
土井亨(自)
冨樫博之(自)
渡海紀三朗(自)
徳永久志(立)
中川康洋(公)
中曽根康隆(自)
中谷一馬(立)
中谷元(自)
中谷真一(自)
中根一幸(自)
中村喜四郎(立)
中山展宏(自)
長坂康正(自)
長島昭久(自)
二階俊博(自)
丹羽秀樹(自)
西岡秀子(国)
西田昭二(自)
西村明宏(自)
西銘恒三郎(自)
根本幸典(自)
野間健(立)
葉梨康弘(自)
馬場伸幸(維)
萩生田光一(自)
鳩山二郎(自)
浜田靖一(自)
林幹雄(自)
林芳正(自)
伴野豊(立)
深澤陽一(自)
福田達夫(自)
藤岡隆雄(立)
藤巻健太(維)
藤丸敏(自)
藤原崇(自)
太栄志(立)
古川直季(自)
古川康(自)
古川禎久(自)
古屋圭司(自)
細田健一(自)
細田博之(無)
細野豪志(自)
本庄知史(立)
牧義夫(立)

出身別一覧

松木けんこう(立)
松本剛明(自)
御法川信英(自)
道下大樹(立)
宮内秀樹(自)
宮下一郎(自)
武藤容治(自)
宗清皇一(自)
村上誠一郎(自)
本村伸子(共)
谷田川元(立)
保岡宏武(自)
簗和生(自)
山口晋(自)
山田勝彦(立)
山本剛正(維)
湯原俊二(立)
吉川赳(自)
吉川元(立)
吉田宣弘(公)
吉田はるみ(立)
和田有一朗(維)
和田義明(自)

参議院(44人)

阿達雅志(自)
青木愛(立)
青木一彦(自)
東徹(維)
井上哲士(共)
石井準一(自)
石川大我(立)
石田昌宏(自)
大家敏志(自)
大野泰正(自)
岡田広(自)
加田裕之(自)
川田龍平(立)
木戸口英司(立)
吉良よし子(共)
熊谷裕人(立)
自見はなこ(自)
柴田巧(維)
鈴木宗男(維)
田名部匡代(立)
田村智子(共)
高野光二郎(自)
高橋克法(自)
滝沢求(自)
竹内功(自)
鶴保庸介(自)
寺田静(無)
堂故茂(自)
中曽根弘文(自)
長浜博行(立)
長峯誠(自)
二之湯智(自)
野田国義(立)
野村哲郎(自)
羽田次郎(立)
馬場成志(自)
本田顕子(自)
増子輝彦(無)
松下新平(自)
三浦靖(自)
宮沢洋一(自)
柳ヶ瀬裕文(維)
柳田稔(無)
渡辺喜美(無)

学校法人・幼稚園・保育園理事長・理事 25人

衆議院(18人)

青山周平(自)
荒井優(立)
江﨑鐵磨(自)
小野寺五典(自)
大島敦(立)
大西英男(自)
北村誠吾(自)
坂本哲志(自)
島尻安伊子(自)
新藤義孝(自)
田中英之(自)
高木宏壽(自)
橋本岳(自)
平井卓也(自)
船田元(自)
穂坂泰(自)
松木けんこう(立)
山本左近(自)

参議院(7人)

青木愛(立)
赤池誠章(自)
加田裕之(自)
勝部賢志(立)
清水真人(自)
馬場成志(自)
森屋宏(自)

塾経営・講師 4人

衆議院(2人)

下村博文(自)
高見康裕(自)

参議院(2人)

上田清司(無)
森ゆうこ(立)

保育士 3人

衆議院(1人)

浦野靖人(維)

参議院(2人)

青木愛(立)
宮沢由佳(立)

小・中・高教諭 15人

衆議院(9人)

赤嶺政賢(共)
池畑浩太朗(維)
金子恵美(立)
城内実(自)
高橋千鶴子(共)
藤田文武(維)
藤丸敏(自)
山崎正恭(公)
義家弘介(自)

参議院(6人)

上野通子(自)
勝部賢志(立)
斎藤嘉隆(立)
下野六太(公)
那谷屋正義(立)
水岡俊一(立)

大学・短大等教授・准教授・講師等　94人

衆議院（61人）

あべ俊子（自）
阿部知子（立）
秋葉賢也（自）
畦元将吾（自）
荒井優（立）
井林辰憲（自）
伊東信久（維）
伊藤信太郎（自）
伊藤達也（自）
石原宏高（自）
石原正敬（自）
泉田裕彦（自）
上野賢一郎（自）
江田憲司（立）
江渡聡徳（自）
枝野幸男（立）
小野寺五典（自）
尾身朝子（自）
大串正樹（自）
逢坂誠二（立）
加藤勝信（自）
門山宏哲（自）
金子恵美（立）
城内実（自）
岸本周平（国）
坂本祐之輔（立）
末松義規（立）
杉本和巳（維）
鈴木庸介（立）
平将明（自）
高市早苗（自）
髙階恵美子（自）
土屋品子（自）
堤かなめ（立）
中根一幸（自）
長島昭久（自）
西村明宏（自）
西村智奈美（立）
西村康稔（自）
萩生田光一（自）
橋本岳（自）
平林晃（公）
福島伸享（無）
堀内詔子（自）
牧義夫（立）
牧島かれん（自）
牧原秀樹（自）
松本尚（自）
三反園訓（無）
三谷英弘（自）
三ッ林裕巳（自）
務台俊介（自）
盛山正仁（自）
森山浩行（立）
山下貴司（自）
山田勝彦（立）
山井和則（立）
吉田統彦（立）
吉田はるみ（立）
義家弘介（自）
米山隆一（無）

参議院（33人）

足立信也（国）
阿達雅志（自）
青山繁晴（自）
赤池誠章（自）
秋野公造（公）
有村治子（自）
伊藤孝江（公）
伊藤孝恵（国）
猪口邦子（自）
上田清司（無）
江島潔（自）
小川敏夫（無）
大塚耕平（国）
太田房江（自）
嘉田由紀子（無）
片山さつき（自）
川田龍平（立）
熊野正士（公）
こやり隆史（自）
自見はなこ（自）
杉尾秀哉（立）
高橋はるみ（自）
髙良鉄美（無）
武見敬三（自）
福島みずほ（社）
福山哲郎（立）
藤井基之（自）
藤末健三（無）
古川俊治（自）
三浦信祐（公）
宮沢由佳（立）
矢田わか子（国）
山田太郎（自）

専門学校講師　2人

衆議院（2人）

池下卓（維）
島尻安伊子（自）

大学職員　3人

衆議院（2人）

穀田恵二（共）
田中英之（自）

参議院（1人）

市田忠義（共）

日本銀行　3人

衆議院（2人）

小倉將信（自）
神田潤一（自）

参議院（1人）

大塚耕平（国）

農協（JA）　4人

参議院（4人）

野村哲郎（自）
鉢呂吉雄（立）
藤木眞也（自）
山田俊男（自）

農業　3人

衆議院（1人）

湯原俊二（立）

参議院（2人）

藤木眞也（自）
舟山康江（国）

漁協 2人

衆議院(2人)

神谷　　裕(立)
鈴木俊一(自)

杜氏 1人

参議院(1人)

宮本周司(自)

NTT グループ (旧電電公社) 8人

衆議院(6人)

尾身朝子(自)
岡本あき子(立)
川崎ひでと(自)
小林史明(自)
小宮山泰子(立)
田嶋　　要(立)

参議院(2人)

世耕弘成(自)
吉川沙織(立)

JR(旧国鉄) 3人

衆議院(3人)

伊藤　　渉(公)
今村雅弘(自)
伴野　　豊(立)

日本郵政 3人

参議院(3人)

小沢雅仁(立)
徳茂雅之(自)
難波奨二(立)

特定郵便局 1人

参議院(1人)

柘植芳文(自)

日本青年会議所 (JC) 41人

衆議院(35人)

秋葉賢也(自)
麻生太郎(自)
井上貴博(自)
伊東良孝(自)
池田佳隆(自)
遠藤　　敬(維)
大島　　敦(立)
門山宏哲(自)
金子俊平(自)
小寺裕雄(自)
小林茂樹(自)
佐々木　　紀(自)
坂本祐之輔(立)
櫻田義孝(自)
薗浦健太郎(自)
田所嘉徳(自)
田中良生(自)
田野瀬太道(自)
平　　将明(自)
髙木　　毅(自)
高橋英明(維)
武部　　新(自)
中野英幸(自)
中村裕之(自)
長島昭久(自)
野中　　厚(自)
馬場伸幸(維)
萩生田光一(自)
穂坂　　泰(自)
松野博一(自)
宮﨑政久(自)
森田俊和(立)
若林健太(自)
渡辺孝一(自)
渡辺　　周(立)

参議院(6人)

芝　　博一(立)
堂故　　茂(自)
長浜博行(立)
松山政司(自)
室井邦彦(維)
森屋　　宏(自)

政党職員 28人

(政党機関紙の記者を含む)

衆議院(19人)

石川昭政(自)
市村浩一郎(維)
河西宏一(公)
笠井　　亮(共)
城井　　崇(立)
日下正喜(公)
穀田恵二(共)
佐藤英道(公)
志位和夫(共)
塩川鉄也(共)
杉本和巳(維)
鈴木　　敦(国)
高橋千鶴子(共)
古屋範子(公)
牧　　義夫(立)
宮本岳志(共)
宮本　　徹(共)
吉川　　元(立)
鰐淵洋子(公)

参議院(9人)

井上哲士(共)
大家敏志(自)
紙　　智子(共)
塩田博昭(公)
田村智子(共)
竹内真二(公)
長浜博行(立)
三浦　　靖(自)
宮崎　　勝(公)

民青(日本民主青年同盟) 8人

衆議院(2人)

笠井　　亮(共)
宮本岳志(共)

参議院(6人)

伊藤　　岳(共)
岩渕　　友(共)
紙　　智子(共)
田村智子(共)
武田良介(共)

山下芳生(共)

NGO・NPO・市民運動 32人

衆議院(20人)

青柳陽一郎(立)
泉健太(立)
市村浩一郎(維)
尾身朝子(自)
大河原まさこ(立)
金子恵美(立)
菅直人(立)
岸本周平(国)
源馬謙太郎(立)
重徳和彦(立)
末次精一(立)
鈴木隼人(自)
堤かなめ(立)
中川郁子(自)
長友慎治(国)
西村智奈美(立)
森田俊和(立)
保岡宏武(自)
山本太郎(れ)
吉田久美子(公)

参議院(12人)

朝日健太郎(自)
伊藤孝江(公)
石井苗子(維)
石川大我(立)
川田龍平(立)
自見はなこ(自)
田島麻衣子(立)
谷合正明(公)
長谷川岳(自)
松山政司(自)
宮沢由佳(立)
山本博司(公)

ALS患者 1人

参議院(1人)

舩後靖彦(れ)

HIV訴訟原告 1人

参議院(1人)

川田龍平(立)

国連 1人

衆議院(1人)

青柳仁士(維)

ILO(国際労働機関) 1人

参議院(1人)

石橋通宏(立)

WFP(国連世界食糧計画) 1人

参議院(1人)

田島麻衣子(立)

OECD(経済協力開発機構) 1人

参議院(1人)

浅田均(維)

アフリカ開発銀行 1人

衆議院(1人)

神津たけし(立)

米外交問題評議会研究員 1人

衆議院(1人)

長島昭久(自)

米国市長・議員スタッフ 6人

衆議院(6人)

伊藤達也(自)
上川陽子(自)
斎藤アレックス(国)
高市早苗(自)
林芳正(自)
谷田川元(立)

シンクタンク・調査機関 13人

衆議院(11人)

阿部司(維)
伊藤達也(自)
稲富修二(立)
上川陽子(自)
小泉進次郎(自)
辻清人(自)
長島昭久(自)
橋本岳(自)
太栄志(立)
細野豪志(自)
簗和生(自)

参議院(2人)

青山繁晴(自)
鶴保庸介(自)

衆議院議員生れ年表

（令和4年1月17日現在）

昭和14年(1939) 1人
二階俊博(自)

昭和15年(1940) 1人
麻生太郎(自)

昭和16年(1941) 2人
衛藤征士郎(自)
谷川弥一(自)

昭和17年(1942) 1人
小沢一郎(立)

昭和18年(1943) 1人
江﨑鐵磨(自)

昭和19年(1944) 3人
奥野信亮(自)
額賀福志郎(自)
細田博之(無)

昭和20年(1945) 2人
平沢勝栄(自)
森山裕(自)

昭和21年(1946) 2人
大西英男(自)
菅直人(立)

昭和22年(1947) 6人
赤嶺政賢(共)
今村雅弘(自)
北村誠吾(自)
穀田恵二(共)
林幹雄(自)
八木哲也(自)

昭和23年(1948) 9人
阿部知子(立)
伊東良孝(自)
篠原孝(立)
菅義偉(自)
渡海紀三朗(自)
平口洋(自)
福田昭夫(立)
森英介(自)
吉野正芳(自)

昭和24年(1949) 6人
甘利明(自)
海江田万里(無)
金田勝年(自)
櫻田義孝(自)
田中和德(自)
中村喜四郎(立)

昭和25年(1950) 7人
遠藤利明(自)
小島敏文(自)
坂本哲志(自)
塩谷立(自)
中川正春(立)
山口俊一(自)
渡辺博道(自)

昭和26年(1951) 1人
根本匠(自)

昭和27年(1952) 10人
石田真敏(自)
笠井亮(共)
小泉龍司(自)
佐藤勉(自)
斉藤鉄夫(公)
谷公一(自)
土屋品子(自)
古屋圭司(自)
村上誠一郎(自)
山本有二(自)

昭和28年(1953) 9人
伊藤信太郎(自)
大河原まさこ(立)
岡田克也(立)
上川陽子(自)
北側一雄(公)
鈴木俊一(自)
永岡桂子(自)
船田元(自)
盛山正仁(自)

昭和29年(1954) 7人
安倍晋三(自)
逢沢一郎(自)
志位和夫(共)
下村博文(自)
田所嘉德(自)
西銘恒三郎(自)
山口壯(自)

昭和30年(1955) 14人
江渡聡徳(自)
大口善德(公)
加藤勝信(自)
梶山弘志(自)
亀岡偉民(自)
菅家一郎(自)
後藤茂之(自)
坂本祐之輔(立)
下条みつ(立)
冨樫博之(自)
浜田靖一(自)
三ッ林裕巳(自)
武藤容治(自)
茂木敏充(自)

昭和31年(1956) 11人
新垣邦男(社)
江田憲司(立)
大島敦(立)
岸本周平(国)
末松義規(立)
髙木毅(自)
中司宏(維)
古屋範子(公)
松島みどり(自)
松原仁(立)
務台俊介(自)

昭和32年(1957) 7人
石破茂(自)
岩屋毅(自)

岸田文雄(自)
中谷元(自)
長坂康正(自)
野田佳彦(立)
渡辺孝一(自)

昭和33年(1958)**20人**

赤羽一嘉(公)
畦元将吾(自)
石井啓一(公)
稲津久(公)
小里泰弘(自)
吉良州司(無)
近藤昭一(立)
新藤義孝(自)
鈴木淳司(自)
竹内譲(公)
寺田稔(自)
土井亨(自)
中川郁子(自)
野間健(立)
平井卓也(自)
古川康(自)
牧義夫(立)
三反園訓(無)
宮下一郎(自)
早稲田ゆき(立)

昭和34年(1959)**14人**

あべ俊子(自)
稲田朋美(自)
逢坂誠二(立)
岸信夫(自)
佐藤公治(立)
佐藤茂樹(公)
齋藤健(自)
高木陽介(公)
高橋千鶴子(共)
葉梨康弘(自)
原口一博(立)
松木けんこう(立)
松本剛明(自)
宮本岳志(共)

昭和35年(1960)**14人**

赤澤亮正(自)
江藤拓(自)
小野寺五典(自)
小寺裕雄(自)
佐藤英道(公)
杉本和巳(維)
高木宏壽(自)
髙鳥修一(自)
堤かなめ(立)
長妻昭(立)
西村明宏(自)
野田聖子(自)
藤丸敏(自)
馬淵澄夫(立)

昭和36年(1961)**17人**

阿部弘樹(維)
伊藤達也(自)
尾身朝子(自)
金子恭之(自)
塩川鉄也(共)
田嶋要(立)
田村貴昭(共)
高市早苗(自)
橘慶一郎(自)
角田秀穂(公)
中野英幸(自)
中村裕之(自)
林芳正(自)
伴野豊(立)
美延映夫(維)
若宮健嗣(自)
渡辺周(立)

昭和37年(1962)**18人**

安住淳(立)
秋葉賢也(自)
井上貴博(自)
泉田裕彦(自)
輿水恵一(公)
末次精一(立)
鈴木義弘(国)
長島昭久(自)
西村康稔(自)
福重隆浩(公)
前川清成(維)
前原誠司(国)
松野博一(自)
松本尚(自)
宮内秀樹(自)
山崎誠(立)
山井和則(立)
湯原俊二(立)

昭和38年(1963)**16人**

井原巧(自)
浮島智子(公)
神田憲次(自)
河野太郎(自)
庄子賢一(公)
白石洋一(立)
田中良生(自)
髙階恵美子(自)
高橋英明(維)
棚橋泰文(自)
塚田一郎(自)
徳永久志(立)
萩生田光一(自)
星野剛士(自)
谷田川元(立)
吉田久美子(公)

昭和39年(1964)**22人**

伊東信久(維)
伊藤忠彦(自)
石原宏高(自)
市村浩一郎(維)
枝野幸男(立)
小田原潔(自)
越智隆雄(自)
岡本あき子(立)
奥野総一郎(立)
門山宏哲(自)
工藤彰三(自)
熊田裕通(自)
玄葉光一郎(立)
小林茂樹(自)
空本誠喜(維)
田村憲久(自)
中西健治(自)
西岡秀子(国)
細田健一(自)
御法川信英(自)
和田有一朗(維)
若林健太(自)

昭和40年(1965)**24人**

足立康史(維)
石井拓(自)

上田英俊(自)
上野賢一郎(自)
大串博志(立)
岡本三成(公)
鎌田さゆり(立)
金子恵美(立)
城内実(自)
日下正喜(公)
小宮山泰子(立)
坂井学(自)
柴山昌彦(自)
島尻安伊子(自)
関芳弘(自)
髙木啓(自)
根本幸典(自)
馬場伸幸(維)
古川元久(国)
古川禎久(自)
堀内詔子(自)
宮﨑政久(自)
山下貴司(自)
笠浩史(立)

昭和41年(1966)10人

池田佳隆(自)
大串正樹(自)
笹川博義(自)
階猛(立)
津島淳(自)
手塚仁雄(立)
仁木博文(無)
三木圭恵(維)
山田賢司(自)
吉川元(立)

昭和42年(1967)12人

尾﨑正直(自)
木村次郎(自)
北神圭朗(無)
杉田水脈(自)
平将明(自)
中川貴元(自)
中島克仁(立)
西村智奈美(立)
福田達夫(自)
掘井健智(維)
吉田宣弘(公)
米山隆一(無)

昭和43年(1968)15人

あかま二郎(自)
浅川義治(維)
東国幹(自)
遠藤敬(維)
小熊慎司(立)
大野敬太郎(自)
神谷裕(立)
たがや亮(れ)
武田良太(自)
中川康洋(公)
中山展宏(自)
長谷川淳二(自)
古川直季(自)
岬麻紀(維)
山際大志郎(自)

昭和44年(1969)12人

青柳陽一郎(立)
五十嵐清(自)
井上信治(自)
伊藤渉(公)
木原稔(自)
菊田真紀子(立)
金城泰邦(公)
後藤祐一(立)
後藤田正純(自)
玉木雄一郎(国)
中根一幸(自)
西田昭二(自)

昭和45年(1970)15人

稲富修二(立)
神田潤一(自)
木原誠二(自)
黄川田仁志(自)
小森卓郎(自)
高村正大(自)
櫻井周(立)
重徳和彦(立)
田中英之(自)
武部新(自)
中川宏昌(公)
濵地雅一(公)
福島伸享(無)
宗清皇一(自)
吉田豊史(維)

昭和46年(1971)14人

井上英孝(維)
石原正敬(自)
小川淳也(立)
大西健介(立)
柿沢未途(自)
早坂敦(維)
平林晃(公)
藤井比早之(自)
細野豪志(自)
牧原秀樹(自)
森山浩行(立)
山崎正恭(公)
義家弘介(自)
和田義明(自)

昭和47年(1972)16人

石川昭政(自)
大岡敏孝(自)
鬼木誠(自)
国定勇人(自)
源馬謙太郎(立)
古賀篤(自)
藺浦健太郎(自)
武村展英(自)
丹羽秀樹(自)
堀井学(自)
宮本徹(共)
本村伸子(共)
山本剛正(維)
柚木道義(立)
吉田はるみ(立)
鰐淵洋子(公)

昭和48年(1973)13人

岩田和親(自)
梅谷守(立)
浦野靖人(維)
小渕優子(自)
緒方林太郎(無)
大塚拓(自)
城井崇(立)
國場幸之助(自)
近藤和也(立)
田畑裕明(自)
本田太郎(自)
松本洋平(自)
保岡宏武(自)

昭和49年(1974)20人

井坂信彦(立)
伊佐進一(公)
池畑浩太朗(維)
泉健太(立)
漆間譲司(維)
小野泰輔(維)
勝目康(自)
國重徹(公)
小林鷹之(自)
佐々木紀(自)
鈴木英敬(自)
田野瀬太道(自)
橋本岳(自)
穂坂泰(自)
本庄知史(立)
森田俊和(立)
柳本顕(自)
山田美樹(自)
山本太郎(れ)
吉田統彦(立)

昭和50年(1975)16人

赤木正幸(維)
秋本真利(自)
荒井優(立)
池下卓(維)
一谷勇一郎(維)
上杉謙太郎(自)
奥下剛光(維)
小山展弘(立)
篠原豪(立)
新谷正義(自)
鈴木庸介(立)
武井俊輔(自)
道下大樹(立)
宮澤博行(自)
山本ともひろ(自)
吉田とも代(維)

昭和51年(1976)11人

井林辰憲(自)
勝俣孝明(自)
斎藤洋明(自)
塩崎彰久(自)
谷川とむ(自)
寺田学(立)
中谷真一(自)
野中厚(自)
深澤陽一(自)
牧島かれん(自)
三谷英弘(自)

昭和52年(1977)12人

青山周平(自)
井出庸生(自)
大石あきこ(れ)
神津たけし(立)
鈴木馨祐(自)
鈴木隼人(自)
田中健(国)
長友慎治(国)
藤岡隆雄(立)
太栄志(立)
鷲尾英一郎(自)
渡辺創(立)

昭和53年(1978)5人

青柳仁士(維)
石橋林太郎(自)
金子俊平(自)
中野洋昌(公)
西野太亮(自)

昭和54年(1979)16人

青山大人(立)
伊藤俊輔(立)
落合貴之(立)
加藤鮎子(自)
河西宏一(公)
金村龍那(維)
国光あやの(自)
沢田良(維)
辻清人(自)
鳩山二郎(自)
平沼正二郎(自)
堀場幸子(維)
宮路拓馬(自)
簗和生(自)
山岡達丸(立)
山田勝彦(立)

昭和55年(1980)6人

井野俊郎(自)
岩谷良平(維)
加藤竜祥(自)
高見康裕(自)
藤田文武(維)
村井英樹(自)

昭和56年(1981)5人

小倉將信(自)
川崎ひでと(自)
小泉進次郎(自)
守島正(維)
山岸一生(立)

昭和57年(1982)6人

阿部司(維)
浅野哲(国)
鈴木憲和(自)
中曽根康隆(自)
山本左近(自)
吉川赳(自)

昭和58年(1983)6人

おおつき紅葉(立)
小林史明(自)
中谷一馬(立)
藤巻健太(維)
藤原崇(自)
山口晋(自)

昭和59年(1984)3人

石川香織(立)
今枝宗一郎(自)
遠藤良太(維)

昭和60年(1985)3人

斎藤アレックス(国)
住吉寛紀(維)
緑川貴士(立)

昭和61年(1986)1人

鈴木貴子(自)

昭和63年(1988)1人

鈴木敦(国)

平成2年(1990)1人

土田慎(自)

平成4年(1992)1人

馬場雄基(立)

参議院議員生れ年表

（令和4年1月17日現在）

昭和10年(1935)1人

片山虎之助(維)

昭和15年(1940)1人

尾辻秀久(自)

昭和17年(1942)3人

市田忠義(共)
山東昭子(無)
山崎正昭(自)

昭和18年(1943)2人

野村哲郎(自)
水落敏栄(自)

昭和19年(1944)3人

金子原二郎(自)
二之湯智(自)
真山勇一(立)

昭和20年(1945)3人

石井正弘(自)
柘植芳文(自)
中曽根弘文(自)

昭和21年(1946)1人

山田俊男(自)

昭和22年(1947)8人

衛藤晟一(自)
岡田広(自)
小林正夫(国)
佐藤信秋(自)
中川雅治(自)
藤井基之(自)
増子輝彦(無)
室井邦彦(維)

昭和23年(1948)5人

上田清司(無)
小川敏夫(無)
鈴木宗男(維)
羽生田俊(自)
鉢呂吉雄(立)

昭和24年(1949)1人

郡司彰(立)

昭和25年(1950)5人

浅田均(維)
嘉田由紀子(無)
芝博一(立)
宮沢洋一(自)
山谷えり子(自)

昭和26年(1951)6人

小川克巳(自)
太田房江(自)
竹内功(自)
武見敬三(自)
中西哲(自)
宮島喜文(自)

昭和27年(1952)9人

青山繁晴(自)
有田芳生(立)
伊波洋一(無)
猪口邦子(自)
酒井庸行(自)
堂故茂(自)
豊田俊郎(自)
山口那津男(公)
渡辺喜美(無)

昭和28年(1953)1人

関口昌一(自)

昭和29年(1954)7人

足立敏之(自)
石井苗子(維)
高橋はるみ(自)
髙良鉄美(無)
柳田稔(無)
山本順三(自)
山本博司(公)

昭和30年(1955)5人

紙智子(共)
北村経夫(自)
末松信介(自)
福島みずほ(社)
若松謙維(公)

昭和31年(1956)6人

江崎孝(立)
櫻井充(無)
大門実紀史(共)
水岡俊一(立)
森ゆうこ(立)
吉田忠智(立)

昭和32年(1957)12人

足立信也(国)
石井章(維)
石井準一(自)
磯﨑仁彦(自)
江島潔(自)
杉尾秀哉(立)
そのだ修光(自)
高橋克法(自)
那谷屋正義(立)
浜田昌良(公)
舩後靖彦(れ)
森屋宏(自)

昭和33年(1958)11人

井上哲士(共)
上野通子(自)
滝沢求(自)
長浜博行(立)
西田昌司(自)
野田国義(立)
芳賀道也(無)
白眞勲(立)
比嘉奈津美(自)
宮崎勝(公)
山田宏(自)

昭和34年(1959)10人

阿達雅志(自)
大塚耕平(国)
大野泰正(自)
片山さつき(自)

参 生れ年表

勝部 賢志(立)
古賀 之士(立)
難波 奨二(立)
牧野 たかお(自)
松山 政司(自)
横山 信一(公)

昭和35年(1960)10人

伊藤 岳(共)
倉林 明子(共)
小池 晃(共)
佐藤 正久(自)
柴田 巧(維)
島村 大(自)
ながえ 孝子(無)
浜野 喜史(国)
藤川 政人(自)
山下 芳生(共)

昭和36年(1961)3人

青木 一彦(自)
赤池 誠章(自)
三宅 伸吾(自)

昭和37年(1962)10人

岡田 直樹(自)
熊谷 裕人(立)
上月 良祐(自)
塩田 博昭(公)
世耕 弘成(自)
徳茂 雅之(自)
徳永 エリ(立)
西田 実仁(公)
福山 哲郎(立)
宮沢 由佳(立)

昭和38年(1963)5人

木戸口 英司(立)
斎藤 嘉隆(立)
進藤 金日子(自)
古川 俊治(自)
宮崎 雅夫(自)

昭和39年(1964)12人

石井 浩郎(自)
岩本 剛人(自)
川合 孝典(国)
下野 六太(公)
竹内 真二(公)
馬場 成志(自)
橋本 聖子(無)
藤末 健三(無)
牧山 ひろえ(立)
松村 祥史(自)
三原 じゅん子(自)
森 まさこ(自)

昭和40年(1965)9人

青木 愛(立)
石橋 通宏(立)
小沢 雅仁(立)
木村 英子(れ)
熊野 正士(公)
田村 智子(共)
浜口 誠(国)
堀井 巌(自)
矢田 わか子(国)

昭和41年(1966)5人

東 徹(維)
片山 大介(維)
こやり 隆史(自)
舟山 康江(国)
松下 新平(自)

昭和42年(1967)13人

秋野 公造(公)
石田 昌宏(自)
大家 敏志(自)
古賀 友一郎(自)
里見 隆治(公)
榛葉 賀津也(国)
鶴保 庸介(自)
野上 浩太郎(自)
藤木 眞也(自)
三木 亨(自)
森屋 隆(立)
山田 太郎(自)
蓮 舫(立)

昭和43年(1968)3人

伊藤 孝江(公)
打越 さく良(立)
渡辺 猛之(自)

昭和44年(1969)6人

安達 澄(無)
礒﨑 哲史(国)
田名部 匡代(立)
竹谷 とし子(公)
長峯 誠(自)
羽田 次郎(立)

昭和45年(1970)3人

有村 治子(自)
加田 裕之(自)
新妻 秀規(公)

昭和46年(1971)8人

滝波 宏文(自)
長谷川 岳(自)
平山 佐知子(無)
本田 顕子(自)
松川 るい(自)
丸川 珠代(自)
宮本 周司(自)
山本 香苗(公)

昭和47年(1972)3人

小西 洋之(立)
高木 かおり(維)
横沢 高徳(立)

昭和48年(1973)6人

石川 博崇(公)
谷合 正明(公)
福岡 資麿(自)
三浦 靖(自)
森本 真治(立)
吉川 ゆうみ(自)

昭和49年(1974)8人

石垣 のりこ(立)
石川 大我(立)
宇都 隆史(自)
清水 貴之(維)
高野 光二郎(自)
平木 大作(公)
柳ヶ瀬 裕文(維)
和田 政宗(自)

昭和50年(1975)9人

朝日 健太郎(自)

伊藤孝恵(国)
梅村聡(維)
清水真人(自)
寺田静(無)
舞立昇治(自)
三浦信祐(公)
元榮太一郎(自)
矢倉克夫(公)

昭和51年(1976)9人

岩渕友(共)
川田龍平(立)
岸真紀子(立)
自見はなこ(自)
杉久武(公)
田島麻衣子(立)
田村まみ(国)
宮口治子(立)
吉川沙織(立)

昭和52年(1977)3人

河野義博(公)
高橋光男(公)
浜田聡(N)

昭和53年(1978)3人

梅村みずほ(維)
塩村あやか(立)
須藤元気(無)

昭和54年(1979)4人

佐藤啓(自)
武田良介(共)
中西祐介(自)
山下雄平(自)

昭和56年(1981)3人

佐々木さやか(公)
高瀬弘美(公)
山﨑真之輔(無)

昭和57年(1982)2人

小野田紀美(自)
吉良よし子(共)

昭和58年(1983)2人

今井絵理子(自)
音喜多駿(維)

昭和59年(1984)1人

山添拓(共)

昭和60年(1985)1人

小沼巧(立)

昭和62年(1987)1人

安江伸夫(公)

衆議院議員当選回数表

（令和4年1月17日現在）

○の数字は参議院の当選回数。通算されていません

18回（1人）

立憲民主党（1人）
小沢一郎

15回（1人）

立憲民主党（1人）
中村喜四郎

14回（2人）

自民党（1人）
麻生太郎
立憲民主党（1人）
菅直人

13回（5人）

自民党（5人）
甘利明
衛藤征士郎①
二階俊博
額賀福志郎
船田元

12回（3人）

自民党（3人）
逢沢一郎
石破茂
村上誠一郎

11回（7人）

自民党（5人）
中谷元
古屋圭司
森英介
山口俊一
山本有二
立憲民主党（1人）
岡田克也
無所属（1人）
細田博之

10回（18人）

自民党（9人）
安倍晋三
岸田文雄
塩谷立
鈴木俊一
渡海紀三朗
野田聖子
浜田靖一
林幹雄
茂木敏充
立憲民主党（2人）
枝野幸男
玄葉光一郎
公明党（4人）
石井啓一
北側一雄
佐藤茂樹
斉藤鉄夫
国民民主党（1人）
前原誠司
共産党（2人）
穀田恵二
志位和夫

9回（24人）

自民党（14人）
伊藤達也
今村雅弘
岩屋毅
遠藤利明
河野太郎
佐藤勉
下村博文
菅義偉
田中和徳
田村憲久
高市早苗
棚橋泰文
根本匠
平沢勝栄
立憲民主党（6人）
安住淳
近藤昭一
中川正春
野田佳彦
原口一博
渡辺周
公明党（3人）
赤羽一嘉
大口善徳
高木陽介
国民民主党（1人）
古川元久

8回（28人）

自民党（19人）
石田真敏
江﨑鐵磨
江渡聡徳
小野寺五典
小渕優子
梶山弘志
金子恭之
北村誠吾
後藤田正純
櫻田義孝
新藤義孝
髙木毅
土屋品子
平井卓也
細野豪志
松野博一
松本剛明
吉野正芳
渡辺博道
立憲民主党（6人）
阿部知子
泉健太
大島敦
長妻昭
松原仁
山井和則
共産党（2人）
赤嶺政賢
塩川鉄也
無所属（1人）
海江田万里

7回（30人）

自民党（19人）
秋葉賢也
井上信治

伊藤信太郎
江藤拓
加藤勝信
上川陽子
小泉龍司
後藤茂之
坂本哲志
柴山昌彦
武田良太
谷公一
谷川弥一
長島昭久
西村康稔
古川禎久
松島みどり
森山裕①
山口壯

立憲民主党(9人)

江田憲司
菊田真紀子
小宮山泰子
篠原孝
末松義規
田嶋要
馬淵澄夫
牧義夫
笠浩史

公明党(1人)

古屋範子

共産党(1人)

高橋千鶴子

6回(31人)

自民党(19人)

あべ俊子
赤澤亮正
稲田朋美
小里泰弘
奥野信亮
城内実
鈴木淳司
平将明
寺田稔
永岡桂子
丹羽秀樹
西村明宏
西銘恒三郎
葉梨康弘
萩生田光一
御法川信英
宮下一郎
山際大志郎
鷲尾英一郎

立憲民主党(9人)

小川淳也
大串博志
階猛
寺田学
西村智奈美
伴野豊
福田昭夫
松木けんこう
柚木道義

公明党(1人)

竹内譲

共産党(1人)

笠井亮①

無所属(1人)

吉良州司

5回(42人)

自民党(31人)

あかま二郎
伊東良孝
伊藤忠彦
石原宏高
上野賢一郎
越智隆雄
大塚拓
柿沢未途
金田勝年②
亀岡偉民
木原誠二
木原稔
小泉進次郎
齋藤健
坂井学
鈴木馨祐
関芳弘
薗浦健太郎
田中良生
髙鳥修一
橘慶一郎
土井亨
中根一幸
橋本岳
平口洋
牧原秀樹
松本洋平
武藤容治
盛山正仁
山本ともひろ
若宮健嗣

立憲民主党(6人)

大西健介
逢坂誠二
奥野総一郎
後藤祐一
下条みつ
手塚仁雄

公明党(2人)

伊藤渉
稲津久

国民民主党(2人)

岸本周平
玉木雄一郎

共産党(1人)

宮本岳志①

4回(96人)

自民党(74人)

青山周平
秋本真利
井出庸生
井野俊郎
井上貴博
井林辰憲
池田佳隆
石川昭政
今枝宗一郎
岩田和親
小倉將信
小田原潔
大岡敏孝
大串正樹
大西英男
大野敬太郎
鬼木誠
勝俣孝明
門山宏哲
神田憲次
菅家一郎
黄川田仁志
岸信夫②
工藤彰三
熊田裕通
小島敏文

小林鷹之
小林史明
古賀篤
國場幸之助
佐々木紀
斎藤洋明
笹川博義
新谷正義
鈴木貴子
鈴木憲和
田所嘉徳
田中英之
田野瀬太道
田畑裕明
武井俊輔
武部新
武村展英
津島淳
辻清人
冨樫博之
中谷真一
中村裕之
中山展宏
長坂康正
根本幸典
野中厚
福田達夫
藤井比早之
藤丸敏
藤原崇
星野剛士
細田健一
堀井学
堀内詔子
牧島かれん
三ッ林裕巳
宮内秀樹
宮﨑政久
宮澤博行
務台俊介
村井英樹
八木哲也
簗和生
山下貴司
山田賢司
山田美樹
義家弘介①
渡辺孝一

立憲民主党(7人)
青柳陽一郎
小熊慎司①
城井崇
佐藤公治①
重徳和彦
中島克仁
吉川元

日本維新の会(7人)
足立康史
井上英孝
市村浩一郎
浦野靖人
遠藤敬
杉本和巳
馬場伸幸

公明党(7人)
伊佐進一
浮島智子①
岡本三成
國重徹
佐藤英道
中野洋昌
濵地雅一

無所属(1人)
北神圭朗

3回(40人)

自民党(15人)
尾身朝子
加藤鮎子
小林茂樹
杉田水脈
鈴木隼人
高木宏壽
谷川とむ
中川郁子
鳩山二郎
古川康
三谷英弘
宮路拓馬
宗清皇一
吉川赳
和田義明

立憲民主党(16人)
井坂信彦
稲富修二
落合貴之
鎌田さゆり
金子恵美①
小山展弘
近藤和也
坂本祐之輔
篠原豪
白石洋一
野間健
森山浩行
谷田川元
山岡達丸
山崎誠
吉田統彦

日本維新の会(1人)
伊東信久

公明党(2人)
輿水恵一
吉田宣弘

国民民主党(1人)
鈴木義弘

共産党(3人)
田村貴昭
宮本徹
本村伸子

無所属(2人)
緒方林太郎
福島伸享

2回(40人)

自民党(14人)
畦元将吾
泉田裕彦
上杉謙太郎
金子俊平
木村次郎
国光あやの
小寺裕雄
高村正大
髙木啓
中曽根康隆
西田昭二
深澤陽一
穂坂泰
本田太郎

立憲民主党(14人)
青山大人
伊藤俊輔
石川香織
大河原まさこ①
岡本あき子

神谷　裕
源馬謙太郎
櫻井　周
中谷一馬
道下大樹
緑川貴士
森田俊和
湯原俊二
早稲田ゆき
日本維新の会（6人）
空本誠喜
藤田文武
三木圭恵
美延映夫
山本剛正
吉田豊史
公明党（3人）
角田秀穂
中川康洋
鰐淵洋子①
国民民主党（2人）
浅野　哲
西岡秀子
無所属（1人）
仁木博文

1回（97人）

自民党（35人）
東　国幹
五十嵐　清
井原　巧①
石井　拓
石橋林太郎
石原正敬
上田英俊
尾﨑正直
加藤竜祥
勝目　康
川崎ひでと
神田潤一
国定勇人
小森卓郎
塩崎彰久
島尻安伊子②
鈴木英敬
髙階恵美子②
高見康裕
塚田一郎②
土田　慎
中川貴元
中西健治②
中野英幸
西野太亮
長谷川淳二
林　芳正⑤
平沼正二郎
古川直季
松本　尚
保岡宏武
柳本　顕
山口　晋
山本左近
若林健太①
立憲民主党（16人）
荒井　優
梅谷　守
おおつき紅葉
神津たけし
末次精一
鈴木庸介
堤　かなめ
徳永久志①
馬場雄基
藤岡隆雄
太　栄志
本庄知史
山岸一生
山田勝彦
吉田はるみ
渡辺　創
日本維新の会（27人）
阿部　司
阿部弘樹
青柳仁士
赤木正幸
浅川義治
池下　卓
池畑浩太朗
一谷勇一郎
岩谷良平
漆間譲司
遠藤良太
小野泰輔
奥下剛光
金村龍那
沢田　良
住吉寛紀
高橋英明
中司　宏
早坂　敦
藤巻健太
堀場幸子
掘井健智
前川清成②
岬　麻紀
守島　正
吉田とも代
和田有一朗
公明党（9人）
河西宏一
金城泰邦
日下正喜
庄子賢一
中川宏昌
平林　晃
福重隆浩
山崎正恭
吉田久美子
国民民主党（4人）
斎藤アレックス
鈴木　敦
田中　健
長友慎治
れいわ新選組（3人）
大石あきこ
たがや　亮
山本太郎①
社民党（1人）
新垣邦男
無所属（2人）
三反園　訓
米山隆一

参議院議員当選回数表

（令和4年1月17日現在）

○の数字は衆議院の当選回数。通算されていません

〔平成28年選挙〕

6回（1人）

自民党（1人）
中曽根　弘　文

5回（2人）

自民党（1人）
山　崎　正　昭
日本維新の会（1人）
片　山　虎之助

4回（11人）

自民党（3人）
岡　田　　　広
関　口　昌　一
鶴　保　庸　介
立憲民主党（2人）
郡　司　　　彰
福　山　哲　郎
共産党（2人）
市　田　忠　義
大　門　実紀史
社民党（1人）
福　島　みずほ
無所属（3人）
小　川　敏　夫
櫻　井　　　充
柳　田　　　稔②

3回（24人）

自民党（12人）
岡　田　直　樹
末　松　信　介
中　川　雅　治
二之湯　　　智
野　上　浩太郎
野　村　哲　郎
藤　井　基　之
松　下　新　平
松　村　祥　史
水　落　敏　栄
山　谷　えり子①
山　本　順　三
立憲民主党（5人）
芝　　　博　一
那谷屋　正　義
白　　　眞　勲
森　　　ゆうこ
蓮　　　　　舫
公明党（3人）
谷　合　正　明
西　田　実　仁
浜　田　昌　良
国民民主党（2人）
足　立　信　也
小　林　正　夫
無所属（2人）
藤　末　健　三
増　子　輝　彦③

2回（34人）

自民党（18人）
阿　達　雅　志
青　木　一　彦
石　井　浩　郎
磯　﨑　仁　彦
猪　口　邦　子①
宇　都　隆　史
上　野　通　子
江　島　　　潔
大　家　敏　志
片　山　さつき①
金　子　原二郎⑤
中　西　祐　介
長谷川　　　岳
福　岡　資　麿①
藤　川　政　人
三　原　じゅん子
宮　沢　洋　一③
渡　辺　猛　之
立憲民主党（9人）
青　木　　　愛③
有　田　芳　生
石　橋　通　宏
江　崎　　　孝
小　西　洋　之
斎　藤　嘉　隆
徳　永　エ　リ
難　波　奨　二
真　山　勇　一
公明党（4人）
秋　野　公　造
石　川　博　崇
竹　谷　とし子
横　山　信　一
国民民主党（2人）
川　合　孝　典
舟　山　康　江
共産党（1人）
田　村　智　子

1回（48人）

自民党（19人）
足　立　敏　之
青　山　繁　晴
朝　日　健太郎
今　井　絵理子
小　川　克　巳
小野田　紀　美
こやり　隆　史
佐　藤　　　啓
自　見　はなこ
進　藤　金日子
そのだ　修　光①
竹　内　　　功
徳　茂　雅　之
中　西　　　哲
藤　木　眞　也
松　川　る　い
宮　島　喜　文
元　榮　太一郎
山　田　　　宏②
立憲民主党（6人）
木戸口　英　司
古　賀　之　士
杉　尾　秀　哉
田名部　匡　代③
鉢　呂　吉　雄⑦
宮　沢　由　佳

公明党(7人)
伊藤孝江
熊野正士
里見隆治
高瀬弘美
竹内真二
三浦信祐
宮崎勝
日本維新の会(5人)
浅田均
石井章①
石井苗子
片山大介
高木かおり
共産党(3人)
岩渕友
武田良介
山添拓
国民民主党(3人)
伊藤孝恵
浜口誠
矢田わか子
無所属(5人)
伊波洋一
上田清司③
平山佐知子
山崎真之輔
渡辺喜美⑥

〔令和元年選挙〕

8回(1人)

無所属(1人)
山東昭子

6回(1人)

自民党(1人)
尾辻秀久

5回(3人)

自民党(2人)
世耕弘成
武見敬三
無所属(1人)
橋本聖子

4回(10人)

自民党(2人)
有村治子
松山政司
公明党(2人)
山口那津男②
山本香苗
共産党(4人)
井上哲士
紙智子
小池晃
山下芳生
国民民主党(2人)
大塚耕平
榛葉賀津也

3回(18人)

自民党(11人)
石井準一
衛藤晟一④
北村経夫
佐藤信秋
佐藤正久
西田昌司
古川俊治
牧野たかお
丸川珠代
森まさこ
山田俊男
立憲民主党(5人)
川田龍平
長浜博行④
牧山ひろえ
水岡俊一
吉川沙織
公明党(1人)
山本博司
日本維新の会(1人)
室井邦彦①

2回(47人)

自民党(29人)
赤池誠章①
石井正弘
石田昌宏
大野泰正
太田房江
古賀友一郎
上月良祐
酒井庸行
島村大
高野光二郎
高橋克法
滝沢求
滝波宏文
柘植芳文
堂故茂
豊田俊郎
長峯誠
羽生田俊
馬場成志
堀井巌
舞立昇治
三木亨
三宅伸吾
宮本周司
森屋宏
山下雄平
山田太郎
吉川ゆうみ
和田政宗
立憲民主党(3人)
野田国義①
森本真治
吉田忠智
公明党(7人)
河野義博

佐々木　さやか
杉　　久　武
新　妻　秀　規
平　木　大　作
矢　倉　克　夫
若　松　謙　維③

日本維新の会(4人)

東　　　　徹
梅　村　　　聡
清　水　貴　之
柴　田　　　巧

共産党(2人)

吉　良　よし子
倉　林　明　子

国民民主党(2人)

礒　﨑　哲　史
浜　野　喜　史

1回(42人)

自民党(8人)

岩　本　剛　人
加　田　裕　之
清　水　真　人
高　橋　はるみ
比　嘉　奈津美
本　田　顕　子
三　浦　　　靖①
宮　崎　雅　夫

立憲民主党(14人)

石　垣　のりこ
石　川　大　我
打　越　さく良
小　沢　雅　仁
小　沼　　　巧
勝　部　賢　志
岸　　　真紀子
熊　谷　裕　人
塩　村　あやか
田　島　麻衣子
羽　田　次　郎
宮　口　治　子
森　屋　　　隆
横　沢　高　徳

公明党(4人)

塩　田　博　昭
下　野　六　太
高　橋　光　男
安　江　伸　夫

日本維新の会(4人)

梅　村　みずほ
音喜多　　　駿
鈴　木　宗　男⑧
柳ヶ瀬　裕　文

共産党(1人)

伊　藤　　　岳

国民民主党(1人)

田　村　ま　み

れいわ新選組(2人)

木　村　英　子
舩　後　靖　彦

NHK受信料を支払わない国民を守る党(1人)

浜　田　　　聡

無所属(7人)

安　達　　　澄
嘉　田　由紀子
須　藤　元　気
髙　良　鉄　美
寺　田　　　静
ながえ　孝　子①
芳　賀　道　也

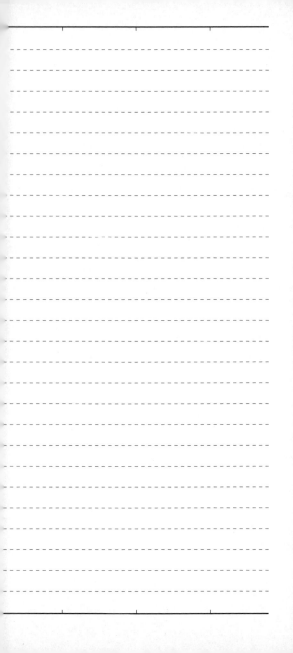

國會議員要覧
<令和4年2月版>

國　會　要　覧
<第72版>

第二別冊〈日程関連他〉

●編集要領

◎**〈国会議員誕生日・各種日程＝令和4年（2022年）2月～令和5年（2023年）1月〉**に掲載の国会議員の氏名及び所属政党は令和4年1月17日現在。

・所属政党名については氏名の前の○内に略称で掲載した。

（(自)…自民党、(立)…立憲民主党、(維)…日本維新の会、(公)…公明党、(共)…共産党、(国)…国民民主党、(れ)…れいわ新選組、(社)…社民党、Ⓝ…NHK受信料を支払わない国民を守る党、(無)…無所属）

・掲載は衆議院議員・参議院議員の順で、両院それぞれ所属議員の多い政党から、年齢の順とした。

・満年齢は各国会議員の誕生日が到来した時点のものを掲載した。

・カレンダーには主要な行事予定及び記念日を掲載した。

・過去の出来事は戦後の主な出来事とあわせて、前年の主要な出来事も掲載した。

◎**主要な戦後の政治家命日**の掲載者は、総理又は衆参院議長、各党党首など要職経験者とした。

日	誕生日・日程
1 火 先勝	公浮島智子59　無北神圭朗55　【中国の春節】
2 水 友引	公平林　晃51
3 木 先負	【節分】
4 金 仏滅	自石破　茂65　公輿水恵一60　【立春】【冬季オリンピック(北京、~2月20日)】
5 土 大安	自橋本　岳48　公斉藤鉄夫70　自鶴保庸介55
6 日 赤口	【山口県知事選挙】
7 月 先勝	
8 火 友引	公庄子賢一59
9 水 先負	自土屋品子70　自鈴木馨祐45　公稲津　久64
10 木 仏滅	維加藤竜祥42
11 金 大安	建国記念の日　自渡海紀三朗74　自棚橋泰文59
12 土 赤口	立篠原　豪47　公中川康洋54
13 日 先勝	無三反園訓64　維梅村　聡47
14 月 友引	自酒井庸行70　【バレンタインデー】
15 火 先負	自自見はなこ46　公高橋光男45
16 水 仏滅	自長谷川岳51　【所得税の確定申告(~3月15日)】
17 木 大安	自二階俊博83　自長島昭久60　自東　国幹54　自穂坂　泰48
18 金 赤口	自塩谷　立72　自今枝宗一郎38　立斎藤嘉隆59　無藤末健三58　【ミュンヘン安全保障会議(~20日)】
19 土 先勝	自神田憲次59　自堀井　学50　【雨水】
20 日 友引	自稲田朋美63　立有田芳生70　【長崎県知事選挙】

日	誕生日
21 (月) 先負	●自 根本幸典57　●自 平　将明55
22 (火) 仏滅	●立 松木けんこう63　●維 赤木正幸47 ○自 中川雅治75
23 (水) 大安	天皇誕生日　○自 中村裕之61　●維 浅川義治54　●維 吉田とも代47
24 (木) 赤口	○自 水落敏栄79
25 (金) 先勝	●自 中川貴元55 ○自 藤木眞也55　○維 石井苗子68
26 (土) 友引	●無 海江田万里73 ○自 松川るい51　○自 清水真人47
27 (日) 先負	●自 金子恭之61　●自 越智隆雄58 ○共 山下芳生63
28 (月) 仏滅	●自 山口俊一71　●立 荒井　優47 ○公 浜田昌良65

■その他の予定

■昨年の出来事（R3）

2. 1　緊急事態宣言中に銀座の高級クラブに深夜まで滞在した責任を取り、公明党の遠山清彦衆院議員が辞職、自民党の松本純議員ら3名が離党

2. 5　令和元年7月の参院選を巡る大規模買収事件で公選法違反に問われた河井案里被告の有罪が確定。当選無効となり公民権が5年間停止に

2.12　女性蔑視と受け取れる発言の責任を取り、森喜朗東京五輪・パラリンピック大会組織委員長が辞任。後任は橋本聖子五輪相に

2.15　空席が続いていたWTO世界貿易機関の事務局長にナイジェリアのンゴジ・オコンジョイウェアラ元財務相を選出。「女性」「アフリカ出身」はいずれも初

2.24　放送関連会社に勤める菅首相の長男から総務省幹部が接待を受けていた問題で、総務省が幹部9人を懲戒処分、2人を訓告・訓告相当とした

2.25　農林水産省は吉川貴盛元農相と大手鶏卵会社「アキタフーズ」の前代表が在宅起訴された贈収賄事件を巡り、2人が同席する会食に参加していた枝元真徹次官ら6人を減給などの処分

2.28　みずほ銀行のATMで障害が発生。全体の8割に上る4318台が一時停止、挿入したキャッシュカードや通帳が取り出せなくなった事例も計5244件起きた

■過去の出来事

S29. 2. 8　造船疑獄発覚
S47. 2.19　あさま山荘事件
S51. 2. 5　ロッキード事件発覚
H10. 2. 7　長野冬季五輪

■令和4年(2022年)3月 〈国会議員誕生日・各種日程

日	誕生日	日程
1 (火) 大安	(自)上川陽子(69)	【春の全国火災予防運動(～7日)】
2 (水) 赤口	(公)北側一雄(69) (無)芳賀道也(64)	
3 (木) 友引		【ひな祭】
4 (金) 先負	(自)島尻安伊子(57)	【冬季パラリンピック(北京、～3月13日)】
5 (土) 仏滅	(自)奥野信亮(78)　(自)福田達夫(55)　(公)山崎正恭(51) (立)宮口治子(46)　(公)三浦信祐(47)	【中国全人代開幕】【啓蟄】
6 (日) 大安	(立)横沢高徳(50)　(共)伊藤　岳(62)	
7 (月) 赤口	(自)根本　匠(71)　(自)高市早苗(61) (立)吉田忠智(66)	【消防記念日】
8 (火) 先勝	(自)新谷正義(47) (無)須藤元気(44)	
9 (水) 友引		【韓国大統領選挙】
10 (木) 先負		
11 (金) 仏滅	(維)中司　宏(66)　(維)空本誠喜(58)　(維)早坂　敦(51)	
12 (土) 大安		
13 (日) 赤口	(自)そのだ修光(64)	【石川県知事選挙】 【自民党大会】【大相撲春場所(～27日)】
14 (月) 先勝		【ホワイトデー】
15 (火) 友引	(自)山田美樹(48)　(国)西岡秀子(58)	
16 (水) 先負	(自)髙木　啓(57)　(無)吉良州司(64) (自)藤井基之(75)	
17 (木) 仏滅	(無)渡辺喜美(70)	
18 (金) 大安	(公)宮崎　勝(64)　(無)小川敏夫(74)	【彼岸入り】
19 (土) 赤口	(公)竹内真二(57)	
20 (日) 先勝	(自)国光あやの(43)　(公)石井啓一(64)	

21 月 友引	春分の日
22 火 先負	【核兵器禁止条約締約国会議(ウィーン、~24日)】 【放送記念日】
23 水 仏滅	立 熊谷裕人60　無 寺田　静47
24 木 大安	維 堀場幸子43 立 岸真紀子46 【EU首脳会議(ブリュッセル、~25日)】 【彼岸明け】
25 金 赤口	立 後藤祐一53　公 角田秀穂61 自 青木一彦61 【プロ野球開幕】 【電気記念日】
26 土 先勝	
27 日 友引	自 あかま二郎54　立 井坂信彦48 自 宮本周司51 【香港行政長官選挙】
28 月 先負	立 藤岡隆雄45 自 羽生田俊74
29 火 仏滅	自 武井俊輔47
30 水 大安	
31 木 赤口	自 義家弘介51

■その他の予定

公示地価発表(月内)

■昨年の出来事(R3)

3. 1　菅首相の長男が勤務する放送関連会社「東北新社」からの接待問題で、総務審議官時代に接待を受けた山田真貴子内閣広報官が辞職

3. 8　総務省はNTT社長らとの会食が国家公務員倫理規程に違反する疑いがあるとして谷脇泰彦総務審議官を事実上更迭。谷脇氏は16日に辞任

3. 17　同性婚を認めないことが憲法に違反するかが争われた訴訟で、札幌地裁は「憲法14条に違反する」との違憲判断を示した。同種訴訟の司法判断は初めて

3. 21　千葉県知事選挙で前千葉市長の熊谷俊人氏(無所属)が初当選

3. 23　令和元年7月の参院選を巡る大規模買収事件で、公職選挙法違反に問われた衆議院議員の河井克行元法相は東京地裁で行われた公判で全面無罪の主張を撤回し、買収を認めた。河井氏は25日に大島衆院議長あてに辞表を提出

3. 23　エジプトのスエズ運河で愛媛県今治市の正栄汽船所有の大型コンテナ船が座礁し、運河をふさいだ。29日に離礁に成功し、運河の通航が再開

3. 29　厚労省老健局の職員23人が居酒屋で深夜まで送別会を開催していたことが判明。同局課長を懲戒処分、田村厚労相は閣僚給与2か月分を自主返納

■過去の出来事

S45.3.14　大阪万博開幕
S45.3.31　よど号ハイジャック事件
H 7.3.20　地下鉄サリン事件
H15.3.20　米、イラク攻撃開始
H23.3.11　東日本大震災

日	誕生日	日程
1 (金) 先負	(自)岸　信夫(63)　(自)武田良太(54) (立)難波奨二(63)	
2 (土) 仏滅	(自)井上貴博(60) (自)江島　潔(65)	
3 (日) 大安		
4 (月) 赤口	(維)浦野靖人(49)	
5 (火) 先勝	(無)細田博之(78)	【清明】
6 (水) 友引	(維)金村龍那(43)	
7 (木) 先負	(自)鈴木淳司(64)　(自)勝俣孝明(46)　(自)吉川　赳(40) (自)佐藤　啓(43)　(国)礒﨑哲史(53)	【世界保健デー】
8 (金) 仏滅	(自)森山　裕(77)　(自)小林史明(39)　(立)大河原まさこ(69)　(立)森山浩行(51)	
9 (土) 大安	(自)高木宏壽(62) (自)三浦　靖(49)　(立)古賀之士(63)	
10 (日) 赤口	(自)長坂康正(65)　(立)中村喜四郎(73)　(維)吉田豊史(52)　(維)池下　卓(47) (公)鰐淵洋子(50)　(維)室井邦彦(75)	【京都府知事選挙】
11 (月) 先勝	(自)石田真敏(70)　(自)石井　拓(57)	
12 (火) 友引		
13 (水) 先負	(自)鈴木俊一(69)　(立)大西健介(51)	
14 (木) 仏滅	(自)小泉進次郎(41)	
15 (金) 大安		
16 (土) 赤口	(自)大岡敏孝(50)	
17 (日) 先勝	(立)福田昭夫(74)	
18 (月) 友引	(立)小川淳也(51) (自)渡辺猛之(54)	
19 (火) 先負	(自)城内　実(57)　(自)加藤鮎子(43) (公)熊野正士(57)	
20 (水) 仏滅	(自)山田賢司(56)　(自)上杉謙太郎(47)　(維)小野泰輔(48) (立)森ゆうこ(66)	【穀雨】

21 (木) 大安	㊀宮沢洋一72 ㊀上野通子64 ㊀芝　博一72
22 (金) 赤口	●自杉田水脈55 ●自簗　和生43 ㊀松村祥史58 【IMF・世銀春季総会(ワシントン、～24日)】
23 (土) 先勝	㊀国田村まみ46
24 (日) 友引	●立阿部知子74 ●立逢坂誠二63 【参院石川選挙区補選】【フランス大統領決選投票】
25 (月) 先負	●自松本剛明63 ●立小宮山泰子57 ㊀国榛葉賀津也55
26 (火) 仏滅	●自尾身朝子61
27 (水) 大安	●自冨樫博之67 ●自谷川とむ46 ●立太　栄志45 ㊀公谷合正明49
28 (木) 赤口	●自青山周平45 ●立江田憲司66
29 (金) 先勝	昭和の日 ●自衛藤征士郎81
30 (土) 友引	●自畦元将吾64 ●共田村貴昭61 ●国前原誠司60

■その他の予定
成人年齢が18歳に引き下げ(4月1日)
警察庁がサイバー局を新設(4月1日)
東証が「プライム」「スタンダード」「グロース」の3つの新市場区分に移行(4月4日)

■昨年の出来事(R3)
4. 4 秋田県知事選挙で現職の佐竹敬久氏(無所属)が4選
4. 11 福岡県知事選挙で元副知事の服部誠太郎氏(無所属)が初当選
4. 12 新型コロナウイルスワクチンの高齢者向け優先接種がスタート。65歳以上の約3600万人が対象
4. 22 米国主催の気候変動問題に関する首脳会議がオンライン形式で開幕。菅首相は2030年度までに温室効果ガスを13年度比で46%削減するとの新たな目標を表明
4. 25 政府は東京、大阪、京都、兵庫の4都府県に3回目の緊急事態宣言を発令
4. 25 菅政権発足後初の国政選挙となる衆院北海道2区、参院長野選挙区の両補欠選挙と参院広島選挙区の再選挙が投開票され、与党が候補者擁立を見送った衆院北海道2区を含め野党側が全勝。衆院北海道2区補選は松木けんこう氏、参院長野補選は羽田次郎氏、参院広島再選挙は宮口治子氏が当選
4. 25 名古屋市長選挙で現職の河村たかし氏(無所属)が5選

■過去の出来事
S21.4.10 戦後初の総選挙
S22.4. 1 6·3制義務教育、男女共学に
S22.4.20 第1回参議院議員選挙
H10.4.27 新·民主党結成
H13.4.26 自公保連立の小泉純一郎内閣成立
H17.4. 1 個人情報保護法施行

日	国会議員誕生日	各種日程
1 (日) 仏滅	(自)西田昭二(53)　(国)玉木雄一郎(53) (公)下野六太(58)	【メーデー】
2 (月) 大安	(自)石橋林太郎(44) (自)徳茂雅之(60)　(立)森本真治(49)	
3 (火) 赤口	憲法記念日　(公)福重隆浩(60) (自)猪口邦子(70)	
4 (水) 先勝	みどりの日	
5 (木) 友引	こどもの日　(自)小野寺五典(62)　(公)岡本三成(57) (共)井上哲士(64)	【立夏】
6 (金) 先負	(自)伊藤信太郎(69)　(自)保岡宏武(49) (維)石井　章(65)	
7 (土) 仏滅	(公)赤羽一嘉(64)	
8 (日) 大安	(公)濵地雅一(52) (自)金子原二郎(78)	【大相撲夏場所(～22日)】 【母の日】
9 (月) 赤口	(自)片山さつき(63)　(自)福岡資麿(49)	【フィリピン大統領選挙】
10 (火) 先勝	(立)石川香織(38)　(維)高橋英明(59)	
11 (水) 友引	(自)村上誠一郎(70)　(自)山本有二(70) (国)小林正夫(75)　(N)浜田　聡(45)　(れ)木村英子(57)　(無)山東昭子(80)	
12 (木) 先負	(自)山田太郎(55)　(無)櫻井　充(66)	
13 (金) 仏滅		
14 (土) 大安	(自)村井英樹(42)　(公)古屋範子(66) (公)山本香苗(51)	
15 (日) 赤口		
16 (月) 先勝		
17 (火) 友引	(自)勝目　康(48)	
18 (水) 先負	(国)浜口　誠(57)　(無)嘉田由紀子(72)	
19 (木) 仏滅	(自)あべ俊子(63)	【ゴルフ全米プロ(オクラホマ、～22日)】
20 (金) 大安	(自)菅家一郎(67)　(立)野田佳彦(65)　(立)玄葉光一郎(58) (自)足立敏之(68)　(自)石田昌宏(55)　(自)野上浩太郎(55)	

21 (土) 赤口	●自 小森卓郎(52) 【小満】
22 (日) 先勝	【テニス全仏オープン(パリ、～6月5日)】
23 (月) 友引	●自 下村博文(68)　●自 小田原潔(58)　●維 美延映夫(61)　●無 仁木博文(56)
24 (火) 先負	●立 小沢一郎(80) ○自 山崎正昭(80)　○無 上田清司(74)
25 (水) 仏滅	●自 御法川信英(58)
26 (木) 大安	●立 近藤昭一(64) ○国 舟山康江(56)
27 (金) 赤口	●れ 大石あきこ(45)
28 (土) 先勝	●自 金子俊平(44)　●立 柚木道義(50)
29 (日) 友引	【新潟県知事選挙】
30 (月) 大安	●自 小倉將信(41)
31 (火) 赤口	●立 枝野幸男(58) ○自 大野泰正(63) 【世界禁煙デー】

■その他の予定

沖縄本土復帰50年(5月15日)

■昨年の出来事(R3)

5. 4　総務省は15歳未満の子供の推計人口が前年より19万人少ない1493万人と発表。比較可能な1950年以降で最少を更新し、初めて1500万人を割り込んだ

5. 7　政府は新型コロナウイルス感染症対策として東京、大阪、京都、兵庫の4都府県に発令中の緊急事態宣言を5月末まで延長、12日に愛知と福岡、16日に北海道、岡山、広島にも発令され、計9都道府県が対象に

5.10　経団連は中西宏明会長が6月1日付で辞任、住友化学の十倉雅和会長が後任に就くと発表

5.10　ユネスコの諮問機関「国際自然保護連合」が「奄美大島、徳之島、沖縄島北部及び西表島」(鹿児島県、沖縄県)の世界自然遺産への登録を勧告

5.23　さいたま市長選挙の投開票が行われ、現職の清水勇人氏(無所属)が4選

5.26　ユネスコの諮問機関が青森市の「三内丸山遺跡」など17遺跡で構成する「北海道·北東北の縄文遺跡群」の世界文化遺産への登録を勧告

5.26　2050年までに温室効果ガスの排出量を実質ゼロにする政府目標を盛り込んだ改正地球温暖化対策推進法が成立。施行は2022年4月

■過去の出来事

S22.5.3　日本国憲法施行　　S47.5.30　沖縄返還

■令和4年(2022年)6月　〈国会議員誕生日・各種日程〉

日	
1 (水) 先勝	
2 (木) 友引	【ゴルフ全米女子オープン(ノースカロライナ、〜12日)】
3 (金) 先負	(自)松本　尚(60)　(自)薗浦健太郎(50) (立)野田国義(64)
4 (土) 仏滅	(自)牧原秀樹(51) (自)関口昌一(69)
5 (日) 大安	(国)足立信也(65) 【環境の日】
6 (月) 赤口	(維)遠藤　敬(54) 【芒種】
7 (火) 先勝	(自)関　芳弘(57)　(維)岩谷良平(42)
8 (水) 友引	(自)木原誠二(52)　(公)佐藤茂樹(63) (自)加田裕之(52)
9 (木) 先負	(自)岡田直樹(60)　(共)小池　晃(62)
10 (金) 仏滅	(自)逢沢一郎(68)　(立)中川正春(72)　【アジア安全保障会議(シンガポール、〜12日)】 【時の記念日】
11 (土) 大安	【入梅】
12 (日) 赤口	
13 (月) 先勝	(立)水岡俊一(66)
14 (火) 友引	(自)齋藤　健(63)　(自)大塚　拓(49)　(立)長妻　昭(62)
15 (水) 先負	(無)ながえ孝子(62)
16 (木) 仏滅	(立)小熊慎司(54) 【ゴルフ全米オープン(マサチューセッツ、〜19日)】
17 (金) 大安	
18 (土) 赤口	(維)阿部　司(40)
19 (日) 先勝	(自)石原宏高(58)　(社)新垣邦男(66) 【父の日】
20 (月) 友引	(自)佐藤　勉(70)　(自)池田佳隆(56)　(自)山本ともひろ(47)

21 火 先負	自 深澤陽一㊻　自 石井浩郎58 【夏至】
22 水 仏滅	国 長友慎治㊺
23 木 大安	立 城井　崇㊾ 【EU首脳会議(ブリュッセル、~24日)】 【沖縄慰霊の日】
24 金 赤口	
25 土 先勝	立 白石洋一59　公 竹内　譲64　公 河西宏一㊸
26 日 友引	自 太田房江71　公 安江伸夫㉟ 【G7首脳会議(ドイツ・エルマウ、~28日)】
27 月 先負	立 徳永久志59 【テニス・ウィンブルドン(ロンドン郊外、~7月10日)】
28 火 仏滅	自 三谷英弘㊻　立 森屋　隆55
29 水 赤口	維 清水貴之㊽ 【NATO首脳会議(マドリード、~30日)】
30 木 先勝	国 斎藤アレックス㊲ 国 伊藤孝恵㊼

■その他の予定

■昨年の出来事(R3)

6. 3　男性の育児休業取得を促す改正育児・介護休業法などが成立。最大4週間の「出生時育児休業」(男性版産休)の新設が柱
6. 4　一定以上の収入がある75歳以上の後期高齢者の医療費の窓口負担を1割から2割に引き上げる改正高齢者医療確保法が成立
6.11　憲法改正に向けた国民投票の利便性を高める改正国民投票法が成立
6.20　静岡県知事選挙で現職の川勝平太氏(無所属)が4選
6.25　自民党の小此木八郎国家公安委員長が辞任、後任に同党の棚橋泰文氏が就任
6.25　新型コロナ対策の国の「家賃支援給付金」をだまし取ったとして、警視庁が経済産業省のキャリア官僚2人を詐欺容疑で逮捕
6.25　総務省発表の2020年の国勢調査の速報値で、2020年10月1日時点の日本の総人口は1億2622万6568人。2015年の前回調査から86万8177万人減少

■過去の出来事

S35.6.19　日米新安保条約成立
S46.6.17　沖縄返還協定調印
S63.6.18　リクルート事件発覚
H 6.6.30　自社さ連立の村山富市内閣成立

日	曜・六曜	誕生日	日程
1	(金) 友引	[自]江藤　拓(62) (立)石橋通宏(57)	【路線価公表】
2	(土) 先負	[立]原口一博(63)	【半夏生】
3	[日] 仏滅	[自]務台俊介(66)　[自]秋葉賢也(60) (立)石川大我(48)	
4	(月) 大安	[自]田野瀬太道(48) (共)田村智子(57)	
5	(火) 赤口		
6	(水) 先勝	[自]伊藤達也(61) (立)塩村あやか(44)	
7	(木) 友引	[立]金子恵美(57)　[維]三木圭恵(56) (自)進藤金日子(59)	【小暑】【七夕】
8	(金) 先負	(自)藤川政人(62)	
9	(土) 仏滅	[自]山本左近(40)	
10	[日] 大安	(自)三木　亨(55)　(立)田名部匡代(53)	【大相撲名古屋場所（～24日）】
11	(月) 赤口	[自]伊藤忠彦(58)　[自]細田健一(58)　[自]中根一幸(53)　[自]田中英之(52) (公)秋野公造(55)	【世界人口デー】
12	(火) 先勝	[国]岸本周平(66) (自)中西祐介(43)　(公)山口那津男(70)	
13	(水) 友引		
14	(木) 先負	[自]古賀　篤(50)　[立]岡田克也(69)	【ゴルフ全英オープン（セントアンドルーズ、～17日）】
15	(金) 仏滅	[自]松島みどり(66)　[自]古川　康(64)　[立]奥野総一郎(58)　[維]守島　正(41) [公]中川宏昌(52)	
16	(土) 大安	[自]西村明宏(62)　[維]市村浩一郎(58)　[公]金城泰邦(53)	
17	[日] 赤口	[立]篠原　孝(74) (自)大家敏志(55)	
18	[月] 先勝	海の日　[自]井林辰憲(46)　[国]田中　健(45)	
19	(火) 友引	[立]山田勝彦(43)　[公]吉田久美子(59) (自)赤池誠章(61)	【滋賀県知事任期満了】
20	(水) 先負	[自]武部　新(52)	【土用】

21 ㊍ 仏滅	㊉森屋　宏65　㊋横山信一63
22 ㊎ 大安	●立山岡達丸43 ㊋新妻秀規52
23 ㊏ 赤口	【大暑】
24 ●日 先勝	
25 ㊊ 友引	㊉青山繁晴70
26 ㊋ 先負	
27 ㊌ 仏滅	
28 ㊍ 大安	●自山口　晋39　●立佐藤公治63 ㊉宮島喜文71
29 ㊎ 先勝	●自岸田文雄65　●立泉　健太48　●共志位和夫68
30 ㊏ 友引	
31 ●日 先負	●立松原　仁66

■その他の予定

第8回アフリカ開発会議（月内）

■昨年の出来事（R3）

7．3　熱海市伊豆山地区の逢初川で土石流が発生し、20人以上が死傷
7．4　東京都議会議員選挙（定数127）が行われ、自民党が33議席で第1党を奪還したが、全員当選の公明党と合わせても過半数に届かず
7．6　令和元年参院選を巡る大規模買収事件で東京地検特捜部は、公職選挙法違反に問われた河井克行元法相から現金を受け取った地元政治家ら100人全員を不起訴にしたと発表
7．7　ハイチのジョブネル･モイーズ大統領が首都郊外の自宅で襲撃を受け暗殺された
7．18　兵庫県知事選挙で新人の斎藤元彦氏（無所属）が初当選
7．19　ペルー大統領選の決選投票で急進左派のペドロ･カスティジョ氏の勝利が確定
7．23　夏季五輪東京大会が開幕
7．28　元参議院議長で社民連代表を務めた江田五月氏が死去（80歳）

■過去の出来事

S46.7.14　ニクソン･ショック
S51.7.27　ロッキード疑惑により田中角栄氏逮捕
H 元.7.23　第15回参院選自民大敗、マドンナ旋風
H19.7.29　第21回参院選、民主第1党に

■令和4年(2022年)8月　〈国会議員誕生日・各種日程〉

日	誕生日	日程
1 (月) 仏滅	(自)平口　洋(74)　(自)宮下一郎(64) (立)石垣のりこ(48)	
2 (火) 大安	(自)藤原　崇(39) (自)長峯　誠(53)　(維)片山虎之助(87)	
3 (水) 赤口	(自)渡辺博道(72)　(自)上野賢一郎(57) (自)古川禎久(57)　(立)那谷屋正義(65)	
4 (木) 先勝		【ゴルフ全英女子オープン(ミュアフィールド、～7日)】
5 (金) 友引	(自)長谷川淳二(54)　(自)後藤田正純(53)　(立)伊藤俊輔(43) (公)若松謙維(67)	
6 (土) 先負		【広島原爆の日】
7 (日) 仏滅	(自)西銘恒三郎(68) (自)堂故　茂(70)	【立秋】
8 (月) 大安	(自)吉野正芳(74)　(自)星野剛士(59)　(自)宮﨑政久(57)　(自)鈴木隼人(44) (無)福島伸享(52)	
9 (火) 赤口	(自)宗清皇一(52)	【長崎原爆の日】
10 (水) 先勝	(自)八木哲也(75)　(自)秋本真利(47)　(立)神谷　裕(54)	
11 (木) 友引	山の日　(自)島村　大(62)　(立)江崎　孝(66)	
12 (金) 先負	(自)谷川弥一(81)　(自)土井　亨(64)　(自)木原　稔(53)	【国際青少年デー】
13 (土) 仏滅	(自)舞立昇治(47)　(立)小沢雅仁(57)　(共)武田良介(43)	
14 (日) 大安		
15 (月) 赤口	(自)鈴木英敬(48)	【終戦記念日】【全国戦没者追悼式】
16 (火) 先勝	(立)岡本あき子(58)　(立)櫻井　周(52)	
17 (水) 友引	(立)落合貴之(43)	
18 (木) 先負	(自)松下新平(56)　(立)青木　愛(57)	
19 (金) 仏滅		
20 (土) 大安		

●文字は衆議院、○文字は参議院、○内数字は満年齢

21 (日) 赤口	●自細野豪志(51) ○自豊田俊郎(70)　○立木戸口英司(60)
22 (月) 先勝	○自森まさこ(58)
23 (火) 友引	●立馬淵澄夫(62) 【処暑】
24 (水) 先負	●自岩屋　毅(65)
25 (木) 仏滅	
26 (金) 大安	●立稲富修二(52)
27 (土) 友引	●自甘利　明(73) ○自山下雄平(43)　○公西田実仁(60)
28 (日) 先負	●自大西英男(76)　●自熊田裕通(58)　●立山岸一生(41)
29 (月) 仏滅	●自笹川博義(56)　●立青柳陽一郎(53) 【テニス全米オープン(ニューヨーク、～9月11日)】
30 (火) 大安	●自国定勇人(50)　●立中谷一馬(39)
31 (水) 赤口	●自森　英介(74)　●自萩生田光一(59)　●自古川直季(54)　●自松本洋平(49) ●立大串博志(57)　○自小川克巳(71)　【長野県知事任期満了】

■その他の予定

韓国政府、日本からの植民地支配解放記念「光復節」で式典(8月15日)

■昨年の出来事(R3)

8. 1　仙台市長選挙で現職の郡和子氏(無所属)が再選
8. 2　東京五輪に出場したベラルーシの女子選手が羽田空港で帰国便への搭乗を拒み、亡命を希望。4日に亡命先のポーランドに到着
8. 4　名古屋市の河村たかし市長が東京五輪の優勝報告に訪れたソフトボール選手の金メダルをかじり、5日に謝罪
8. 6　都内を走行中の小田急線内で包丁を持った男が切りつけ、乗客10人が重軽傷
8. 8　東京五輪が閉幕。日本の金メダルは27個、うち女子種目は14個でいずれも過去最多。銀と銅を加えたメダル総数58個も夏冬を通じて最多
8.15　アフガニスタンのイスラム主義勢力タリバンが首都カブールに侵攻し、アシュラフ・ガニ大統領率いる政権が崩壊。26日にはカブールの国際空港付近で起きた自爆テロで米兵13人を含む約180人が死亡。バイデン米大統領は30日に米軍撤収が完了したと発表
8.22　横浜市長選挙で立憲民主党推薦の元横浜市立大学教授の山中竹春氏が初当選。菅首相が全面支援した前国家公安委員長の小此木八郎氏は惨敗

■過去の出来事

S20. 8.15　太平洋戦争終結
S48. 8. 8　金大中拉致事件
H 5. 8. 9　細川護煕連立内閣成立
H17. 8. 8　郵政法案、参院で否決　衆議院解散(郵政解散)
H21. 8.30　第45回衆院選、民主勝利　第1党に

日	議員誕生日	日程
1 (木) 先勝	(無)山﨑真之輔(41)	【秋の緑の募金(～10月31日)】【防災の日】
2 (金) 友引	自若宮健嗣(61)	
3 (土) 先負	自野田聖子(62)　自門山宏哲(58)	
4 (日) 仏滅	自平沢勝栄(77)　自坂井　学(57) (自)吉川ゆうみ(49)	【香川県知事任期満了】
5 (月) 大安	公大口善徳(67)	
6 (火) 赤口	自中野英幸(61) (立)勝部賢志(63)	
7 (水) 先勝	自小島敏文(72)　自三ッ林裕巳(67)　自辻　清人(43) (立)羽田次郎(53)	
8 (木) 友引	自山下貴司(57)　無米山隆一(55) (自)磯﨑仁彦(65)	【白露】 【国際識字デー】
9 (金) 先負	自塩崎彰久(46) (自)こやり隆史(56)	
10 (土) 仏滅	自亀岡偉民(67)　(維)梅村みずほ(44)	
11 (日) 大安	自藤井比早之(51)	【スウェーデン総選挙】 【大相撲九月場所(～25日)】
12 (月) 赤口	自山際大志郎(54) (公)石川博崇(49)	【水路記念日】
13 (火) 先勝	自松野博一(60) (自)二之湯智(78)　(自)三原じゅん子(58)	【国連総会開幕(ニューヨーク)】
14 (水) 友引	自尾﨑正直(55)　立手塚仁雄(56)　維漆間譲司(48) (共)吉良よし子(40)	
15 (木) 先負	自泉田裕彦(60)	
16 (金) 仏滅	自中山展宏(54)　共高橋千鶴子(63) (維)東　　徹(56)	【国際オゾン層保護デー】
17 (土) 大安	自江﨑鐵磨(79)　自小泉龍司(70)　維杉本和巳(62)	
18 (日) 赤口	自小寺裕雄(62)　自石川昭政(50)	
19 (月) 先勝	敬老の日　立森田俊和(48) (自)山谷えり子(72)　(自)西田昌司(64)　(自)朝日健太郎(47)	
20 (火) 友引	自麻生太郎(82)　自岩田和親(49)　立寺田　学(46)	【彼岸入り】

21 (水) 先負	●自 安倍晋三(68) ○自 有村治子(52)　○維 音喜多駿(39)
22 (木) 仏滅	●自 西野太亮(44)　●立 田嶋　要(61) ○自 今井絵理子(39)
23 (金) 大安	秋分の日
24 (土) 赤口	
25 (日) 先勝	●国 浅野　哲(40)　○国 矢田わか子(57)
26 (月) 先負	●維 池畑浩太朗(48)　●公 佐藤英道(62)
27 (火) 仏滅	●自 神田潤一(52)　●立 中島克仁(55)　●維 沢田　良(43) ○自 阿達雅志(63)
28 (水) 大安	●立 吉川　元(56)
29 (木) 赤口	●自 小里泰弘(64)　●自 髙鳥修一(62) ○自 本田顕子(51)　○立 牧山ひろえ(58)　【沖縄県知事任期満了】
30 (金) 先勝	●自 中谷真一(46) ○自 高野光二郎(48)　○立 杉尾秀哉(65)　○公 竹谷とし子(53)

■その他の予定

基準地価発表(月内)
日中共同声明から50年(9月29日)

■昨年の出来事(R3)

9. 1　政府のデジタル政策の司令塔となるデジタル庁が発足。官民のデジタル化の推進に向け、行政手続きの簡素化などに取り組む
9. 3　菅首相は党総裁選挙に出馬せずに退陣する意向を表明。新型コロナウイルス対応への批判の高まりに加え、党内の求心力が低下したことで再選は困難と判断
9. 12　三重県知事選挙で新人の一見勝之氏(無所属)が初当選
9. 13　政府は新型コロナウイルスのワクチン接種を2回終えた人は約6447万人で国民の5割を超えたと発表
9. 14　厚労省が100歳以上の高齢者数を発表。全国で8万6510人に上り、51年連続で過去最多を更新
9. 16　中国は環太平洋経済連携協定(TPP)への参加を正式申請。台湾も22日に参加を正式発表
9. 17　バイデン米大統領が米国、英国、豪州による安全保障の枠組み「AUKUS(オーカス)」の創設を表明。フランスは17日、豪州の潜水艦開発計画破棄に反発し、駐米・駐豪大使を召還すると発表。
9. 17　自民党竹下派会長や復興相を務めた竹下亘さんが死去(74)

■過去の出来事

S26.9. 8　サンフランシスコ講和会議、日米安保条約調印
S47.9.29　日中国交回復
S60.9.22　プラザ合意
H 8.9.28　民主党結成
H13.9.11　米、同時多発テロ
H15.9.26　民主党・自由党合併
H17.9.11　第44回衆院選、自民大勝

■令和4年(2022年)10月 〈国会議員誕生日・各種日程〉

日	国会議員誕生日・各種日程
1 (土) 友引	(自)衛藤晟一(75)
2 (日) 先負	(自)尾辻秀久(82) 【ブラジル大統領選挙】
3 (月) 仏滅	(自)山口　壯(68) (立)渡辺　創(45) (自)比嘉奈津美(64) (共)岩渕　友(46)
4 (火) 大安	(自)金田勝年(73) (維)奥下剛光(47) (れ)舩後靖彦(65)
5 (水) 赤口	(国)大塚耕平(63) (無)橋本聖子(58)
6 (木) 先勝	(維)片山大介(56) 【国際協力の日】
7 (金) 友引	(自)茂木敏充(67) (自)井上信治(53) (立)階　猛(56) (維)藤巻健太(39)
8 (土) 先負	(立)野間　健(64) (無)増子輝彦(75) 【寒露】
9 (日) 仏滅	(自)小林茂樹(58) (立)吉川沙織(46) 【世界郵便デー】
10 (月) 大安	**スポーツの日** (自)和田義明(51) (立)菅　直人(76) (維)高木かおり(50)
11 (火) 赤口	(自)柘植芳文(77) (自)滝沢　求(64)
12 (水) 先勝	(自)江渡聡徳(67) (自)葉梨康弘(63)
13 (木) 友引	(自)黄川田仁志(52) 【国際防災の日】
14 (金) 先負	(自)中谷　元(65) (維)足立康史(57) 【IMF・世銀年次総会(マラケシュ、~16日)】 (自)和田政宗(48) 【鉄道の日】
15 (土) 仏滅	(自)西村康稔(60) (立)馬場雄基(30) (共)笠井　亮(70)
16 (日) 大安	(自)鬼木　誠(50) (自)高見康裕(42) (立)おおつき紅葉(39) (公)平木大作(48) 【世界食料デー】
17 (月) 赤口	(公)里見隆治(55) 【貧困撲滅のための国際デー】
18 (火) 先勝	(自)梶山弘志(67) (自)武藤容治(67) (自)津島　淳(56) (自)佐々木紀(48) 【統計の日】
19 (水) 友引	(自)宮内秀樹(60) (自)岩本剛人(58)
20 (木) 先負	(共)本村伸子(50) (自)滝波宏文(51) (立)長浜博行(64) 【秋土用入】

21 金 仏滅	自 浜田靖一67
22 土 大安	立 本庄知史48 自 堀井　巌57
23 日 赤口	維 和田有一朗58 自 佐藤正久62 【霜降】【電信電話記念日】
24 月 先勝	立 菊田真紀子53 【国連デー】
25 火 仏滅	維 井上英孝51
26 水 大安	【原子力の日】
27 木 赤口	立 堤かなめ62 自 山本順三68
28 金 先勝	自 堀内詔子57
29 土 友引	
30 日 先負	自 土田　慎32 【APEC首脳・閣僚会議(バンコク、～11月3日)】 【G20サミット(バリ島、～31日)】
31 月 仏滅	【ハロウィン】

■その他の予定

ノーベル賞受賞者発表(上旬)

■昨年の出来事(R3)

10. 1　自民党役員人事で幹事長に甘利昭氏、総務会長に福田達夫氏、政調会長に高市早苗氏が就任
10. 4　自民党の岸田文雄総裁が第100代首相に就任、新内閣が発足
10. 6　連合は新会長に芳野友子副会長を選出。女性会長は初
10. 14　海部内閣で女性初の官房長官を務めた自民党元衆院議員の森山真弓さんが死去(93歳)
10. 24　岸田内閣発足後初の国政選挙となった参院静岡、山口両選挙区の補欠選挙で、静岡は無所属の山崎真之輔氏、山口は自民党前参院議員の北村経夫氏が当選
10. 26　秋篠宮家の長女真子さまが大学時代の同級生の小室圭さんと結婚し、皇室を離脱
10. 31　第49回衆議院選挙が投開票され、自民党が絶対安定多数の261議席を単独で確保、与党で計293議席を獲得。立憲民主党は公示前から14議席減の96議席
10. 31　宮城県知事選挙で現職の村井嘉浩氏(無所属)が5選
10. 31　東京都調布市を走行中の京王線の電車内で、男が70歳代男性の胸を刺し、男性は意識不明の重体。男は車内に油をまいて火をつけ、男女16人が軽傷。警視庁は24歳の男を殺人未遂容疑で現行犯逮捕

■過去の出来事

S24.10. 1　中華人民共和国成立
S31.10.19　日ソ共同宣言、国交回復
S35.10.12　社会党・浅沼委員長刺殺
S37.10.22　キューバ危機
S39.10.10　東京オリンピック開幕
H 2.10. 3　東西ドイツ統一
H 8.10.20　小選挙区比例代表並立制による初の衆院選
H15.10. 5　民主党と自由党が合併大会

日	誕生日・日程
1 ㊋ 大安	㉂古屋圭司㊀ ㉂大野敬太郎54 ㉂牧島かれん46
2 ㊌ 赤口	㉂古賀友一郎55
3 ㊍ 先勝	文化の日
4 ㊎ 友引	㉂川崎ひでと41
5 ㊏ 先負	㉂武見敬三71
6 ㊐ 仏滅	㉂坂本哲志72 ㊪柳田　稔68
7 ㊊ 大安	㊏青柳仁士44 【第27回 国連気候変動枠組み条約締約国会議(エジプト、～18日)】【立冬】
8 ㊋ 赤口	㉂佐藤信秋75 ㊏柳ヶ瀬裕文48 【米中間選挙】
9 ㊌ 先勝	㉂世耕弘成60
10 ㊍ 友引	㊖鈴木義弘60
11 ㊎ 先負	㉂田中良生59 ㉂平沼正二郎43 【福島県知事任期満了】
12 ㊏ 仏滅	㉂宇都隆史48
13 ㊐ 大安	㉂井原　巧59 ㊗伊藤　渉53 【大相撲九州場所(～27日)】
14 ㊊ 赤口	㉂高村正大52 ㊤吉田統彦48
15 ㊋ 先勝	【七五三】
16 ㊌ 友引	
17 ㊍ 先負	㉂野中　厚46
18 ㊎ 仏滅	
19 ㊏ 大安	㊤宮沢由佳60
20 ㊐ 赤口	㊤湯原俊二60 ㉂野村哲郎79 ㊫山添　拓38

21 ㊊ 先勝	●自 井出庸生㊺ ●立 鈴木庸介㊼ 【FIFAワールドカップ(カタール、～12月18日)】
22 ㊋ 友引	●自 船田　元69 ●自 加藤勝信67 ●立 山崎　誠60 【小雪】
23 ●水 先負	勤労感謝の日 ●公 國重　徹㊽ ○自 石井準一65
24 ㊍ 大安	●自 伊東良孝74 ●れ 山本太郎㊽ ○自 三宅伸吾61
25 ㊎ 赤口	●自 渡辺孝一65 ●公 日下正喜57 ●れ たがや亮54
26 ㊏ 先勝	【ペンの日】
27 ●日 友引	
28 ㊊ 先負	○自 中曽根弘文77 ○立 蓮　舫55
29 ㊋ 仏滅	●自 石原正敬51 ●自 小林鷹之㊽ ○自 石井正弘77 ○自 山田俊男76
30 ㊌ 大安	○自 馬場成志58 【愛媛県知事任期満了】

■その他の予定

台湾統一地方選挙(下旬)

■昨年の出来事(R3)

11. 2　自民党の甘利幹事長が先の衆院選の小選挙区で議席を確保できなかったことを受け幹事長辞任を表明

11. 2　立憲民主党の枝野幸男代表が先の衆院選で敗北した責任を取り代表辞任を表明

11. 4　自民党の幹事長に茂木敏充外相が就任

11.10　第206国会(特別会)が招集され、自民党の岸田文雄総裁を第101代首相に選出、自民、公明両党の連立による第2次岸田内閣が発足。林芳正・元文部科学相を新たに外相に起用し、他の閣僚は再任

11.11　安倍元首相が出身派閥である自民党細田派に復帰、派閥会長に就任し派閥名を「安倍派」に改称

11.11　先の衆院選挙で落選した石原伸晃前衆議院議員が、自民党石原派の会長を辞任

11.13　国連気候変動枠組み条約第26回締約国会議(COP26)は石炭火力発電の段階的な削減に向けて努力することなどを盛り込んだ成果文書を採択

■過去の出来事

S20.11. 2　日本社会党結成
S21.11. 3　日本国憲法発布
S30.11.15　自由民主党結成
S38.11.22　ケネディ米大統領暗殺
S39.11.17　公明党結成

■令和4年(2022年)12月 〈国会議員誕生日・各種日程〉

日	国会議員誕生日	日程
1 (木) 赤口	(自)本田太郎(49) (公)河野義博(45)	【世界エイズデー】
2 (金) 先勝	(立)末次精一(60)	
3 (土) 友引	(自)宮崎雅夫(59) (共)倉林明子(62)	【国際障害者デー】
4 (日) 先負		
5 (月) 仏滅	(自)柴山昌彦(57) (立)末松義規(66)	【国際ボランティアデー】
6 (火) 大安	(自)菅　義偉(74) (自)宮路拓馬(43) (立)早稲田ゆき(64) (国)古川元久(57)	
7 (水) 赤口	(自)中西　哲(71) (自)高橋克法(65) (自)小野田紀美(40)	【大雪】
8 (木) 先勝	(自)永岡桂子(69) (自)工藤彰三(58) (自)斎藤洋明(46) (公)吉田宣弘(55) (立)白　眞勲(64)	
9 (金) 友引	(自)後藤茂之(67) (立)梅谷　守(49) (公)山本博司(68)	
10 (土) 先負	(公)伊佐進一(48)	
11 (日) 仏滅	(自)小渕優子(49) (立)渡辺　周(61) (立)郡司　彰(73) (維)柴田　巧(62)	
12 (月) 大安	(立)近藤和也(49)	
13 (火) 赤口		
14 (水) 先勝	(自)盛山正仁(69) (自)五十嵐清(53) (自)元榮太一郎(47) (無)安達　澄(53)	
15 (木) 友引	(自)田村憲久(58) (維)阿部弘樹(61) (国)鈴木　敦(35)	
16 (金) 先負	(自)木村次郎(55) (公)高木陽介(63)	【和歌山県知事任期満了】
17 (土) 仏滅	(自)末松信介(67)	
18 (日) 大安	(自)赤澤亮正(62) (共)赤嶺政賢(75) (共)塩川鉄也(61) (自)竹内　功(71)	【国連加盟記念日】
19 (月) 赤口	(維)遠藤良太(38)	
20 (火) 先勝	(自)櫻田義孝(73) (自)丹羽秀樹(50) (立)田島麻衣子(46)	

日	誕生日
21 ㊌ 友引	自 髙階恵美子59　立 大島　敦66　立 重徳和彦52　立 源馬謙太郎50 立 小沼　巧37　公 高瀬弘美41　国 浜野喜史62
22 ㊍ 先負	自 中川郁子64　維 前川清成60 【冬至】
23 ㊎ 赤口	
24 ㊏ 先勝	立 道下大樹47 社 福島みずほ67
25 ㊐ 友引	共 宮本岳志63 【クリスマス】
26 ㊊ 先負	立 小山展弘47　維 岬　麻紀54 自 上月良祐60
27 ㊋ 仏滅	自 塚田一郎59　維 藤田文武42
28 ㊌ 大安	共 市田忠義80
29 ㊍ 赤口	立 下条みつ67 維 浅田　均72
30 ㊎ 先勝	【東証大納会】
31 ㊏ 友引	【大晦日】

■その他の予定

国家安全保障戦略の改定(月内)

■昨年の出来事(R3)

12. 1　新型コロナワクチンの3回目接種を開始
12. 6　岸田首相が臨時国会で所信表明演説を行い、安全保障政策の基本指針「国家安全保障戦略」の2022年末改定や「敵基地攻撃能力」の検討を含めた防衛力強化を強調
12. 6　米政府が北京五輪・パラリンピックに政府高官らを派遣しない外交的ボイコットを発表
12. 8　ドイツ連邦議会が社会民主党のオラフ・ショルツ氏を首相に選出、緑の党、自由民主党との3党連立政権が発足
12. 10　米南部ケンタッキー州などで大規模な竜巻が発生。計5州で計90人以上が死亡
12. 15　国交省が建設業の受注動向を表す統計でデータの書き換えなどの不適切な処理を行っていたことが判明
12. 15　米FRBが量的緩和の終了時期を22年3月に前倒しすることを決定
12. 17　大阪市北区のクリニックで男がガソリンをまいて放火、計25人が死亡
12. 20　21年度補正予算が参議院本会議で可決・成立。一般会計の歳出は35兆9895億円で補正予算としては過去最大
12. 24　22年度予算案が閣議決定。一般会計の総額は107兆5964億円で過去最大
12. 24　政府が北京五輪・パラリンピックへの政府代表団派遣見送りを表明

■過去の出来事

S16.12. 8　太平洋戦争開戦
S20.12.17　婦人参政権実現
S31.12.12　国連に加盟
H 3.12.21　ソ連邦消滅
H16.12.10　新進党結成
H24.12.16　第46回衆院選、自民圧勝

日	国会議員誕生日・各種日程
1 日 先負	**元　日**　自 鳩山二郎(44)　立 伴野　豊(62)　立 吉田はるみ(51) 維 山本剛正(51)　自 牧野たかお(64)　立 徳永エリ(61) 【全日本実業団駅伝】【新年祝賀の儀】
2 月 仏滅	**振替休日**　自 田畑裕明(50) 【東京箱根間往復大学駅伝(～3日)】【新年一般参賀】
3 火 大安	自 林　幹雄(76)　自 鷲尾英一郎(46)　立 笠　浩史(58) 無 平山佐知子(52)
4 水 赤口	自 中西健治(59)　維 伊東信久(59)　公 中野洋昌(45) 公 杉　久武(47)　無 伊波洋一(71)
5 木 先勝	自 今村雅弘(76)　自 鈴木貴子(37) 自 北村経夫(68) 【小寒】
6 金 友引	立 山井和則(61)　自 高橋はるみ(69)　立 打越さく良(55)
7 土 先負	
8 日 仏滅	自 井野俊郎(43)　立 鎌田さゆり(58)　無 緒方林太郎(50) 自 山田　宏(65)　立 真山勇一(79) 【大相撲初場所(～22日)】
9 月 大安	**成人の日**
10 火 赤口	自 河野太郎(60)　自 國場幸之助(50)　自 宮澤博行(48) 立 緑川貴士(38)　維 掘井健智(56)　共 大門実紀史(67)
11 水 先勝	自 額賀福志郎(79)　自 若林健太(59)　共 穀田恵二(76) 公 矢倉克夫(48)
12 木 友引	立 川田龍平(47)
13 金 先負	立 西村智奈美(56) 公 伊藤孝江(55)　共 紙　智子(68)
14 土 仏滅	立 牧　義夫(65) 自 古川俊治(60)
15 日 大安	無 髙良鉄美(69)
16 月 赤口	自 髙木　毅(67)
17 火 先勝	自 遠藤利明(73)　立 安住　淳(61)　立 谷田川元(60)
18 水 友引	公 佐々木さやか(42)
19 木 先負	自 田所嘉德(69)　自 藤丸　敏(63)　自 林　芳正(62)　自 中曽根康隆(41) 自 丸川珠代(52)　立 福山哲郎(61)　公 塩田博昭(61)
20 金 仏滅	自 新藤義孝(65)　自 大串正樹(57) 自 松山政司(64) 【大寒】

21 (土) 大安	●自 田中和徳(74)　●自 柿沢未途(52)　●自 武村展英(51)
22 (日) 先勝	●自 上田英俊(58)　●立 神津　健(46)　●維 一谷勇一郎(48)　●共 宮本　徹(51)
23 (月) 友引	●自 橘慶一郎(62)
24 (火) 先負	●自 寺田　稔(65)　●立 青山大人(44)　●維 住吉寛紀(38)
25 (水) 仏滅	●自 平井卓也(65) ○立 鉢呂吉雄(75)
26 (木) 大安	【文化財防火デー】
27 (金) 赤口	●維 馬場伸幸(58)
28 (土) 先勝	●自 谷　公一(71) ○立 小西洋之(51)
29 (日) 友引	●自 北村誠吾(76)　●自 柳本　顕(49) ○国 川合孝典(60)
30 (月) 先負	●自 鈴木憲和(41)　●立 坂本祐之輔(68)
31 (火) 仏滅	○自 岡田　広(76)　○維 鈴木宗男(75)

■その他の予定

■昨年の出来事(R4)

1. 9　広島、山口、沖縄の3県に新型コロナウイルスによる「まん延防止等重点措置」を適用
1. 9　海部俊樹元首相が死去(91歳)
1.14　社民党の党首選挙で福島瑞穂党首が無投票で再選
1.15　トンガの海底火山爆発
1.15　大学入学共通テストの会場となった東京大学弥生キャンパス前で、名古屋市内の高校2年生の男子生徒が会場に向かう高校生2人を含む3人を刃物で刺傷。警視庁は男子生徒を殺人未遂の疑いで現行犯逮捕
1.18　インドネシア政府は首都をジャワ島のジャカルタからカリマンタン島(ボルネオ島)東部に移転し、新首都名を「ヌサンタラ」(ジャワ語で群島の意味)にすると発表
1.21　東京、神奈川、埼玉、千葉の首都圏と、群馬、新潟、岐阜、愛知、三重、香川、長崎、熊本、宮崎の9県に「まん延防止等重点措置」を適用

■過去の出来事

S44.1.18　東大安田講堂に機動隊突入
S64.1. 7　昭和天皇崩御
H 3.1.17　湾岸戦争勃発
H 7.1.17　阪神淡路大震災、死者6433人
H 8.1.19　社会党、社民党に党名変更
H13.1. 6　省庁再編(1府12省庁)

■第208回国会(常会)内閣提出予定法律案等件名・要旨

【内閣官房】

●一般職の職員の給与に関する法律等の一部を改正する法律案

人事院の国会及び内閣に対する令和3年8 月10日付けの職員の給与の改定に関する勧告に鑑み,一般職の国家公務員の期末手当の額の改定を行う。

●特別職の職員の給与に関する法律の一部を改正する法律案

一般職の国家公務員の給与改定に伴い,特別職の職員の期末手当の額の改定を行う。

●国家公務員の育児休業等に関する法律及び育児休業,介護休業等育児又は家族介護を行う労働者の福祉に関する法律及び雇用保険法の一部を改正する法律の一部を改正する法律案

人事院の国会及び内閣に対する令和3年8 月10日付けの意見の申出に鑑み,一般職の国家公務員及び防衛省の職員について育児休業の取得回数の制限を緩和するとともに,行政執行法人の非常勤の職員について介護休業の取得要件を緩和する。

●経済施策を一体的に講ずることによる安全保障の確保の推進に関する法律案(仮称)

国際情勢の複雑化、社会経済構造の変化等に伴い,安全保障を確保するためには,経済活動に関して行われる国家及び国民の安全を害する行為を未然に防止する重要性が増大していることに鑑み,安全保障の確保に関する経済施策を総合的かつ効果的に推進するため,経済施策を一体的に講ずることによる安全保障の確保の推進に関する基本的な方針(仮称)を策定するとともに,安全保障の確保に関する経済施策として,特定重要物資(仮称)の安定的な供給の確保及び特定社会基盤役務(仮称)の安定的な提供の確保に関する制度並びに特定重要技術(仮称)の開発支援及び特許出願の非公開に関する制度を創設する。

●こども家庭庁設置法案(仮称)

心身の発達の過程にある者(以下「こども」という。)が自立した個人としてひとしく健やかに成長することのできる社会の実現に向け,子育てにおける家庭の役割の重要性を踏まえつつ,こどもの年齢及び発達の程度に応じ,その意見を尊重し,その最善の利益を優先して考慮することを基本とし、こども及びこどものある家庭の福祉の増進及び保健の向上その他のこどもの健やかな成長及びこどものある家庭における子育てに対する支援並びにこどもの権利利益の擁護に関する事務を行うとともに,当該任務に関連する特定の内閣の重要政策に関する内閣の事務を助けることを任務とするこども家庭庁(仮称)を、内閣府の外局として設置することとし,その所掌事務及び組織に関する事項を定める。

●こども家庭庁設置法の施行に伴う関係法律の整備に関する法律案(仮称)

こども家庭庁設置法（仮称）の施行に伴い,児童福祉法その他の関係法律及び内閣府設置法その他の行政組織に関する法律について,所要の規定の整備を行う。

【内閣府】

- **沖縄振興特別措置法等の一部を改正する法律案**
  沖縄の置かれた特殊な諸事情に鑑み,その一層の振興を図るため,沖縄振興特別措置法等の有効期限を延長するとともに,事業者が作成する観光地形成促進措置実施計画（仮称）等について沖縄県知事の認定制度を新設するほか,駐留軍用地が段階的に返還される場合の拠点返還地の指定要件を緩和する等の措置を講ずる。
- **構造改革特別区域法の一部を改正する法律案**
  経済社会の構造改革を推進するとともに地域の活性化を図るため,内閣総理大臣が行う構造改革の推進等に関する提案の募集の期限及び内閣総理大臣に対する構造改革特別区域計画の認定申請の期限を延長するとともに,職業能力開発短期大学校における高度職業訓練を修了した者の大学への編入学に係る学校教育法の特例措置及び国立大学法人の所有する土地等の貸付けに係る国立大学法人法の特例措置の追加等の措置を講ずる。
- **地域の自主性及び自立性を高めるための改革の推進を図るための関係法律の整備に関する法律案（仮称）**
  地域の自主性及び自立性を高めるための改革を総合的に推進するため,地方公共団体等の提案等を踏まえ,都道府県から指定都市への事務・権限の移譲を行うとともに,地方公共団体に対する義務付けを緩和する等の措置を講ずる。

【警察庁】

- **警察法の一部を改正する法律案**
  最近におけるサイバーセキュリティに対する脅威の深刻化に鑑み,国家公安委員会及び警察庁の所掌事務に重大サイバー事案（仮称）に対処するための警察の活動に関する事務等を追加するとともに,警察庁が当該活動を行う場合における広域組織犯罪等に対処するための措置に関する規定を整備するほか,警察庁の組織について,サイバー警察局（仮称）を設置する等の改正を行う。
- **道路交通法の一部を改正する法律案**
  最近における道路交通をめぐる情勢等に鑑み,特定自動運行（仮称）に係る許可制度を創設するとともに,特定小型原動機付自転車（仮称）及び遠隔操作型小型車（仮称）の交通方法等に関する規定並びに運転免許に係る情報の個人番号カードへの記録に関する規定の整備等を行う。

■第208回国会(常会)内閣提出予定法律案等件名・要旨

【金融庁】

●**保険業法の一部を改正する法律案**

保険業を取り巻く経済社会情勢の変化を踏まえ,保険契約者等の保護を的確に行うため,生命保険契約者保護機構に対する政府補助の措置の期限を延長する。

●**公認会計士法及び金融商品取引法の一部を改正する法律案**

会計監査の信頼性の確保並びに公認会計士の一層の能力発揮及び能力向上を図り,もって企業財務書類の信頼性を高めるため,上場会社等の監査に係る登録制度の導入,監査法人の社員の配偶関係に基づく業務制限の見直し,公認会計士の資格要件の見直し等の措置を講ずる。

●**安定的かつ効率的な資金決済制度の構築を図るための資金決済に関する法律等の一部を改正する法律案(仮称)**

金融のデジタル化等に対応し,安定的かつ効率的な資金決済制度の構築を図るため,電子情報処理組織を用いて移転することができる一定の通貨建資産等である電子決済手段(仮称)の交換等を行う電子決済手段等取引業(仮称)及び複数の金融機関等の委託を受けて為替取引に係る分析等を行う為替取引分析業(仮称)の創設等の措置を講ずる

【消費者庁】

●**消費者契約法及び消費者の財産的被害の集団的な回復のための民事の裁判手続の特例に関する法律の一部を改正する法律案**

消費者と事業者との間の情報の質及び量並びに交渉力の格差に鑑み,消費者の利益の擁護を更に図るため,契約の申込み又はその承諾の意思表示を取り消すことができる類型を追加する等の措置を講ずるとともに,被害回復裁判手続の対象となる損害の範囲を拡大する等の措置を講ずる。

【デジタル庁】

●**情報通信技術を利用する方法による国の歳入等の納付に関する法律案(仮称)**

国の歳入等の納付に係る関係者の利便性の向上を図るため,情報通信技術を利用して自ら納付する方法及び情報通信技術を利用して指定納付受託者(仮称)に委託して納付する方法による国の歳入等の納付を可能とするために必要な事項等を定める。

【復興庁】

●**福島復興再生特別措置法の一部を改正する法律案**

福島の復興及び再生を一層推進するため,福島において取り組むべき新たな産業の創出等に寄与する研究開発等に関する基本的な計画を内閣総理大臣が定めることとするとともに,当該計画に係る研究開発等において中核的な役割を担うものとし

て,福島国際研究教育機構(仮称)を設立することとし,その名称,目的,業務の範囲等に関する事項等を定める。

【総務省】

●**地方税法等の一部を改正する法律案**

現下の社会経済情勢を踏まえ,土地に係る固定資産税等の税負担の調整,法人事業税付加価値割における賃上げに係る税制の拡充, 個人住民税における住宅ローン控除の延長・見直し等を行うとともに,税負担軽減措置等の整理合理化等を行う

●**地方交付税法等の一部を改正する法律案**

地方団体の必要とする行政経費の財源を適切に措置するため,地方交付税の総額について改正を行うとともに,地方交付税の算定方法の改正等を行う。

●**国会議員の選挙等の執行経費の基準に関する法律及び公職選挙法の一部を改正する法律案**

最近における物価の変動,選挙等の執行状況等を考慮し,選挙等の円滑な執行を図るため,国会議員の選挙等の執行について国が負担する経費で地方公共団体に交付するものの基準を改定するとともに,基幹放送事業者における中波放送の超短波放送への転換に伴い,超短波放送の放送設備により政見放送をすることができることとする等の措置を講ずる。

●**電波法及び放送法の一部を改正する法律案**

電波の公平かつ能率的な利用を促進するため,電波監理審議会の機能強化,特定基地局の開設指針の制定に関する制度の整備,電波利用料制度の見直し等を行うほか,近年の放送を取り巻く環境の変化等を踏まえ,基幹放送の業務に係る認定申請書等の記載事項に外国人等が占める議決権の割合等を追加し,その変更を届出義務の対象に追加する等情報通信分野の外資規制の見直しを行うとともに, 日本放送協会の受信料の適正かつ公平な負担を図るための還元目的積立金(仮称)の制度を整備する等の措置を講ずる。

●**地方公務員の育児休業等に関する法律及び育児休業, 介護休業等育児又は家族介護を行う労働者の福祉に関する法律及び雇用保険法の一部を改正する法律の一部を改正する法律案**

育児又は介護を行う職員の職業生活と家庭生活の両立を一層容易にするため,地方公務員について,国家公務員に準じ、育児休業の取得回数の制限を緩和するとともに,非常勤職員に係る介護休業の取得要件を緩和する。

●**電気通信事業法の一部を改正する法律案**

電気通信役務の利用者の利益の保護等を図るため,一定の高速度データ伝送電気通信役務(仮称)を基礎的電気通信役

務に位置付ける等高速度データ伝送電気通信役務の提供に関する制度の整備を行うとともに,電気通信役務の利用者に関する情報の適正な取扱いに関する制度の整備を行うほか,第一種指定電気通信設備又は第二種指定電気通信設備を用いる卸電気通信役務を提供する電気通信事業者の当該卸電気通信役務の提供義務等の創設等を行う。

【法務省】

●**裁判所職員定員法の一部を改正する法律案**

判事補の員数を40人減少し,裁判官以外の裁判所の職員の員数を26人減少する。

●**裁判官の育児休業に関する法律の一部を改正する法律案**

裁判官について育児休業の取得回数の制限を緩和する。

●**民事訴訟法等の一部を改正する法律案**

民事訴訟手続等の一層の迅速化及び効率化等を図り,民事裁判を国民がより利用しやすいものとする観点から,電子情報処理組織を使用して行うことが可能な申立て等の範囲の拡大,申立て等に係る書面及び判決書等の電子化に関する規定並びに映像と音声の送受信による口頭弁論の期日における手続を行うことを可能とする規定の整備,当事者の申出により一定の事件について一定の期間内に審理を終えて判決を行う手続の創設,訴えの提起の手数料等に係る納付方法の見直し等の措置を講ずるとともに,離婚の訴えに係る訴訟等の映像と音声の送受信による期日における手続において和解の成立等を可能とする規定を整備するほか,犯罪被害者等の権利利益の一層の保護を図るため,民事関係手続において犯罪被害者等の氏名等の情報を秘匿する制度を創設する。

●**刑法等の一部を改正する法律案**

刑事施設における受刑者の処遇及び執行猶予制度等のより一層の充実を図るため,懲役及び禁錮を廃止して拘禁刑(仮称)を創設し,その処遇内容等を定めるとともに,執行猶予の言渡しをすることができる対象者の拡大等の措置を講じ,並びに罪を犯した者に対する刑事施設その他の施設内及び社会内における処遇の充実を図るための規定の整備を行うほか,近年における公然と人を侮辱する犯罪の実情等に鑑み,侮辱罪の法定刑を引き上げる。

●**刑法等の一部を改正する法律の施行に伴う関係法律の整理等に関する法律案(仮称)**

刑法等の一部を改正する法律の施行に伴い,関係法律の規定の整理等を行う。

【外務省】

●**二千二十五年日本国際博覧会政府代表の設置に関する臨時措置法案(仮称)**

令和7年に開催される2025年日

本国際博覧会（大阪・関西万博）に関し，国際博覧会条約の規定に基づく政府代表の設置及びその任務，給与等について定める。

●**旅券法の一部を改正する法律案**

旅券に関する国際的な動向及び情報技術の進展を踏まえ，以下の改正を行う。

1　旅券の発給申請手続等の電子化に係る関連規定の整備
2　査証欄の増補の廃止
3　一般旅券の失効に係る例外規定の整備
4　大規模な災害の被災者に係る手数料の減免制度の創設
5　未交付失効旅券の発行費用の徴収のための規定の整備

●**東日本大震災の被災者に係る一般旅券の発給の特例に関する法律を廃止する法律案**

東日本大震災の被災者に係る一般旅券の発給の特例に関する法律を廃止する。

【財務省】

●**所得税法等の一部を改正する法律案**

令和4年度税制改正に関する以下の改正を行う。

1　賃上げに係る税制の拡充
2　オープンイノベーションの促進に係る税制の拡充
3　住宅ローン控除制度等の延長・見直し
4　税理士の業務の電子化等の推進等の税理士制度の見直し　等

●**関税定率法等の一部を改正する法律案**

令和4年度関税改正に関する以下の改正を行う。

1　暫定税率等の適用期限の延長及び個別品目の関税率の見直し
2　海外事業者から郵送等で持ち込まれた商標権等侵害物品を輸入してはならない貨物として規定　等

●**国際開発協会への加盟に伴う措置に関する法律の一部を改正する法律案**

国際開発協会の第20次増資に応ずるため，我が国が国際開発協会に対して追加出資を行い得るよう所要の改正を行う。

【文部科学省】

●**教育公務員特例法及び教育職員免許法の一部を改正する法律案**

校長及び教員の資質の向上のための施策をより合理的かつ効果的に実施するため，公立の小学校等の校長及び教員の任命権者による研修等に関する記録の作成並びに資質の向上に関する指導及び助言等に関する規定を整備し，普通免許状及び特別免許状の更新制を廃止する等の措置を講ずる。

●**博物館法の一部を改正する法律案**

博物館の設置主体の多様化を図りつつその適正な運営を確保するため，博物館の登録の要件等の見直し，博物館の設置者に

対する都道府県教育委員会の勧告及び命令等の制度の創設,学芸員補の資格の要件の見直し等を行う。

●卓越研究大学の研究及び研究成果の活用のための体制の強化に関する法律案(仮称)

我が国の大学の国際競争力の強化及びイノベーションの創出の促進を図るためには,国際的に卓越した研究の展開及び経済社会に変化をもたらす研究成果の活用が相当程度見込まれる大学について研究及び研究成果の活用のための体制を強化することが重要であることに鑑み,当該体制の強化の推進に関する基本方針の作成,卓越研究大学(仮称)の認定,卓越研究大学(仮称)の研究等の体制の強化のための事業の実施に関する計画の認可,当該事業に関する国立研究開発法人科学技術振興機構による助成等について定める。

【厚生労働省】

●雇用保険法等の一部を改正する法律案

新型コロナウイルス感染症による雇用情勢及び雇用保険財政への影響等に対応し,雇用の安定と就業の促進を図るため,雇止めによる離職者の給付日数の特例等の期限を延長するとともに,労働者になろうとする者に関する情報を収集して行う募集情報等提供事業に係る届出制の創設等による事業運営の適正化の推進,雇用保険制度の安定的運営のための国庫負担の見直し及び雇用保険料率の暫定措置の見直し等の措置を講ずる。

●医薬品,医療機器等の品質,有効性及び安全性の確保等に関する法律等の一部を改正する法律案

国民の生命及び健康に重大な影響を与えるおそれがある疾病のまん延等の事態における健康被害の拡大を防止するため,緊急時に新たな医薬品を速やかに薬事承認する仕組みを整備するとともに,処方情報及び調剤情報の即時的な一元管理を可能とする電子処方箋の仕組みを整備する。

●児童福祉法等の一部を改正する法律案

児童等に対する家庭及び養育環境の支援を強化し,児童の権利の擁護が図られた児童福祉施策を推進するため,要保護児童等への包括的かつ計画的な支援の実施の市町村業務への追加,市町村における児童福祉及び母子保健に関し包括的な支援を行うセンターの設置の努力義務化,一時保護開始時の要件及び手続の整備,入所措置や一時保護の決定時における児童の意見聴取等の手続の整備,児童自立生活援助の対象者の年齢制限の緩和,児童に対するわいせつ行為を行った保育士の再登録手続の厳格化等の措置を講ずる。

【農林水産省】

●土地改良法の一部を改正する法律案

自然災害に対する土地改良施設の安全性の向上を図るとともに,農用地の利用の集積を促進するため,農業用用排水施設の豪雨対策を目的とした急施の防災事業の実施,農地中間管理機構が賃借権等を取得した農用地を対象とした土地改良事業の拡充等の措置を講ずる。

●環境と調和のとれた食料システムの確立のための環境負荷低減事業活動の促進等に関する法律案(仮称)

農林漁業及び食品産業の持続的な発展,環境への負荷の少ない健全な経済の発展等を図るため,環境と調和のとれた食料システム(仮称)の確立に関する基本理念,国の責務,国が講ずべき施策等を定めるとともに,農林漁業に由来する環境への負荷の低減を図るために行う事業活動等に関する計画の認定制度を設け,認定を受けた者に対する農業改良資金等の償還期間の延長,農地法等に基づく手続の簡素化等の支援等の措置を講ずる。

●植物防疫法の一部を改正する法律案

近年の有用な植物を害する動植物の国内外における発生の状況に対応して植物防疫を的確に実施するため,有害動植物の国内への侵入状況等に関する調査事業の実施,防除内容等に係る基準の作成等による緊急防除の迅速化,有害動植物の発生予防を含めた防除に関する農業者への勧告,命令等の措置の導入,輸出入検疫等における対象物品の範囲及び植物防疫官の権限の拡充,農林水産大臣の登録を受けた者による輸出検査の一部の実施等の措置を講ずる。

●農業経営基盤強化促進法等の一部を改正する法律案

農業の成長産業化及び農業所得の増大に向け,市町村は地域の農用地の効率的かつ総合的な利用に関する目標及び当該目標を達成するためにとるべき措置を定めた計画を策定することとし,当該計画の区域において担い手への農用地の集積・集約化を促進するための措置等を講ずる。

●農山漁村の活性化のための定住等及び地域間交流の促進に関する法律の一部を改正する法律案

人口の減少,高齢化の進展等により農用地の荒廃が進む農山漁村における農用地の保全等を図るため,地方公共団体が作成する活性化計画の記載事項として農林漁業団体等が実施する農用地の保全を図るための当該農用地の管理等に関する事業を新たに位置付けることとし,当該事業の実施に必要な農林地等についての所有権の移転等を促進するための措置等を講ずる。

●農林水産物及び食品の輸出の促進に関する法律等の一部を

改正する法律案
農林水産物及び食品の輸出の更なる拡大を図るため,農林水産物又は食品の輸出先国での需要の開拓等の業務を行う団体の認定制度の創設,輸出事業計画の認定を受けた者に対する金融上の措置の拡充等を行うとともに,日本農林規格の制定対象への有機酒類の追加等の措置を講ずる。

【経済産業省】

●**貿易保険法の一部を改正する法律案**

本邦企業の国際的な事業展開を取り巻く環境の変化に対応して,円滑な外国貿易その他の対外取引の進展を図るため,輸出入,貸付け及び海外投資に係る貿易保険の塡補事由等の拡大,新たな貿易保険の創設,株式会社日本貿易保険による外国法人への出資業務の追加等の措置を講ずる。

●**安定的なエネルギー需給構造の確立を図るためのエネルギーの使用の合理化等に関する法律等の一部を改正する法律案(仮称)**

我が国における脱炭素社会の実現に向けて,非化石エネルギーの利用の拡大が求められる中で,安定的なエネルギー需給構造の確立を図るため,エネルギーの使用の合理化の対象に非化石エネルギーを追加するとともに,一定規模以上のエネルキーを使用する事業者に対し,非化石エネルギーへの転換に関する計画の作成を義務化するほか,一定規模以上のエネルギーを供給する事業者に対する水素等を含む非化石エネルギー源の利用に関する計画の作成の義務化,独立行政法人石油天然ガス・金属鉱物資源機構の業務への水素の製造等に対する出資・債務保証業務の追加,発電事業者による発電設備の出力等の変更についての事後届出制から事前届出制への変更等の措置を講ずる。

●**高圧ガス保安法等の一部を改正する法律案**

産業保安分野における技術革新の進展及び人材の高齢化に対応するため,高圧ガス保安法,ガス事業法及び電気事業法において高度な情報通信技術を活用した保安の促進に向けた認定制度の創設等の措置を講ずるとともに,気候変動問題への対応の要請,自然災害の頻発及び電力の供給構造の変化を踏まえ,燃料電池自動車に係る高圧ガス保安法の適用除外,ガス事業者による災害時連携計画の策定の義務化,小規模事業用電気工作物(仮称)に係る届出制度の創設等の措置を講ずる。

【国土交通省】

●**令和九年に開催される国際園芸博覧会の準備及び運営のために必要な特別措置に関する法律案(仮称)**

令和九年に開催される国際園芸博覧会が国家的に重要な意義を有することに鑑み,博覧会の

円滑な準備及び運営に資するため,国際園芸博覧会協会の指定等について定めるとともに,国の補助,国有財産の無償使用,寄附金付郵便葉書等の発行の特例等の特別の措置を講ずる。

●所有者不明土地の利用の円滑化等に関する特別措置法の一部を改正する法律案

所有者不明土地の利用の円滑化及び管理の適正化等を図るため,特定所有者不明土地となる土地の範囲の拡大並びに地域福利増進事業における対象事業の拡充,裁定申請書等の縦覧期間の短縮及び土地等使用権の存続期間の上限の延長等の措置を講ずるとともに,管理が実施されていない所有者不明土地の周辺の土地における災害等の発生の防止のために市町村長が必要な措置を命ずることができる制度の創設,所有者不明土地の利用の円滑化等を図るための計画の作成,所有者不明土地利用円滑化等推進法人(仮称)の指定等の措置を講ずる。

●自動車損害賠償保障法及び特別会計に関する法律の一部を改正する法律案

自動車事故による被害者の保護の増進及び自動車事故の発生の防止を一層図るため,当分の間の措置として実施している被害者の保護の増進又は自動車事故の発生の防止の対策に関する事業を恒久的かつ安定的に実施する措置を講ずるとともに,指定紛争処理機関による紛争処理の手続の利用を促進するため,調停による時効の完成猶予及び訴訟手続の中止の特例を新設する措置等を講ずる。

●航空法等の一部を改正する法律案

最近における航空輸送をめぐる状況に鑑み,航空分野における脱炭素社会の実現に向けた対策及び航空運送事業の利用者の利便の確保を一層推進するため,航空脱炭素化推進基本方針(仮称)の策定,航空運送事業者が作成する航空運送事業脱炭素化推進計画(仮称)及び国以外の空港管理者が作成する空港脱炭素化推進計画(仮称)の認定制度の創設並びにこれらの計画に基づく事業等に係る特別の措置について定めるとともに,航空運送事業基盤強化方針等の特例の延長等の措置を講ずる。

●宅地造成等規制法の一部を改正する法律案

宅地造成,特定盛土等(仮称)又は土石の堆積(仮称)に伴う災害を防止し,国民の生命及び財産の保護を図るため,当該災害の防止に関する国土交通大臣及び農林水産大臣による基本方針の策定,都道府県等による当該災害の防止のための対策に必要な基礎調査の実施,宅地造成工事規制区域制度における規制対象の工事の拡大及び中間検査の新設,特定盛土等規制区域(仮称)制度の創設,無許可工事等に対する罰則

の強化等の措置を講ずる。

【環境省】

●**地球温暖化対策の推進に関する法律の一部を改正する法律案**

我が国における脱炭素社会の実現に向けた対策の強化を図るため，温室効果ガスの排出の量の削減等を行う事業活動に対し資金供給その他の支援等を行うことを目的とする株式会社脱炭素化支援機構（仮称）に関し，その設立，機関，業務の範囲等を定める等の措置を講ずる。

●**特定外来生物による生態系等に係る被害の防止に関する法律の一部を改正する法律案**

特定外来生物による生態系等に係る被害を防止する対策を強化するため，国と地方公共団体の役割分担の見直し等による防除体制の強化，特定外来生物のうち緊急に対処を要するものに係る検査並びに当該検査対象の移動禁止及び消毒命令等の措置の新設，特定外来生物の一部についてその飼養の状況等に鑑み規制を適用除外とする規定の整備等の措置を講ずる。

【防衛省】

●**防衛省の職員の給与等に関する法律の一部を改正する法律案**

一般職の国家公務員の例に準じて防衛省職員の期末手当を改定する。

●**防衛省設置法等の一部を改正する法律案**

自衛隊の任務の円滑な遂行を図るため，自衛官定数の変更，外国における緊急事態に際して防衛大臣が行う在外邦人等の輸送の要件等の見直し，麻薬等の譲渡に係る特例規定の整備及び保険医療機関等から診療を受けようとする自衛官等に係る電子資格確認の導入等の措置を講ずる。

【条約】

●**日本国とアメリカ合衆国との間の相互協力及び安全保障条約第六条に基づく施設及び区域並びに日本国における合衆国軍隊の地位に関する協定第二十四条についての新たな特別の措置に関する日本国とアメリカ合衆国との間の協定**

我が国が在日米軍の駐留に係る一定の経費（労務費，光熱水料等，訓練資機材調達費及び訓練移転費）の全部又は一部を一定期間負担すること等について定める。

●**刑事に関する共助に関する日本国とベトナム社会主義共和国との間の条約**

ベトナムとの間で，捜査，訴追その他の刑事手続に関する共助に係る要件，手続等について定める。

●**所得に対する租税に関する二重課税の回避のための日本国とスイスとの間の条約を改正する議定書**

現行の日・スイス租税条約を改め，支店等の恒久的施設に帰属

する事業利得の算定に関する規定の新設,投資所得に対する源泉地国における限度税率の更なる減免,税務当局間の相互協議に係る仲裁手続の新設等について定める。

●二千二十五年日本国際博覧会における特権及び免除に関する日本国政府と博覧会国際事務局との間の協定(仮称)

博覧会国際事務局との間で,2025年日本国際博覧会(大阪・関西万博)に参加する公式参加者,博覧会国際事務局等が享有する特権及び免除等について定める。

●強制労働の廃止に関する条約(第百五号)(仮称)

政治的な見解の表明等に対する制裁,労働規律の手段,同盟罷業に参加したことに対する制裁等としてのあらゆる形態の強制労働を禁止し,かつ,これを利用しないことを約束すること等を定める。

●千九百七十七年の漁船の安全のためのトレモリノス国際条約に関する千九百九十三年のトレモリノス議定書の規定の実施に関する二千十二年のケープタウン協定(仮称)

漁船の安全のための国際的な規則を定めるため,未発効である千九百七十七年の漁船の安全のためのトレモリノス国際条約に関する千九百九十三年のトレモリノス議定書の規定の修正,実施等について定める。

●万国郵便連合憲章の第十追加議定書(仮称),万国郵便連合憲章の第十一追加議定書(仮称),万国郵便連合一般規則の第二追加議定書(仮称),万国郵便連合一般規則の第三追加議定書(仮称)及び万国郵便条約(仮称)

万国郵便連合憲章の第十及び第十一追加議定書は,締結手続の簡素化等,現行の憲章の改正を内容とする。万国郵便連合一般規則の第二及び第三追加議定書は,仲裁規定の改正等,現行の一般規則の改正を内容とする。万国郵便条約は,国際郵便業務に関する規則等について定める。

■都道府県知事・議会議員任期満了日（○数字は当選回数）

都道府県名	知　事	当選日	任期満了日	議会議員	
				当選日	任期満了日
北海道	①鈴木　直道	H31. 4. 7	R5. 4. 22	H31. 4. 7	R5. 4. 29
青森県	⑤三村　申吾	R1. 6. 2	R5. 6. 28	H31. 4. 7	R5. 4. 29
岩手県	④達増　拓也	R1. 9. 8	R5. 9. 10	R1. 9. 8	R5. 9. 10
宮城県	⑤村井　嘉浩	R3. 10.31	R7. 11.20	R1. 10.27	R5. 11.12
秋田県	④佐竹　敬久	R3. 4. 4	R7. 4. 19	H31. 4. 7	R5. 4. 29
山形県	④吉村美栄子	R3. 1. 24	R7. 2. 13	H31. 4. 7	R5. 4. 29
福島県	②内堀　雅雄	H30.10.28	R4. 11.11	R1. 11.10	R5. 11.19
茨城県	②大井川和彦	R3. 9. 5	R7. 9. 25	H30.12. 9	R5. 1. 7
栃木県	⑤福田　富一	R2. 11.15	R6. 12. 8	H31. 4. 7	R5. 4. 29
群馬県	①山本　一太	R1. 7. 21	R5. 7. 27	H31. 4. 7	R5. 4. 29
埼玉県	①大野　元裕	R1. 8. 25	R5. 8. 30	H31. 4. 7	R5. 4. 29
千葉県	①熊谷　俊人	R3. 3. 21	R7. 4. 4	H31. 4. 7	R5. 4. 29
東京都	②小池百合子	R2. 7. 5	R6. 7. 30	R3. 7. 4	R7. 7. 22
神奈川県	③黒岩　祐治	H31. 4. 7	R5. 4. 22	H31. 4. 7	R5. 4. 29
新潟県	①花角　英世	H30. 6. 10	R4. 6. 9	H31. 4. 7	R5. 4. 29
富山県	①新田　八朗	R2. 10.25	R6. 11. 8	H31. 4. 7	R5. 4. 29
石川県	⑦谷本　正憲	H30. 3. 11	R4. 3. 26	H31. 4. 7	R5. 4. 29
福井県	①杉本　達治	H31. 4. 7	R5. 4. 22	H31. 4. 7	R5. 4. 29
山梨県	①長崎幸太郎	H31. 1. 27	R5. 2. 16	H31. 4. 7	R5. 4. 29
長野県	③阿部　守一	H30. 8. 5	R4. 8. 31	H31. 4. 7	R5. 4. 29
岐阜県	⑤古田　　肇	R3. 1. 24	R7. 2. 5	H31. 4. 7	R5. 4. 29
静岡県	④川勝　平太	R3. 6. 20	R7. 7. 4	H31. 4. 7	R5. 4. 29
愛知県	③大村　秀章	H31. 2. 3	R5. 2. 14	H31. 4. 7	R5. 4. 29
三重県	①一見　勝之	R3. 9. 12	R7. 9. 12	H31. 4. 7	R5. 4. 29
滋賀県	②三日月大造	H30. 6. 24	R4. 7. 19	H31. 4. 7	R5. 4. 29
京都府	①西脇　隆俊	H30. 4. 8	R4. 4. 15	H31. 4. 7	R5. 4. 29
大阪府	①吉村　洋文	H31. 4. 7	R5. 4. 6	H31. 4. 7	R5. 4. 29
兵庫県	①斎藤　元彦	R3. 7. 18	R7. 7. 31	H31. 4. 7	R5. 4. 29
奈良県	④荒井　正吾	H31. 4. 7	R5. 5. 2	H31. 4. 7	R5. 4. 29
和歌山県	④仁坂　吉伸	H30.11.25	R4. 12.16	H31. 4. 7	R5. 4. 29
鳥取県	④平井　伸治	H31. 4. 7	R5. 4. 12	H31. 4. 7	R5. 4. 29
島根県	①丸山　達也	H31. 4. 7	R5. 4. 29	H31. 4. 7	R5. 4. 29
岡山県	③伊原木隆太	R2. 10.25	R6. 11.11	H31. 4. 7	R5. 4. 29
広島県	④湯﨑　英彦	R3. 11.14	R7. 11.28	H31. 4. 7	R5. 4. 29
山口県	②村岡　嗣政	H30. 2. 4	R4. 2. 22	H31. 4. 7	R5. 4. 29
徳島県	⑤飯泉　嘉門	H31. 4. 7	R5. 5. 17	H31. 4. 7	R5. 4. 29
香川県	③浜田　恵造	H30. 8. 26	R4. 9. 4	H31. 4. 7	R5. 4. 29
愛媛県	③中村　時広	H30.11.18	R4. 11.30	H31. 4. 7	R5. 4. 29
高知県	①濵田　省司	R1. 11.24	R5. 12. 6	H31. 4. 7	R5. 4. 29
福岡県	①服部誠太郎	R3. 4. 11	R7. 4. 22	H31. 4. 7	R5. 4. 29
佐賀県	②山口　祥義	H30.12.16	R5. 1. 10	H31. 4. 7	R5. 4. 29
長崎県	③中村　法道	H30. 2. 4	R4. 3. 1	H31. 4. 7	R5. 4. 29
熊本県	④蒲島　郁夫	R2. 3. 22	R6. 4. 15	H31. 4. 7	R5. 4. 29
大分県	⑤広瀬　勝貞	H31. 4. 7	R5. 4. 27	H31. 4. 7	R5. 4. 29
宮崎県	③河野　俊嗣	H30.12.23	R5. 1. 20	H31. 4. 7	R5. 4. 29
鹿児島県	①塩田　康一	R2. 7. 12	R6. 7. 27	H31. 4. 7	R5. 4. 29
沖縄県	①玉城デニー	H30. 9. 30	R4. 10. 3	R2. 6. 7	R6. 6. 24

■都道府県知事プロフィール

〈凡例〉

●都道府県名　氏　　名　生年月日

○就任日(当選回数)
○出身地、出身高校、最終学歴
○略歴

●北海道

鈴木　直道（すずき なおみち） S56·3·14生

○H31·4·23就任(当1)
○埼玉県、県立三郷高校、法政大学法学部
○東京都職員、夕張市行政参与、夕張市長(2期)

●青森県

三村　申吾（みむら しんご） S31·4·16生
○H15·6·29就任(当5)
○おいらせ町、県立八戸高校、東京大学文学部
○百石町長(1期)、衆議院議員(1期)

●岩手県

達増　拓也（たっそ たくや） S39·6·10生
○H19·4·30就任(当4)
○盛岡市、県立盛岡第一高校、東京大学法学部
○外務省入省、ジョンズ·ホプキンス大学国際研究高等大学院修了、外務省大臣官房総務課課長補佐、衆議院議員(4期)

●宮城県

村井　嘉浩（むらい よしひろ） S35·8·20生
○H17·11·21就任(当5)
○豊中市、私立明星高校、防衛大学校
○陸上自衛隊東北方面航空隊、自衛隊宮城地方連絡部募集課、松下政経塾、宮城県議会議員(3期)

●秋田県

佐竹　敬久（さたけ のりひさ） S22·11·15生
○H21·4·20就任(当4)
○仙北市、県立角館高校、東北大学工学部
○秋田県地方課長·総務部次長等、秋田市長(2期)、政府税制調査会委員、全国市長会会長、地方制度調査会委員、全国知事会文教環境常任委員会委員長

●山形県

吉村　美栄子（よしむら みえこ） S26·5·18生
○H21·2·14就任(当4)
○西村山郡大江町、県立山形西高校、お茶の水女子大学文教育学部
○会社員、行政書士、山形市総合学習センター職員、山形県教育委員、山形県総合政策審議会委員、山形県入札監視委員会委員

●福島県

内堀　雅雄（うちぼり まさお） S39·3·26生
○H26·11·12就任(当2)
○長野市、県立長野高校、東京大学経済学部
○自治省入省、総務省自治財政局地方債課理事官、福島県生活環境部長·企画調整部長、福島県副知事

●茨城県

大井川　和彦（おおいがわ かずひこ）　S39·4·3生
○H29·9·26就任（当2）
○土浦市、県立水戸第一高校、東京大学法学部
○通商産業省（現経済産業省）入省、マイクロソフト株式会社執行役常務、シスコシステムズ合同会社専務執行役員、株式会社ドワンゴ取締役

●栃木県

福田　富一（ふくだ とみかず）　S28·5·21生

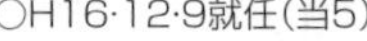

○H16·12·9就任（当5）
○日光市、県立宇都宮工業高校、日本大学理工学部
○栃木県職員、宇都宮市議会議員（2期）、栃木県議会議員（2期）、宇都宮市長（2期）

●群馬県

山本　一太（やまもと いちた）　S33·1·24生
○R1·7·28就任（当1）
○群馬県、群馬県立渋川高校、中央大学法学部、ジョージタウン大学大学院
○国際協力事業団（JICA）、国連開発計画（UNDP）、参議院議員（4期）、外務副大臣、内閣府特命担当大臣、参議院予算委員長、自民党参院政策審議会長

●埼玉県

大野　元裕（おおの もとひろ）　S38·11·12生
○R1.8.31就任（当1）
○川口市、慶應義塾大学法学部、国際大学国際関係学研究科修士課程
○外務省国際情報局分析第二課専門分析員、在ヨルダン大使館·在シリア大使館一等書記官、財団法人中東調査会上席研究員、株式会社ゼネラルサービス専務取締役、参議院議員、防衛大臣政務官兼内閣府大臣政務官

●千葉県

熊谷　俊人（くまがい としひと）　S53·2·18生
○R3.4.5就任（当1）
○神戸市、私立白陵高校、早稲田大学政経学部
○NTTコミュニケーションズ社員、千葉市議会議員（H19～H21）、千葉市長（3期）

●東京都

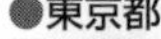

小池　百合子（こいけ ゆりこ）　S27·7·15生
○H28·7·31就任（当2）
○兵庫県、甲南女子高校、カイロ大学文学部
○アラビア語通訳者、キャスター、参議院議員（1期）、衆議院議員（8期）、環境大臣、内閣府特命担当大臣、防衛大臣

●神奈川県

黒岩　祐治（くろいわ ゆうじ）　S29·9·26生
○H23·4·23就任（当3）
○神戸市、私立灘高校、早稲田大学政経学部
○フジテレビジョンキャスター、国際医療福祉大学大学院教授

●新潟県

花角　英世（はなずみ ひでよ）　S33·5·22生
○H30·6·10就任（当1）
○佐渡市、県立新潟高校、東京大学法学部
○運輸省入省、運輸大臣秘書官、国交省大臣官房審議官、新潟県副知事、海上保安庁次長

●富山県

新田　八朗（にった はちろう） S33·8·27生

○R2.11.9就任（当1）
○富山市、県立富山高校、一橋大学経済学部
○第一勧業銀行社員、日本青年会議所会頭（第47代）、日本海ガス代表取締役社長

●石川県

谷本　正憲（たにもと まさのり） S20·4·16生
○H6·3·29就任（当7）
○兵庫県西脇市、県立西脇高校、京都大学法学部
○自治省入省、茨城県総務部長、自治省財政局公営企業第一課長

●福井県

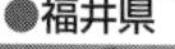

杉本　達治（すぎもと たつじ） S37·7·31生
○H31·4·23就任（当1）
○岐阜県、岐阜県立多治見北高校、東京大学法学部
○自治省入省、総務省自治行政局行政課企画官、福井県総務部長、内閣参事官、総務省自治税務局市町村税課長、福井県副知事、総務省消防庁国民保護·防災部長、総務省公務員部長

●山梨県

長崎　幸太郎（ながさき こうたろう） S43·8·18生
○H31·2·18就任（当1）
○東京都、開成高校、東京大学法学部
○大蔵省入省、在ロサンゼルス総領事館職員、山梨県企画部、財務省主計局主計官補佐、衆議院議員（3期）、自民党幹事長政策補佐

●長野県

阿部　守一（あべ しゅいち） S35·12·21生
○H22·9·1就任（当3）
○国立市、都立西高校、東京大学法学部
○自治省入省、長野県企画局長、長野県副知事、総務省過疎対策室長、横浜市副市長、内閣府行政刷新会議事務局次長

●岐阜県

古田　肇（ふるた はじめ） S22·9·13生
○H17·2·6就任（当5）
○岐阜市、県立岐阜高校、東京大学法学部
○通産省入省、JETROニューヨーク産業調査委員、内閣総理大臣秘書官、経産省商務流通審議官、外務省経済協力局長

●静岡県

川勝　平太（かわかつ へいた） S23·8·16生
○H21·7·7就任（当4）
○京都、私立洛星高校、オックスフォード大学大学院
○早稲田大学教授、国際日本文化研究センター教授、静岡文化芸術大学学長

●愛知県

大村　秀章（おおむら ひであき） S35·3·9生

○H23·2·15就任（当3）
○碧南市、県立西尾高校、東京大学法学部
○農林水産事務官、経済産業大臣政務官、内閣府大臣政務官、内閣府副大臣、厚生労働副大臣、衆議院議員（5期）

●三重県

一見　勝之（いちみ かつゆき） S38·1·30生

○R3.9.14就任（当1）

○亀山市、私立高田学苑高校、東京大学法学部

○運輸省入省、国土交通大臣秘書官（冬柴大臣）、国土交通省総合政策局次長、海上保安庁次長、国土交通省自動車局長

●滋賀県

三日月　大造（みかづき たいぞう） S46·5·24生

○H26·7·20就任（当2）

○大津市、県立膳所高校、一橋大学経済学部

○JR西日本社員、松下政経塾、衆議院議員（4期）、国土交通副大臣

●京都府

西脇　隆俊（にしわき たかとし） S30·7·16生

○H30·4·16就任（当1）

○京都市、私立洛星高校、東京大学法学部

○建設省入省、国土交通省大臣官房長、国土交通審議官、復興庁事務次官

●大阪府

吉村　洋文（よしむら ひろふみ） S50·6·17生

○H31·4·7就任（当1）

○大阪府、府立生野高校、九州大学法学部

○弁護士、大阪市議会議員（1期）、衆議院議員（1期）、大阪市長（1期）

●兵庫県

斎藤　元彦（さいとう もとひこ） S52·11·15生

○R3.8.1就任（当1）

○神戸市、私立愛光学園高校、東京大学経済学部

○総務省入省、佐渡市総合政策監、宮城県財政課長、総務省自治税務局都道府県税課理事官、大阪府財務部財政課長

●奈良県

荒井　正吾（あらい しょうご） S20·1·18生

○H19·5·3就任（当4）

○大和郡山市、奈良女子大学附属高校、東京大学法学部

○運輸省入省、OECD日本政府代表部、海上保安庁長官、参議院議員（1期）、外務大臣政務官、参議院文教科学委員長

●和歌山県

仁坂　吉伸（にさか よしのぶ） S25·10·2生

○H18·12·17就任（当4）

○和歌山市、県立桐蔭高校、東京大学経済学部

○通商産業省、経済産業省大臣官房審議官、製造産業局次長、ブルネイ国大使

●鳥取県

平井　伸治（ひらい しんじ） S36·9·17生

○H19·4·13就任（当4）

○千代田区、私立開成高校、東京大学法学部

○自治省入省、鳥取県副知事、総務省自治行政局選挙部政治資金課政党助成室長、自治体国際化協会ニューヨーク事務所長

●島根県

丸山　達也（まるやま たつや） S45·3·25生
○H31·4·30就任（当1）
○福岡県広川町、久留米大学附設高校、東京大学法学部
○自治省入省、長野県飯田市副市長、島根県環境生活部長、島根県政策企画局長、総務省消防庁国民保護室長、地方公共団体金融機構地方支援部長

●岡山県

伊原木　隆太（いばらぎ りゅうた） S41·7·29生
○H24·11·12就任（当3）
○岡山市、県立岡山大安寺高校、東京大学工学部
○外資系経営コンサルティング会社社員、スタンフォード·ビジネススクール修了MBA取得、株式会社天満屋代表取締役社長

●広島県

湯﨑　英彦（ゆざき ひでひこ） S40·10·4生
○H21·11·29就任（当4）
○広島市、広島大学附属高校、東京大学法学部
○通商産業省入省、スタンフォード大学ビジネススクール修了MBA取得、株式会社アッカ·ネットワークス代表取締役

●山口県

村岡　嗣政（むらおか つぐまさ） S47·12·7生
○H26·2·25就任（当2）
○宇部市、県立宇部高校、東京大学経済学部
○自治省入省、総務省自治行政局自治政策課課長補佐、高知県財政課長、総務省自治財政局財政課財政企画官

●徳島県

飯泉　嘉門（いいずみ かもん） S35·7·29生
○H15·5·18就任（当5）
○池田市、私立灘高校、東京大学法学部
○自治省入省、郵政省地域情報化プロジェクト推進室長、総務省自治税務局税務企画官、徳島県商工労働部長·県民環境部長

●香川県

浜田　恵造（はまだ けいぞう） S27·1·10生
○H22·9·5就任（当3）
○観音寺市、県立観音寺第一高校、東京大学法学部
○大蔵省入省、山形県総務部長、大蔵省理財局国債課長、東海財務局長、東京税関長、日本高速道路保有·債務返済機構理事

●愛媛県

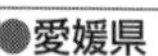

中村　時広（なかむら ときひろ） S35·1·25生
○H22·12·1就任（当3）
○松山市、私立慶應義塾高校、慶應義塾大学法学部
○三菱商事社員、愛媛県議会議員（1期）、衆議院議員（1期）、松山市長（3期）、総務省顧問

●高知県

濵田　省司（はまだ せいじ） S38·1·23生
○R1·12·7就任（当1）
○ 四万十市、私立土佐高校、東京大学法学部
○自治省入省、外務省在サンフランシスコ日本国領事館、福岡県庁消防防災課長·財政課長、島根県総務部長、消防庁予防課長、自治税務局企画課長、内閣府大臣官房審議官、大阪府副知事、総務省大臣官房総括審議官

●福岡県

服部　誠太郎（はっとり せいたろう） S29·9·11生
○R3.4.14就任（当1）
○北九州市、県立小倉高校、中央大学法学部
○福岡県入庁、総務部私学学事振興局学事課長、総務部財政課長、総務部次長、福祉労働部長、福岡県副知事

●佐賀県

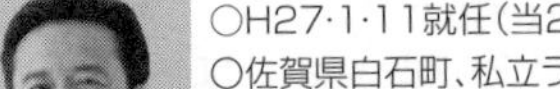

山口　祥義（やまぐち よしのり） S40·7·1生
○H27·1·11就任（当2）
○佐賀県白石町、私立ラ·サール高校、東京大学法学部
○自治省入省、内閣官房内閣安全保障·危機管理室参事補、総務省地域力創造グループ過疎対策室長、JTB総合研究所地域振興ディレクター、（公財）ラグビーワールドカップ2019組織委員会事務総長特別補佐

●長崎県

中村　法道（なかむら ほうどう） S25·11·29生
○H22·3·2就任（当3）
○南島原市、県立島原高校、長崎大学経済学部
○長崎県企画部国際課長、福祉保健部県立病院課長、総務部秘書課長、対馬支庁長、農林部長、総務部長、長崎県副知事

●熊本県

蒲島　郁夫（かばしま いくお） S22·1·28生
○H20·4·16就任（当4）
○山鹿市、県立鹿本高校、ハーバード大学大学院
○農協職員、農業研修生として渡米、ネブラスカ大学農学部卒業、筑波大学教授、東京大学教授

●大分県

広瀬　勝貞（ひろせ かつさだ） S17·6·25生
○H15·4·28就任（当5）
○大分県日田市、私立麻布高校、東京大学法学部
○通産省入省、内閣総理大臣秘書官（宮沢喜一）、通産省官房長、通産省機械情報産業局長、経産省事務次官

●宮崎県

河野　俊嗣（こうの しゅんじ） S39·9·8生
○H23·1·21就任（当3）
○呉市、広島大学附属高校、東京大学法学部
○自治省入省、埼玉県総務部財政課長、総務省自治税務局企画課税務企画官、宮崎県総務部長、宮崎県副知事

●鹿児島県

塩田　康一（しおた こういち） S40·10·15生
○R2.7.28就任（当1）
○鹿児島市、私立ラ·サール高校、東京大学法学部
○通産省入省、人吉税務署長、外務省在イタリア日本国大使館参事官、経済産業省経済産業政策局地域
済産業政策課長、内閣府本府地方創生推進室次長、大臣官房審議官（産業保安担当）、九州経済産業局長

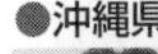

●沖縄県

玉城　デニー（たまき でにー） S34·10·13生
○H.30.10.4就任（当1）
○うるま市、県立前原高校、上智社会福祉専門学校
○タレント、ラジオパーソナリティ、沖縄市議会議員（1期）衆議院議員（4期）

■政令指定都市市長・市議会議員任期満了日（○数字は当選回数）

都市名	市　長	当選日	任期満了日	市議会議員 当選日	市議会議員 任期満了日
札幌市	②秋元　克広	H31. 4. 7	R5. 5. 1	H31. 4. 7	R5. 5. 1
仙台市	②郡　和子	R3. 8. 1	R7. 8. 21	R1. 8. 25	R5. 8. 27
さいたま市	④清水　勇人	R3. 5. 23	R7. 5. 26	H31. 4. 7	R5. 4. 30
千葉市	①神谷　俊一	R3. 3. 21	R7. 6. 13	H31. 4. 7	R5. 4. 30
横浜市	①山中　竹春	R3. 8. 22	R7. 8. 29	H31. 4. 7	R5. 4. 29
川崎市	③福田　紀彦	R3. 10. 31	R7. 11. 18	H31. 4. 7	R5. 5. 2
相模原市	①本村賢太郎	H31. 4. 7	R5. 4. 21	H31. 4. 7	R5. 4. 29
新潟市	①中原　八一	H30. 10. 28	R4. 11. 17	H31. 4. 7	R5. 5. 1
静岡市	③田辺　信宏	H31. 4. 7	R5. 4. 12	R3. 3. 28	R7. 3. 31
浜松市	④鈴木　康友	H31. 4. 7	R5. 4. 30	H31. 4. 7	R5. 4. 30
名古屋市	⑤河村たかし	R3. 4. 25	R7. 4. 27	H31. 4. 7	R5. 4. 11
京都市	④門川　大作	R2. 2. 2	R6. 2. 24	H31. 4. 7	R5. 4. 29
大阪市	①松井　一郎	H31. 4. 7	R5. 4. 6	H31. 4. 7	R5. 4. 29
堺市	①永藤　英機	R1. 6. 10	R5. 6. 8	H31. 4. 7	R5. 4. 30
神戸市	③久元　喜造	R3. 10. 31	R7. 11. 19	H31. 4. 7	R5 6. 10
岡山市	③大森　雅夫	R3. 10. 3	R7. 10. 8	H31. 4. 7	R5. 4. 30
広島市	③松井　一實	H31. 4. 7	R5. 4. 11	H31. 4. 7	R5. 5. 1
北九州市	④北橋　健治	H31. 1. 27	R5. 2. 19	R3. 1. 31	R7. 2. 9
福岡市	③髙島宗一郎	H30. 11. 18	R4. 12. 6	H31. 4. 7	R5. 5. 1
熊本市	②大西　一史	H30. 11. 18	R4. 12. 2	H31. 4. 7	R5. 4. 30

■主要団体代表任期満了日（五十音順）

団体名	氏名	任期満了日
経済同友会	櫻田　謙悟	R5. 4（総会まで）
指定都市市長会	鈴木　康友	R4. 3. 31
全国漁業協同組合連合会（JF全漁連）	岸　宏	R4. 6（総会まで）
全国銀行協会	髙島　誠	R4. 3. 31
全国市議会議長会	清水　富雄	R4. 5（総会まで）
全国市長会	立谷　秀清	R4. 6（総会まで）
全国社会福祉協議会	清家　篤	R4. 6
全国知事会	平井　伸治	R5. 9
全国町村会	荒木　泰臣	R5. 7. 30
全国町村議会議長会	南雲　正	R5. 7（総会まで）
全国郵便局長会	末武　晃	R4. 5（総会まで）
全国土地改良事業団体連合会	二階　俊博	R4. 3. 31
全国都道府県議会議長会	柴田　正敏	R4. 7（総会まで）
全国農業協同組合中央会（JA全中）	中家　徹	R5. 8（総会まで）
全国農業協同組合連合会（JA全農）	菅野　幸雄	R5. 7（総会まで）
日本医師会	中川　俊男	R4. 3. 31
日本遺族会	水落　敏栄	R4. 6
日本オリンピック委員会（JOC）	山下　泰裕	R4. 3. 31
日本看護協会	福井トシ子	R4. 6
日本銀行	黒田　東彦	R5. 4. 8
日本経団連	十倉　雅和	R4. 6（総会まで）
日本歯科医師会	堀　憲郎	R4. 6
日本商工会議所	二村　明夫	H4. 10. 31
日本生活協同組合連合会	土屋　敏夫	R4. 6（総会まで）
日本青年会議所	中島　土	R4. 12. 31
日本赤十字社	大塚　義治	R4. 3. 31
日本弁護士連合会	荒　中	R4. 3. 31
日本放送協会（NHK）	前田　晃伸	R5. 1. 24
日本薬剤師連盟	山本　信夫	R4. 3. 31
連合	芳野　友子	R4. 10. 上旬（大会まで）

■世界の主要政治家就任日(国・地域・機関)

国　名	氏　名(年齢)	肩　書	就任年月日
<アジア>			
インド	ナレンドラ・モディ(72)	首相	2014. 5. 26
インドネシア	ジョコ・ウィドド(73)	大統領	2014.10. 20
韓国	文 在寅(ムン ジェイン)(69)	大統領	2017. 5. 10
カンボジア	フン・セン(71)	首相	1998.11. 30
北朝鮮	金 正恩(キム・ジョンウン)(38)	総書記	2012. 4. 11
シンガポール	リー・シェンロン(70)	首相	2004. 8. 12
タイ	プラユット・ジャンオーチャー(68)	首相	2014. 8. 25
中国	習 近平(シーチンピン)(69)	国家主席	2013. 3. 14
パキスタン	アリフ・アルビ(73)	大統領	2018. 9. 9
フィリピン	ロドリゴ・ドゥテルテ(77)	大統領	2016. 6. 30
ベトナム	ファム・ミン・チン(63)	首相	2021. 4. 5
マレーシア	イスマイル・サブリ・ヤアコブ(62)	首相	2021. 8. 21
ミャンマー	ウィン・ミン(71)	大統領	2018. 3. 30
モンゴル	オフナー・フレルスフ(54)	大統領	2021. 6. 25
<北米>			
アメリカ	ジョー・バイデン(80)	大統領	2021. 1. 20
カナダ	ジャスティン・トルドー(51)	首相	2015.11. 4
<中南米>			
ブラジル	ジャイル・メシアス・ボルソナーロ(67)	大統領	2019. 1. 1
メキシコ	アンドレス・マヌエル・ロペス・オブラドール(69)	大統領	2018.12. 1
<オセアニア>			
オーストラリア	スコット・モリソン(54)	首相	2018. 8. 24
ニュージーランド	ジャシンダ・アーダーン(42)	首相	2017.10. 26
<ヨーロッパ>			
イギリス	ボリス・ジョンソン(58)	首相	2019. 7. 24
イタリア	マリオ・ドラギ(75)	首相	2021. 2. 13
ウクライナ	ヴォロディミル・ゼレンスキー(44)	大統領	2019. 5. 20
ギリシャ	キリヤコス・ミツォタキス(54)	首相	2019. 7. 8
スウェーデン	ステファン・ロヴェーン(65)	首相	2014.10. 3
スペイン	ペドロ・サンチェス(50)	首相	2018. 6. 2
ドイツ	オラフ・ショルツ(64)	首相	2021.12. 8
フランス	エマニュエル・マクロン(44)	大統領	2017. 5. 14
ロシア	プーチン、ウラジーミル・ミロヴィッチ(70)	大統領	2012. 5. 7
<中東>			
イスラエル	ナフタリ・ベネット(50)	首相	2021. 6. 13
イラク	ムスタファ・カディミ(55)	首相	2020. 5. 7
イラン	エブラーヒーム・ライースィー(62)	大統領	2021. 8. 3
トルコ	レジェップ・タイップ・エルドアン(68)	大統領	2014. 8. 28
<アフリカ>			
エジプト	アブドゥルファッターハ・エルシーシ(68)	大統領	2014. 6. 8
ナイジェリア	ムハンマド・ブハリ(80)	大統領	2015. 5. 29
南アフリカ	シリル・ラマポーザ(70)	大統領	2018. 2. 14

台湾	蔡 英文(66)	総統	2016. 5. 20
国連	アントニオ・グテーレス(73)	事務総長	2017. 1. 1
欧州委員会	ウルズラ・フォン・デア・ライエン(64)	委員長	2019.11. 1

※年齢は2022年の誕生日現在の満年齢。

■主要な戦後の政治家命日

氏　名	命　日
㋐安倍晋太郎	H 3. 5.15
愛知　揆一	S48.11.23
赤城　宗徳	H 5.11.11
浅沼稲次郎	S35.10.12
芦田　均	S34. 6.20
飛鳥田一雄	H 2.10.11
㋑伊東　正義	H 6. 5.20
伊藤宗一郎	H13. 9. 4
池田　勇人	S40. 8.13
石井光次郎	S56. 9.20
石田幸四郎	H18. 9.18
石橋　湛山	S48. 4.25
石橋　政嗣	R 1.12. 9
市川　房枝	S56. 2.11
市川　雄一	H29.12. 8
㋒宇野　宗佑	H10. 5.19
㋓江﨑　真澄	H 8.12.11
江田　三郎	S52. 5.22
㋔小渕　恵三	H12. 5.14
緒方　竹虎	S31. 1.28
大野　伴睦	S39. 5.29
大平　正芳	S55. 6.12
㋕加藤　紘一	H28. 9. 9
加藤　六月	H18. 2.28
海部　俊樹	R 4. 1. 9
梶山　静六	H12. 6. 6
春日　一幸	H 1. 5. 2
片山　哲	S53. 5.30
勝間田清一	H 1.12.14
金丸　信	H 8. 3.28
川島正次郎	S45.11. 9
㋖岸　信介	S62. 8. 7
清瀬　一郎	S42. 6.27
㋗久保　亘	H15. 6.24
㋙小坂善太郎	H12.11.26
後藤田正晴	H17. 9.19
河野　一郎	S40. 7. 8
河野　謙三	S58.10.16
河本　敏夫	H13. 5.24
㋚佐々木更三	S60.12.24
佐々木良作	H12. 3. 9
佐藤　栄作	S50. 6. 3
坂田　道太	H16. 1.13
櫻内　義雄	H15. 7. 5
㋛椎名悦三郎	S54. 9.30
重宗　雄三	S51. 3.13
㋜鈴木　善幸	H16. 7.19
鈴木茂三郎	S45. 5. 7
㋟田中　角栄	H 5.12.16
田中　六助	S60. 1.31
田辺　誠	H27. 7. 2
竹下　登	H12. 6.19
㋡塚本　三郎	R 2. 5.20
土屋　義彦	H20.10. 5
㋢田　英夫	H21.11.13
㋣土井たか子	H26. 9.20
徳田　球一	S28.10.14
徳永　正利	H 2. 9.23
㋤中川　一郎	S58. 1. 9
中曽根康弘	R 1.11.29
中村　梅吉	S59. 8. 4
永末　英一	H 6. 7.10
灘尾　弘吉	H 6. 1.22
成田　知巳	S54. 3. 9
㋥二階堂　進	H12. 2. 3
西尾　末広	S56.10. 3
西岡　武夫	H23.11. 5
西村　栄一	S46. 4.27
㋨野坂　参三	H 5.11.14
野中　広務	H30. 1.26
㋩羽田　孜	H29. 8.28
橋本登美三郎	H 2. 1.19
橋本龍太郎	H18. 7. 1
鳩山　一郎	S34. 3. 7
原　健三郎	H16.11. 6
原　文兵衛	H11. 9. 7
㋫福田　赳夫	H 7. 7. 5
福田　一	H 9. 9. 2
福永　健司	S63. 5.31
藤山愛一郎	S60. 2.22
船田　中	S54. 4.12
㋭保利　茂	S54. 3. 4
㋮前尾繁三郎	S56. 7.23
益谷　秀次	S48. 8.18
町村　信孝	H27. 6. 1
松野　鶴平	S37.10.18
松野　頼三	H18. 5.10
㋯二木　武夫	S63.11.14
三木　武吉	S31. 7. 4
三塚　博	H16. 4.25
宮澤　喜一	H19. 6.28
宮本　顕治	H19. 7.18
㋳安井　謙	S61. 3.10
山口　鶴男	H27. 8. 3
山中　貞則	H16. 2.20
山花　貞夫	H11. 7.14
㋵吉田　茂	S42.10.20
㋻渡辺美智雄	H 7. 9.15

■衆議院総選挙一覧

回次	解散年月日	執行年月日
第23回	S22. 3. 31	S22. 4. 25
第24回	S23. 12. 23	S24. 1. 23
第25回	S27. 8. 28	S27. 10. 1
第26回	S28. 3. 14	S28. 4. 19
第27回	S30. 1. 24	S30. 2. 27
第28回	S33. 4. 25	S33. 5. 22
第29回	S35. 10. 24	S35. 11. 20
第30回	S38. 10. 23	S38. 11. 21
第31回	S41. 12. 27	S42. 1. 29
第32回	S44. 12. 2	S44. 12. 27
第33回	S47. 11. 13	S47. 12. 10
第34回	任期満了	S51. 12. 5
第35回	S54. 9. 7	S54. 10. 7
第36回	S55. 5. 19	S55. 6. 22
第37回	S58. 11. 28	S58. 12. 18
第38回	S61. 6. 2	S61. 7. 6
第39回	H2. 1. 24	H2. 2. 18
第40回	H5. 6. 18	H5. 7. 18
第41回	H8. 9. 27	H8. 10. 20
第42回	H12. 6. 2	H12. 6. 25
第43回	H15. 10. 10	H15. 11. 9
第44回	H17. 8. 8	H17. 9. 11
第45回	H21. 7. 21	H21. 8. 30
第46回	H24. 11. 16	H24. 12. 16
第47回	H26. 11. 21	H26. 12. 14
第48回	H29. 9. 28	H29. 10. 22
第49回	R3. 10. 14	R3. 10. 31

■参議院通常選挙一覧

回次	通常選挙期日	任期満了日
第1回	S22. 4. 20	S28. 5. 2(※)
第2回	S25. 6. 4	S31. 6. 3
第3回	S28. 4. 24	S34. 5. 2
第4回	S31. 7. 8	S37. 7. 7
第5回	S34. 6. 2	S40. 6. 1
第6回	S37. 7. 1	S43. 7. 7
第7回	S40. 7. 4	S46. 7. 3
第8回	S43. 7. 7	S49. 7. 7
第9回	S46. 6. 27	S52. 7. 3
第10回	S49. 7. 7	S55. 7. 7
第11回	S52. 7. 10	S58. 7. 9
第12回	S55. 6. 22	S61. 7. 7
第13回	S58. 6. 26	H1. 7. 9
第14回	S61. 7. 6	H4. 7. 7
第15回	H1. 7. 23	H7. 7. 22
第16回	H4. 7. 26	H10. 7. 25
第17回	H7. 7. 23	H13. 7. 22
第18回	H10. 7. 12	H16. 7. 25
第19回	H13. 7. 29	H19. 7. 28
第20回	H16. 7. 11	H22. 7. 25
第21回	H19. 7. 29	H25. 7. 28
第22回	H22. 7. 11	H28. 7. 25
第23回	H25. 7. 21	R1. 7. 28
第24回	H28. 7. 10	R4. 7. 25
第25回	R1. 7. 21	R7. 7. 28

※第1回通常選挙につき任期3年の議員もあり

■戦後歴代内閣発足日

代	総理大臣	発足日	出身政党
43	東久邇宮稔彦王	S20. 8.17	
44	幣原喜重郎	S20.10. 9	
45	吉田　茂	S21. 5.22	注1
46	片山　哲	S22. 5.24	注2
47	芦田　均	S23. 3.10	民主
48	吉田　茂	S23.10.15	注3
49	吉田　茂	S24. 2.16	注3
50	吉田　茂	S27.10.30	自由
51	吉田　茂	S28. 5.21	自由
52	鳩山　一郎	S29.12.10	注4
53	鳩山　一郎	S30. 3.19	注4
54	鳩山　一郎	S30.11.22	自民
55	石橋　湛山	S31.12.23	自民
56	岸　信介	S32. 2.25	自民
57	岸　信介	S33. 6.12	自民
58	池田　勇人	S35. 7.19	自民
59	池田　勇人	S35.12. 8	自民
60	池田　勇人	S38.12. 9	自民
61	佐藤　栄作	S39.11. 9	自民
62	佐藤　栄作	S42. 2.17	自民
63	佐藤　栄作	S45. 1.14	自民
64	田中　角栄	S47. 7. 7	自民
65	田中　角栄	S47.12.22	自民
66	三木　武夫	S49.12. 9	自民
67	福田　赳夫	S51.12.24	自民
68	大平　正芳	S53.12. 7	自民
69	大平　正芳	S54.11. 9	自民
70	鈴木　善幸	S55. 7.17	自民
71	中曽根康弘	S57.11.27	自民
72	中曽根康弘	S58.12.27	自民
73	中曽根康弘	S61. 7.22	自民
74	竹下　登	S62.11. 6	自民
75	宇野　宗佑	H 元. 6. 3	自民
76	海部　俊樹	H 元. 8.10	自民
77	海部　俊樹	H 2. 2.28	自民
78	宮澤　喜一	H 3.11. 5	自民
79	細川　護熙	H 5. 8. 9	日本新
80	羽田　孜	H 6. 4.28	新生
81	村山　富市	H 6. 6.30	社会
82	橋本龍太郎	H 8. 1.11	自民
83	橋本龍太郎	H 8.11. 7	自民
84	小渕　恵三	H10. 7.30	自民
85	森　喜朗	H12. 4. 5	自民
86	森　喜朗	H12. 7. 4	自民
87	小泉純一郎	H13. 4.26	自民
88	小泉純一郎	H15.11.19	自民
89	小泉純一郎	H17. 9.21	自民
90	安倍　晋三	H18. 9.26	自民
91	福田　康夫	H19. 9.26	自民
92	麻生　太郎	H20. 9.24	自民
93	鳩山由紀夫	H21. 9.16	民主
94	菅　直人	H22. 6. 8	民主
95	野田　佳彦	H23. 9. 2	民主
96	安倍　晋三	H24.12.26	自民
97	安倍　晋三	H26.12.24	自民
98	安倍　晋三	H29.11. 1	自民
99	菅　義偉	R 2. 9.16	自民
100	岸田　文雄	R 3.10. 4	自民
101	岸田　文雄	R 3.11.10	自民

注1: 日本自由党　注2: 日本社会党
注3: 民主自由党　注4: 日本民主党

■国会会期(第161回以降)

国会回次	召集日	終了日(延長日数)	会期
第208回(常　会)	R4.　1.17	R4.　6.15(予定)	150日
第207回(臨時会)	R3.　12.　6	R3.　12.21	16日
第206回(特別会)	R3.　11.10	R3.　11.12	3日
第205回(臨時会)	R3.　10.　4	R3.　10.14 ※	11日
第204回(常　会)	R3.　1.18	R3.　6.16	150日
第203回(臨時会)	R2.　10.26	R2.　12.　5	41日
第202回(臨時会)	R2.　9.16	R2.　9.18	3日
第201回(常　会)	R2.　1.20	R2.　6.17	150日
第200回(臨時会)	R1.　10.　4	R1.　12.　9	67日
第199回(臨時会)	R1.　8.　1	R1.　8.　5	5日
第198回(常　会)	H31.　1.28	R1.　6.26	150日
第197回(臨時会)	H30.10.24	H30.12.10	48日
第196回(常　会)	H30.　1.22	H30.　7.22(32日)	182日
第195回(特別会)	H29.11.　1	H29.12.　9	39日
第194回(臨時会)	H29.　9.28	H29.　9.28 ※	1日
第193回(常　会)	H29.　1.20	H29.　6.18	150日
第192回(臨時会)	H28.　9.26	H28.12.17(17日)	83日
第191回(臨時会)	H28.　8.　1	H28.　8.　3	3日
第190回(常　会)	H28.　1.　4	H28.　6.　1	150日
第189回(常　会)	H27.　1.26	H27.　9.27(95日)	245日
第188回(特別会)	H26.12.24	H26.12.26	3日
第187回(臨時会)	H26.　9.29	H26.11.21 ※	54日
第186回(常　会)	H26.　1.24	H26.　6.22	150日
第185回(臨時会)	H25.10.15	H25.12.　8(2日)	55日
第184回(臨時会)	H25.　8.　2	H25.　8.　7	6日
第183回(常　会)	H25.　1.28	H25.　6.26	150日
第182回(特別会)	H24.12.26	H24.12.28	3日
第181回(臨時会)	H24.10.29	H24.11.16 ※	19日
第180回(常　会)	H24.　1.24	H24.　9.　8(79日)	229日
第179回(臨時会)	H23.10.20	H23.12.　9	51日
第178回(臨時会)	H23.　9.13	H23.　9.30(14日)	18日
第177回(常　会)	H23.　1.24	H23.　8.31(70日)	220日
第176回(臨時会)	H22.10.　1	H22.12.　3	64日
第175回(臨時会)	H22.　7.30	H22.　8.　6	8日
第174回(常　会)	H22.　1.18	H22.　6.16	150日
第173回(臨時会)	H21.10.26	H21.12.　4(4日)	40日
第172回(特別会)	H21.　9.16	H21.　9.19	4日
第171回(常　会)	H21.　1.　5	H21.　7.21 ※	198日
第170回(臨時会)	H20.　9.24	H20.12.25(25日)	93日
第169回(常　会)	H20.　1.18	H20.　6.21(6日)	156日
第168回(臨時会)	H19.　9.10	H20.　1.15(66日)	128日
第167回(臨時会)	H19.　8.　7	H19.　8.10	4日
第166回(常　会)	H19.　1.25	H19.　7.　5(12日)	162日
第165回(臨時会)	H18.　9.26	H18.12.19(4日)	85日
第164回(常　会)	H18.　1.20	H18.　6.18	150日
第163回(特別会)	H17.　9.21	H17.11.　1	42日

※㊩解散

■国会議員索引〈か～は〉

■国会議員索引〈は～わ〉